WILLIAM J. O'NEIL

DIE BERÜHMTE
CAN SLIM®
METHODE

WIE MAN MIT AKTIEN GELD VERDIENT

MIT DIESEM ERPROBTEN SYSTEM
KANN JEDER AN DER BÖRSE GEWINNEN!

Die Originalausgabe erschien unter dem Titel
How to make Money in Stocks. Fourth Edition.
A Winning System in Good Times or Bad.
ISBN 978-0-07-161413-9

5. Auflage 2023

Übersetzung: Egbert Neumüller
Gestaltung, Satz und Herstellung: Martina Köhler, Börsenbuchverlag
Lektorat: Claus Rosenkranz
Druck: CPI books GmbH, Leck, Germany

ISBN 978-3-942888-43-1

Bibliografische Information der Deutschen Nationalbibliothek:
Die Deutsche Nationalbibliothek verzeichnet diese Publikation in der Deutschen Nationalbibliografie; detaillierte bibliografische Daten sind im Internet über <http://dnb.d-nb.de> abrufbar.

BÖRSEN MEDIEN
AKTIENGESELLSCHAFT

Postfach 1449 • 95305 Kulmbach
Tel: +49 9221 9051-0 • Fax: +49 9221 9051-4444
E-Mail: info@plassen-buchverlage.de
www.boersenbuchverlag.de
www.facebook.com/plassenverlag
www.instagram.com/plassen_buchverlage

TEIL 1
DAS GEWINNSYSTEM: CAN SLIM®

INHALT

TEIL I

DAS GEWINNSYSTEM: CAN SLIM®

EINFÜHRUNG

SIE KÖNNEN VON AMERIKAS SUPER-GEWINNERN AUS 100 JAHREN LERNEN UND PROFITIEREN

Nach den Börsendebakeln der Jahre 2000 und 2008 wissen die meisten Anleger inzwischen, dass sie die Dinge selbst in die Hand nehmen und sehr viel mehr darüber lernen müssen, was sie eigentlich tun, wenn sie ihr schwer verdientes Geld sparen und anlegen. Allerdings wissen viele Anleger nicht, wo sie sich hinwenden sollen, wem sie vertrauen sollen oder was sie nicht mehr tun dürfen, wenn sie vorhaben, eine dramatisch überlegene Anlageperformance zu erzielen.

Man braucht sein Geld nicht einem Bernie Madoff zu geben, der es gern nimmt, der einem aber nicht genau sagt, was er damit vorhat.

Stattdessen können und sollten Sie ein paar gute Bücher über Geldanlage lesen, ein paar Anlagekurse besuchen oder sich an einer Anlegergruppe beteiligen, damit Sie lernen, wie man mit echter Zuversicht anlegen kann. Zumindest sollten Sie die soliden Prinzipien sowie die bewährten Regeln und Methoden lernen und verstehen, die Ihr Portfolio im Laufe der Zeit schützen und mehren werden. Die Hälfte aller Amerikaner spart und investiert. Jetzt wird es Zeit zu lernen, wie man das mithilfe von zentralem Wissen auf intelligente Art macht.

Als ich mit der Geldanlage anfing, habe ich größtenteils die gleichen Fehler gemacht, die Sie wahrscheinlich auch machen. Aber ich habe Folgendes gelernt:

- Man sollte Aktien kaufen, wenn ihr Preis auf dem Weg nach oben ist, nicht auf dem Weg nach unten. Und wenn man nachkauft, tut man dies erst, nachdem die Aktie vom Kaufpreis aus gestiegen ist, nicht nachdem sie darunter gefallen ist.
- Man kauft Aktien, wenn sie sich den Jahreshochs nähern, nicht wenn sie so tief gefallen sind, dass sie preiswert erscheinen. Man kauft lieber höher bewertete Aktien als die am niedrigsten bewerteten Aktien.
- Man sollte Aktien immer schnell verkaufen, wenn man einen kleinen Verlust erlitten hat, anstatt abzuwarten und zu hoffen, dass sie zurückkommen.
- Man sollte weniger auf den Buchwert, die Dividenden oder das KGV eines Unternehmens achten – diese hatten in den letzten 100 Jahren wenig Vorhersagewert für die Identifizierung der erfolgreichsten Unternehmen Amerikas. Stattdessen sollte man sich auf wichtigere bewährte Faktoren wie Gewinnwachstum, Preis- und Volumenänderungen sowie darauf konzentrieren, ob das Unternehmen auf seinem Gebiet mit einem überlegenen Produkt die Nummer 1 in Sachen Profit ist.
- Man abonniert nicht einen Haufen Börsenbriefe oder Beratungsdienste, und man lässt sich nicht durch die Empfehlungen von

Analysten beeinflussen, die ja schließlich nur persönliche Meinungen äußern – und die sind häufig falsch.

- Man muss sich mit Charts vertraut machen – sie sind ein unschätzbar wertvolles Werkzeug, das die meisten Profis nicht missen möchten, das aber Amateure tendenziell als zu kompliziert oder als irrelevant abtun.

Alle diese unerlässlichen Verhaltensweisen laufen der menschlichen Natur komplett zuwider. Doch eigentlich ist der Aktienmarkt ein tägliches Schaubild der menschlichen Natur und der Massenpsychologie, wozu sich noch das uralte Gesetz von Angebot und Nachfrage gesellt. Da diese Faktoren im Laufe der Zeit gleich geblieben sind, ist es ebenso bemerkenswert wie wahr, dass die Chartformationen heute noch genau die gleichen sind wie vor 50 oder vor 100 Jahren. Nur wenige Investoren wissen oder begreifen das. Für Sie kann dies ein echter Vorteil sein.

In der vorliegenden 4. Auflage von *Wie man mit Aktien Geld verdient* zeige ich Ihnen in Kapitel 1 gleich als Erstes 100 kommentierte und mehrfarbige Charts von 100 der größten Gewinneraktien Amerikas, wobei ich alle Jahrzehnte von den 1880er-Jahren bis Ende 2008 abdecke – von Richmond and Danville Railroad im Jahr 1858 und Northern Pacific während der berühmten künstlichen Verknappung der Aktie im Jahr 1901, als sie innerhalb von einer Woche von 115 auf 700 Dollar stieg, bis hin zu Apple und Google in unserem 21. Jahrhundert.

Aus dem Studium dieser großartigen Beispiele kann man vieles lernen. Sie werden sehen, dass es sogenannte Konsolidierungsformationen oder „Chart-Basen" gibt, die sich Jahr für Jahr wiederholen und einem enorme Erfolge bescheren. Sie finden 105 Beispiele (anhand von 100 Aktien) für eine klassische Basis- oder Grundformation, die aussieht wie eine Tasse mit Henkel, die man von der Seite betrachtet. Manche sind klein, andere groß und wieder andere liegen dazwischen.

Außer dieser „Tassenformation" oder „Tasse" haben wir acht weitere deutlich unterschiedene, höchst erfolgreiche Grundformationen erkannt, die in einem Zyklus nach dem anderen aufgetreten sind.

Bethlehem Steel im Jahr 1915 ist unser erstes Beispiel für eine „High, tight Flag", eine enge, kurze Bullenflagge, und diente als Präzedenzfall für spätere Flaggen bei Syntex, Rollins, Simmonds Precision, Yahoo und Taser. Alle diese Aktien sind danach immens gestiegen.

Charts werden Ihnen helfen, die besseren Aktien und Märkte von den schwächeren, riskanteren Aktien und Märkten zu unterscheiden, die Sie umgehen und vollständig vermeiden müssen. Deshalb bringe ich in Kapitel 1 diese vielen Beispiele mit Anmerkungen in den Charts. Diese helfen Ihnen, eine Fähigkeit zu erlernen, die Ihr gesamtes Leben verändern und es besser und durchdachter machen kann.

Ein klares, präzises Bild sagt mehr als tausend Worte. Die 100 Beispiele sind nur eine Kostprobe von dem, was Ihnen bisher entgangen ist. Wir haben Modelle von mehr als 1.000 großartigen Aktiengewinnern über die letzten 100 Jahre. Ein oder zwei solche Gewinner reichen schon, um Ihr Jahr oder Ihre Zukunft zu vergolden. Aber Sie müssen sich ernsthaft damit befassen und lernen, wie man richtig investiert. Wenn Sie es nur wirklich wollen, können Sie es auch.

Wahrscheinlich ist das für Sie eine vollkommen neue Art, Amerika und seinen Aktienmarkt zu betrachten. Von der Eisenbahn zum Auto und zum Flugzeug, von Radio und Fernsehen zum Computer, vom Düsenflugzeug zur Erkundung des Weltraums, von riesigen Supermärkten hin zu Halbleitern und dem Internet – dieses Land legt schnelles, unaufhörliches Wachstum an den Tag. Für die überwiegende Mehrheit der Amerikaner hat sich der Lebensstandard gegenüber dem Stand vor 100, vor 50 oder auch vor 30 Jahren erheblich verbessert.

Natürlich wird es immer Probleme geben, und jeder übt gern Kritik. Aber hinter diesem beispiellosen Wachstum stehen als große treibende Kraft die Erneuerer, Unternehmer und Erfinder Amerikas. Sie haben die neuen Branchen, die neuen Technologien, die neuen Produkte, die neuen Dienstleistungen und die meisten Arbeitsplätze geschaffen, die uns allen zugute kommen.

Und jetzt ist es an Ihnen, zu lernen, wie man aus den unermüdlichen Wachstumschancen Nutzen zieht, die Amerikas Freiheit möglich macht und die Unternehmer in jedem einzelnen Konjunkturzyklus an den Tag legen.

In den folgenden Kapiteln werden Sie gründlich lernen, wie man große Gewinner am Aktienmarkt herauspickt und sich die Gewinne sichert, die sie produzieren. Sie werden außerdem lernen, wie Sie Ihre Fehler und Verluste beträchtlich reduzieren.

Viele Menschen, die sich an Aktien versuchen, erzielen wegen ihres mangelnden Wissens entweder mittelmäßige Ergebnisse oder machen Verlust. Aber niemand muss laufend Verlust machen. Man kann definitiv lernen, wie man klug investiert. Dieses Buch wird Ihnen die Investmentkenntnisse und Methoden liefern, die Sie brauchen, um zum erfolgreicheren Anleger zu werden.

Ich finde, dass die meisten Menschen in diesem Land und in der gesamten freien Welt lernen sollten, zu sparen und in Aktien zu investieren – egal, ob sie jung oder alt sind, sowie unabhängig von ihrem Beruf, ihrer Ausbildung, ihrer Herkunft oder ihrer wirtschaftlichen Stellung. Dieses Buch ist nicht für die Elite geschrieben, sondern für die Millionen ganz normaler Männer und Frauen auf der ganzen Welt, die eine Chance darauf haben wollen, dass es ihnen finanziell besser geht. Man kann gar nicht zu alt oder zu jung sein, um mit der intelligenten Geldanlage anzufangen.

Man kann klein anfangen – wenn Sie ganz normal berufstätig sind oder erst mit der Geldanlage anfangen, dann sollten Sie wissen, dass man für den Anfang nicht viel Geld braucht. Man kann schon mit 500 oder 1.000 Dollar starten und mehr drauflegen, wenn man mehr Geld verdient und spart. Ich habe damit angefangen, dass ich im Alter von 21 Jahren als Schulabgänger fünf Aktien von Procter & Gamble gekauft habe.

Unser Manager Mike Webster hat ebenfalls klein angefangen. Tatsächlich hat Mike persönliche Besitztümer, einschließlich seine CD-Sammlung, verkauft, um sich Geld für die Geldanlage zu beschaffen.

Bevor er im Auftrag der Firma Vermögen verwaltete, hatte er im Jahr 1999 auf seinem Privatkonto einen Gewinn von mehr als 1.000 Prozent erzielt – das war ein sehr ungewöhnliches Jahr.

Steve Birch, ebenfalls einer unserer hauseigenen Manager, fing schon früher mit dem Vermögensmanagement an. Er nutzte die stürmische Hausse der späten 1990er-Jahre aus und sicherte den größten Teil seiner Gewinne dadurch ab, dass er im Laufe der Baisse hauptsächlich auf Cashpositionen umstellte. Von 1998 bis 2003 machte er mehr als 1.300 Prozent Gewinn. Sowohl Mike als auch Steve hatten schlechte Jahre, aber sie haben aus ihren zahlreichen Fehlern gelernt – wir alle machen Fehler – und weiterhin eine bemerkenswerte Performance erzielt.

Sie leben in einer fantastischen Zeit der unbegrenzten Möglichkeiten, in einer Ära herausragender neuer Ideen, aufstrebender Industrien und neuer Grenzbereiche. Aber um zu lernen, wie man diese faszinierenden neuen Situationen erkennt und zu seinem Vorteil nutzt, müssen Sie das restliche Buch lesen.

Die Chancen sind für alle da. Sie leben jetzt in einem sich stetig wandelnden und hoffentlich immer besseren „Neuen Amerika". Wir sind in den Bereichen Hochtechnologie, Internet, medizinischer Fortschritt, Computersoftware, Militärmacht sowie innovative und neue wagemutige Unternehmen weltweit führend. Das kommunistische/sozialistische System und das Konzept einer zentralisierten „Kommandowirtschaft" sind auf dem Müllhaufen der Geschichte gelandet. Sie haben nicht funktioniert. Unser System der Freiheit und der Chancen dient den meisten Ländern der Welt als Erfolgsmodell.

Heutzutage reicht es nicht mehr aus, einfach nur zu arbeiten und sein Gehalt zu verdienen. Wenn man das tun will, was man tun möchte, wenn man dort hinreisen will, wo man hinmöchte, und wenn man die Dinge haben will, die man im Leben haben möchte, muss man unbedingt intelligent sparen und investieren. Dank der regelmäßigen Einkünfte aus Ihren Anlagen und dank Ihrer Kapitalerträge können Sie Ihre Ziele erreichen und echte Sicherheit gewinnen. Dieses Buch kann Ihr gesamtes Leben verändern. Niemand kann Sie aufhalten – außer Ihnen selbst.

Geheimtipp! Der erste Schritt, zu lernen, wie man große Börsengewinner auswählt, besteht darin, die führenden Unternehmen der Vergangenheit zu studieren, zum Beispiel diejenigen, die Sie gleich sehen werden – um die Eigenschaften der erfolgreichsten Aktien kennenzulernen. Aus diesen Beobachtungen heraus werden Sie in die Lage versetzt, die Preismuster zu erkennen, die solche Aktien kurz vor ihren spektakulären Preisanstiegen ausgebildet haben.

Außerdem werden Sie folgende entscheidende Faktoren entdecken: die damaligen Quartalsgewinne jener Unternehmen, die Jahresgewinne in den drei Jahren davor, das damalige Handelsvolumen, das Ausmaß der Relativen Stärke der Aktien vor ihrem enormen Erfolg und die Anzahl der Aktien sowie die Kapitalisierung der einzelnen Unternehmen.
Außerdem werden sie erfahren, dass viele der größten Gewinner bedeutende neue Produkte oder eine neue Unternehmensleitung hatten und dass viele davon an kräftige Branchenbewegungen aufgrund bedeutender Veränderungen gebunden waren, die eine ganze Industrie betrafen.
Diese an der Praxis und am gesunden Menschenverstand orientierte Analyse aller früheren führenden Unternehmen ist ganz leicht durchzuführen. Ich habe schon einmal eine solche umfassende Untersuchung durchgeführt. Wir haben für unsere historische Analyse der letzten 125 Jahre die besten Gewinneraktien jedes Jahres (prozentualer Kurszuwachs pro Jahr) ausgewählt.
Wir bezeichnen diese Studie als „Musterheft der größten Börsengewinner“. Kürzlich haben wir sie auf Aktien ausgeweitet, die bis in das Jahr 1880 zurückreichen. Inzwischen enthält die Untersuchung ausführliche Analysen von mehr als 1.000 der größten Gewinnerunternehmen der jüngeren Börsengeschichte, zum Beispiel Superaktien wie:

- Texas Instruments, dessen Kurs von Januar 1958 bis Mai 1960 von 25 auf 250 Dollar stieg.
- Xerox, das von März 1963 bis Juni 1966 von 160 auf das Äquivalent von 1.340 Dollar kletterte.
- Syntex, das im zweiten Halbjahr 1963 von 100 auf 570 Dollar in die Höhe schnellte.
- Dome Petroleum und Prime Computer, die von 1978 bis 1980 um 1.000 respektive 1.595 Prozent stiegen.
- Limited Stores, das die glücklichen Aktionäre von 1982 bis 1987 mit einer Zunahme von 3.500 Prozent in Entzücken versetzte.
- Cisco Systems, das von Oktober 1990 bis März 2000 splitbereinigt von 0,10 auf 82 Dollar stieg.

Home Depot und Microsoft haben sich in den 1980er- und Anfang der 1990er-Jahre jeweils mehr als verzwanzigfacht. Home Depot gehört zu den besten Performern aller Zeiten: Von seinem Börsengang im September 1981 ab stieg es innerhalb von weniger als zwei Jahren auf das 20-Fache und kletterte dann von 1988 bis 1992 erneut auf das Zehnfache. Alle diese Unternehmen boten aufregende, neue und innovative Produkte und Konzepte an. Wir haben insgesamt zehn verschiedene „Musterhefte", die Amerikas innovative und höchst erfolgreiche Unternehmen abdecken.

Wollen Sie die gemeinsamen Merkmale und die Erfolgsregeln kennenlernen, die wir bei der gründlichen Untersuchung aller früheren führenden Börsenunternehmen entdeckt haben?

Sie alle werden in den kommenden Kapiteln behandelt und in einer einfachen, leicht zu merkenden Formel zusammengefasst, die wir CAN SLIM nennen. Jeder Buchstabe der beiden Wörter CAN SLIM steht für eine der sieben Haupteigenschaften, die diese großartigen Gewinneraktien im Frühstadium ihrer Entwicklung aufwiesen, kurz bevor sie ihren Aktionären und unserem Land riesige Gewinne bescherten (Unternehmen und Arbeitnehmer bezahlen Steuern und tragen zur Verbesserung unseres Lebensstandards bei). Schreiben

Sie diese Formel ab und wiederholen Sie sie mehrmals, damit Sie sie nicht vergessen.

Der Grund, aus dem CAN SLIM in einem Zyklus nach dem anderen immer wieder funktioniert, besteht darin, dass es ausschließlich darauf basiert, wie der Aktienmarkt tatsächlich funktioniert, nicht auf unserer persönlichen Meinung oder auf der persönlichen Meinung von irgendjemand anders, einschließlich derjenigen der Wall Street. Außerdem verändert sich die menschliche Natur nicht, die ja auch am Markt am Werk ist. Deshalb kommt CAN SLIM nicht aus der Mode, wenn die Moden, die Marotten und die Wirtschaftszyklen kommen und gehen. Es wird die großen Egos und die persönlichen Meinungen jedes einzelne Mal schlagen.

Sie können definitiv lernen, wie man am Aktienmarkt Gewinner aussucht, und Sie können zum Teilhaber der besten Unternehmen der Welt werden. Legen wir also sofort los. Hier ein kleiner Vorgeschmack auf CAN SLIM:

C – Current Quarterly Earnings per Share (Gewinn pro Aktie im aktuellen Quartal): *Je höher, desto besser.*

A – Annual Earnings Increase (jährlicher Gewinnzuwachs): *Achten Sie auf beträchtliches Wachstum.*

N – New Products, New Management, New Highs (neue Produkte, neues Management, neue Hochs): *Zum richtigen Zeitpunkt kaufen.*

S – Supply and Demand (Angebot und Nachfrage): *Umlaufende Aktien und Volumen-Nachfrage.*

L – Leader or Laggard (Anführer oder Nachzügler): *Wozu gehört Ihre Aktie?*

I – Institutional Sponsorship (Unterstützung durch institutionelle Investoren): *Folgen Sie den Anführern.*

M – Market Direction (Bewegungsrichtung des Marktes): *Wie man sie erkennt.*

Fangen Sie bitte sofort mit Kapitel 1 an. Sie können es auch!

KAPITEL 1

DIE GRÖSSTEN STOCK-PICKING-GEHEIMNISSE

Gleich am Anfang dieser neuesten revidierten Auflage bekommen Sie 100 Charts der größten Gewinner von 1880 bis 2008 zu sehen. Studieren Sie sie sorgfältig. Sie werden verborgene Einsichten darüber gewinnen, wie diese Unternehmen die Bühne für ihre spektakulären Kurszuwächse bereitet haben.

Machen Sie sich keine Sorgen, wenn Sie als Anlegerneuling die Charts nicht auf Anhieb verstehen. Schließlich war jeder erfolgreiche Anleger irgendwann einmal Anfänger – und dieses Buch wird Ihnen zeigen, wie man lohnende Kaufgelegenheiten aus den Charts herausliest. Außerdem zeigt es Ihnen wichtige Signale dafür, dass man eine Aktie verkaufen sollte. Wenn Sie erfolgreich werden wollen, müssen Sie solide, historisch erprobte Kaufregeln und entsprechende Verkaufsregeln lernen.

Wenn Sie diese Charts studieren, werden Sie sehen, dass es konkrete Chartmuster oder Chartformationen gibt, die sich ständig wiederholen, egal ob im Jahr 1900 oder im Jahr 2000. Wenn Sie einmal gelernt haben, solche Formationen zu erkennen, verschafft Ihnen das einen riesigen Vorteil, denn sie sagen Ihnen im Endeffekt, wann die Profis eine Aktie anhäufen.

Eine einmalige Kombination von Faktoren wird Ihre Aktienauswahl und Ihr Timing wesentlich verbessern: Sie finden Aktien, deren Umsatz, Gewinn und Kapitalrendite steigen und die starke Chartformationen aufweisen, aus denen hervorgeht, dass institutionelle Investoren sie kaufen. Die besten Profis benutzen Charts.

Auch Sie können diese wertvolle Fähigkeit erlernen.

Dieses Buch handelt davon, dass Amerika wächst und dass Sie das auch können. Der amerikanische Traum kann Ihnen gehören, wenn Sie den Willen und den Wunsch besitzen und wenn Sie sich entschließen, niemals aufzugeben – weder sich selbst noch den Traum.

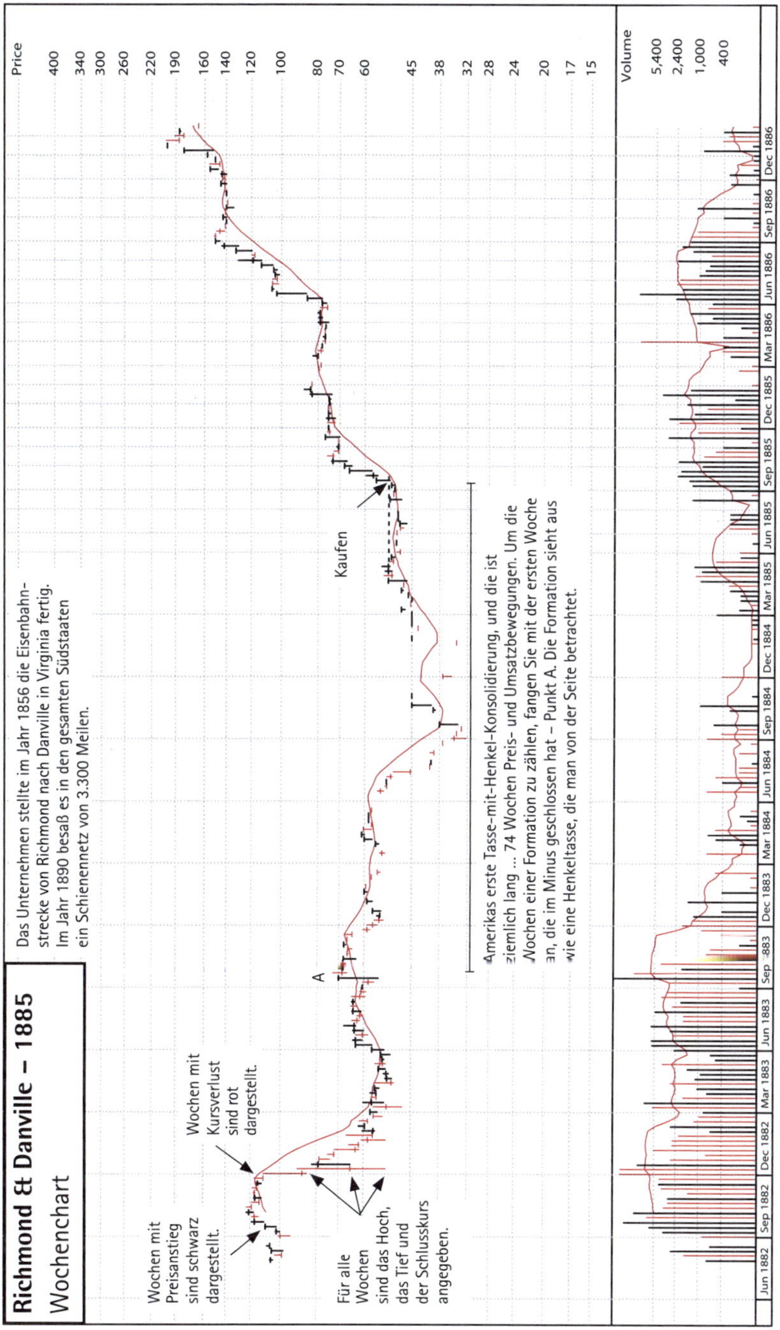

Richmond & Danville stieg in 70 Wochen um 257 Prozent.

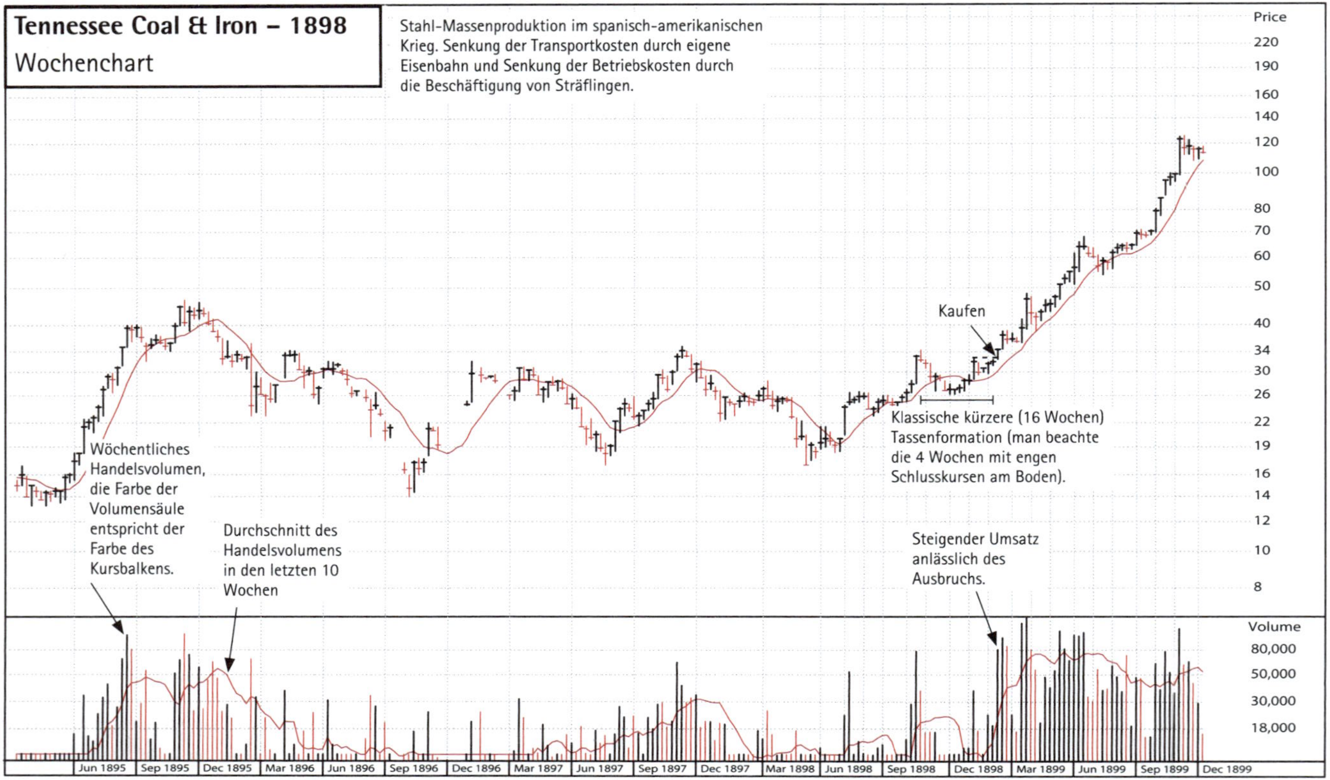

Tennessee Coal & Iron stieg in 39 Wochen um 265 Prozent.

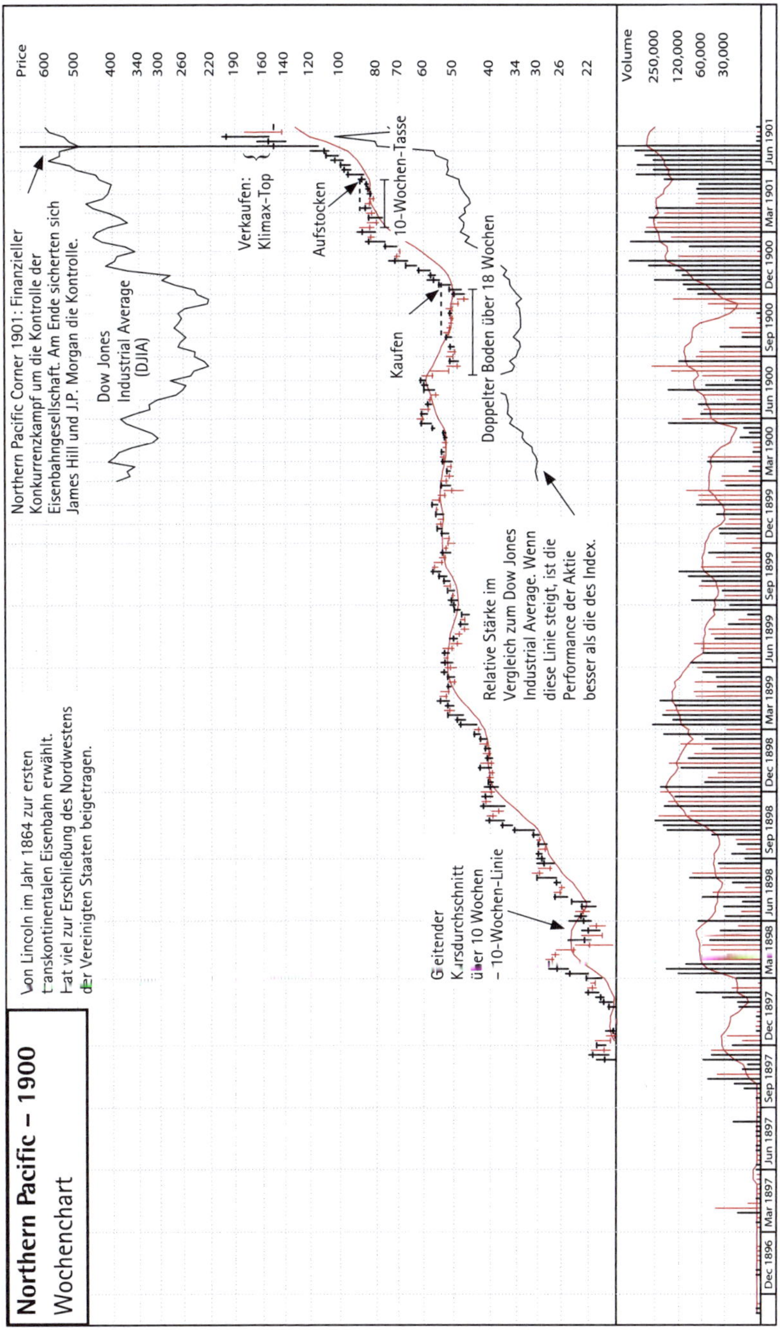

Northern Pacific stieg in 29 Wochen um 1.181 Prozent.

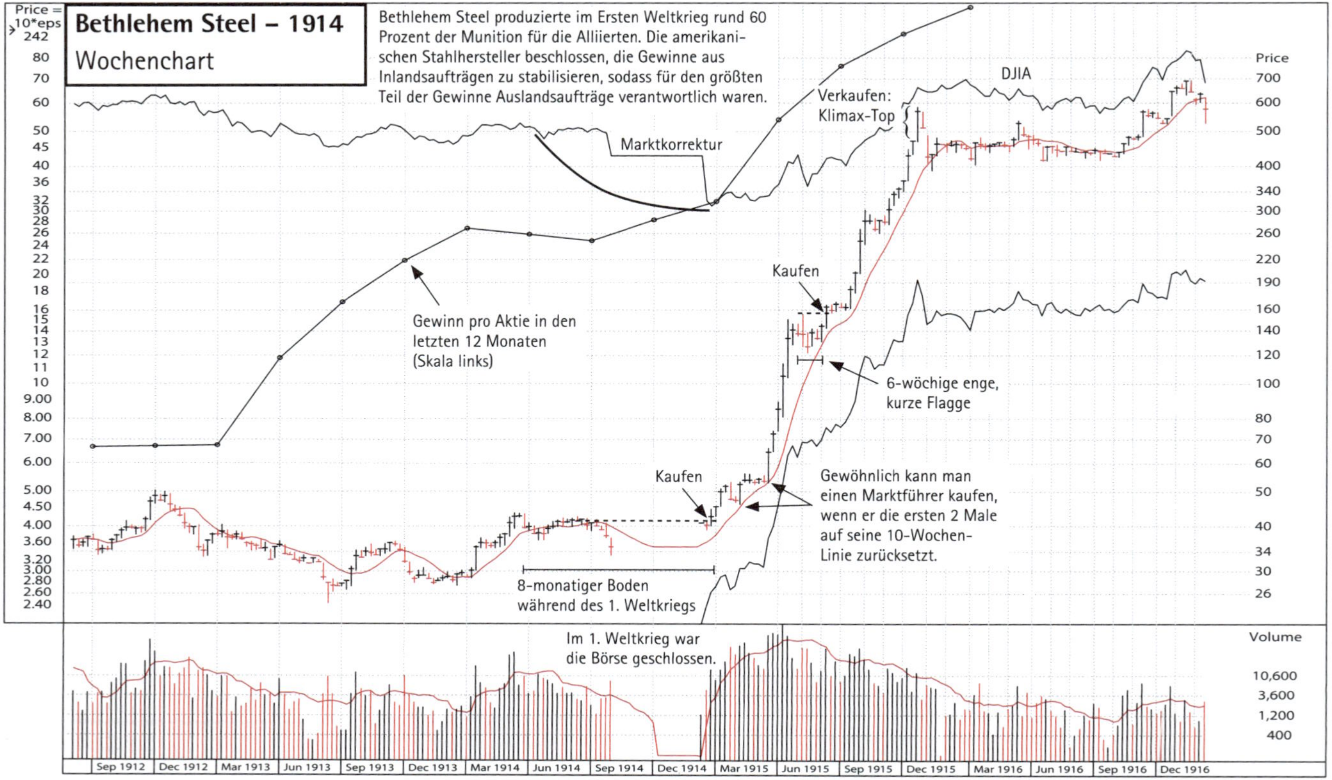

Bethlehem Steel stieg in 99 Wochen um 1.479 Prozent.

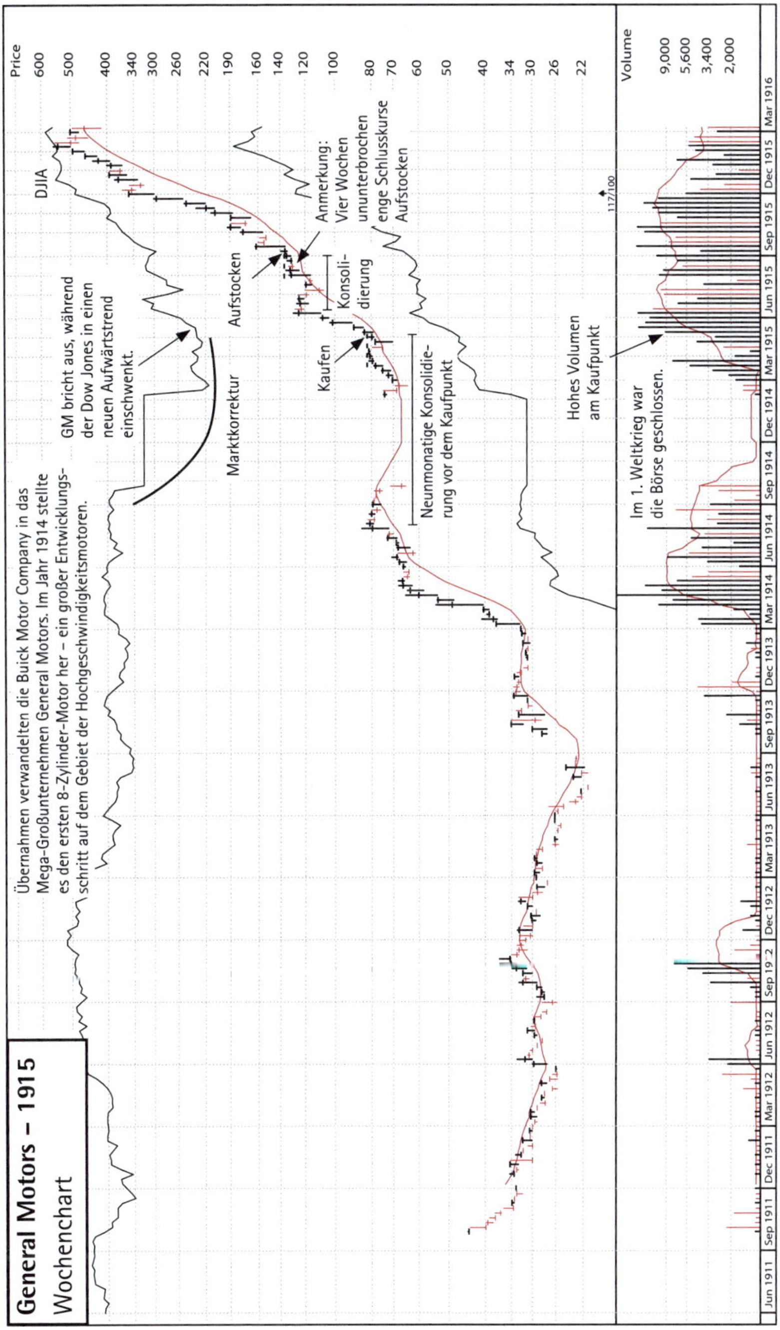

General Motors stieg in 39 Wochen um 471 Prozent.

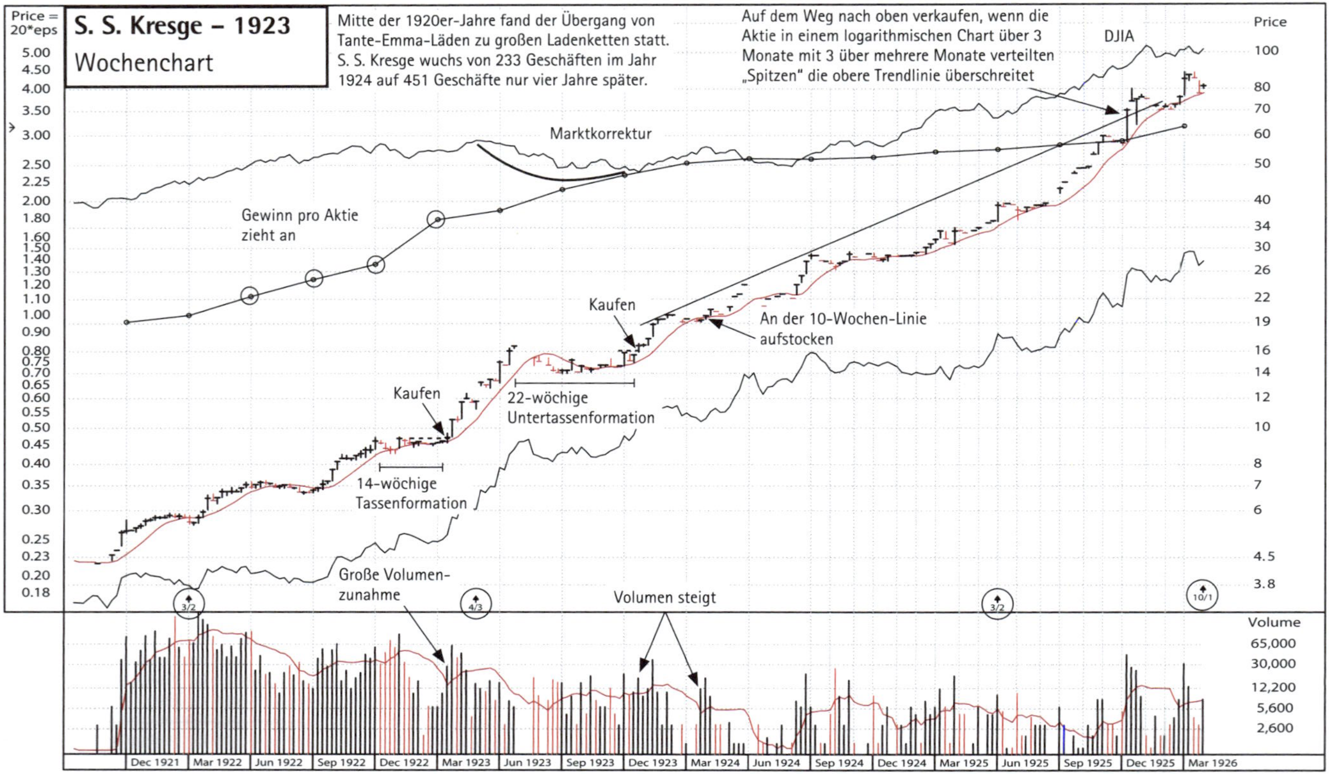

S. S. Kresge stieg in 154 Wochen um 836 Prozent.

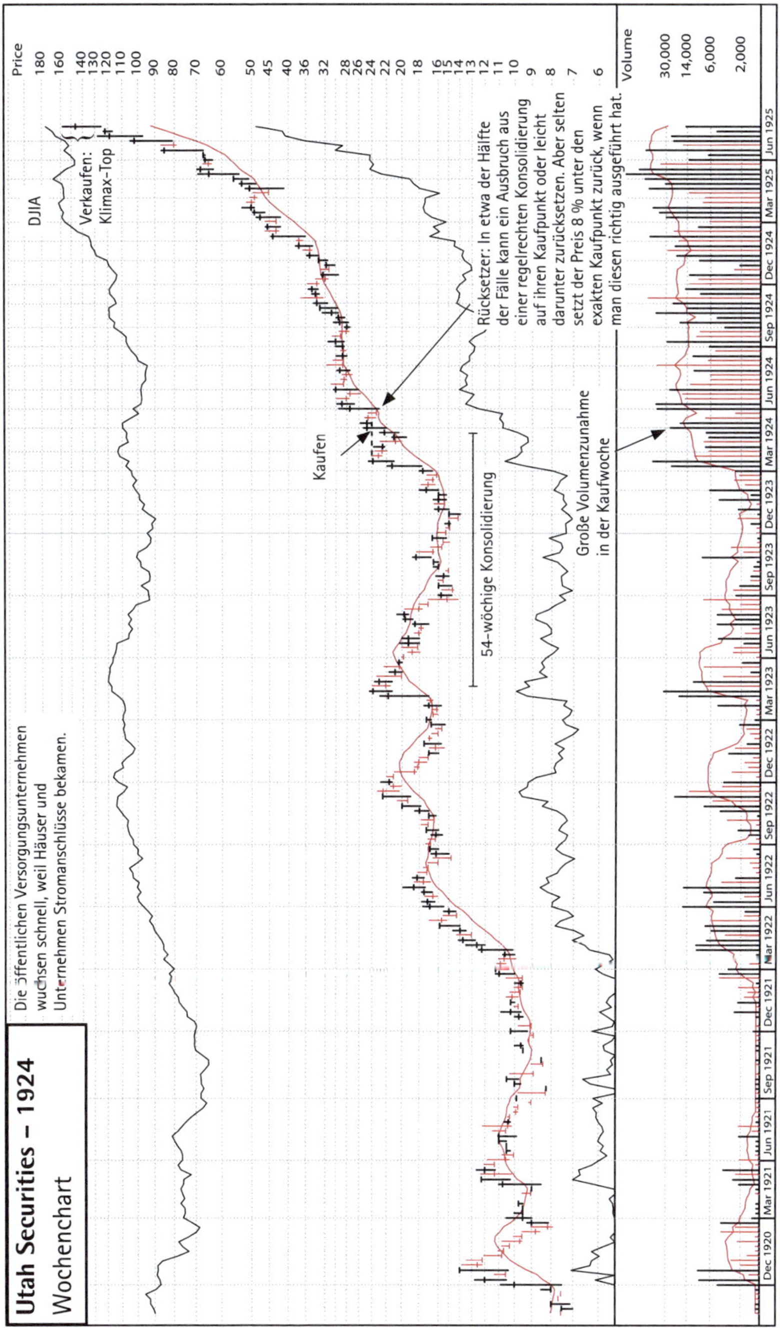

Utah Securities stieg in 63 Wochen um 538 Prozent.

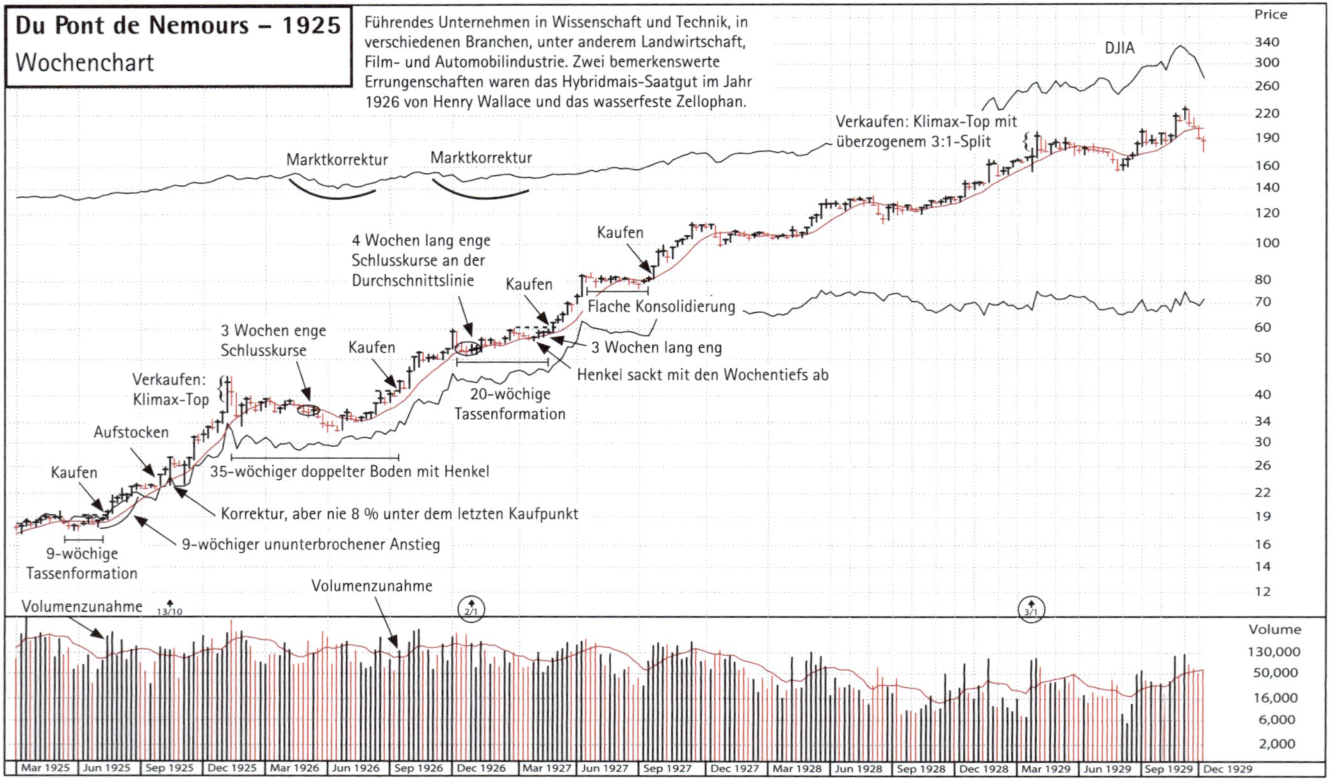

Du Pont de Nemours stieg in 225 Wochen um 1.074 Prozent.

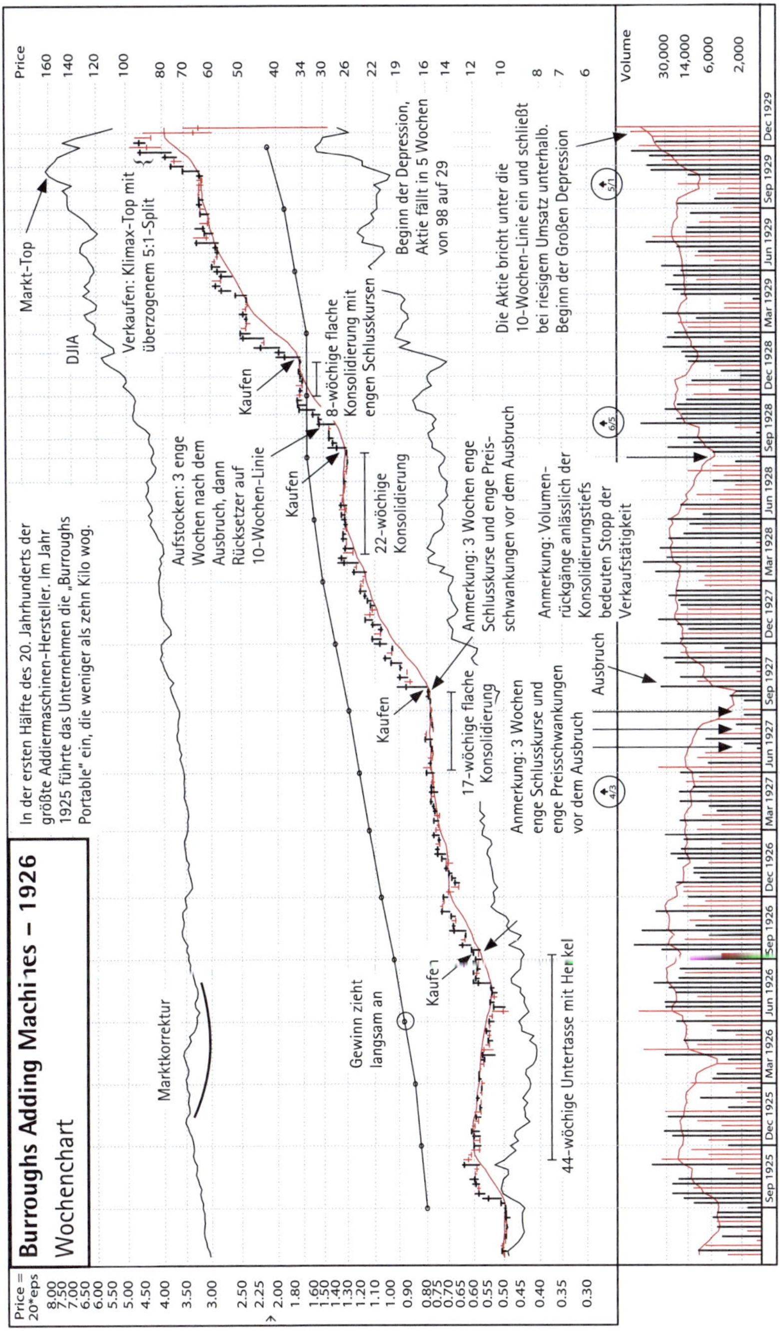

Burroughs Adding Machines stieg in 168 Wochen um 1.992 Prozent.

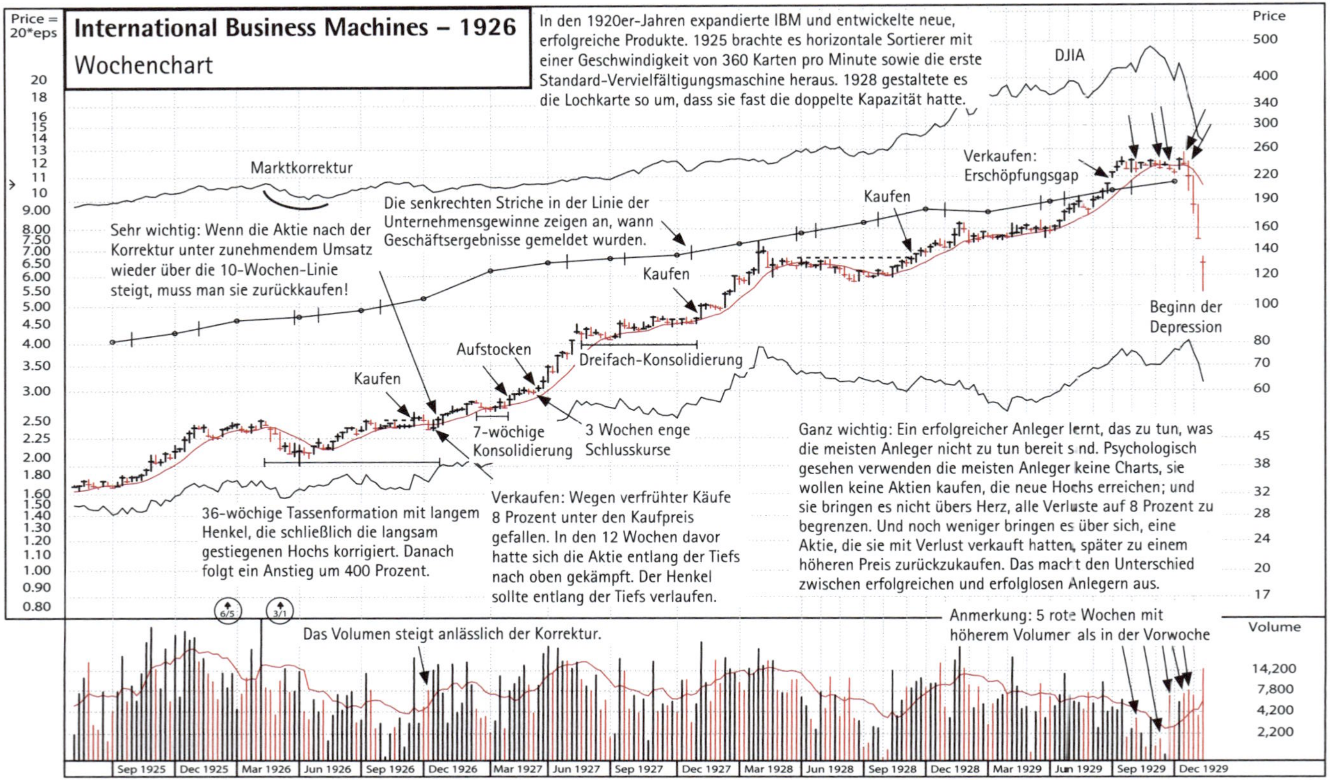

International Business Machines stieg in 161 Wochen um 400 Prozent.

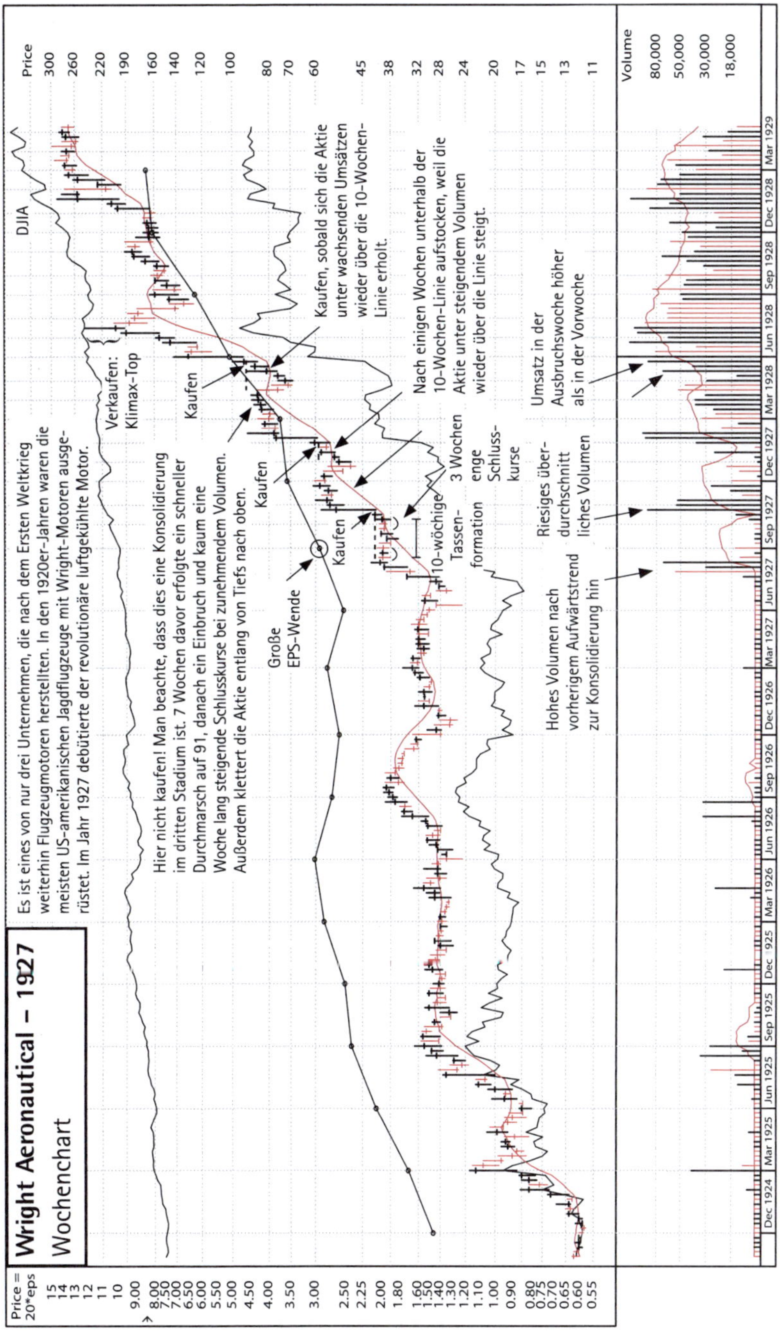

Wright Aeronautical stieg in 76 Wochen um 464 Prozent.

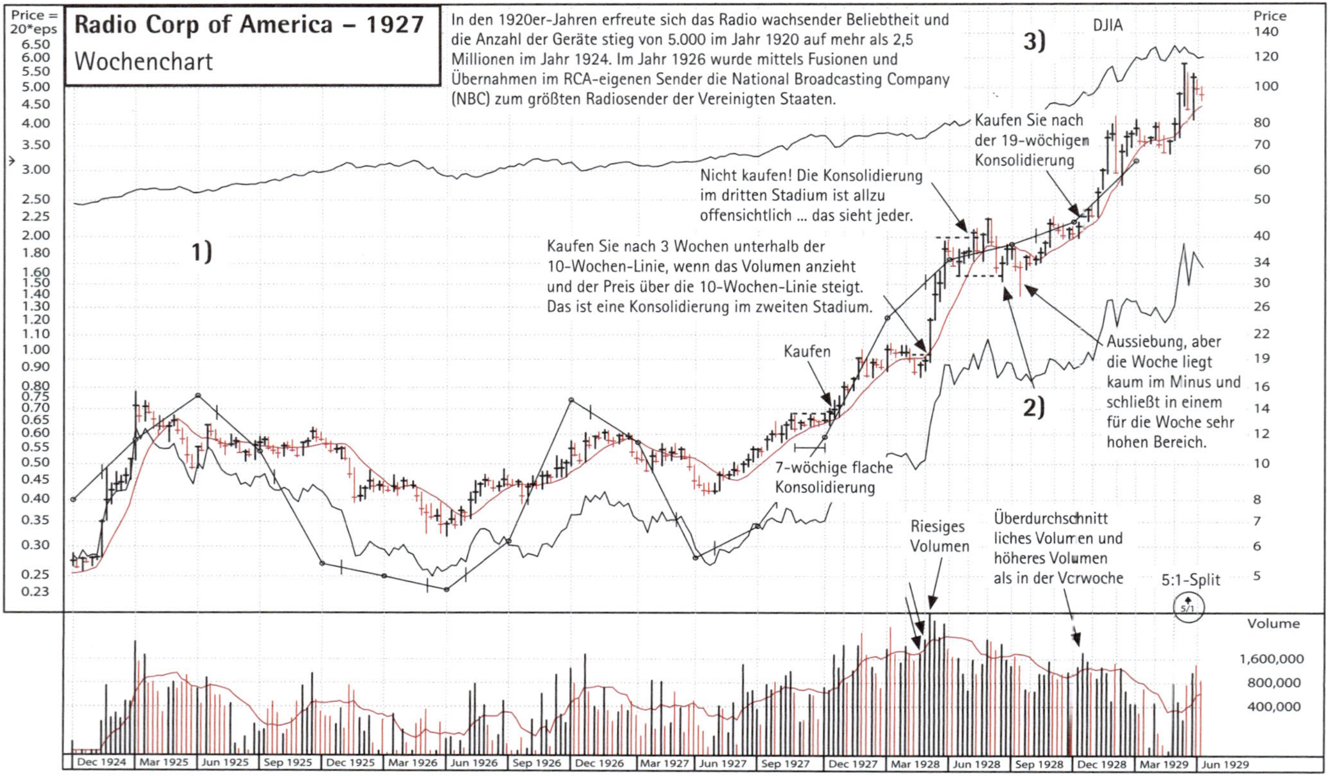

Radio Corporation of America stieg in 74 Wochen um 739 Prozent.

1) Bedenken sie: Die Beispiele für große Gewinner sind vollständig splitbereinigt. Tappen Sie nicht in die Falle und nehmen sie nicht unkorrekterweise an, da im RCA-Chart der Kaufpunkt bei 14 markiert ist, wäre das der tatsächliche damalige Preis gewesen. In Wirklichkeit hatte er 5 x 14 betragen, also 70, denn alle Aktien in diesen 100 Beispielen wurden um Splits bereinigt (beachten sie den 5:1-Split, der im rechten Bereich direkt über den wöchentlichen Volumenbalken angezeigt wird). Zum Beispiel befand sich sowohl bei Cisco als auch bei Microsoft der erste gekaufte Punkt in der ersten Konsolidierung im Bereich von 30 Dollar und Google stand bei 113. Die überwältigende Mehrheit der mehr als 1.000 Modelle, die wir auf den größten Gewinnern der Geschichte aufgebaut haben, begann aus der ersten Konsolidierungsformation im Bereich von 30 bis 100 oder noch mehr auszubrechen. Da unsere Regeln historisch erprobt sind, meiden wir Aktien für 3, 5 oder 10 Dollar, weil bei solchen Aktien die Qualität, die Liquidität und das Ausmaß der Unterstützung viel geringer sind. Unser Minimum für Aktien an der NYSE beträgt 20 Dollar.

2) Aussiebung der Käufer, die den Fehler gemacht haben, nach dem Ausbruch auf ein neues Hoch nach dem dritten Stadium der Konsolidierung zu kaufen.

3) Anmerkung: Nachdem RCA in dem Quartal von Juni bis September 1928 den niedrigen Preis von Punkt A unterbietet und eine neue Konsolidierung abschließt, bekommt es wieder den Status eines ersten Stadiums.

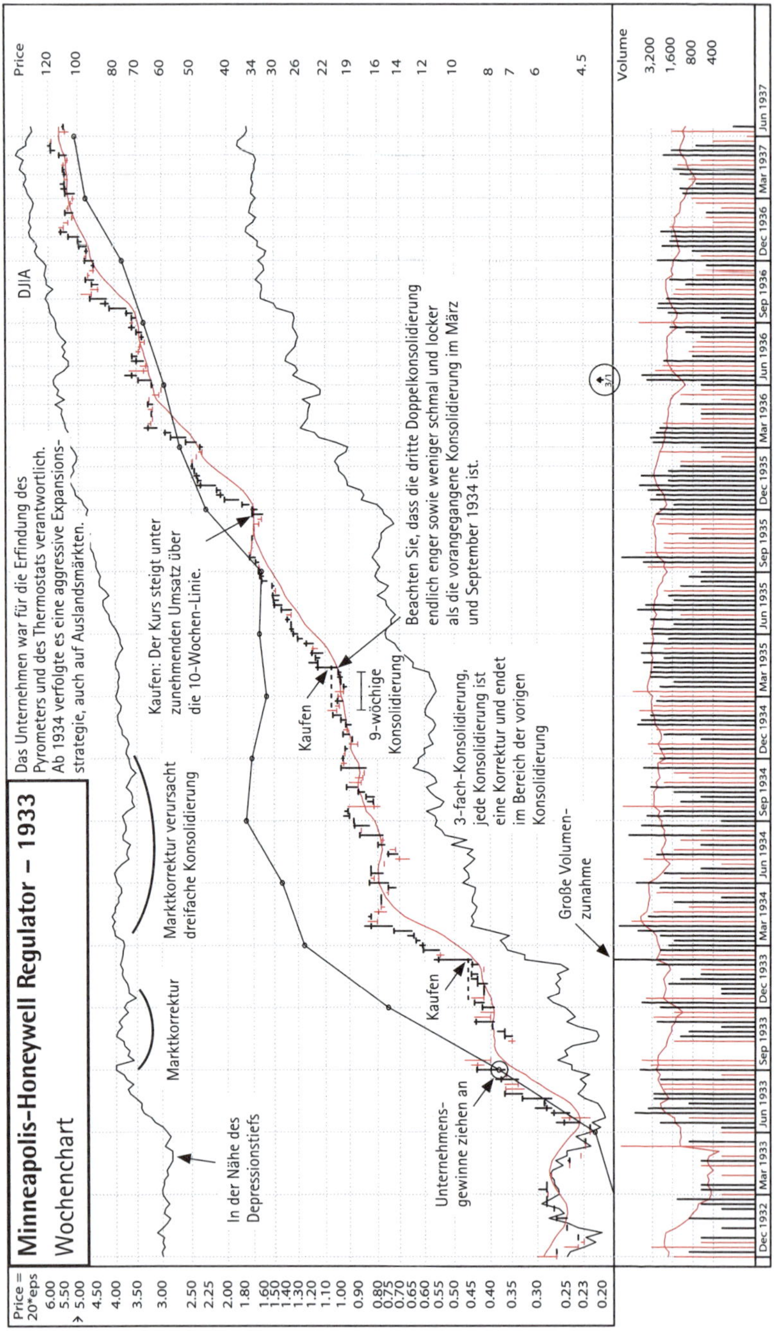

Minneapolis-Honeywell Regulator stieg in 170 Wochen um 987 Prozent.

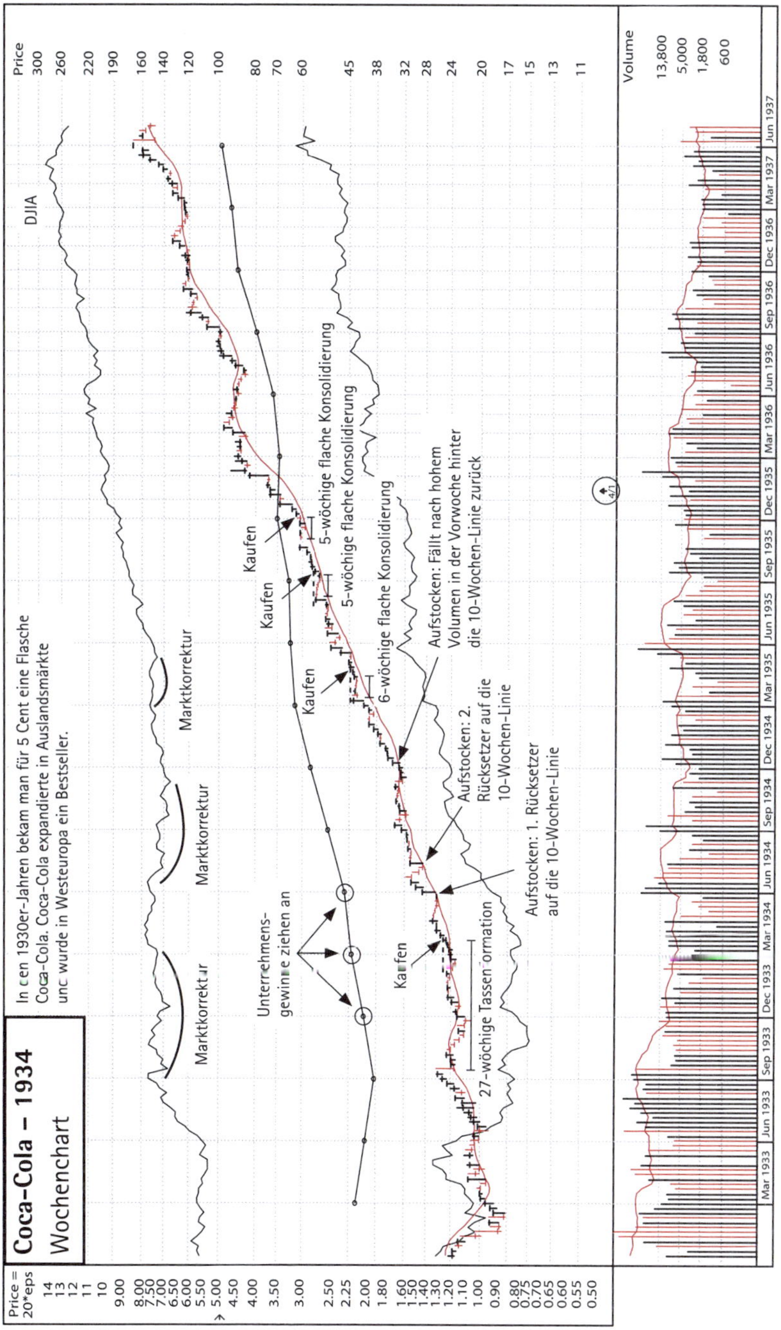

Coca-Cola stieg in 165 Wochen um 565 Prozent.

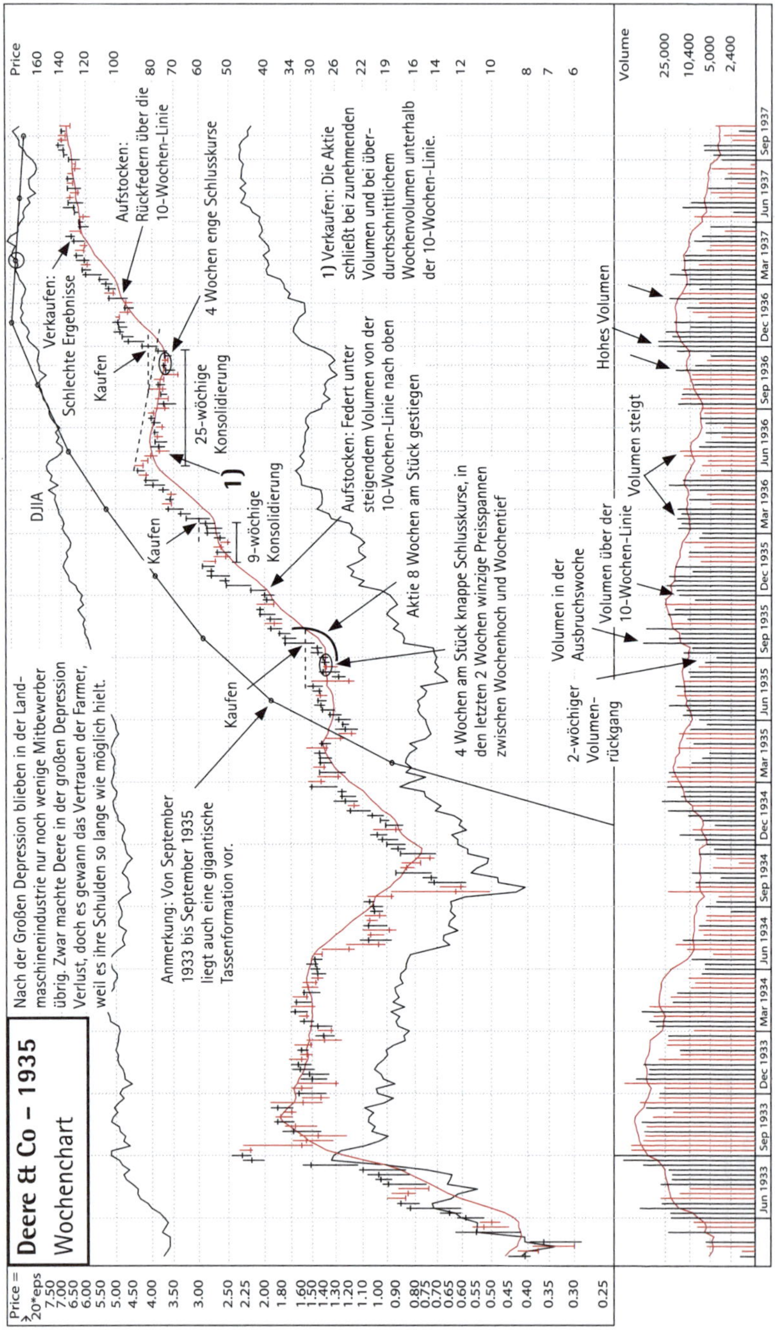

Deere & Co stieg in 104 Wochen um 307 Prozent.

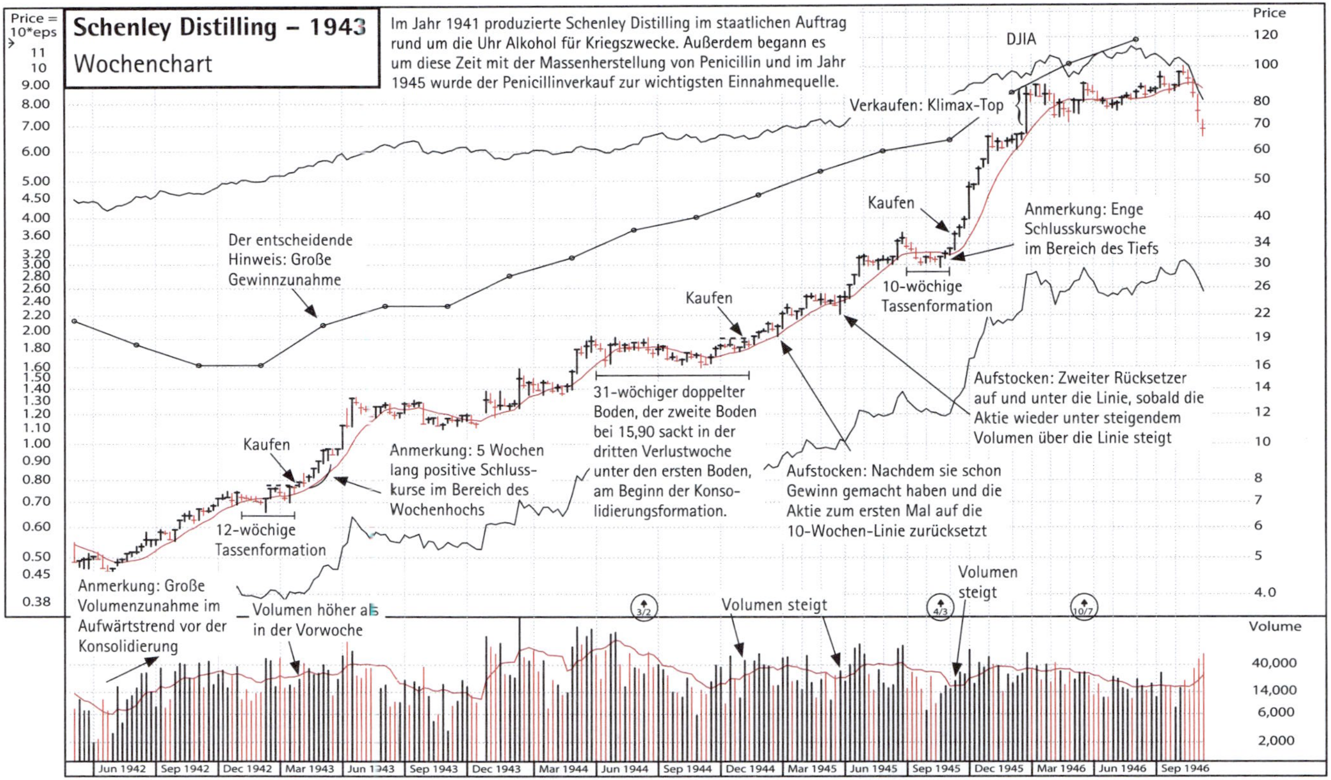

Schenley Distilling stieg in 185 Wochen um 1.164 Prozent.

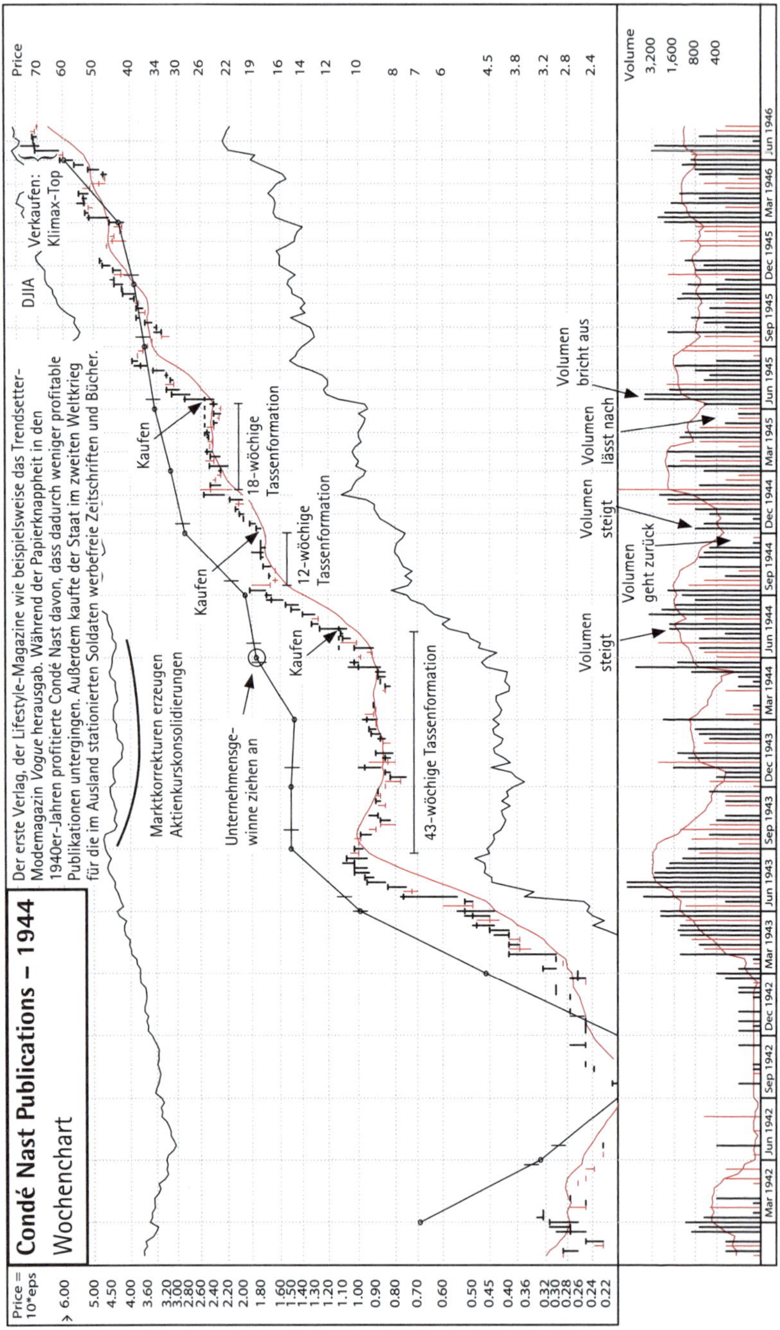

Condé Nast Publications stieg in 101 Wochen um 514 Prozent.

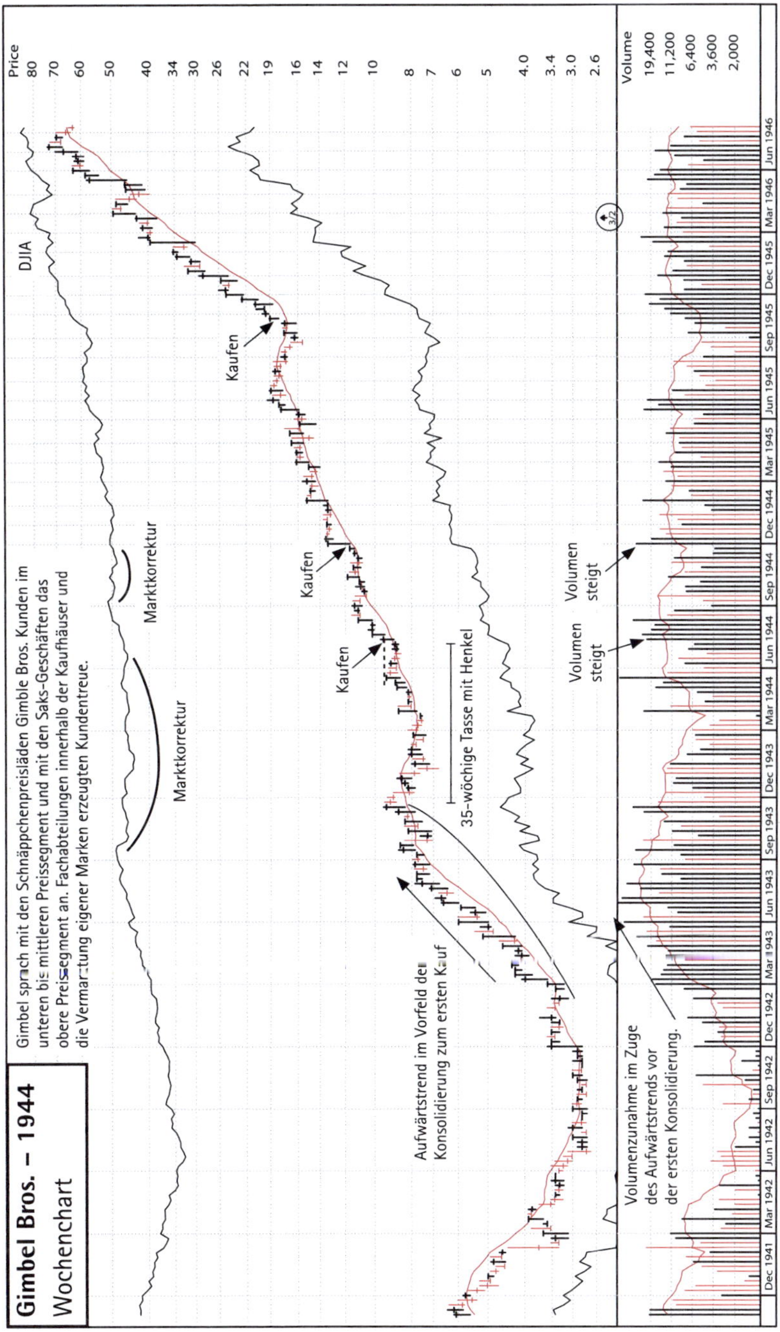

Gimbel Brothers stieg in 103 Wochen um 674 Prozent.

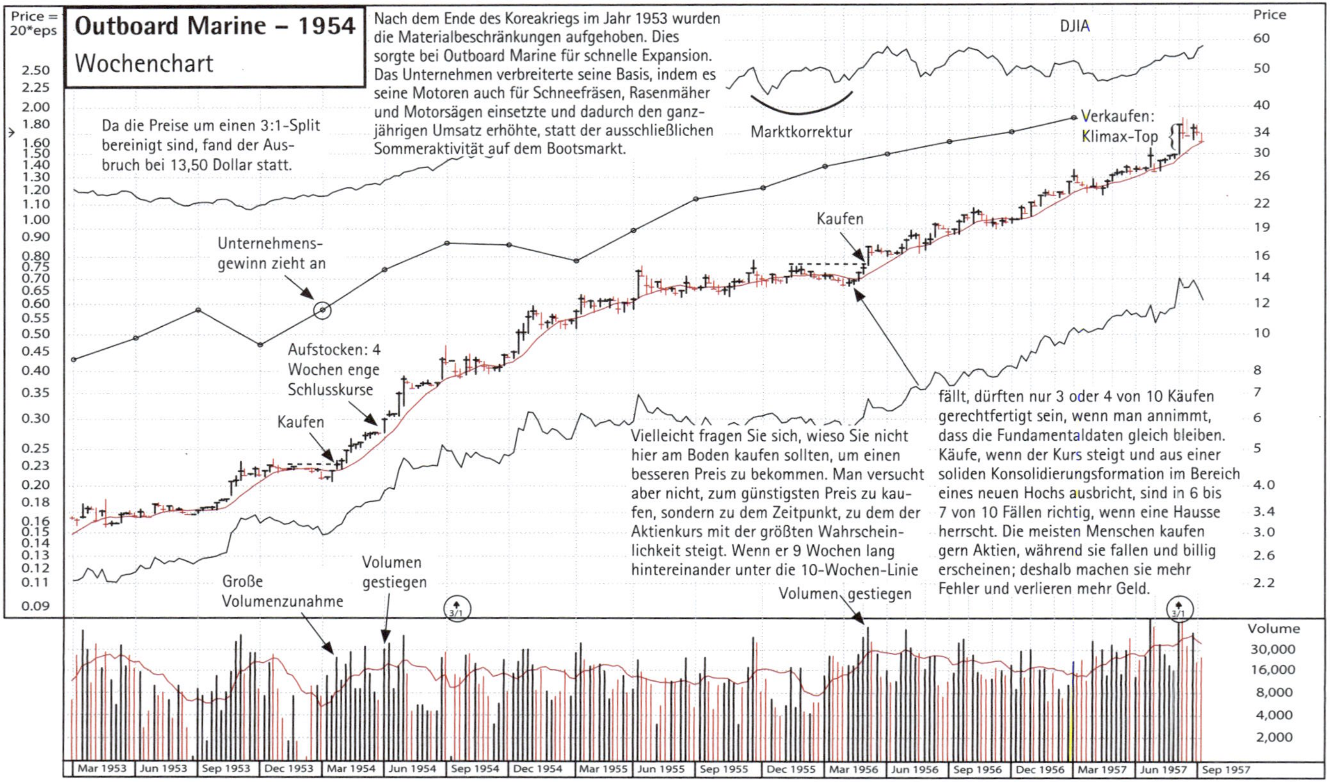

Outboard Marine stieg in 177 Wochen um 720 Prozent.

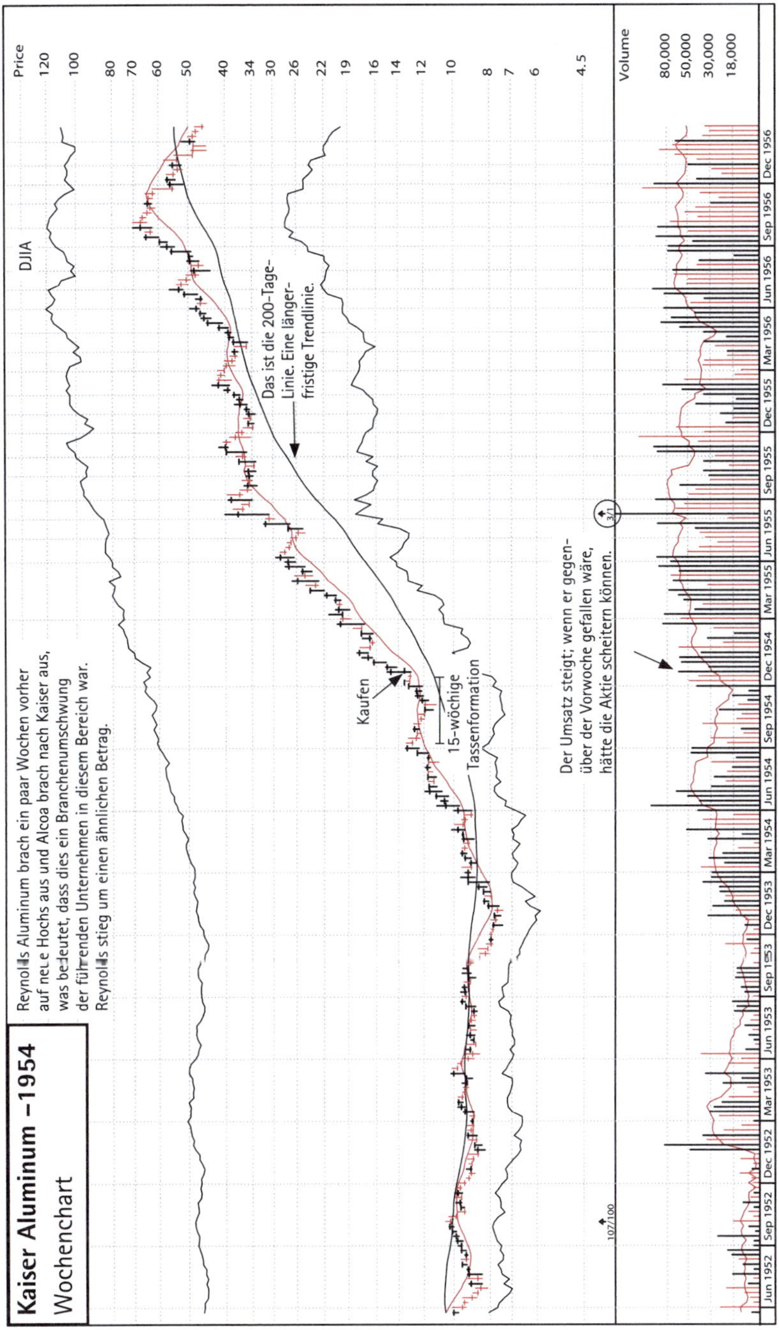

Kaiser Aluminum stieg in 39 Wochen um 379 Prozent.

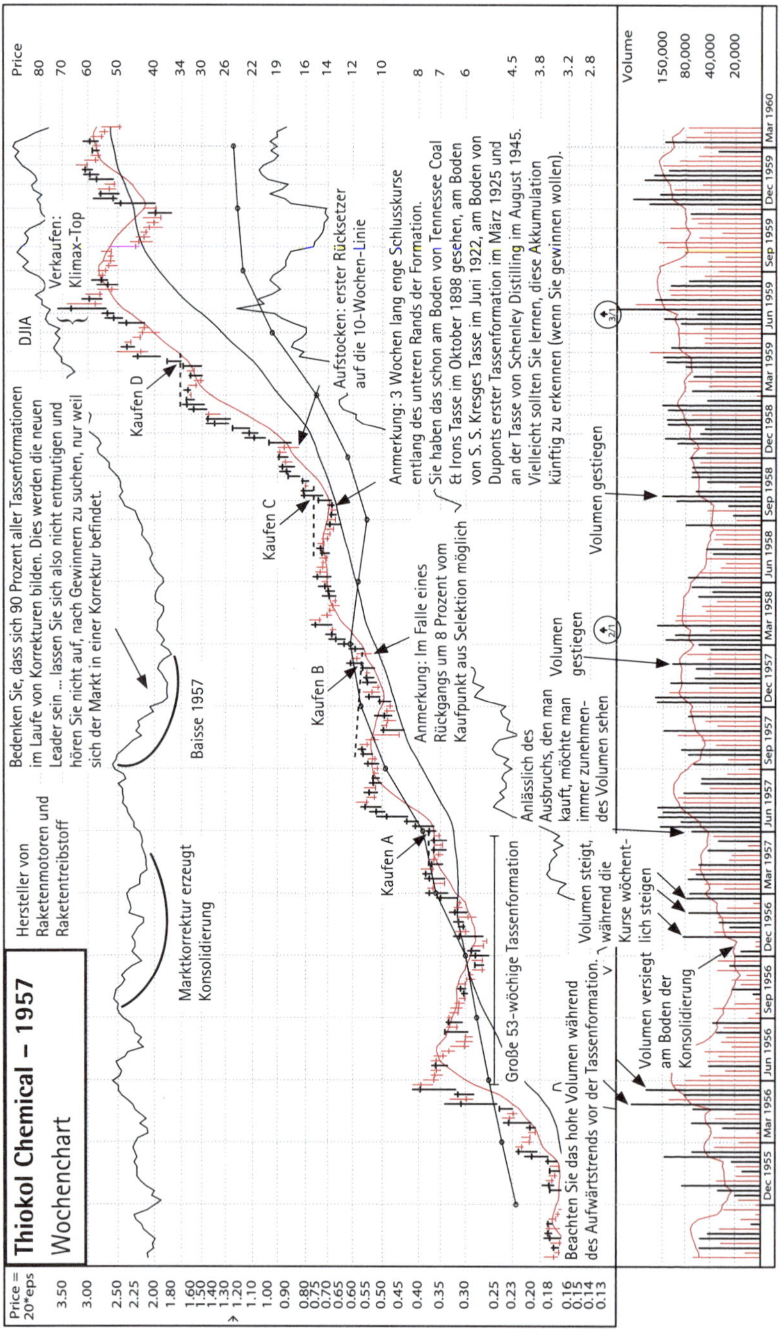

Thiokol Chemical stieg in 109 Wochen um 860 Prozent.

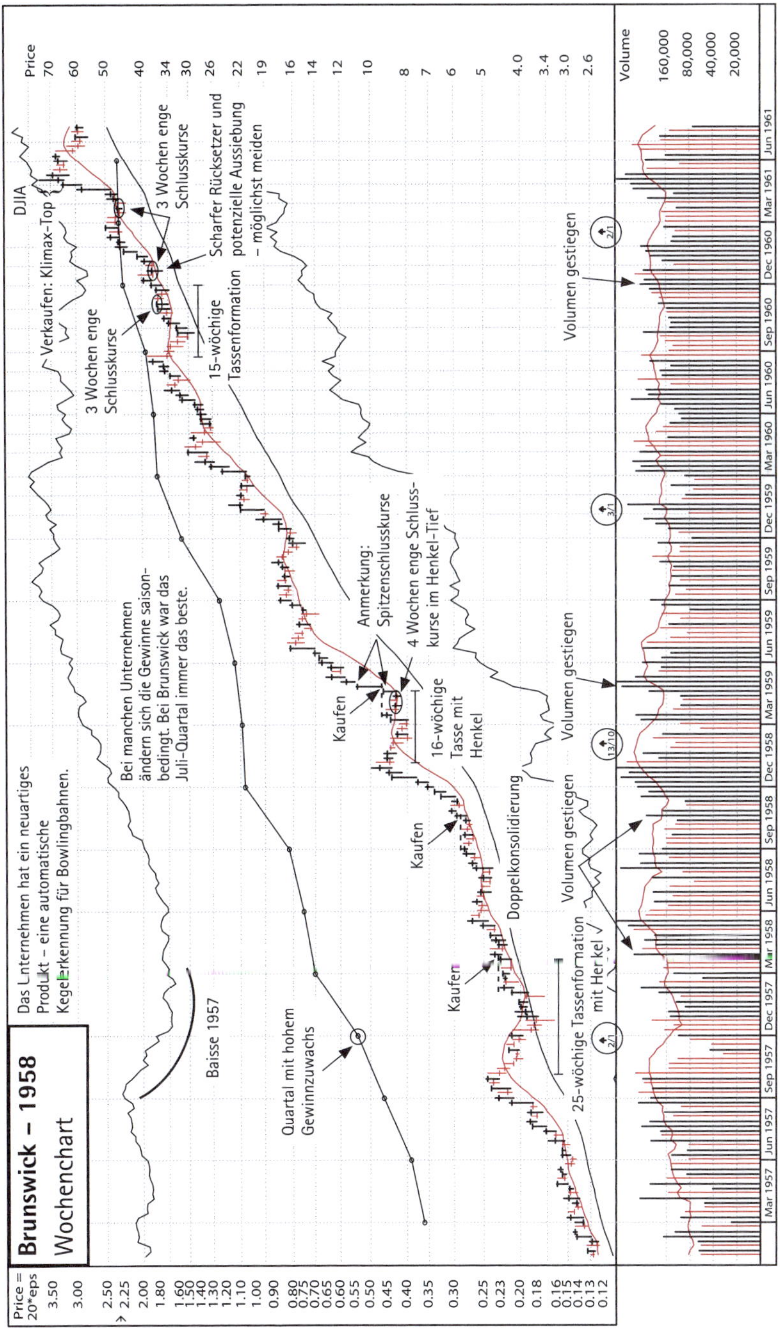

Brunswick stieg in 162 Wochen um 1.500 Prozent

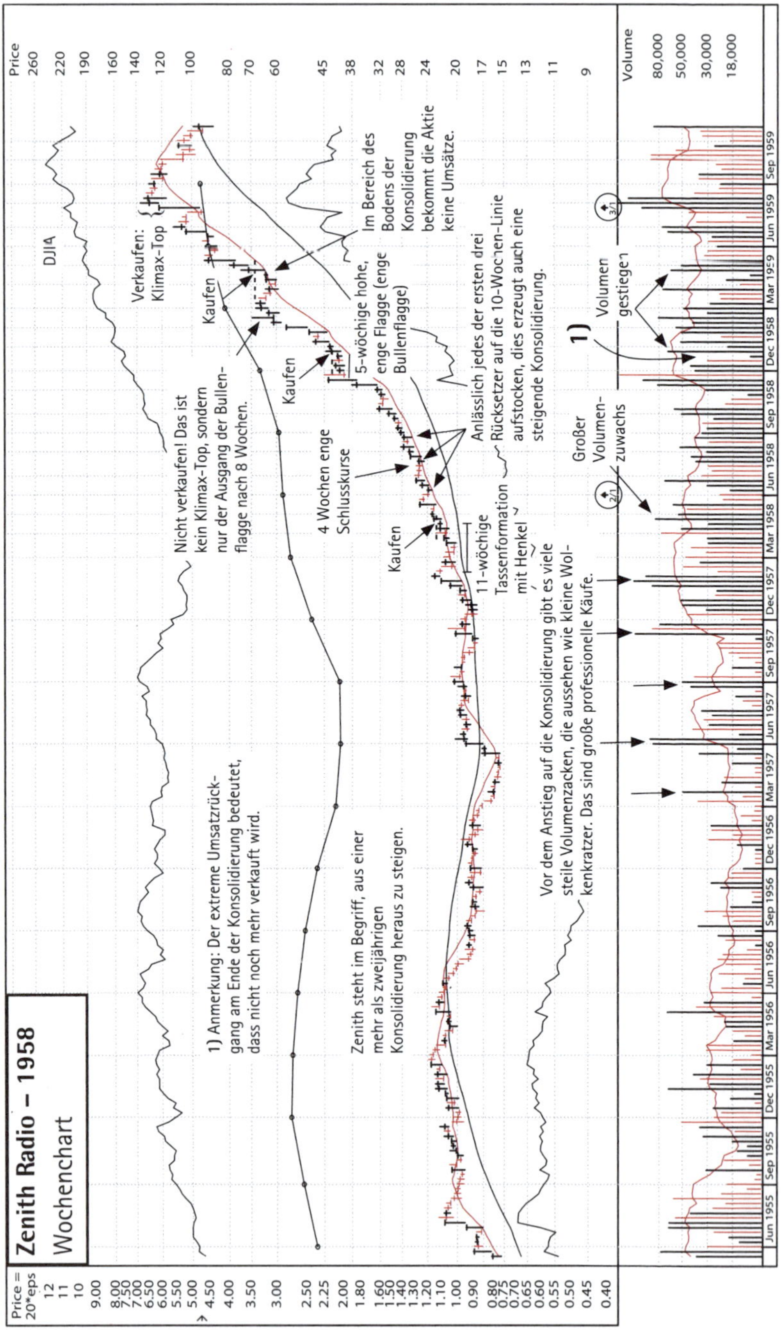

Zenith Radio stieg in 66 Wochen um 493 Prozent

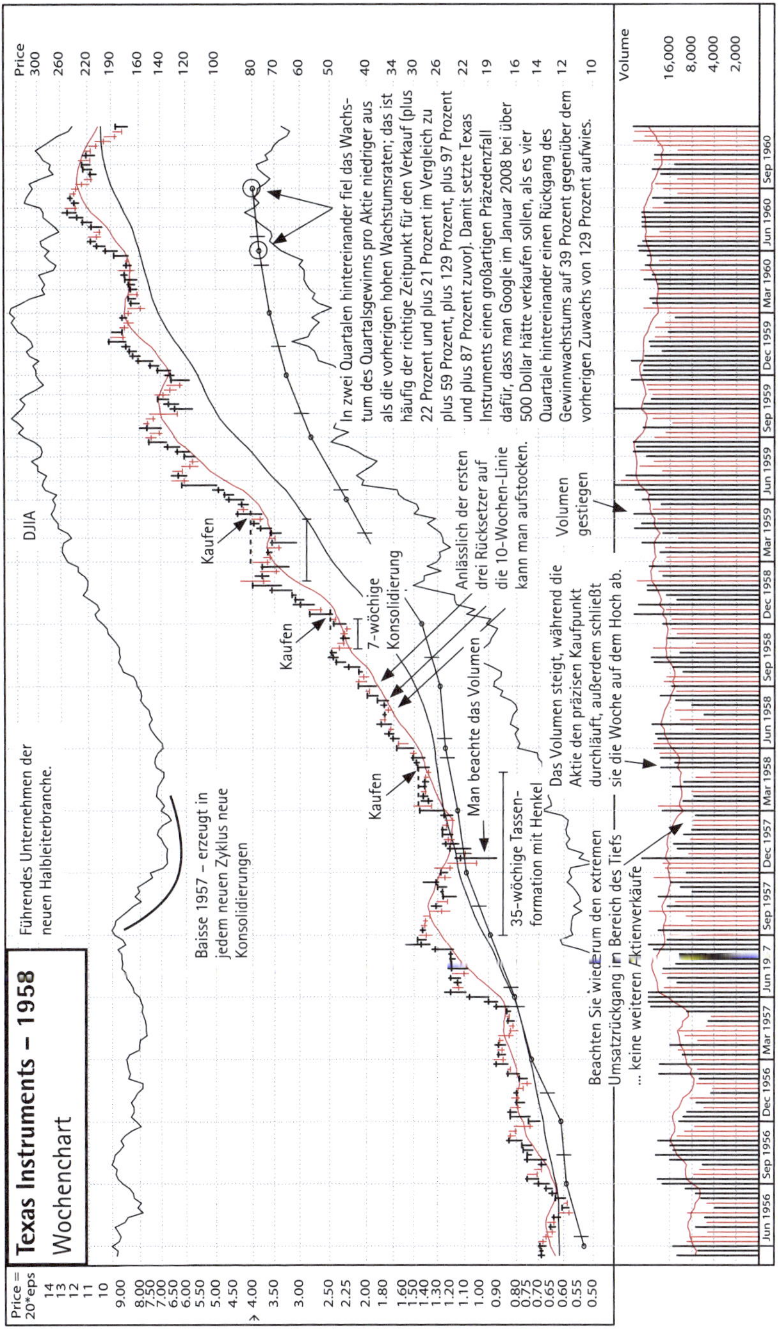

Texas Instruments stieg in 116 Wochen um 772 Prozent.

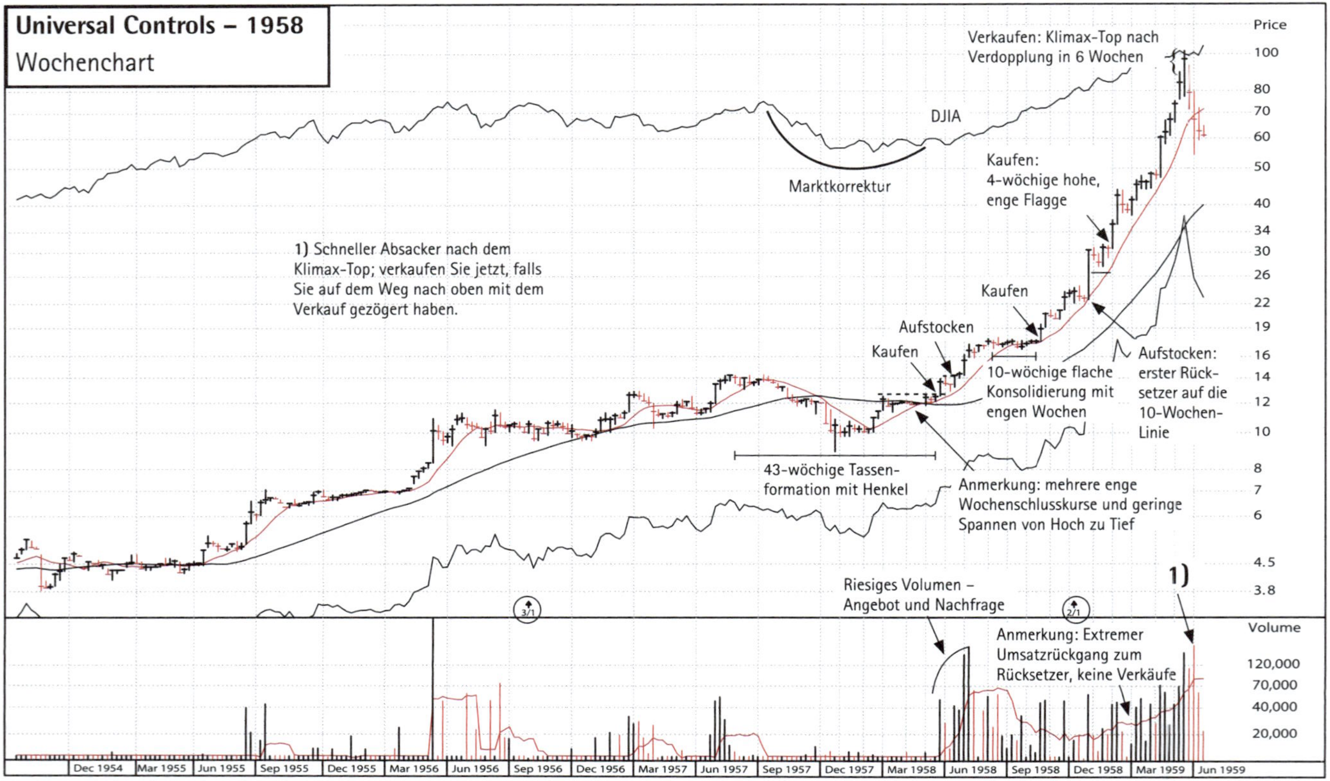

Universal Controls stieg in 51 Wochen um 645 Prozent.

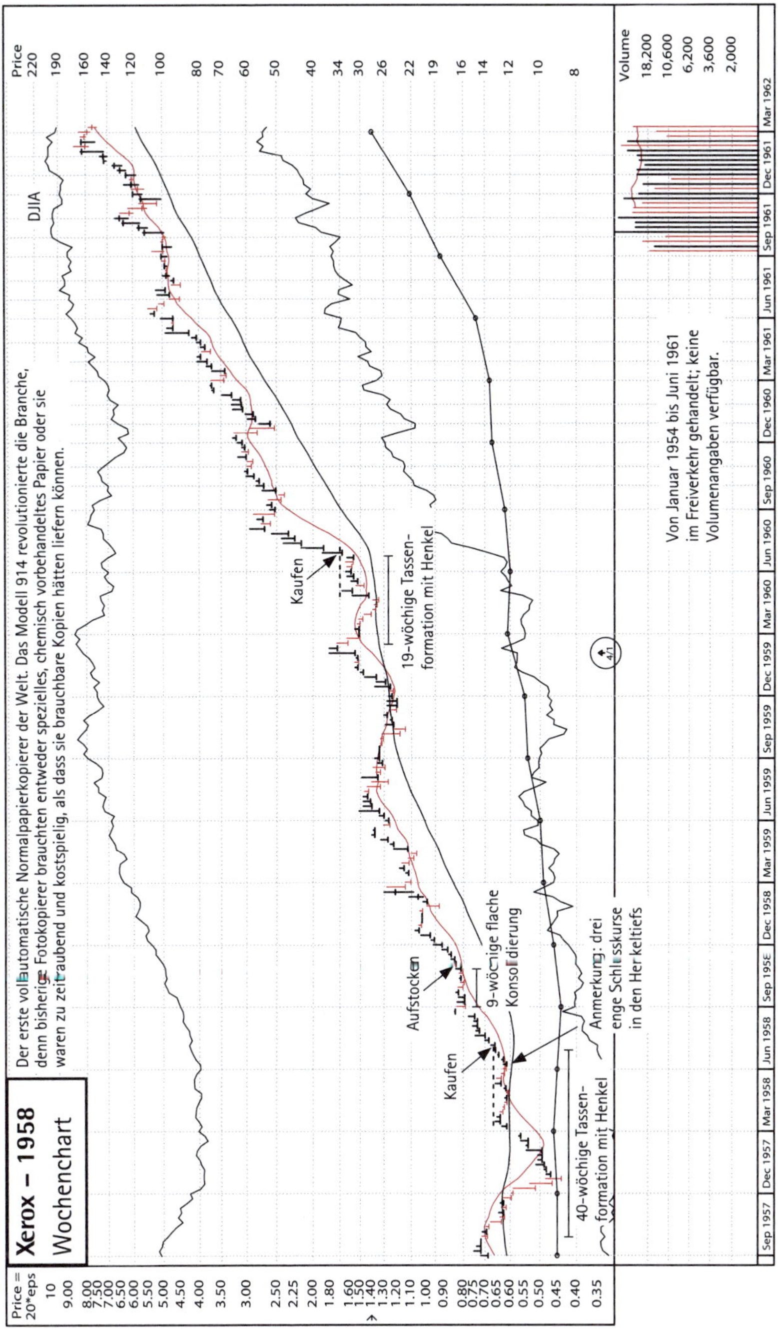

Xerox stieg in 188 Wochen um 1.201 Prozent

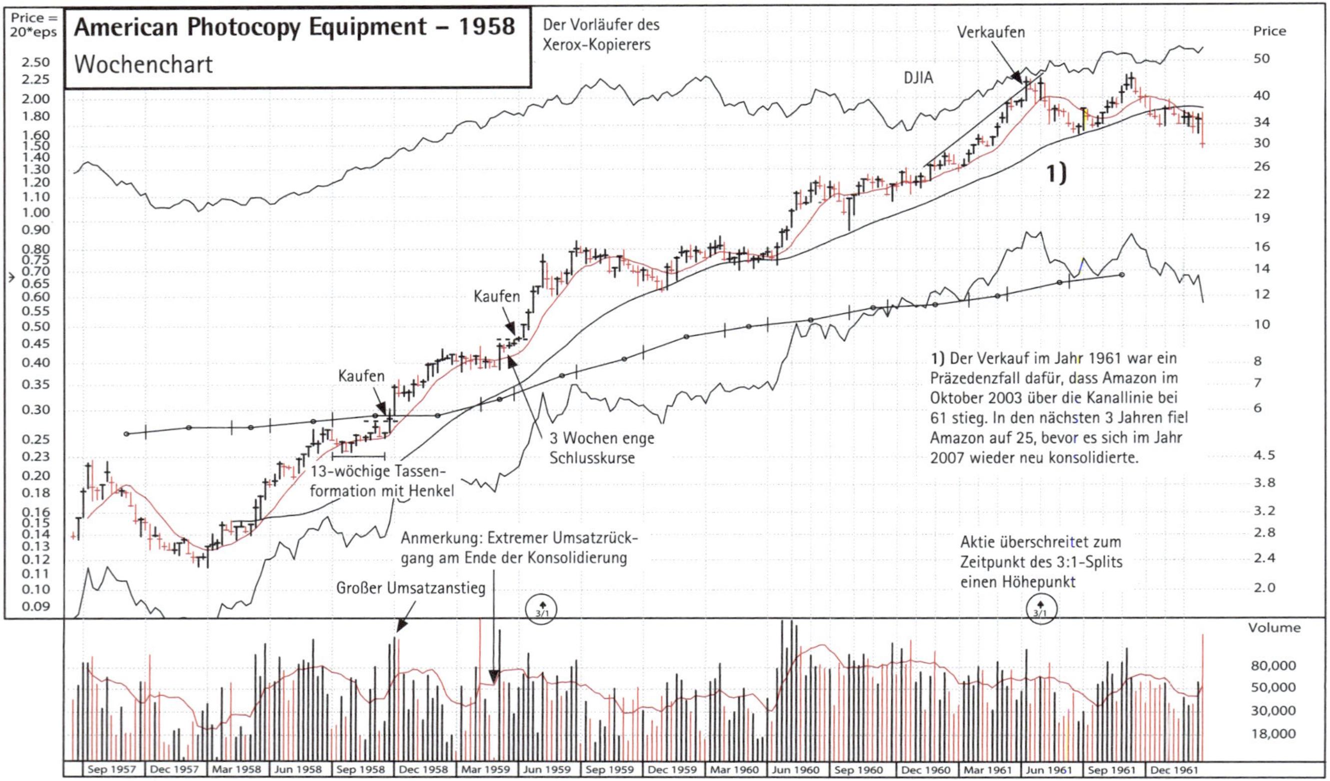

American Photocopy Equipment stieg in 133 Wochen um 696 Prozent.

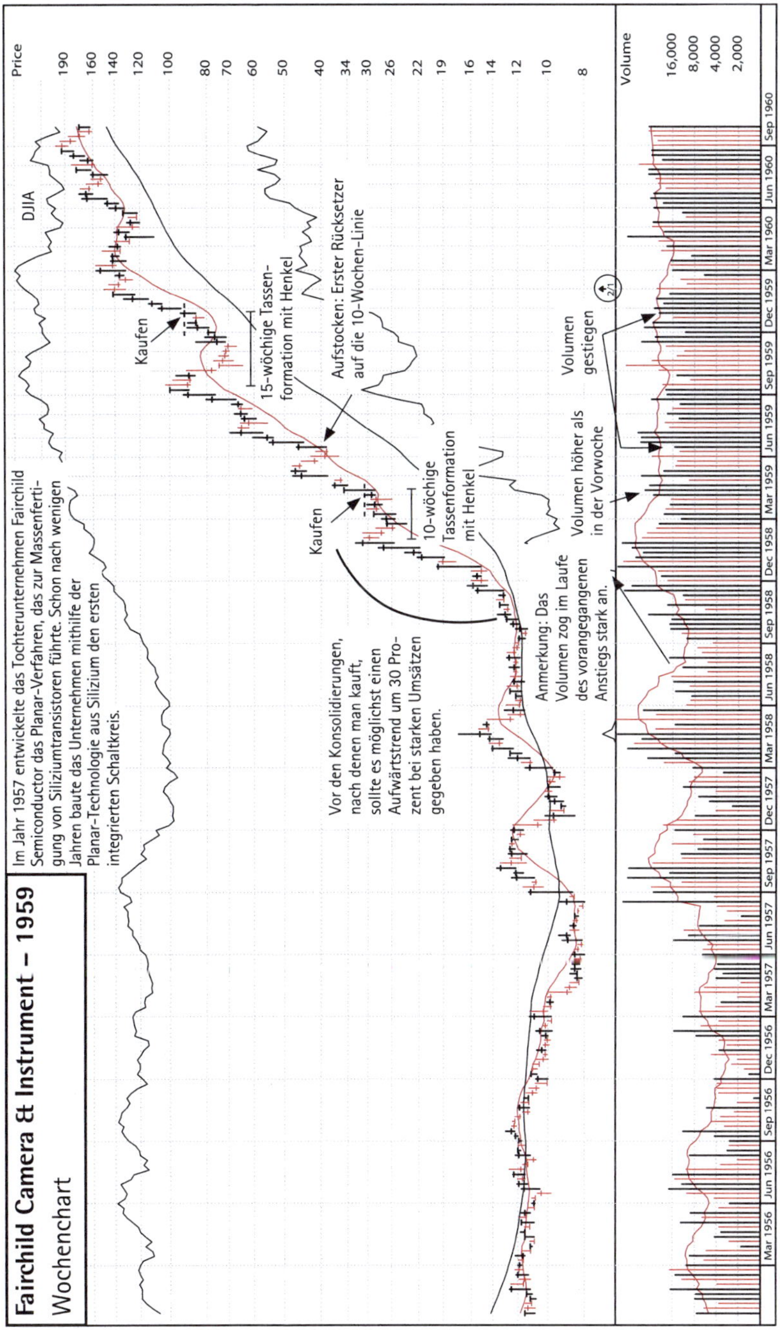

Fairchild Camera & Instrument stieg in 73 Wochen um 582 Prozent.

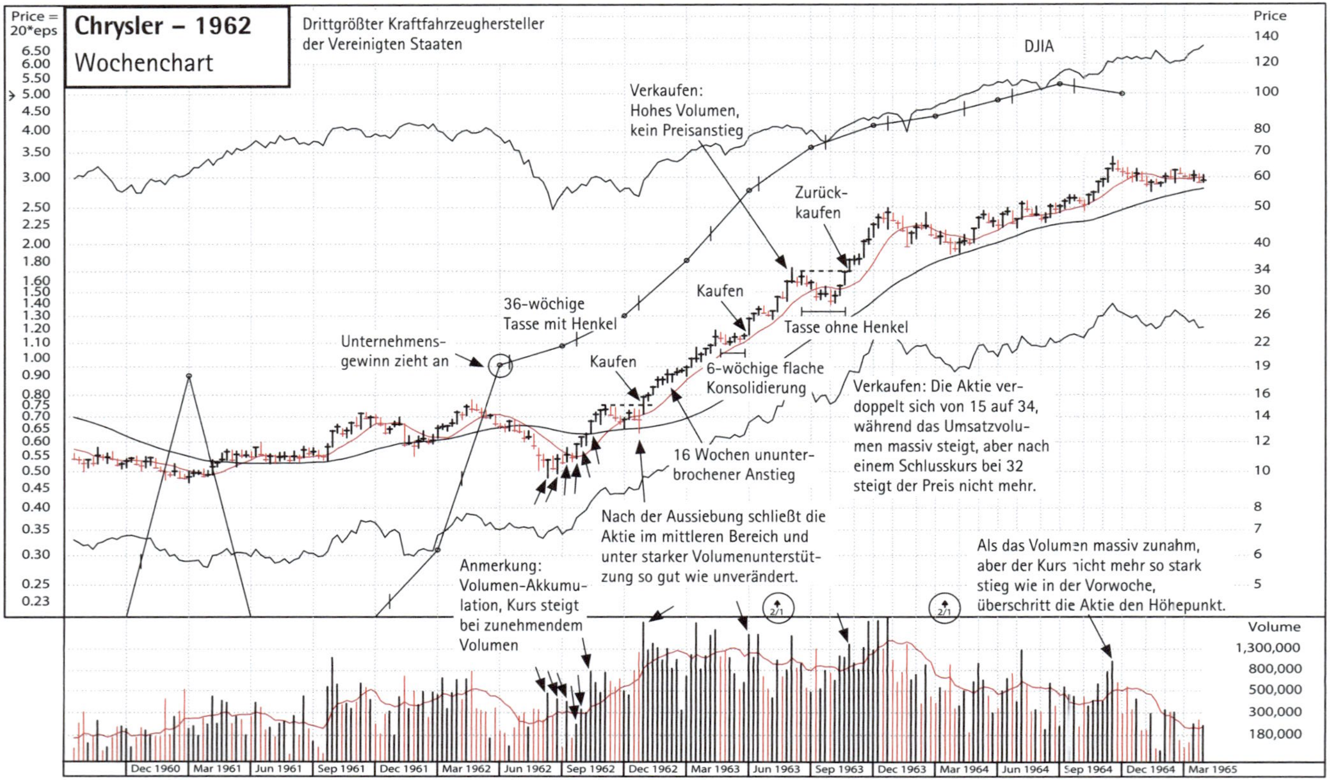

Chrysler stieg in 51 Wochen um 215 Prozent.

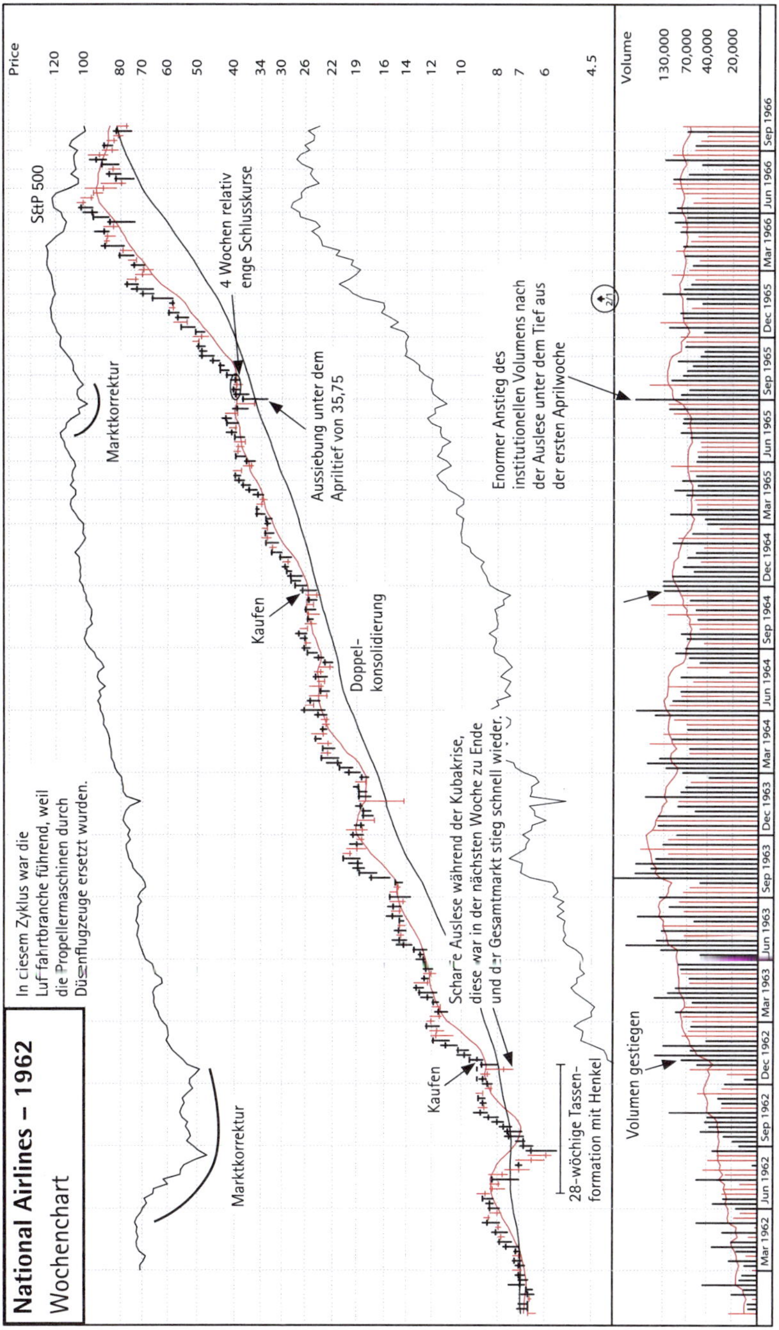

National Airlines stieg in 179 Wochen um 1.004 Prozent.

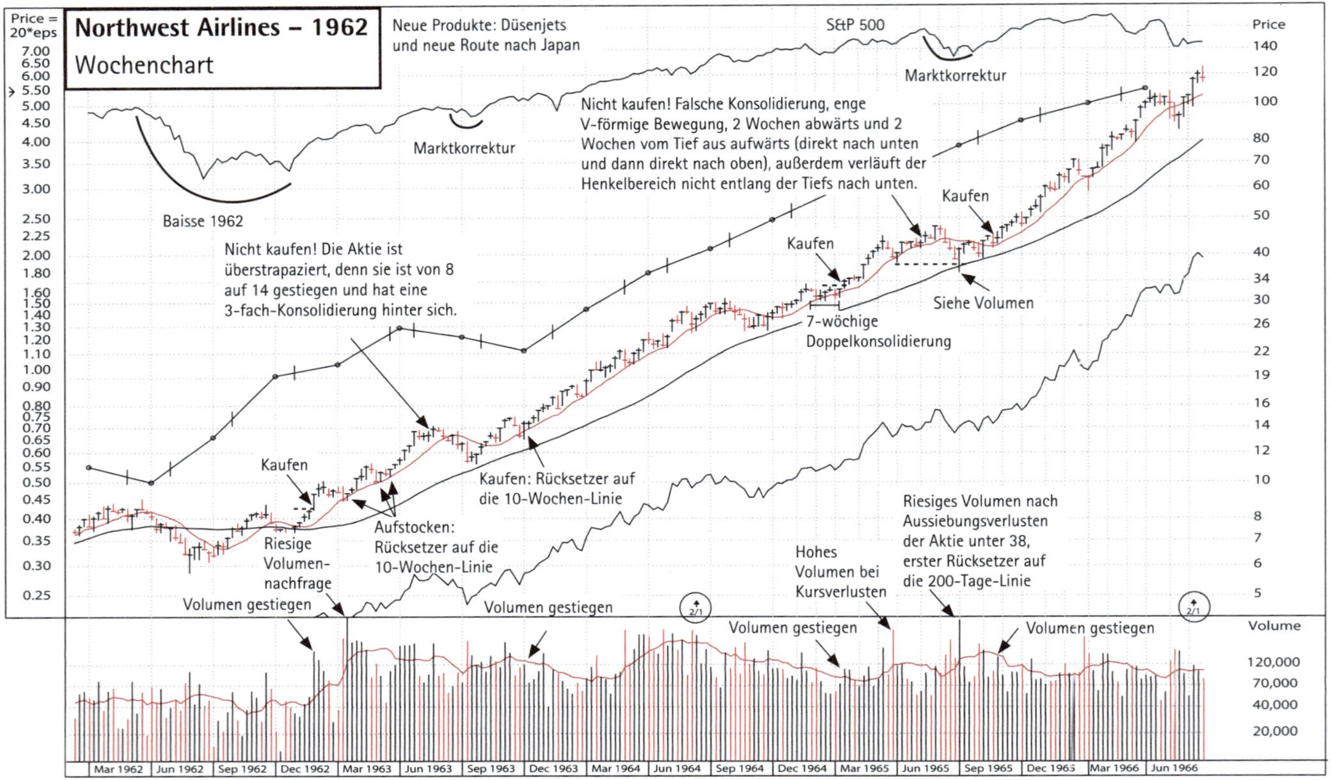

Northwest Airlines stieg in 186 Wochen um 1.240 Prozent.

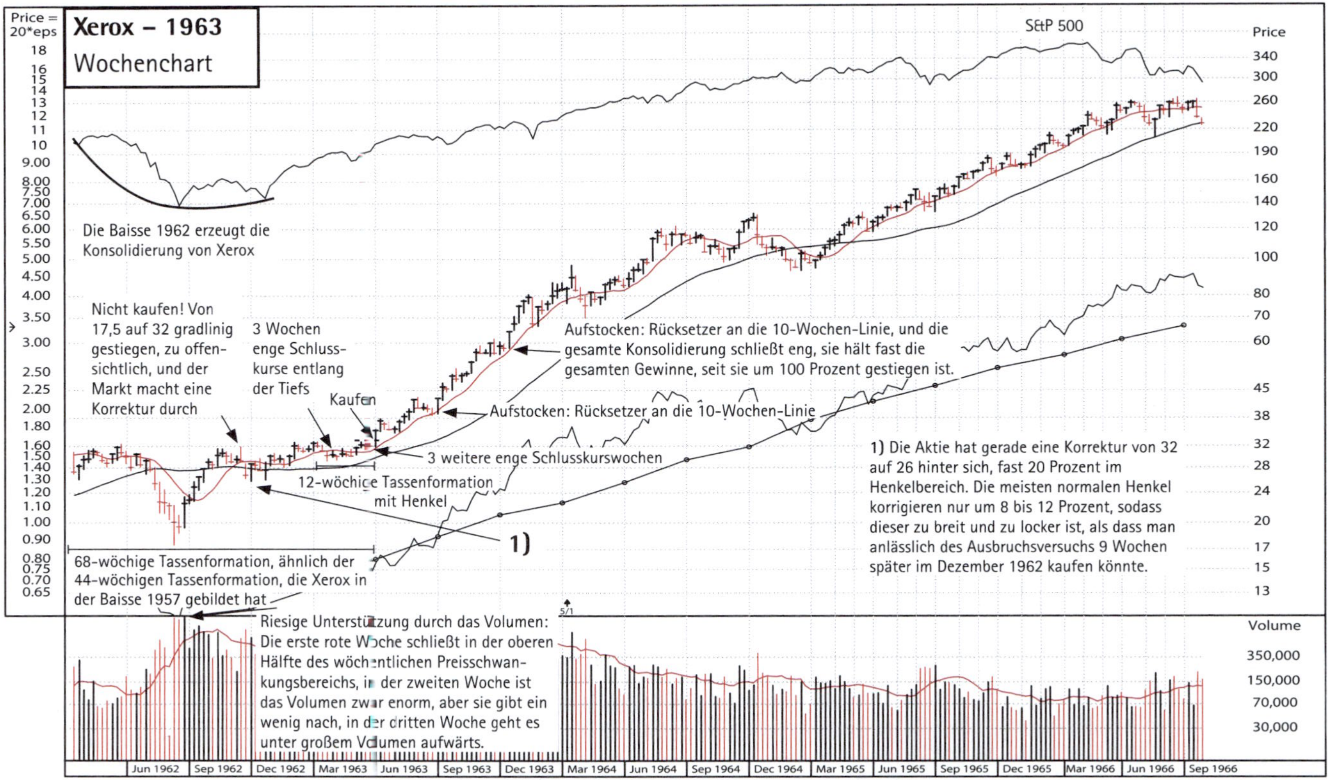

Xerox stieg in 168 Wochen um 660 Prozent.

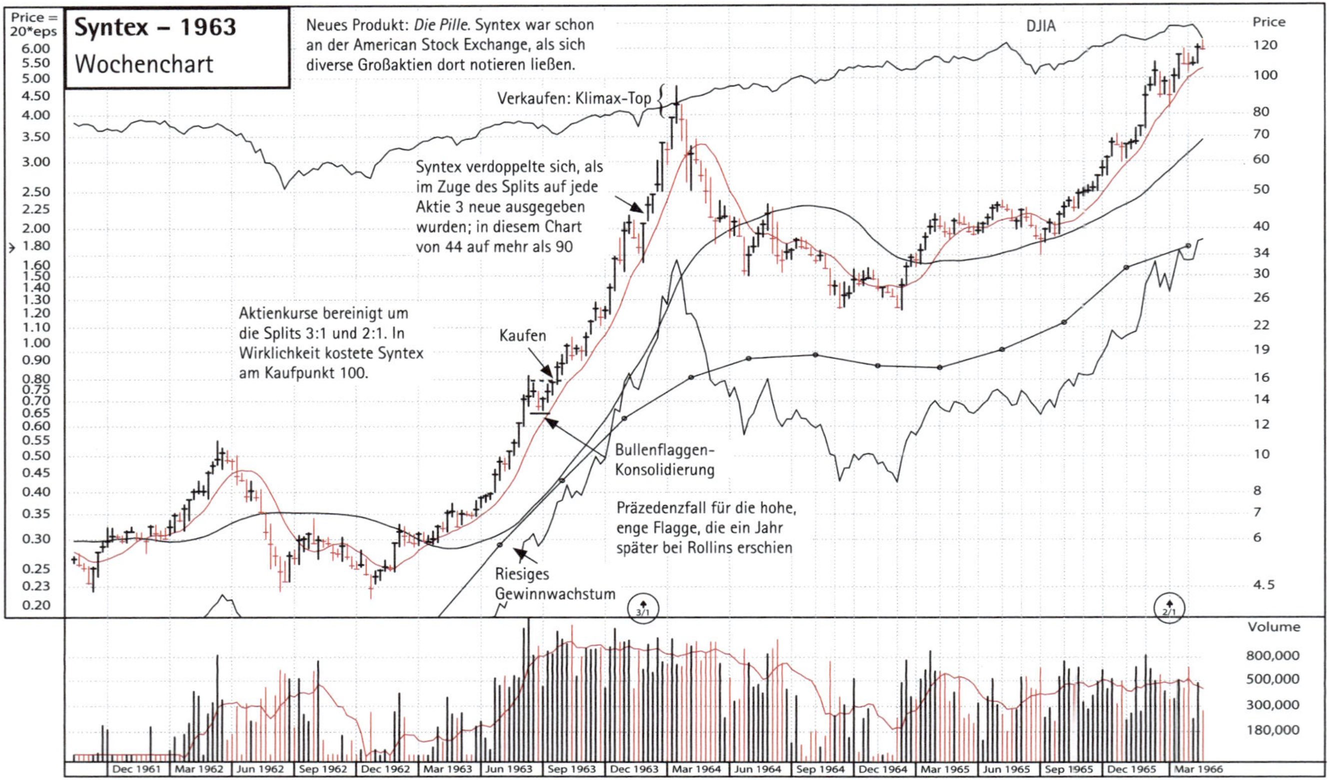

Syntex stieg in 25 Wochen um 451 Prozent.

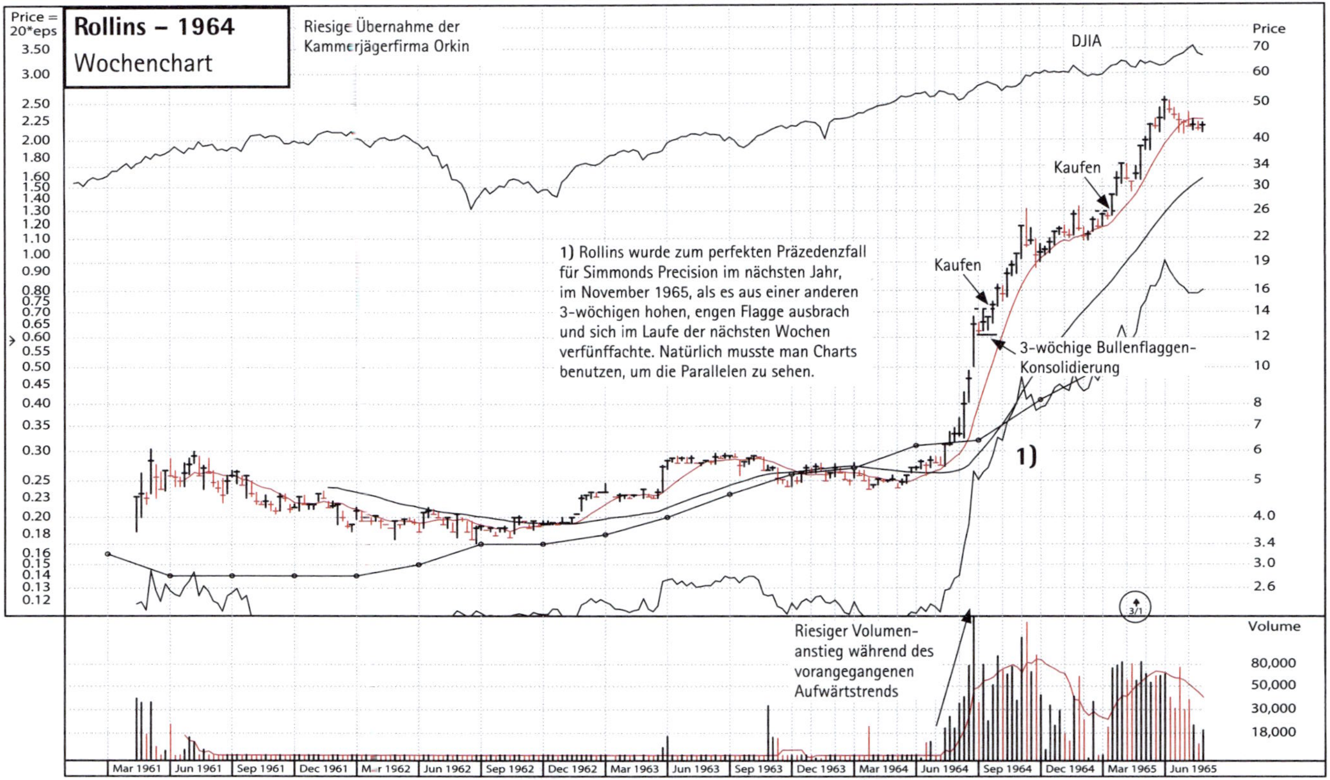

Rollins stieg in 36 Wochen um 254 Prozent.

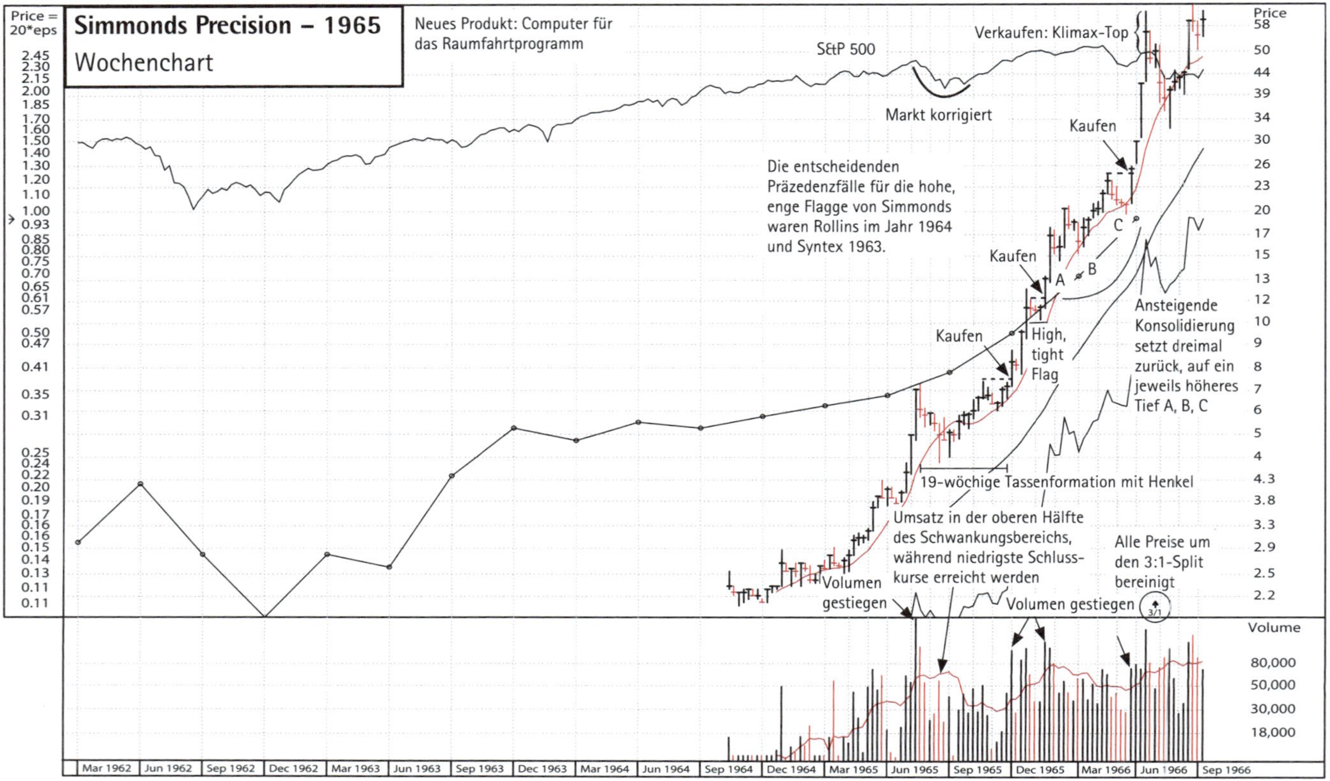

Simmonds Precision Products stieg in 38 Wochen um 672 Prozent.

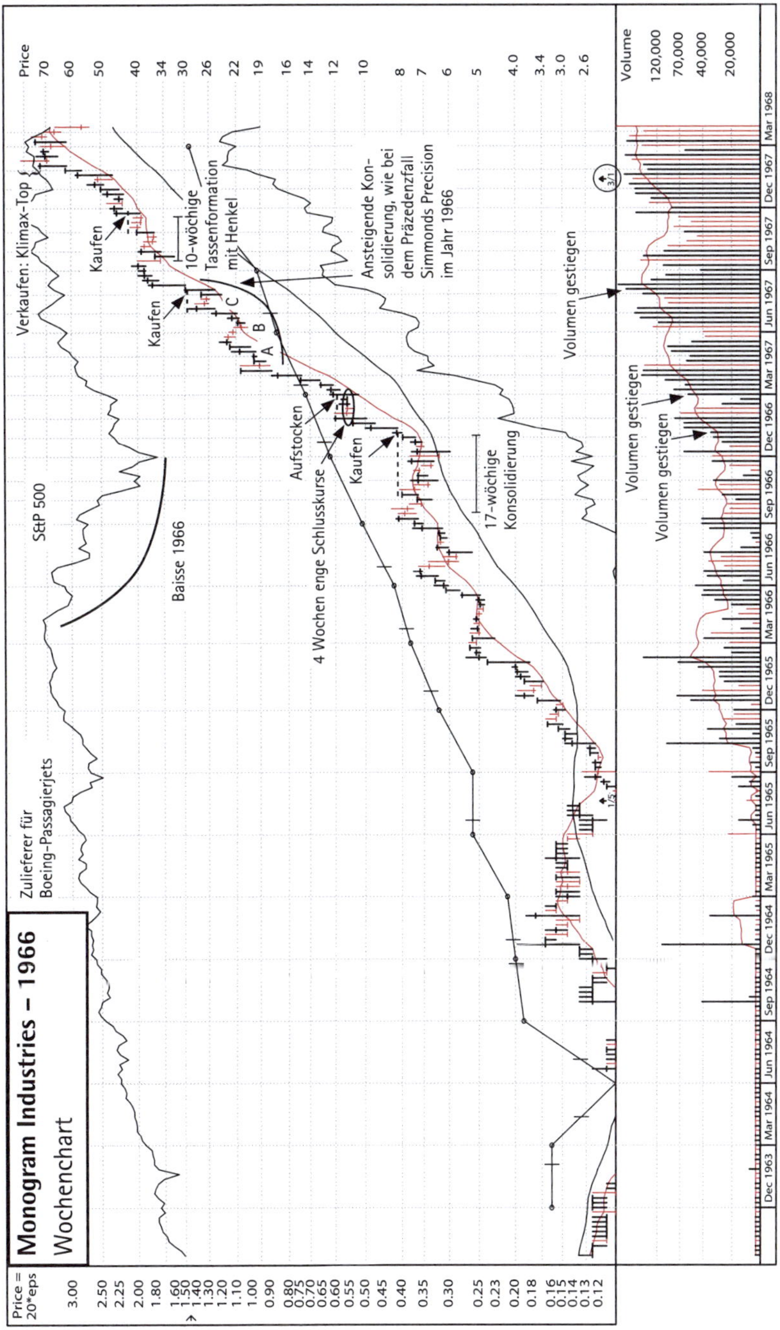

Monogram Industries stieg in 57 Wochen um 891 Prozent.

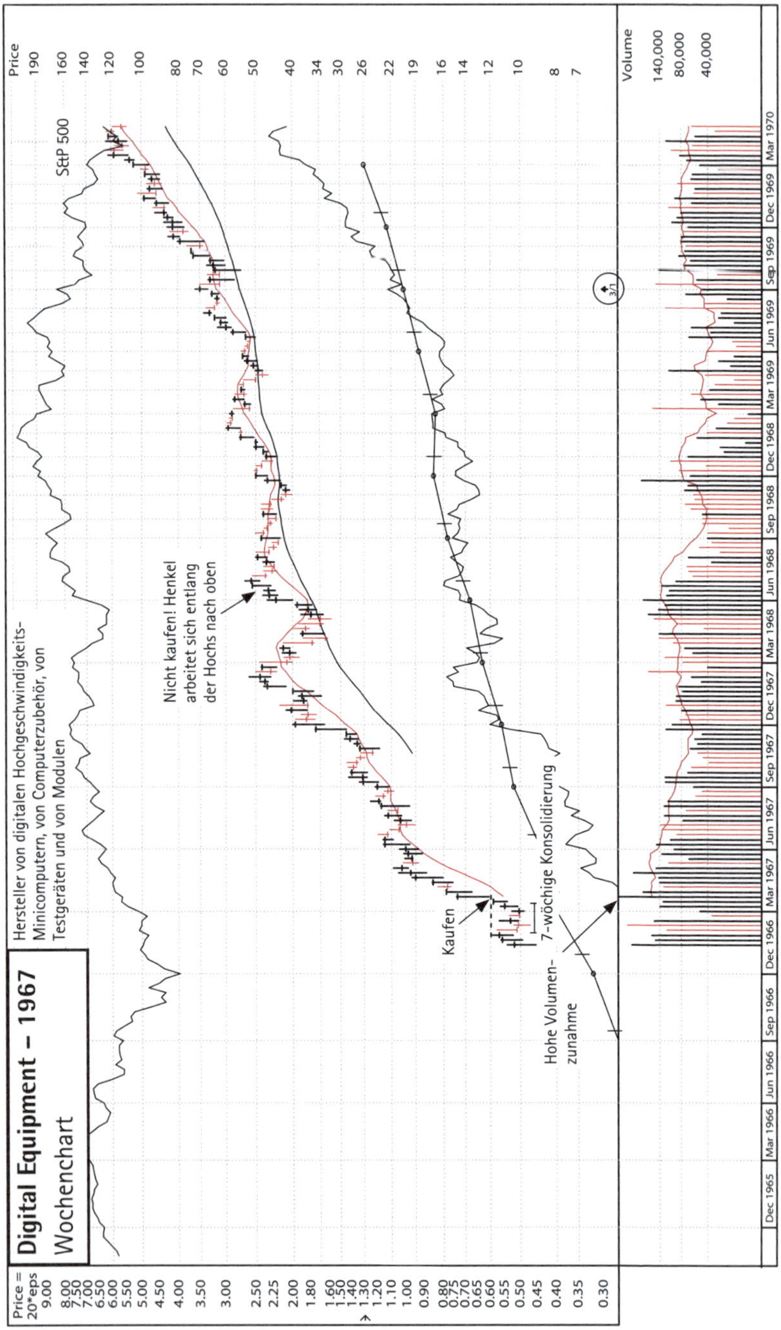

Digital Equipment stieg in 156 Wochen um 743 Prozent.

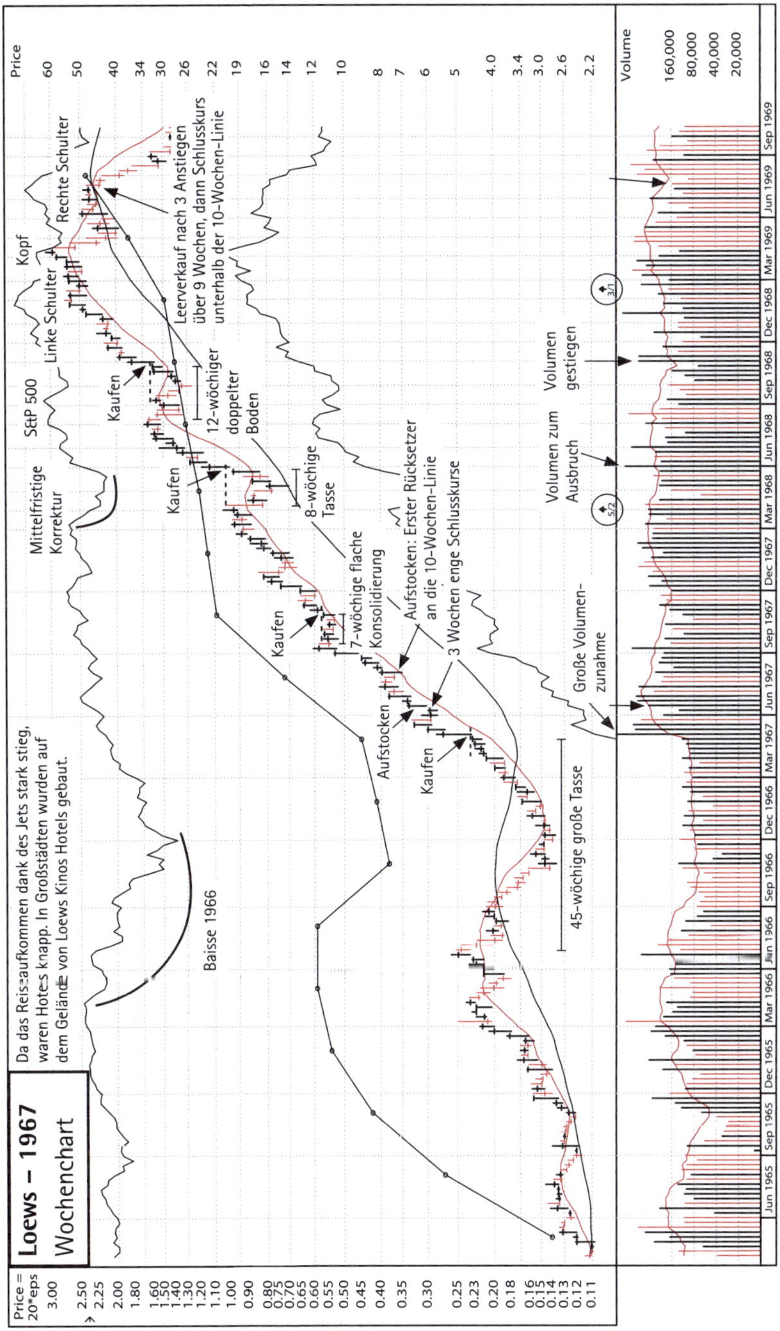

Loews stieg in 101 Wochen um 1.025 Prozent.

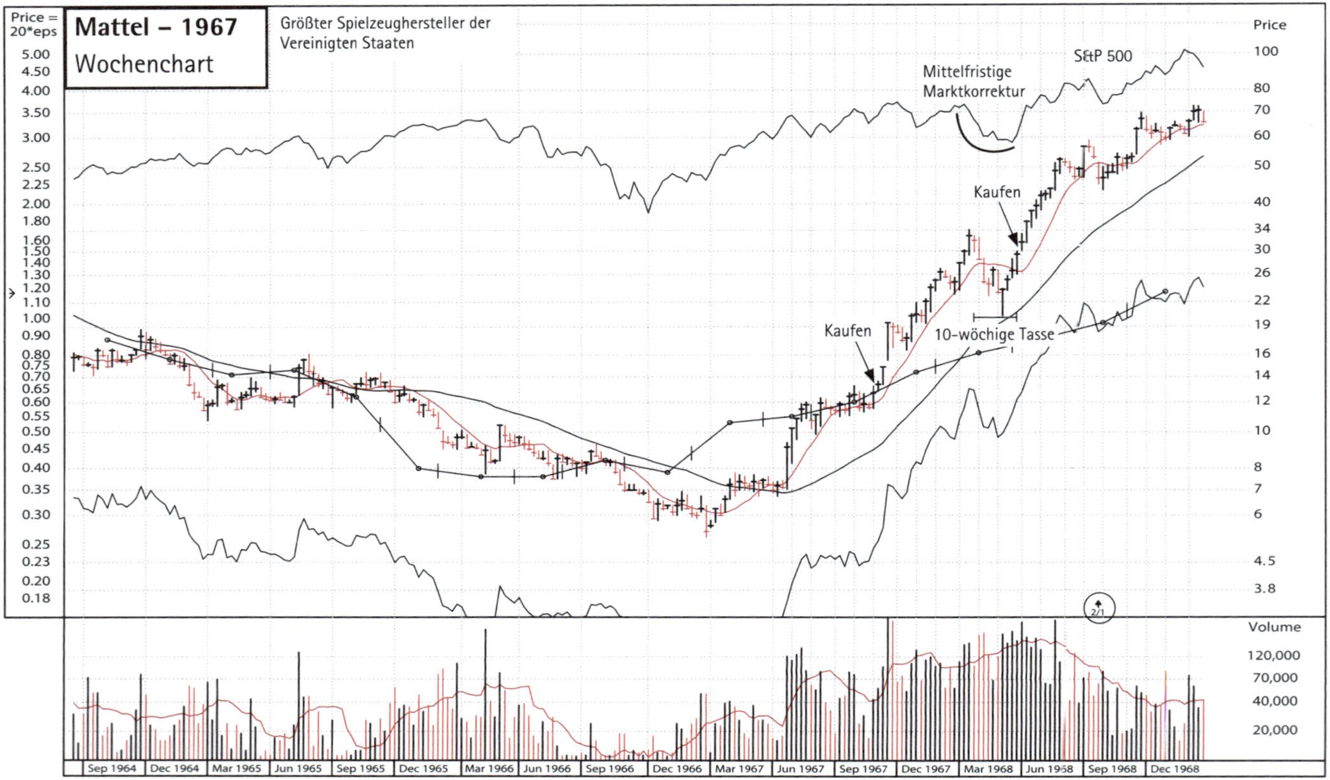

Mattel stieg in 66 Wochen um 441 Prozent.

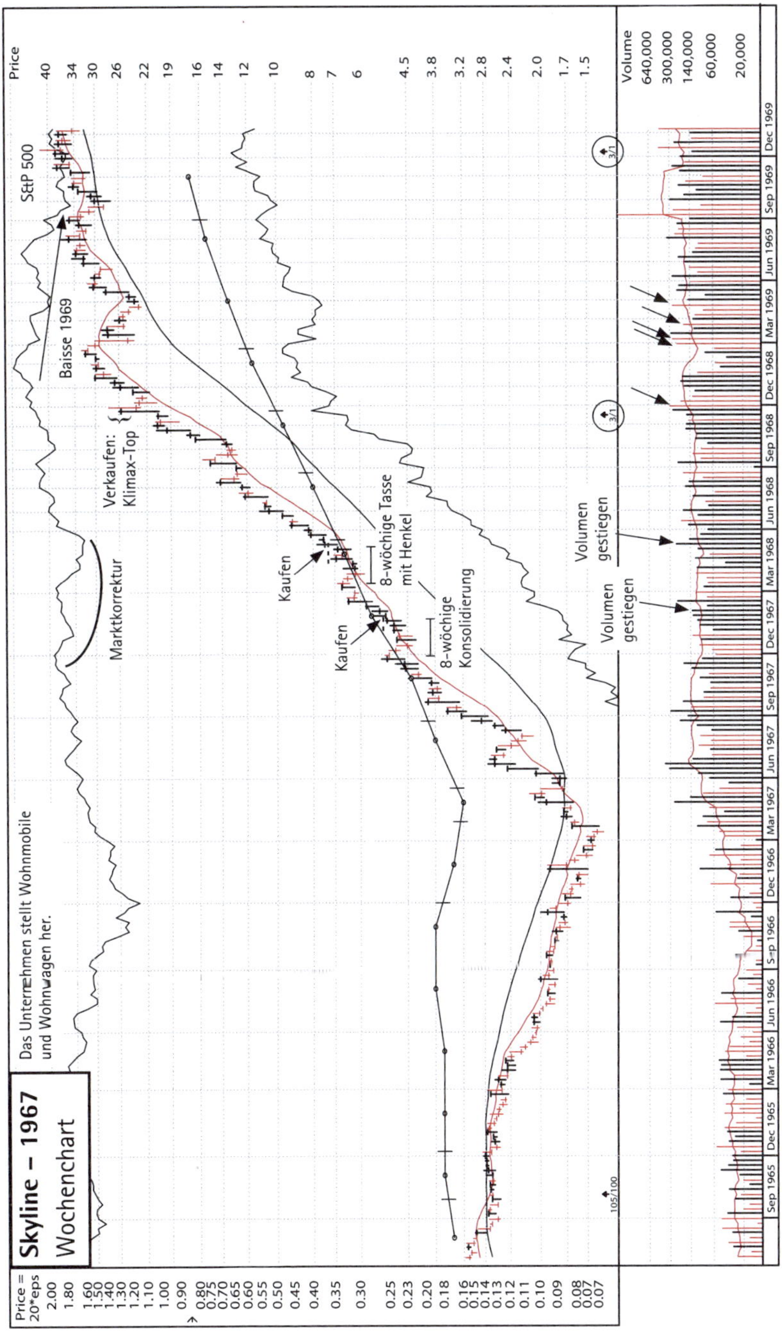

Skyline stieg in 98 Wochen um 715 Prozent.

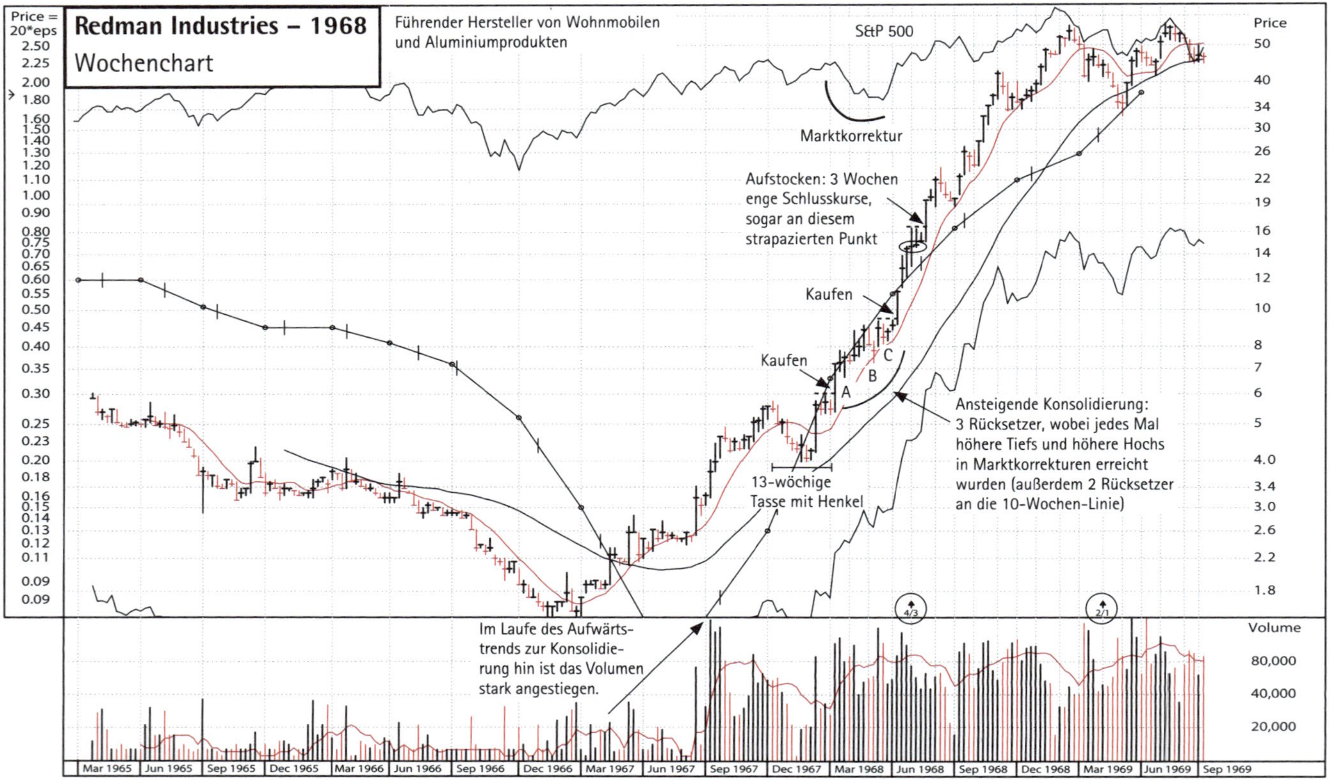

Redman Industries stieg in 49 Wochen um 683 Prozent.

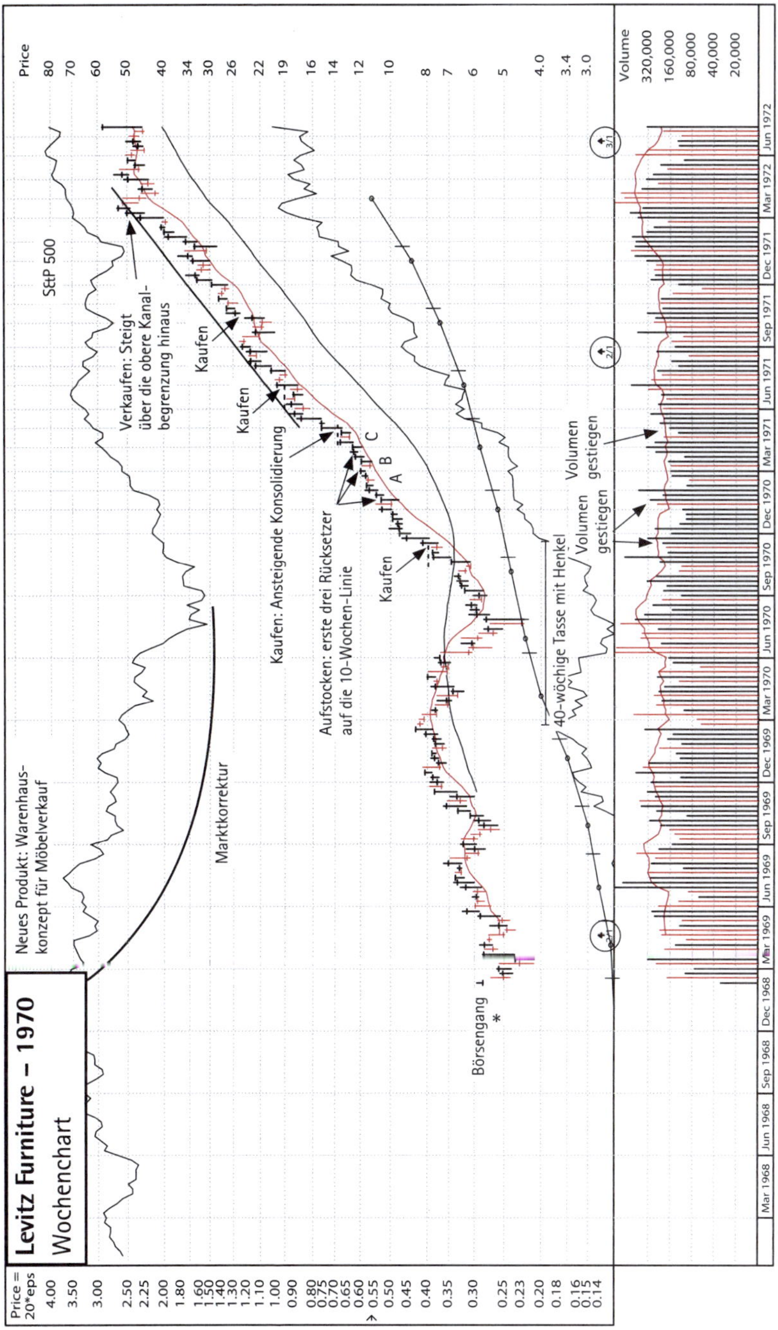

Levitz Furniture stieg in 87 Wochen um 608 Prozent.

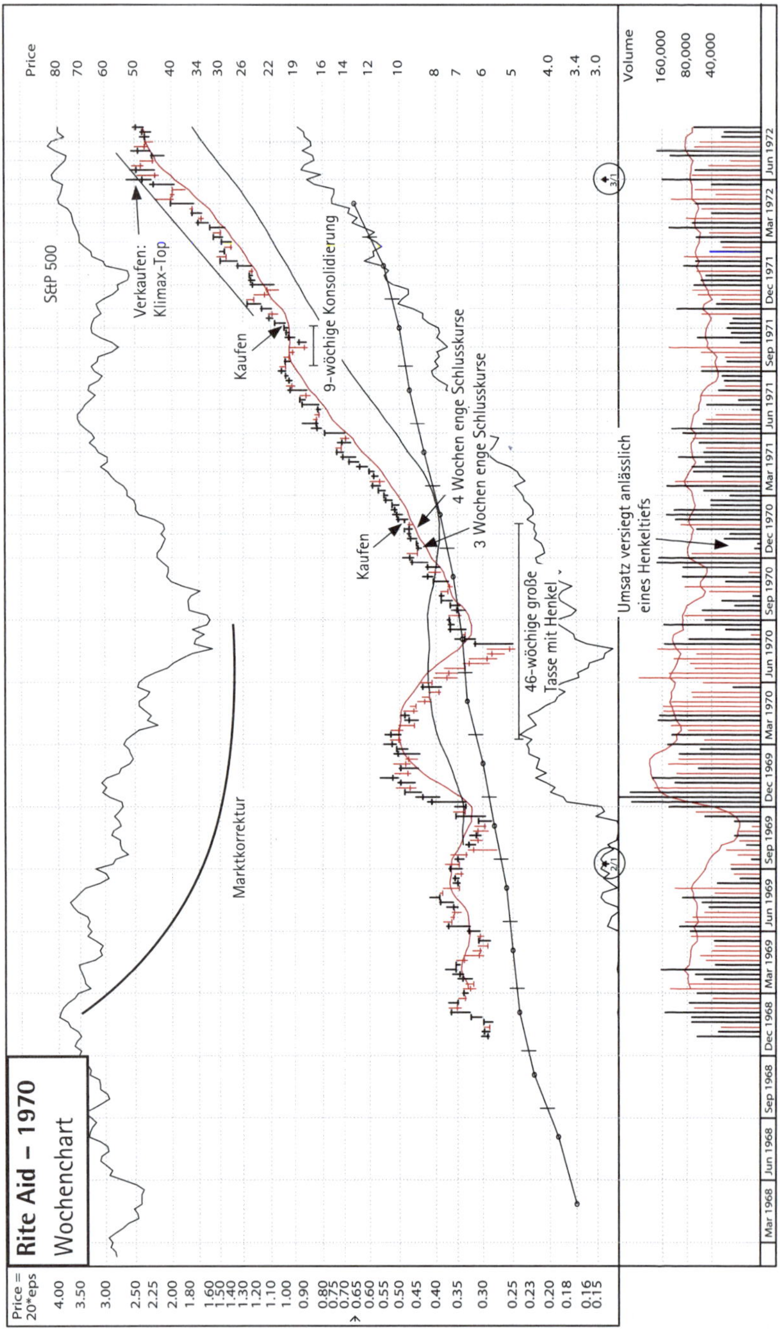

Rite Aid stieg in 71 Wochen um 421 Prozent.

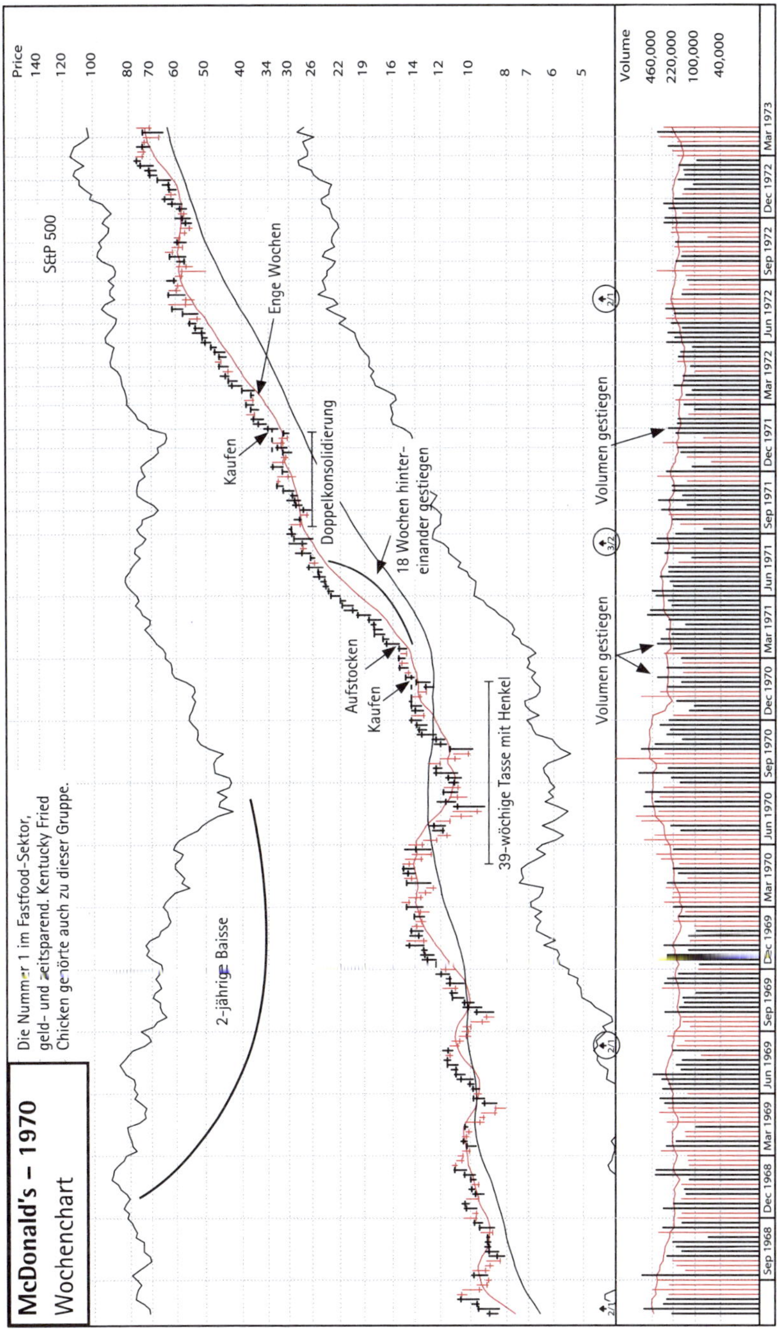

McDonald's stieg in 108 Wochen um 422 Prozent.

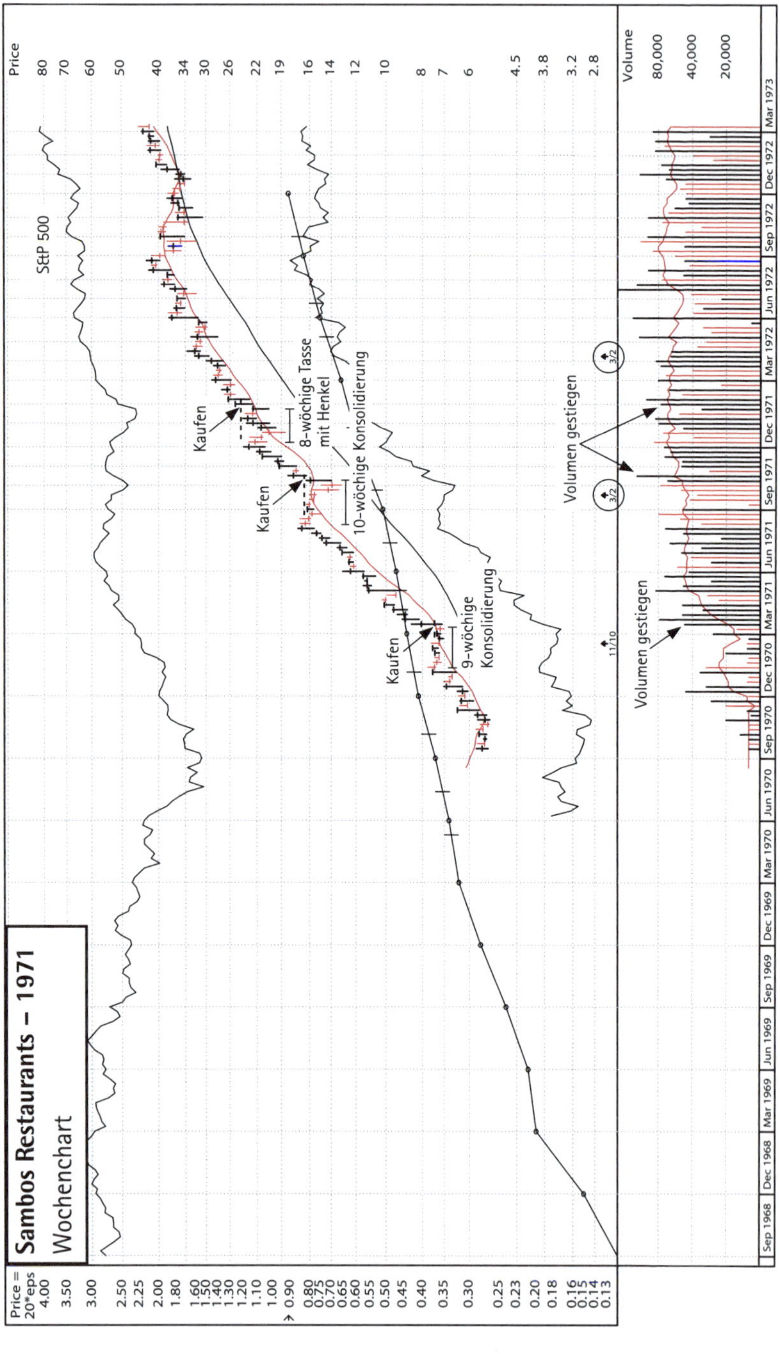

Sambos Restaurants stieg in 104 Wochen um 458 Prozent.

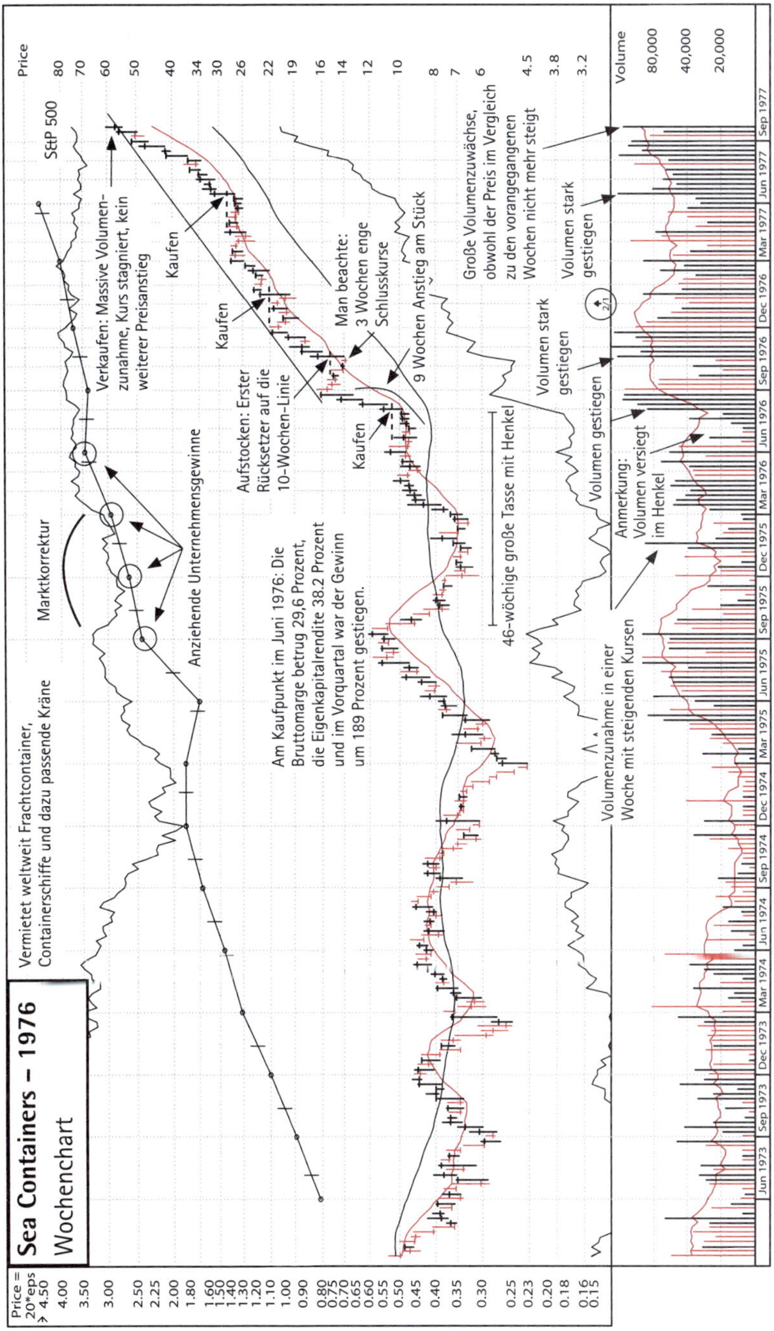

Sea Containers stieg in 59 Wochen um 448 Prozent.

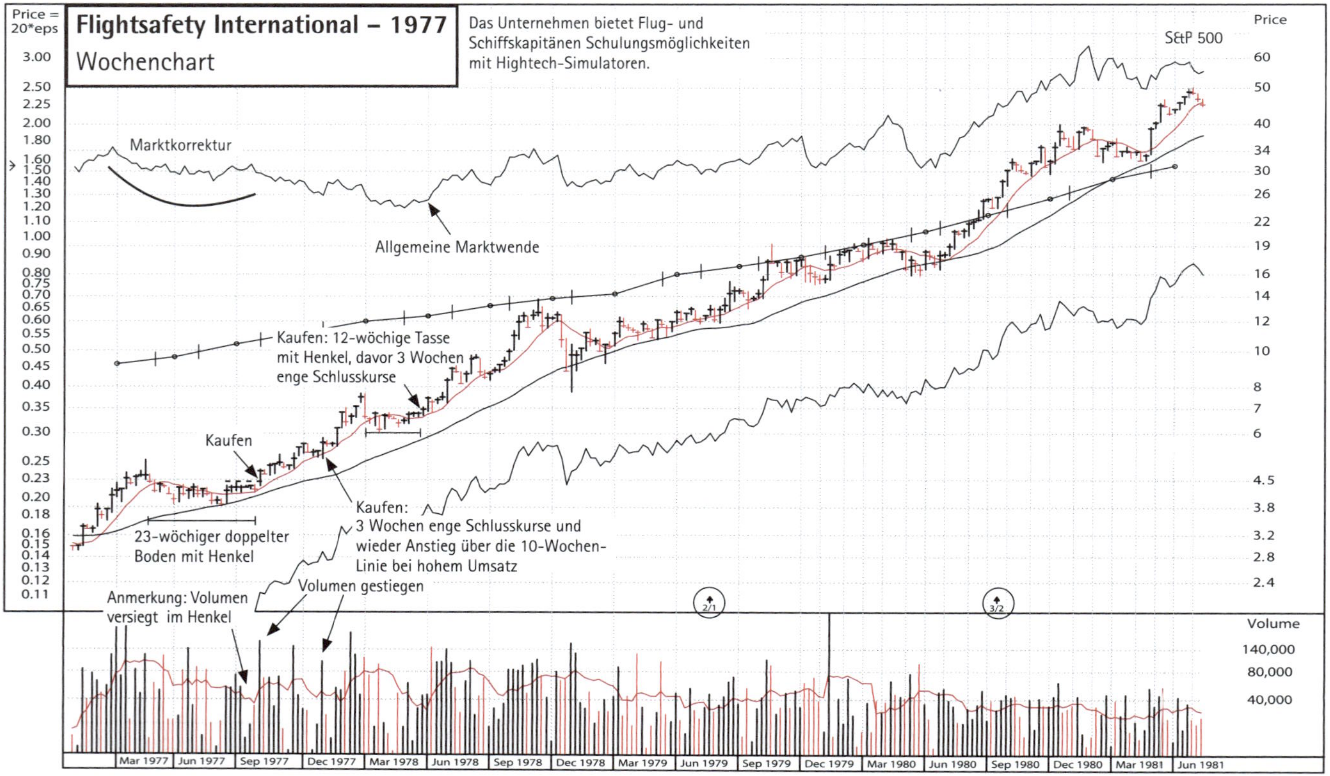

Flightsafety International stieg in 195 Wochen um 958 Prozent.

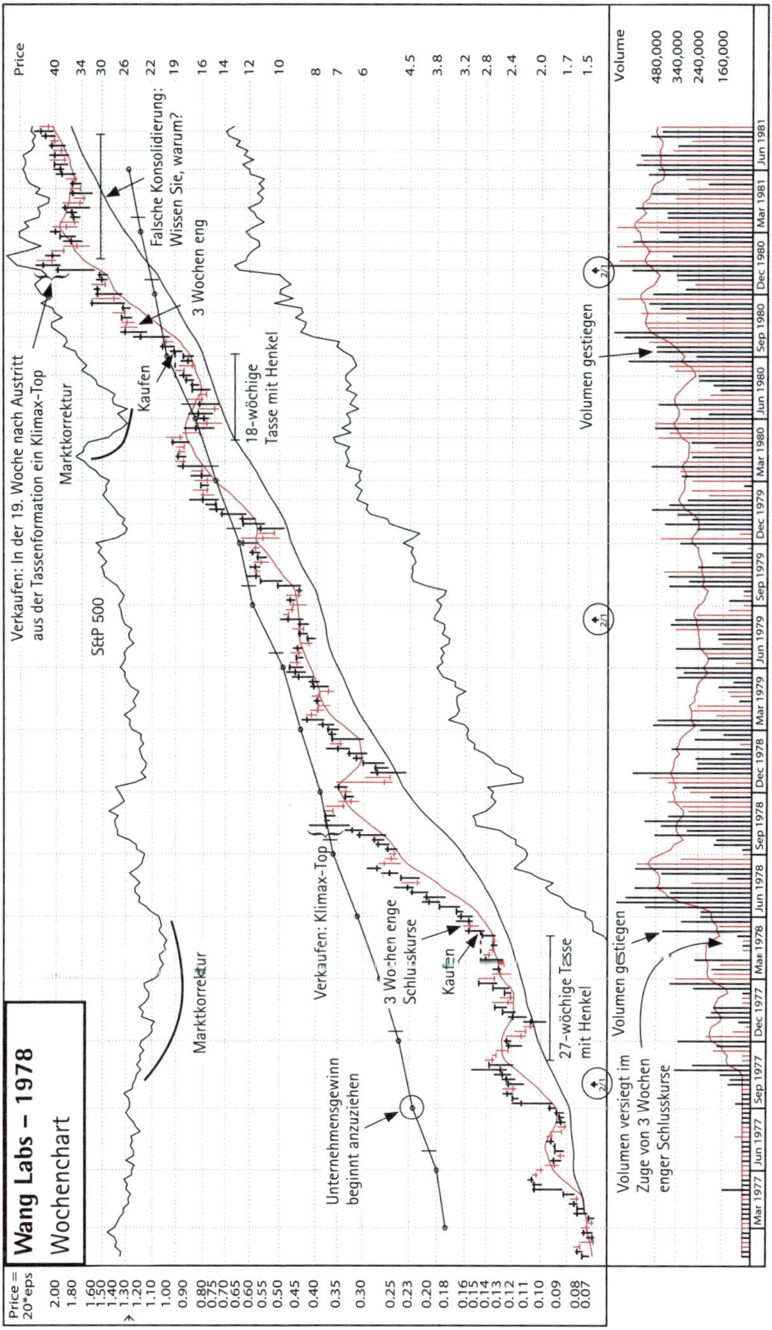

Wang Laboratories stieg in 139 Wochen um 1.348 Prozent.

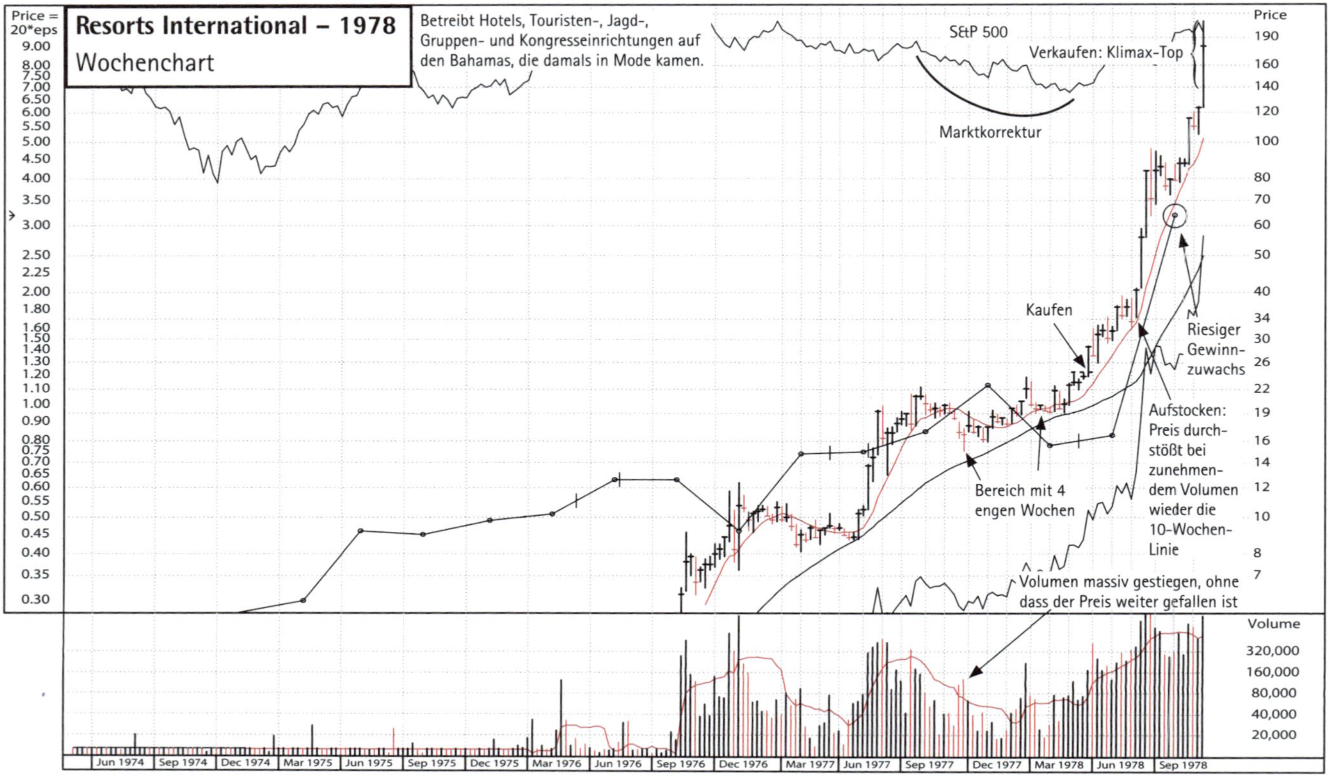

Resorts International stieg in 24 Wochen um 630 Prozent.

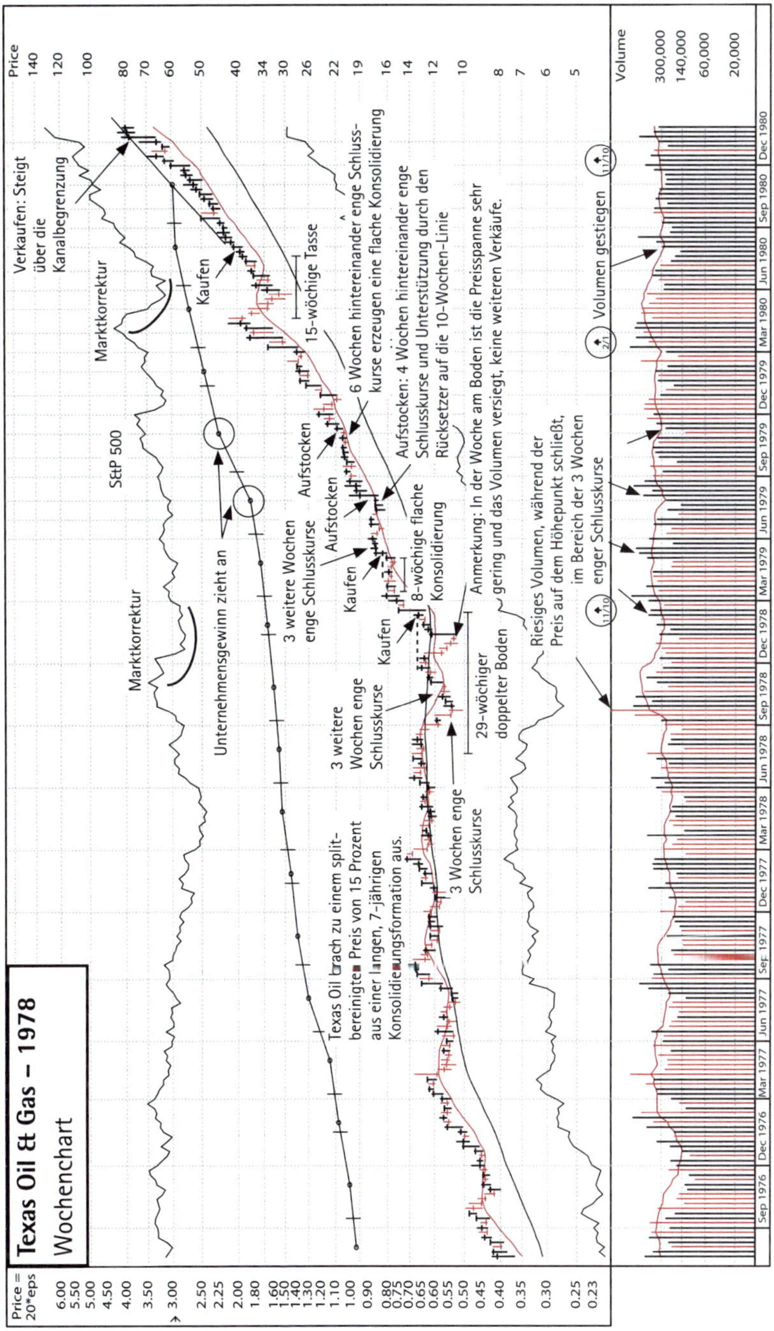

Texas Oil & Gas stieg in 101 Wochen um 529 Prozent.

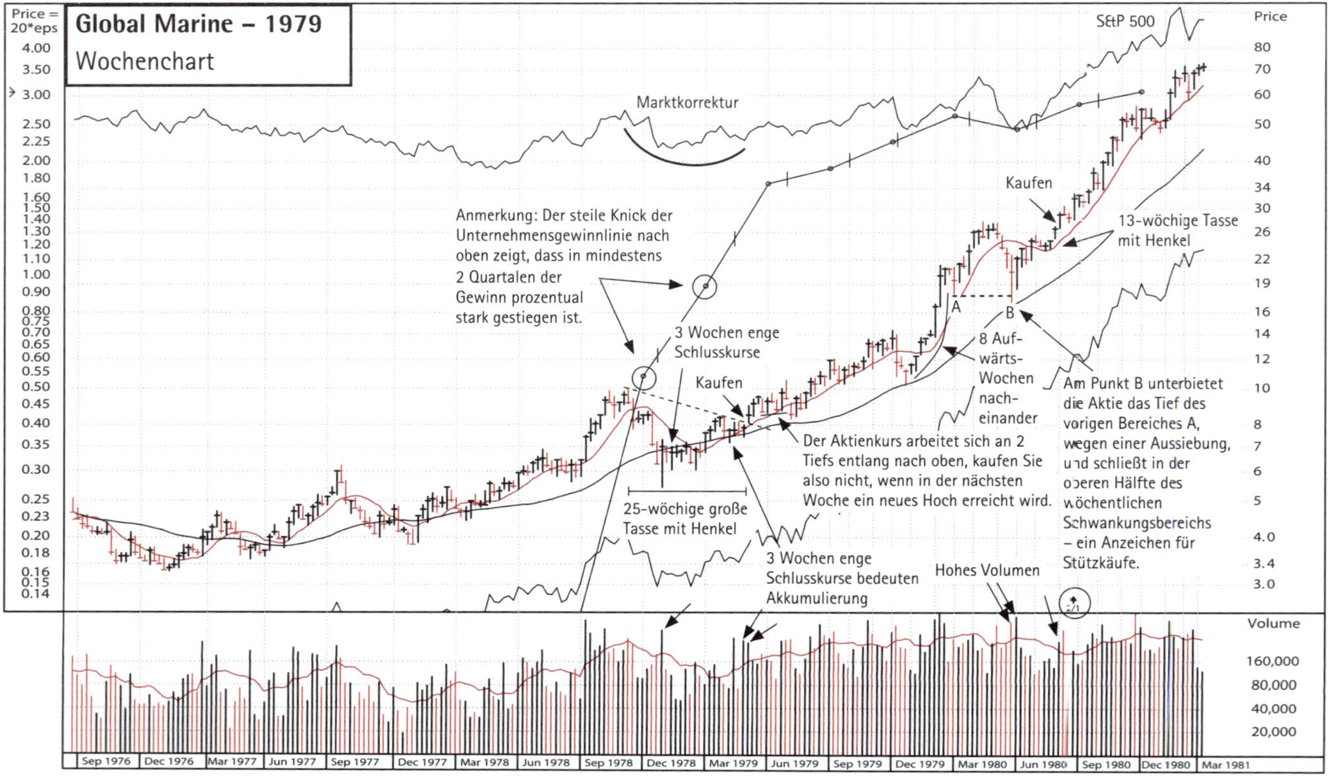

Global Marine stieg in 94 Wochen um 752 Prozent.

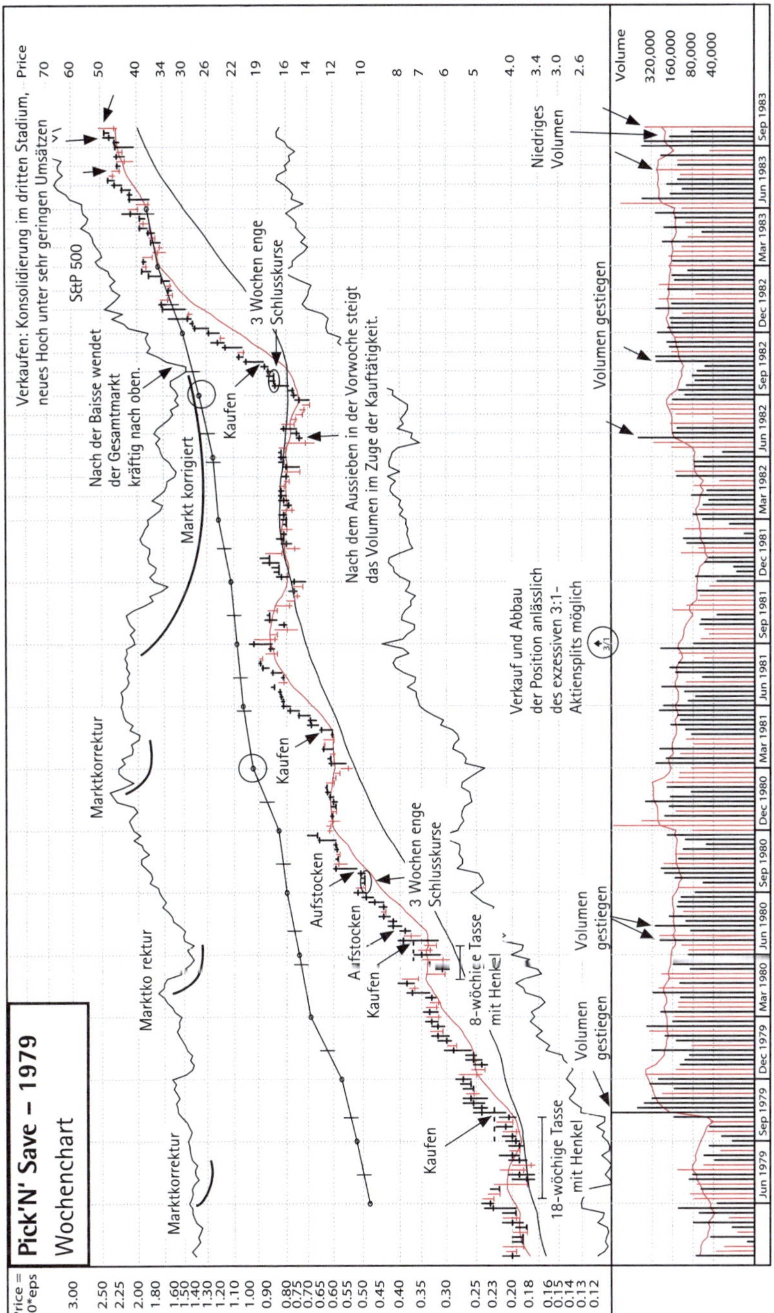

Pick'N' Save stieg in 206 Wochen um 546 Prozent.

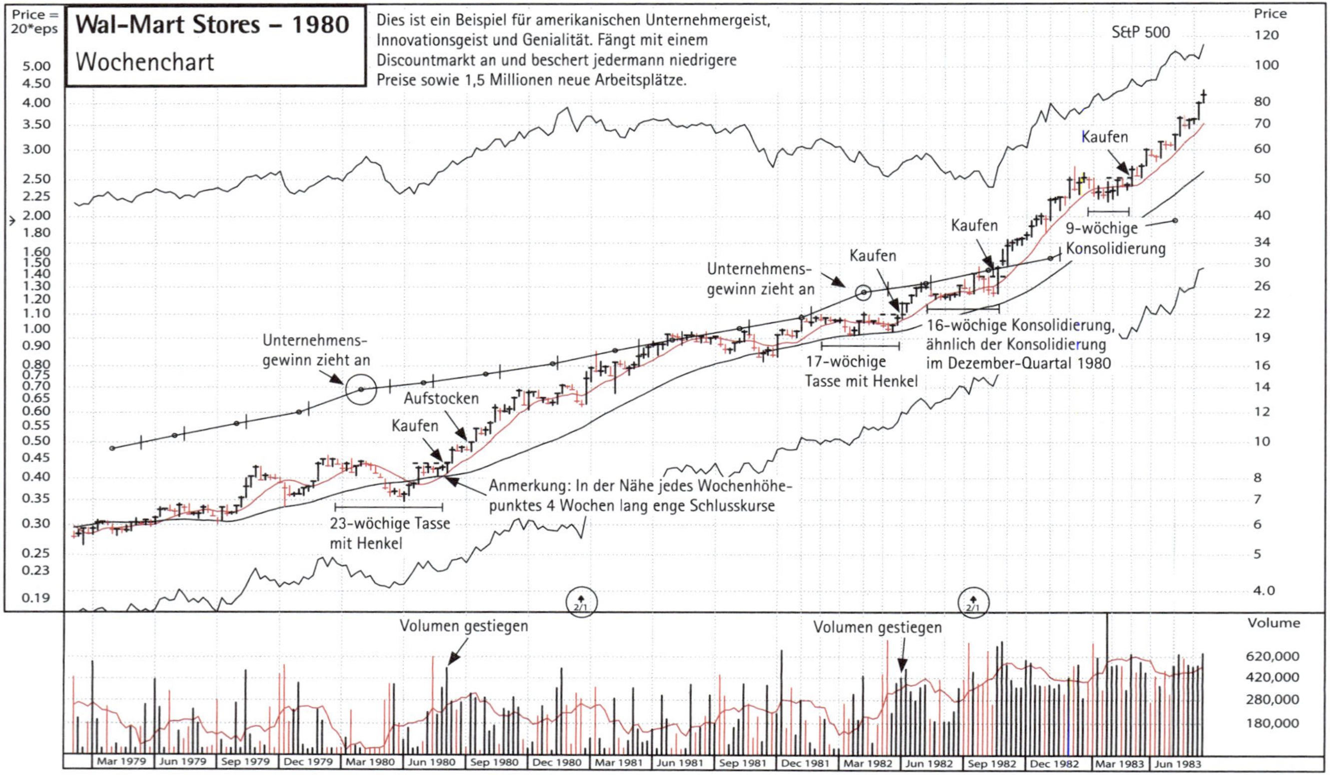

Wal-Mart Stores stieg in 158 Wochen um 882 Prozent.

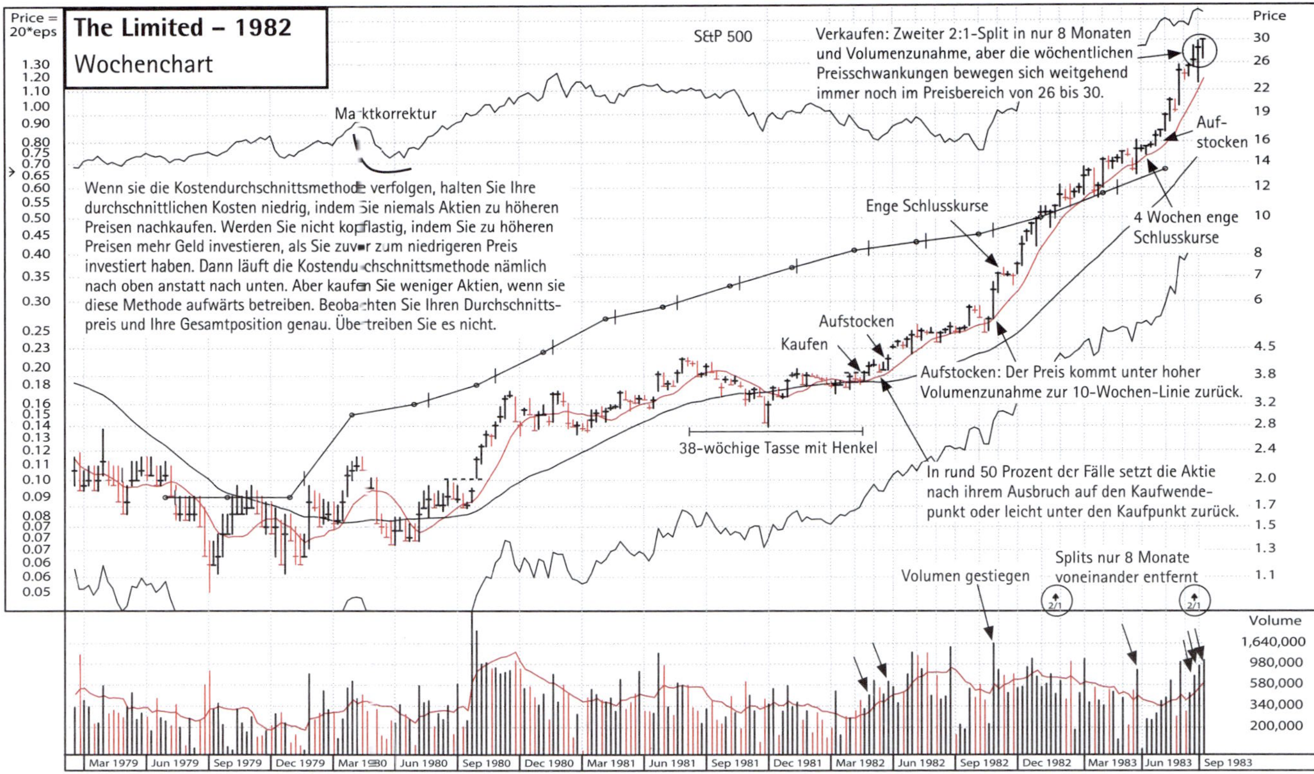

The Limited stieg in 71 Wochen um 673 Prozent.

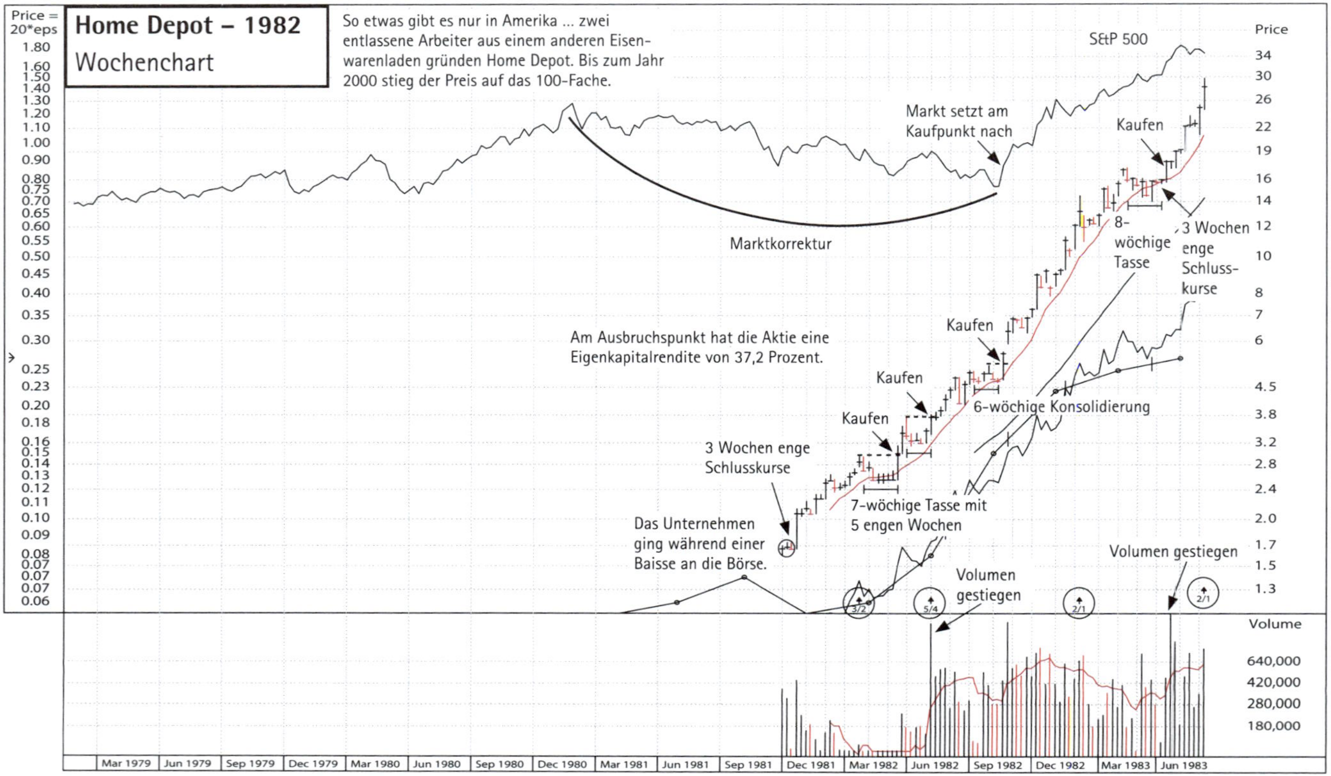

Home Depot stieg in 64 Wochen um 892 Prozent.

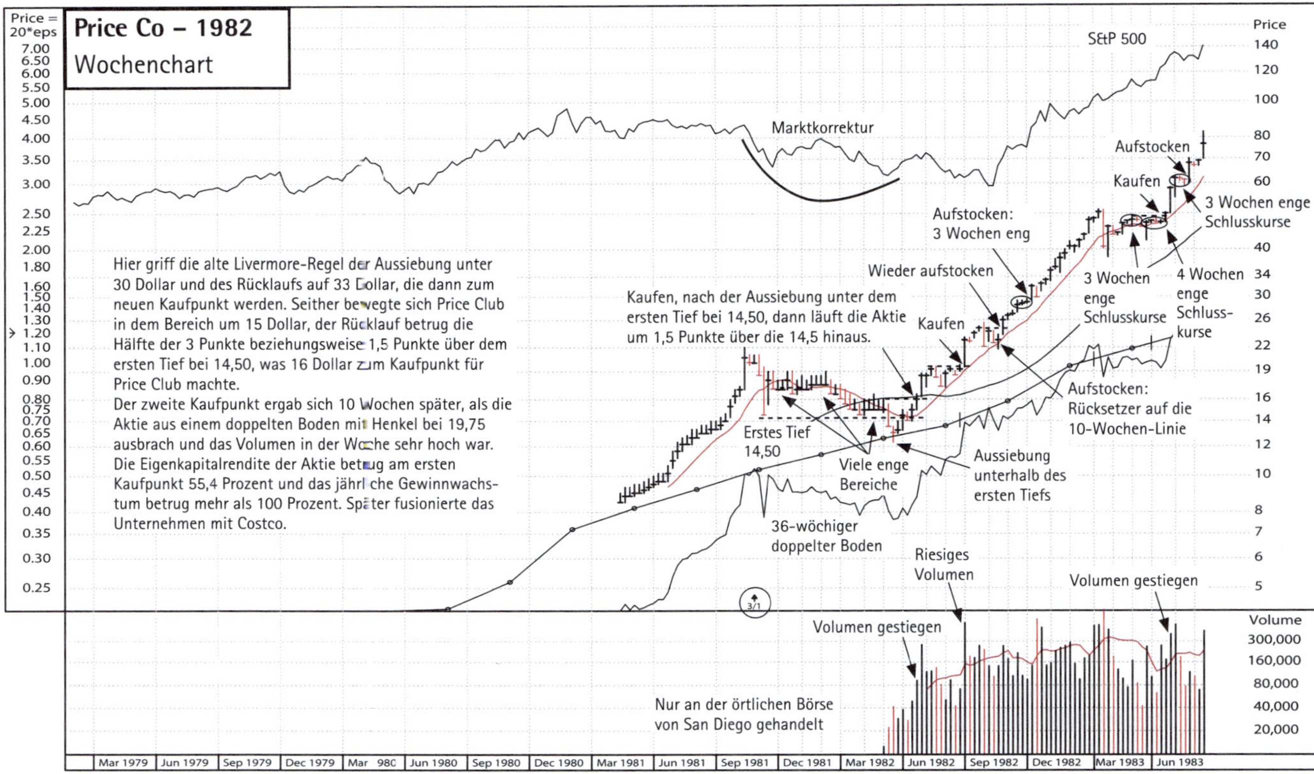

Price Company stieg in 60 Wochen um 417 Prozent.

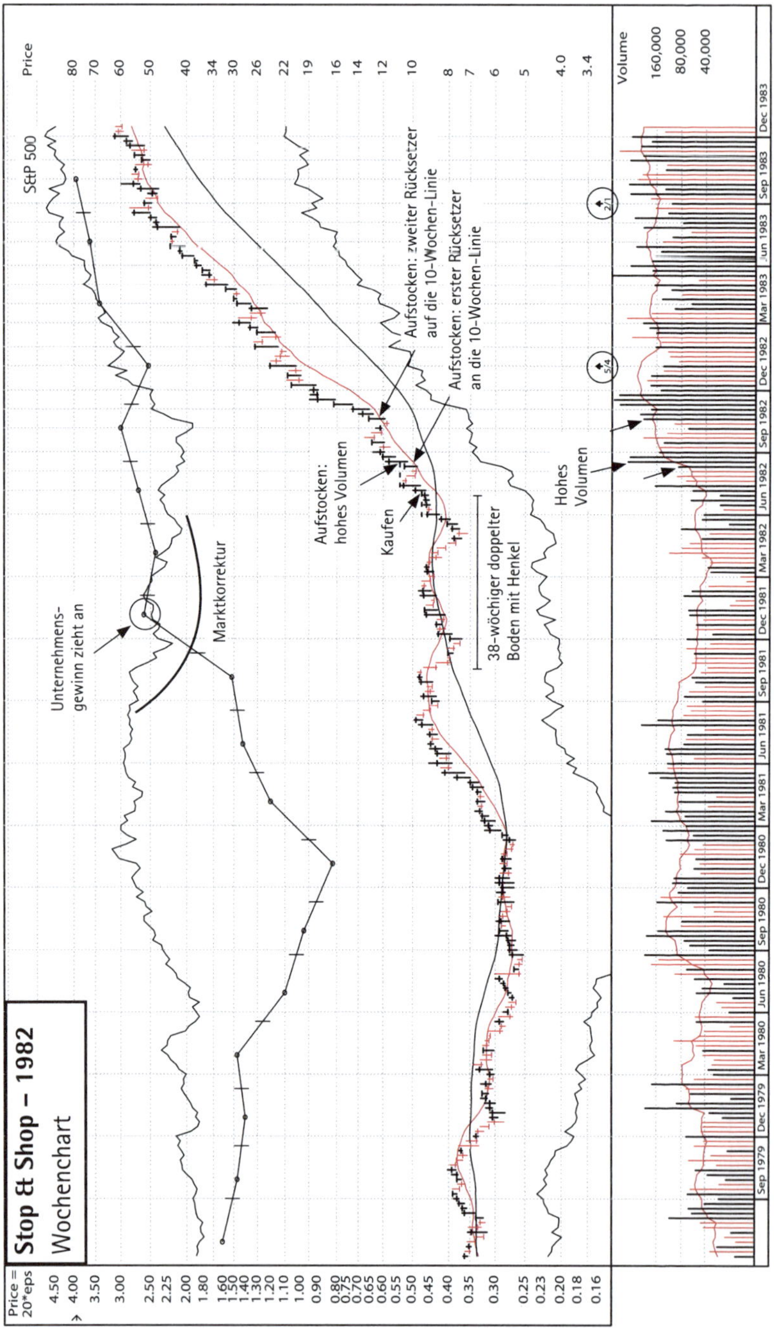

Stop & Shop stieg in 74 Wochen um 536 Prozent.

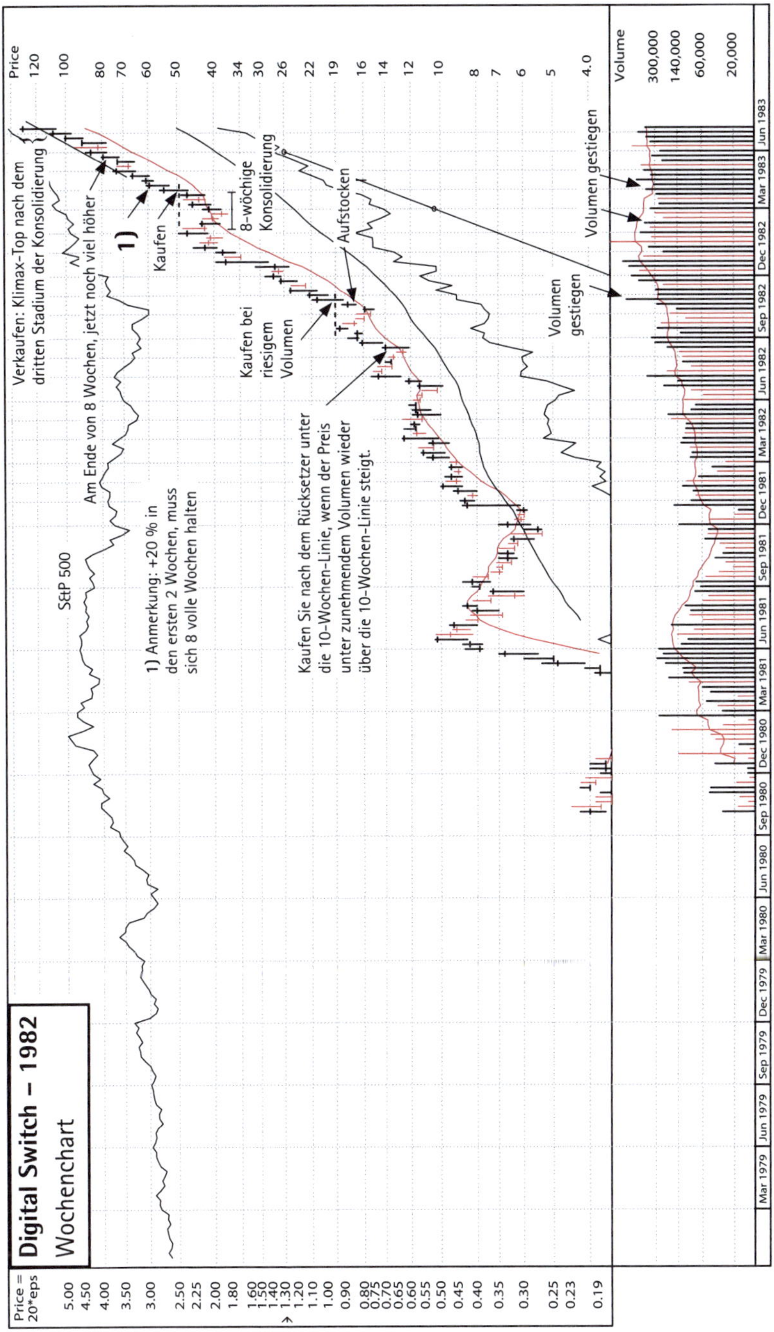

Digital Switch stieg in 46 Wochen um 843 Prozent.

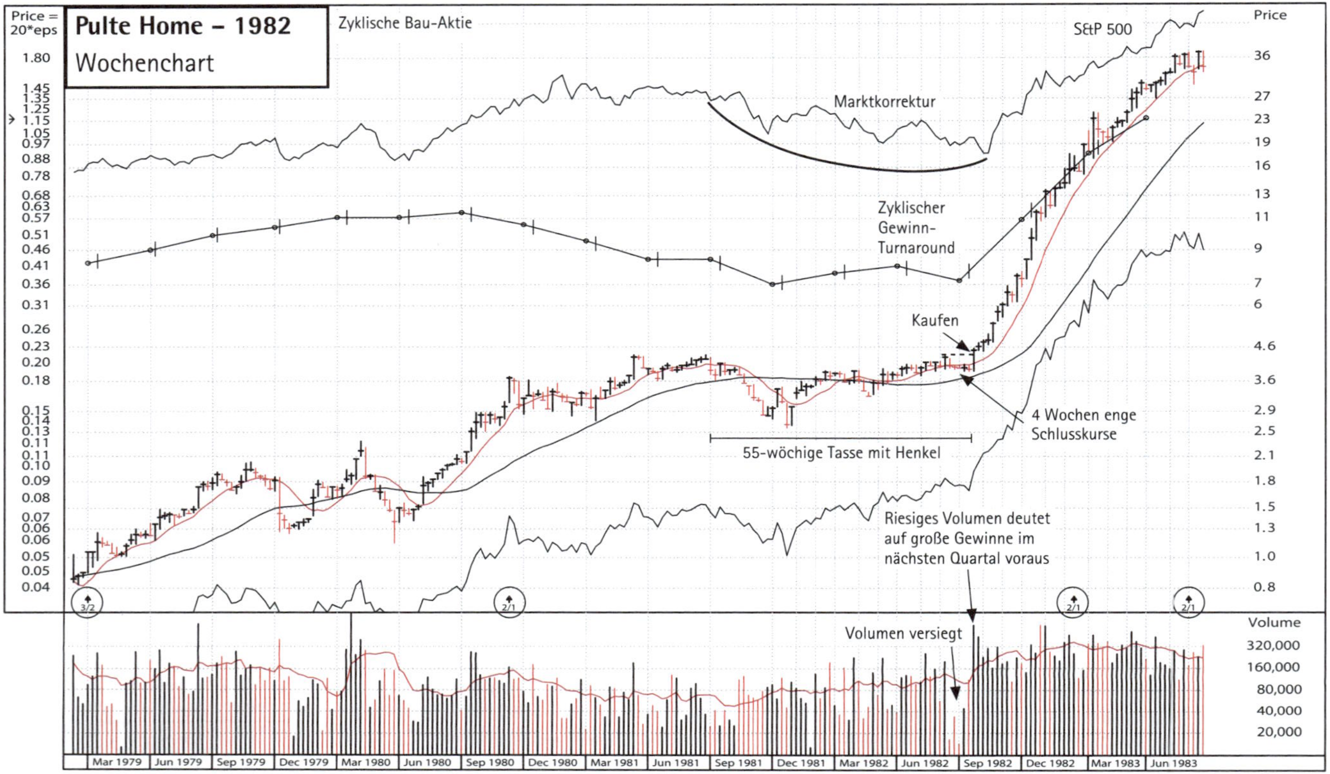

Pulte Home stieg in 47 Wochen um 733 Prozent.

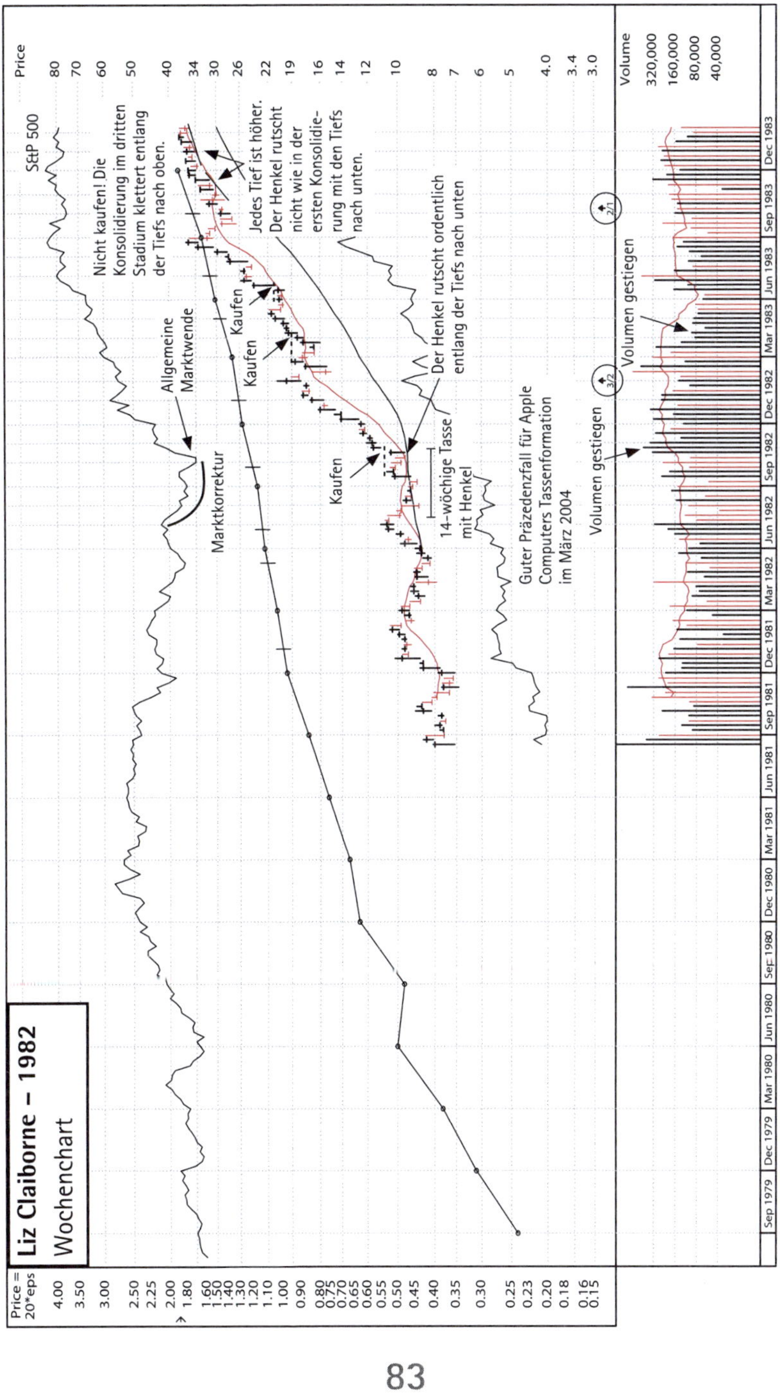

Liz Claiborne stieg in 43 Wochen um 211 Prozent.

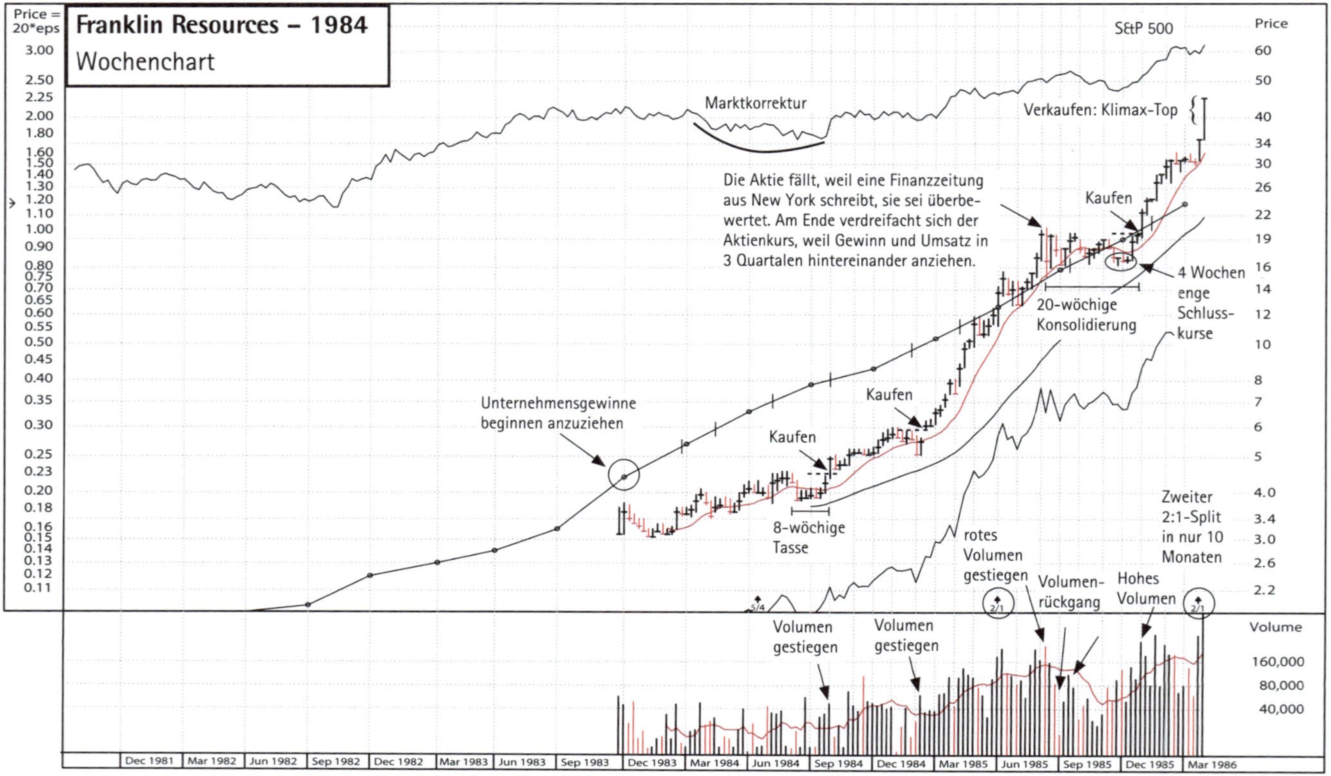

Franklin Resources stieg in 78 Wochen um 811 Prozent.

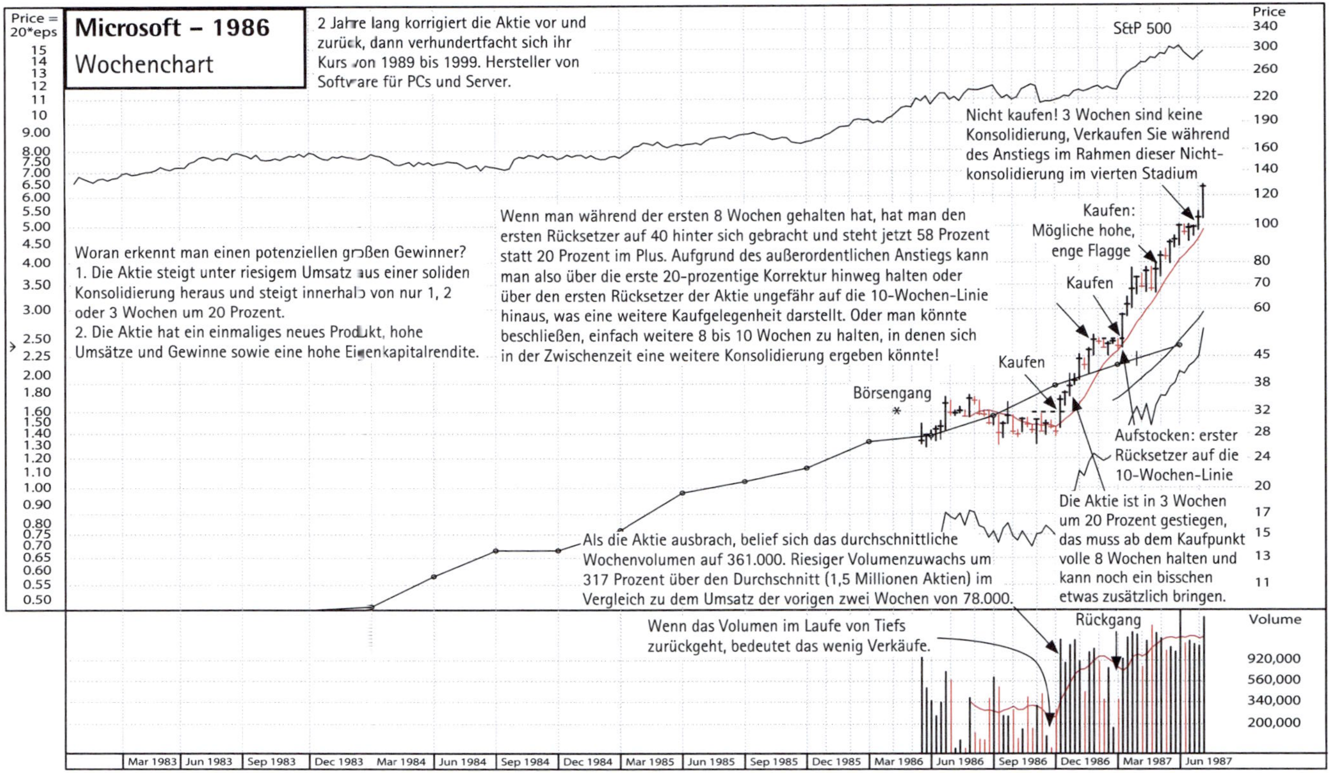

Microsoft stieg in 30 Wochen um 272 Prozent.

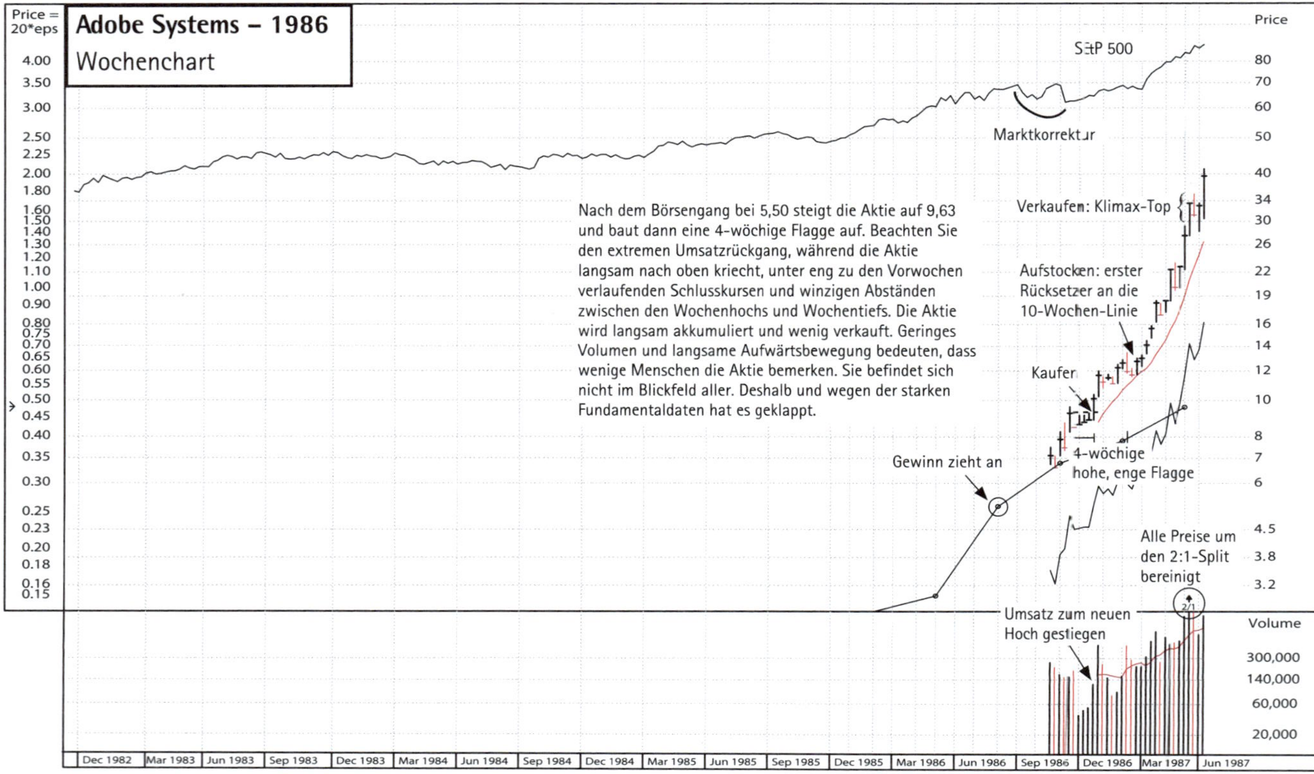

Adobe Systems stieg in 23 Wochen um 307 Prozent.

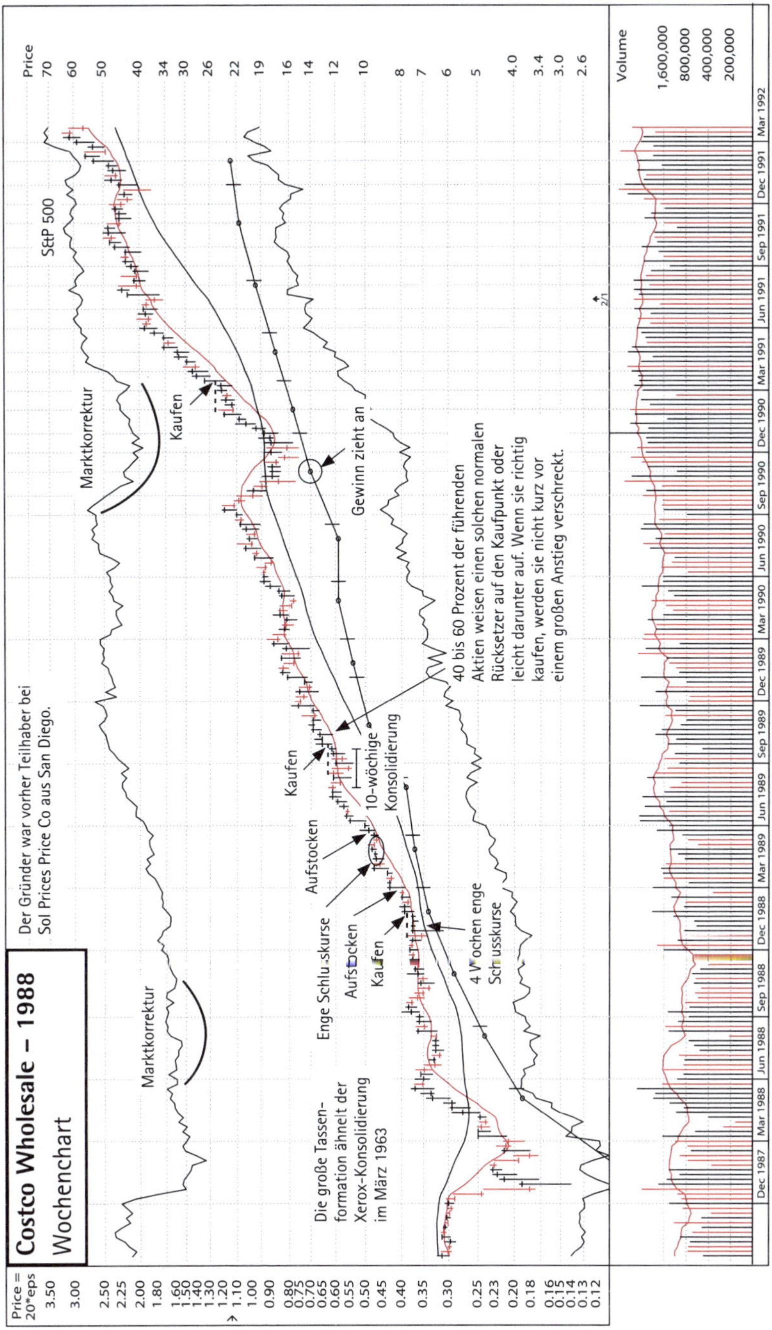

Costco Wholesale stieg in 163 Wochen um 712 Prozent.

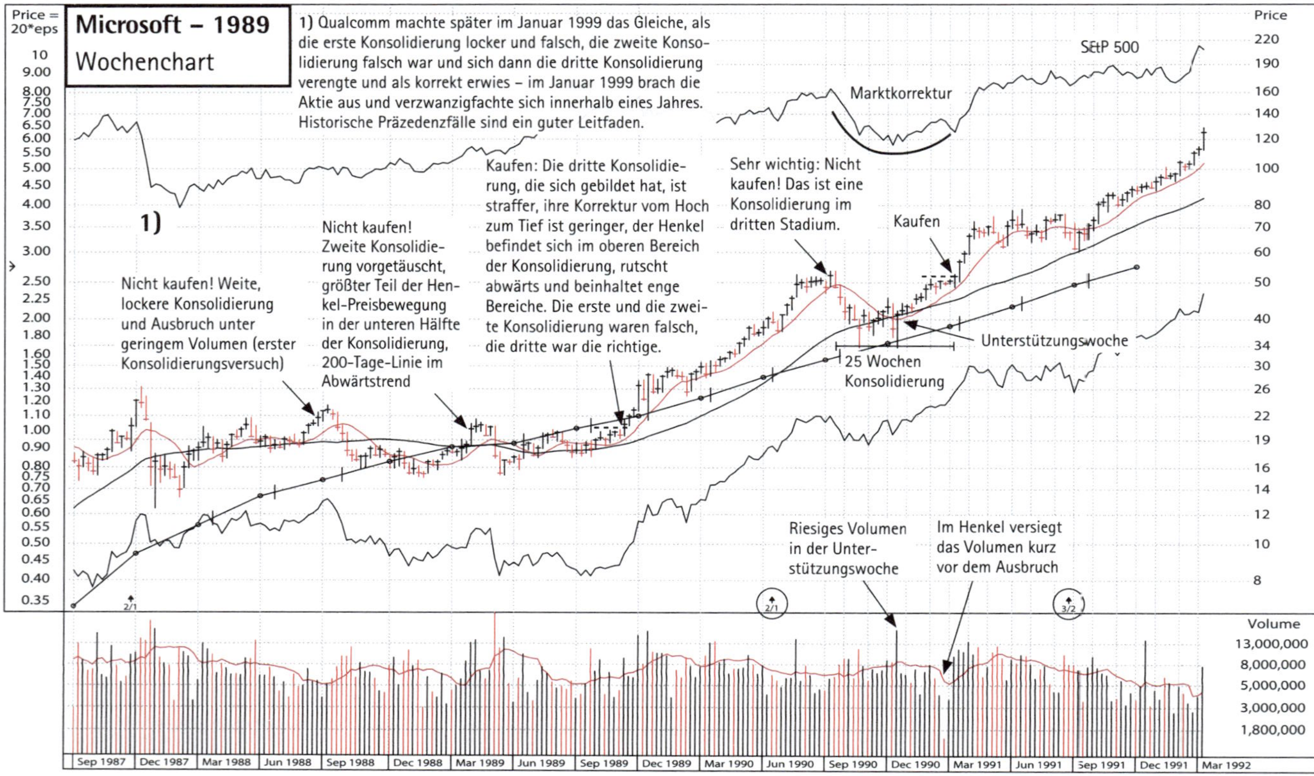

Microsoft stieg in 121 Wochen um 517 Prozent.

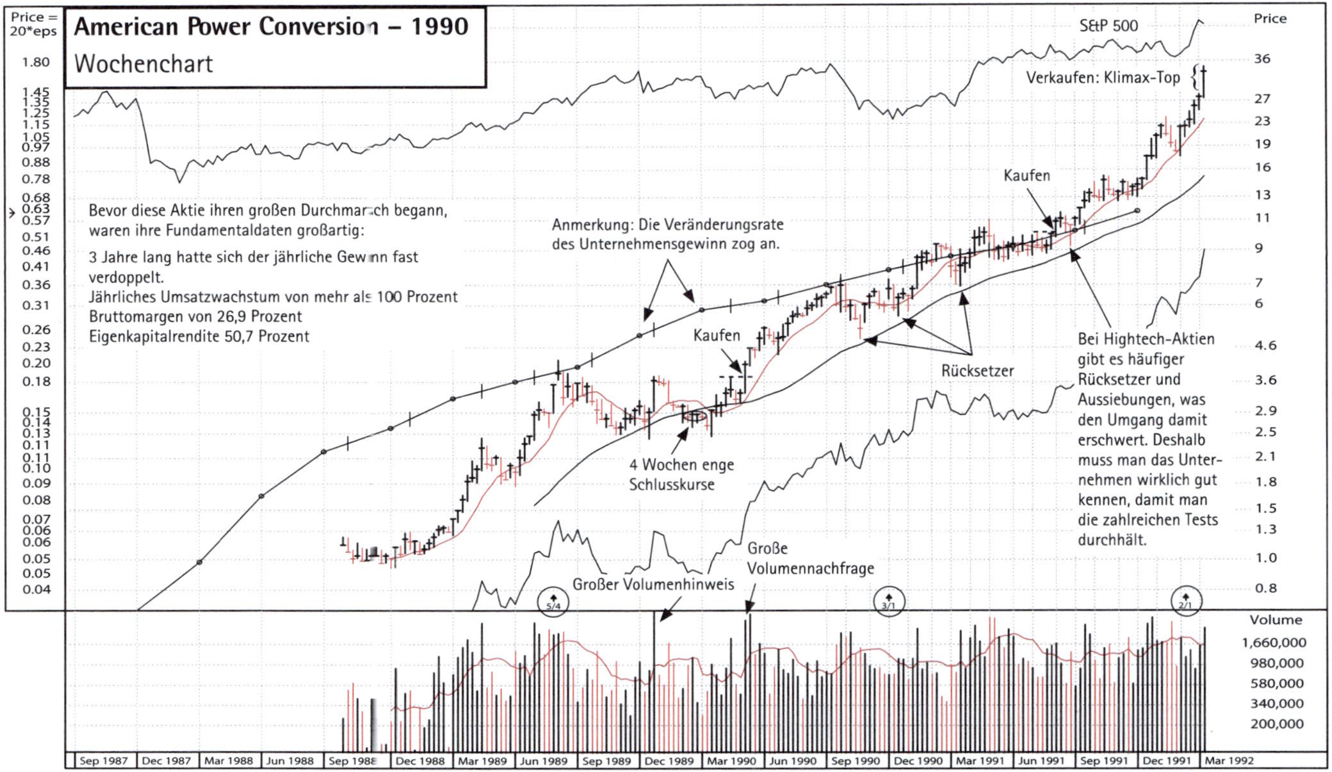

American Power Conversion stieg in 96 Wochen um 745 Prozent.

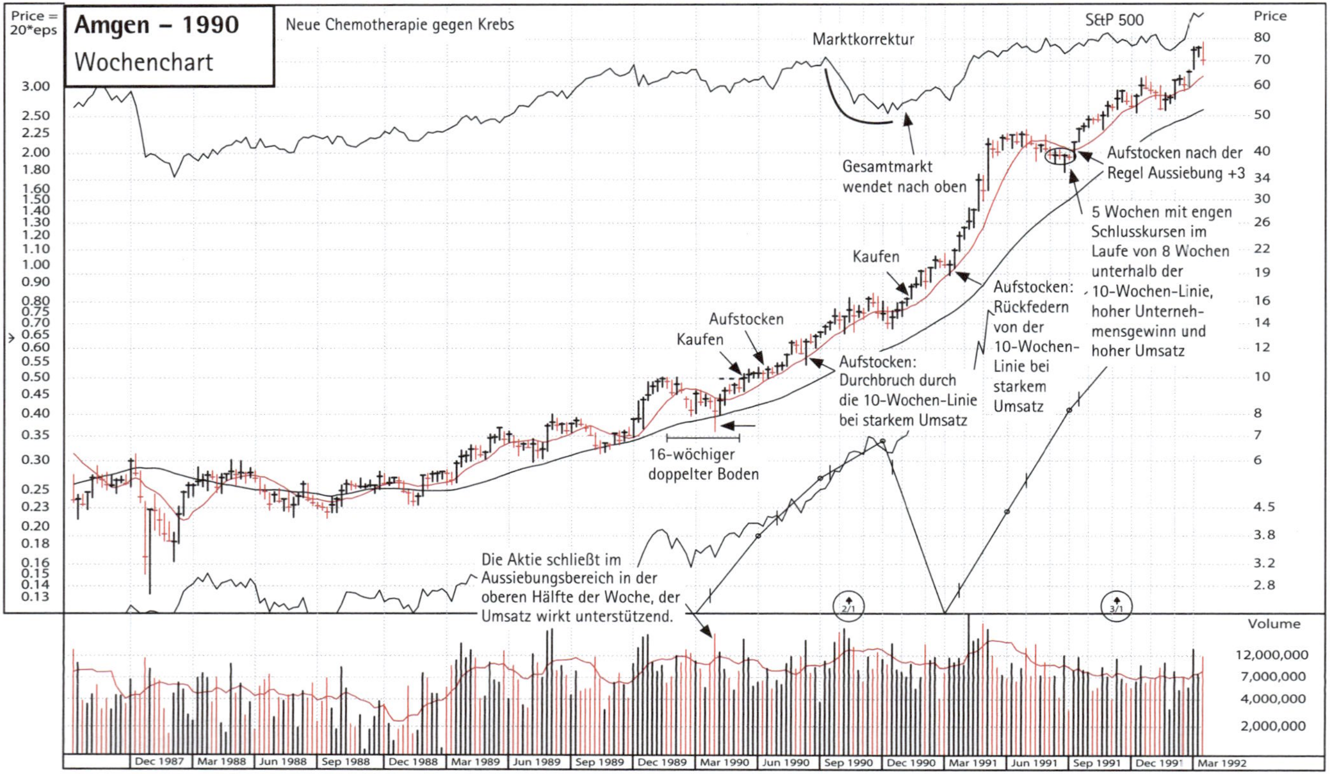

Amgen stieg in 96 Wochen um 681 Prozent.

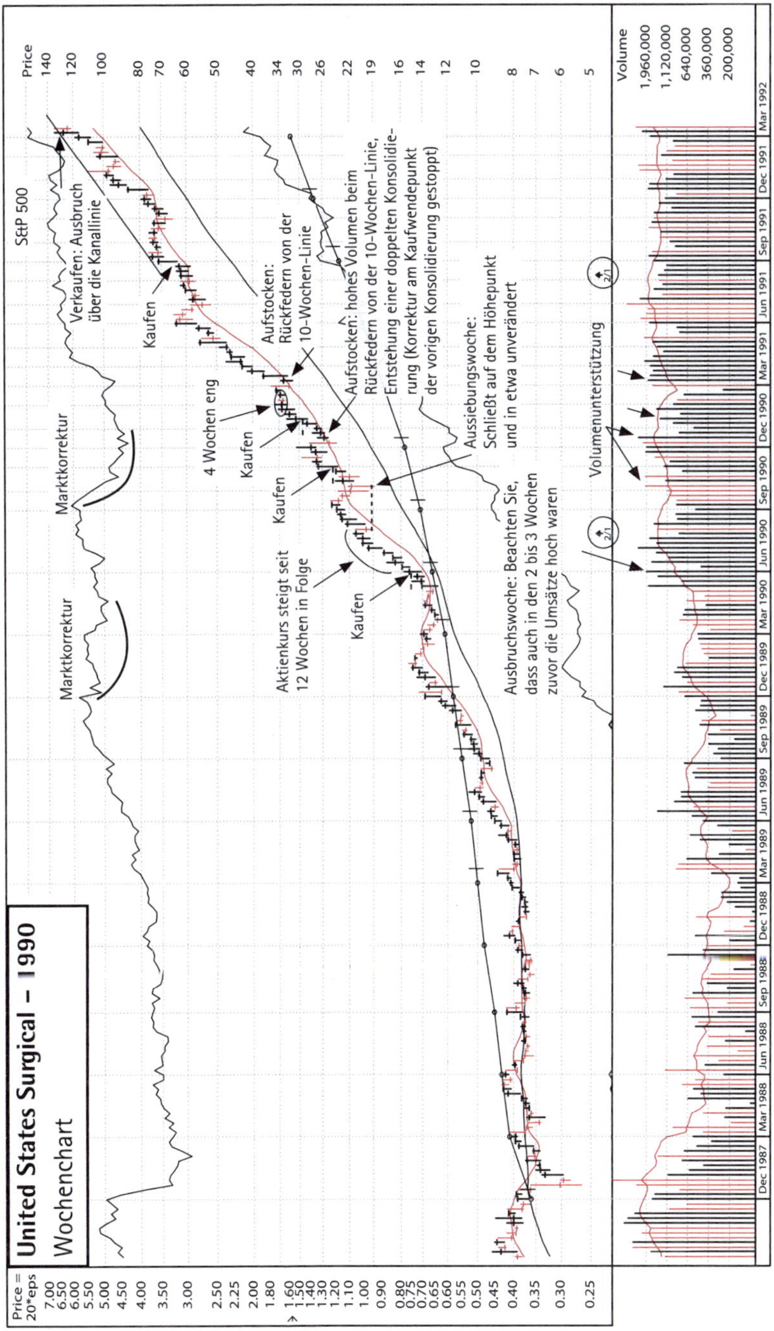

Un ted States Surgical stieg in 93 Wochen um 786 Prozent.

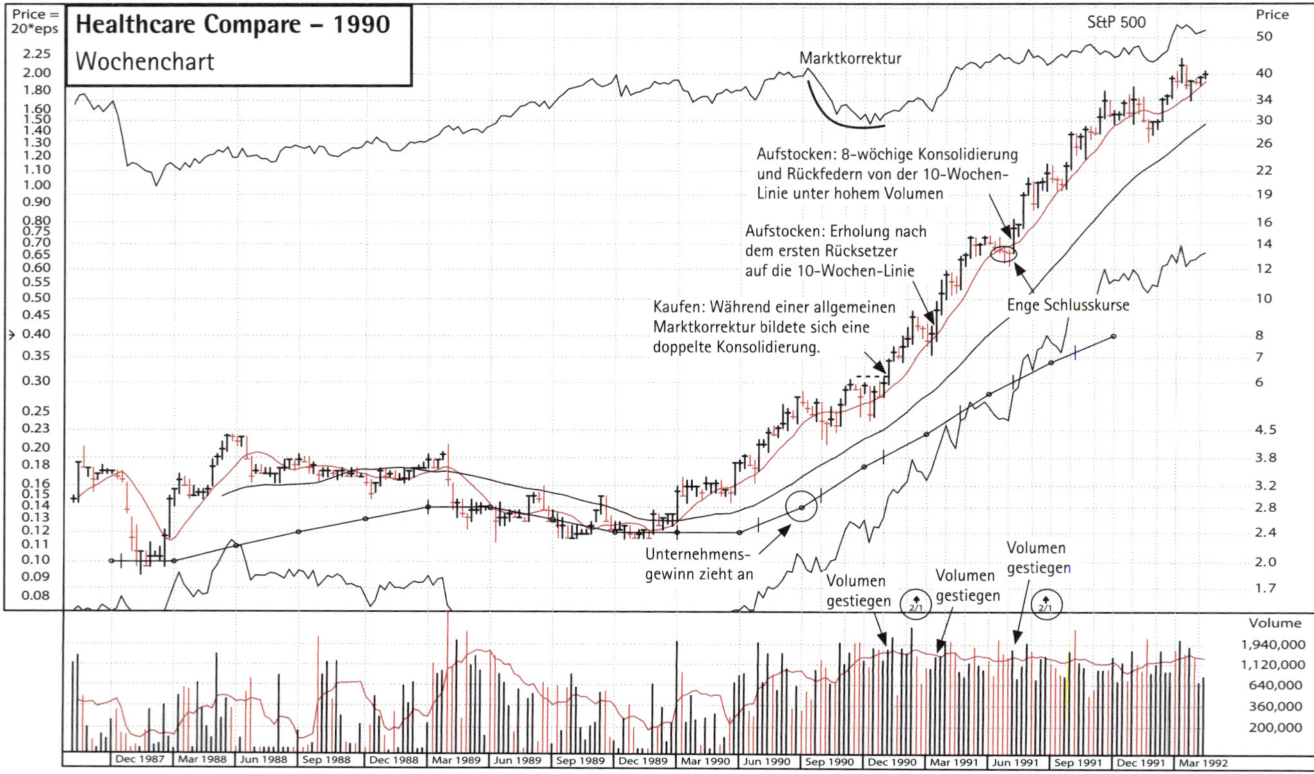

Healthcare Compare stieg in 61 Wochen um 540 Prozent.

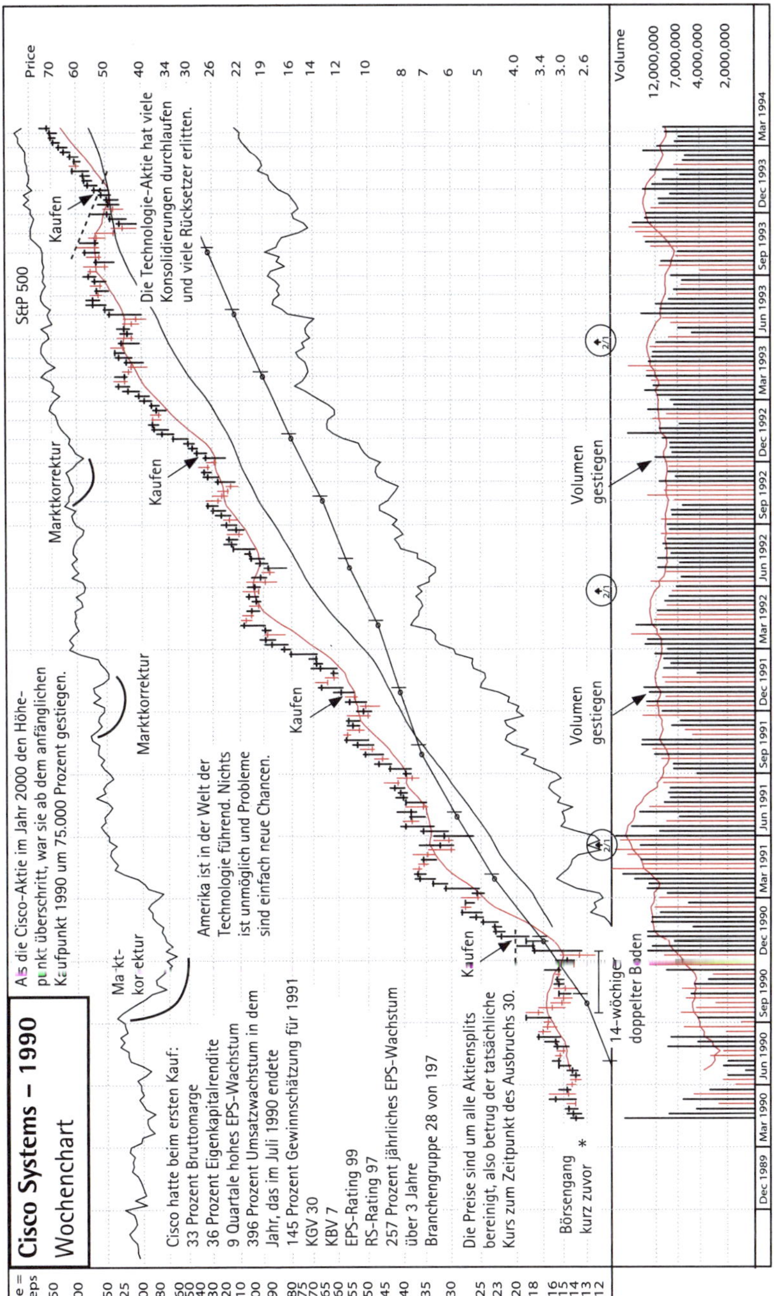

Cisco Systems stieg in 169 Wochen um 1.602 Prozent.

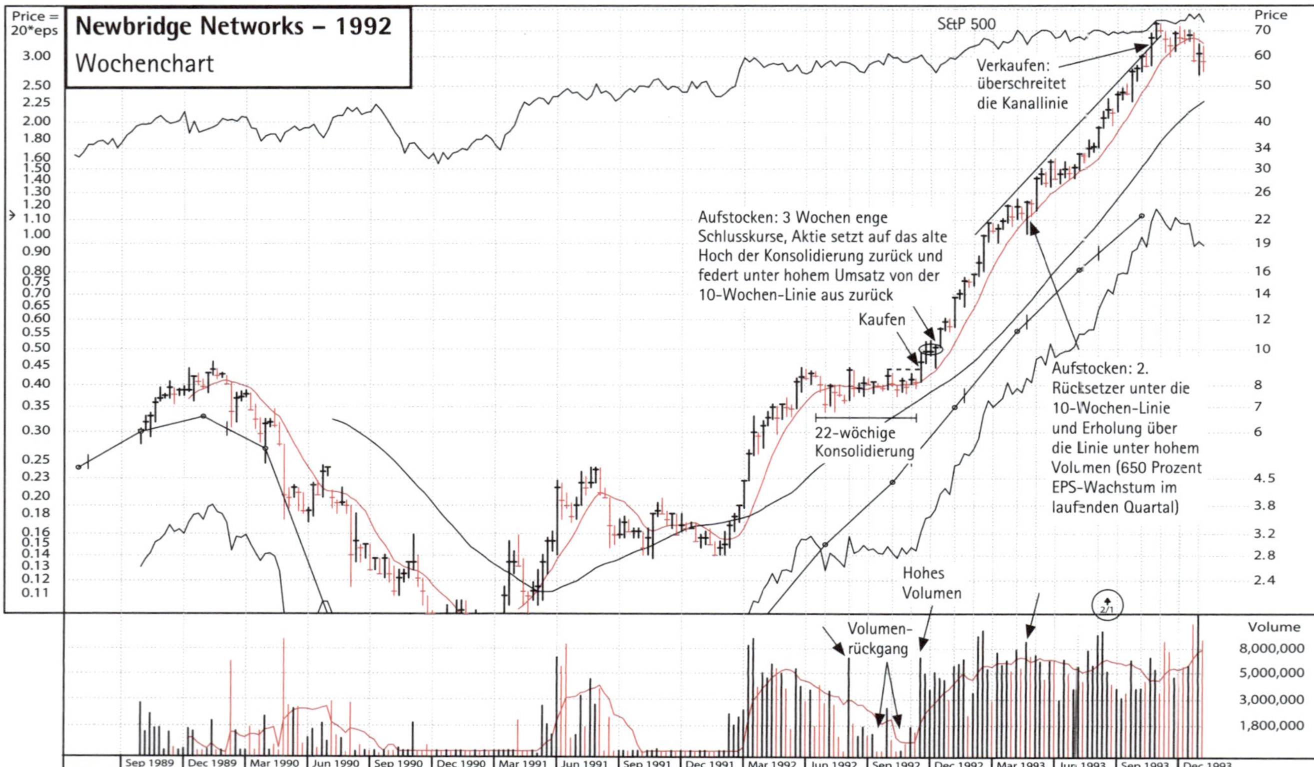

Newbridge Networks stieg in 49 Wochen um 699 Prozent.

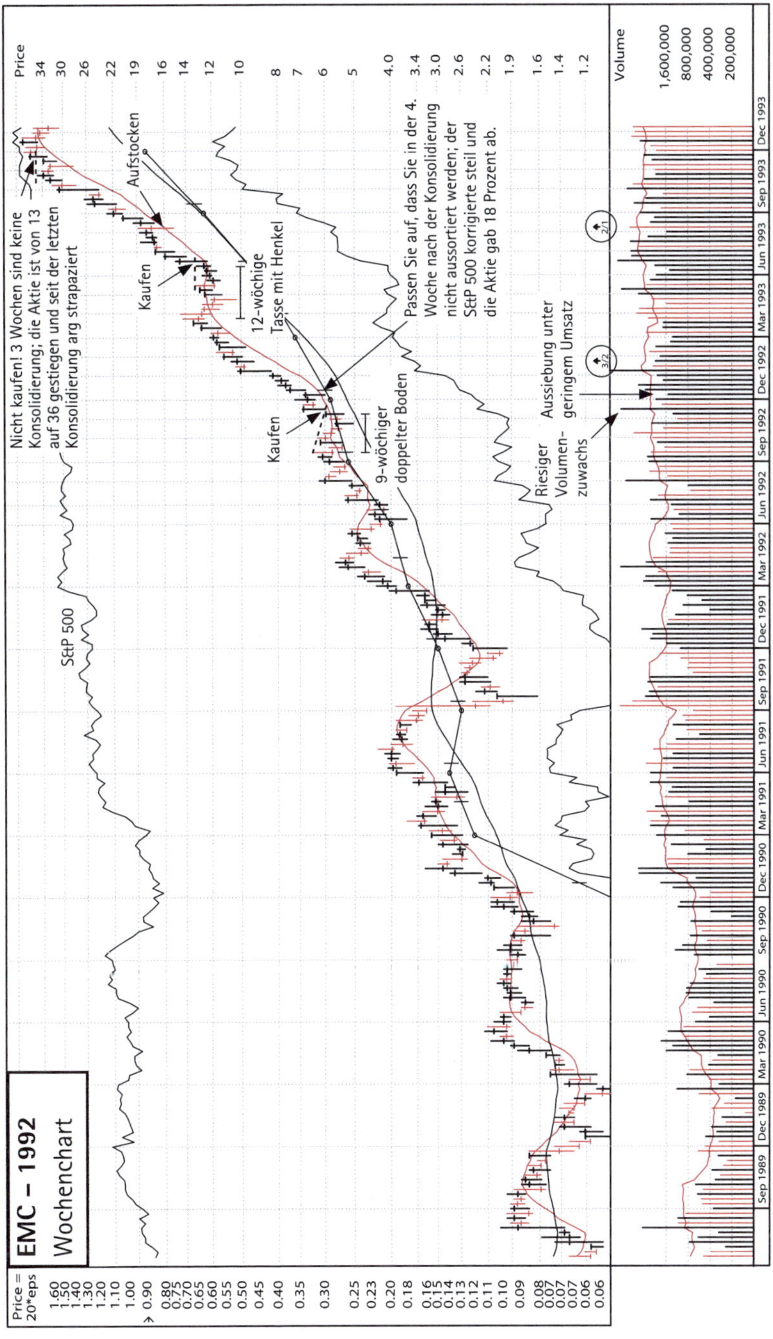

EMC stieg in 56 Wochen um 471 Prozent.

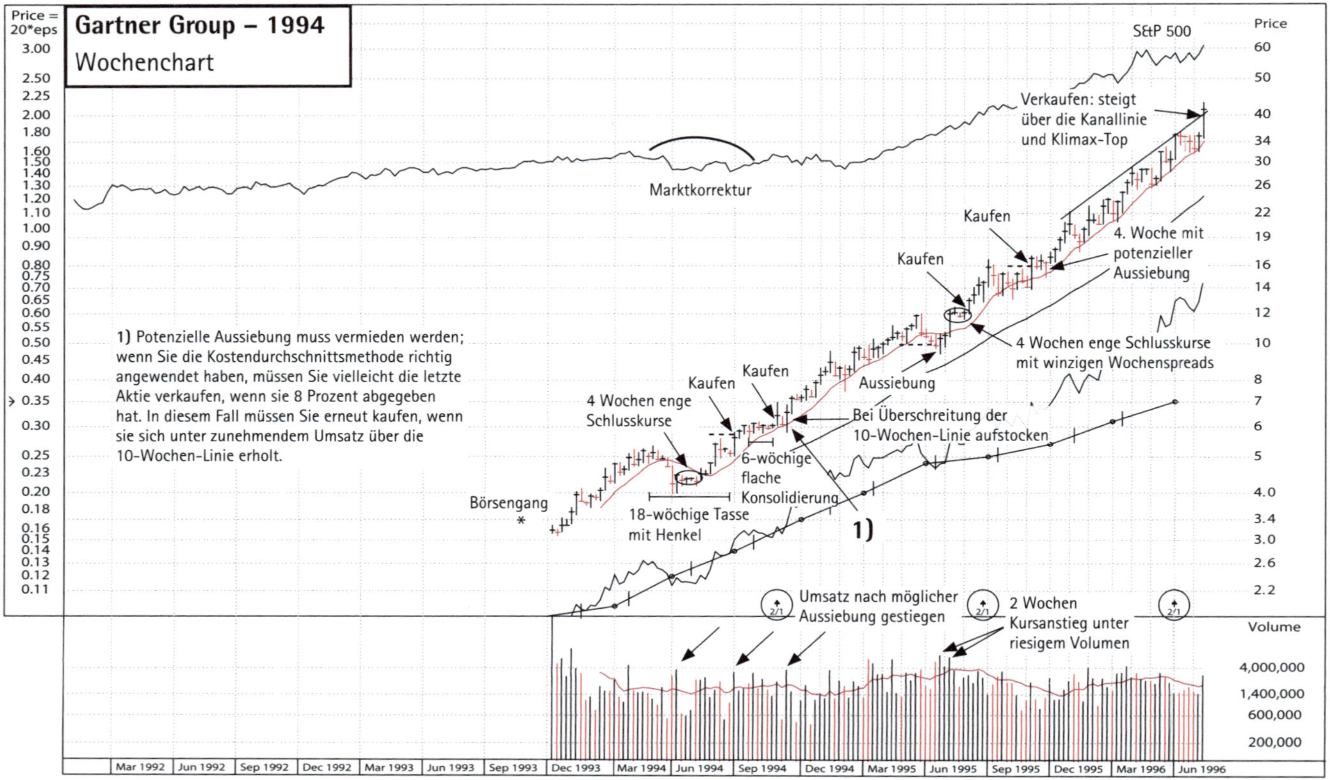

Gartner Group stieg in 98 Wochen um 667 Prozent.

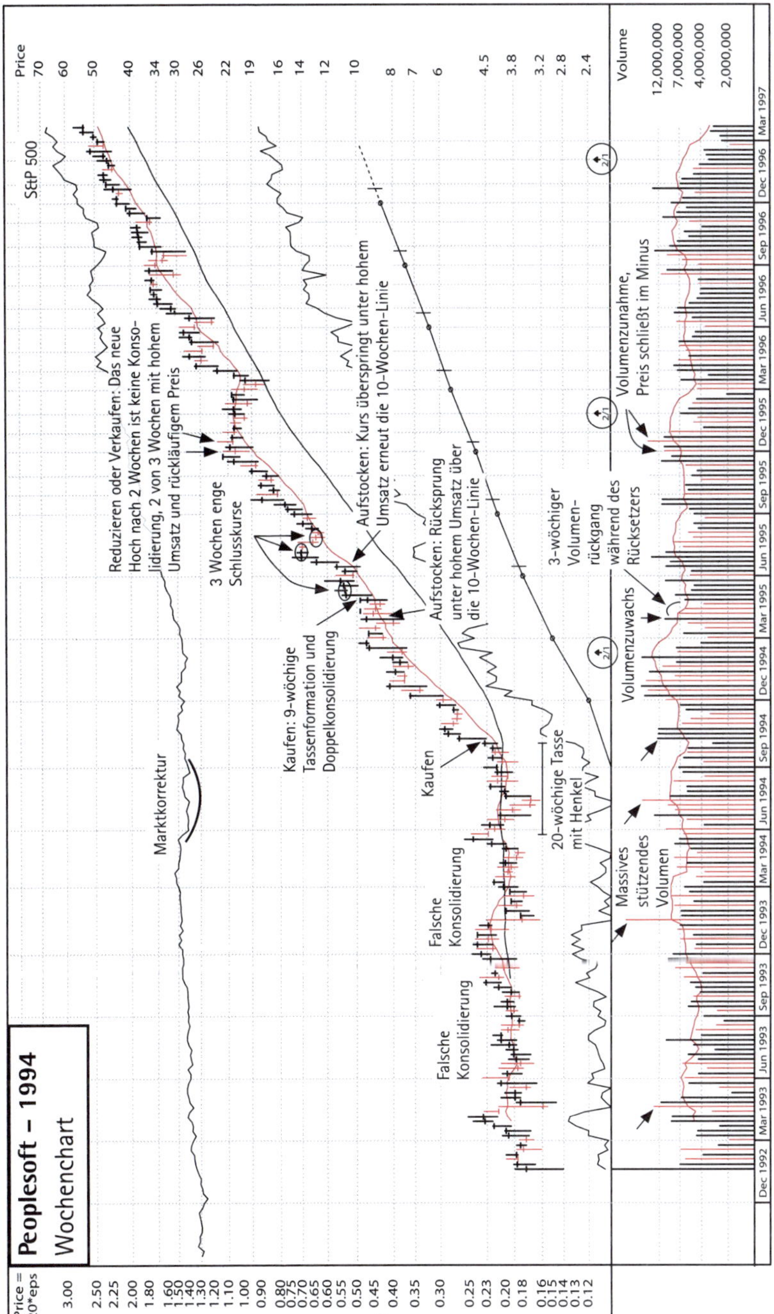

Peoplesoft stieg in 129 Wochen um 1.145 Prozent.

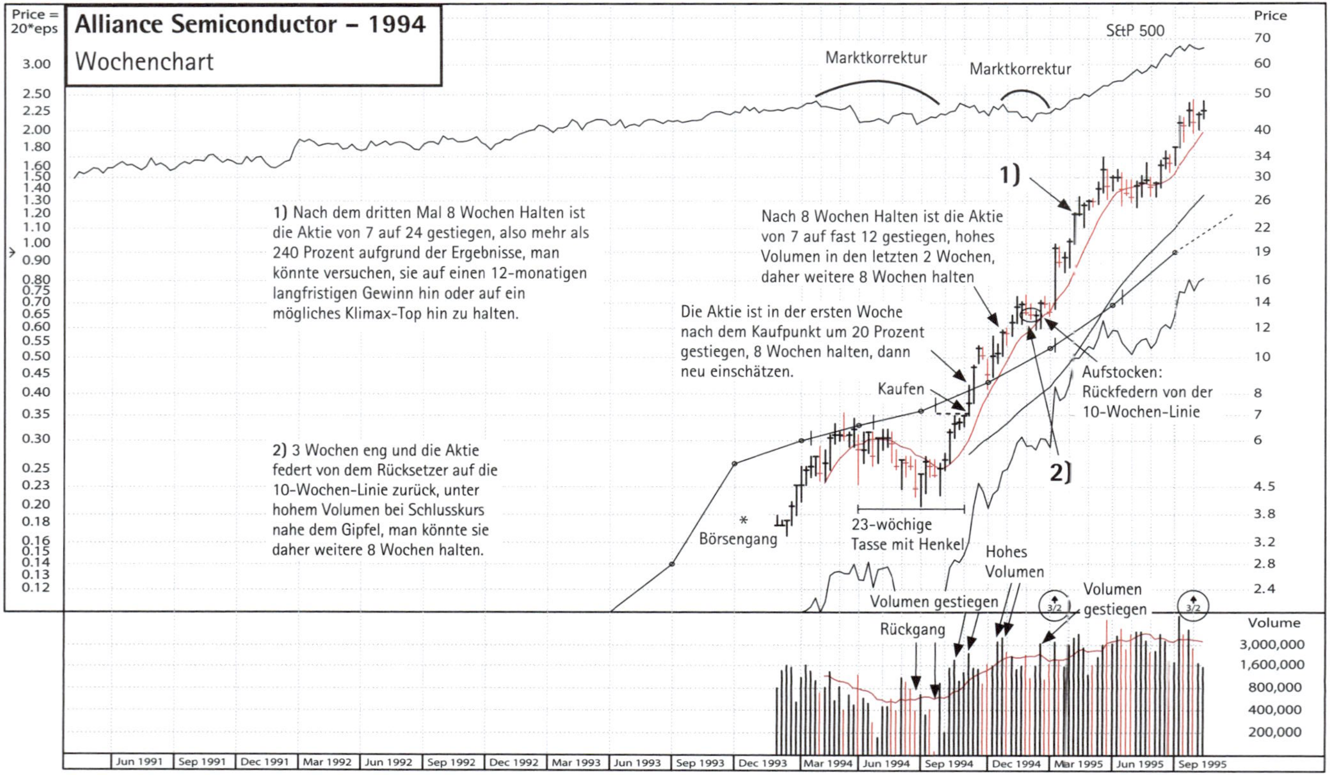

Alliance Semiconductor stieg in 47 Wochen um 539 Prozent.

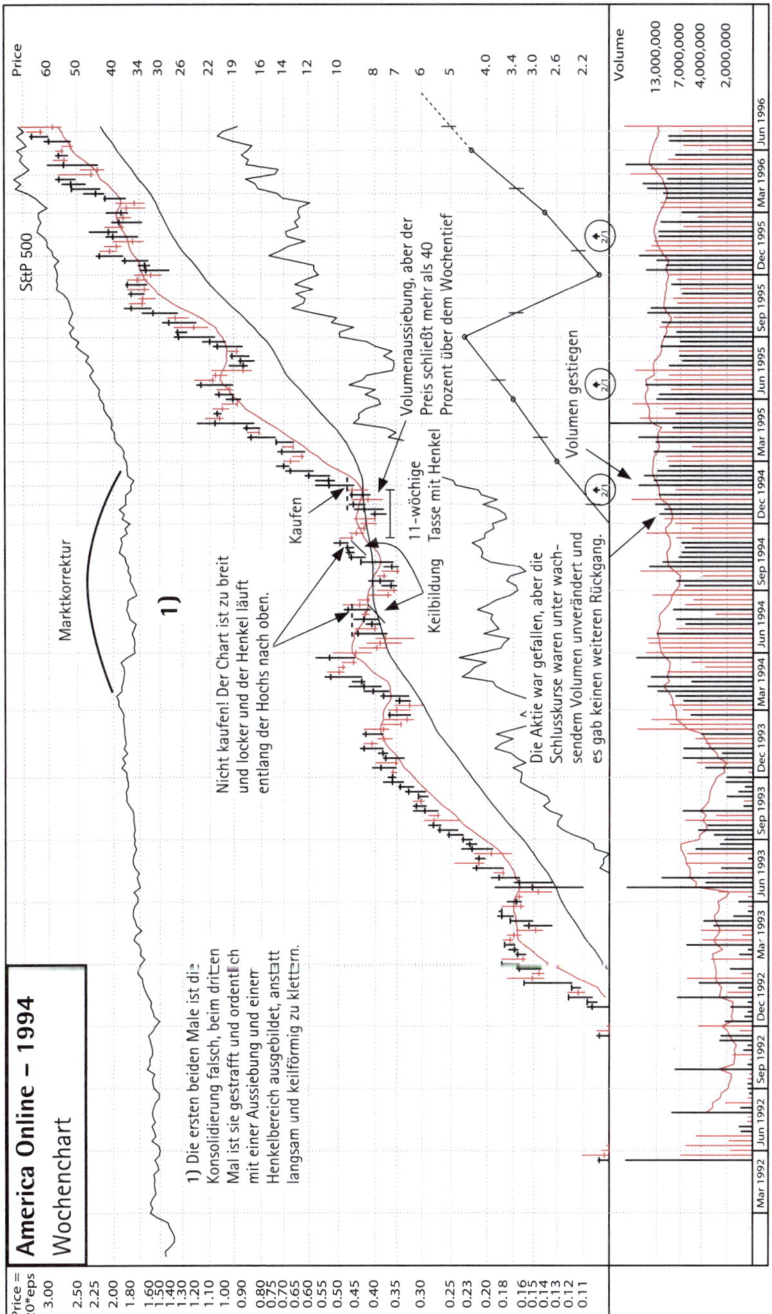

America Online stieg in 75 Wochen um 570 Prozent.

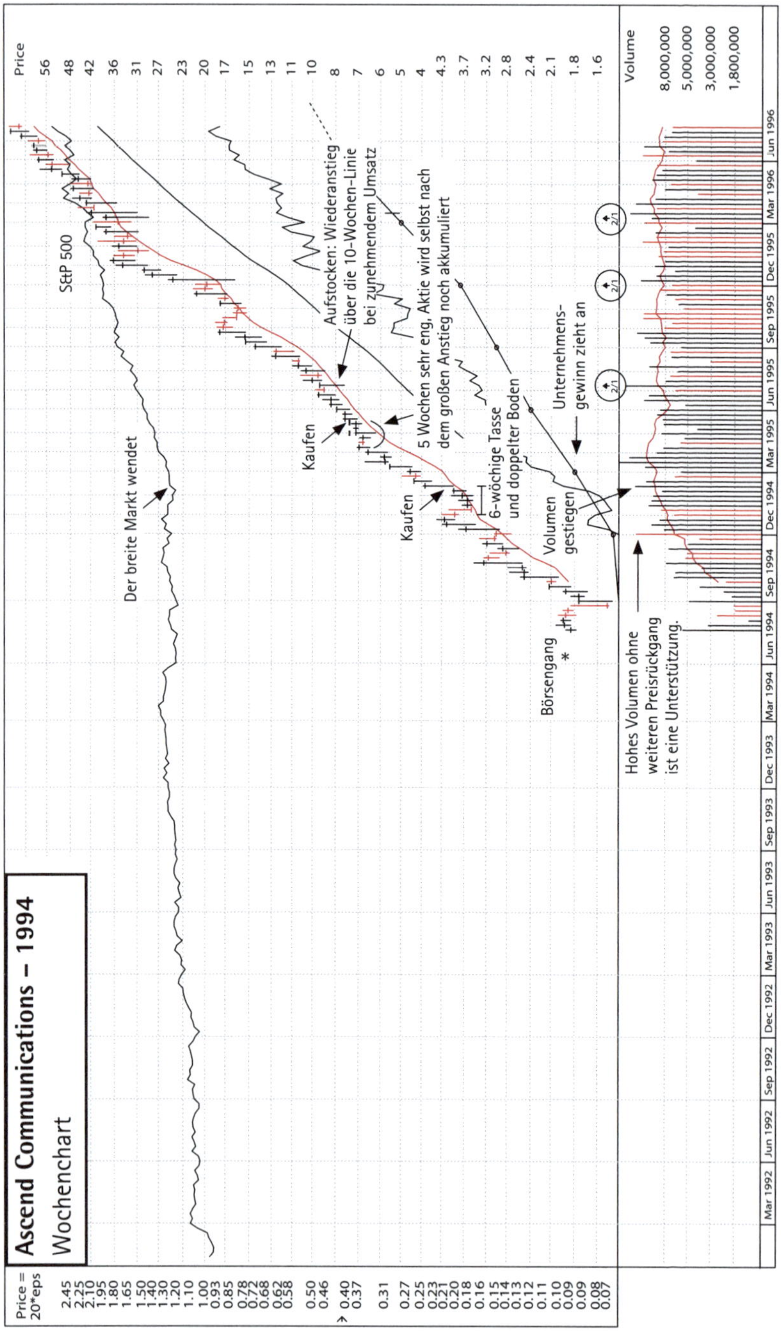

Ascend Communications stieg in 75 Wochen um 1.384 Prozent.

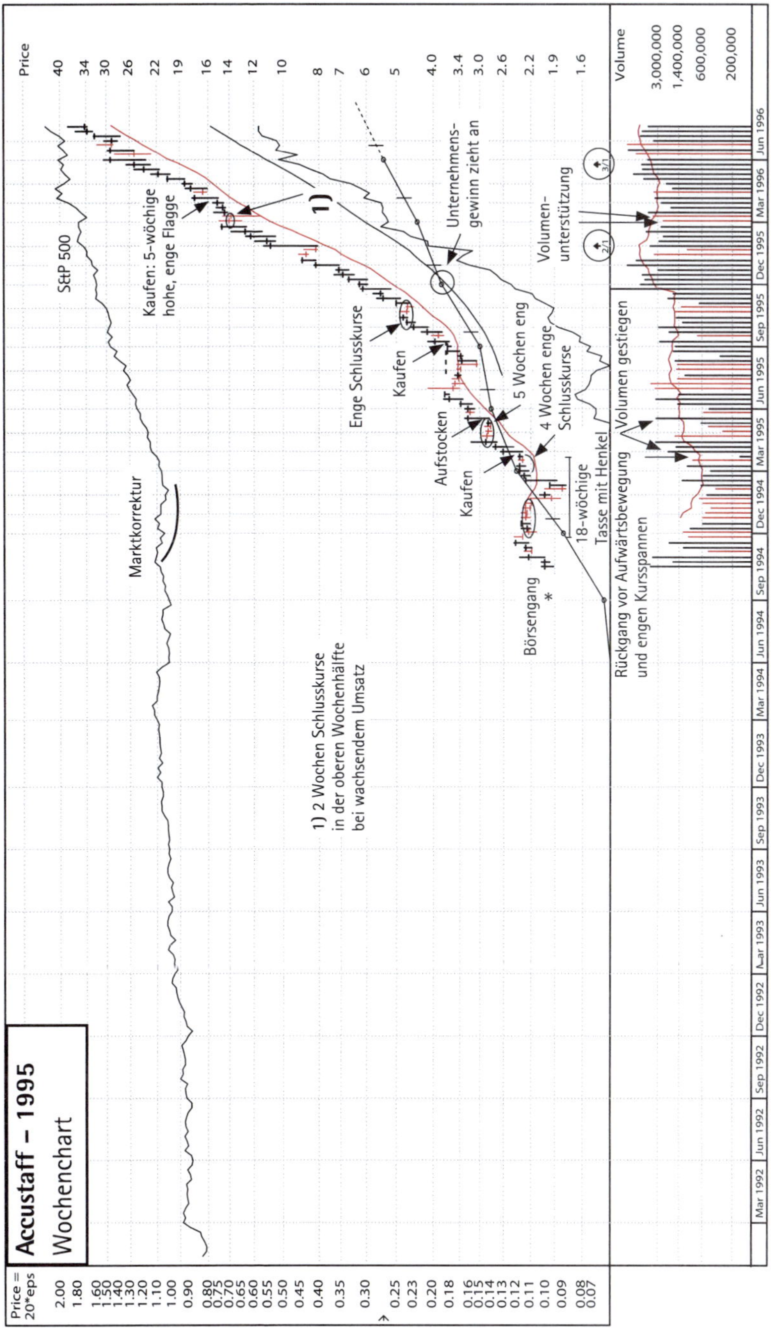

Accustaff stieg in 68 Wochen um 1.359 Prozent.

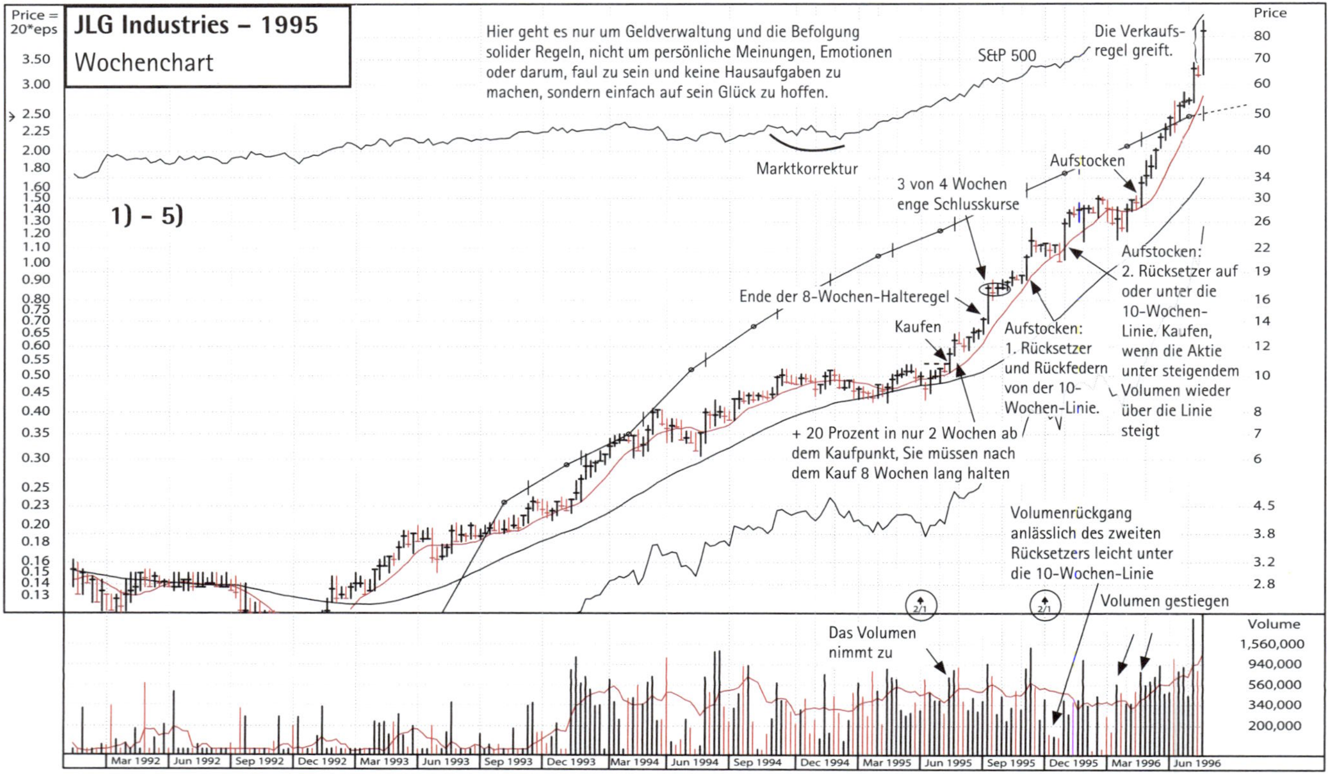

JLG Industries stieg in 53 Wochen um 670 Prozent.

1) Aktie in den ersten 3 Wochen um 20 Prozent gestiegen, man muss sie daher vom Kaufwendepunkt an volle 8 Wochen halten.

2) Am Ende von 8 Wochen steht die Aktie 33 Prozent im Plus, daher kann man sie mit mehr Fortschritt und besserem Polster bis zum 1. oder 2. Rücksetzer auf die 10-Wochen-Linie oder bis zur ersten Korrektur um 20 Prozent halten. Große Gewinner sind selten fertig, bevor sie eine 20-prozentige Korrektur durchgemacht haben.

3) Jetzt sind Sie auf halbem Weg durch das tückische Schlachtfeld des Marktes, aber in der letzten Novemberwoche 1995 steht Ihre Aktie auf splitbereinigten 28, nachdem sie beim ersten Kauf auf 11 gestanden hatte (splitbereinigt). Sie haben es weit gebracht, wenn Sie kleinere Mengen aufgestockt haben. Sie haben Ihre durchschnittlichen Kosten relativ niedrig gehalten, deshalb können Sie es sich leisten, der Aktie mehr Spielraum zu geben, vor allem da in den letzten 2 Quartalen Volumen und Gewinn angezogen haben.

4) In der nächsten Woche macht die Aktie ihre erste 20-prozentige Korrektur und Aussiebung durch, die Sie aussitzen, und die Aktie steigt wieder auf 28 und dann auf 30 und beginnt eine weitere Korrektur. Hier halten Ihre frisch erworbenen Chartlesefähigkeiten Sie bei der Stange. Sie sehen, dass die ersten 3 Wochen der Korrektur unter viel geringerem Volumen stattfinden als normal und dass das Volumen in der vierten Woche hoch ist, während der Preis steigt. Also sitzen Sie die normale 5-wöchige Korrektur aus.

5) Man braucht nur einen großen Gewinner, mit dem man richtig umgegangen ist, und man braucht nur bewährte Regeln zu befolgen, dann gleicht man die zahlreichen normalen Fehler aus. Die Aktie steigt 3 Wochen lang und gibt Ihnen damit einen weiteren Kaufpunkt, weil ein weiterer toller Geschäftsbericht herauskommt. Dieser Bericht ist der dritte hintereinander, der einen Gewinn- und Umsatzzuwachs meldet. Sie stocken Ihre Position über 30 auf, sie steigt in 3 Wochen um mehr als 20 Prozent, Sie halten sie 8 Wochen lang, nach 8 Wochen steht die Aktie auf 47 und jetzt haben Sie den Vorteil, dass Sie entscheiden können, ob Sie entweder auf einem Klimax-Top verkaufen, weil die aufsteigende Trendkanallinie verletzt wird, oder ob Sie nach 12 Monaten verkaufen müssen.

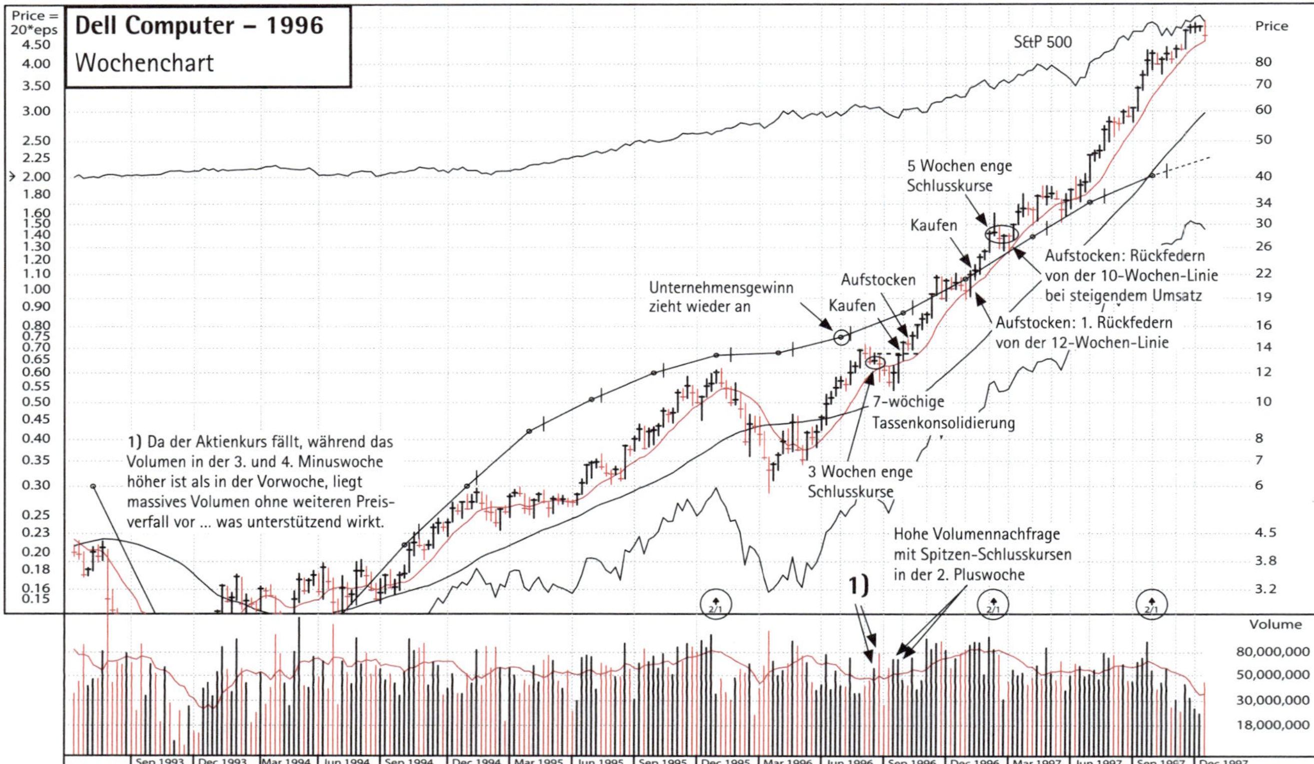

Dell Computer stieg in 61 Wochen um 587 Prozent.

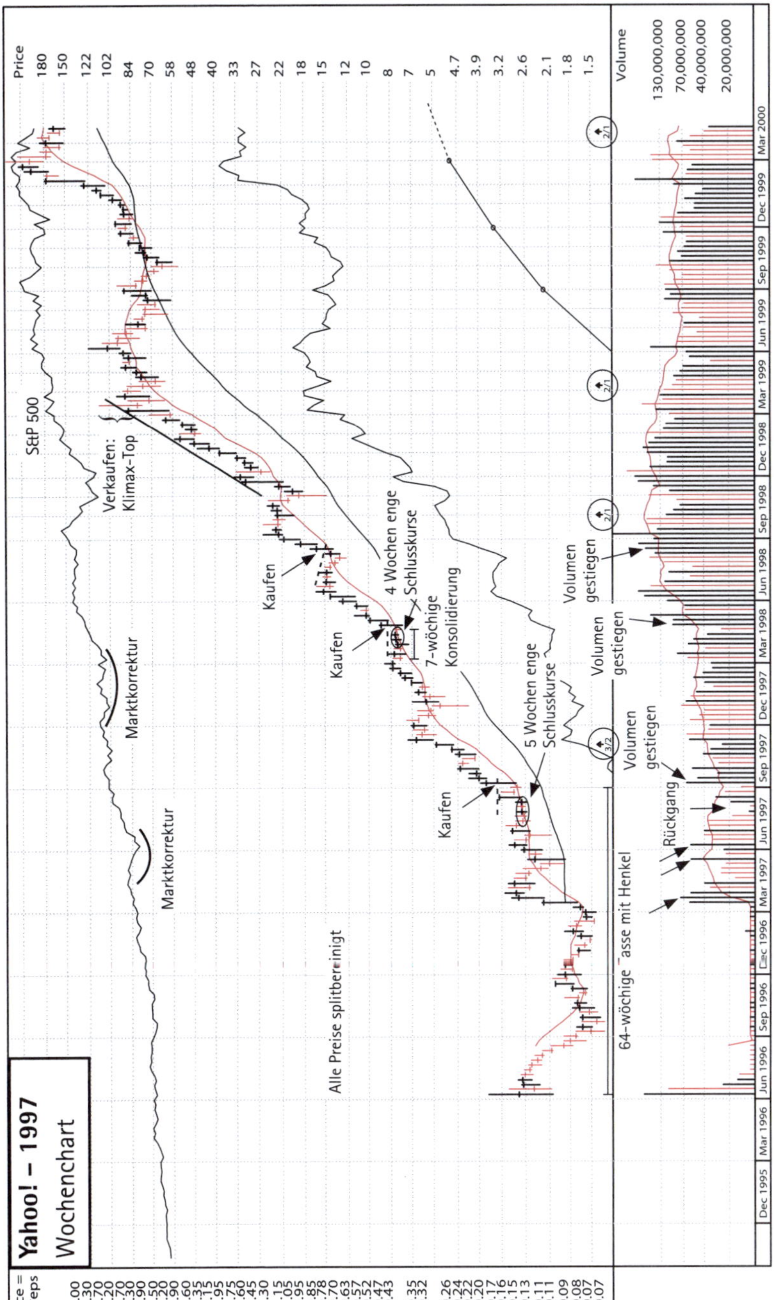

Yahoo! stieg in 130 Wochen um 6.723 Prozent.

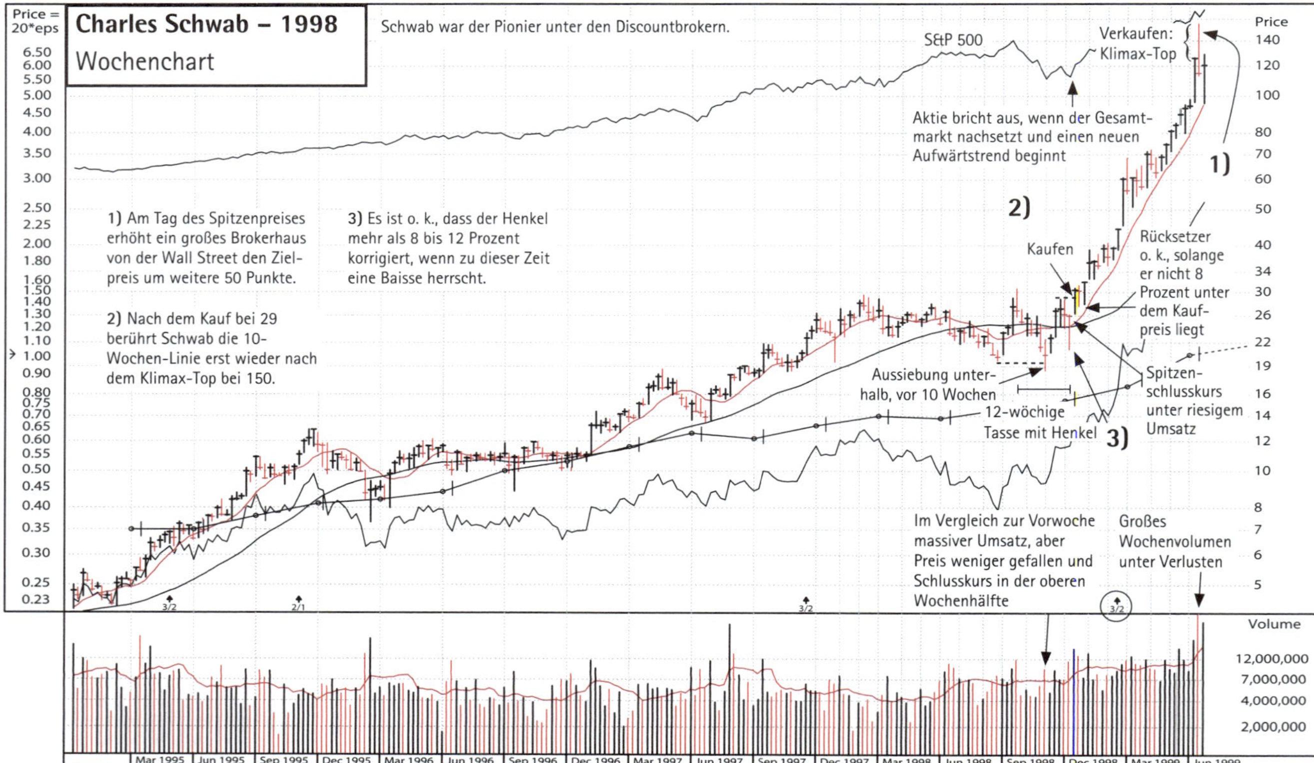

Charles Schwab stieg in 26 Wochen um 409 Prozent.

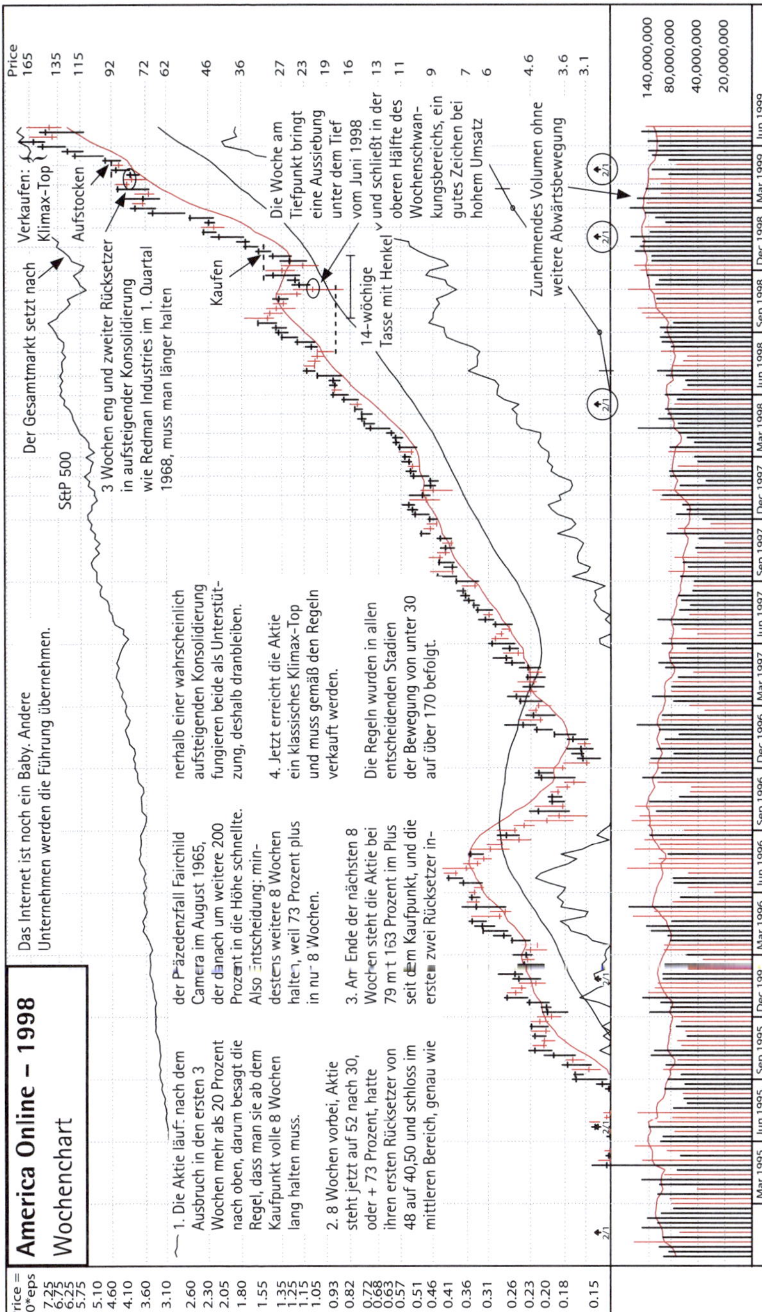

America Online stieg in 23 Wochen um 451 Prozent.

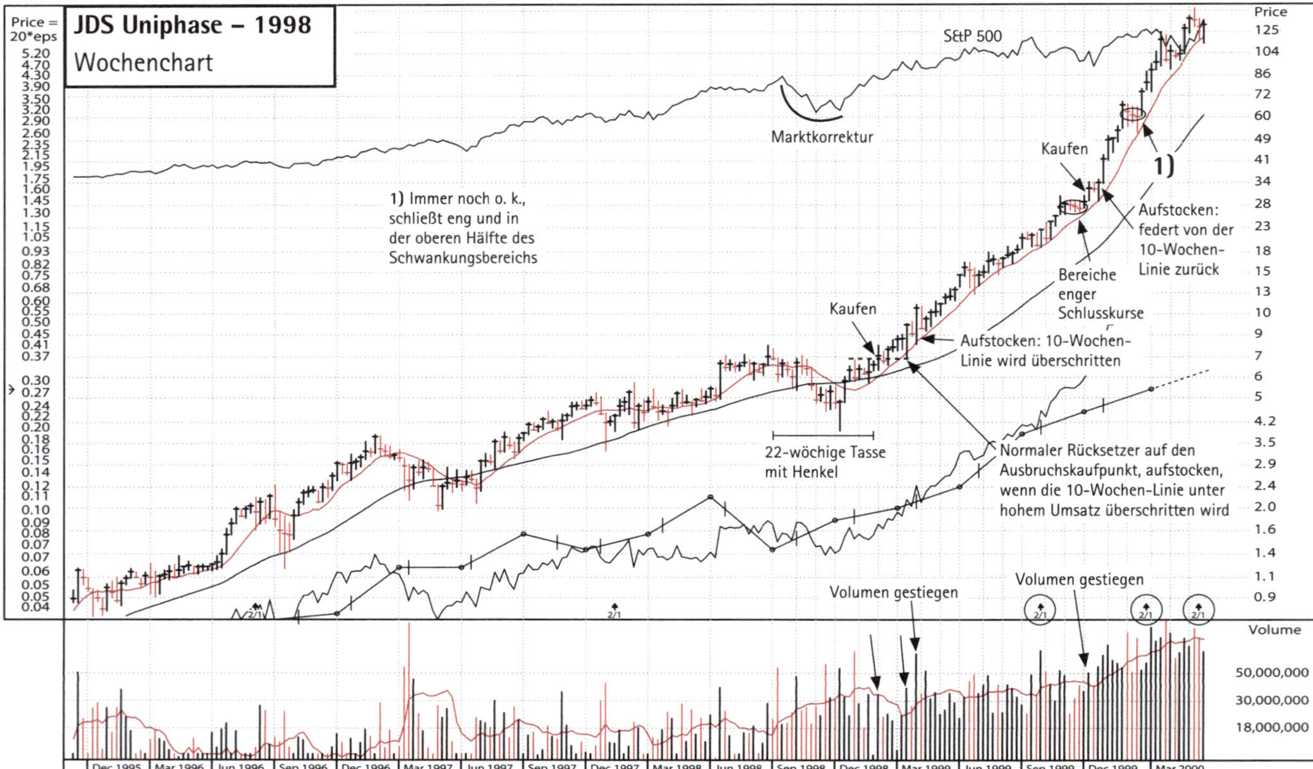

JDS Uniphase stieg in 66 Wochen um 1.946 Prozent.

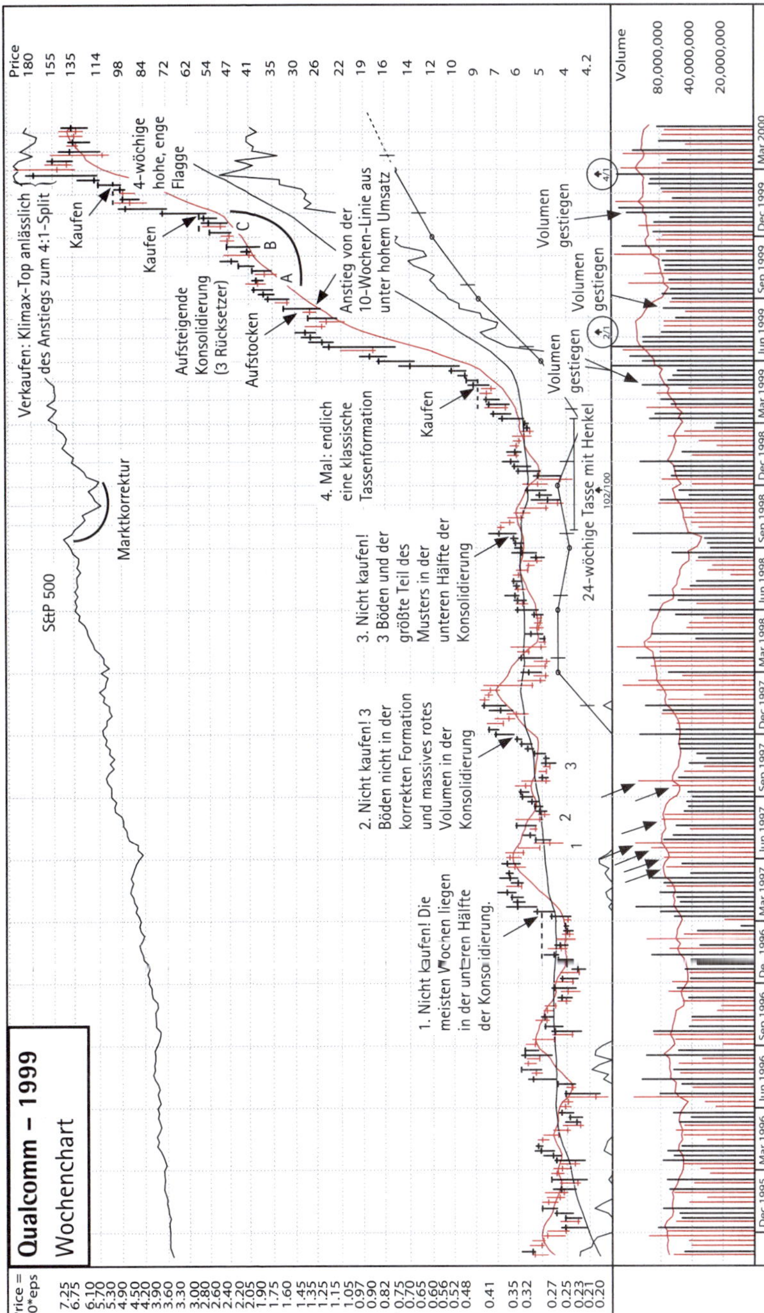

Qualcomm stieg in 45 Wochen um 2.091 Prozent.

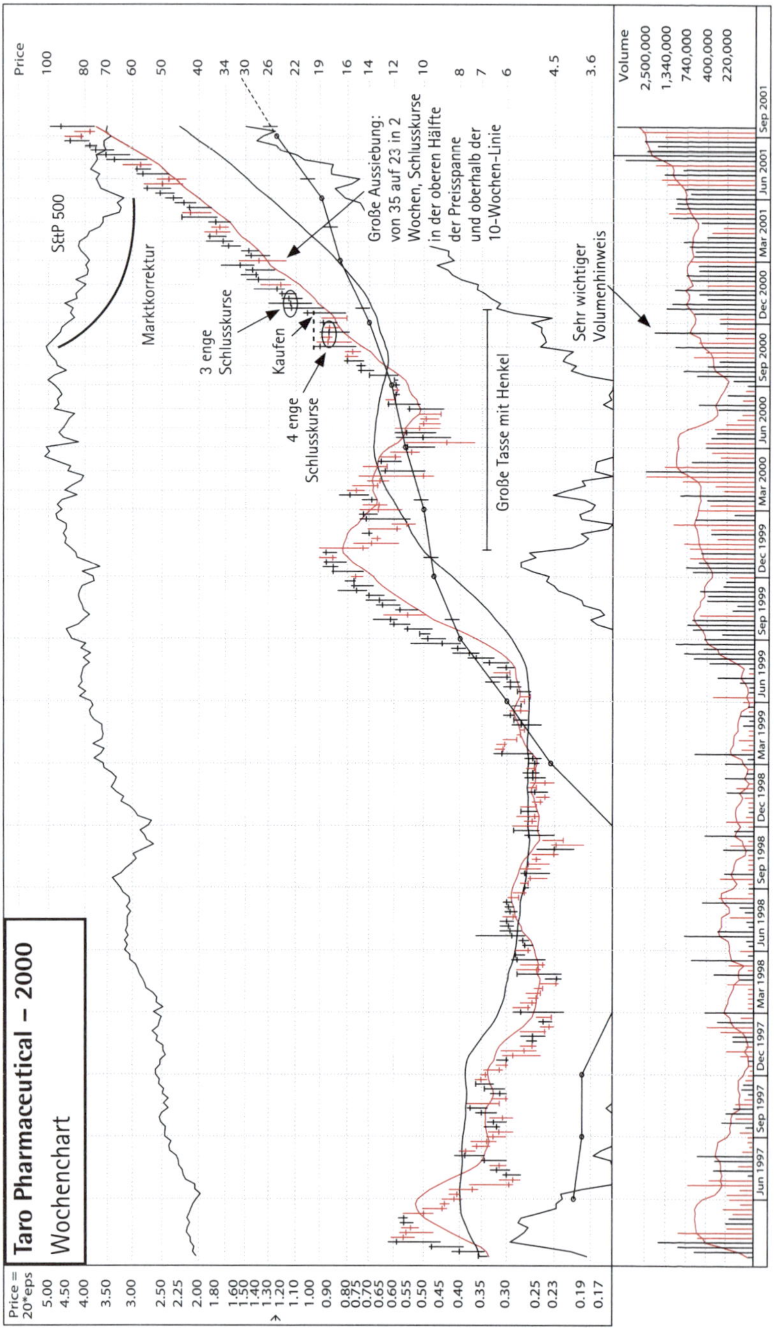

Taro Pharmaceutical stieg in 39 Wochen um 382 Prozent.

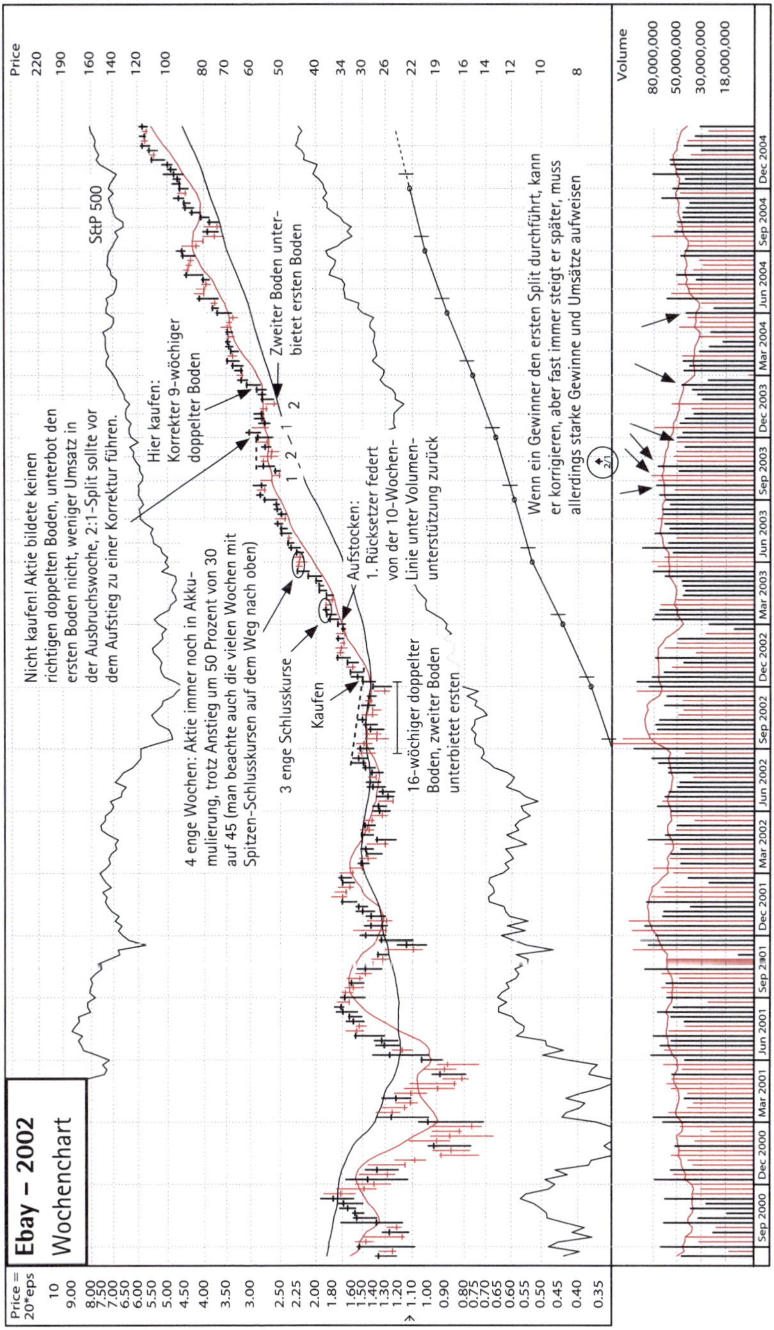

Ebay stieg in 115 Wochen um 282 Prozent.

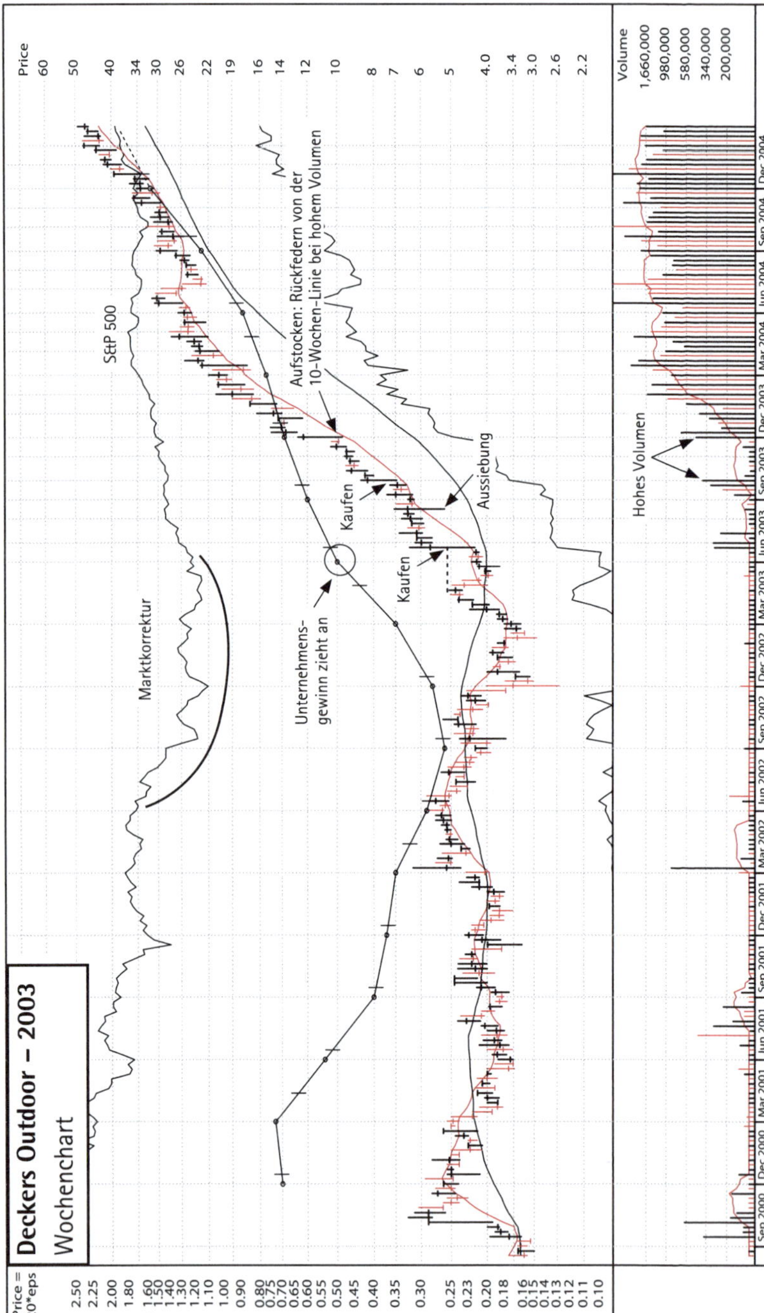

Deckers Outdoor stieg in 88 Wochen um 766 Prozent.

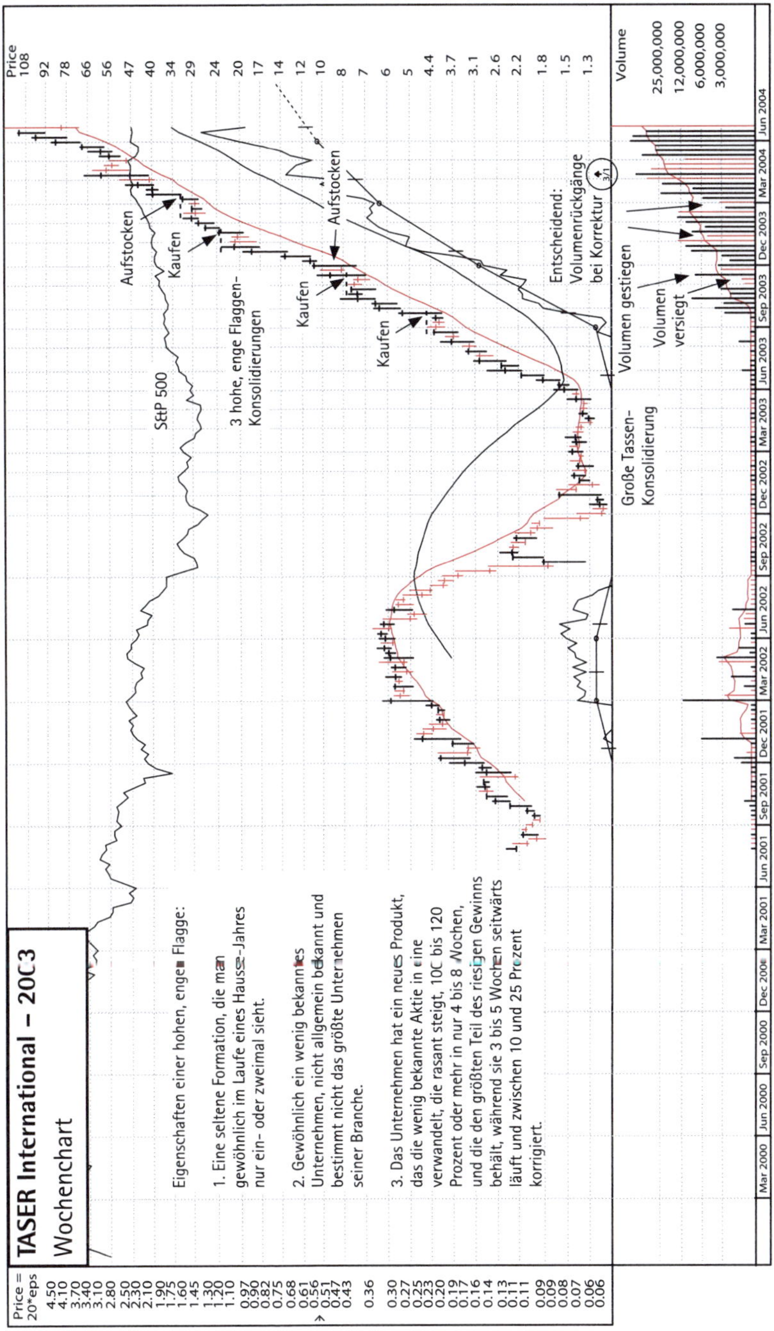

TASER International stieg in 39 Wochen um 2.228 Prozent.

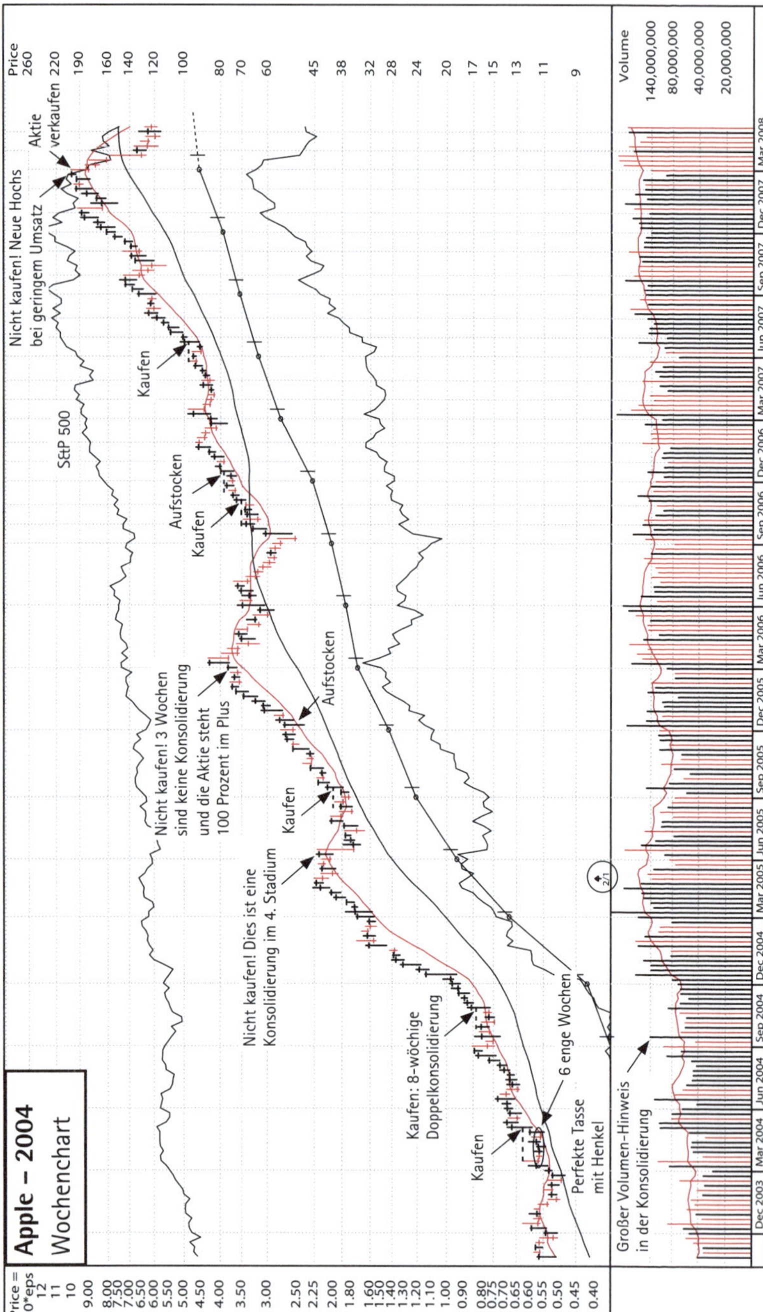

Apple stieg in 199 Wochen um 1.418 Prozent.

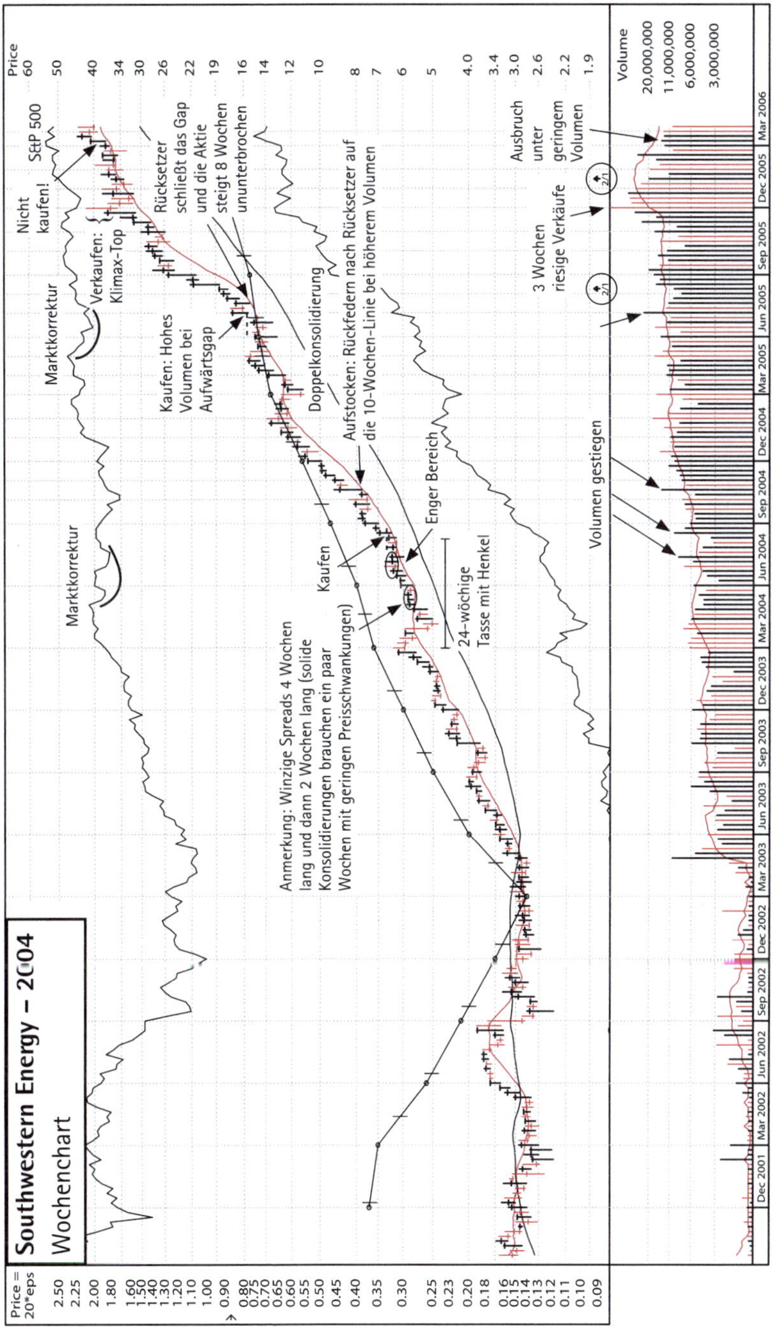

Southwestern Energy stieg in 83 Wochen um 556 Prozent.

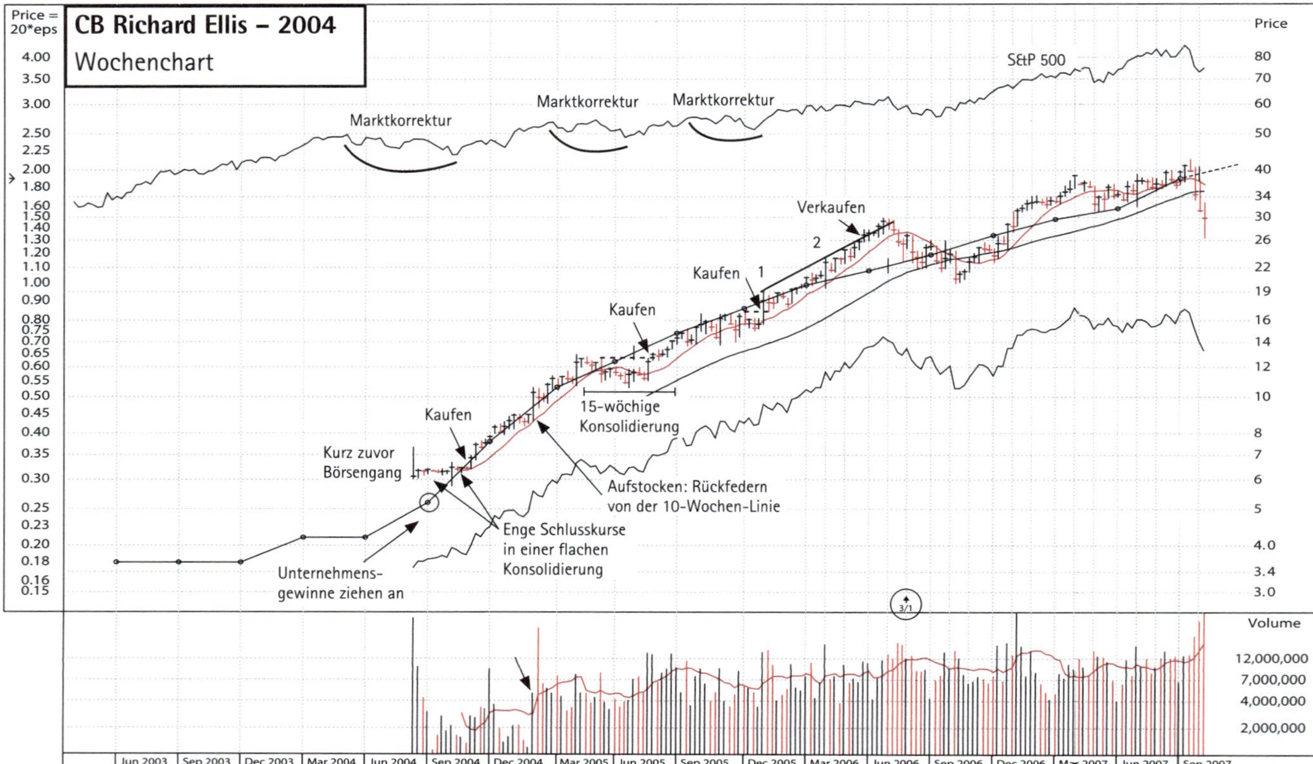

CB Richard Ellis Group stieg in 149 Wochen um 538 Prozent.

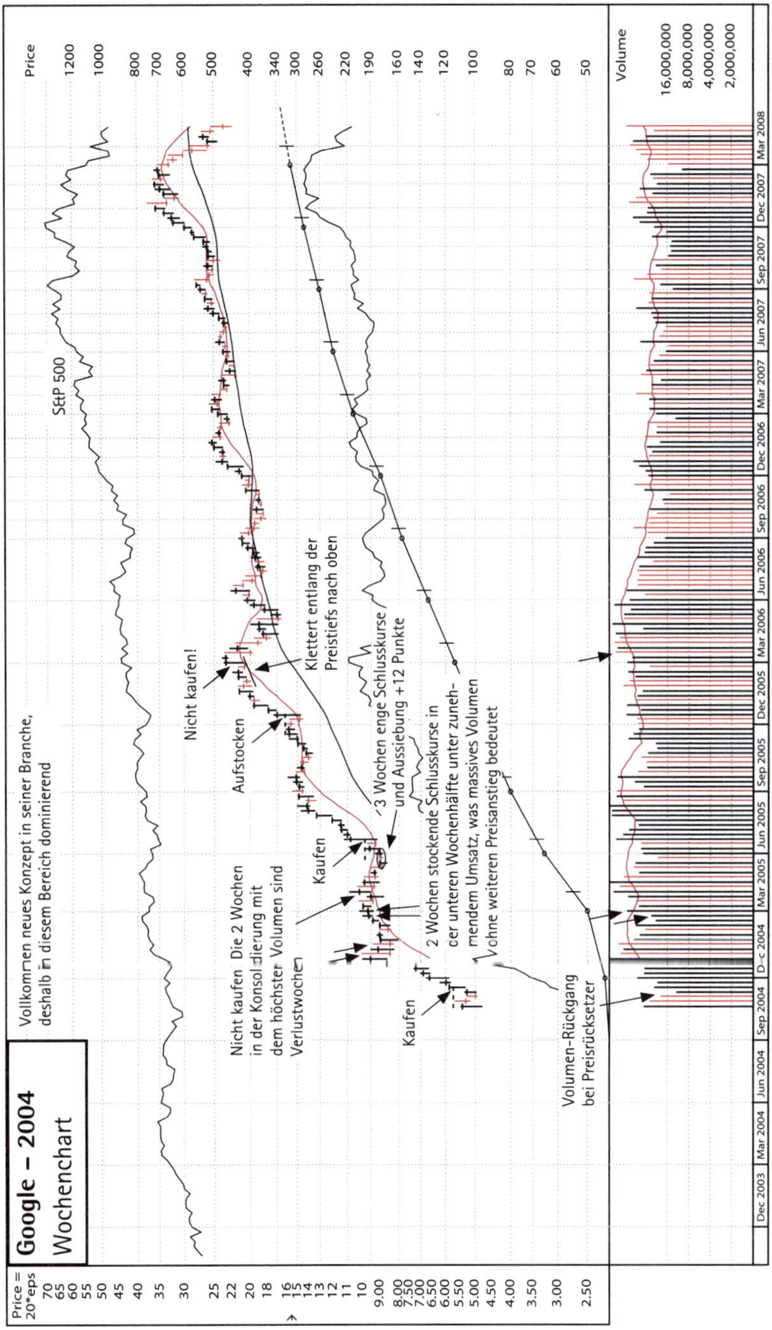

Google stieg in 164 Wochen um 536 Prozent.

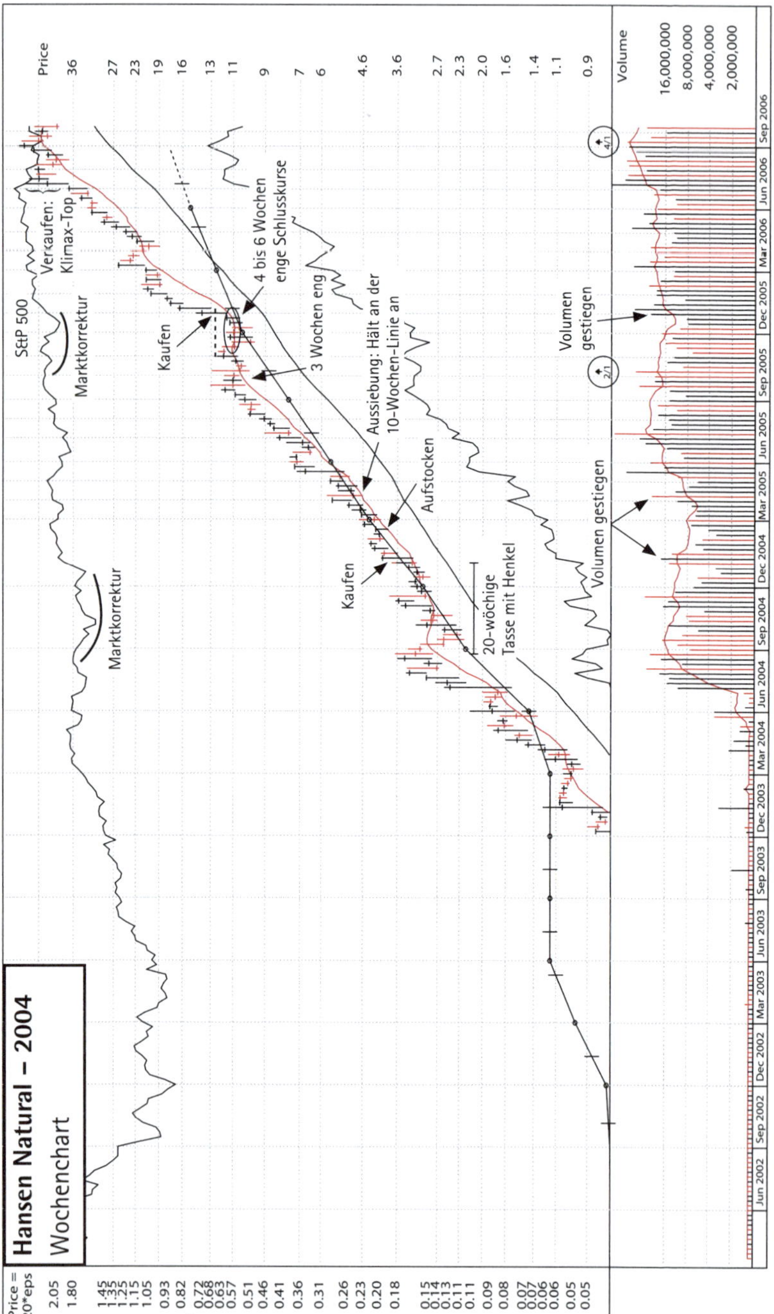

Hansen Natural stieg in 86 Wochen um 1.219 Prozent.

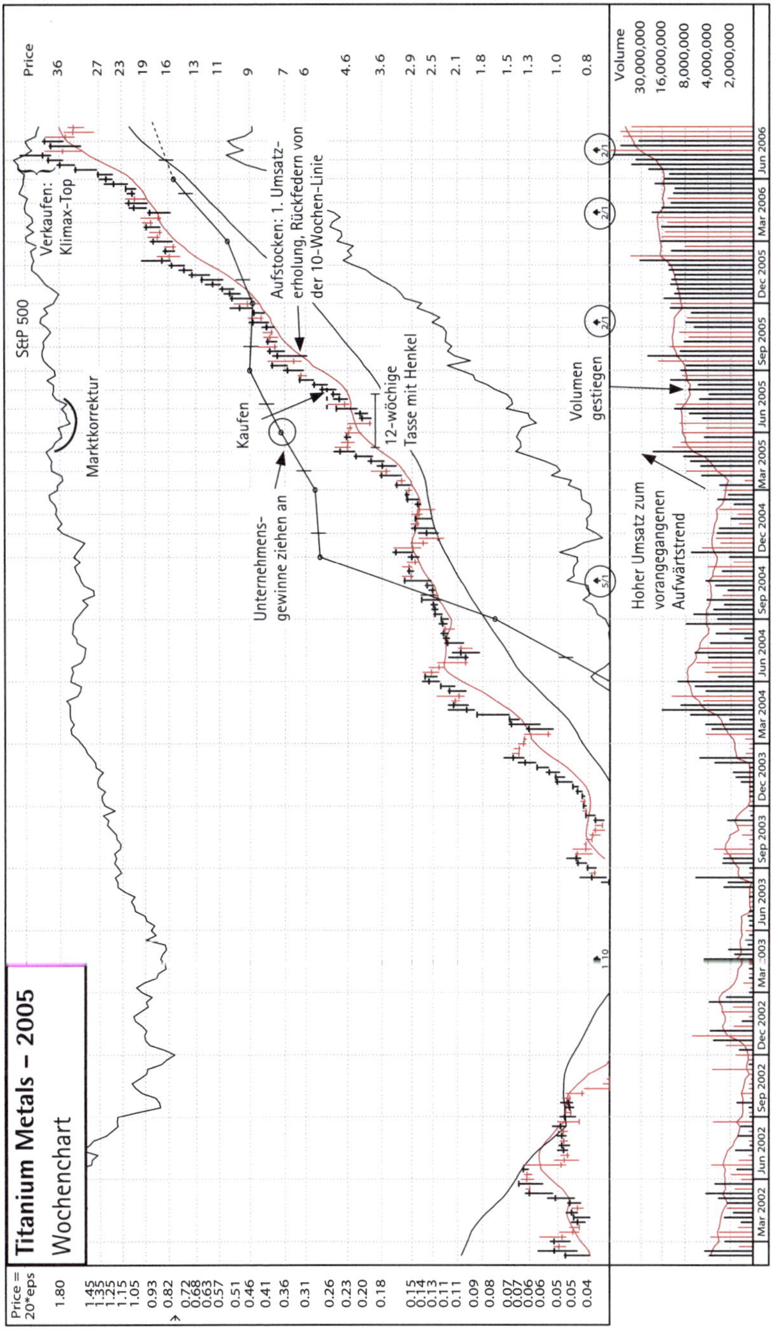

Titanium Metals stieg in 49 Wochen um 764 Prozent.

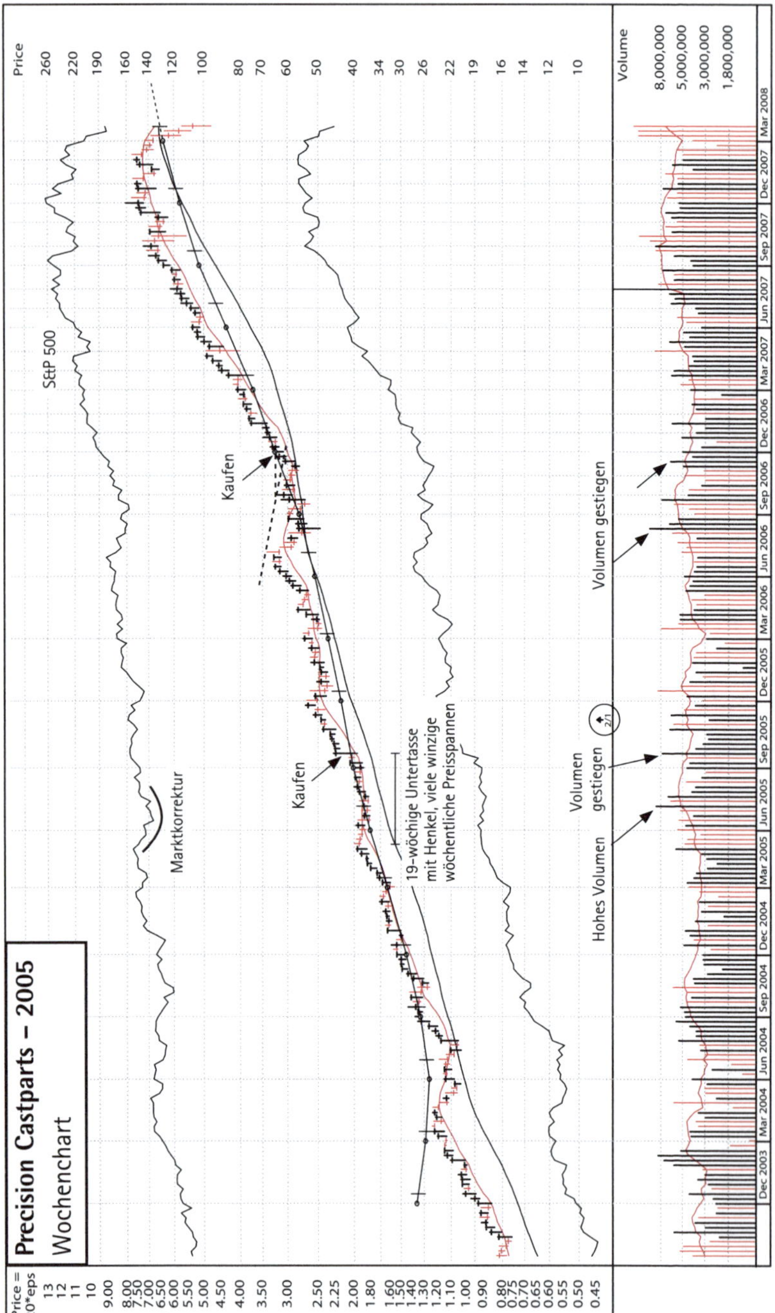

Precision Castparts stieg in 115 Wochen um 259 Prozent.

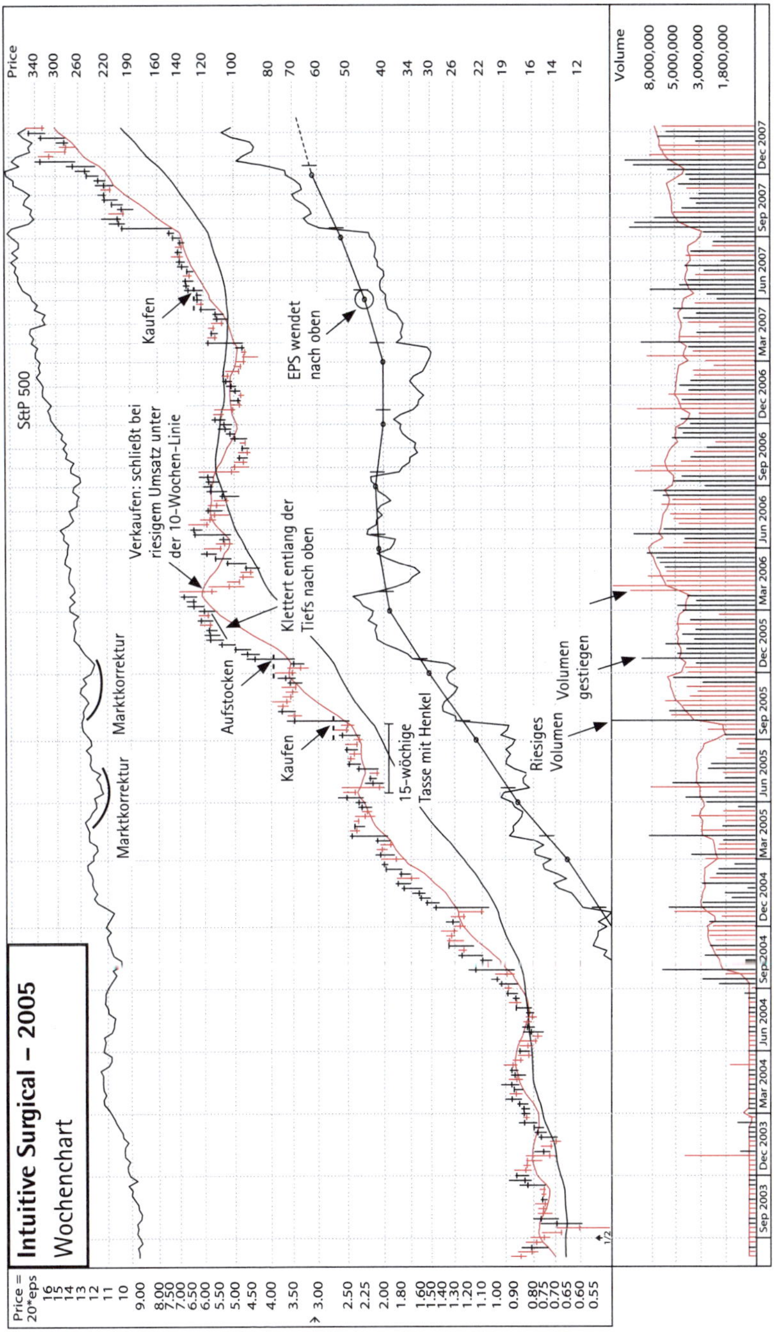

Intuitive Surgical stieg in 123 Wochen um 418 Prozent.

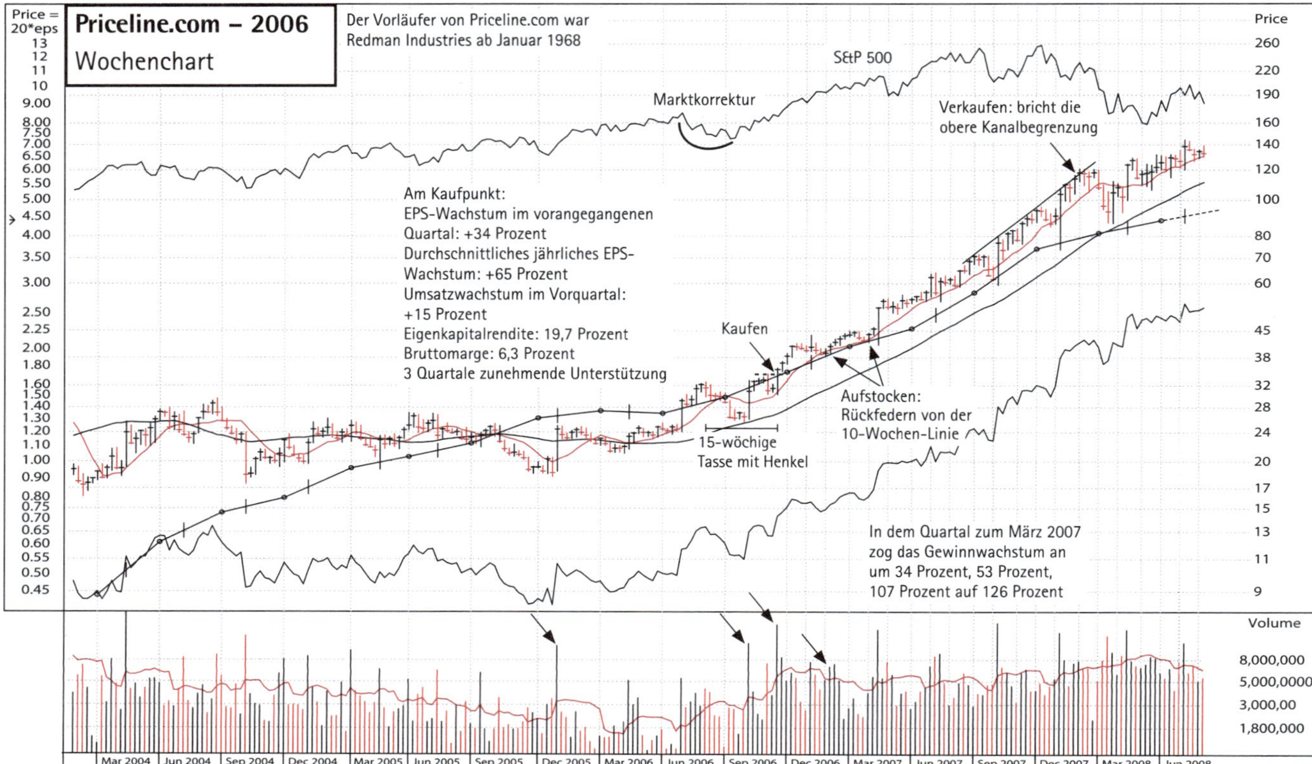

Priceline.com stieg in 85 Wochen um 320 Prozent.

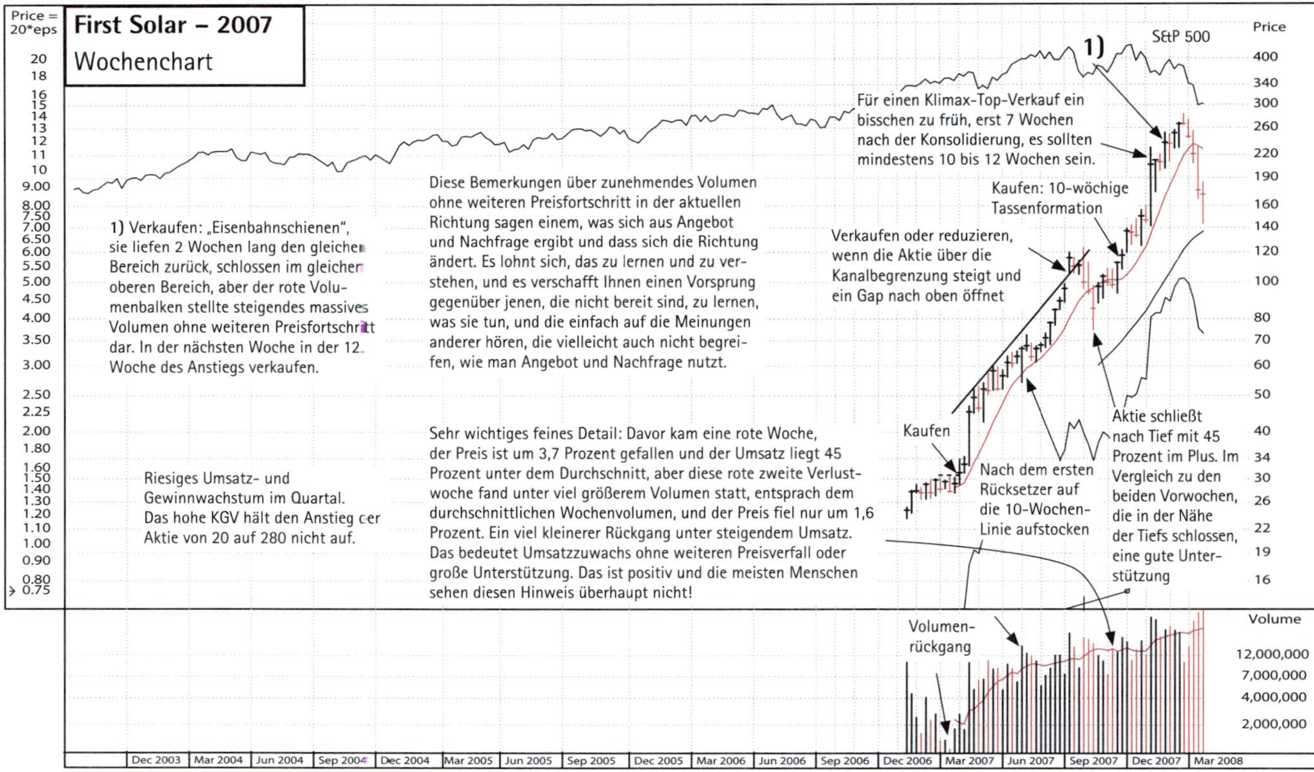

First Solar stieg in 47 Wochen um 807 Prozent.

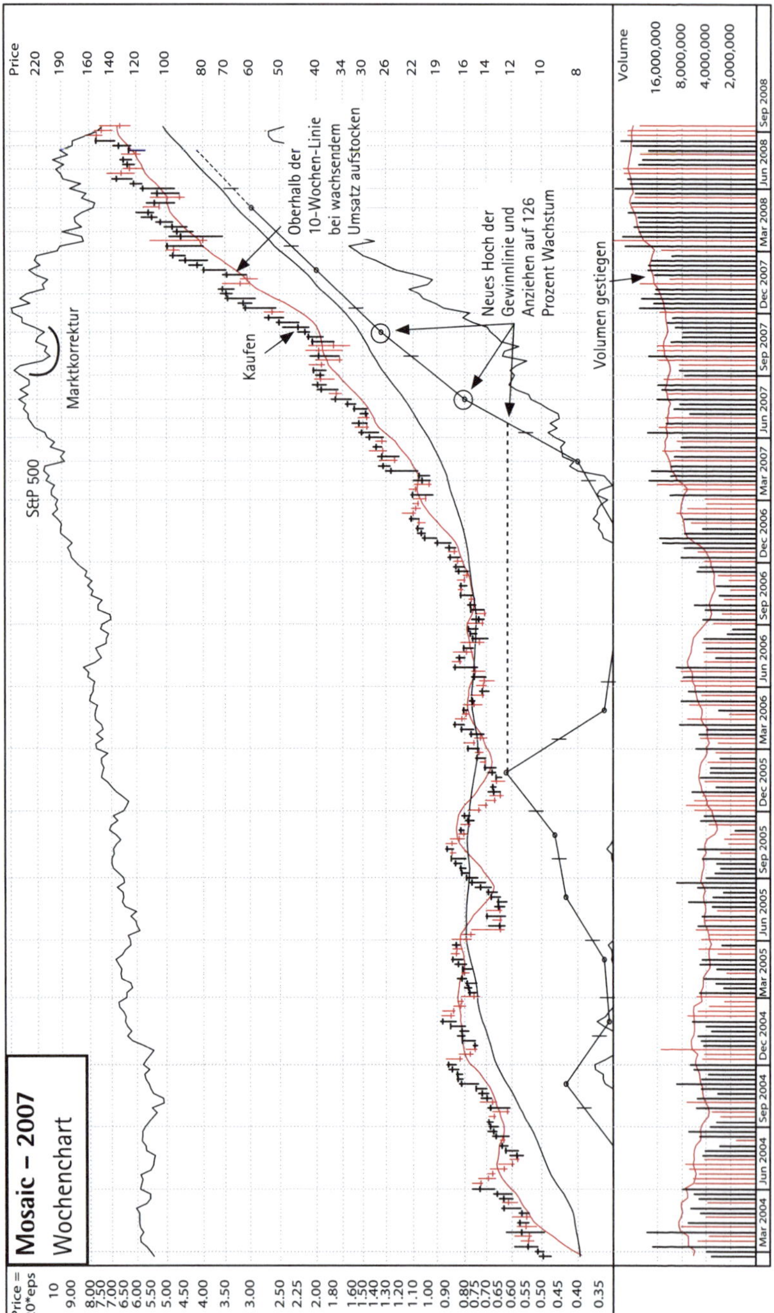

Mosaic stieg in 40 Wochen um 265 Prozent.

KAPITEL 2

CHARTS LESEN WIE EIN PROFI – AUSWAHL UND TIMING VERBESSERN

In der Welt der Medizin sind Röntgenbilder, MRTs und Hirnszintigramme „Bilder", die Ärzte studieren, um zu diagnostizieren, was im menschlichen Körper vor sich geht. EKGs und Ultraschallwellen werden auf Papier aufgezeichnet oder auf fernsehähnlichen Monitoren angezeigt, damit man erkennt, was im menschlichen Herzen passiert.

In ähnlicher Weise werden Landkarten maßstabsgerecht gedruckt, damit Menschen erkennen, wo genau sie sind und wie sie dort hinkommen, wo sie hinwollen. Und seismische Daten werden in Diagrammen dargestellt, damit Geologen untersuchen können, welche

Strukturen oder Formationen mit der höchsten Wahrscheinlichkeit Öl enthalten.

Auf fast allen Gebieten gibt es Werkzeuge, mit denen die Menschen die aktuellen Bedingungen korrekt beurteilen und sich exakte Informationen beschaffen können. Das Gleiche gilt auch bei der Geldanlage. Wirtschaftsindikatoren werden als Graphen gedruckt, damit man sie interpretieren kann. Die Kurs- und Umsatzentwicklung von Aktien wird in Form von Charts abgebildet, damit die Anleger entscheiden können, ob die Aktie stark und gesund ist und akkumuliert wird oder ob sie schwach ist und sich anormal verhält.

Würden Sie es zulassen, dass ein Arzt Sie aufschneidet und eine Herzoperation durchführt, wenn er nicht vorher die entscheidenden notwendigen Geräte benutzt hätte? Natürlich nicht. Das wäre einfach unverantwortlich. Aber viele Anleger tun genau das, wenn sie Aktien kaufen und verkaufen, ohne sich zuerst Aktiencharts anzusehen. Es wäre unverantwortlich, wenn Ärzte keine Röntgenbilder, CTs und EKGs ihrer Patienten verwenden würden, und es ist von den Anlegern einfach verrückt, wenn sie nicht lernen, die Kurs- und Umsatzformationen zu interpretieren, die man in Aktiencharts findet. Wenn schon nichts anderes, dann können einem Charts zumindest sagen, wenn sich eine Aktie nicht richtig verhält und verkauft werden sollte.

Man kann als Privatanleger eine Menge Geld verlieren, wenn man nicht weiß, wie man erkennt, wann eine Aktie ein Top überschreitet und in eine signifikante Korrektur eintritt – oder wenn man sich auf jemanden verlässt, der es auch nicht weiß.

DIE GRUNDLAGEN DER CHARTINTERPRETATION

Charts zeichnen die konkrete Kursperformance Tausender von Aktien auf. Die Preisänderungen resultieren aus dem Spiel von Angebot und Nachfrage am größten Auktionsmarkt der Welt. Anleger, die üben, wie man Preisbewegungen in Charts richtig entschlüsselt, haben einen enormen Vorteil gegenüber denjenigen, die sich entweder weigern, das zu lernen, die es nicht besser wissen oder die einfach ein bisschen faul sind.

Würden Sie ohne Instrumente ein Flugzeug fliegen oder mit ihrem Auto eine lange Fahrt ohne Straßenkarte antreten? Charts sind Ihre Investment-Straßenkarte. Tatsächlich haben die renommierten Volkswirte Milton und Rose Friedman die ersten 28 Seiten ihres hervorragenden Buches „Chancen, die ich meine" der Macht der Marktdaten und der einzigartigen Fähigkeit von Preisen gewidmet, Entscheidungsträgern wichtige und exakte Informationen zu liefern.

Chartmuster oder „Basen" beziehungsweise Konsolidierungsformationen sind Bereiche, in denen der Preis nach einem vorangegangenen Anstieg korrigiert und konsolidiert. Die meisten Basen (80 bis 90 Prozent) entstehen und bilden sich infolge von Korrekturen des Gesamtmarktes. Die Fertigkeit, die man erlernen muss, um solche Basen zu analysieren, besteht in der Diagnose, ob die Preis- und Umsatzbewegungen normal oder anormal sind. Signalisieren sie Stärke oder Schwäche?

Große Anstiege gehen aus starken, erkennbaren Preisformationen hervor (das wird im weiteren Verlauf dieses Kapitels noch besprochen). Fehlschläge kann man immer auf Basen zurückführen, die entweder fehlerhaft oder für den typischen Anleger zu offensichtlich sind. Jedes Jahr verdienen Menschen ein Vermögen, weil sie sich Zeit nehmen und lernen, wie man Charts richtig interpretiert. Profis, die keine Charts verwenden, offenbaren dadurch ihre Unkenntnis höchst wertvoller Mess- und Timing-Mechanismen. Um diesen Punkt noch stärker zu betonen: Ich habe es bei vielen hochkarätigen Investmentprofis erlebt, dass sie irgendwann ihren Job verloren, weil ihre Performance zu schwach war.

Wenn das passiert, ist die schlechte Erfolgsbilanz häufig ein direktes Ergebnis der Tatsache, dass man nicht viel über Marktbewegungen und Chartinterpretation weiß. Universitäten, die Finanz- und Investmentkurse anbieten, aber Charts als irrelevant oder unwichtig abtun, demonstrieren dadurch ihre komplette Unwissenheit sowie ihr

Nichtverständnis der eigentlichen Funktionsweise der Märkte und der Arbeitsweise der besten Profis.

Als Privatanleger muss man Aktiencharts studieren und davon profitieren. Es reicht nicht, eine Aktie einfach nur deshalb zu kaufen, weil sie gute fundamentale Eigenschaften aufweist, zum Beispiel große Gewinne und hohe Umsätze. Tatsächlich sollte kein Leser von *Investor's Business Daily* jemals eine Aktie ausschließlich wegen der *Smart Select*-Ratings von *IBD* kaufen. Man muss immer den Chart einer Aktie überprüfen, um festzustellen, ob sich die Aktie in der richtigen Position für einen Kauf befindet oder ob es sich um die Aktie eines soliden, führenden Unternehmens handelt, der Preis allerdings zu hoch über einem soliden Basisbereich liegt und sie darum vorübergehend gemieden werden sollte.

Da die Anzahl der Börsenanleger in den letzten Jahren zugenommen hat, sind einfache Preis- und Umsatzcharts viel leichter verfügbar geworden (Abonnenten von *Investor's Business Daily* haben auf der Website investors.com freien Zugang zu 10.000 Tages- und Wochencharts). Mithilfe von Chartbüchern und Online-Chartdiensten kann man Hunderte oder gar Tausende von Aktien auf höchst systematische, zeitsparende Art und Weise beobachten. Manche sind ausgefeilter als andere und enthalten zusätzlich zu den Kurs- und Umsatzbewegungen fundamentale und charttechnische Informationen. Wenn Sie einen der besseren Chartdienste abonnieren, haben Sie unmittelbaren Zugang zu Informationen, die sonst nicht so leicht verfügbar sind.

DIE GESCHICHTE WIEDERHOLT SICH: LERNEN SIE, HISTORISCHE PRÄZEDENZFÄLLE ZU NUTZEN

Wie bereits in der Einführung erwähnt und in den mit Anmerkungen versehenen Charts der größten Gewinner aller Zeiten in Kapitel 1 gezeigt, beruht unser System für die Auswahl von Gewinneraktien darauf, wie der Markt tatsächlich funktioniert, und nicht auf meiner persönlichen Meinung, auf der persönlichen Meinung von irgendjemand anders oder auf wissenschaftlichen Theorien. Wir haben die großartigsten Gewinneraktien der Vergangenheit analysiert und dabei entdeckt, dass alle sieben gemeinsame Eigenschaften besaßen, die man in den beiden leicht zu merkenden Worten CAN SLIM zusammenfassen kann. Außerdem haben wir entdeckt, dass es eine Reihe erfolgreicher Preismuster und Konsolidierungsstrukturen gab, die immer und immer wieder auftraten. Am Aktienmarkt wiederholt sich die Geschichte. Das liegt daran, dass sich die menschliche Natur nicht ändert. Ebenso wenig ändert sich das Gesetz von Angebot und Nachfrage. Die Kursformationen der großartigsten Aktien der Vergangenheit können definitiv als Modelle für Ihre künftige Aktienauswahl dienen. Es gibt mehrere Preisformationen, die man berücksichtigen sollte, wenn man Aktien für den Kauf analysiert. Außerdem behandele ich einige Signale, auf die man achten sollte, weil sie anzeigen, dass eine Preisformation fehlerhaft und unzuverlässig sein könnte.

DIE HÄUFIGSTE CHARTFORMATION: DIE TASSENFORMATION ODER „TASSE MIT HENKEL"

Eine der wichtigsten Kursformationen sieht aus wie eine Tasse mit Henkel, deren Umriss man von der Seite betrachtet. Tassenformationen können sieben bis 65 Wochen lang sein, aber die meisten dauern drei bis sechs Monate. Die übliche Korrektur vom absoluten Gipfel (Oberkante der Tasse) zum Tiefpunkt (Boden der Tasse) dieses Preismusters reicht von rund zwölf bis 15 Prozent bis hinauf auf 33 Prozent. Jeder starken Preisformation sollte unabhängig vom Typ ein klarer, definierter Aufwärtstrend vorangehen, nach dem die Konsolidierung beginnt. Sie sollten schauen, dass der vorangehende Aufwärtstrend einen Preisanstieg von mindestens 30 Prozent gebracht hat, dass dabei die Relative Stärke zugenommen hat und dass an mehreren Punkten des vorangegangenen Aufwärtstrends das Handelsvolumen erheblich gestiegen ist.

In den meisten – aber nicht in allen – Fällen sollte der untere Teil der Tasse abgerundet sein und besser die Form eines „U" als eines schmalen „V" haben. Dank dieser Eigenschaft hat die Aktie Zeit, die notwendige natürliche Korrektur zu durchlaufen, die zwei oder drei abschließende Schwachpunkte um den unteren Bereich der Tasse beinhaltet. Der „U“-Bereich ist deshalb so wichtig, weil er die verbleibenden unsicheren Aktienbesitzer abschreckt oder entnervt und die Aufmerksamkeit anderer Spekulanten von der Aktie ablenkt. Dadurch wird ein solideres Fundament aus überzeugten Besitzern aufgebaut, die weniger dazu neigen, bereits im Laufe des nächsten Kursanstiegs zu verkaufen. Der Chart von Daily Graphs Online® zeigt die täglichen Preis- und Umsatzbewegungen von Apple Computer im Februar 2004.

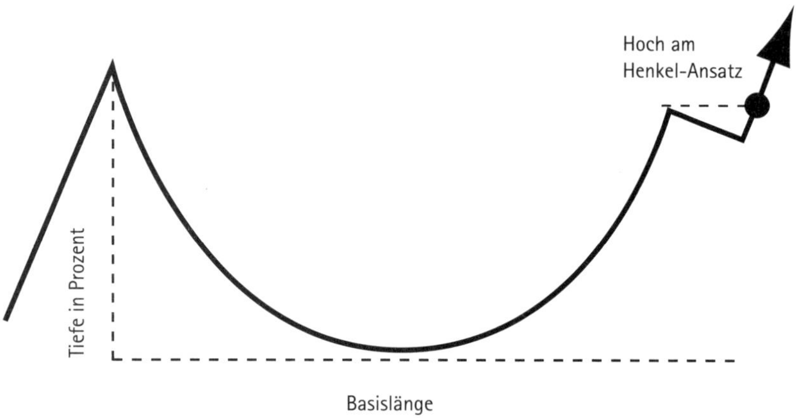

Es ist normal, dass Growth-Aktien Tassenformationen ausbilden, wenn der Gesamtmarkt mittelfristig sinkt, und dass sie eine Korrektur durchlaufen, die dem 1,5- bis 2,5-Fachen der Korrektur der Marktindizes entspricht. Im Allgemeinen sucht man sich am besten Aktien aus, deren Basisformationen im Laufe eines mittelfristigen Börsenrückgangs am wenigsten abbauen. Egal, ob eine Hausse oder eine Baisse herrscht: Kursrückgänge, die das 2,5-Fache des Rückgangs eines Index überschreiten, sind gewöhnlich zu ausgeprägt und daher mit Vorsicht zu genießen. Dutzende ehemals führender

Hightech-Aktien, zum Beispiel JDS Uniphase, bildeten im zweiten und dritten Quartal 2000 breite und tiefe Tassenformationen. Es waren fast ausnahmslos fehlerhafte, zum Scheitern verurteilte Formationen, die signalisierten, dass man die Aktie meiden musste, als sie versuchte, auf neue Hochs auszubrechen.

Eine sehr kleine Anzahl volatiler führender Aktien kann während einer Hausse um bis zu 40 oder 50 Prozent absacken. Chartformationen, die während einer Hausse um mehr als diesen Betrag korrigieren, haben eine höhere Ausfallquote, wenn sie versuchen, neue Kurshochs zu erreichen und ihren Aufstieg wieder aufzunehmen. Der Grund? Wenn eine Aktie von einem Höhepunkt aus um mehr als 50 Prozent fällt, bedeutet dies, dass sie vom Tief aus mehr als 100 Prozent zulegen muss, um wieder auf ihr altes Hoch zu kommen. Historische Forschungen haben gezeigt, dass Aktien, die nach derart riesigen Bewegungen neue Kurshochs erreichen, tendenziell fünf bis 15 Prozent über ihrem Ausbruchspreis scheitern. Aktien, die aus Tassen heraus vom Boden aus direkt auf neue Hochs laufen, können riskanter sein, weil sie keine zwischenzeitlichen Rücksetzer hatten.

Sea Containers war eine bedeutende Ausnahme von dieser Regel. Im Zuge eines mittelfristigen Rückgangs während der Hausse 1975 ging die Aktie um circa 50 Prozent zurück. Danach bildete sie eine perfekt geformte Tassenformation aus und stieg dann in den nächsten 101 Wochen um 554 Prozent. Diese Aktie war mit 54 Prozent Gewinnwachstum und einem aktuellen Quartalsergebnis von +192 Prozent eines von mehreren klassischen Beispielen für Tassenformationen, die ich bei einer Monatsversammlung Anfang Juni 1975 bei Fidelity Research and Management in Boston vorgestellt habe. Einer der Portfoliomanager war sofort interessiert, nachdem er diese großartigen Zahlen gesehen hatte.

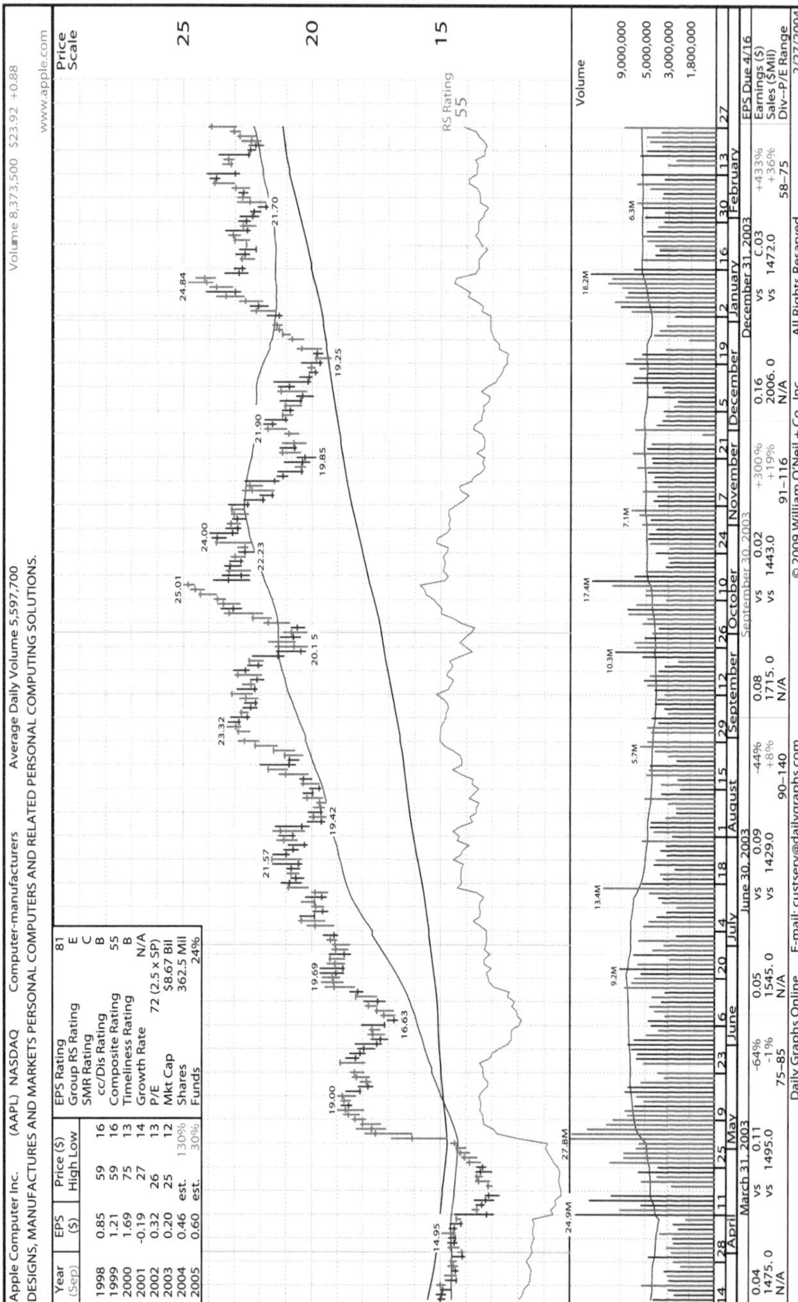
Apple Computer Inc. (AAPL) NASDAQ Computer-manufacturers Average Daily Volume 5,597,700 Volume 8,373,500 $23.92 +0.88
DESIGNS, MANUFACTURES AND MARKETS PERSONAL COMPUTERS AND RELATED PERSONAL COMPUTING SOLUTIONS.
www.apple.com
Year (Sep) EPS ($) Price ($) High Low
1998 0.85 59 16
1999 1.21 59 16
2000 1.69 75 13
2001 -0.19 27 14
2002 0.32 26 13
2003 0.20 25 12
2004 0.46 est. 130%
2005 0.60 est. 30%
EPS Rating 81
Group RS Rating E
SMR Rating C
cc/Dis Rating B
Composite Rating 55
Timeliness Rating B
Growth Rate N/A
P/E 72 (2.5 x SP)
Mkt Cap $8.67 Bil
Shares 362.5 Mil
Funds 24%
Price Scale
25
20
15
RS Rating 55
Volume
9,000,000
5,000,000
3,000,000
1,800,000
14.95
19.00
16.63
19.69
21.57
19.42
23.32
20.15
25.01
24.00
22.23
19.85
21.90
19.25
24.84
21.70
24.9M
27.8M
9.2M
13.4M
5.7M
10.3M
17.4M
7.1M
18.2M
6.3M
April May June July August September October November December January February
March 31, 2003 June 30, 2003 September 30, 2003 December 31, 2003 EPS Due 4/16
Earnings ($) Sales ($Mil) Div--P/E Range
Daily Graphs Online E-mail: custserv@dailygraphs.com © 2009 William O'Neil + Co., Inc. All Rights Reserved 2/27/2004

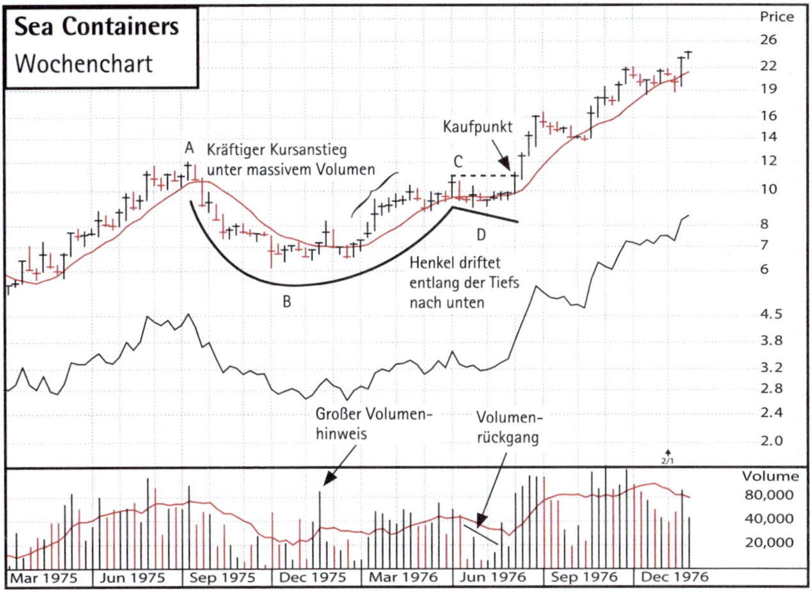
Sea Containers
Wochenchart
Price
A
Kräftiger Kursanstieg
unter massivem Volumen
Kaufpunkt
C
D
B
Henkel driftet
entlang der Tiefs
nach unten
Großer Volumen-
hinweis
Volumen-
rückgang
Volume
80,000
40,000
20,000
Mar 1975
Jun 1975
Sep 1975
Dec 1975
Mar 1976
Jun 1976
Sep 1976
Dec 1976

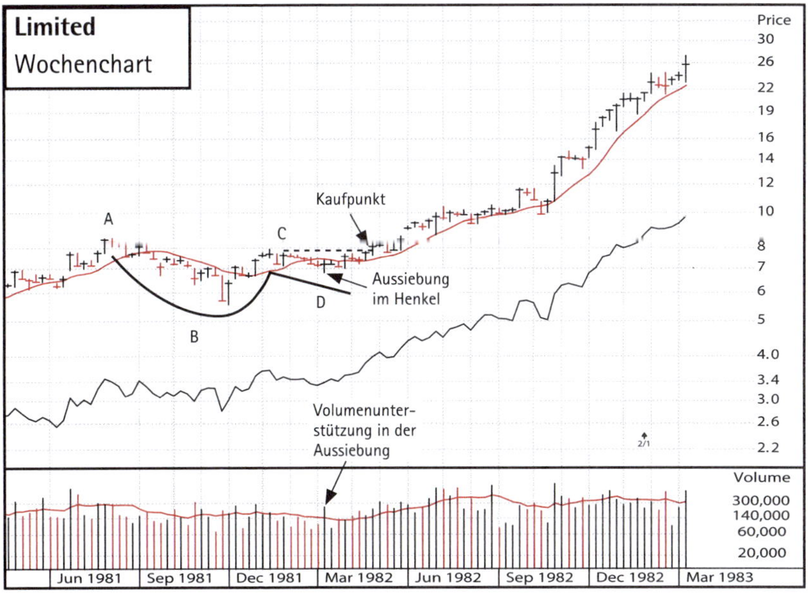
Limited
Wochenchart
Price
A
Kaufpunkt
C
D
B
Aussiebung
im Henkel
Volumenunter-
stützung in der
Aussiebung
Volume
300,000
140,000
60,000
20,000
Jun 1981
Sep 1981
Dec 1981
Mar 1982
Jun 1982
Sep 1982
Dec 1982
Mar 1983

Wie Sie an diesem Beispiel sehen, wird manchmal auch aus Formationen etwas, die nach einem mittelfristigen Hausse-Rückgang oder einer großen Baisse 50 bis 60 Prozent korrigiert haben (siehe die Charts von Sea Containers und The Limited). In diesen Fällen hängt der prozentuale Rückgang von der Schärfe des allgemeinen Marktrückgangs und von dem gewaltigen Ausmaß des vorangegangenen Anstiegs der Aktie ab.

Die Grundmerkmale von Henkeln

Die Ausbildung des Henkelbereichs dauert normalerweise länger als eine oder zwei Wochen und beinhaltet einen Abwärtsdrift oder eine „Bereinigung" (der Preis fällt unter einen vorangegangenen Tiefpunkt des Henkels, der ein paar Wochen vorher markiert wurde), und zwar gewöhnlich gegen Ende des langsamen Preisverfalls. In der Nähe der Tiefs der Pullback-Phase im Rahmen des Henkels kann das Volumen merklich zurückgehen. Während einer Hausse dürfte das Volumen in der Mehrzahl der Fälle im Laufe der Henkelkorrektur nicht anziehen, auch wenn es davon schon Ausnahmen gegeben hat.

Bei Tassen ohne Henkel ist zwar die Ausfallquote etwas höher, aber viele Aktien steigen auch ohne Ausbildung eines Henkels erfolgreich. Außerdem bildeten manche sehr volatilen Technologie-Aktien im Jahr 1999 Henkel, die nur eine oder zwei Wochen lang waren, bevor sie ihre großen Preisanstiege in Angriff nahmen.

Wenn Henkel auftreten, bilden sie sich fast immer in der oberen Hälfte der gesamten Basis-Struktur – gemessen vom absoluten Höhepunkt der gesamten Basis bis zum absoluten Tiefpunkt der Tasse. Außerdem sollte der Henkel oberhalb der Linie liegen, die den gleitenden Durchschnitt des Aktienkurses über zehn Wochen darstellt. Henkel, die sich in der unteren Hälfte einer Basisformation bilden oder die vollständig unterhalb der 10-Wochen Linie einer Aktie liegen, sind schwach und scheitern tendenziell. Bis dahin war die Nachfrage noch nicht so stark, dass sie die Aktie in die Lage versetzt hätte, sich um mehr als die Hälfte ihres vorangegangenen Abstiegs zu erholen.

Außerdem ist bei Henkeln, die sich stetig nach oben vorarbeiten, die entlang ihrer Preistiefs aufwärts driften oder entlang ihrer Tiefs eher geradewegs seitwärts laufen als abwärts zu driften, die Wahrscheinlichkeit viel größer, dass sie scheitern, wenn sie zu neuen Hochs aufbrechen. Dieses Aufwärtsdriften entlang von Tiefpunkten des Henkels lässt es nicht zu, dass die Aktie die nötige Preisbereinigung oder den steilen Rücksetzer durchmacht, nachdem sie von dem Tiefpunkt der Basis aus in die obere Hälfte der Formation gestiegen ist. Diese hochriskante Eigenschaft tritt vorzugsweise bei Basen im dritten oder vierten Stadium, bei schwachen Aktienbasen oder bei sehr aktiven Marktführern auf, die von zu vielen Beobachtern verfolgt und dadurch zu offensichtlich werden. Vor steigenden Henkeln sollte man sich hüten.

Im Laufe einer Hausse sollte sich der Preisrückgang eines richtigen Henkels im Rahmen von acht bis zwölf Prozent unterhalb des Höhepunkts halten, es sei denn, die Aktie bildet eine sehr große Tasse aus, so wie in dem eher ungewöhnlichen Fall von Sea Containers im Jahr 1975. Rückgänge im Rahmen von Henkeln, die im Laufe von Haussen diesen Prozentsatz überschreiten, sehen breit und zufällig aus. In den meisten Fällen sind sie fehlerhaft und riskant. Befindet man sich allerdings in der letzten Bereinigungsphase eines Baisse-Bodens, führt die ungewöhnliche allgemeine Marktschwäche dazu, dass manche Henkelbereiche zwar schnell um circa 20 bis 30 Prozent absacken, dass aber das Preismuster immer noch solide sein kann, wenn der Gesamtmarkt danach wieder steigt und dadurch einen neuen großen Aufwärtstrend erzeugt (siehe Kapitel 9, „M = Marktrichtung“).

KONSTRUKTIVE FORMATIONEN HABEN ENGE PREISBEREICHE

In den Preismustern von Aktien im Aufwärtstrend sollte es zumindest ein paar enge Bereiche geben. Im Wochenchart ist „eng“ so definiert, dass es nur kleine Preisschwankungen zwischen dem Wochenhoch und dem Wochentief gibt, wobei die Kurse mehrere Wochen lang unverändert oder bemerkenswert nahe am vorangegangenen Wochenschlusskurs schließen. Wenn in der Basisformation eine breite Spanne zwischen den Hoch- und Tiefpunkten aller Wochen besteht, hat sie ständig im Blick des Marktes gestanden, und daher gelingt ihr der Ausbruch dann häufig nicht. Allerdings fällt dieser Unterschied Amateur-Charttechnikern üblicherweise nicht auf, sodass die Aktie fünf bis 15 Prozent weit steigen und weniger scharfsinnige Trader hineinziehen kann, bevor sie böse einbricht und scheitert.

FINDEN SIE PIVOT-PUNKTE UND BEOBACHTEN SIE DIE PROZENTUALE UMSATZÄNDERUNG

Wenn eine Aktie eine richtige Tassenformation bildet und dann durch einen positiven Kaufpunkt durchstößt, den Jesse Livermore als „Pivot-Punkt“ oder „Linie des geringsten Widerstands“ bezeichnete, sollte der Tagesumsatz mindestens um 40 bis 50 Prozent über das normale Niveau steigen. Bei größeren Ausbrüchen ist es nicht ungewöhnlich, dass neue Marktführer Volumenzuwächse von 200 Prozent, 500 Prozent oder 1.000 Prozent über das durchschnittliche Tagesvolumen hinaus aufweisen. Dabei handelt es sich in fast allen Fällen um professionelle institutionelle Kaufaktivitäten, die dazu führen, dass der Umsatz der besser gepreisten, hochwertigeren wachstumsorientierten Aktien anlässlich von Pivot-Punkt-Ausbrüchen weit über den Durchschnitt steigt. Normalerweise fürchten sich volle 95 Prozent der Anleger-Öffentlichkeit, an solchen Punkten Aktien zu kaufen, weil es ihnen Angst macht und weil es ebenso riskant wie absurd erscheint, Aktien zu ihrem höchsten Preis zu kaufen.

Das Ziel besteht nicht darin, zum niedrigsten Preis oder in der Nähe des Tiefs zu kaufen, sondern mit dem Kauf exakt zum richtigen Zeitpunkt zu beginnen – nämlich dann, wenn die Erfolgschancen am größten sind. Wir müssen also lernen, mit der ersten Investition in eine Aktie abzuwarten, bis sie steigt und ihren Kaufpunkt erreicht. Wenn Sie arbeiten und den Markt nicht ständig beobachten können, helfen Ihnen kleine Geräte, die Aktienkurse liefern, sowie Kurse, die man über das Handy und über Internetseiten beziehen kann, dabei, hinsichtlich potenzieller Ausbruchspunkte auf dem Laufenden zu bleiben.

Der erfolgreiche Privatanleger wartet solche exakten Dreh- und Angelpunkte für den Kauf ab. Dort beginnen im Allgemeinen der wahre Anstieg und die ganze aufregende Action. Wenn man versucht, vor diesem Punkt zu kaufen, könnte man zu früh dran sein. In vielen Fällen erreicht die Aktie ihren Ausbruchspunkt überhaupt nicht, sondern sie gerät ins Stocken oder der Kurs geht sogar zurück. Man möchte ja, dass eine Aktie ihre Stärke beweist, bevor man Geld hineinsteckt. Wenn man hingegen mehr als fünf bis zehn Prozent über dem exakten Kaufpunkt kauft, ist man spät dran und gerät mit hoher Wahrscheinlichkeit in die nächste Preiskorrektur. Dann zwingt einen die automatische 8-Prozent-Verlustbegrenzungsregel (siehe Kapitel 10, „Wann man verkaufen und alle Verluste begrenzen muss ... ausnahmslos"), zu verkaufen, weil der Aktienkurs überhitzt war und nicht genug Spielraum hatte, eine vollkommen normale steile, aber kleinere Korrektur zu durchlaufen. Verfallen Sie also nicht in die schlechte Angewohnheit, Aktien bis in zu große Höhen nachzujagen.

Kauf-Drehpunkte in korrekten Chart-Basisformationen basieren üblicherweise nicht auf dem früheren Höchstpreis der Aktie. Meistens treten sie fünf bis zehn Prozent unterhalb des vorigen Hochs auf. Über die meisten Kaufpunkte entscheidet der Höchstpreis des Henkelbereichs, und der liegt fast immer ein bisschen unterhalb des Hochs der eigentlichen Basis. Es ist sehr wichtig, dass man daran denkt. Wenn man auf ein konkretes neues Preishoch wartet, kauft man häufig zu spät. Manchmal kann man sich dadurch einen leichten Vorsprung verschaffen, dass man eine Abwärtstrendlinie vom absoluten Gesamthöhepunkt der Formation durch den Höhepunkt zieht, ab dem die Aktie einen Henkel ausbildet. Fangen Sie dann mit dem Kaufen an, wenn diese Trendlinie ein paar Wochen später nach oben durchbrochen wird. Allerdings müssen Sie mit Ihrer Chart- und Aktienanalyse richtigliegen, wenn Sie damit erfolgreich sein wollen.

ACHTEN SIE AUF UMSATZRÜCKGÄNGE UM DIE TIEFS EINER PREISFORMATION

Fast alle korrekten Basen weisen eine oder zwei Wochen lang einen dramatischen Volumenrückgang auf, und zwar entweder im tiefsten Bereich des Basismusters oder im unteren Bereich beziehungsweise den letzten Wochen des Henkels. Das bedeutet, dass die gesamte Verkaufstätigkeit erschöpft ist und dass sehr wenige Aktien auf den Markt kommen. Gesunde Aktien, die im Anstieg begriffen sind, weisen dieses Symptom fast immer auf. Die Kombination aus eng laufenden Preisen (Tages- oder Wochenschlusskurse sehr dicht beieinander) und rückläufigem Volumen an Schlüsselpunkten ist im allgemeinen sehr aussagekräftig.

GROSSE VOLUMENSIGNALE SIND WERTVOLL

Ein weiterer für den geschulten Chartspezialisten wertvoller Hinweis ist das Auftreten großer täglicher oder wöchentlicher Umsatzspitzen. Microsoft ist ein Beispiel für eine herausragende Aktie, die kurz vor einem riesigen Durchmarsch massive Akkumulierung signalisierte.
Es ist auch ein sehr konstruktives Zeichen, wenn der Preis wochenlang unter hohem Umsatz steigt und darauf extreme Volumenrückgänge in späteren Wochen folgen. Wenn Sie zusätzlich zu den Wochendiagrammen Charts von Daily Graphs Online benutzen, können Sie auch ungewöhnliche Handelsaktivitäten erkennen, die manchmal nur an einem Tag auftreten. An dem Tag, an dem Microsoft über seinen Kaufpunkt bei 31½ ausbrach, lag das Volumen um 545 Prozent über dem Durchschnitt, was wirklich bedeutende institutionelle Käufe anzeigte. Darauf folgte ein 13-jähriger bullisher Durchmarsch von splitbereinigten zehn Cent auf 53,98 Dollar. Kein schlechter prozentualer Anstieg, oder?

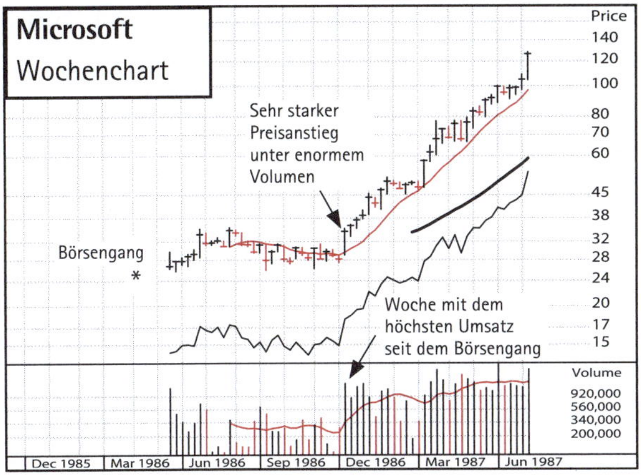

Das Handelsvolumen ist ein wichtiges Thema, dessen sorgfältige Untersuchung sich lohnt. Es kann einem helfen zu erkennen, ob eine Aktie angesammelt (Akkumulation, institutionelle Käufe) oder abgegeben wird (Distribution, institutionelle Verkäufe). Wenn Sie diese Fähigkeit einmal erworben haben, brauchen Sie sich nicht mehr auf die persönlichen Meinungen von Analysten und vermeintlichen Experten zu verlassen. An gewissen entscheidenden Punkten sind steigende Umsätze unabdingbar.

Der Umsatz ist das beste Maß für Angebot und Nachfrage sowie institutionelles Interesse – zwei unentbehrliche Zutaten der erfolgreichen Aktienanalyse. Lernen Sie, wie man Charts verwendet, um den korrekten Zeitpunkt für den Kauf zu bestimmen. Zum falschen Zeitpunkt zu kaufen oder, was noch schlimmer ist, Aktien zu kaufen, die nicht im Steigen begriffen sind oder die unsolide, fehlerhafte Preisformationen aufweisen, ist einfach zu kostspielig.

Wenn Sie das nächste Mal über den Kauf einer Aktie nachdenken, überprüfen Sie ihren Wochenumsatz. Normalerweise ist es ein konstruktives Zeichen, wenn die Anzahl der Wochen, in denen die Aktie im Plus schließt und der Wochenumsatz überdurchschnittlich ist, größer ist als die Anzahl der Wochen, in denen die Aktie im Minus schließt, während der Umsatz überdurchschnittlich ist und sich die Aktie immer noch in ihrer charttechnischen Basis befindet.

EIN PAAR DURCHSCHNITTLICH GROSSE TASSENFORMATIONEN

Texas Instruments, Apple, General Cable und Precision Castparts – sie alle hatten hinsichtlich der Länge und der Tiefe ähnlich große Formationen. Erkennen Sie die Ähnlichkeit zwischen Apple und Precision Castparts? Wenn Sie darin mehr Übung bekommen, können Sie in Zukunft viele Tassenformationen erkennen, die denen dieser früheren Gewinner ähneln.

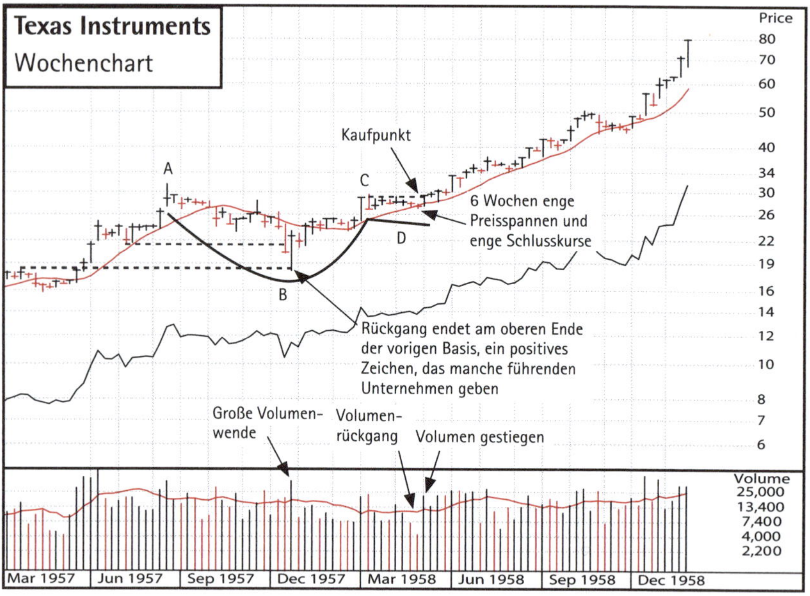

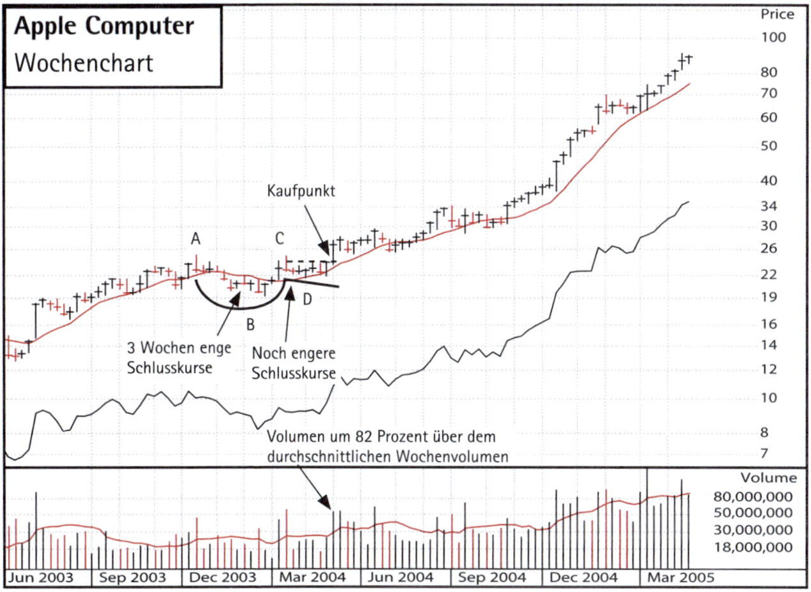
Apple Computer
Wochenchart
Price
100
80
70
60
50
40
34
30
26
22
19
16
14
12
10
8
7
Kaufpunkt
A
C
B
D
3 Wochen enge Schlusskurse
Noch engere Schlusskurse
Volumen um 82 Prozent über dem durchschnittlichen Wochenvolumen
Volume
80,000,000
50,000,000
30,000,000
18,000,000
Jun 2003
Sep 2003
Dec 2003
Mar 2004
Jun 2004
Sep 2004
Dec 2004
Mar 2005

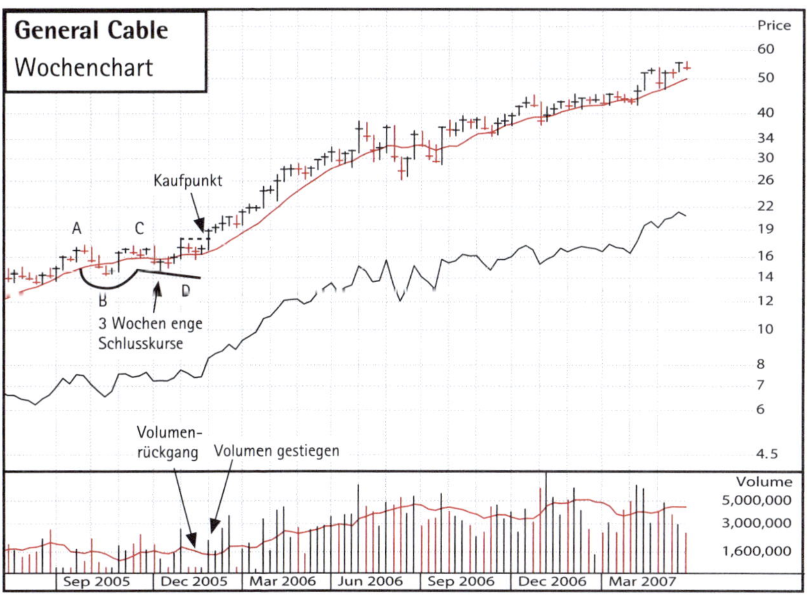
General Cable
Wochenchart
Price
60
50
40
34
30
26
22
19
16
14
12
10
8
7
6
4.5
Kaufpunkt
A
C
B
D
3 Wochen enge Schlusskurse
Volumen-rückgang
Volumen gestiegen
Volume
5,000,000
3,000,000
1,600,000
Sep 2005
Dec 2005
Mar 2006
Jun 2006
Sep 2006
Dec 2006
Mar 2007

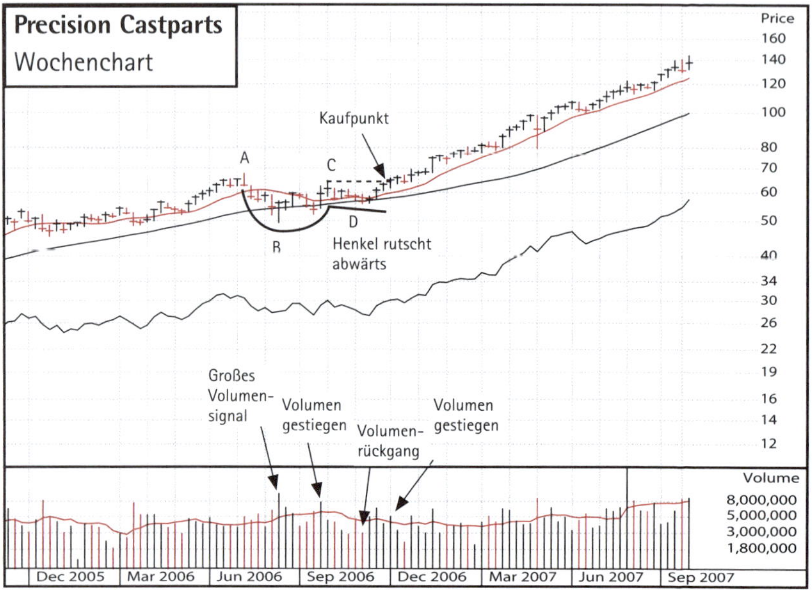

DER WERT VON MARKTKORREKTUREN

Da 80 bis 90 Prozent der Preisformationen in Zeiten der Marktkorrektur auftreten, sollten Sie sich niemals entmutigen lassen oder auf das Potenzial des Aktienmarktes verzichten, wenn mittelfristige Kursrutsche, kurze oder langwierige Baissen stattfinden. Amerika kommt aufgrund seiner Erfinder und Unternehmer und seiner totalen Freiheit sowie der unbegrenzten Chancen, die in kommunistischen oder von Diktatoren beherrschten Ländern nicht existieren, immer wieder auf die Beine.

Es kann sein, dass Baissen nur drei, sechs oder neun Monate dauern oder bis zu zwei und in sehr seltenen Fällen auch drei Jahre. Wenn Sie die Verkaufsregeln in diesem Buch sorgfältig beachten, werden Sie verkaufen und den größten Teil ihrer Profite sichern, etwaige Verluste begrenzen, massive Cashbestände aufbauen und im Frühstadium jeder neuen Baisse die Margin (geliehenes Geld) abbauen (siehe die Erfolgsstorys am Ende dieses Buches).

Investor's Business Daily (*IBD*) hat Ende 2008 vier Erhebungen durchgeführt, die ergaben, dass rund 60 Prozent der *IBD*-Abonnenten im Dezember 2007 oder im Juni 2008 unsere Regeln befolgten, verkauften und Bargeldbestände aufbauten und dadurch den größten Teil ihres Vermögens bewahrten, bevor der gravierendere Niedergang Ende 2008 begann, der aus dem Debakel mit den Subprime-Darlehen resultierte

Selbst wenn Sie komplett verkaufen und auf Cash umsteigen, sollten Sie niemals das Handtuch werfen, was Aktieninvestitionen angeht, denn Baissen schaffen neue Basen bei neuen Aktien, von denen manche im nächsten Zyklus 1.000 Prozent gewinnen könnten. Man sollte nicht so dumm sein und aufgeben, wenn sich die größten Chancen des Lebens anbahnen, die früher oder später hinter der nächsten Ecke lauern könnten.

Baissen sind Zeiten, in denen man seine früheren Entscheidungen analysieren sollte. Tragen Sie in Tages- oder Wochencharts ein, wo Sie die Aktien gekauft und verkauft haben, die Sie im vergangenen Jahr getradet haben. Überprüfen Sie Ihre Entscheidungen und schreiben Sie ein paar neue Regeln auf, dank deren Sie diejenigen Fehler vermeiden, die Sie im vergangenen Zyklus begangen haben. Studieren Sie dann einige der größten Gewinner, die Sie verpasst haben oder mit denen Sie falsch umgegangen sind. Entwickeln Sie ein paar Regeln, die sicherstellen, dass Sie im nächsten Hausse-Zyklus die wahren Anführer kaufen und richtig mit ihnen umgehen. Sie werden da sein, und dies ist die richtige Zeit, nach ihnen Ausschau zu halten, weil sie gerade beginnen, Basen auszubilden. Fragt sich nur, ob *Sie* mit einem sorgfältig durchdachten Spielplan da sein werden, damit Sie vollständig Kapital aus ihnen schlagen können.

ANDERE PREISFORMATIONEN, AUF DIE MAN ACHTEN SOLLTE

Wie man eine Untertassenformation erkennt

Eine „Untertasse mit Henkel" ist eine Kursformation, die der Tassenformation ähnelt, bloß dass der Untertassenteil tendenziell über einen längeren Zeitraum verläuft, sodass diese Formation flacher ist. (Wenn Ihnen die Namen „Tasse mit Henkel" und „Untertasse mit Henkel" merkwürdig vorkommen, dann bedenken Sie, dass die Sternbilder des Großen und des Kleinen Wagens im Englischen seit Langem als Große und Kleine „Schöpfkelle" bezeichnet werden.) Ein Beispiel für die Untertassenformation war Jack Eckerd im April 1967.

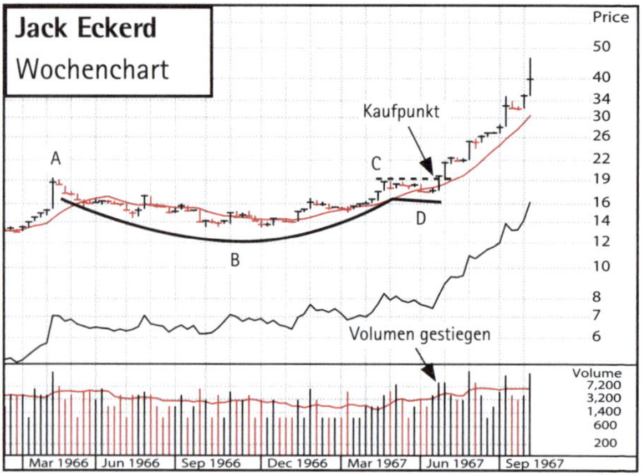

Wie man einen „doppelten Boden" erkennt

Die Kursformation „doppelter Boden" sieht aus wie der Buchstabe „W". Auch diese Kursformation tritt nicht ganz so oft auf wie die Tassenformation, aber sie kommt trotzdem ziemlich häufig vor. Normalerweise ist es wichtig, dass der zweite Tiefpunkt des W dem Preisniveau des ersten Tiefpunkts entspricht oder, wie in den meisten Fällen, eindeutig einen oder zwei Punkte darunter liegt – sodass es zur Aussiebung schwächerer Anleger führt. Liegt der zweite Punkt nicht tiefer, kann dies einen fehlerhaften, für ein Scheitern anfälligeren „Beinahe"-doppelten-Boden erzeugen. Doppelte Böden können auch Henkel haben, das ist allerdings nicht zwingend so.

Die Tiefe und die waagerechte Länge eines doppelten Bodens sind ähnlich angelegt wie bei der Tassenformation. Der Pivot-Kaufpunkt eines doppelten Bodens befindet sich am oberen rechten Ende des W, dort wo die Aktie nach dem zweiten fallenden Abschnitt wieder steigt. Dieser Drehpunkt sollte preislich dem Höhepunkt in der Mitte des W entsprechen, der irgendwo leicht unterhalb des Spitzenpreises des Musters enden sollte. Wenn der doppelte Boden einen Henkel hat, dann entscheidet die Spitze des Henkels über den Kaufpunkt. Siehe die folgenden Charts von Dome Petroleum, Price Co und Cisco Systems – hervorragende Beispiele für doppelte Böden aus den Jahren 1977, 1982 und 1990. Ein paar spätere Beispiele sind EMC, NVR und Ebay.

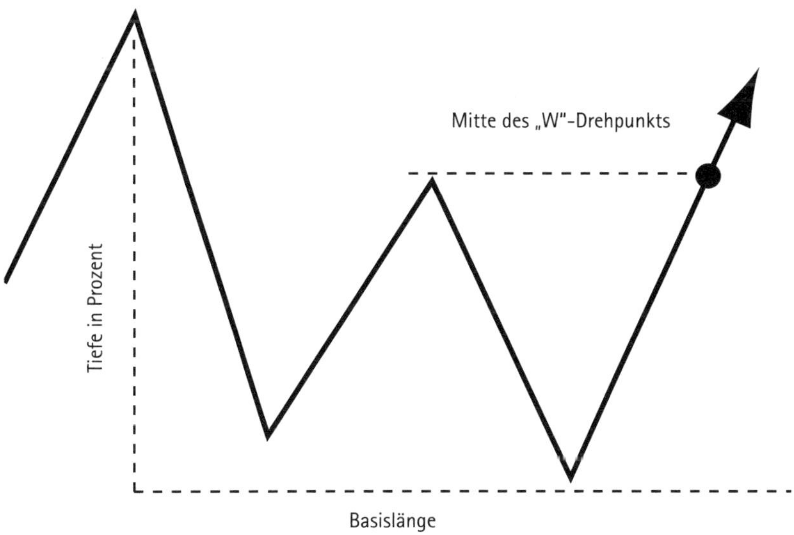

Für doppelte Böden werden folgende Symbole verwendet: A = Beginn der Basis; B = Boden des ersten Abschnitts; C = Mittelpunkt des W, setzt den Kaufpunkt; D = Boden des zweiten Abschnitts. Wenn der doppelte Boden einen Henkel hat, dann ist E der Höhepunkt des Henkels (setzt den Kaufpunkt) und F ist der Tiefpunkt des Henkels.

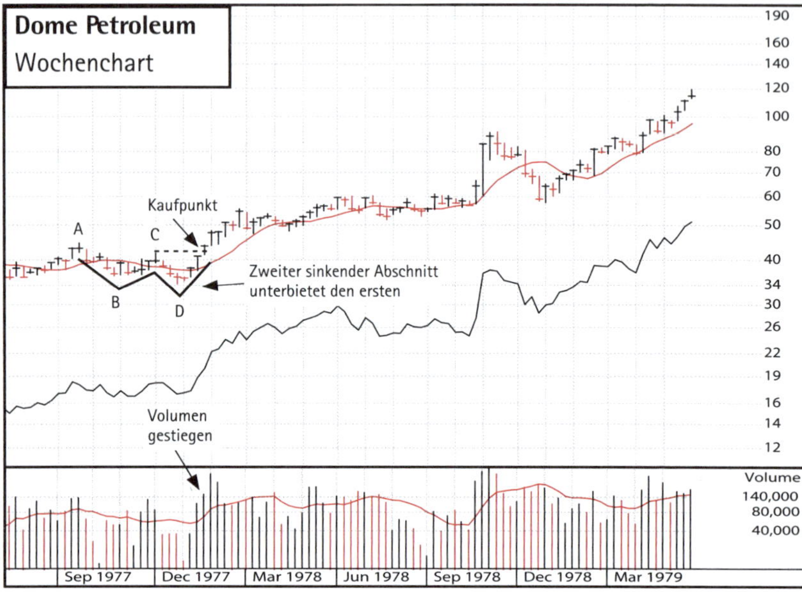
Dome Petroleum
Wochenchart
Kaufpunkt
A
C
B
D
Zweiter sinkender Abschnitt unterbietet den ersten
Volumen gestiegen
190
160
140
120
100
80
70
60
50
40
34
30
26
22
19
16
14
12
Volume
140,000
80,000
40,000
Sep 1977
Dec 1977
Mar 1978
Jun 1978
Sep 1978
Dec 1978
Mar 1979

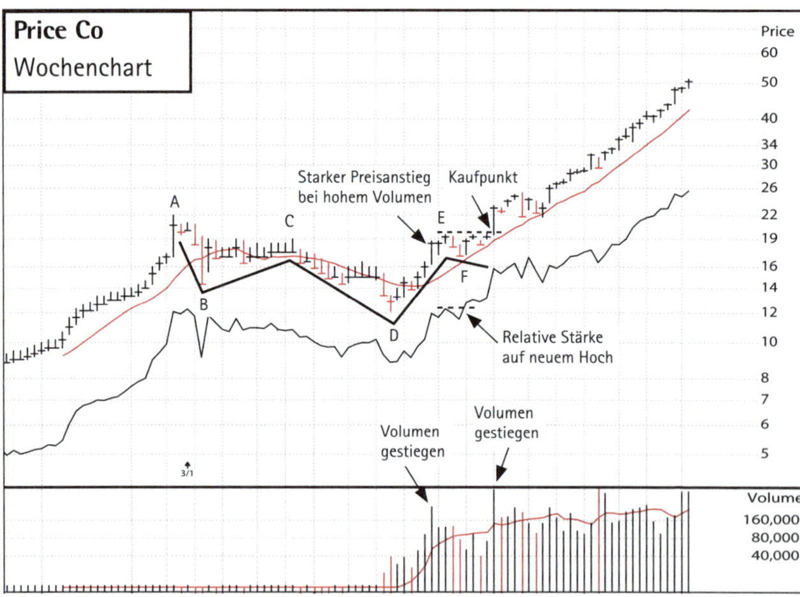
Price Co
Wochenchart
Starker Preisanstieg bei hohem Volumen
Kaufpunkt
A
C
E
B
F
D
Relative Stärke auf neuem Hoch
Volumen gestiegen
Volumen gestiegen
3/1
Price
60
50
40
34
30
26
22
19
16
14
12
10
8
7
6
5
Volume
160,000
80,000
40,000

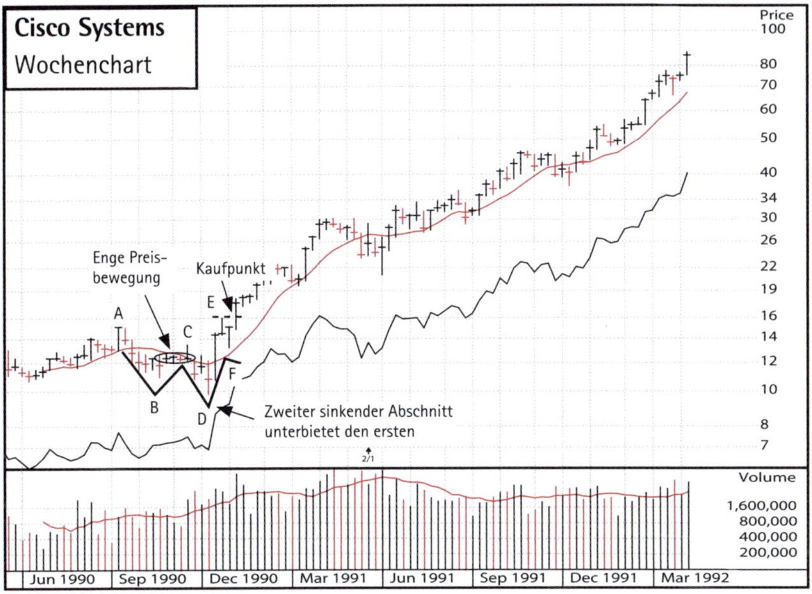
Cisco Systems
Wochenchart
Enge Preis-
bewegung
Kaufpunkt
A
B
C
D
E
F
Zweiter sinkender Abschnitt
unterbietet den ersten
Price
100
80
70
60
50
40
34
30
26
22
19
16
14
12
10
8
7
Volume
1,600,000
800,000
400,000
200,000
Jun 1990
Sep 1990
Dec 1990
Mar 1991
Jun 1991
Sep 1991
Dec 1991
Mar 1992

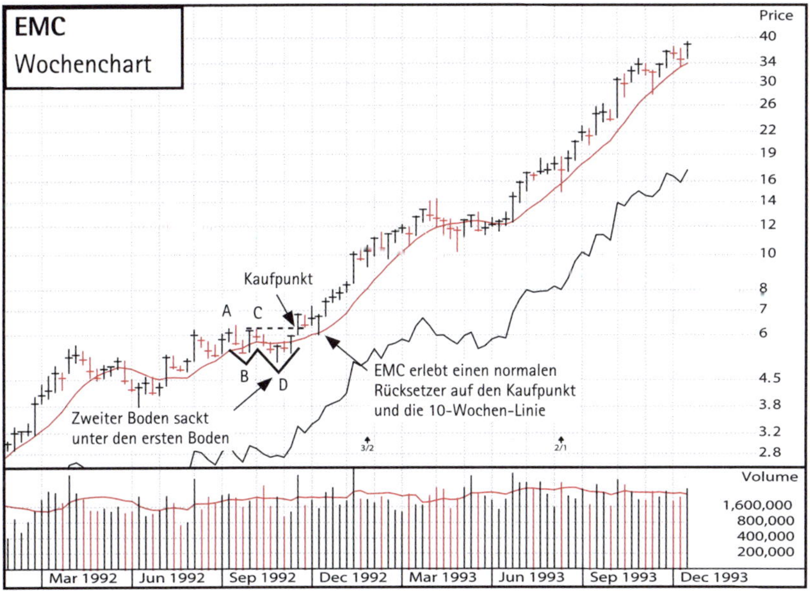
EMC
Wochenchart
Kaufpunkt
A
C
B
D
Zweiter Boden sackt
unter den ersten Boden
EMC erlebt einen normalen
Rücksetzer auf den Kaufpunkt
und die 10-Wochen-Linie
Price
40
34
30
26
22
19
16
14
12
10
8
7
6
4.5
3.8
3.2
2.8
Volume
1,600,000
800,000
400,000
200,000
Mar 1992
Jun 1992
Sep 1992
Dec 1992
Mar 1993
Jun 1993
Sep 1993
Dec 1993

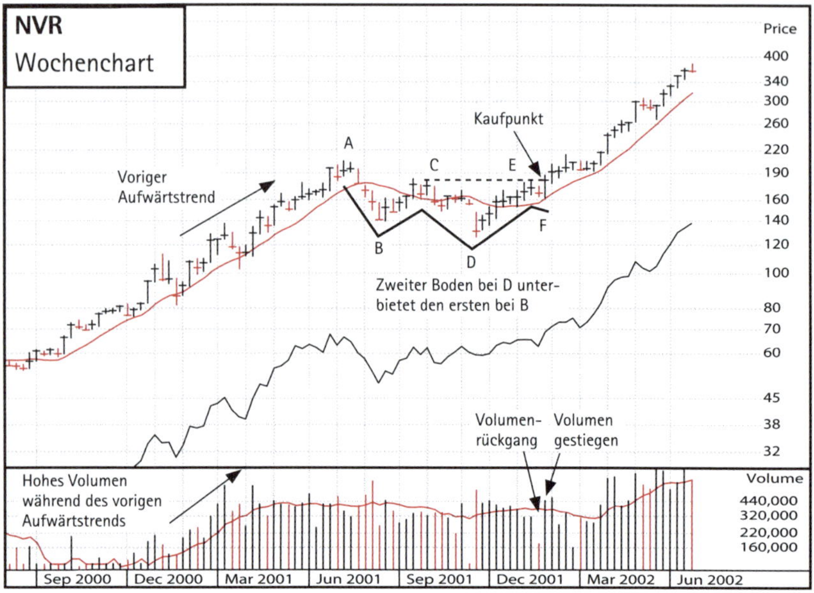
NVR
Wochenchart
Price
400
340
300
260
220
190
160
140
120
100
80
70
60
45
38
32
Kaufpunkt
A
C
E
F
B
D
Voriger
Aufwärtstrend
Zweiter Boden bei D unter-
bietet den ersten bei B
Volumen-
rückgang
Volumen
gestiegen
Hohes Volumen
während des vorigen
Aufwärtstrends
Volume
440,000
320,000
220,000
160,000
Sep 2000
Dec 2000
Mar 2001
Jun 2001
Sep 2001
Dec 2001
Mar 2002
Jun 2002

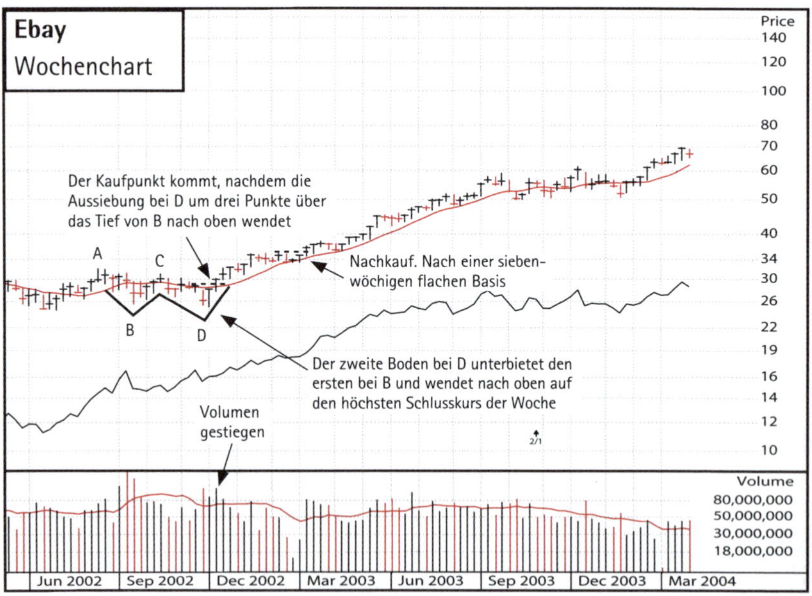
Ebay
Wochenchart
Price
140
120
100
80
70
60
50
40
34
30
26
22
19
16
14
12
10
Der Kaufpunkt kommt, nachdem die
Aussiebung bei D um drei Punkte über
das Tief von B nach oben wendet
A
C
B
D
Nachkauf. Nach einer sieben-
wöchigen flachen Basis
Der zweite Boden bei D unterbietet den
ersten bei B und wendet nach oben auf
den höchsten Schlusskurs der Woche
Volumen
gestiegen
Volume
80,000,000
50,000,000
30,000,000
18,000,000
Jun 2002
Sep 2002
Dec 2002
Mar 2003
Jun 2003
Sep 2003
Dec 2003
Mar 2004

Definition der Kursformation „flache Basis"

Eine weitere lohnenswerte Preisstruktur ist die flache Basis. Das ist gewöhnlich eine Basis im zweiten Stadium, die entsteht, nachdem eine Aktie nach einer Tassenformation, einer Untertassenformation oder einem doppelten Boden um 20 Prozent oder mehr gestiegen ist. Die flache Basis bewegt sich innerhalb eines recht engen Schwankungsbereiches mindestens fünf oder sechs Wochen lang seitwärts und sie korrigiert um höchstens zehn bis 15 Prozent. Standard Oil of Ohio im Mai 1979, SmithKline im März 1978 und Dollar General im Jahr 1982 sind gute Beispiele für flache Basen. Pep Boys bildete im März 1981 eine längere flache Basis. Wenn Sie den ersten Ausbruchspunkt einer Aktie aus einer Tassenformation verpassen, sollten Sie ein Auge darauf haben. Nach einer gewissen Zeit könnte sie eine flache Basis bilden und Ihnen eine zweite Chance bieten, an Bord zu kommen. Hier noch ein paar jüngere Beispiele: Surgical Care Affiliates, CB Richard Ellis und Deckers Outdoor.

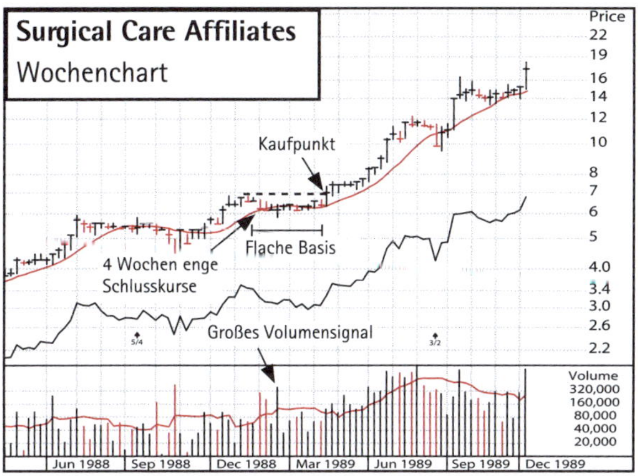

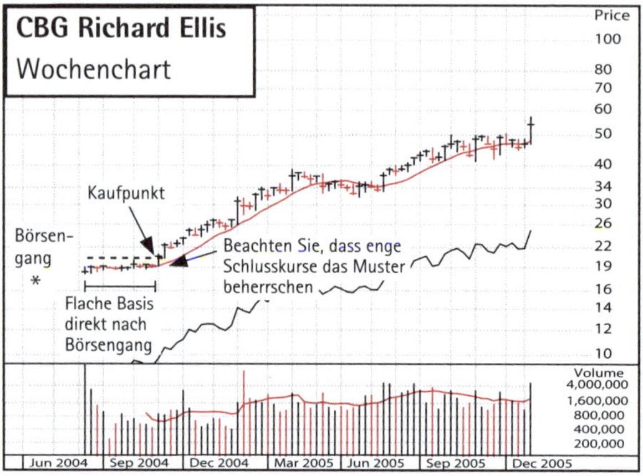

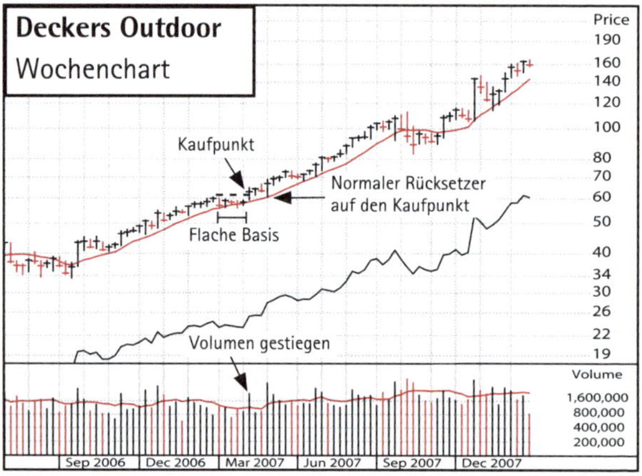

Es folgt eine neue Basis, die wir „Quadrat" getauft haben

Nach dem Anstieg aus einer Tassenformation oder einem doppelten Boden dauert diese Formation üblicherweise vier bis sieben Wochen. Sie korrigiert nicht allzu weit, gewöhnlich nur zehn bis 15 Prozent, und sie sieht aus wie ein Quadrat. Das ist mir zwar schon früher aufgefallen, aber jetzt haben wir sie endlich untersucht, gemessen und klassifiziert. Hier ein paar Beispiele: Lorillard, Korvette, Texas Instruments, Home Depot, Dell und Taro.

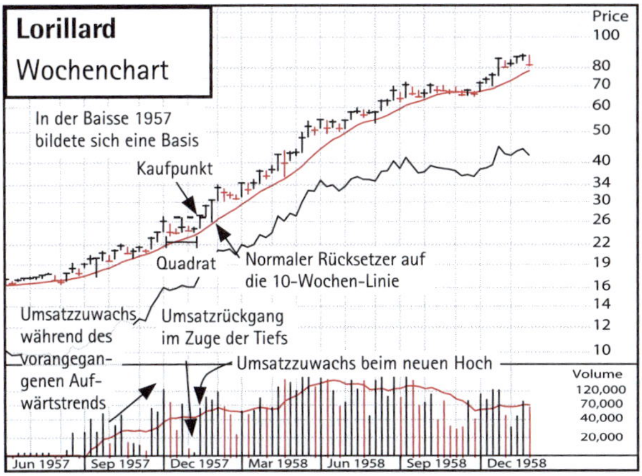
Lorillard
Wochenchart
In der Baisse 1957 bildete sich eine Basis
Kaufpunkt
Quadrat
Normaler Rücksetzer auf die 10-Wochen-Linie
Umsatzzuwachs während des vorangegangenen Aufwärtstrends
Umsatzrückgang im Zuge der Tiefs
Umsatzzuwachs beim neuen Hoch
Price
100
80
70
60
50
40
34
30
26
22
19
16
14
12
10
Volume
120,000
70,000
40,000
20,000
Jun 1957
Sep 1957
Dec 1957
Mar 1958
Jun 1958
Sep 1958
Dec 1958

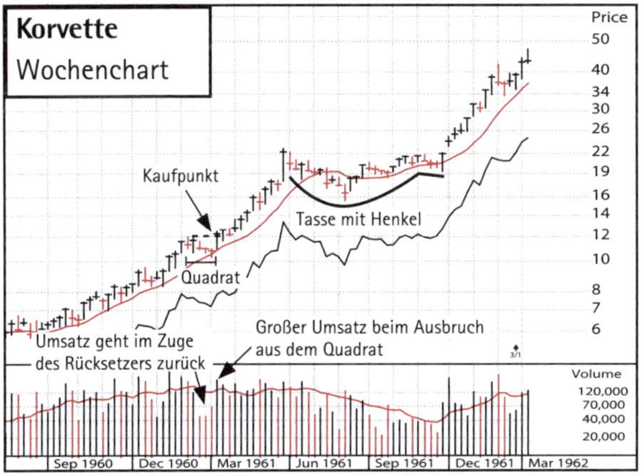
Korvette
Wochenchart
Kaufpunkt
Tasse mit Henkel
Quadrat
Umsatz geht im Zuge des Rücksetzers zurück
Großer Umsatz beim Ausbruch aus dem Quadrat
Price
50
40
34
30
26
22
19
16
14
12
10
8
7
6
Volume
120,000
70,000
40,000
20,000
Sep 1960
Dec 1960
Mar 1961
Jun 1961
Sep 1961
Dec 1961
Mar 1962

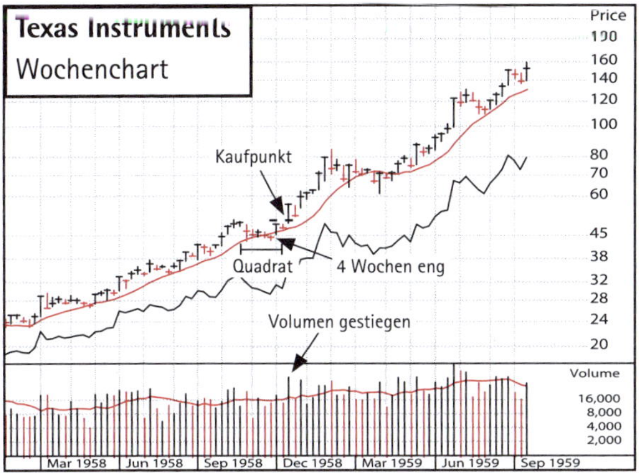
Texas Instruments
Wochenchart
Kaufpunkt
Quadrat
4 Wochen eng
Volumen gestiegen
Price
160
140
120
100
80
70
60
45
38
32
28
24
20
Volume
16,000
8,000
4,000
2,000
Mar 1958
Jun 1958
Sep 1958
Dec 1958
Mar 1959
Jun 1959
Sep 1959

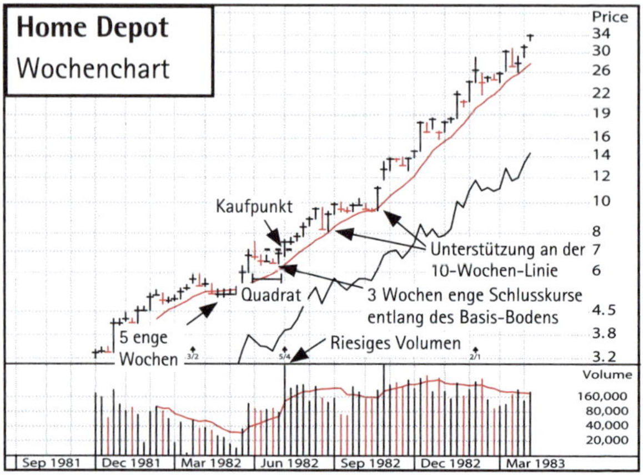
Home Depot
Wochenchart
Price
34
30
26
22
19
16
14
12
10
8
7
6
4.5
3.8
3.2
Kaufpunkt
Unterstützung an der
10-Wochen-Linie
Quadrat
3 Wochen enge Schlusskurse
entlang des Basis-Bodens
5 enge
Wochen
Riesiges Volumen
Volume
160,000
80,000
40,000
20,000
Sep 1981
Dec 1981
Mar 1982
Jun 1982
Sep 1982
Dec 1982
Mar 1983

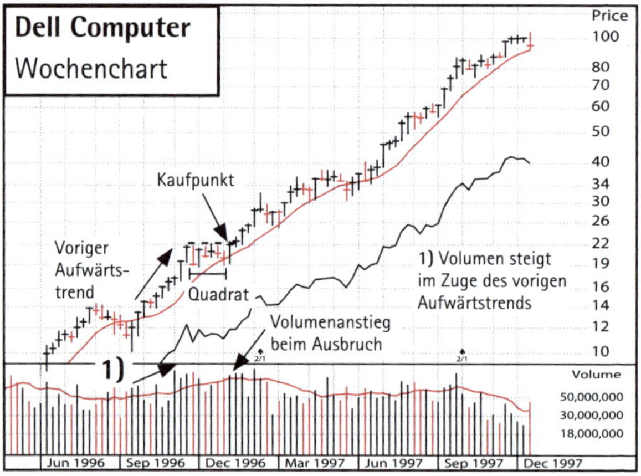
Dell Computer
Wochenchart
Price
100
80
70
60
50
40
34
30
26
22
19
16
14
12
10
Kaufpunkt
Voriger
Aufwärts-
trend
Quadrat
1) Volumen steigt
im Zuge des vorigen
Aufwärtstrends
Volumenanstieg
beim Ausbruch
1)
Volume
50,000,000
30,000,000
18,000,000
Jun 1996
Sep 1996
Dec 1996
Mar 1997
Jun 1997
Sep 1997
Dec 1997

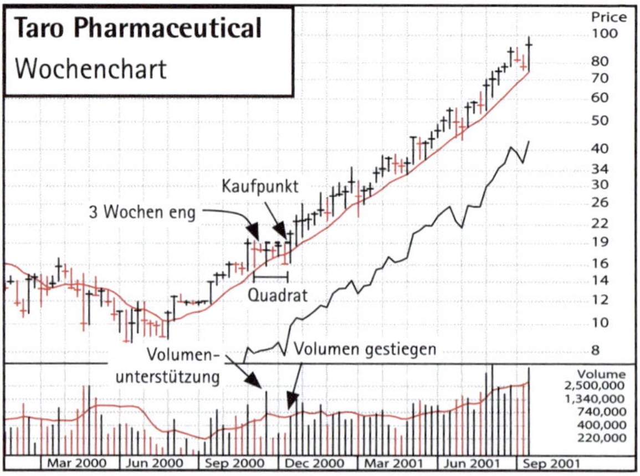
Taro Pharmaceutical
Wochenchart
Price
100
80
70
60
50
40
34
30
26
22
19
16
14
12
10
8
Kaufpunkt
3 Wochen eng
Quadrat
Volumen-
unterstützung
Volumen gestiegen
Volume
2,500,000
1,340,000
740,000
400,000
220,000
Mar 2000
Jun 2000
Sep 2000
Dec 2000
Mar 2001
Jun 2001
Sep 2001

Hohe, enge Flaggen sind selten

Die Kursformation „Hohe, enge Flagge“ ist selten und tritt nur bei wenigen Aktien im Zuge einer Hausse auf. Sie beginnt im Allgemeinen damit, dass eine Aktie innerhalb eines sehr kurzen Zeitraums (vier bis acht Wochen) um 100 bis 120 Prozent steigt. Dann korrigiert sie um höchstens zehn bis 25 Prozent seitwärts, und zwar gewöhnlich binnen drei, vier oder fünf Wochen.

Dieses Muster ist zwar das stärkste von allen, es ist aber auch sehr riskant und schwierig zu interpretieren. Viele Aktien können nach dieser Formation um 200 Prozent oder mehr in die Höhe schießen (siehe die Charts von Bethlehem Steel, Mai 1915; American Chain & Cable, Oktober 1935; E. L. Bruce, Juni 1958; Zenith, Oktober 1958; Universal Controls, November 1958; Certain-teed, Januar 1961; Syntex, Juli 1963; Rollins, Juli 1964; Simmonds Precision, November 1965; Accustaff, Januar 1995; Emulex, Oktober 1999; JDS Uniphase, Oktober 1999; Qualcomm, Dezember 1999; Taser International, November 2003; Google, September 2004). Jedes frühere Muster fungiert als Präzedenzfall für jedes spätere Muster – studieren Sie sie deshalb gewissenhaft.

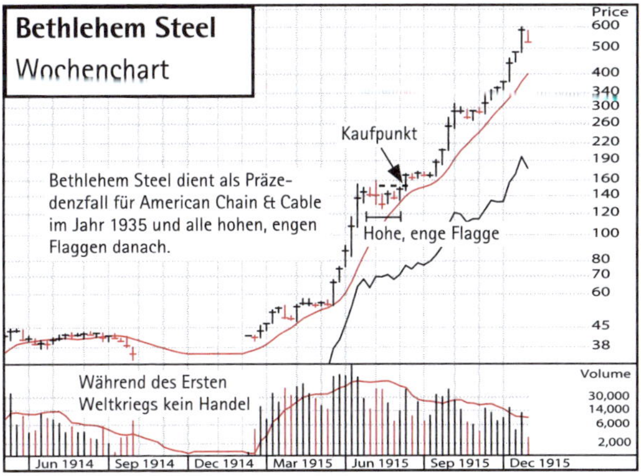

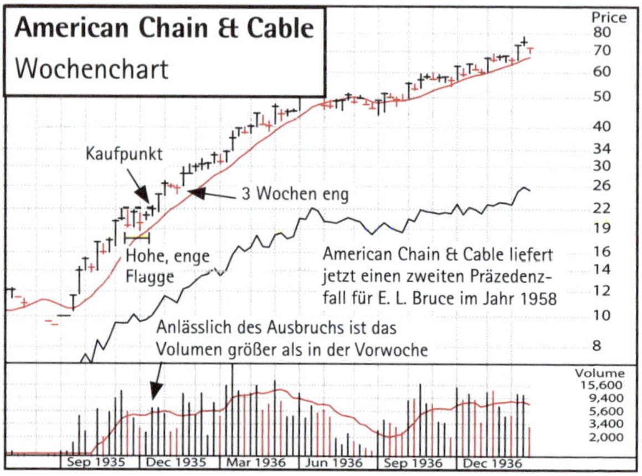
American Chain & Cable
Wochenchart
Kaufpunkt
3 Wochen eng
Hohe, enge Flagge
American Chain & Cable liefert jetzt einen zweiten Präzedenzfall für E. L. Bruce im Jahr 1958
Anlässlich des Ausbruchs ist das Volumen größer als in der Vorwoche
Price
80
70
60
50
40
34
30
26
22
19
16
14
12
10
8
Volume
15,600
9,400
5,600
3,400
2,000
Sep 1935
Dec 1935
Mar 1936
Jun 1936
Sep 1936
Dec 1936

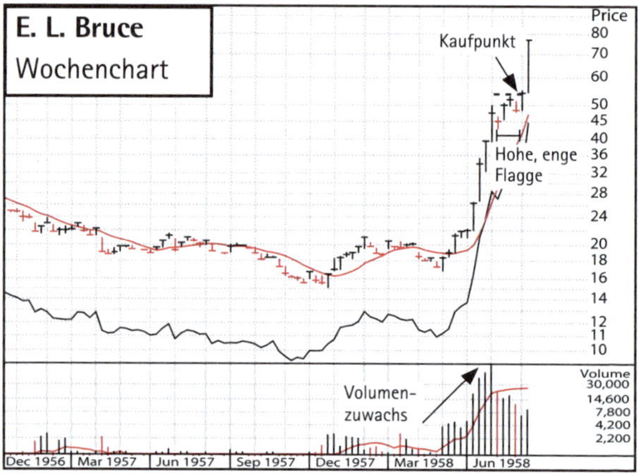
E. L. Bruce
Wochenchart
Kaufpunkt
Hohe, enge Flagge
Volumenzuwachs
Price
80
70
60
50
45
40
36
32
28
24
20
18
16
14
12
11
10
Volume
30,000
14,600
7,800
4,200
2,200
Dec 1956
Mar 1957
Jun 1957
Sep 1957
Dec 1957
Mar 1958
Jun 1958

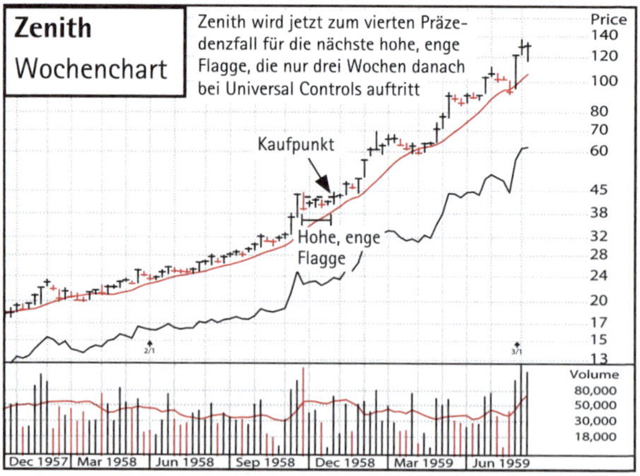
Zenith
Wochenchart
Zenith wird jetzt zum vierten Präzedenzfall für die nächste hohe, enge Flagge, die nur drei Wochen danach bei Universal Controls auftritt
Kaufpunkt
Hohe, enge Flagge
Price
140
120
100
80
70
60
45
38
32
28
24
20
17
15
13
Volume
80,000
50,000
30,000
18,000
Dec 1957
Mar 1958
Jun 1958
Sep 1958
Dec 1958
Mar 1959
Jun 1959

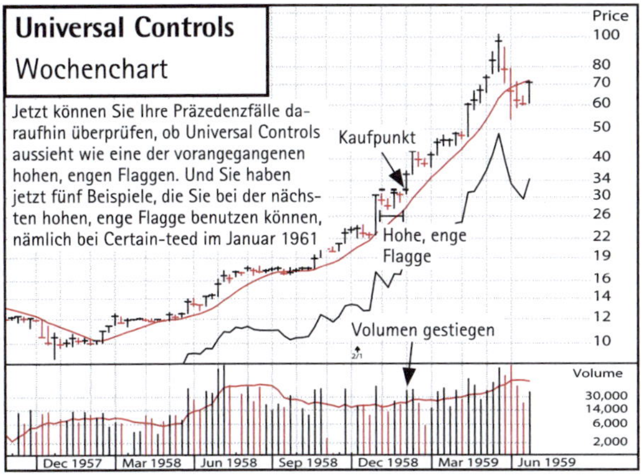
Universal Controls
Wochenchart
Jetzt können Sie Ihre Präzedenzfälle daraufhin überprüfen, ob Universal Controls aussieht wie eine der vorangegangenen hohen, engen Flaggen. Und Sie haben jetzt fünf Beispiele, die Sie bei der nächsten hohen, enge Flagge benutzen können, nämlich bei Certain-teed im Januar 1961
Kaufpunkt
Hohe, enge Flagge
Volumen gestiegen
Price
100
80
70
60
50
40
34
30
26
22
19
16
14
12
10
Volume
30,000
14,000
6,000
2,000
Dec 1957
Mar 1958
Jun 1958
Sep 1958
Dec 1958
Mar 1959
Jun 1959

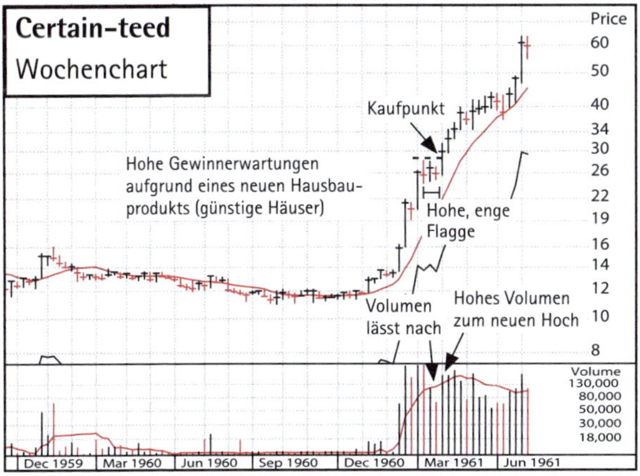
Certain-teed
Wochenchart
Hohe Gewinnerwartungen aufgrund eines neuen Hausbauprodukts (günstige Häuser)
Kaufpunkt
Hohe, enge Flagge
Volumen lässt nach
Hohes Volumen zum neuen Hoch
Price
60
50
40
34
30
26
22
19
16
14
12
10
8
Volume
130,000
80,000
50,000
30,000
18,000
Dec 1959
Mar 1960
Jun 1960
Sep 1960
Dec 1960
Mar 1961
Jun 1961

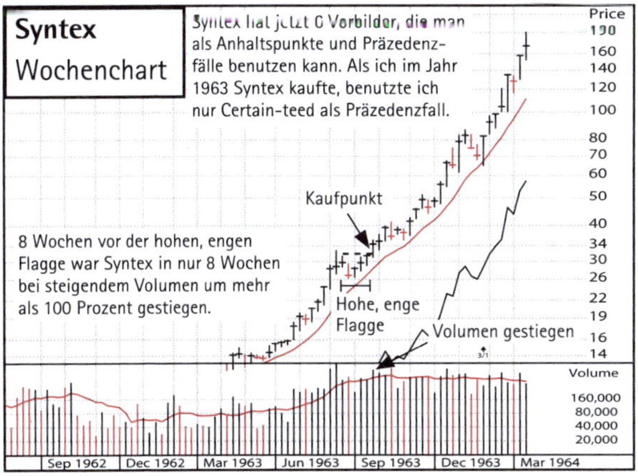
Syntex
Wochenchart
Syntex hat jetzt 6 Vorbilder, die man als Anhaltspunkte und Präzedenzfälle benutzen kann. Als ich im Jahr 1963 Syntex kaufte, benutzte ich nur Certain-teed als Präzedenzfall.
8 Wochen vor der hohen, engen Flagge war Syntex in nur 8 Wochen bei steigendem Volumen um mehr als 100 Prozent gestiegen.
Kaufpunkt
Hohe, enge Flagge
Volumen gestiegen
Price
160
140
120
100
80
70
60
50
40
34
30
26
22
19
16
14
Volume
160,000
80,000
40,000
20,000
Sep 1962
Dec 1962
Mar 1963
Jun 1963
Sep 1963
Dec 1963
Mar 1964

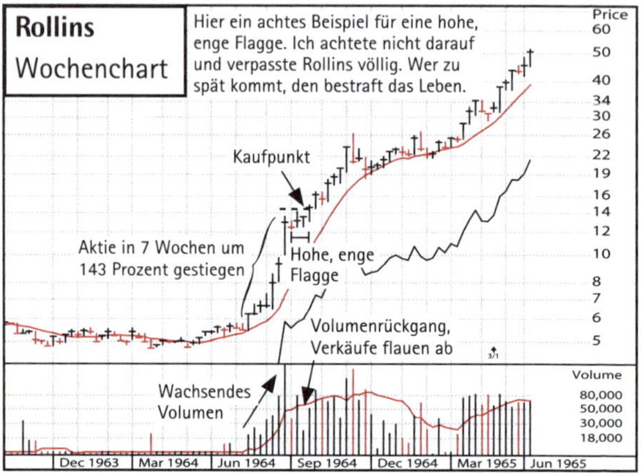
Rollins
Wochenchart
Hier ein achtes Beispiel für eine hohe, enge Flagge. Ich achtete nicht darauf und verpasste Rollins völlig. Wer zu spät kommt, den bestraft das Leben.
Kaufpunkt
Aktie in 7 Wochen um 143 Prozent gestiegen
Hohe, enge Flagge
Volumenrückgang, Verkäufe flauen ab
Wachsendes Volumen
Price
Volume
Dec 1963
Mar 1964
Jun 1964
Sep 1964
Dec 1964
Mar 1965
Jun 1965

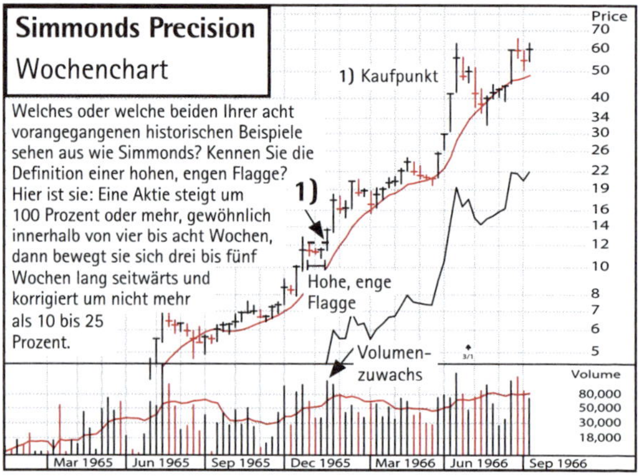
Simmonds Precision
Wochenchart
1) Kaufpunkt
Welches oder welche beiden Ihrer acht vorangegangenen historischen Beispiele sehen aus wie Simmonds? Kennen Sie die Definition einer hohen, engen Flagge? Hier ist sie: Eine Aktie steigt um 100 Prozent oder mehr, gewöhnlich innerhalb von vier bis acht Wochen, dann bewegt sie sich drei bis fünf Wochen lang seitwärts und korrigiert um nicht mehr als 10 bis 25 Prozent.
1)
Hohe, enge Flagge
Volumen-zuwachs
Price
Volume
Mar 1965
Jun 1965
Sep 1965
Dec 1965
Mar 1966
Jun 1966
Sep 1966

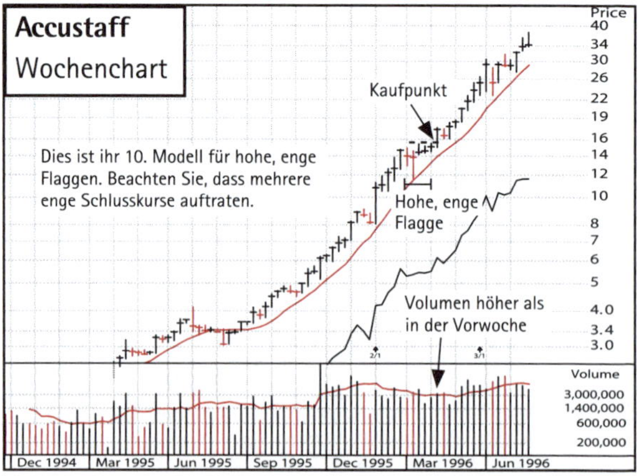
Accustaff
Wochenchart
Kaufpunkt
Dies ist ihr 10. Modell für hohe, enge Flaggen. Beachten Sie, dass mehrere enge Schlusskurse auftraten.
Hohe, enge Flagge
Volumen höher als in der Vorwoche
Price
Volume
Dec 1994
Mar 1995
Jun 1995
Sep 1995
Dec 1995
Mar 1996
Jun 1996

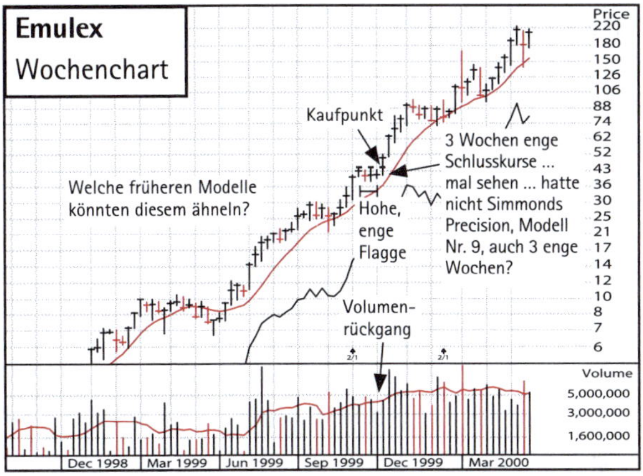
Emulex
Wochenchart
Kaufpunkt
3 Wochen enge Schlusskurse ... mal sehen ... hatte nicht Simmonds Precision, Modell Nr. 9, auch 3 enge Wochen?
Welche früheren Modelle könnten diesem ähneln?
Hohe, enge Flagge
Volumenrückgang
Price
220
180
150
126
106
88
74
62
52
43
36
30
25
21
17
14
12
10
8
7
6
Volume
5,000,000
3,000,000
1,600,000
Dec 1998
Mar 1999
Jun 1999
Sep 1999
Dec 1999
Mar 2000

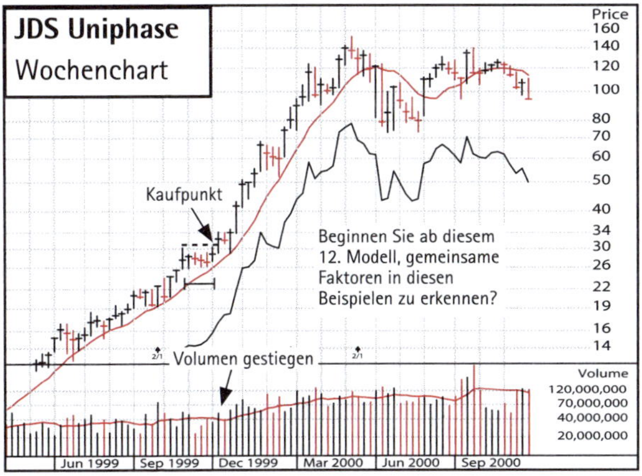
JDS Uniphase
Wochenchart
Kaufpunkt
Beginnen Sie ab diesem 12. Modell, gemeinsame Faktoren in diesen Beispielen zu erkennen?
Volumen gestiegen
Price
160
140
120
100
80
70
60
50
40
34
30
26
22
19
16
14
Volume
120,000,000
70,000,000
40,000,000
20,000,000
Jun 1999
Sep 1999
Dec 1999
Mar 2000
Jun 2000
Sep 2000

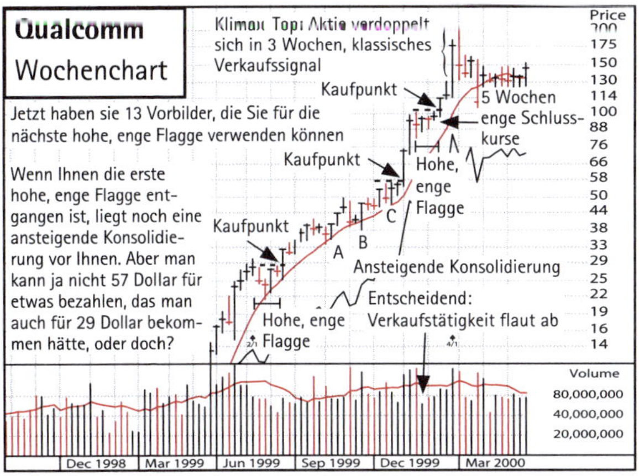
Qualcomm
Wochenchart
Klimax Top: Aktie verdoppelt sich in 3 Wochen, klassisches Verkaufssignal
Kaufpunkt
5 Wochen enge Schlusskurse
Jetzt haben sie 13 Vorbilder, die Sie für die nächste hohe, enge Flagge verwenden können
Kaufpunkt
Hohe, enge Flagge
Wenn Ihnen die erste hohe, enge Flagge entgangen ist, liegt noch eine ansteigende Konsolidierung vor Ihnen. Aber man kann ja nicht 57 Dollar für etwas bezahlen, das man auch für 29 Dollar bekommen hätte, oder doch?
Kaufpunkt
A
B
C
Ansteigende Konsolidierung
Entscheidend: Verkaufstätigkeit flaut ab
Hohe, enge Flagge
Price
200
175
150
130
114
100
88
76
66
58
50
44
38
33
29
25
22
19
16
14
Volume
80,000,000
40,000,000
20,000,000
Dec 1998
Mar 1999
Jun 1999
Sep 1999
Dec 1999
Mar 2000

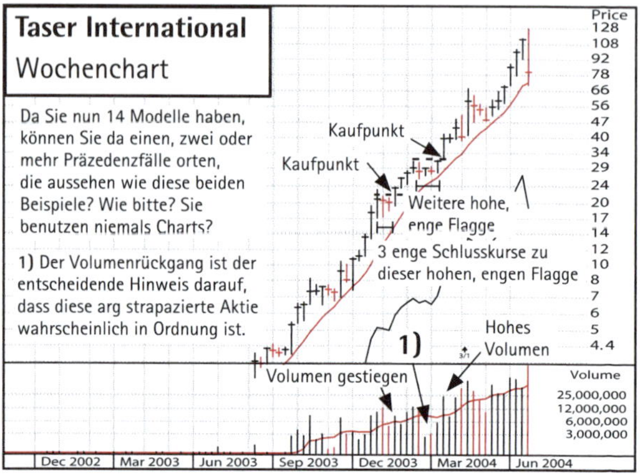

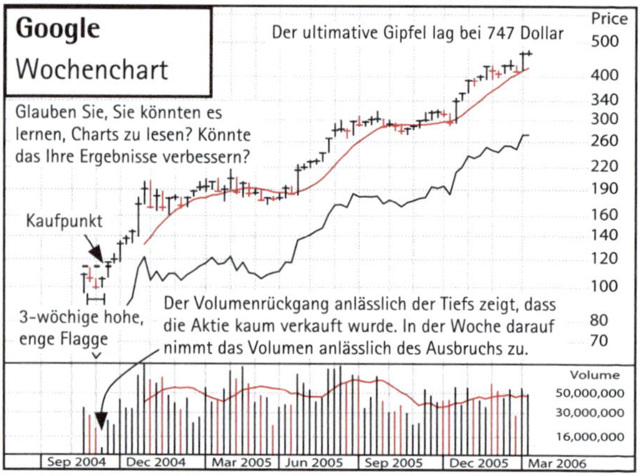

Das Kursmuster von E. L. Bruce im zweiten Quartal 1958 um die 50 Dollar herum lieferte ein perfektes Chartformationsvorbild für den Anstieg von Certain-teed, der im Jahr 1961 stattfand. Certain-teed wurde wiederum das Chartvorbild, das ich verwendete, um im Juli 1963 meinen ersten Supergewinner zu kaufen, nämlich Syntex.

Was ist ein „ansteigender doppelter Boden"?

Im Spätstadium einer Baisse kann ein vermeintlich negativer Umstand signalisieren, dass eine Aktie in der Hausse-Phase aggressiv die

Führung übernehmen könnte. Ich bezeichne diesen ungewöhnlichen Fall als „ansteigenden doppelten Boden".

In diesem Fall passiert Folgendes: Eine starke Aktie bricht aus ihrer Bodenbildung aus und steigt, schafft aber nicht mehr als 20 bis 30 Prozent Anstieg, weil der Gesamtmarkt nach unten tendiert. Deshalb setzt der Aktienkurs zurück und bildet eine zweite hin und her laufende Konsolidierung direkt oberhalb des ersten Bodens, während der Gesamtmarkt weiterhin neue Tiefs markiert.

Wenn die bearishe Phase des Gesamtmarkts endet – was sie irgendwann immer tut –, dürfte diese Aktie eine der ersten sein, die auf dem Weg zu riesigen Gewinnen ein neues Hoch markiert. Sie ist wie eine Feder, die durch den Druck eines schweren Gegenstands unten gehalten wird. Sobald man den Gegenstand (in diesem Fall eine Baisse) entfernt, kann die Feder tun, was sie schon die ganze Zeit tun wollte. Das ist ein weiteres Beispiel dafür, wieso es verrückt ist, sich über den Markt aufzuregen oder überhaupt emotional zu werden und die Zuversicht zu verlieren. Es könnte sein, dass das nächste große Rennen schon in ein paar Monaten stattfindet.

Zwei der besten Ideen unserer institutionellen Dienstleistungsfirma im Jahr 1978 – M/A-Com und Boeing – wiesen ansteigende Doppelböden auf. Die eine stieg um 180 Prozent, die andere um 950 Prozent. Ascend Communications und Oracle waren weitere Beispiele für einen ansteigenden doppelten Boden. Nachdem Ascend im Dezember 1994 aus dem Baisse-Boden ausgebrochen war, schnellte es innerhalb von 17 Monaten um fast 1.500 Prozent in die Höhe. Oracle wiederholte dieses ansteigende Konsolidierungsmuster im Oktober 1999 und stieg um fast 300 Prozent in die Höhe. Coca-Cola machte im Jahr 1934 aus der Depression heraus das Gleiche.

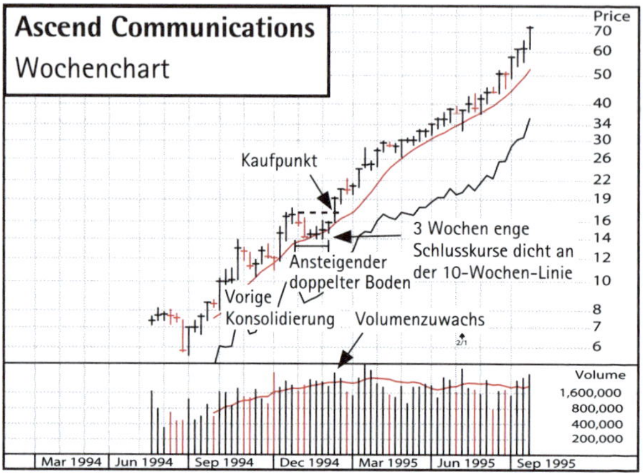
Ascend Communications
Wochenchart
Kaufpunkt
3 Wochen enge Schlusskurse dicht an der 10-Wochen-Linie
Ansteigender doppelter Boden
Vorige Konsolidierung
Volumenzuwachs
Price
Volume
Mar 1994
Jun 1994
Sep 1994
Dec 1994
Mar 1995
Jun 1995
Sep 1995

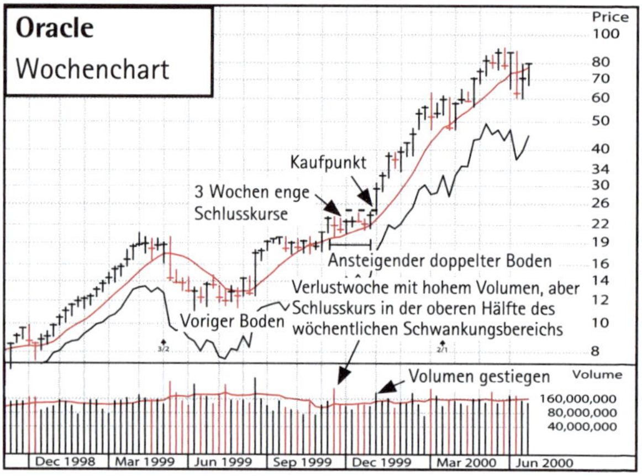
Oracle
Wochenchart
Kaufpunkt
3 Wochen enge Schlusskurse
Ansteigender doppelter Boden
Verlustwoche mit hohem Volumen, aber Schlusskurs in der oberen Hälfte des wöchentlichen Schwankungsbereichs
Voriger Boden
Volumen gestiegen
Price
Volume
Dec 1998
Mar 1999
Jun 1999
Sep 1999
Dec 1999
Mar 2000
Jun 2000

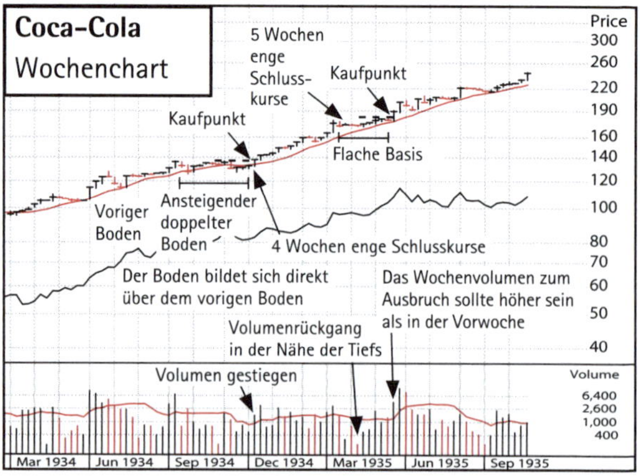
Coca-Cola
Wochenchart
5 Wochen enge Schluss- kurse
Kaufpunkt
Kaufpunkt
Flache Basis
Voriger Boden
Ansteigender doppelter Boden
4 Wochen enge Schlusskurse
Der Boden bildet sich direkt über dem vorigen Boden
Das Wochenvolumen zum Ausbruch sollte höher sein als in der Vorwoche
Volumenrückgang in der Nähe der Tiefs
Volumen gestiegen
Price
Volume
Mar 1934
Jun 1934
Sep 1934
Dec 1934
Mar 1935
Jun 1935
Sep 1935

Ansteigende Böden

Ansteigende Böden treten ebenso wie flache Basen im Laufe des Anstiegs einer Aktie auf halbem Weg auf, nachdem sie aus einer Tasse mit Henkel oder aus einem doppelten Boden ausgebrochen ist. Dabei gibt es drei Rücksetzer um zehn bis 20 Prozent, wobei der Tiefpunkt jeweils oberhalb des vorigen Tiefpunkts liegt. Deshalb spreche ich von *ansteigenden* Böden.

Alle diese Rücksetzer treten normalerweise auf, weil der Gesamtmarkt zu dieser Zeit fällt.

Boeing bildete im zweiten Quartal 1954 eine 13-wöchige aufsteigende Konsolidierung und verdoppelte dann seinen Preis. Der Wohnmobilhersteller Redman Industries hatte im ersten Quartal 1968 eine 11-wöchige ansteigende Konsolidierung und stieg danach innerhalb von nur 37 Wochen um 500 Prozent. America Online bildete im ersten Quartal 1999 die gleiche Art von Konsolidierung aus und schwenkte dann in einen Anstieg ein, der sich als 500-prozentiger Zuwachs nach dem Ausbruch aus einer 14-wöchigen Tassenformation im Oktober 1998 erwies.

Sie sehen also, dass sich die Geschichte wiederholt. Je mehr historische Formationen Sie kennen und wiedererkennen, umso besser dürften Sie in der Lage sein, künftig am Markt Geld zu verdienen (siehe die Chartbeispiele in Kapitel 1 und außerdem Simmonds Precision, Monogram Industries, Redman Industries, America Online und Titanium Metals).

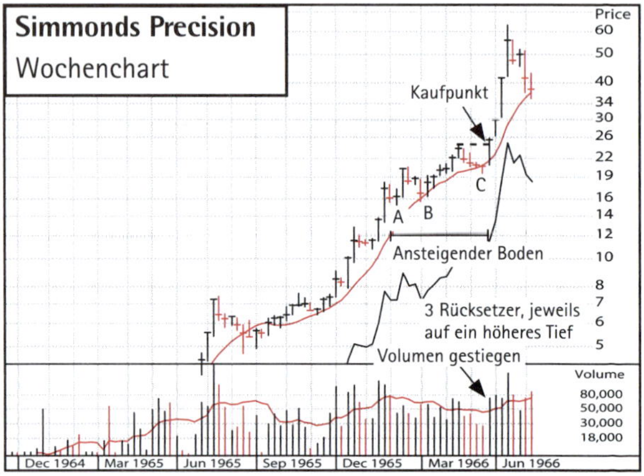
Simmonds Precision
Wochenchart
Kaufpunkt
A
B
C
Ansteigender Boden
3 Rücksetzer, jeweils auf ein höheres Tief
Volumen gestiegen
Price
60
50
40
34
30
26
22
19
16
14
12
10
8
7
6
5
Volume
80,000
50,000
30,000
18,000
Dec 1964
Mar 1965
Jun 1965
Sep 1965
Dec 1965
Mar 1966
Jun 1966

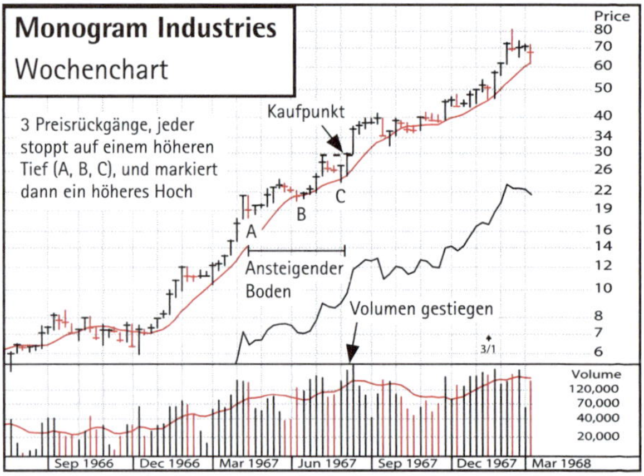
Monogram Industries
Wochenchart
3 Preisrückgänge, jeder stoppt auf einem höheren Tief (A, B, C), und markiert dann ein höheres Hoch
Kaufpunkt
A
B
C
Ansteigender Boden
Volumen gestiegen
3/1
Price
80
70
60
50
40
34
30
26
22
19
16
14
12
10
8
7
6
Volume
120,000
70,000
40,000
20,000
Sep 1966
Dec 1966
Mar 1967
Jun 1967
Sep 1967
Dec 1967
Mar 1968

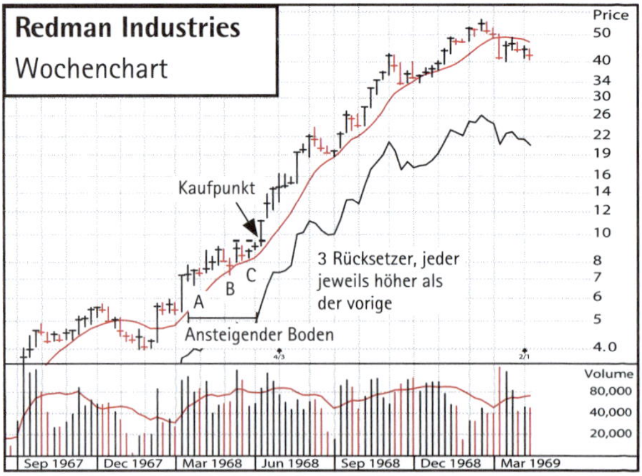
Redman Industries
Wochenchart
Kaufpunkt
A
B
C
Ansteigender Boden
3 Rücksetzer, jeder jeweils höher als der vorige
Price
50
40
34
30
26
22
19
16
14
12
10
8
7
6
5
4.0
Volume
80,000
40,000
20,000
Sep 1967
Dec 1967
Mar 1968
Jun 1968
Sep 1968
Dec 1968
Mar 1969

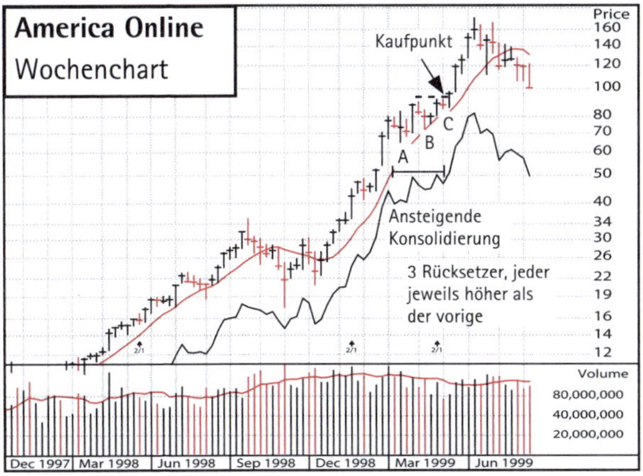

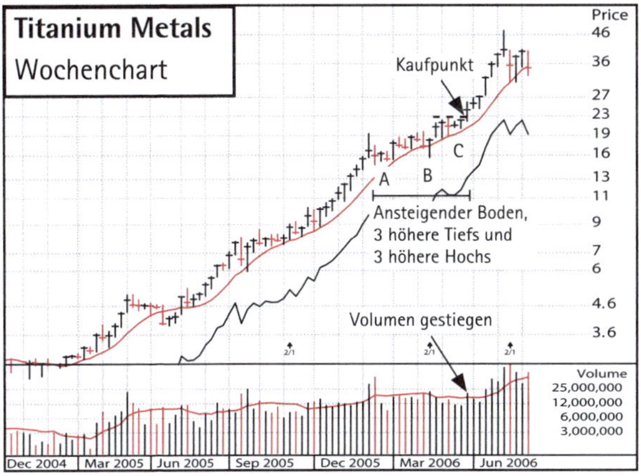

Breite Preisformationen scheitern häufig

Breite Chartformationen scheitern zwar gewöhnlich, können sich aber später noch straffen. New England Nuclear und Houston Oil & Minerals sind zwei Fälle von Aktien, die nach breiten, eher zufälligen Preisbewegungen angezogen haben. Ich führe sie deshalb an, weil ich damals beide verpasst habe. Es ist immer klug, sich große Gewinner, die man verpasst hat, genauer anzusehen, um herauszufinden, warum man sie nicht erkannt hat, als sie genau am richtigen Punkt standen und für den Anstieg bereit waren.

New England Nuclear bildete eine breite und fehlerhafte Preisformation, die wie ein doppelter Boden mit den Punkten A, B, C, D und E aussah. Die Aktie fiel von Punkt A bis Punkt D um rund 40 Prozent. Das war zu viel und es dauerte zu lange – fast sechs Monate –, bis sie den Boden erreichte. Beachten Sie den zusätzlichen Hinweis in Form des Abwärtstrends der Relative-Stärke-Linie (RS) im Laufe des gesamten fehlerhaften Musters. Der Kauf an Punkt E wäre ein Fehler gewesen. Außerdem war der Henkel zu kurz und er driftete nicht abwärts, sodass er eine Bereinigung ausgelöst hätte. Er kletterte vielmehr entlang seiner Tiefs nach oben. Dann bildete New England Nuclear eine zweite Konsolidierung aus den Punkten E, F und G. Wenn man jedoch versuchte, am Punkt G zu kaufen, lag man wieder nicht richtig. Es war zu früh, weil die Preisformation immer noch breit war. Während des lang gezogenen Niedergangs von Punkt E zu Punkt F ging die Relative Stärke massiv zurück. Der geradlinige Aufstieg vom Tiefpunkt bei Punkt F zu dem angetäuschten Ausbruchspunkt G war zu schnell und erratisch und nahm nur drei Monate in Anspruch. Drei Monate zunehmender Relativer Stärke waren gegenüber den vorangegangenen 17 Monaten des Niedergangs nicht ausreichend, um den vorigen schwachen Trend in einen positiven zu verwandeln.

Dann ging die Aktie von Punkt G zu Punkt H zurück und bildete etwas, das wie eine Henkelzone der möglichen Tasse mit Henkel aus den Punkten E, F und G aussah. Wenn man an Punkt I des Ausbruchsversuchs kaufte, scheiterte die Aktie wieder. Der Grund: Der Henkel war zu unspezifisch und ging um 20 Prozent zurück. Aber nachdem die Aktie diesmal schon wieder gescheitert war, straffte sie endlich ihre Preisstruktur von den Punkten I über J bis K und brach 15 Wochen danach, am Punkt K, aus einer engen, soliden Konsolidierung heraus aus und verdreifachte danach ihren Kurs annähernd. Man beachte den starken Aufwärtstrend der Aktie und die Tatsache, dass sich die Relative-Stärke-Linie der Aktie in den elf Monaten von Punkt F bis Punkt K verbesserte.

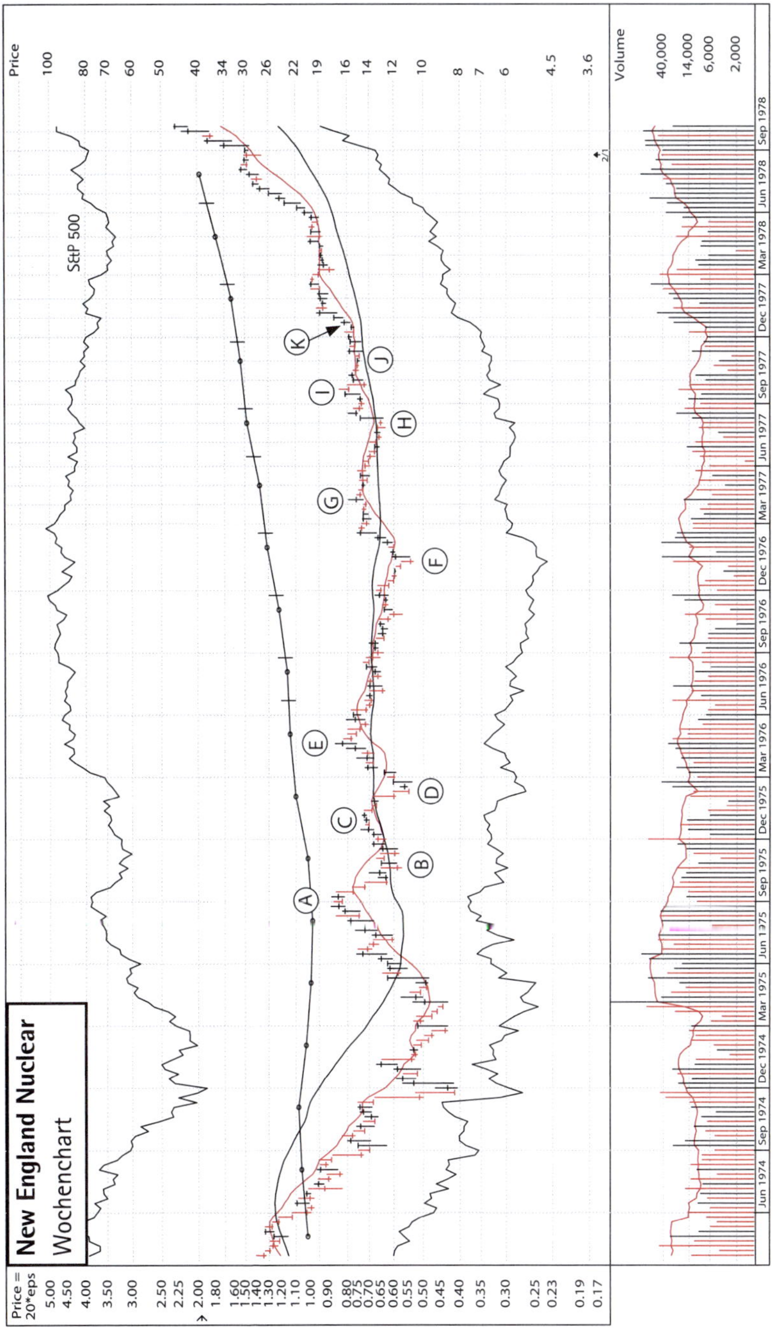
New England Nuclear
Wochenchart
S&P 500
Price
Price = 20*eps
Volume
A
B
C
D
E
F
G
H
I
J
K
Jun 1974
Sep 1974
Dec 1974
Mar 1975
Jun 1975
Sep 1975
Dec 1975
Mar 1976
Jun 1976
Sep 1976
Dec 1976
Mar 1977
Jun 1977
Sep 1977
Dec 1977
Mar 1978
Jun 1978
Sep 1978

Es gibt also wirklich richtige und falsche Zeiten für den Aktienkauf, aber man muss einiges lernen, um diesen Unterschied zu begreifen. Man kann nicht einfach über Nacht am Aktienmarkt erfolgreich werden, und der Erfolg hat nichts damit zu tun, dass man auf die Tipps anderer Leute hört oder Glück hat. Man muss etwas lernen und sich vorbereiten, damit man auf eigene Faust mit seiner Geldanlage erfolgreich werden kann. Erweitern Sie also Ihr Wissen. Das ist am Anfang nicht leicht, aber es kann sich sehr lohnen. Jeder kann lernen, wie man das macht. Sie können es. Glauben Sie an Ihre Lernfähigkeit. Vergessen Sie frühere Prämissen, die nicht funktioniert haben.

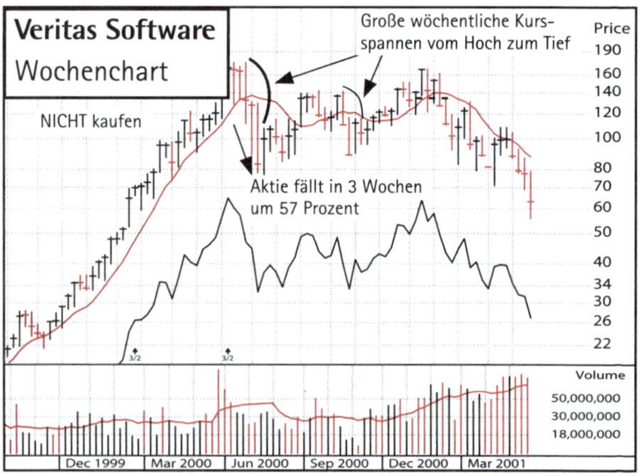

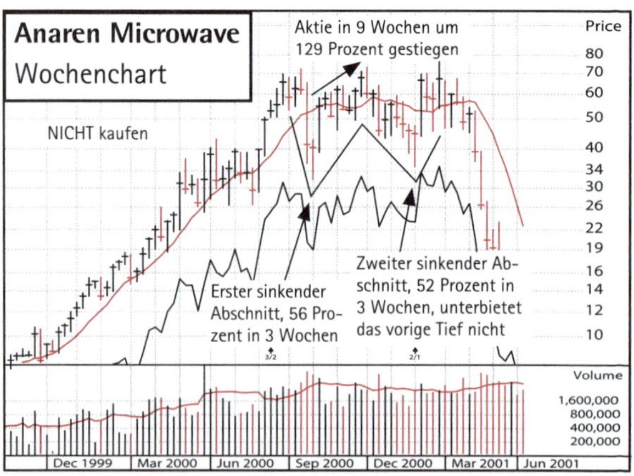

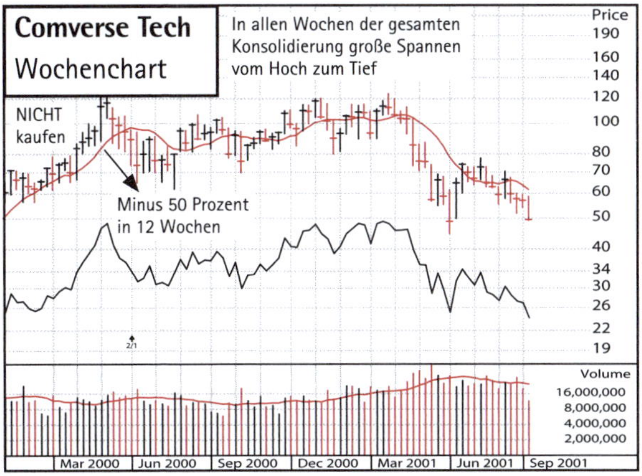

Jetzt folgen ein paar falsche breite Formationen, die Menschen im Zuge der langwierigen Baisse, die im März 2000 begann, zu Käufen verleiteten: Veritas Software am 20. Oktober 2000, Anaren Microwave am 28. Dezember 2000 und Comverse Technology am 24. Januar 2001.

Die bereits erwähnte Aktie Houston Oil & Minerals ist ein noch dramatischeres Beispiel dafür, dass die Henkelkorrektur von Punkt F zu Punkt G ein breites Muster ist, das sich später zu einer konstruktiven Kursformation strafft (siehe Chart). Die Bewegung von A zu B und dann weiter zu C war extrem breit und erratisch (der prozentuale Niedergang war zu groß). Von B nach C ging es vom Boden aus ohne Rücksetzer geradlinig aufwärts. Die Punkte C und D waren Fehlversuche, aus einem fehlerhaften Preismuster auszubrechen. Genauso war es auch mit Punkt H, wo die Aktie versuchte, aus einer breiten Tasse mit Henkel auszubrechen. Danach bildete sich eine straffe neunwöchige Konsolidierung von Punkt H über I nach J (beachten Sie den extremen Volumenrückgang im Zuge der Tiefs im Dezember 1975).

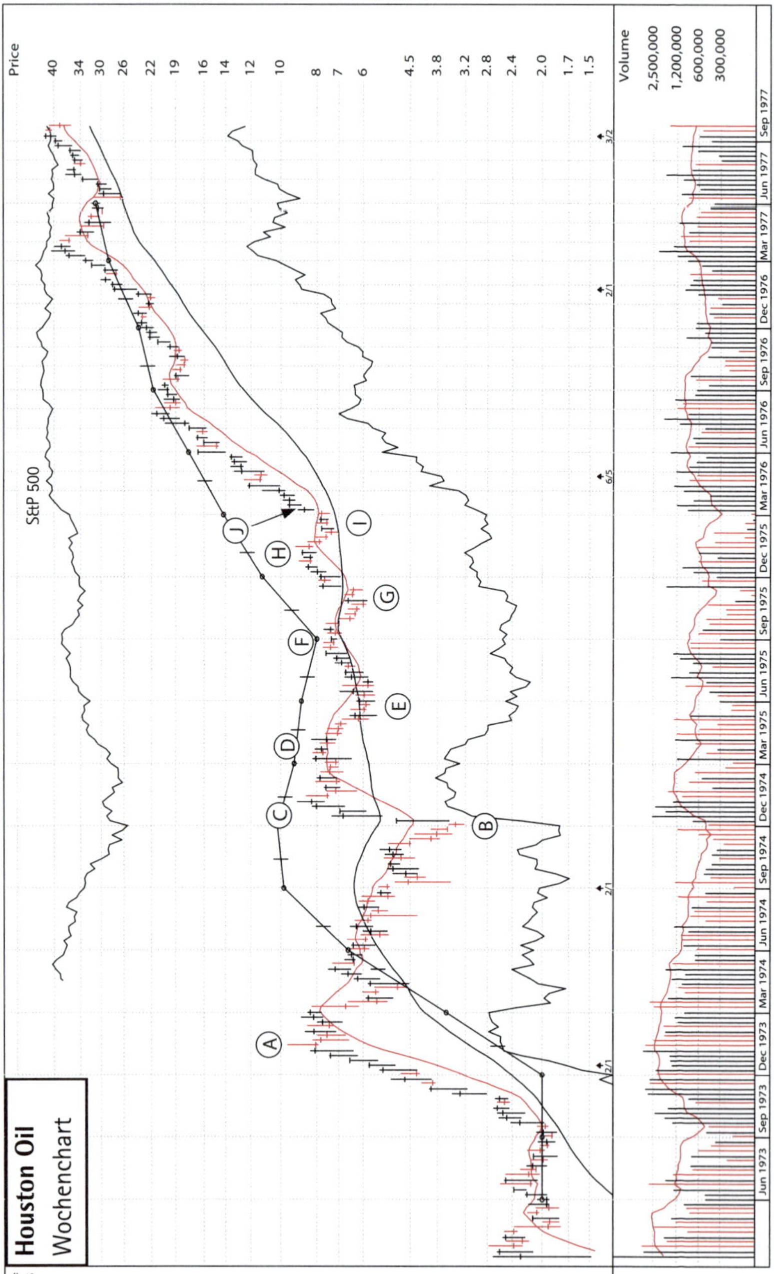
Houston Oil
Wochenchart
S&P 500
Price = 20*eps
Price
Volume
2,500,000
1,200,000
600,000
300,000
A
B
C
D
E
F
G
H
I
J
Jun 1973
Sep 1973
Dec 1973
Mar 1974
Jun 1974
Sep 1974
Dec 1974
Mar 1975
Jun 1975
Sep 1975
Dec 1975
Mar 1976
Jun 1976
Sep 1976
Dec 1976
Mar 1977
Jun 1977
Sep 1977

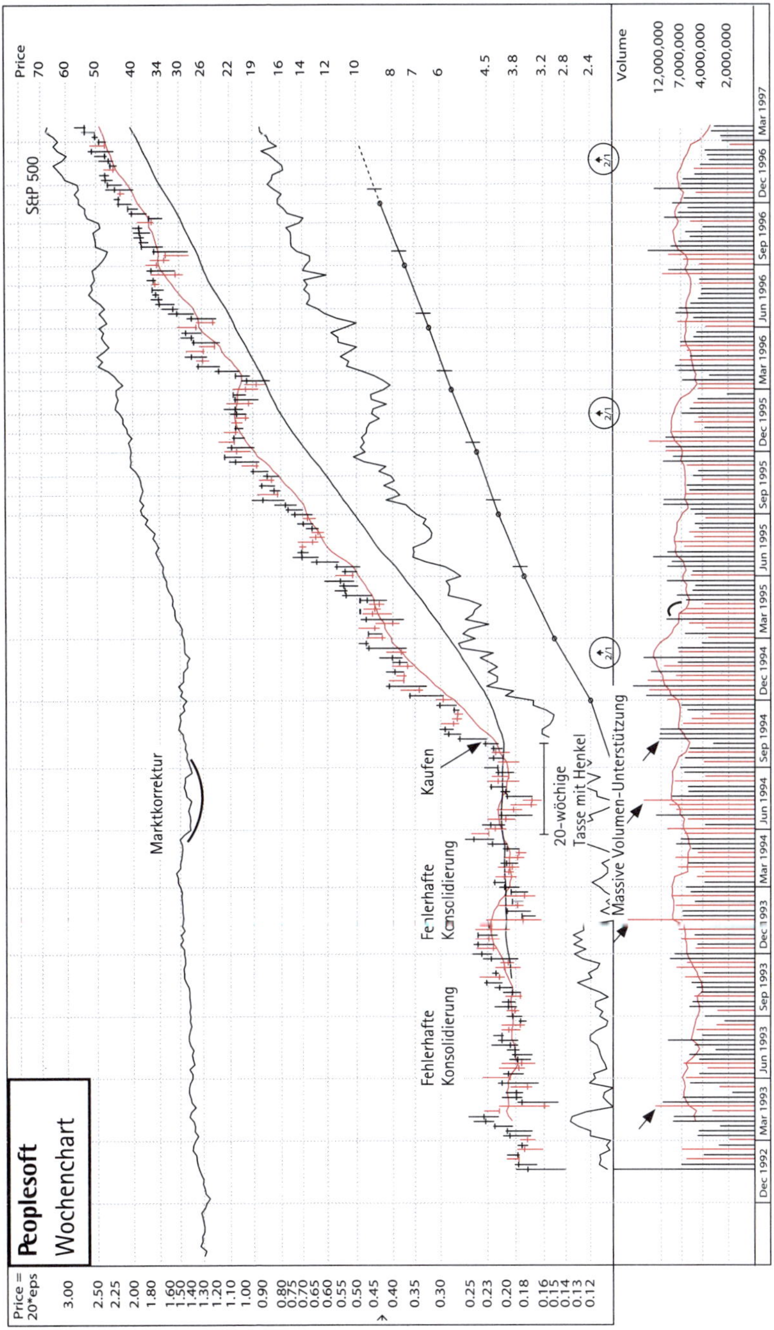
Peoplesoft
Wochenchart
S&P 500
Marktkorrektur
Fehlerhafte Konsolidierung
Fehlerhafte Konsolidierung
Kaufen
20-wöchige Tasse mit Henkel
Massive Volumen-Unterstützung
Price
Price = 20*eps
Volume
2/1
Dec 1992
Mar 1993
Jun 1993
Sep 1993
Dec 1993
Mar 1994
Jun 1994
Sep 1994
Dec 1994
Mar 1995
Jun 1995
Sep 1995
Dec 1995
Mar 1996
Jun 1996
Sep 1996
Dec 1996
Mar 1997
12,000,000
7,000,000
4,000,000
2,000,000

Auf diese Struktur machte mich ein aufmerksamer Aktienbroker aus Hartford im US-Bundesstaat Connecticut aufmerksam. Allerdings hatten mich die schwachen Kursformationen und die nicht gerade üppigen Gewinne der letzten zwei Jahre so konditioniert, dass sich meine geistige Einstellung nur langsam wandelte, als die Aktie ihr Verhalten in nur neun Wochen plötzlich änderte. Wahrscheinlich war ich auch durch den gewaltigen Preisanstieg eingeschüchtert, den Houston Oil in der Hausse 1973 vollzogen hatte. Dies beweist, dass Meinungen und Gefühle häufig falsch sind, die Märkte sich aber selten irren.

Außerdem weist es auf ein sehr wichtiges Prinzip hin: Wir alle brauchen Zeit, um Meinungen zu ändern, die wir über einen langen Zeitraum entwickelt haben. In diesem Fall änderte sich meine unzutreffende bearishe Sichtweise der Aktie auch dann nicht in eine bullishe, als der Quartalsgewinn nach drei Verlustquartalen um 357 Prozent stieg. Der richtige Kaufpunkt lag im Januar 1976.

Im August 1994 wiederholte Peoplesoft die Formationen von New England Nuclear und von Houston Oil. Sein Ausbruchsversuch aus einem breiten, aufwärts kletternden Muster scheiterte im September 1993. Im März 1994 scheiterte ein zweiter Ausbruchsversuch, als sich der Henkelbereich in der unteren Hälfte der Tassenformation bildete. Als dann schließlich im August 1994 die Chartformation und der Gesamtmarkt stimmig waren, schoss Peoplesoft in den Himmel.

In der ersten Januarwoche 1999 bildete Qualcomm mit Sitz in San Diego den dreiphasigen Präzedenzfall von Peoplesoft nach. Im Oktober 1997 startete Qualcomm von einer fehlerhaften Konsolidierung aus, von der zu viel in der unteren Hälfte lag, geradlinig auf neue Höhen durch. Dann bildete es eine zweite fehlerhafte Konsolidierung, brach aus einem Henkel im unteren Teil aus und scheiterte. Bei der dritten Konsolidierung stimmte dann alles: eine korrekt geformte Tasse mit Henkel, die sich in der ersten Januarwoche 1999 bewährte. In nur einem Jahr ging Qualcomm von splitbereinigten

7,50 Dollar auf 200 Dollar durch die Decke. Vielleicht sollten Sie mehr Zeit mit dem Studium historischer Präzedenzfälle verbringen. Oder wie sehen Sie das? Wenn man damals 7.500 Dollar in Qualcomm investiert hätte, hätte man sich ein Jahr später über 200.000 Dollar gefreut.

WIE MAN FEHLERHAFTE PREISFORMATIONEN UND KONSOLIDIERUNGSSTRUKTUREN ERKENNT

Leider wurde die Analyse von Kursformationen in den letzten 78 Jahren weder grundlegend noch gründlich betrieben. Im Jahr 1930 schrieb ein Finanzredakteur der Zeitschrift *Forbes* namens Richard Schabacker ein Buch mit dem Titel „Stock Market Theory and Practice". Darin hat er zahlreiche Formationen beleuchtet, unter anderem Dreiecke, Spiralen und Wimpel. Die detaillierten Modelle, die wir in den letzten Jahren aufgebaut haben, und unsere Erforschung der Preisstruktur haben gezeigt, dass diese Formationen unzuverlässig und riskant sind. Wahrscheinlich haben sie in der zweiten Hälfte der „Goldenen Zwanziger" funktioniert, als die meisten Aktien rasant einem Höhepunkt zustrebten. Etwas Ähnliches passierte im Jahr 1999 und im ersten Quartal 2000, als viele fehlerhafte Formationen zunächst zu funktionieren schienen, dann aber versagten. Diese Perioden entsprechen der Tulpenmanie im Holland des 17. Jahrhunderts: Damals führte galoppierende Spekulation dazu, dass gewisse Sorten von Tulpenzwiebeln auf astronomische Preishöhen hinautschossen und dann einbrachen.

Unsere Untersuchungen zeigen, dass mit Ausnahme von hohen, engen Flaggen, die sehr selten und schwer zu interpretieren sind, von fünf- oder sechswöchigen flachen Basen und des vier bis sieben Wochen langen Quadrats die zuverlässigsten Konsolidierungsformationen eine Mindestlänge von sieben bis acht Wochen Preiskonsolidierung haben müssen. Die meisten Spiralen, Dreiecke und Wimpel sind einfach schwache Fundamente, die weder genügend Zeit noch genügend Korrekturen beinhalten, als dass sie richtige Konsolidierungen

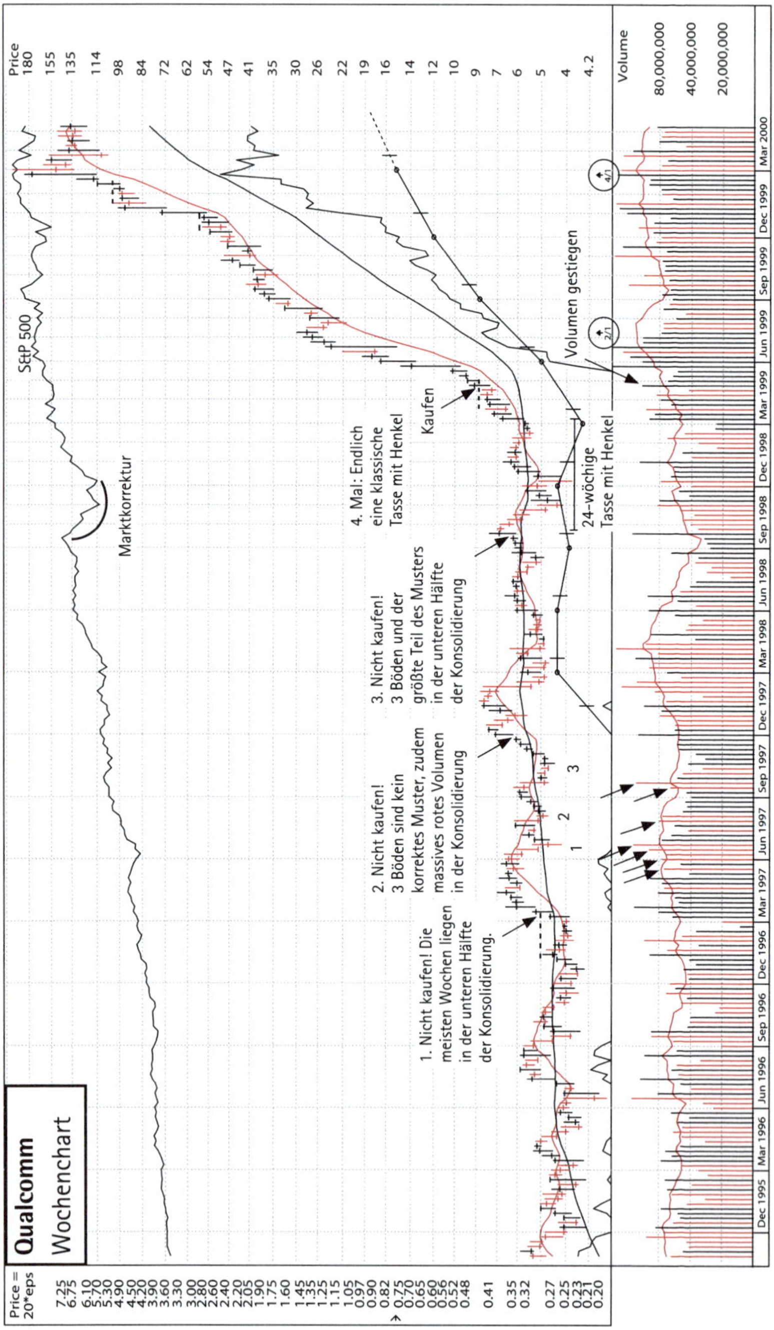
Qualcomm
Wochenchart
Price = 20*eps
Price
S&P 500
Marktkorrektur
1. Nicht kaufen! Die meisten Wochen liegen in der unteren Hälfte der Konsolidierung.
2. Nicht kaufen! 3 Böden sind kein korrektes Muster, zudem massives rotes Volumen in der Konsolidierung
3. Nicht kaufen! 3 Böden und der größte Teil des Musters in der unteren Hälfte der Konsolidierung
4. Mal: Endlich eine klassische Tasse mit Henkel
Kaufen
1
2
3
24-wöchige Tasse mit Henkel
Volumen gestiegen
2/1
4/1
Volume
80,000,000
40,000,000
20,000,000
Dec 1995
Mar 1996
Jun 1996
Sep 1996
Dec 1996
Mar 1997
Jun 1997
Sep 1997
Dec 1997
Mar 1998
Jun 1998
Sep 1998
Dec 1998
Mar 1999
Jun 1999
Sep 1999
Dec 1999
Mar 2000

werden könnten. Ein-, zwei- oder dreiwöchige Konsolidierungen sind riskant. Man sollte sie in fast allen Fällen meiden.

Im Jahr 1948 schrieben John McGee und Robert D. Edwards „Technical Analysis of Stock Trends“, ein Buch, das weitgehend die gleichen fehlerhaften Formationen behandelt, die in Schabackers Buch bereits beschrieben wurden.

Im Jahr 1962 schrieb William Jiler ein leicht verständliches Buch mit dem Titel „How Charts Can Help You in the Stock Market“, das viele der korrekten Prinzipien erklärt, die hinter der technischen Analyse stehen. Aber auch dieses Buch hat offensichtlich die Darstellung und Diskussion gewisser zum Scheitern verurteilter Formationen aus der Ära vor der Depression fortgeführt.

Dreifache Böden und Schulter-Kopf-Schulter-Böden gehören zu den Formationen, die in mehreren Büchern über technische Analyse ausführlich behandelt werden. Wir haben herausgefunden, dass auch diese Muster eher schwach sind. Ein Schulter-Kopf-Schulter-Boden mag in manchen Fällen funktionieren, aber er verfügt über keinen kräftigen vorangegangenen Aufwärtstrend, der für die meisten leistungsstarken Marktführer unverzichtbar ist.

Wenn es hingegen um die Identifizierung des Höhepunkts einer Aktie geht, gehören Schulter-Kopf-Schulter-Formationen zu den zuverlässigsten, die es gibt. Doch Vorsicht: Wenn Sie sich mit Charts nur unzureichend auskennen, können Sie eine korrekte Schulter-Kopf-Schulter-Top-Formation falsch interpretieren. Viele Profis interpretieren diese Formation nicht richtig. Die rechte (zweite) Schulter muss leicht unterhalb der linken Schulter liegen (siehe den Chart von Alexander & Alexander).

Ein dreifacher Boden ist ein schwächeres und weniger aussagekräftiges Konsolidierungsmuster als ein doppelter Boden. Das liegt daran, dass in diesem Fall die Aktie dreimal korrigiert und steil auf ihr absolutes Tief fällt und nicht nur zweimal wie beim doppelten Boden oder einmal wie bei der aussagekräftigen Tassenformation. Wie bereits erwähnt, ist auch eine Tasse mit langsam steigendem Henkel

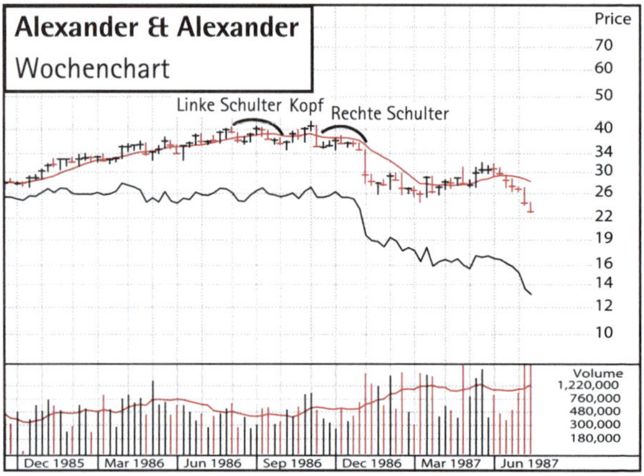

gewöhnlich ein fehlerhaftes, zum Versagen neigendes Muster – zu sehen in dem Beispiel-Chart von Global Crossing Limited. Ein kompetenter Chartleser hätte Global Crossing gemieden oder verkauft – später machte das Unternehmen Bankrott.

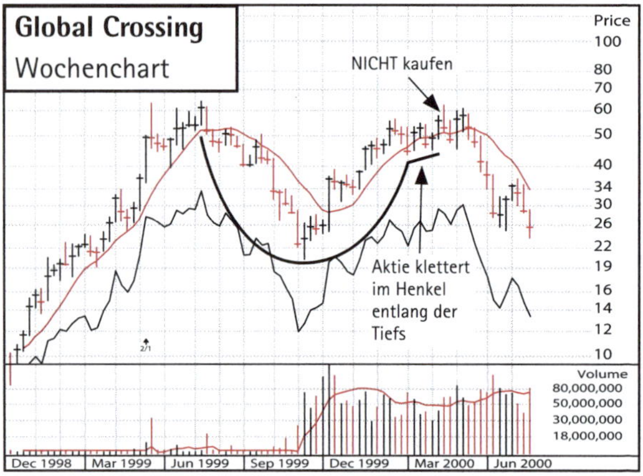

WIE MAN DIE RELATIVE PREISSTÄRKE RICHTIG NUTZT

Viele fundamentale Wertpapier-Analysten meinen, technische Analyse würde bedeuten, dass man die Aktien mit der höchsten relativen Preisstärke kauft. Andere meinen, technisches Research bezöge sich nur auf den Kauf von Aktien mit „hohem Momentum". Beide Ansichten sind unrichtig.

Es reicht nicht, einfach Aktien zu kaufen, die in irgendeiner Liste der besten Performer die höchste relative Preisstärke aufweisen. Man sollte Aktien, die eine bessere Performance als der Gesamtmarkt bringen, gerade dann kaufen, wenn sie aus soliden Formationen herauskommen, in denen sie eine Konsolidierung aufgebaut haben. Wenn die Aktie schnell gestiegen ist, wenn sie erheblich über ihre Konsolidierung hinaus gestiegen ist und wenn sie eine extrem hohe relative Preisstärke aufweist, ist es Zeit, zu verkaufen. Damit man diesen Unterschied erkennt, muss man Tages- oder Wochencharts benutzen.

WAS IST EIN ANGEBOTSÜBERHANG?

Ein Konzept von entscheidender Bedeutung, das man kennen muss, wenn man Preisbewegungen analysieren will, ist das Prinzip des Angebotsüberhangs. Ein Überhang liegt vor, wenn eine Aktie nach einem Abwärtstrend steigt und dann auf Bereiche mit erheblichem Preiswiderstand stößt.

Solche Widerstandsbereiche liegen an Stellen, an denen die Aktie vorher gekauft wurde. Sie begrenzen und bremsen die Aufwärtsbewegung der Aktie, weil die Anleger, die in diesem Bereich gekauft haben, motiviert sind, die Aktie zu verkaufen, wenn der Preis an ihren Einstiegspunkt zurückkehrt (siehe den Chart von At Home). Wenn zum Beispiel eine Aktie von 25 auf 40 Dollar steigt und dann auf 30 Dollar zurückfällt, haben die meisten Menschen, die sie in den oberen 30ern und bei 40 gekauft haben, Verlust gemacht, außer wenn sie schnell wieder verkauft und ihren Verlust begrenzt haben (was die meisten Menschen nicht tun). Wenn die Aktie später wieder in die oberen 30er oder in die 40er hinaufklettert, können diejenigen Anleger, die Verluste erlitten haben, aussteigen und auf null kommen. Solche Aktienbesitzer haben sich vorgenommen: „Wenn ich bloß wieder auf null komme, verkaufe ich." Die menschliche Natur ändert sich nicht. Deshalb ist es normal, dass viele dieser Menschen verkaufen, wenn sie die Chance sehen, dass sie ihr Geld zurückbekommen könnten, nachdem sie erheblich im Minus gestanden hatten.

Gute Chartisten wissen, wie man Preiszonen erkennt, die Bereiche massiven Überhangs darstellen. Sie begehen nie den fatalen Fehler, eine Aktie zu kaufen, die aus der jüngeren Vergangenheit Überhang aufweist. Viele Analysten, die sich ausschließlich mit Fundamentaldaten befassen, begehen diesen schweren Fehler jedoch manchmal.

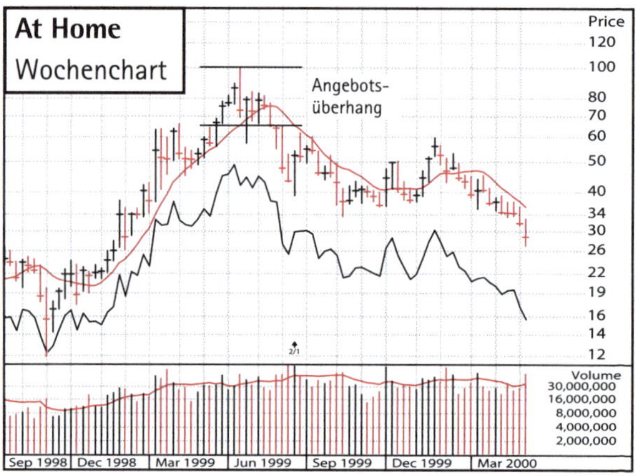

Eine Aktie hingegen, die es schafft, sich durch den Überhang durchzukämpfen, kann man vielleicht gefahrloser kaufen, auch wenn ihr Preis schon ein bisschen höher ist. Sie hat bewiesen, dass eine ausreichende Nachfrage vorliegt, welche das Angebot absorbieren kann, und dass sie ihr Widerstandsniveau überschreiten kann. Angebotsbereiche, die älter als zwei Jahre sind, erzeugen weniger Widerstand.

Eine Aktie, die gerade zum ersten Mal auf neues Territorium vorgedrungen ist, muss selbstverständlich nicht gegen einen Angebotsüberhang ankämpfen, und das steigert ihren Reiz noch zusätzlich.

HERVORRAGENDE CHANCEN MIT UNBEKANNTEN, NEUEREN AKTIEN

Wache Anleger sollten alle neuen Aktien beobachten, die in den letzten zehn Jahren aufgekommen sind. Das ist so wichtig, weil manche dieser neueren und jüngeren Unternehmen zu den atemberaubendsten Performern des nächsten Jahres oder der nächsten zwei Jahre gehören werden. Die meisten derartigen Titel werden an der Nasdaq gehandelt.

Manche Neuemissionen steigen ein bisschen und ziehen sich dann im Laufe einer Baisse auf neue Tiefs zurück, sodass sie am Anfang einen schwachen Eindruck hinterlassen. Wenn aber die nächste Hausse beginnt, schleichen sich ein paar dieser vergessenen Newcomer unmerklich wieder in die Höhe, bilden Konsolidierungsformationen aus und plötzlich heben sie ab und verdoppeln oder verdreifachen ihren Preis – wenn ihr Gewinn und ihr Umsatz gut genug sind und steigen.

Die meisten Anleger verpassen diese herausragenden Preisanstiege, weil sie bei neuen Unternehmen auftreten, die den meisten Menschen weitgehend unbekannt sind. Mithilfe eines Chartdienstleisters können Sie solche unbekannten Unternehmen aufspüren. Achten Sie jedoch darauf, dass Ihr Dienstleister eine größere Menge von Aktien verfolgt (nicht nur ein- oder zweitausend).

Erfolgreiche junge Growth-Aktien erfreuen sich tendenziell zwischen dem fünften und dem zehnten Jahr ihrer Geschäftstätigkeit des schnellsten Gewinnwachstums – achten Sie auf solche Unternehmen also während ihrer frühen Wachstumsperiode.

Zusammenfassend: Verbessern Sie Ihre Aktienauswahl und Ihre allgemeine Portfolio-Performance dadurch, dass Sie lernen, wie man Charts liest und benutzt. Sie stellen eine Goldgrube an Informationen dar. Es wird Sie zwar einiges an Zeit und Mühe kosten, bis Sie darin gut werden, aber die Interpretation von Charts ist leichter, als Sie glauben.

EINE DEUTLICHE WARNUNG VOR BAISSEN!

Einen letzten vernünftigen Rat habe ich noch: Wenn Sie neu am Aktienmarkt sind oder wenn Ihnen die historisch bewährten und erprobten Strategien, die in diesem Buch skizziert werden, neu sind oder noch wichtiger, wenn Sie dieses Buch erstmals am Anfang oder in der Mitte einer Baisse lesen, erwarten Sie nicht, dass die betrachteten Kaufmuster funktionieren. Die meisten werden definitiv versagen. *Während einer Baisse kauft man auf keinen Fall bei Ausbrüchen.* Die meisten von ihnen scheitern.

Die Preisformationen werden dann im Vergleich zu früheren Formationen zu breit und zu tief sein. Es wird Konsolidierungen im dritten und vierten Stadium geben: abrutschende oder schwache Henkel; Henkel in der unteren Hälfte der Konsolidierung; schmale V-Formationen, die vom Boden einer Konsolidierung aus geradewegs auf neue Hochs laufen, ohne dass sich irgendwie ein Henkel bildet. Manche Muster zeigen dann möglicherweise schwache Aktien an, deren Relative-Stärke-Linie abfällt und deren Preismuster zu viel gegenläufige Volumenaktivität mit sich bringt oder deren wöchentliche Preisspannen zu hoch sind.

Das heißt nicht, dass Konsolidierungen, Ausbrüche oder die Methoden nicht mehr funktionieren würden. Es heißt nur, dass der Zeitpunkt und die Aktien einfach nicht passen. Die Kurs- und Volumenmuster sind tückisch, fehlerhaft und unsolide. Der Gesamtmarkt wird negativ. Es ist Zeit, zu verkaufen. Haben Sie Geduld, beobachten Sie weiter und seien Sie zu 100 Prozent vorbereitet. Irgendwann später, in einem Moment, in dem man es am wenigsten erwartet, wenn nur schlechte Nachrichten eintrudeln – dann wird der Winter endlich vorbei sein und plötzlich wird eine neue Hausse zum Leben erwachen. Die hier besprochenen praktischen Techniken und erprobten Methoden dürften noch auf viele Konjunkturzyklen hinaus funktionieren.

Seien Sie also vorbereitet und machen Sie Ihre Hausaufgaben. Stellen Sie Ihre eigenen Kauf- und Verkaufsregeln auf und wenden Sie sie konsequent an.

KAPITEL 3

C = CURRENT BIG OR ACCELERATING QUARTERLY EARNINGS AND SALES PER SHARE – MOMENTAN HOHE ODER ANZIEHENDE QUARTALSGEWINNE UND -UMSÄTZE PRO AKTIE

Dell Computer, Cisco Systems, America Online – warum haben unter den Tausenden von Aktien, die täglich gehandelt werden, gerade diese drei in den 1990er-Jahren eine so gute Performance erzielt und Gewinne von 1.780, 1.467 beziehungsweise 557 Prozent eingebracht?

Und was ist mit Google, das im August 2004 mit 85 Dollar pro Aktie in den Handel ging und nicht aufhörte zu klettern, bis es dann im Jahr 2007 bei mehr als 700 Dollar den Höhepunkt überschritt? Oder Apple, das sechs Monate zuvor bei einem splitbereinigten Preis von zwölf Dollar aus einer perfekten Tasse mit Henkel herausgekommen war und nach 45 Monaten auf 202 Dollar stieg?

Welche entscheidenden Merkmale von den Hunderten, die Aktien nach oben oder nach unten bewegen können, hatten alle diese Unternehmen gemeinsam?

Das sind keine nutzlosen Fragen. Die Antworten darauf enthüllen nämlich das Geheimnis des wahren Erfolgs am Aktienmarkt. Unsere Untersuchung aller Aktienmarkt-Superstars des letzten Eineinviertel-Jahrhunderts haben ergeben, dass sie tatsächlich gemeinsame Eigenschaften besaßen.

Aber keine dieser Eigenschaften macht sich so deutlich bemerkbar wie die Unternehmensgewinne, die jeder Gewinner in den letzten ein oder zwei Quartalen vor dem großen Kursanstieg meldete. Zum Beispiel:

- Der Gewinn pro Aktie von Dell stieg in den beiden Quartalen vor dem Preisanstieg im November 1996 um 74 respektive um 108 Prozent.
- Cisco meldete in den beiden Quartalen vor Oktober 1990 Gewinnzuwächse von 150 und 155 Prozent – vor dem gigantischen Durchmarsch der nächsten drei Jahre.
- Der Gewinn von America Online stieg vor dem sechsmonatigen Ausbruch vom Oktober 1998 um 900 respektive 283 Prozent.
- Google wies in den beiden Quartalen vor dem spektakulären Debüt als börsennotiertes Unternehmen Gewinnzuwächse von 112 und 123 Prozent auf.
- Der Gewinn von Apple stieg in dem Quartal, bevor das Unternehmen abhob, um 350 Prozent, und im nächsten Quartal stieg er um weitere 300 Prozent.

Das ist aber kein ausschließliches Phänomen der jüngeren Vergangenheit. Große Kursanstiege gingen während der gesamten großartigen Börsengeschichte Amerikas mit explosionsartigen Gewinnzuwächsen einher. Der Gewinn von Studebaker stieg um 296 Prozent, bevor die Aktie im Jahr 1914 von 45 auf 190 Dollar schnellte, und der Gewinn von Cuban American Sugar stieg im Jahr 1916 um 1.175 Prozent – in dem Jahr, in dem die Aktie von 35 auf 230 Dollar stieg.

Im Sommer 1919 verbuchte Stutz Motor Car, ein renommierter Hersteller von Hochleistungssportwagen – Sie erinnern sich doch an den Bearcat, oder? – einen Gewinnzuwachs von 70 Prozent, bevor die Aktie in nur 40 Wochen rasant von 75 auf 385 Dollar stieg.

Der Gewinn von US Cast Iron Pipe stieg von 1,51 Dollar Ende 1922 auf 21,92 Dollar Ende 1923 – ein Zuwachs um 1.352 Prozent. Ende 1923 kostete die Aktie noch 30 Dollar und bis Anfang 1925 stieg sie auf 250 Dollar.

Im März 1926 verbuchte du Pont de Nemours einen Gewinnzuwachs von 259 Prozent, bevor die Aktie von 41 Dollar im Juli aus abhob und bis zum Einbruch 1929 auf 230 Dollar stieg.

Wenn man die Liste der größten Börsengewinner jahrein und jahraus durchgeht, sieht man sofort die Beziehung zwischen boomenden Profiten und boomenden Aktienkursen.

Und dann sieht man auch, weshalb unsere Untersuchungen zu folgendem Schluss geführt haben:

Die Aktien, die Sie auswählen, sollten im aktuellen Quartal (dem letzten Quartal, für das Zahlen gemeldet wurden) einen deutlichen prozentualen Gewinnzuwachs pro Aktie gegenüber dem gleichen Quartal des Vorjahres aufweisen.

SUCHEN SIE AKTIEN MIT ENORMEN AKTUELLEN GEWINNZUWÄCHSEN

In unserer Untersuchung der 600 Aktien, die von 1952 bis 2001 die beste Performance brachten, wiesen drei von vier in dem letzten öffentlich gemeldeten Quartal *vor* Beginn ihres großen Kursanstiegs Gewinnzuwächse von mehr als 70 Prozent auf. Und diejenigen, die in dem aktuellen Quartal *keine* soliden Gewinnzuwächse verbuchten, taten dies *gleich im nächsten Quartal*, wobei der durchschnittliche Gewinnzuwachs 90 Prozent betrug!

Priceline.com erlebte im Juniquartal 2006, als seine Aktie einen Anstieg von 30 auf 140 Dollar begann, einen Gewinnanstieg von *nur* 34 Prozent. Allerdings zog der Gewinn in den nachfolgenden Quartalen um 53, 107 und 126 Prozent an.

Von 1910 bis 1950 verbuchte der größte Teil der besten Performer vor Beginn ihrer großen Kursanstiege Gewinnzuwächse von 40 bis 400 Prozent.

Wenn also die besten Aktien vor ihren schnellen Kursanstiegen Gewinnzuwächse dieser Größenordnung verzeichnet haben, weshalb sollte man sich dann mit weniger zufrieden geben? Sie werden merken, dass nur zwei Prozent aller Aktien, die an der Nasdaq oder an der New York Stock Exchange notieren, Gewinnzuwächse dieser Größenordnung aufweisen. Doch vergessen Sie nicht: Sie suchen Aktien, die außerordentlich sind, keine Nachzügler. Aber keine Sorge, es gibt sie.

Doch wie bei jeder Suche kann es auch hier unterwegs Fallen und Fallstricke geben und man muss wissen, wie man sie umgeht.

Die Zahl, auf die Sie achten sollten, heißt Gewinn pro Aktie (EPS = Earnings Per Share) und wird folgendermaßen berechnet: Man teilt den Nachsteuergewinn eines Unternehmens durch die Anzahl der umlaufenden Aktien. Die prozentuale Veränderung des EPS ist heutzutage der wichtigste Aspekt der Aktienauswahl. Je größer der prozentuale Zuwachs, umso besser.

Trotzdem haben manche Leute während des Internetbooms in den wilden, späten 1990er-Jahren Aktien aufgrund von nichts anderem als großartigen Storys über in Aussicht stehende Profite und Reichtümer Aktien gekauft, denn die meisten Internet- und Dotcom-Unternehmen hatten bis dahin bloß Defizite vorzuweisen. Angesichts der Tatsache, dass Unternehmen wie AOL und Yahoo tatsächlich Gewinne aufwiesen, war es aber gar nicht nötig, sein schwer verdientes Geld mit anderen, unerforschten Aktien zu riskieren.

AOL und Yahoo waren damals die wahrhaft führenden Aktien. Als die unvermeidliche Marktkorrektur (der Abschwung) zuschlug, erlitten minderwertige, eher spekulative Unternehmen ohne Gewinne sofort die schlimmsten Kursverluste. Dieses zusätzliche Risiko brauchen Sie nicht!

Es verblüfft mich immer wieder, dass manche professionellen Vermögensverwalter – von Privatanlegern ganz zu schweigen – Aktien kaufen, wenn die aktuellen Gewinne stagnieren (keine Veränderung) oder fallen. Es gibt absolut keinen Grund, weshalb sich eine Aktie, deren aktueller Gewinn gering ausfällt, irgendwie nachhaltig bewegen sollte.

Nicht einmal Gewinnzuwächse von fünf bis zehn Prozent reichen, um eine größere Kursbewegung zu speisen. Außerdem ist es bei einem Unternehmen, das einen Zuwachs von nur acht oder zehn Prozent aufweist, wahrscheinlicher, dass es im nächsten Quartal auf einmal einen geringeren oder langsamer wachsenden Gewinn ausweist.

Anders als gewisse institutionelle Investoren wie beispielsweise Investmentfonds, Banken und Versicherungsgesellschaften, die Milliardenbeträge verwalten müssen und die aufgrund der Größe ihres Vermögens Einschränkungen unterliegen, kann sich der Privatanleger den Luxus leisten, ausschließlich in die allerbesten Aktien jedes Hausse-Zyklus zu investieren. Zwar stiegen die Aktien einiger Unternehmen ohne Gewinne (wie Amazon.com und Priceline.com) in den Jahren 1998 und 1999 massiv, doch wären die meisten Anleger in jener Zeit besser bedient gewesen, wenn sie Aktien wie America Online und Charles Schwab gekauft hätten, die beide kräftige Gewinne aufwiesen.

Die CAN-SLIM-Strategie sorgt dadurch, dass sie Wert auf die Unternehmensgewinne legt, dafür, dass der Anleger immer zu den stärksten Aktien des Börsenzyklus geführt wird, ungeachtet etwaiger vorübergehender, hochspekulativer „Blasen“ oder Euphorien.

Selbstverständlich kauft man nicht ausschließlich Gewinnwachstum. Mehrere andere Faktoren, die wir in den folgenden Kapiteln behandeln werden, sind fast genauso wichtig. Das EPS ist jedoch der *aller*wichtigste.

HÜTEN SIE SICH VOR IRREFÜHRENDEN ERGEBNISBERICHTEN

Haben Sie schon einmal einen Quartalsbericht eines Unternehmens gelesen, der sich folgendermaßen anhörte?

> „Die ersten drei Monate waren schrecklich. Aufgrund von Ineffizienzen im Bereich Home Office verschlechtern sich die Aussichten unseres Unternehmens. Die Konkurrenz hat gerade ein besseres Produkt herausgebracht, was sich negativ auf unseren Umsatz auswirken wird. Außerdem kostet uns der neue Standort im Mittelwesten unser letztes Hemd – da hat das Management richtig Mist gebaut.“

Niemals! Sie lesen vielmehr Folgendes:

> „Die Greatshakes Corporation verbucht in dem Quartal zum 31. März einen Rekordumsatz von 7,2 Millionen Dollar, nach sechs Millionen Dollar (+ 20 Prozent) im Vorquartal.“

Wenn sie Greatshakes-Aktionär sind, hört sich das nach einer wunderbaren Nachricht an. Da sind Sie bestimmt nicht enttäuscht. Denn schließlich glauben Sie ja, das wäre ein tolles Unternehmen (wenn Sie das nicht täten, hätten Sie erst gar nicht investiert), und der Bericht bestätigt Ihre Meinung.

Aber ist die Meldung von Rekordumsätzen wirklich eine gute Nachricht? Nehmen wir an, das Unternehmen hätte außerdem einen Rekordgewinn von 2,10 Dollar pro Aktie gemeldet, also fünf Prozent mehr als die 2,00 Dollar pro Aktie, die es in dem gleichen Quartal im Vorjahr gemeldet hatte. Wird es dadurch besser? Dafür müssen Sie sich fragen, wieso der Umsatz um 20 Prozent, aber der Gewinn nur um fünf Prozent gestiegen ist. Was sagt das über die Ertragsmargen des Unternehmens?

Die meisten Anleger sind von dem, was sie lesen, beeindruckt, und die Unternehmen präsentieren sich in ihren Pressemitteilungen und

Fernsehauftritten am liebsten von ihrer Schokoladenseite. Aber obwohl der Umsatz dieses Unternehmens um 20 Prozent auf ein Allzeithoch gestiegen ist, wirkte sich das nicht besonders auf seinen Gewinn aus. Die entscheidende Frage, die sich der erfolgreiche Anleger stellt, muss immer lauten:

Um wie viel Prozent ist der Quartalsgewinn pro Aktie gegenüber dem gleichen Quartal im Vorjahr gestiegen?

Nehmen wir an, Ihr Unternehmen meldet, dass der Umsatz um zehn Prozent und der Nettoüberschuss um zwölf Prozent gestiegen ist. Klingt das gut? Nicht unbedingt. Um den Nettoüberschuss des Unternehmens sollten Sie sich gar nicht kümmern. Ihnen gehört ja nicht die gesamte Organisation. Sie besitzen lediglich Anteile daran. Es könnte ja sein, dass das Unternehmen in den letzten zwölf Monaten zusätzliche Aktien ausgegeben oder die Aktien auf andere Weise „verwässert" hat. Daher kann es sein, dass der Gewinn zwar um zwölf Prozent gestiegen ist, dass jedoch der Gewinn pro Aktie – Ihr Hauptinteresse als Anleger – nur um fünf oder sechs Prozent geklettert ist. Sie müssen in der Lage sein, hinter die geschönten Präsentationen zu blicken. Lassen Sie Ihre Aufmerksamkeit nicht durch die Verwendung von Wörtern wie *Umsatz* und *Nettoergebnis* von den wirklich lebenswichtigen Tatsachen ablenken, wie beispielsweise dem aktuellen Quartalsgewinn. Zur weiteren Verdeutlichung:

Sie sollten den Gewinn pro Aktie eines Unternehmens immer mit dem gleichen Quartal des Vorjahres vergleichen, nicht mit dem vorangegangenen Quartal. So vermeiden Sie etwaige saisonbedingte Verzerrungen. Das heißt, Sie vergleichen nicht die Gewinne des Dezemberquartals pro Aktie mit dem Gewinn pro Aktie des Septemberquartals, sondern vielmehr das aktuelle Dezemberquartal mit dem Dezemberquartal des Vorjahres, damit Sie zu einer korrekteren Einschätzung kommen.

LASSEN SIE EINMALIGE AUSSERORDENTLICHE GEWINNE DES UNTERNEHMENS UNBERÜCKSICHTIGT

Der erfolgreiche Anleger sollte nicht in die Falle tappen, sich von einmaligen Gewinnen beeinflussen zu lassen. Wenn beispielsweise ein Computerhersteller für das letzte Quartal Gewinne meldet, die Einnahmen aus Aktivitäten wie beispielsweise Immobilienverkäufen enthalten, sollte man diesen Anteil des Gewinns von dem Gesamtbetrag abziehen. Solche Gewinne stellen ein einmaliges Ereignis dar, nicht die wahre, laufende Profitabilität der betrieblichen Aktivitäten des Unternehmens. Ignorieren Sie Gewinne, die sich aus solchen Ereignissen ergeben.

Wäre es möglich, dass die Gewinne der New Yorker Bank Citigroup in den 1990er-Jahren, also im Vorfeld des späteren fremdfinanzierten Engagements der Bank am katastrophalen Subprime-Markt, zeitweise durch unregelmäßige Verkäufe gewerblicher Immobilien aufgepeppt wurden?

SETZEN SIE EINE UNTERGRENZE FÜR DEN GEWINNZUWACHS

Unabhängig davon, ob Sie Neuling oder erfahrener Anleger sind, würde ich Ihnen davon abraten, irgendeine Aktie zu kaufen, deren Gewinnwachstum im aktuellen Quartal gegenüber dem gleichen Quartal des Vorjahres nicht mindestens 18 oder 20 Prozent beträgt. Als wir die größten Gewinnunternehmen untersuchten, stellten wir fest, dass das bei allen *vor* ihren großen Preisanstiegen so war. Viele erfolgreiche Anleger setzen als Mindestparameter für den Gewinn 25 oder 30 Prozent an.

Bestehen Sie zwecks noch größerer Sicherheit darauf, dass die beiden letzten Quartale erhebliche Gewinnzuwächse aufweisen. Im Laufe von Haussen (großen Aufwärtstrends der Börse) konzentriere ich mich vorzugsweise auf Aktien, die mächtige Gewinnzuwächse von 40 bis 500 Prozent oder noch mehr aufweisen. Sie haben die Wahl unter Tausenden von Aktien. Warum nicht die beste Ware kaufen, die Sie bekommen können?

Feilen Sie noch mehr an Ihrem Aktienauswahlprozess, indem Sie sich das nächste Quartal oder die nächsten beiden Quartale ansehen und die Gewinne betrachten, die im Vorjahr in den gleichen Quartalen gemeldet wurden. Schauen Sie, ob das Unternehmen gegen ungewöhnlich große oder kleine Gewinnvorgaben aus dem Vorjahr ankommen muss. Wenn die ungewöhnlichen Ergebnisse aus dem Vorjahr nicht durch saisonale Faktoren bedingt sind, kann Ihnen dieser Schritt dazu verhelfen, für die kommenden Monate einen starken oder schwachen Ergebnisbericht vorherzusehen.

Überprüfen Sie außerdem die sogenannten Konsensus-Gewinnschätzungen (der Durchschnitt der Gewinnschätzungen einer großen Anzahl von Analysten) für die nächsten Quartale und für die nächsten ein bis zwei Jahre, um sicherzustellen, dass dem Unternehmen eine positive Zukunft prognostiziert wird. Manche Anbieter von Gewinnschätzungen liefern sogar für viele Unternehmen geschätzte Gewinnwachstumsraten für die nächsten fünf Jahre.

Viele Privatanleger und sogar viele institutionelle Anleger kaufen Aktien, deren Gewinne im letzten Berichtsquartal gering waren, weil ihnen das Unternehmen gefällt und weil sie glauben, der Aktienkurs sei „günstig“. Sie glauben gewöhnlich die Geschichte, die Gewinne würden in naher Zukunft wieder in die Höhe schnellen. In manchen Fällen mag dies stimmen, aber in vielen Fällen auch nicht. Entscheidend ist wie gesagt die Tatsache, dass Sie die Auswahl unter Tausenden von Unternehmen haben, in die Sie investieren können, von denen viele tatsächlich starke operative Ergebnisse aufweisen. Sie müssen nicht auf Gewinnversprechen vertrauen, die möglicherweise nie eingelöst werden.

Zu verlangen, dass der aktuelle Quartalsgewinn massiv gestiegen ist, ist nur eine von mehreren klugen Arten, auf die der intelligente Anleger die Gefahr senkt, bei der Aktienauswahl Fehler zu machen. Ihnen muss allerdings auch klar sein, dass im Spätstadium einer Hausse manche oder gar viele führende Unternehmen, die lange Anstiege hinter sich haben, vielleicht den Höhepunkt überschreiten, obwohl ihr Gewinn um 100 Prozent gestiegen ist. Davon lassen sich gewöhnlich Investoren und Analysten gleichermaßen täuschen. Es lohnt sich, die Börsengeschichte zu kennen.

MEIDEN SIE ÄLTERE UNTERNEHMEN MIT „BEWAHRENDER" UNTERNEHMENSLEITUNG

Tatsächlich haben viele ältere amerikanische Unternehmen eine mittelmäßige Unternehmensleitung, die ständig zweitklassige Ergebnisse produziert. Ich bezeichne solche Leute als „verbohrte Bewahrer" oder als „Hüter-Management". Man sollte solche Unternehmen so lange meiden, bis jemand den Mut hat, die Führungsspitze auszutauschen. Es ist kein Zufall, dass dies im Allgemeinen die Unternehmen sind, die ihre aktuellen Gewinne mit Mühe und Not auf trotzdem noch schwache acht bis zehn Prozent aufblähen. Echte Wachstumsunternehmen mit herausragenden neuen Produkten oder besserer Unternehmensleitung haben es nicht nötig, ihre aktuellen Ergebnisse aufzublasen.

ACHTEN SIE AUF ANZIEHENDES QUARTALS-GEWINNWACHSTUM

Unsere Analyse der erfolgreichsten Aktien hat außerdem gezeigt, dass in fast allen Fällen irgendwann in den zehn Quartalen vor einer turmhohen Kurssteigerung das Gewinnwachstum *angezogen* hat. Anders gesagt verursachen nicht nur Gewinnzuwächse und die Höhe der Zuwächse große Kursbewegungen. Zusätzlich verkörpert der Zuwachs eine Erhöhung der bisherigen Gewinnwachstumsrate des Unternehmens. Wenn der Gewinn eines Unternehmens bisher um 15 Prozent pro Jahr gestiegen ist und plötzlich um 40 oder 50 Prozent oder noch mehr steigt – was die Wall Street üblicherweise als „Gewinnüberraschung" bezeichnet –, erzeugt dies gewöhnlich die passenden Bedingungen für eine bedeutende Steigerung des Aktienkurses.

Andere nutzbringende Möglichkeiten, die Unternehmensgewinne einer Aktie zu verfolgen, sind beispielsweise die Feststellung, wie häufig in den letzten Monaten die Analysten ihre Gewinnschätzungen für das Unternehmen angehoben haben und um welchen Prozentsatz die tatsächlichen Ergebnisberichte der letzten Quartale die Schätzungen übertroffen haben.

ACHTEN SIE NEBEN DEM GEWINNWACHSTUM AUCH AUF UMSATZWACHSTUM

Starke, steigende Quartalsgewinne sollten immer durch ein Umsatzwachstum von mindestens 25 Prozent im letzten Quartal gestützt werden oder wenigstens durch eine prozentuale Steigerung des Umsatzwachstums im Laufe der letzten drei Quartale. Bei manchen neueren Titeln (Börsengängen) kann es sein, dass das durchschnittliche Umsatzwachstum der letzten acht, zehn oder zwölf Quartale jedes Mal 100 Prozent oder mehr beträgt. Überprüfen Sie alle entsprechenden Aktien.

Seien Sie besonders aufmerksam, wenn in den letzten drei Quartalen das Wachstum von Umsatz *und* Gewinn gestiegen ist. Wenn Ihre Aktien eine solche Beschleunigung aufweisen, sollten Sie nicht ungeduldig werden und sie verkaufen. Behalten Sie Ihre Position lieber.

Manche professionellen Anleger haben Anfang 1998 Waste Management zu 50 Dollar gekauft, weil der Gewinn drei Quartale hintereinander um 24 Prozent, dann um 75 Prozent und dann um 268 Prozent geklettert war. Der Umsatz war jedoch nur um fünf Prozent gestiegen. Ein paar Monate danach brach die Aktie auf 15 Dollar ein. Dies verdeutlicht, dass Unternehmen die Gewinne ein paar Quartale lang dadurch aufblähen können, dass sie die Kosten senken oder weniger Geld für Werbung, Forschung und Entwicklung oder andere konstruktive Aktivitäten ausgeben. Wenn das Gewinnwachstum nachhaltig sein soll, muss es jedoch von höherem Umsatz getragen werden. Bei Waste Management war das nicht der Fall.

Es trägt außerdem zur Erhöhung der Trefferquote bei, wenn die Nachsteuer-Ertragsmarge Ihrer Aktienauswahl entweder in der Nähe eines Hochs oder auf einem Hoch steht und zu den höchsten der entsprechenden Branche gehört. Ja, Sie müssen durchaus ein paar Hausaufgaben machen, wenn Sie Ihre Ergebnisse wirklich verbessern wollen. Ohne Fleiß kein Preis.

ZWEI QUARTALE MIT GRÖSSERER GEWINNVERZÖGERUNG KÖNNEN PROBLEME FÜR IHRE AKTIE BEDEUTEN

Man muss es aber nicht nur erkennen, wenn das quartalsmäßige Gewinnwachstum anzieht, sondern auch, wenn die Gewinne *nachzulassen* beginnen beziehungsweise wenn sich das Gewinnwachstum wesentlich verlangsamt. Wenn ein Unternehmen, das bisher eine Quartalswachstumsrate von 50 Prozent hatte, plötzlich einen Gewinnzuwachs von nur 15 Prozent meldet, könnte dies Ärger bedeuten, und möglicherweise sollten Sie dieses Unternehmen meiden. Selbst die besten Organisationen können ab und an ein schwaches Quartal haben. Das heißt, bevor ich die Gewinne eines Unternehmens negativ beurteile, möchte ich lieber zwei Quartale hintereinander *wesentliche* Rückgänge sehen. Das bedeutet gewöhnlich einen Rückgang gegenüber der bisherigen Rate um zwei Drittel oder mehr – ein Nachlassen von 100 Prozent Gewinnwachstum auf 30 Prozent beispielsweise oder von 50 auf 15 Prozent.

KONSULTIEREN SIE LOGARITHMISCHE WOCHENDIAGRAMME

Es ist unerlässlich, dass man das Prinzip der Gewinnbeschleunigung oder der Gewinnverzögerung begreift.
Wertpapier-Analysten, die Aktien wegen des absoluten Niveaus des erwarteten Gewinns im nächsten Jahr empfehlen, betrachten eventuell die falschen Zahlen. Die Tatsache, dass eine Aktie fünf Dollar Gewinn gebracht hat und dass für das nächste Jahr mit sechs Dollar Gewinn pro Aktie gerechnet wird (ein „positiver" Anstieg um 20 Prozent), könnte irreführend sein, wenn man die vorangegangene Veränderungsrate der Gewinne nicht kennt. Was ist, wenn der Gewinn zuvor um 60 Prozent gestiegen ist? Dies erklärt zum Teil, warum

so wenige Anleger viel Geld daran verdienen, wenn sie sich an die Kauf- und Verkaufsempfehlungen von Wertpapier-Analysten halten.
Diagramme mit logarithmischer Skala sind für die Aktienanalyse sehr wertvoll, weil sie die Beschleunigung oder Verzögerung der prozentualen Gewinnwachstumsrate pro Quartal so deutlich zeigen. Ein Zentimeter an einer beliebigen Stelle der Gewinnskala stellt in solchen Diagrammen die gleiche prozentuale Veränderung dar. Bei Charts mit arithmetischer Skala ist das nicht so.
In einem Chart mit arithmetischer Skala stellt ein 100-prozentiger Preiszuwachs von zehn auf 20 Dollar die gleiche Entfernung dar wie ein 50-prozentiger Zuwachs von 20 auf 30 Dollar. Im Gegensatz dazu wäre in einem logarithmischen Diagramm der Zuwachs um 100 Prozent doppelt so groß wie der Zuwachs um 50 Prozent.
Als Do-it-yourself-Anleger kann man die letzten Quartalsgewinne pro Aktie und die Quartalsgewinne der letzten drei Quartale hernehmen und sie auf einer logarithmischen Skala ausdrucken, damit man ein klares Bild von der Beschleunigung oder Verzögerung der Gewinne bekommt. Bei den besten Unternehmen sollte die Darstellung der Gewinne in den letzten zwölf Monaten auf einem Höhepunkt oder fast an einem Höhepunkt enden.

ÜBERPRÜFEN SIE ANDERE AKTIEN AUS DER GLEICHEN GRUPPE

Überprüfen Sie zur besseren Beurteilung auch die Gewinne anderer Unternehmen aus der Branche, zu der Ihre Aktie gehört. Wenn Sie nicht mindestens eine weitere beeindruckende Aktie finden, die kräftige Gewinne vorzuweisen hat, stehen die Chancen gut, dass Sie das falsche Investment ausgewählt haben.

WO MAN AKTUELLE QUARTALS-ERGEBNISBERICHTE FINDET

Früher wurden Quartalsabschlüsse von Unternehmen täglich im Wirtschaftsteil der meisten Tageszeitungen und Finanzpublikationen veröffentlicht. Heutzutage streichen jedoch viele Organe ihre Wirtschaftsteile zusammen und lassen allseits Zahlen unter den Tisch fallen. Das hat zur Folge, dass sie über die wichtigste Sache, die man als Anleger wissen muss, nicht mehr angemessen berichten.

Bei *Investor's Business Daily* ist dem nicht so. *IBD* liefert nicht nur weiterhin ausführliche Ergebnisberichte, sondern es geht noch einen Schritt weiter und teilt alle neuen Geschäftsberichte in Unternehmen mit „gestiegenen" Gewinnen und solche mit „gefallenen" Ergebnissen auf, sodass man problemlos sieht, welche Unternehmen hervorragende Gewinne produziert haben und welche nicht.

Chartdienstleister wie Daily Graphs und Daily Graphs Online liefern ebenfalls im Laufe der Woche Gewinnmeldungen und dazu die neuesten Gewinnzahlen für alle Aktien, von denen sie Charts anbieten.

Wenn Sie die prozentuale Veränderung des Gewinns pro Aktie gegenüber dem gleichen Quartal des Vorjahres gefunden haben, dann vergleichen Sie auch noch die prozentuale Veränderung des EPS von Quartal zu Quartal. Wenn Sie sich erst das Märzquartal betrachten und anschließend die Quartale zum Juni, September und Dezember, sehen Sie, ob das Gewinnwachstum eines Unternehmens anzieht oder zurückgeht.

Und da haben Sie schon die erste zentrale Regel für die Verbesserung Ihrer Aktienauswahl:

> **Der aktuelle Quartalsgewinn pro Aktie sollte um einen erheblichen Prozentsatz – mindestens 25 bis 50 Prozent – über dem Gewinn im gleichen Quartal des Vorjahres liegen. Bei den besten Unternehmen sollte er um 100 bis 500 Prozent oder noch mehr gestiegen sein!**

Mittelmäßige zehn oder zwölf Prozent reichen nicht. Wenn man Gewinneraktien auswählt, zählt das, was unter dem Strich steht.

KAPITEL 4

A = ANNUAL EARNINGS INCREASES (JÄHRLICHE GEWINNZUWÄCHSE): ACHTEN SIE AUF KRÄFTIGES WACHSTUM

Jedes Unternehmen kann ab und zu einen guten Quartalsgewinn vermelden. Und wie wir gesehen haben, sind starke aktuelle Quartalsgewinne für die Auswahl der größten Gewinner am Markt unentbehrlich. Aber das reicht nicht aus.

Um sicherzugehen, dass die jüngsten Ergebnisse nicht nur ein Strohfeuer sind und dass das Unternehmen, das Sie betrachten, von hoher Qualität ist, müssen Sie einen weiteren Beweis einfordern. Das tun Sie, indem Sie die *jährliche* Gewinnwachstumsrate des Unternehmens überprüfen.

Suchen Sie nach Unternehmen, bei denen der Jahresgewinn pro Aktie in den letzten drei Jahren gestiegen ist. Normalerweise möchte man nicht einmal dann, dass der Gewinn im zweiten Jahr geringer ist, wenn der Gewinn im nächsten Jahr auf das bislang höchste Niveau geklettert ist. Erst die Kombination aus starken Gewinnen in den letzten Quartalen und dazu solidem Wachstum in den letzten Jahren macht eine überragende Aktie aus oder zumindest eine Aktie, deren Erfolgswahrscheinlichkeit im Laufe eines allgemeinen Aufwärtstrends höher ist.

WÄHLEN SIE AKTIEN MIT EINEM GEWINNWACHSTUM VON 25 BIS 50 PROZENT ODER MEHR IM JAHR AUS

Die jährliche Gewinnwachstumsrate der Unternehmen, die Sie auswählen, sollte 25, 50 oder gar 100 Prozent oder mehr betragen. Zwischen 1980 und 2000 betrug die mediane jährliche Wachstumsrate aller Aktien unserer Studie im Frühstadium ihres Anstiegs 36 Prozent. Drei von vier großen Gewinnern wiesen in den drei Jahren und in manchen Fällen gar in den fünf Jahren vor dem großen Aufstieg der Aktie zumindest ein bisschen positives Jahreswachstum auf.

Eine typische Entwicklungsreihe des Gewinns pro Aktie in den fünf Jahren vor dem Anstieg einer Aktie könnte etwa so aussehen: 0,70, 1,15, 1,85, 2,65 und 4,00 Dollar. In manchen Fällen kann man in einem von fünf Jahren einen Rückgang akzeptieren, wenn der Gewinn in dem Jahr danach wieder ansteigt.

Es ist beispielsweise möglich, dass eine Aktie in dem einen Jahr 4,00 Dollar verdient, im nächsten 5,00, danach 6,00 und dann 3,00 Dollar. Wenn im nächsten Jahr beispielsweise ein Gewinn von 4,00 Dollar pro Aktie nach den 3,00 Dollar des Vorjahres gemeldet wird, wäre das trotz des Zuwachses von 33 Prozent gegenüber dem Vorjahr kein guter Wert. Der einzige Grund, aus dem er einen positiven Anschein erwecken könnte, ist die Tatsache, dass der Vorjahresgewinn (3,00 Dollar pro Aktie) derart niedrig war, dass jede Verbesserung gut ausgesehen hätte. Maßgeblich ist die Tatsache, dass sich der Gewinn nur langsam erholt und immer noch deutlich unter dem Spitzen-Jahresgewinn des Unternehmens von 6,00 Dollar pro Aktie liegt.

Auch die allgemeinen Erwartungen der Analysten hinsichtlich des Gewinns im nächsten Jahr sollten höher sein – je mehr, desto besser.

Doch bedenken Sie: Schätzungen sind persönliche Meinungen, und Meinungen können falsch sein (zu hoch oder zu niedrig). Tatsächlich gemeldete Gewinne sind hingegen Tatsachen.

ACHTEN SIE AUF EINE HOHE EIGENKAPITALRENDITE

Sie sollten außerdem noch zwei weitere Kennzahlen für Rentabilität und Wachstum kennen: die Eigenkapitalrendite und den Cashflow pro Aktie.

Die Eigenkapitalrendite oder das ROE (Return on Equity) errechnet sich, indem man den Gewinn durch das Eigenkapital teilt. Dies zeigt, wie effizient ein Unternehmen sein Geld einsetzt, und dadurch kann man gut geführte Unternehmen von schlecht geführten Unternehmen unterscheiden. Unsere Studien zeigen, dass von den besten Wachstumsaktien der vergangenen 50 Jahre fast alle ein ROE von mindestens 17 Prozent hatten (wahrhaft überlegene Growth-Aktien haben ROEs von 25 bis 50 Prozent vorzuweisen).

Den Cashflow erhält man, indem man den Betrag der Abschreibungen, die das Unternehmen ausweist, wieder auf den Gewinn schlägt – so sieht man den Geldbetrag, den das Unternehmen intern generiert. Bei manchen Growth-Aktien ist der jährliche Cashflow pro Aktie mindestens 20 Prozent größer als der Gewinn pro Aktie.

PRÜFEN SIE DIE STABILITÄT DER UNTERNEHMENSGEWINNE IN DEN LETZTEN DREI JAHREN

Wir haben bei unseren Untersuchungen einen weiteren Faktor ermittelt, der sich als bedeutsam für die Auswahl von Growth-Aktien erwiesen hat: die Stabilität und Beständigkeit des jährlichen Gewinnwachstums in den letzten drei Jahren. Unsere Stabilitätskennzahl, die auf einer Skala von 1 bis 99 liegt, wird anders berechnet als die meisten statistischen Werte: Je niedriger die Zahl, umso stabiler die bisherigen Gewinne. Man berechnet diese Zahl, indem man die Quartalsgewinne der letzten drei oder fünf Jahre in einem Chart darstellt und eine Trendlinie um die abgetragenen Punkte legt, die das Ausmaß der Abweichung von dem grundsätzlichen Wachstumstrend darstellt.

Growth-Aktien mit stetigem Gewinn haben tendenziell eine Stabilitätsziffer unter 20 oder 25. Unternehmen mit Stabilitätsratings über 30 sind eher zyklisch und hinsichtlich ihres Wachstums etwas weniger verlässlich. Ungeachtet anderer Faktoren sollte man nach Aktien Ausschau halten, die ein größeres Maß an Nachhaltigkeit, Beständigkeit und Stabilität des bisherigen Gewinnwachstums aufweisen. Manche Unternehmen, die um 25 Prozent im Jahr wachsen, können eine Stabilitätsziffer von 1, 2 oder 3 haben. Wenn man die Quartalsgewinne über mehrere Jahre in einem logarithmischen Chart darstellt, sollte die Gewinnkurve fast geradlinig stetig ansteigen. In den meisten Fällen zieht die Wachstumsrate in den letzten Quartalen etwas an.

McDonald's Corp.	
EPS-Wachstum	19%
Gewinnstabilität	4
KGV	15 (1,4 X SP)
KGV-Bereich über 5 Jahre	12-21
Eigenkapitalrendite	29%
Cashflow pro Aktie	USD 4,85

Ein Beispiel für die Gewinnstabilität

Die Zahlen zur Gewinnstabilität werden üblicherweise unmittelbar nach dem jährlichen Wachstum des Unternehmens angegeben, aber die meisten Analysten und Investment-Dienstleister machen sich gar nicht die Mühe, sie zu berechnen. Wir geben sie in vielen institutionellen Produkten sowie in Daily Graphs und Daily Graphs Online an, die für Privatanleger gedacht sind.

Wenn Sie Ihre Aktienauswahl auf Unternehmen mit bewährter Gewinnbilanz beschränken, umgehen sie die Hunderte von Investments, die unstete Vorgeschichten oder zyklische Gewinnerholungen hinter sich haben. Manche von ihnen könnten den Gipfel überschreiten, wenn sie sich dem Höhepunkt ihres vorigen Gewinnzyklus nähern.

WAS IST EIN NORMALER BÖRSENZYKLUS?

Die Geschichte zeigt, dass die meisten Haussen (Aufschwünge) zwei bis vier Jahre dauern und dass darauf eine Rezession oder eine Baisse (Abschwung) folgt. Dann beginnt wieder eine neue Hausse.

In der Anfangsphase einer neuen Hausse übernehmen gewöhnlich zunächst Growth-Aktien die Führung und erreichen neue Kurshochs. Das sind Unternehmen, deren Gewinne Quartal für Quartal gewachsen sind, deren Aktien jedoch von den schwachen allgemeinen Marktbedingungen ausgebremst wurden. Durch die Kombination aus einem Rückgang des Gesamtmarktes und anhaltendem Gewinnwachstum des Unternehmens wird das Kurs-Gewinn-Verhältnis (KGV) so weit zusammengestaucht, dass es für institutionelle Anleger – denen das KGV wichtig ist – attraktiv wird.

Zyklische Aktien aus grundlegenden Industrien wie Stahl, Chemikalien, Papier, Gummi, Automobile und Maschinenbau liegen in der Frühphase der neuen Hausse gewöhnlich zurück.

Mindestens zwei Hausse-Zyklen lang dominieren üblicherweise junge Growth-Aktien. Dann kann sich der Schwerpunkt kurzzeitig auf Zykliker, Turnarounds oder andere Sektoren verlagern, die sich kürzlich gebessert haben.

In der Vergangenheit waren drei von vier großen Börsengewinnern Growth-Aktien und der vierte war ein zyklisches Unternehmen oder ein Turnaround-Unternehmen. Im Jahr 1982 waren Chrysler und Ford zwei dynamische Turnaround-Firmen. In den Marktjahren 1953 bis 1955, 1963 bis 1965 und 1974 bis 1975 waren zyklische Aktien und Turnaround-Chancen die Favoriten. Im Jahr 1987 kehrten zyklische Werte wie Papier, Aluminium, Autos, Chemikalien und Kunststoffe in das Zentrum der Aufmerksamkeit zurück, und in anderen Zeiten waren die ebenfalls zyklischen Hausbau-Aktien führend.

Beispiele für Turnaround-Kandidaten waren beispielsweise IBM im Jahr 1994 und Apple im Jahr 2003.

Doch auch wenn die zyklischen Aktien in Mode sind, gibt es ein paar recht beeindruckende junge Growth-Titel. In den Vereinigten Staaten stammen zyklische Aktien häufig aus älteren, weniger effizienten Branchen. Manche dieser Unternehmen waren nicht wettbewerbsfähig, bevor die Nachfrage nach Stahl, Kupfer, Chemikalien und Öl infolge des schnellen Aufbaus grundlegender Industrien in China stieg. Deshalb lebten die Zykliker so massiv wieder auf, als im Jahr 2003 die Baisse endete, die im Jahr 2000 begonnen hatte.

Es sind aber nach wie vor zyklische Aktien und sie repräsentieren vielleicht nicht Amerikas wahre Zukunft. Zudem haben große Unternehmen alter Schule in Amerika häufig zusätzlich noch einen Größennachteil: Sie sind einfach zu groß, als dass sie in der Lage wären, ständig Innovationen zu entwickeln und sich zu erneuern, damit sie mit wendigen Auslandskonkurrenten und Amerikas neuen, jungen Unternehmern konkurrieren könnten.

Es kann sein, dass Anstiege zyklischer Aktien eher kurzlebig und dafür anfällig sind, bei den ersten Anzeichen einer Rezession oder eines Gewinnrückgangs zu enden. Sollten Sie beschließen, eine Turnaround-Aktie zu kaufen, achten Sie darauf, dass das jährliche Gewinnwachstum mindestens fünf bis zehn Prozent beträgt und dass sich die Gewinne in den letzten beiden Quartalen so kräftig erholt haben, dass sie auf die letzten zwölf Monate gesehen ein neues Hoch erreicht oder fast erreicht haben. Sehen Sie sich in einem Aktienchart die Gewinne über zwölf Monate an. Je steiler der Winkel des Gewinnaufschwungs, umso besser. Wenn der Gewinnaufschwung so dramatisch ist, dass er ein neues Hoch erreicht, genügt manchmal ein Quartalsgewinn für den Turnaround. Das Unternehmen Cleveland Cliffs, das die Stahlindustrie mit Eisenerzpellets beliefert (und jetzt als Cliffs Natural Resources firmiert), steigerte seinen Quartalsgewinn im Jahr 2004 aus einer Defizitposition heraus erst um 64 und dann um 241 Prozent. Mit diesem Schwung stieg die Aktie in den nächsten acht Monaten rasant um 170 Prozent.

WIE MAN DIE VERLIERER EINE BRANCHE AUSSORTIERT

Wenn man auf drei Jahren Gewinnwachstum besteht, hat man schnell 80 Prozent der Aktien einer beliebigen Branche aussortiert. Die Wachstumsraten der meisten Aktien in den meisten Branchengruppen sind schleppend oder nicht existent – anders als beispielsweise bei:

- Xerox, das um 32 Prozent pro Jahr wuchs, bevor die Aktie von März 1963 bis Juni 1966 um 700 Prozent stieg.
- Wal-Mart Stores, das eine kontinuierliche jährliche Wachstumsrate von 43 Prozent produzierte, bevor es von 1977 bis 1990 um 11.200 Prozent in die Höhe schoss.
- Cisco Systems, dessen Gewinn im Oktober 1990 um 257 Prozent explodierte, und Microsoft, das im Oktober 1986 im Tempo von 99 Prozent wuchs; die Kurse beider Unternehmen stiegen danach enorm.
- PriceLine.com, das seinen Gewinn von 2004 bis 2006 von 96 Cent pro Aktie auf 2,03 Dollar pro Aktie mehr als verdoppelte, bevor sich der Kurs in den nächsten fünf Quartalen verdreifachte.
- Google, das seinen Gewinn bereits von 55 Cent pro Aktie im Jahr 2002 auf 2,51 Dollar pro Aktie im Jahr 2004 gesteigert hatte, bevor seine Aktie bis zum Jahr 2007 von 200 auf 700 Dollar stieg.

Bedenken Sie, dass jährliches Rekordwachstum eine Aktie noch nicht unbedingt zu einer soliden Growth-Aktie macht. Tatsächlich melden manche sogenannten Growth-Aktien beträchtlich langsameres Gewinnwachstum als in früheren Marktperioden. Viele Unternehmen, die in dem einen Zyklus hinsichtlich des Wachstums führend waren, wiederholen dies im nächsten Zyklus nicht.

Die Aktie eines Unternehmens, das über die letzten drei Jahre eine herausragende Gewinnwachstumsbilanz von 30 Prozent hat, dessen Gewinnwachstum sich jedoch in den letzten paar Quartalen auf zehn bis 15 Prozent verlangsamt hat, benimmt sich wie eine voll ausgereifte

Growth-Aktie. Ältere und größere Organisationen sind gewöhnlich durch langsameres Wachstum gekennzeichnet und viele von ihnen sollte man meiden. Amerika wird stetig von neuen, innovativen, wagemutigen Firmen angeschoben und nach vorn getrieben. Sie, und nicht der Staat, erschaffen unsere neuen Industrien.

BESTEHEN SIE DARAUF, DASS SOWOHL DIE JÄHRLICHEN ALS AUCH DIE AKTUELLEN QUARTALSGEWINNE HERVORRAGEND SIND

Eine herausragende Aktie muss sowohl über die letzten Jahre als auch über die letzten Quartale eine solide Gewinnbilanz aufweise. Erst die schlagkräftige Kombination dieser beiden entscheidenden Faktoren, nicht der eine oder der andere, macht eine Super-Aktie oder zumindest eine Aktie mit höheren Chancen auf echten Erfolg aus.

Am schnellsten findet man ein Unternehmen mit starken und wachsenden aktuellen Gewinnen sowie solidem 3-Jahres-Gewinnwachstum, wenn man die firmeneigenen EPS-Ratings studiert, die *Investor's Business Daily* in seinen Aktien-Research-Tabellen zu allen Aktien angibt.

> **Das EPS-Rating vergleicht das Gewinnwachstum eines Unternehmens in den beiden jüngsten Quartalen mit den gleichen Quartalen des Vorjahres und es prüft die Gewinnwachstumsrate der letzten drei Jahre. Dann werden die Ergebnisse mit denen aller anderen börsennotierten Unternehmen verglichen und auf einer Skala von 1 bis 99 angegeben, wobei 99 am besten ist. Ein EPS-Rating von 99 bedeutet, dass ein Unternehmen hinsichtlich des jährlichen Gewinnwachstums und des Quartals-Gewinnwachstums 99 Prozent der anderen Unternehmen übertroffen hat.**

Wenn die Aktie erst kürzlich auf den Markt gekommen ist und die Gesellschaft noch keine dreijährige Gewinnbilanz vorzuweisen hat, dann suchen Sie nach großen Gewinnzunahmen und noch größeren

Umsatzzuwächsen in den letzten fünf bis sechs Quartalen. Ein oder zwei profitable Quartale sind oftmals noch nicht genug und deuten auf eine so gut wie gar nicht bewährte Aktie hin, die demnächst abstürzen könnte.

SIND KURS-GEWINN-VERHÄLTNISSE WIRKLICH WICHTIG?

Wenn es Ihnen so geht wie den meisten Anlegern, haben Sie wahrscheinlich gelernt: Das Wichtigste, was man über eine Aktie wissen muss, ist ihr Kurs-Gewinn-Verhältnis (KGV). Dann machen Sie sich auf eine Überraschung gefasst, die eine Illusion platzen lässt.

Jahrelang haben Analysten das Kurs-Gewinn-Verhältnis als wichtigste Kennzahl für die Entscheidung verwendet, ob eine Aktie unterbewertet ist (ein niedriges KGV hat) und gekauft werden sollte oder ob sie überbewertet ist (ein hohes KGV hat) und verkauft werden sollte. Aber unsere laufende Analyse der erfolgreichsten Aktien von 1880 bis heute zeigt, dass entgegen der Meinung der meisten Anleger die KGVs bisher kein relevanter Faktor für die Preisbewegung waren und sehr wenig damit zu tun haben, ob man eine Aktie kaufen oder verkaufen sollte.

Wir haben herausgefunden, dass der prozentuale Anstieg des Gewinns pro Aktie viel entscheidender ist. Die Aussage, ein Wertpapier sei „unterbewertet", weil es zu einem niedrigen KGV gehandelt wird oder weil es sich im unteren Bereich seines historischen KGV-Bereichs bewegt, kann unsinnig sein. **Man sollte in erster Linie darauf achten, ob die Veränderungsrate der Gewinne erheblich steigt oder fällt.**

Das durchschnittliche KGV der Aktien, die von 1953 bis 1985 im Frühstadium ihres Aufstiegs die beste Performance brachten, betrug 20 (das durchschnittliche KGV des Dow Jones Industrial Average in dem gleichen Zeitraum betrug 15). Im Zuge ihres Anstiegs erhöhten die größten Gewinner ihre KGVs um 125 Prozent auf rund 45. Von 1990 bis 1995 fingen die tatsächlich führenden Unternehmen mit einem durchschnittlichen KGV von 36 an und steigerten es bis in die

1980er-Jahre hinein. Das sind aber nur Durchschnittswerte. Die Anfangs-KGVs der meisten großen Gewinner bewegten sich zwischen 25 und 50 und die KGV-Zunahmen variierten zwischen 60 und 115. Im Zuge der Börseneuphorie der späten 1990er-Jahre stiegen diese Bewertungen auf noch höhere Niveaus. Den Value-Käufern sind fast alle diese bombastischen Investments entgangen.

WARUM IHNEN EINIGE SAGENHAFTE AKTIEN ENTGANGEN SIND!

Diese Ergebnisse deuten stark darauf hin, dass man, wenn man nicht bereit war, Growth-Aktien zu dem 25- bis 50-Fachen ihres Gewinns oder noch mehr zu kaufen, automatisch die besten verfügbaren Investments ausschloss! Damit verpasste man Microsoft, Cisco Systems, Home Depot, America Online und viele, viele andere Unternehmen in der Zeit ihrer größten Börsenperformance.

Unsere Untersuchungen lassen vermuten, dass KGVs eine Wirkung steigender Unternehmensgewinne sind, welche ihrerseits große institutionelle Käufer anlocken – was in einer starken Preisperformance resultiert. KGVs sind keine Ursachen exzellenter Performance. Wir haben zum Beispiel herausgefunden, dass hohe KGVs aufgrund von Haussen aufgetreten sind. Niedrige KGVs traten mit Ausnahme derjenigen von zyklischen Aktien im Allgemeinen aufgrund von Baissen auf. Schauen Sie im Zuge einer stürmischen Hausse nicht einfach deshalb über eine Aktie hinweg, weil ihr KGV zu hoch zu sein scheint. Sie könnte der nächste große Gewinner sein. Und kaufen Sie niemals eine Aktie nur deshalb, weil ihr KGV sie nach einem Schnäppchen aussehen lässt. Gewöhnlich gibt es gute Gründe dafür, dass ihr KGV so niedrig ist, und es gibt keine goldene Regel, die eine Aktie mit einem KGV von 8 oder 10 daran hindert, noch weiter zu fallen und zu einem KGV von 4 oder 5 gehandelt zu werden.

Vor vielen Jahren, als ich anfing, den Markt zu studieren, kaufte ich Northrop zu einem KGV von 4 und schaute ungläubig zu, wie die Aktie auf ein KGV von 2 fiel.

DER MISSBRAUCH VON KURS-GEWINN-VERHÄLTNISSEN

Viele Wall-Street-Analysten setzen eine Aktie deshalb auf ihre Kaufen-Liste, weil sie am unteren Ende ihres historischen KGV-Bereichs steht. Außerdem empfehlen sie eine Aktie dann, wenn ihr Preis zu fallen beginnt, wodurch auch ihr KGV fällt und es so aussieht, als sei sie ein noch größeres Schnäppchen.

Im Jahr 1998 sahen Gillette und Coca-Cola nach großartigen Käufen aus, weil sie um ein paar Punkte abgerutscht waren und ihre KGVs attraktiver erschienen als zuvor. Doch in Wirklichkeit wiesen die Gewinne beider Unternehmen einen wesentlichen Rückgang auf, und dies rechtfertigte die niedrigere Bewertung. Ein Großteil der KGV-Analyse beruht auf persönlichen Meinungen und Theorien, die über die Jahre von Analysten, Gelehrten und anderen Menschen weitergegeben wurden, deren Erfolgsbilanz hinsichtlich des Geldverdienens am Markt sowohl fragwürdig als auch nicht belegt ist. Im Jahr 2008 empfahlen einige Wall-Street-Analysten, Bank of America zu kaufen, während die Aktie fiel. Am Markt gibt es keine sicheren Sachen. Deshalb braucht man nicht nur Regeln für den Kauf, sondern auch Regeln für die Vermeidung oder den Verkauf.

Wenn man sich auf KGVs verlässt, ignoriert man häufig grundsätzlichere Trends. Es kann zum Beispiel sein, dass der Gesamtmarkt einen Höhepunkt überschritten hat und dass deshalb alle Aktien fallen. Zu sagen, eine Aktie sei unterbewertet, weil sie zu irgendeinem Zeitpunkt für ein KGV von 22 gehandelt wurde und man sie jetzt für 15 bekommt, ist lächerlich und gewissermaßen naiv.

Auf *eine* Art verwende ich manchmal durchaus KGVs, nämlich um das potenzielle Preisziel einer Growth-Aktie in den nächsten sechs bis 18 Monaten anhand ihrer geschätzten künftigen Gewinne zu ermitteln. Dafür nehme ich die Gewinnschätzung für die nächsten zwei Jahre und multipliziere sie mit dem KGV der Aktie am ersten Kaufpunkt der Chartbasis, dann multipliziere ich dieses Ergebnis mit 100 Prozent oder ein bisschen mehr. Das ist der durchschnittliche mögliche KGV-Zuwachs, wenn eine Growth-Aktie einen größeren

Krszuwachs erlebt. Dies sagt mir, wie viel eine Growth-Aktie unter Hausse-Bedingungen möglicherweise kosten könnte. Allerdings gibt es einige Haussen und gewisse Growth-Aktien, bei denen das KGV nur wenig oder gar nicht steigt.

Wenn beispielsweise die Aktie von Charles Schwab bei 43,75 Dollar aus ihrer ersten Basis ausbricht (wie sie es 1998 getan hat) und ihr KGV am anfänglichen Kaufpunkt 40 beträgt, multiplizieren Sie die 40 mit 130 Prozent, dann sehen Sie, dass das KGV möglicherweise auf 92 steigen könnte, wenn die Aktie einen enormen Anstieg erlebt. Multiplizieren Sie dann das potenzielle KGV von 92 mit der durchschnittlichen Gewinnschätzung für zwei Jahre in Höhe von 1,45 Dollar pro Aktie. Dies sagt Ihnen dann, wo das mögliche Preisziel Ihrer Growth-Aktie liegen könnte.

DIE FALSCHE ART, AKTIEN EINER BRANCHE ZU ANALYSIEREN

Eine weitere falsche Verwendung von KGVs, gleichermaßen von Amateuren und Profis, besteht darin, dass man die Aktien einer Branche bewertet und zu dem Schluss kommt, diejenige mit dem günstigsten KGV sei immer unterbewertet und darum der attraktivste Kauf. Doch in Wirklichkeit hat das Unternehmen mit der schlechtesten Gewinnbilanz das niedrigste KGV.

Die einfache Wahrheit ist, dass Aktien zu jedem beliebigen Zeitpunkt in der Nähe ihres aktuellen Wertes gehandelt werden. Eine Aktie, die zum 20-Fachen ihres Gewinns gehandelt wird, steht aus einer Reihe von Gründen auf diesem Niveau und eine Aktie, die zu einem KGV von 15 gehandelt wird, steht dort aus einer Reihe anderer Gründe. Eine Aktie, die zum 7-Fachen ihres Gewinns gehandelt wird, steht dort, weil ihre allgemeine Bilanz schlechter ist als diejenige einer Aktie mit einem höheren KGV. Bedenken Sie außerdem, dass zyklische Aktien normalerweise geringere KGVs haben und dass sie nicht einmal in guten Zeiten das gleiche KGV-Wachstum aufweisen wie Growth-Aktien.

Man kann keinen Mercedes zum Preis eines Chevrolet kaufen und man bekommt kein Strandgrundstück zum gleichen Preis, den man für ein Grundstück ein paar Meilen landeinwärts bezahlen würde. Alles kostet ungefähr so viel, wie es zu dem entsprechenden Zeitpunkt laut dem Gesetz von Angebot und Nachfrage wert ist.

Vor vielen Jahren sorgte ein Kunsthändler namens Joseph Duveen quasi im Alleingang für die Wertsteigerung großartiger Gemälde. Er reiste nach Europa und kaufte einmalige Bilder von Rembrandt und anderen, wobei er mehr bezahlte als den Marktpreis. Dann nahm er sie mit in die Vereinigten Staaten und verkaufte sie an Henry Ford und andere Industrielle jener Zeit für erheblich mehr, als er bezahlt hatte. Anders ausgedrückt, Lord Duveen kaufte die Meisterwerke teuer und verkaufte sie noch teurer.

Der springende Punkt ist, dass jeder ein mittelmäßiges Kunstwerk zu einem niedrigen Preis kaufen kann, dass aber die allerbesten mehr kosten. Für die allerbesten Aktien ist ebenso wie für die allerbesten Kunstwerke gewöhnlich ein höherer Preis fällig.

Wenn sich der Preis und das KGV eines Unternehmens in naher Zukunft ändern, dann liegt das daran, dass sich Bedingungen, Ereignisse, die Stimmung und der Gewinn weiter verbessert haben oder angefangen haben, sich zu verschlechtern. Irgendwann erreicht das KGV einer Aktie einen Höhepunkt, aber das passiert normalerweise, wenn der Gesamtmarkt den Höhepunkt überschreitet und einen beträchtlichen Niedergang startet. Das könnte auch ein Anzeichen dafür sein, dass das Gewinnwachstum des Unternehmens im Begriff steht, sich abzuschwächen.

Dass Aktien mit hohem KGV volatiler sind, stimmt vor allem im Hightech-Bereich. Der Preis einer Aktie mit hohem KGV kann vorübergehend überzogen sein, das gilt aber auch für Aktien mit niedrigeren KGVs.

BEISPIELE FÜR AKTIEN MIT HOHEN KGVS, DIE GROSSARTIGE SCHNÄPPCHEN WAREN

In Situationen, in denen kleine, aber fesselnde Growth-Unternehmen mit revolutionären neuen Produkte aufwarten, kann ein scheinbar hohes KGV in Wirklichkeit niedrig sein. Beispiele:

- Xerox, das im Jahr 1959 den ersten Trockenkopierer einführte, wurde 1960 zu einem KGV von 100 gehandelt – *vor* dem Kursanstieg um 3.300 Prozent (splitbereinigt von fünf auf 170 Dollar).
- Syntex, das erste Unternehmen, das ein Patent für eine Antibabypille anmeldete, wurde im Juli 1963 zu einem KGV von 45 gehandelt – bevor es 400 Prozent zulegte.
- Genentech, ein Pionier auf dem Gebiet der Verwendung genetischer Informationen für die Entwicklung neuer Wunderarzneien und das erste Biotech-Unternehmen, das an die Börse ging, wurde im November 1985 mit dem 200-Fachen seines Gewinns bewertet. Innerhalb von fünf Monaten schnellte die neue Aktie um 300 Prozent in die Höhe.
- America Online, dessen Software Millionen Menschen Zugang zu der revolutionären neuen Welt des Internets verschaffte, wurde im November 1994 zu einem KGV von 100 gehandelt, bevor es zum bis Höhepunkt im Dezember 1999 um 14.900 Prozent kletterte.
- Das KGV von Google stand mit den 115 Dollar pro Aktie im September 2004 zwischen 50 und 60, dann stieg die Aktie bis Anfang Januar 2006 auf 475 Dollar.

Es ist eine Tatsache, dass Anleger mit einer Abneigung gegen ihrer Meinung nach hohe KGVs einige der größten Gelegenheiten dieser und anderer Zeiten verpassen. Vor allem in Haussen kann einen eine solche Abneigung buchstäblich ein Vermögen kosten.

SHORTEN SIE KEINE AKTIEN MIT HOHEN KGVS

Als im Juni 1962 der Aktienmarkt am Boden lag, platzte ein großer Anleger aus Beverly Hills in das Büro eines mit mir befreundeten Brokers und rief, Xerox sei mit einem KGV von 50 drastisch überbewertet. Dann shortete er 2.000 Aktien zum Kurs von 88 Dollar (er lieh sich Aktien von dem Broker, um sie in der Hoffnung zu verkaufen, dass der Kurs fallen würde und er sie später günstiger zurückkaufen könnte, sodass er an der Preisdifferenz Geld verdienen würde). Natürlich hob die Aktie sofort ab und erreichte am Ende einen Preis von 1.300 Dollar (nicht splitbereinigt) sowie ein KGV von über 80.

So viel also zu überhöhten KGVs! Die persönlichen Meinungen von Anlegern sind gewöhnlich falsch; der Markt hat fast immer recht. Hören sie also auf, gegen den Markt zu kämpfen und mit ihm zu streiten.

Konzentrieren Sie sich auf bewährte Aktien, deren Gewinne in den letzten drei Jahren und in den letzten Quartalen gewachsen sind. Geben Sie sich nicht mit weniger zufrieden.

KAPITEL 5

N =

NEUERE UNTERNEHMEN, NEUE PRODUKTE, NEUES MANAGEMENT, NEUE HOCHS, DIE AUS KORREKT GEBILDETEN KONSOLIDIERUNGEN HERVORGEHEN

Um bei einer Aktie einen aufsehenerregenden Anstieg auszulösen, braucht man etwas Neues. Das kann ein wichtiges neues Produkt oder eine wichtige neue Dienstleistung sein, die sich schnell verkauft und dazu führt, dass der Gewinn schneller steigt als zuvor. Oder es kann ein Führungswechsel sein, der neuen Elan, neue Ideen oder zumindest einen neuen Besen bringt, der alles sauber kehrt. Neue Branchenbedingungen – zum Beispiel Angebotsknappheiten, Preissteigerungen oder die Einführung revolutionärer neuer Technologien – können sich ebenfalls auf die meisten Aktien einer Branche positiv auswirken.

In unserer Studie der großartigsten Börsengewinner, die derzeit von 1880 bis 2008 reicht, haben wir festgestellt, dass mehr als 95 Prozent der erfolgreichen Aktien mit atemberaubendem Wachstum in der amerikanischen Industrie in mindestens eine dieser Kategorien fielen. Ende des 19. Jahrhunderts gab es die neue Eisenbahnindustrie, die alle Teile unseres Landes miteinander verband, die Elektrizität, das Telefon und George Eastmans Kamera. Edison erfand den Phonographen, die Filmkamera und die Glühbirne. Dann kamen das Auto, das Flugzeug und das Radio. Der Kühlschrank ersetzte den Eisschrank. Fernsehen, Computer, Düsenflugzeuge, der Personal Computer, Faxgeräte, das Internet, Handys ... Amerikas unermüdliche Erfinder und Unternehmer gaben nie auf. Mit ihren neuen Produkten und neuen Unternehmen bauten sie Amerikas verblüffende Wachstumsbilanz auf. Dadurch schufen sie außerdem Millionen und Abermillionen neuer Arbeitsplätze sowie einen höheren Lebensstandard für die überwältigende Mehrheit der Amerikaner. Trotz einiger Schlaglöcher geht es den meisten Amerikanern heute besser als ihren Eltern vor 30 oder 50 Jahren.

NEUE PRODUKTE, DIE SUPER-ERFOLGE AUSLÖSTEN

Ein Unternehmen kann dadurch enormen Erfolg erzielen und sich riesiger Kursgewinne erfreuen, dass es einschneidende Produktneuheiten auf den Markt bringt. Ich spreche dabei nicht von einer neuen Formel für Geschirrspülmittel. Ich spreche von Produkten, die unser Leben revolutionieren. Hier nur ein paar von den Tausenden wagemutiger Unternehmen, die die treibende Kraft Amerikas waren und die in ihren Glanzzeiten Millionen von Arbeitsplätzen sowie einen höheren Lebensstandard als in anderen Gebieten der Welt schufen:

1. Northern Pacific wurde als erste transkontinentale Eisenbahngesellschaft zugelassen. Um die Jahrhundertwende schoss die Aktie in nur 197 Wochen um 4.000 Prozent in die Höhe.
2. General Motors fing als Buick Motor Company an. In den Jahren 1913 und 1914 stieg die GM-Aktie um 1.368 Prozent.

3. RCA hatte bis 1926 den kommerziellen Radiomarkt erobert. Und dann stieg die Aktie ab Juni 1927, als sie 50 Dollar kostete, auf Präsplit-Basis bis auf 575 Dollar, bevor die Börse im Jahr 1929 kollabierte.
4. Nach dem Zweiten Weltkrieg trug Rexalls neue Abteilung Tupperware dazu bei, dass die Aktie des Unternehmens im Jahr 1958 von 16 auf 50 Dollar stieg.
5. Thiokol brachte in den Jahren 1957 bis 1959 neue Raketentreibstoffe heraus, die seine Aktie von 48 auf das Äquivalent von 355 Dollar hinaufschossen.
6. Syntex brachte im Jahr 1963 die orale Antibabypille auf den Markt. In sechs Monaten stieg die Aktie von 100 auf 550 Dollar.
7. McDonald's wuchs mit seinem preisgünstigen Fastfood-Franchising-Konzept wie ein Schneeball und bescherte den Aktionären von 1967 bis 1971 einen Profit von 1.100 Prozent.
8. Die Aktie von Levitz Furniture stieg von 1970 bis 1971 wegen der Beliebtheit der riesigen Discount-Möbelhäuser der Firma um 660 Prozent.
9. Houston Oil & Gas stieg dank eines großen neuen Ölfelds von 1972 bis 1973 in 61 Wochen um 968 Prozent und heimste im Jahr 1976 weitere 367 Prozent ein.
10. Die Aktie von Computervision stieg von 1978 bis 1980 wegen der Einführung des neuen CAD-CAM-Fabrikautomatisierungssystems um 1.235 Prozent.
11. Die B-Aktien von Wang Labs stiegen von 1978 bis 1980 aufgrund der Entwicklung neuer Textverarbeitungs-Büromaschinen um 1.350 Prozent.
12. Die Aktie von Price Company stieg von 1982 bis 1986 auf mehr als das 15-Fache, nachdem das Unternehmen in Südkalifornien eine innovative Kette von Großhandelskaufhäusern für Mitglieder gegründet hatte.
13. Amgen entwickelte die beiden erfolgreichen neuen Biotech-Arzneimittel Epogen und Neupogen, und die Aktie stieg von 60

Dollar im Jahr 1990 bis Anfang 1992 auf das Äquivalent von 460 Dollar.

14. Cisco Systems, ebenfalls ein kalifornisches Unternehmen, baute Router und Netzwerkausrüstung, die es Unternehmen ermöglichte, geografisch ausgedehnte lokale Computernetzwerke aufzubauen. Die Aktie stieg von November 1990 bis März 1994 um fast 2.000 Prozent. In zehn Jahren – 1990 bis 2000 – legte sie unglaubliche 75.000 Prozent zu.
15. International Game Technology stieg von 1991 bis 1993 dank neuer, Mikroprozessor-basierter Spiele-Produkte um 1.600 Prozent.
16. Die Aktie von Microsoft wurde von März 1993 bis Ende 1994 um fast 1.800 Prozent in die Höhe getragen, weil die innovativen Windows-Produkte des Unternehmens den Markt der Personal Computer beherrschten.
17. Peoplesoft, der bedeutendste Hersteller von Personal Software, erzielte in den dreieinhalb Jahren ab August 1994 eine Verzwanzigfachung.
18. Dell Computer, der Marktführer und Neuerer auf dem Gebiet der Auftragsfertigung und des Direktvertriebs von PCs, stieg von November 1996 bis Januar 1999 um 1.780 Prozent.
19. EMC schlug mit überlegenen Computer-Speichergeräten aus dem stets wachsenden Bedarf an Netzwerkspeicherplatz Kapital und raste in den 15 Monaten ab Januar 1998 um 478 Prozent in die Höhe.
20. AOL und Yahoo, die beiden führenden Internet-Unternehmen, die den Verbrauchern die neuen „Portale" boten, die sie brauchten, um auf die Fülle von Dienstleistungen und Informationen im Internet zuzugreifen, produzierten von Herbst 1998 bis zu ihren Höhepunkten im Jahr 1999 jeweils 500 Prozent Kursgewinne.
21. Die Datenbank- und E-Business-Anwendungssoftware von Oracle trieb die Aktie von 1999 an in nur 29 Wochen von 20 auf 90 Dollar in die Höhe.

22. Der führende Online-Discountbroker Charles Schwab heimste in nur sechs Monaten ab Ende 1998 einen Gewinn von 414 Prozent ein. In diesem Zeitraum fand eine Verschiebung in Richtung Online-Trading statt.
23. Die „Monster"-Energy-Fruchtsaftgetränke von Hansen Natural schlugen bei der Fitnessgemeinde ein und die Aktie stieg ab Ende 2004 in nur 86 Wochen um 1.219 Prozent.
24. Google schenkte der Welt Sofort-Informationen über das Internet und die Aktie stieg ab dem Börsengang im Jahr 2004 um 536 Prozent.
25. Apple und der neue Music-Player iPod bedeuteten eine Sensation, die die Aktie des Unternehmens aus einer klassischen Tasse mit Henkel heraus, die am 27. Februar 2004 leicht zu erkennen war – wenn man Charts benutzte –, um 1.580 Prozent in die Höhe trug.

Und wenn man diese letzte goldene Chance verpasst hatte, bekam man vier weitere Chancen, Apple nach klassischen Konsolidierungen zu kaufen: am 27. August 2004, am 15. Juli 2005, am 1. September 2006 und am 27. April 2007 – wenn man jede Woche im Chartbuch nachsah.
In den kommenden Jahren werden weiterhin Hunderte und Tausende neuer, kreativer führender Unternehmen wie die genannten aufkommen und zum Kauf zur Verfügung stehen. Menschen aus aller Welt kommen nach Amerika, um von seiner Freiheit und seinen Chancen zu profitieren. Das ist eines unserer Erfolgsgeheimnisse, das viele Länder nicht haben. Lassen Sie sich also nie entmutigen, denn sonst verpassen Sie die Chance Ihres Lebens, die Ihnen der Aktienmarkt bietet. Wenn Sie sich damit befassen, wenn Sie sparen, wenn Sie sich vorbereiten und bilden, dann können auch Sie viele künftige Gewinner erkennen, sobald sie auftauchen. Sie schaffen das, wenn Sie die notwendige Antriebskraft und Entschlossenheit besitzen. Dabei ist es egal, wer Sie sind, was Ihre Hintergründe sind oder welche Stellung Sie derzeit im Leben haben. Es liegt nur an Ihnen. Wollen Sie weiterkommen?

DAS „GROSSE PARADOXON" DES AKTIENMARKTES

Es gibt noch ein faszinierendes Phänomen, das wir im Frühstadium aller Gewinneraktien gefunden haben. Wir bezeichnen es als das „große Paradoxon". Bevor ich Ihnen sage, was das ist, möchte ich, dass Sie sich die nebenstehenden Diagramme dreier typischer Aktien anschauen. Welche davon sieht Ihres Erachtens nach dem besten Kauf aus: A, B oder C? Welche würden Sie meiden? Die richtige Antwort geben wir Ihnen am Ende dieses Kapitels.

Die verblüffende Mehrzahl der Privatanleger, egal ob Neulinge oder Experten, bezieht angenehmen Trost aus dem Kauf von Aktien, die von ihren Höhepunkten aus erheblich gefallen sind, denn sie meinen, damit bekämen sie ein Schnäppchen. Von den Hunderttausenden Privatanlegern, die in den 1970er-Jahren, den 1980er-Jahren, den 1990er-Jahren und den 2000er-Jahren meine Investmentvorträge besucht haben, sagten viele, sie würden keine Aktien kaufen, die neue Preishochs erreichen. Diese Tendenz ist allerdings nicht auf Privatanleger beschränkt. Ich habe mehr als 600 große institutionelle Anleger mit ausgiebigen historischen Präzedenzrecherchen versorgt und dabei festgestellt, dass viele von ihnen ebenfalls „Boden-Käufer" sind. Auch sie glauben, es sei sicherer, Aktien zu kaufen, die nach Schnäppchen aussehen, weil entweder ihr Kurs weit gefallen ist oder weil sie in der Nähe ihrer Tiefs gehandelt werden.

Unsere Untersuchung der größten Börsengewinner hat bewiesen, dass der alte Spruch „tief kaufen, hoch verkaufen" völlig falsch war. Tatsächlich hat unsere Studie das genaue Gegenteil bewiesen. Das kaum glaubliche große Paradoxon des Aktienmarktes lautet:

> **Was der Mehrheit zu teuer und riskant vorkommt, steigt gewöhnlich irgendwann noch weiter, und was niedrig und billig erscheint, fällt gewöhnlich noch weiter.**

Bereitet es Ihnen Schwierigkeiten, sich an dieses „Paradoxon der großen Höhe" zu halten? Lassen Sie mich eine andere Studie anführen,

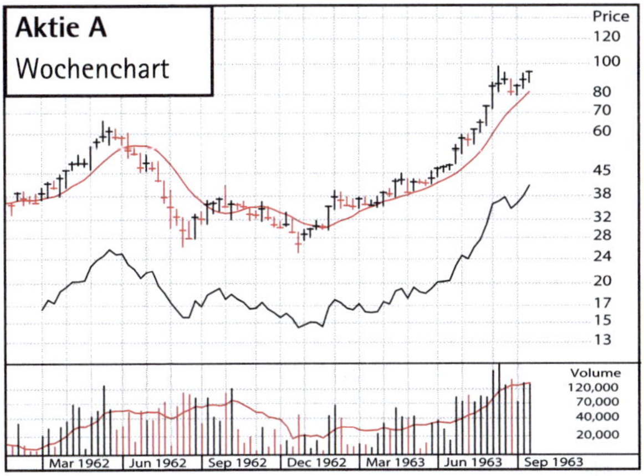
Aktie A
Wochenchart
Price
120
100
80
70
60
45
38
32
28
24
20
17
15
13
Volume
120,000
70,000
40,000
20,000
Mar 1962
Jun 1962
Sep 1962
Dec 1962
Mar 1963
Jun 1963
Sep 1963

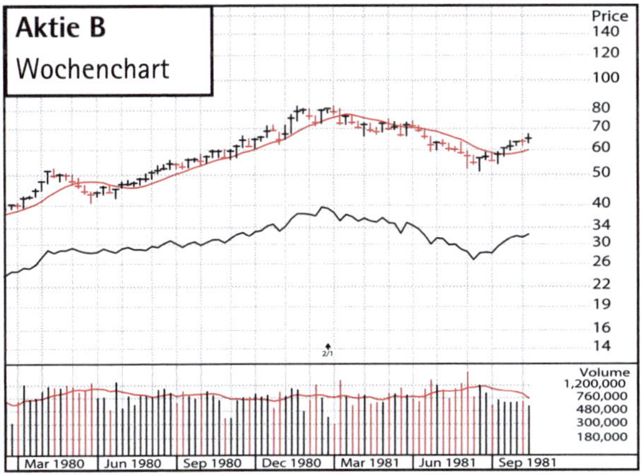
Aktie B
Wochenchart
Price
140
120
100
80
70
60
50
40
34
30
26
22
19
16
14
Volume
1,200,000
760,000
480,000
300,000
180,000
Mar 1980
Jun 1980
Sep 1980
Dec 1980
Mar 1981
Jun 1981
Sep 1981

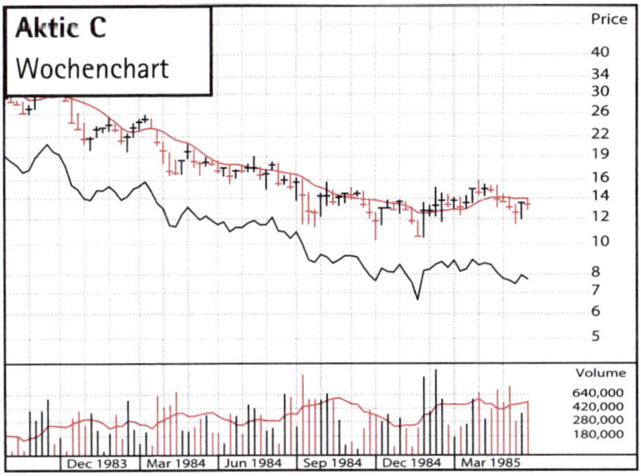
Aktie C
Wochenchart
Price
40
34
30
26
22
19
16
14
12
10
8
7
6
5
Volume
640,000
420,000
280,000
180,000
Dec 1983
Mar 1984
Jun 1984
Sep 1984
Dec 1984
Mar 1985

die wir durchgeführt haben. In dieser Studie haben wir zwei Gruppen von Aktien – jene, die neue Hochs erzielt hatten, und jene, die neue Tiefs erzielt hatten – über viele Hausse-Perioden hinweg analysiert. Das Ergebnis war eindeutig: Aktien auf der Liste der neuen Hochs stiegen tendenziell weiter, während diejenigen auf der Liste der neuen Tiefs tendenziell weiter fielen.

Laut unseren Nachforschungen hat eine Aktie auf der „New Price Low"-Liste von *Investor's Business Daily* ziemlich schlechte Aussichten und sollte gemieden werden. Tatsächlich sollten zielstrebige Anleger solche Aktien verkaufen – schon lange bevor sie überhaupt in die Nähe der Liste neuer Tiefs kommen. Eine Aktie, die es in die Liste der neuen Hochs schafft – vor allem wenn sie zum ersten Mal in diese Liste kommt, während sie im Zuge einer Hausse mit starken Umsätzen gehandelt wird –, könnte hingegen großes Potenzial und gute Aussichten haben.

WIE KLETTERT EINE AKTIE VON 50 AUF 100 DOLLAR?

Wenn Sie sich nicht dazu überwinden können, eine Aktie auf einem Niveau zu kaufen, das sie noch nie erreicht hatte, dann fragen Sie sich: Was muss eine Aktie, die viele Monate lang zwischen 40 und 50 Dollar gehandelt wurde und jetzt für 50 Dollar gehandelt wird, tun, um ihren Preis zu verdoppeln? Muss sie denn nicht zunächst durch 51 Dollar, dann durch 52, 53, 54, 55 und so weiter laufen – alles neue Preishochs –, bevor sie die 100 Dollar erreicht?

Ihre Aufgabe als kluger Anleger besteht darin, eine Aktie dann zu kaufen, wenn sie für die Mehrheit der konventionellen Anleger zu teuer aussieht, und sie zu verkaufen, nachdem sie beträchtlich gestiegen ist und schließlich beginnt, genau jenen Anlegern attraktiv zu erscheinen. Wenn Sie Cisco im November 1990 zum höchsten Preis gekauft hätten, zu dem es bislang jemals gehandelt worden war – als es gerade ein neues Hoch markiert hatte und furchterregend aussah –, dann hätten Sie von da an bis zum Höhepunkt im Jahr 2000 einen Zuwachs um fast 75.000 Prozent genießen können.

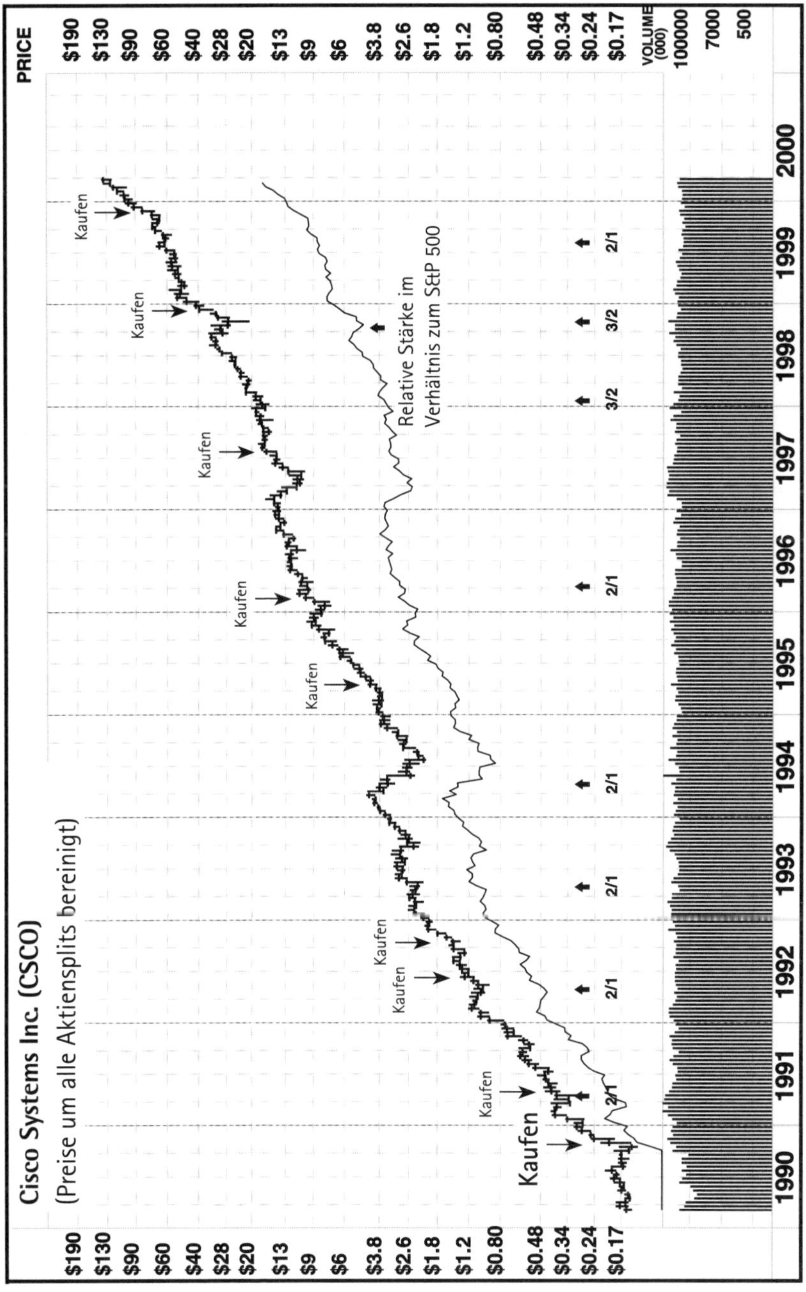
Cisco Systems Inc. (CSCO)
(Preise um alle Aktiensplits bereinigt)
PRICE
$190
$130
$90
$60
$40
$28
$20
$13
$9
$6
$3.8
$2.6
$1.8
$1.2
$0.80
$0.48
$0.34
$0.24
$0.17
VOLUME (000)
100000
7000
500
Kaufen
Relative Stärke im Verhältnis zum S&P 500
2/1
3/2
1990
1991
1992
1993
1994
1995
1996
1997
1998
1999
2000

DER RICHTIGE ZEITPUNKT FÜR DEN ERSTEN AKTIENKAUF

Dass eine Aktie einen neuen Höchstpreis erreicht, heißt aber nicht unbedingt, dass dies der richtige Zeitpunkt für den Kauf wäre. Die Verwendung von Aktiencharts ist ein wichtiger Teil des Aktienauswahlprozesses. Man sollte die historischen Preisbewegungen einer Aktie sorgfältig durchsehen und dabei auf Aktien achten, die neue Preishochs erreichen, nachdem sie aus einwandfreien, korrekten Konsolidierungsformationen ausgebrochen sind (Genaueres über das Chartlesen und die Erkennung von Chartformationen erfahren Sie in Kapitel 2). Die 100 großartigen, ganzseitigen Beispiele in Kapitel 1 dürften Ihnen von vornherein einen echten Vorsprung verschaffen.

Solche korrekt gebildeten Ausbrüche sind die Punkte, an denen die meisten wirklich großen Preisanstiege beginnen und an denen die Möglichkeit eines erheblichen Preisanstiegs am größten ist. Eine solide Konsolidierungsphase oder Phase der Bodenbildung kann sieben bis 15 Wochen dauern.

Wie in Kapitel 2 bemerkt, ist der perfekte Zeitpunkt für den Aktienkauf ein Punkt während einer Hausse, ab dem die Aktie anfängt, aus ihrer Preiskonsolidierung auszubrechen (siehe den unten stehenden Chart von America Online). Steht die Aktie mehr als fünf oder zehn Prozent über dem exakten Kaufpunkt oberhalb der Konsolidierung,

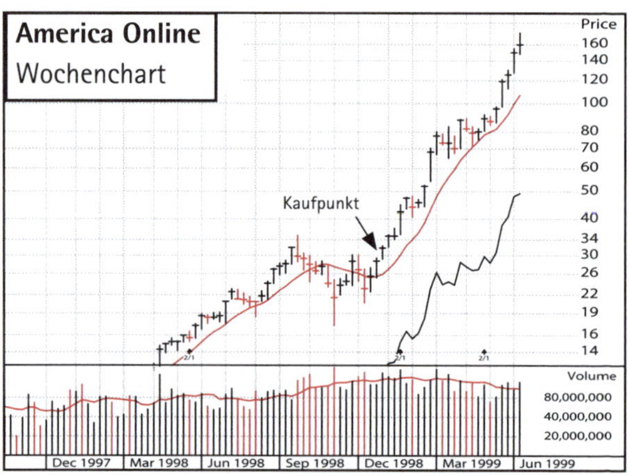

sollte man sie meiden. Wenn man sie auf diesem Niveau kauft, steigen die Chancen massiv, dass man im Zuge der nächsten normalen Korrektur oder im Zuge des nächsten steilen Preisrücksetzers hinausfliegt. Man kann auch die besten Aktien nicht zu einem beliebigen Zeitpunkt kaufen. Es gibt auf der einen Seite eine richtige Zeit und auf der anderen Seite alle anderen Zeiten.

ANTWORTEN AUF DAS GROSSE PARADOXON DES MARKTES

Nachdem Sie jetzt das große Paradoxon kennen: Würden Sie immer noch die gleiche Aktie auswählen wie am Anfang des Kapitels? Die richtige Aktie für den Kauf war Aktie A, die Syntex Corporation, die auf der nächsten Seite gezeigt wird. Der Pfeil, der auf die wöchentlichen Preisbewegungen im Juni 1963 zeigt, deutet auf den Kaufpunkt. Dieser Pfeil fällt mit der unten im Chart abgebildeten Preis- und Umsatzaktivität von Aktie A zusammen, bereinigt um einen 3:1-Split. Syntex erlebte nach dem Kaufpunkt im Juni 1963 einen bedeutenden Kursanstieg. Wie Sie in den Charts auf der nächsten Seite sehen, sind die Aktien B (Halliburton) und C (Comdata Network) im Gegensatz dazu gefallen. Die Pfeile geben an, wo die entsprechenden früher gezeigten Charts aufhörten.

Suchen Sie nach Unternehmen, die bedeutende neue Produkte beziehungsweise Dienstleistungen entwickelt haben oder die von einer neuen Unternehmensleitung beziehungsweise erheblich besseren Branchenbedingungen profitieren. Und dann kaufen Sie deren Aktien, sobald sie aus soliden, korrekt analysierten Preiskonsolidierungsmustern herauskommen und unter steigendem Volumen neue Preishochs erreichen oder fast erreichen.

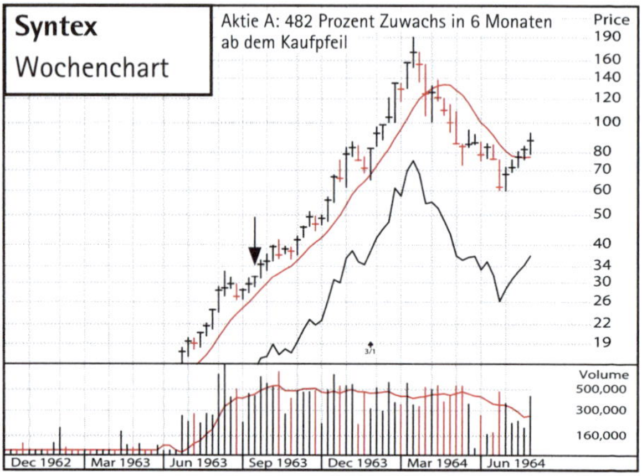
Syntex
Wochenchart
Aktie A: 482 Prozent Zuwachs in 6 Monaten ab dem Kaufpfeil
Price
190
160
140
120
100
80
70
60
50
40
34
30
26
22
19
Volume
500,000
300,000
160,000
Dec 1962
Mar 1963
Jun 1963
Sep 1963
Dec 1963
Mar 1964
Jun 1964

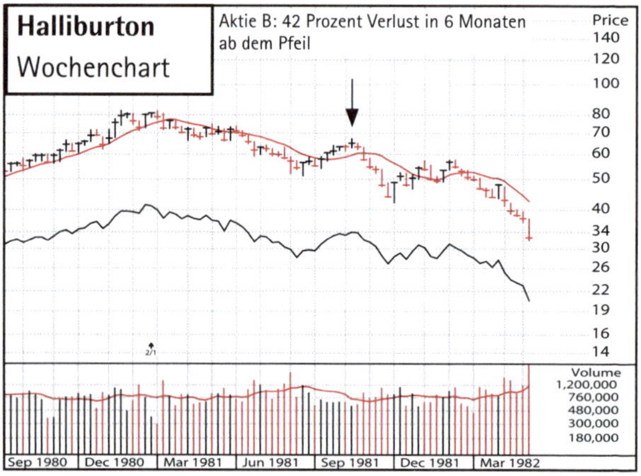
Halliburton
Wochenchart
Aktie B: 42 Prozent Verlust in 6 Monaten ab dem Pfeil
Price
140
120
100
80
70
60
50
40
34
30
26
22
19
16
14
Volume
1,200,000
760,000
480,000
300,000
180,000
Sep 1980
Dec 1980
Mar 1981
Jun 1981
Sep 1981
Dec 1981
Mar 1982

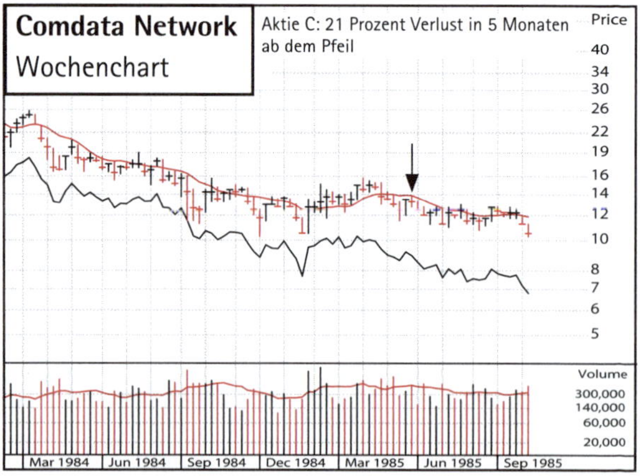
Comdata Network
Wochenchart
Aktie C: 21 Prozent Verlust in 5 Monaten ab dem Pfeil
Price
40
34
30
26
22
19
16
14
12
10
8
7
6
5
Volume
300,000
140,000
60,000
20,000
Mar 1984
Jun 1984
Sep 1984
Dec 1984
Mar 1985
Jun 1985
Sep 1985

KAPITEL 6

S =

SUPPLY AND DEMAND (ANGEBOT UND NACHFRAGE): UMSATZSTARKE NACHFRAGE AN ENTSCHEIDENDEN PUNKTEN

Der Preis fast aller Dinge in Ihrem täglichen Leben wird durch das Gesetz von Angebot und Nachfrage bestimmt. Wie viel Sie für Ihren Kopfsalat, Ihre Tomaten, für Eier und Rindfleisch bezahlen, hängt davon ab, wie viel davon vorhanden ist und wie viele Menschen diese Artikel haben wollen. Sogar in den ehemaligen kommunistischen Ländern, in denen der Unterschied zwischen Besitzenden und Besitzlosen theoretisch nicht existierte, tobten sich Angebot und Nachfrage aus. Waren, die sich in Staatsbesitz befanden, waren dort immer knapp und häufig nur für die privilegierten Klassen oder auf dem Schwarzmarkt zugänglich, wenn man die exorbitanten Preise dafür bezahlen konnte.

Das Grundprinzip von Angebot und Nachfrage gilt auch auf dem Aktienmarkt, wo es größere Bedeutung hat als die Meinungen aller

Analysten von der Wall Street – egal, welche Schulen sie besucht haben, welche Abschlüsse sie gemacht haben oder wie hoch ihre Intelligenzquotienten sind.

GROSSES ODER KLEINES AKTIENANGEBOT

Es ist schwer, den Kurs einer Aktie zu verändern, von der fünf Milliarden Stücke umlaufen, weil dies ein sehr großes Angebot ist. Wollte man bei einer solchen Aktie einen kräftigen Anstieg verursachen, bräuchte man ein hohes Kauf- oder Nachfragevolumen. Um den Preis einer Aktie, von der nur 50 Millionen Stücke umlaufen, anzuheben, braucht man hingegen relativ wenig Kauftätigkeit, weil das Angebot relativ klein ist.

Das heißt, wenn man die Wahl hat, eine Aktie mit fünf Milliarden umlaufenden Stücken oder eine Aktie mit 50 Millionen umlaufenden Stücken zu kaufen, bringt gewöhnlich die kleinere Aktie eine bessere Performance, wenn alle anderen Faktoren gleich sind. Da allerdings geringer kapitalisierte Aktien weniger liquide sind, können sie genauso schnell wieder fallen, wie sie gestiegen sind, und manchmal sogar noch schneller. Anders gesagt bringt die größere Chance auch ein größeres zusätzliches Risiko mit sich. Es gibt allerdings konkrete Möglichkeiten, sein Risiko zu minimieren. Wir werden sie in den Kapiteln 10 und 11 besprechen.

Die Gesamtzahl der umlaufenden Aktien eines Unternehmens innerhalb seiner Kapitalstruktur stellt die potenziell verfügbare Anzahl von Aktien dar. Aber Börsenprofis sehen sich auch den „Float" an – diejenige Anzahl von Aktien, die für den Kauf zur Verfügung steht, wenn man die Aktien abzieht, die sich in festen Händen befinden. Unternehmen, bei denen das Topmanagement einen großen Anteil der Aktien besitzt (bei Großunternehmen mindestens ein bis drei Prozent, bei kleineren Unternehmen mehr), bieten im Allgemeinen bessere Perspektiven, weil die Manager dann ein konkretes Interesse an der Aktie haben.

Es gibt außer Angebot und Nachfrage noch einen anderen fundamentalen Grund, weshalb Unternehmen mit einer hohen Anzahl umlaufender Aktien häufig schwächere Ergebnisse bringen: Es kann sein, dass die Unternehmen viel älter sind und langsamer wachsen. Sie sind einfach zu groß und zu träge.

In den 1990er-Jahren überflügelten allerdings höher kapitalisierte Aktien mehrere Jahre lang die Small-Cap-Titel. Das hatte zum Teil etwas mit dem Größenproblem zu tun, mit dem die Investmentfonds-Community konfrontiert ist. Als immer und immer mehr Menschen Investmentfonds kauften, wurde sie plötzlich mit Bargeld überflutet. Dadurch wurden größere Fonds gezwungen, mehr höher kapitalisierte Aktien zu kaufen. Diese Notwendigkeit, das neue Geld zu investieren, erweckte den Anschein, als würden sie höher kapitalisierte Titel bevorzugen. Dies widersprach allerdings dem normalen Effekt von Angebot und Nachfrage, der für die Befriedigung der gesteigerten Nachfrage seitens institutioneller Investoren geringer kapitalisierte Aktien mit weniger verfügbaren Stücken begünstigt.

Hoch kapitalisierte Aktien haben einige Vorteile: größere Liquidität, im Allgemeinen weniger Volatilität nach unten, höhere Qualität und in manchen Fällen geringeres Risiko. Und die immense Kaufkraft, über die große Fonds heutzutage verfügen, kann hochkarätige, große Aktien fast genauso schnell steigen lassen wie die Aktien kleinerer Unternehmen,

NEHMEN SIE LIEBER EIN ENERGISCHES MANAGEMENT ANSTELLE VON VERWALTERN

Oft scheint es, als hätten Großunternehmen eine Menge Macht und Einfluss, aber häufig führt die Größe zu Mangel an Fantasie und an produktiver Effizienz. Großunternehmen werden häufig von älteren und konservativen „Verwaltungsmanagern" geleitet, die weniger gewillt sind, Neuerungen einzuführen, Risiken einzugehen und sich rasch und geschickt zu bewegen, damit sie mit den sich rapide wandelnden Zeiten Schritt halten. In den meisten Fällen besitzen die Spitzenmanager von Großunternehmen nicht viele Aktien ihres Unternehmens. Das ist ein großes Manko, das behoben werden muss.

Dem klugen Anleger verrät dies nämlich, dass die Manager und Mitarbeiter des Unternehmens kein persönliches Interesse am Erfolg des Unternehmens haben. Außerdem gibt es in manchen großen Unternehmen zahlreiche Managementebenen, welche die Spitzenmanager von dem trennen, was auf der Kundenebene passiert. Und bei Unternehmen, die in einer kapitalistischen Wirtschaft konkurrieren, ist der Kunde der oberste Chef.

Die Vermittlung von Informationen verändert sich weiterhin, und zwar immer schneller. Ein Unternehmen, das heute ein angesagtes, neues Produkt anbietet, wird in zwei oder drei Jahren Umsatzeinbrüche erleben, wenn es nicht weiterhin wichtige, überlegene neue Produkte auf den Markt bringt. Die meisten neuen Produkte, Dienstleistungen und Erfindungen stammen von jungen, hungrigen und innovativen kleinen bis mittelgroßen Unternehmen mit einem unternehmerisch denkenden Management. Es ist kein Zufall, dass solche kleineren börsennotierten und nicht börsennotierten Unternehmen schneller wachsen als größere und dass sie zwischen 80 und 90 Prozent aller neuen Arbeitsplätze in den Vereinigten Staaten schaffen. Viele von ihnen gehören zur Dienstleistungsbranche oder zur Technologie- und Informationsbranche. Dort liegt womöglich die große Zukunft Amerikas. Microsoft, Cisco Systems und Oracle sind nur ein paar Beispiele für dynamische Small-Cap-Innovatoren der 1980er- und 1990er-Jahre, die stetig gewachsen und am Ende zu Large-Cap-Aktien geworden sind.

Wenn ein älteres Mammut-Unternehmen ein wichtiges neues Produkt erschafft, kann es sein, dass dies die Aktie nicht wesentlich voranbringt, weil das Produkt wahrscheinlich nur für einen kleinen Anteil am Gesamtumsatz und Gesamtgewinn des Unternehmens steht. Das Produkt ist dann nur ein kleiner Tropfen in einem viel zu großen Ozean.

ÜBERTRIEBENE AKTIENSPLITS KÖNNEN VON NACHTEIL SEIN

Von Zeit zu Zeit begehen Unternehmen den Fehler, dass sie ihre Aktien überzogen splitten. Das tun sie manchmal auf den Rat von Wall-Street-

Investmentbankern hin. Meines Erachtens ist es für ein Unternehmen gewöhnlich besser, wenn es seine Aktien im Verhältnis 2:1 oder 3:2 splittet, als sie 3:1 oder 5:1 zu splitten (wenn eine Aktie im Verhältnis 2:1 gesplittet wird, bekommt man auf jede Aktie, die man bisher hatte, zwei Aktien, aber die neuen Aktien kosten nur die Hälfte). Übertriebene Splits sorgen für ein beträchtlich größeres Angebot und können ein Unternehmen frühzeitig in den eher lethargischen Large-Cap-Status versetzen.

Gewöhnlich führt der erste Split einer Aktie in einer neuen Hausse dazu, dass sie letztlich steigt. Aber bevor sie steigt, macht sie eine wochenlange Korrektur durch.

Von einem Unternehmen, dessen Aktie ein oder zwei Jahre lang gestiegen ist, kann es unklug sein, gegen Ende einer Hausse oder im Anfangsstadium einer Baisse einen extravaganten Split zu verkünden. Aber viele Unternehmen tun genau das.

Grundsätzlich meinen solche Unternehmen, die Senkung des Aktienkurses würde mehr Käufer anlocken. Auf manche kleineren Käufer mag das zutreffen, es kann aber auch das gegenteilige Resultat bringen – mehr Verkäufer –, vor allem wenn es sich um den zweiten Split innerhalb von einem oder zwei Jahren handelt. Es kann sein, dass informierte Profis und ein paar gerissene Privat-Trader die Begeisterung, die durch den überzogenen Split erzeugt wird, als Chance nutzen, Aktien zu verkaufen und Gewinne mitzunehmen. Zudem könnten größere Aktienbesitzer, die über einen Kauf nachdenken, auf die Idee kommen, dass es leichter ist, vor einem 3:1-Split 100.000 Aktien loszuwerden, als hinterher 300.000 Aktien zu verkaufen. Und schlaue Shortseller suchen sich Aktien aus, die sich massiv in institutionellem Besitz befinden und nach großen Preisanstiegen anfangen, einzubrechen.

Häufig erreicht eine Aktie ihren Spitzenpreis in etwa dann, wenn sie zum zweiten oder dritten Mal gesplittet wird. Unsere Studie der größten Gewinner ergab, dass nur 18 Prozent von ihnen in dem Jahr vor dem großen Preisanstieg Splits hatten. Qualcomm überschritt seinen Höhepunkt im Dezember 1999, kurz nach seinem 4:1-Aktiensplit.

SUCHEN SIE NACH UNTERNEHMEN, DIE AM FREIEN MARKT IHRE EIGENEN AKTIEN KAUFEN

In den meisten, wenn auch nicht in allen Fällen ist es ein gutes Zeichen, wenn ein Unternehmen – insbesondere ein kleines bis mittelgroßes Unternehmen, das die CAN-SLIM-Kriterien erfüllt – über einen längeren Zeitraum hinweg konsequent am freien Markt eigene Aktien kauft (ein Rückkauf von zehn Prozent würde als groß gelten). Dies senkt nämlich die Anzahl der Aktien und lässt gewöhnlich vermuten, dass das Unternehmen für die Zukunft höhere Umsätze und Gewinne erwartet.

Infolge des Rückkaufs teilt sich der Nettoüberschuss des Unternehmens auf eine kleinere Anzahl von Aktien auf, was den Gewinn pro Aktie steigert. Und wie bereits bemerkt, ist der prozentuale Anstieg des Gewinns pro Aktie eine der hauptsächlichen treibenden Kräfte hinter dem Kurs der umlaufenden Aktien.

Von Mitte der 1970er- bis Anfang der 1980er-Jahre kauften Tandy, Teledyne und Metromedia erfolgreich ihre eigenen Aktien zurück, und alle drei erzielten dadurch ein höheres EPS-Wachstum sowie spektakuläre Kursgewinne. Charles Tandy hat mir einmal erzählt, als der Markt in eine Korrektur eintrat und seine Aktie gefallen war, sei er auf die Bank gegangen und habe sich Geld geliehen, um seine Aktien zurückzukaufen, dann habe er das Darlehen nach der Erholung des Marktes zurückgezahlt. Natürlich war das zu einer Zeit, als sein Unternehmen ein stetiges Gewinnwachstum zu vermelden hatte.

Der (splitbereinigte) Aktienkurs von Tandy stieg im Jahr 1983 von 2,75 auf 60 Dollar, Metromedia von 1971 bis 1977 von 30 auf 560 Dollar, und Teledyne kletterte von acht Dollar im Jahr 1971 auf 190 Dollar im Jahr 1984 hinauf. Teledyne senkte seine Kapitalisierung mithilfe von acht einzelnen Rückkäufen von 88 Millionen auf 15 Millionen Aktien und steigerte dadurch seinen Gewinn pro Aktie von 0,61 auf fast 20 Dollar pro Aktie.

In den Jahren 1989 und 1990 kündigte International Game Technology an, es wolle 20 Prozent seiner Aktien zurückkaufen. Bis zum

September 1993 hat sich der Kurs von IGT mehr als verzwanzigfacht. Ein anderer großer Gewinner, nämlich das Hausbau-Unternehmen NVR Inc., führte im Jahr 2001 große Rückkäufe durch. Dies waren lauter Growth-Unternehmen. Ich bin aber nicht sicher, ob Rückkäufe durch Unternehmen so sinnvoll sind, wenn der Gewinn nicht wächst.

EIN GERINGERER VERSCHULDUNGSGRAD IST GRUNDSÄTZLICH BESSER

Wenn Sie eine Aktie mit einer vernünftigen Anzahl von Stücken gefunden haben, überprüfen Sie, welcher Anteil der gesamten Kapitalisierung des Unternehmens in Form langfristiger Schuldpapiere oder Anleihen vorliegt. Gewöhnlich ist ein Unternehmen umso sicherer und besser, je geringer sein Verschuldungsgrad ist. Der Gewinn pro Aktie von Unternehmen mit einem hohen Verschuldungsgrad könnte in schweren Zeiten, in denen die Zinsen hoch stehen, oder in längeren Rezessionen einbrechen. Solche hochgradig fremdfinanzierten Unternehmen sind im Allgemeinen von geringerer Qualität und bringen ein erheblich höheres Risiko mit sich.

In der Zeit von 1995 bis in das Jahr 2007 hinein war es üblich, dass Banken, Broker, Hypotheken-Kreditgeber und quasi-staatliche Agenturen wie Fannie Mae und Freddie Mac einen extremen Verschuldungsgrad von 40:1 oder gar 50:1 eingingen. Diese Institutionen wurden von der Bundesregierung massiv dazu ermuntert, große Geldbeträge in Subprime-Darlehen an Käufer mit geringem Einkommen zu investieren, was letztlich zu der Finanz- und Kreditkrise des Jahres 2008 führte.

Regel Nummer 1 für alle kompetenten Anleger und Hausbesitzer besagt, dass man sich niemals mehr Geld leiht, als man zurückzahlen kann. Überzogene Schulden schaden allen Personen, Unternehmen und Regierungen.

Ein Unternehmen, das seinen prozentualen Verschuldungsgrad in den letzten zwei oder drei Jahren gesenkt hat, kann man sich näher anschauen. Wenn schon nichts anderes geschieht, wird dadurch zumindest die Zinsbelastung gesenkt, was zu einem höheren Gewinn pro Aktie beiträgt.

Ein weiterer Punkt, den man beachten sollte, ist das Vorhandensein von Wandelanleihen in der Kapitalstruktur. Wenn diese Anleihen in Stammaktien gewandelt werden, können sie nämlich den Gewinn verwässern.

DIE BEURTEILUNG VON ANGEBOT UND NACHFRAGE

Bei Aktien lassen sich Angebot und Nachfrage am besten dadurch bestimmen, dass man das tägliche Handelsvolumen beobachtet. Das ist außerordentlich wichtig und es ist auch der Grund, weshalb *Investor's Business Daily* in seinen Aktientabellen sowohl das tägliche Handelsvolumen einer Aktie als auch den Prozentsatz angibt, um den dieser Umsatz über oder unter dem durchschnittlichen täglichen Handelsvolumen der letzten drei Monate liegt. Diese Angaben und eine zusätzliche eigene Kennzahl für das Maß, in dem eine Aktie in letzter Zeit angesammelt (kumuliert) oder verteilt (distribuiert) wird, sind unschätzbar wertvolle Informationen, die man in keiner anderen täglich erscheinenden Publikation findet – das *Wall Street Journal* eingeschlossen.

Wenn der Preis einer Aktie sinkt, wünscht man sich gewöhnlich ab irgendeinem Punkt einen Umsatzrückgang, der anzeigt, dass kein weiterer beträchtlicher Verkaufsdruck mehr besteht. Wenn der Preis einer Aktie steigt, wünscht man sich in den meisten Situationen einen Umsatzzuwachs, der gewöhnlich Kauftätigkeit seitens von Institutionen, nicht der Allgemeinheit, darstellt.

Wenn eine Aktie aus einem Konsolidierungsbereich ausbricht (siehe Kapitel 2 über das Lesen von Charts und die Erkennung der Preisformationen von Gewinneraktien), sollte das Handelsvolumen mindestens 40 oder 50 Prozent über dem normalen Umsatz liegen. In vielen

Fällen steigt es an einem Tag um 100 Prozent oder mehr, was auf eine solide Kauftätigkeit und die Möglichkeit weiterer Kurszuwächse hindeutet. Die Verwendung von Tages- und Wochencharts hilft einem, die Kurs- und Umsatzbewegungen von Aktien zu analysieren und zu interpretieren. Auch Monatscharts haben ihren Wert.

Man sollte das Basismuster einer Aktie wochenweise analysieren, angefangen mit der ersten Woche, in der die Aktie innerhalb einer neu gebildeten Konsolidierung im Minus schließt. Wochenweise geht es weiter, bis man zu der aktuellen Woche gelangt, in der man glaubt, dass die Aktie aus der Basis ausbrechen könnte. Dabei beurteilt man, wie weit die Aktie in jeder Woche gestiegen oder gefallen ist und ob dies im Vergleich zur Vorwoche unter höherem oder geringerem Umsatz geschah. Außerdem achtet man darauf, wo innerhalb der Preisspanne zwischen dem Wochenhoch und dem Wochentief die Aktie jeweils geschlossen hat. Man überprüft die Entwicklung Woche um Woche und bewertet gleichzeitig die Gesamtform der Formation, um zu sehen, ob es sich um ein solides Muster handelt, das eine Akkumulierung anzeigt, oder ob es zu viele Mängel aufweist.

Bedenken Sie: Man kann mit dem CAN-SLIM-System Aktien jeder Größe und Kapitalisierung kaufen. Small-Cap-Aktien schwanken jedoch sowohl nach oben als auch nach unten stärker. Der Markt verlagert seinen Schwerpunkt von Zeit zu Zeit von Small Caps auf Large Caps und umgekehrt. Man sollte Unternehmen vorziehen, die am freien Markt Aktien zurückkaufen und die einen erheblichen Besitzanteil im Management aufweisen.

KAPITEL 7

L = „LEADER OR LAGGARD" – MARKTFÜHRER ODER NACHZÜGLER: WOZU GEHÖRT IHRE AKTIE?

Die Menschen neigen dazu, Aktien zu kaufen, die ihnen ein gutes oder angenehmes Gefühl vermitteln. Aber auf einem Bullenmärkt, der von dynamischen führenden Unternehmen bevölkert ist, die immer wieder positiv überraschen, erweisen sich solche sentimentalen Favoriten häufig als die schwächsten Nachzügler.

Angenommen, Sie wollen eine Aktie aus der Computerbranche kaufen. Wenn Sie den besten Performer der Gruppe kaufen und das zum richtigen Zeitpunkt, dann haben Sie einen Vorsprung, was den realen Kurszuwachs betrifft. Wenn Sie allerdings eine Aktie kaufen, die sich nicht groß bewegt hat oder die sogar auf einen Preis gefallen ist, der sie wie ein Schnäppchen und somit sicherer erscheinen lässt, stehen die Chancen gut, dass Sie eine Aktie mit geringem Potenzial ausgesucht haben. Schließlich hat es einen Grund, dass sie sich am Boden des Haufens befindet.

Spielen Sie nicht einfach nur herum, indem Sie Aktien aus irgendwelchen Gründen kaufen. Beschäftigen Sie sich damit, leisten Sie Detektivarbeit und finden Sie heraus, was gewisse Aktien stärker steigen lässt als andere. Wenn Sie daran arbeiten, schaffen Sie das.

KAUFEN SIE EINE DER ZWEI ODER DREI BESTEN AKTIEN EINER GRUPPE

Es kann sein, dass die besten ein, zwei oder drei Aktien einer starken Branchengruppe unglaublich steigen, während andere im Pulk kaum von der Stelle kommen.

Die großen Computer-Aktien der Hausse von 1979 und 1980 – Wang Labs, Prime Computer, Datapoint, Rolm und Tandy – erlebten fünf-, sechs- und siebenfache Anstiege, bevor sie den Höhepunkt überschritten und nachgaben. Aber der gefühlsmäßige Favorit, das große alte Unternehmen IBM, saß bloß still da, und die Giganten Burroughs, NCR und Sperry Rand waren genauso leblos. In der Hausse 1981 bis 1983 jedoch erwachte IBM zum Leben und erzielte hervorragende Ergebnisse.

Im Einzelhandelssektor verzehnfachte sich Home Depot von 1988 bis 1992, während die Nachzügler in der Baumarktnische, Waban und Hechinger, dramatisch hinter dem Durchschnitt zurückblieben.

Sie sollten die wirklich großartigen Unternehmen kaufen – diejenigen, die in ihrer Branche führend und auf ihrem Spezialgebiet die Nummer 1 sind. Meine größten Gewinner – Syntex 1963, Pic'N'Save von 1976 bis 1983, Price Co. von 1982 bis 1985, Franklin Resources von 1985 bis 1986, Genentech von 1986 bis 1987, Amgen von 1990 bis 1991, America Online von 1998 bis 1999, Charles Schwab von 1998 bis 1999, Sun Microsystems von 1998 bis 1999, Qualcomm 1999, Ebay von 2002 bis 2004, Google von 2004 bis 2007 und Apple von 2004 bis 2007 waren zu der Zeit, als ich sie kaufte, die Nummer-1-Unternehmen ihrer jeweiligen Branchengruppe.

Mit Nummer 1 meine ich weder das größte Unternehmen noch das mit dem bekanntesten Markennamen. Ich meine das Unternehmen mit dem besten Quartals- und Jahres-Gewinnwachstum, der höchsten Eigenkapitalrendite, den größten Ertragsmargen, dem größten Umsatzwachstum und der dynamischsten Aktienkursbewegung. Unternehmen dieses Typs haben auch ein einmaliges, überlegenes Produkt oder eine entsprechende Dienstleistung und jagen ihren älteren, weniger innovativen Mitbewerbern Marktanteile ab.

MEIDEN SIE AKTIENBEWEGUNGEN AUS SYMPATHIE

Unsere Studien zeigen, dass am Aktienmarkt nur sehr wenig wirklich neu ist; Geschichte wiederholt sich ganz einfach.

Als ich die Aktie von Syntex, des Entwicklers der ersten Antibabypille, im Juli 1963 erstmals aus einer hohen, engen Flaggenformation heraus kaufte (danach stieg sie schnell um mehr als 400 Prozent), wollten die meisten Menschen sie nicht anrühren. Gerade hatte die Aktie an der American Stock Exchange ein neues Hoch von 100 Dollar erzielt und das KGV von 45 erschien ebenso hoch und beängstigend wie der Kurs. Keine Brokerfirma hatte damals Researchmaterial über die Firma und der einzige Investmentfonds, der sie besaß – ein Fonds von Value Line –, hatte die Aktie im Quartal davor verkauft, als sie zu steigen begonnen hatte. Stattdessen empfahlen mehrere Investmentfirmen von der Wall Street später G.D. Searle als „sympathy play". Searle hatte ein ähnliches Produkt wie Syntex und die Aktie sah viel billiger aus, weil sie nicht so weit gestiegen war. Aber diese Aktie brachte nicht die gleichen Ergebnisse. Syntex war der Anführer, Searle der Nachzügler.

Eine „sympathy play" ist eine Aktie aus der gleichen Branchengruppe, die in der Hoffnung gekauft wird, dass der Glanz des führenden Unternehmens auf sie abfärbt. Doch die Gewinne solcher Unternehmen verblassen gewöhnlich im Vergleich zu denen der führenden Firmen. Irgendwann versuchen solche Aktien, in Analogie zu dem Anführer zu steigen, sie laufen aber niemals so gut wie dieser.

Im Jahr 1970 wurde Levitz Furniture, das damals führende Unternehmen auf dem neuen Kaufhaussektor, zu einem elektrisierenden

Börsengewinner. Die Wickes Corp. kopierte Levitz und viele Menschen kauften Aktien dieses Unternehmens, weil sie „günstiger“ waren, aber Wickes erzielte nie die gleiche Performance und geriet schließlich in finanzielle Schwierigkeiten. Levitz legte indes 900 Prozent zu, bevor es schließlich den Höhepunkt überschritt.

Andrew Carnegie, der Pionier der Stahlindustrie, schrieb in seiner Autobiografie: „Der Erste bekommt die Auster; der Zweite bekommt die Schale.“ Jeder neue Konjunkturzyklus Amerikas wird von neuen Innovatoren, Erfindern und Unternehmern angetrieben.

Wenn unser Staat wirklich Arbeitsplätze schaffen und keine Wohlfahrtspakete verteilen möchte, besteht die wirkungsvollste Maßnahme darin, Menschen, die neue kleine, aufstrebende Unternehmen gründen wollen, für die ersten zwei oder drei Jahre kräftige Steueranreize zu bieten. Unsere Zahlen zeigen, dass in den vergangenen 25 Jahren die Kleinunternehmen Amerikas für die Schaffung von 80 bis 90 Prozent aller neuen Arbeitsplätze verantwortlich waren. Das ist ein wesentlich höherer Anteil als derjenige, der aus den Zahlen des Staates hervorgeht, wo neue Arbeitsplätze nicht auf realistische, umfassende Art gezählt werden.

Beispielsweise definiert die Small Business Administration ein Kleinunternehmen als Unternehmen mit weniger als 500 Beschäftigten. Ja, als Sam Walton Wal-Mart gründete und als Bill Gates mit Microsoft anfing, hatten die Unternehmen jeweils vielleicht 30 bis 40 Mitarbeiter. Ein Jahr später hatten sie vielleicht 75, im nächsten Jahr 120, dann 200, dann 320 und dann 501. Ab diesem Punkt wurden sie nicht mehr als Kleinunternehmen betrachtet. Allerdings schuf das eine in den nächsten zehn bis 15 Jahren mehr als eine Million Arbeitsplätze und das andere 500.000 Arbeitsplätze. Alle diese neuen Jobs wurden von dynamischen Unternehmern geschaffen, die nagelneue Unternehmen gründeten, und deshalb sollten sie anerkannt und als solche gezählt werden.

Wir haben eine riesige Datenbank aller börsennotierten Unternehmen. In den letzten 25 Jahren haben die Großunternehmen netto gesehen keine neuen Arbeitsplätze geschaffen. Wenn ein Großunternehmen ein anderes Unternehmen kauft und dadurch sofort seine Mitarbeiterzahl erhöht, schafft es keine *neuen* Arbeitsplätze. Tatsächlich führt es sogar eine Konsolidierung durch und entlässt Menschen in doppelt besetzten Positionen. Außerdem schrumpfen sich viele solche Unternehmen im Laufe der Zeit gesund. Unsere ineffiziente, bürokratische Regierung muss anfangen, alle Arbeitsplätze, die von neuen oder kleinen Unternehmen geschaffen wurden, über die ersten 15 oder 20 Jahre ihrer Geschäftstätigkeit mitzuzählen.

WIE MAN DIE ANFÜHRER VON DEN NACHZÜGLERN TRENNT: DIE RELATIVE STÄRKE

Wenn man ein Aktienportfolio hat, muss man lernen, die Aktien mit der schlechtesten Performance als Erste zu verkaufen und die besten ein bisschen länger zu behalten. Verkaufen Sie anders ausgedrückt Ihre Fehler immer, so lange der Verlust noch klein ist, und hüten Sie Ihre gut gewählten Aktien, um zu sehen, ob sie sich zu großen Gewinnern entwickeln. Da die menschliche Natur nun einmal so ist, wie sie eben ist, machen die meisten Menschen es verkehrt herum: Sie behalten ihre Verlierer und verkaufen ihre Gewinner – ein Rezept, das immer zu noch größeren Verlusten führt.

Woher weiß man, welche Aktie besser und welche schlechter ist? Am schnellsten und einfachsten geht das, wenn man in *Investor's Business Daily* ihre Relative Stärke (RS) überprüft.

> Das firmeneigene RS-Rating gibt die Preisperformance einer bestimmten Aktie im Verhältnis zum restlichen Markt über die vergangenen 52 Wochen an. Jede Aktie am Markt bekommt ein Rating von 1 bis 99, wobei 99 am besten ist. Ein RS-Rating von 99 bedeutet, dass die Aktie hinsichtlich des Preises 99 Prozent aller Aktien übertroffen hat. Ein RS von 50 bedeutet, dass die Hälfte der anderen Aktien besser und die andere Hälfte schlechter gelaufen ist.

Wenn das RS-Rating Ihrer Aktie unter 70 liegt, dann liegt sie hinter den besseren Aktien des Gesamtmarktes zurück. Das heißt nicht, dass ihr Kurs nicht steigen könnte. Es heißt nur, dass sie, wenn sie aufgrund irgendeines Zufalls steigt, wahrscheinlich weniger steigt.

Von den frühen 1950er-Jahren bis 2008 lag das durchschnittliche RS-Rating der Aktien mit der besten Performance *vor* ihren großen Durchmärschen bei 87. Anders gesagt hatten sich die besten Aktien bereits besser als fast neun von zehn der anderen Aktien entwickelt, als sie mit ihrem bislang explosivsten Anstieg begannen. Die Regel für jene, die entschlossen sind, am Aktienmarkt im großen Stil zu gewinnen, lautet also: Suchen Sie sich die echten Anführer, meiden Sie Nachzügler und Sympathie-Investments. Kaufen Sie keine Aktien mit Relative-Stärke-Ratings in den 40ern, 50ern oder 60ern.

Das „Relative Price Strength Rating" wird täglich für alle Aktien angegeben, die in den Aktientabellen von *Investor's Business Daily* vorkommen. Man findet diese Information in keiner anderen täglich erscheinenden Wirtschafts- oder Lokalzeitung. Außerdem werden die aktualisierten RS-Ratings auch von dem Chartdienstleister Daily Graphs Online angeboten.

Man kann die Relative Stärke einer Aktie auch in einem Chart darstellen. Wenn die RS-Linie seit sieben Monaten oder länger fällt oder wenn die Linie seit vier Monaten oder länger ungewöhnlich steil fällt, ist das Kursverhalten der Aktie höchst fragwürdig und man sollte sie lieber verkaufen.

PICKEN SIE „80ER" UND „90ER" HERAUS, DIE SICH IN SOLIDEN UND KORREKTEN KONSOLIDIERUNGS-FORMATIONEN BEFINDEN

Wenn Sie Ihre Aktienauswahl dahingehend verbessern wollen, dass Sie auf die führenden Unternehmen abzielen, schränken Sie Ihre Käufe auf Unternehmen ein, die RS-Ratings von 80 oder mehr aufweisen.

Es hat keinen Sinn, eine Aktie zu kaufen, die sich als Nachzügler abstrampelt. Aber genau das tun viele Anleger – einschließlich mancher, die in den größten Investmentfirmen Amerikas arbeiten.

Ich kaufe ungern Aktien mit RS-Ratings unter 80. Tatsächlich haben Aktien, die das richtig große Geld bringen, im allgemeinen RS-Ratings von 90 oder höher, bevor sie aus ihrer ersten oder zweiten Basisformation ausbrechen. Das RS-Rating einer potenziellen Gewinneraktie sollte in der gleichen Liga spielen wie der Fastball eines Pitchers. Der durchschnittliche Fastball in der Big League fliegt mit 86 Meilen pro Stunde und die besten Pitcher werfen in den 90ern.

Wenn Sie eine Aktie kaufen, stellen Sie absolut sicher, dass sie aus einem soliden Bodenbildungs- oder Preiskonsolidierungs-Bereich herauskommt. Achten Sie außerdem darauf, dass Sie sie an ihrem exakten Kaufpunkt oder Pivot-Point kaufen. Wie bereits erwähnt, sollte man es vermeiden, Aktien zu kaufen, die um mehr als fünf oder zehn Prozent über ihren exakten anfänglichen Kaufpunkt hinaus gestiegen sind. Dies hält einen davon ab, Aktien nachzujagen, deren Preis zu schnell steigt, und macht es weniger wahrscheinlich, dass man im Zuge eines steilen Kursrutsches hinausfliegt.

Die fehlende Bereitschaft von Anlegern, Mindestanforderungen für die Aktienauswahl aufzustellen und zu befolgen, erinnert mich an die Ärzte der fernen Vergangenheit, die nicht wussten, dass sie ihre Instrumente vor jeder Operation hätten sterilisieren müssen. Sie töteten immer wieder Patienten, bis die Chirurgen endlich widerwillig die Forschungen der Wissenschaftler Louis Pasteur und Joseph Lister akzeptierten. Es ist in allen Lebensbereichen so, dass sich Ignoranz selten auszahlt, und am Aktienmarkt ist das nicht anders.

WIE MAN IM LAUFE VON MARKTKORREKTUREN NEUE ANFÜHRER FINDET

Korrekturen oder Preisrückgänge des Gesamtmarktes können Ihnen helfen, neue führende Unternehmen zu erkennen – wenn Sie wissen, worauf Sie achten müssen. Die erstrebenswerteren Growth-Aktien machen normalerweise eine Korrektur durch, die dem Anderthalb- bis Zweieinhalbfachen der Korrektur der allgemeinen Börsenindizes entspricht. Anders gesagt: Wenn der Gesamtmarkt um zehn Prozent nachgibt, korrigieren die besseren Growth-Aktien um 15 bis 25 Prozent. Allerdings sind in einer Korrektur während einer Hausse oder eines Aufwärtstrends diejenigen Growth-Aktien, die am wenigsten fallen (prozentual), gewöhnlich die beste Wahl. Diejenigen, die am meisten absacken, sind normalerweise die schwächsten.

Sagen wir, der allgemeine Marktdurchschnitt erleidet eine mittelfristige Korrektur um zehn Prozent und drei Ihrer erfolgreichen Growth-Aktien verlieren 15, 25 beziehungsweise 35 Prozent. Die beiden, die nur um 15 respektive 25 Prozent gefallen sind, werden nach ihrer Erholung wahrscheinlich Ihre besten Investments. Eine Aktie, die im Zuge eines allgemeinen Marktrückgangs von zehn Prozent um 35 bis 40 Prozent abrutscht, könnte damit ein Warnsignal abgeben. In den meisten Fällen sollten Sie dies beachten.

Die ersten Aktien, die nach dem definitiven Ende eines allgemeinen Marktrückgangs wieder auf neue Hochs zurückfedern, sind fast immer echte Führungswerte. Solche Chartausbrüche setzen sich circa 13 Wochen lang Woche für Woche fort. Die besten brechen gewöhnlich in den ersten drei oder vier Wochen aus. Das ist der ideale Zeitraum für den Aktienkauf ... den dürfen sie absolut nicht verpassen. Lesen Sie auf jeden Fall das Kapitel über die allgemeine Marktrichtung sorgfältig durch, damit Sie lernen, wie Sie ihn erkennen.

AUCH PROFIS MACHEN VIELE FEHLER

Viele professionelle Vermögensverwalter begehen den schweren Fehler, Aktien zu kaufen, die kürzlich ungewöhnlich große Preiseinbrüche erlitten haben. Unsere Studien deuten darauf hin, dass dies ein todsicherer Weg ist, sich in Schwierigkeiten zu bringen.

Im Juni 1972 kaufte ein ansonsten kompetenter institutioneller Anleger aus Maryland Levitz Furniture nach seinem ersten abnormalen Preiseinbruch – einem einwöchigen Absacker von 60 auf rund 40

Dollar. Ein paar Wochen lang erholte sich die Aktie, dann kippte sie und brach auf 18 Dollar ein.

Im Oktober 1978 kauften mehrere institutionelle Investoren Memorex, einen führenden Zulieferer von Computer-Peripherie, als das Unternehmen seinen ersten ungewöhnlichen Preiseinbruch erlebte und nach einem guten Wert aussah. Später tauchte die Aktie ab.

Im September 1981 kauften einige Geldverwalter aus New York die Aktie von Dome Petroleum anlässlich eines Einbruchs von 16 auf zwölf Dollar. Das erschien ihnen günstig, und an der Wall Street kursierte eine positive Geschichte über die Aktie. Monate später wurde Dome für einen Dollar verkauft.

Institutionelle Käufer schnappten sich Lucent Technologies, einen Liebling der Wall Street, der Mitte der 1990er-Jahre aus AT&T ausgegliedert worden war, nachdem der Kurs von 78 auf 50 Dollar eingebrochen war. Im Laufe des Jahres brach er weiter auf fünf Dollar ein.

Im Jahr 2000 kauften viele Menschen Cisco Systems, als es nach seinem Hoch vom Jahresanfang bei 82 Dollar auf 50 Dollar eingebrochen war. Dieser Hersteller von Computernetzwerk-Ausrüstung war in den 1990er-Jahren ein riesiger Gewinner gewesen und um 75.000 Prozent gestiegen, deshalb sah er bei 50 Dollar billig aus. Er fiel auf acht Dollar und kehrte nie wieder auf die 50 zurück. Im Jahr 2008, also acht Jahre, nachdem jene Käufer bei 50 Dollar einen fairen Wert gesehen hatten, wurde Cisco für nur 17 Dollar gehandelt. Wenn man es am Aktienmarkt zu etwas bringen will, muss man aufhören, das zu machen, was einen früher in Schwierigkeiten brachte. Stattdessen muss man neue, viel bessere Regeln und Methoden aufstellen, die einen künftig leiten.

Nehmen wir an, Otto Normalanleger hätte es unterlassen, den Schuhhersteller Crocs zu splitbereinigten 15 Dollar zu kaufen, als er im September 2006 eine perfekte Tasse mit Henkel verließ. Nehmen wir an, er hätte auch die nächste Tassenformation im April 2007 bei 28 Dollar verpasst. Dann rauschte die Aktie bis zum Oktober auf 75 Dollar hinauf, während der Unternehmensgewinn in jenem Quartal um 100 Prozent stieg. Allerdings sackte die Aktie einen Monat später auf 47 Dollar ab und Otto sah nun seine Chance, in diesen großen Gewinner einzusteigen, den er auf dem ganzen Weg nach oben verpasst hatte – und das zu einem jetzt günstigeren Preis. Aber die Aktie fiel einfach weiter und wurde im Januar 2009 für nur noch einen Dollar verkauft. Es ist gefährlich, Aktien auf dem Weg nach unten zu kaufen. Dabei kann man sich ruinieren. Geben Sie diese gefährliche schlechte Angewohnheit also auf.

Und wie wäre es mit dem Kauf eines Blue Chips, einer hochkarätigen Bank, die auf ihrem Gebiet führend ist – der Bank of America? Im Dezember 2006 kostete die Aktie 55 Dollar, aber ein Jahr später hätte man sie mit 40 Dollar günstiger bekommen. Ein weiteres Jahr später war sie allerdings auf sechs Dollar abgesackt. Aber Sie sind ja immer noch ein langfristig orientierter Anleger, der eine Dividende von vier Cent kassiert.

Deshalb sage ich, dass man keine angeblich gute Aktie auf dem Weg nach unten kaufen sollte, und deshalb empfehlen wir, jegliche Verluste auf sieben oder acht Prozent zu begrenzen. Mit jeder Aktie kann alles passieren. Man braucht Regeln, um sein schwer verdientes Geld zu schützen. Wir alle machen Fehler. Man muss lernen, die eigenen unermüdlich zu korrigieren.

Keiner der Profis und Privatanleger, die Cisco, Crocs oder Bank of America besaßen beziehungsweise kauften, als sie fielen, erkannte den Unterschied zwischen einem normalen Preisrückgang und einer höchst abnormalen Korrektur unter hohem Umsatz, die eine mögliche Katastrophe signalisieren kann. Das eigentliche Problem war jedoch, dass sie sich auf Geschichten verließen, die sie gehört hatten, und auf eine Methode der Fundamentalanalyse, die niedrigere KGVs mit „Wert" gleichsetzt. Sie achteten nicht auf die Bewegungen des Marktes, die ihnen hätten sagen können, was wirklich vor sich ging.

Von jenen, die zuhören und die den Unterschied zwischen normalen und abnormalen Bewegungen lernen, sagt man, sie hätten „ein gutes Gefühl für den Markt". Diejenigen, die ignorieren, was der Markt sagt, bezahlen dafür gewöhnlich einen hohen Preis. Jeder, der Aktien auf dem Weg nach unten kauft, weil sie dann günstig erscheinen, wird auf die harte Tour lernen, dass man auf diese Art viel Geld verlieren kann.

ACHTEN SIE AUF ABNORMALE STÄRKE AN SCHWACHEN BÖRSENTAGEN

Ich erinnere mich, dass ich an einem Tag im Frühjahr 1967 das Büro eines Brokers in New York betrat, als der Dow Jones Industrial Average mehr als zwölf Punkte gefallen war. Damals, als der Dow Jones noch um die 800 und nicht wie im Jahr 2008 um die 8.000 notierte, war das noch eine Menge. Ich beobachtete die elektronische Kursanzeige, die an der Wand durchlief, und sah, dass Control Data – ein Pionier auf dem Gebiet der Supercomputer – für 62 Dollar gehandelt wurde, das heißt, dass es unter starkem Umsatz 3 ½ Punkte gestiegen war. Ich kaufte die Aktie sofort. Ich kannte Control Data gut, und dies war eine höchst abnormale Stärke im Angesicht eines schwachen Gesamtmarktes. Später stieg die Aktie auf 150 Dollar.

Im April 1981, gerade als die Baisse 1981 in Gang kam, brach MCI Communications, eine Telekommunikations-Aktie, die im Freiverkehr gehandelt wurde, aus einer Preiskonsolidierung um die 15 Dollar aus. Die Aktie stieg in 21 Monaten auf das Äquivalent von 90 Dollar. Dies war ein weiteres großartiges Beispiel für höchst abnormale Stärke angesichts eines schwachen Marktes.

Die Tabakfirma Lorillard machte in der Baisse 1957 das Gleiche, Software Toolworks stieg während des Marktrückgangs Anfang 1990, der Mobilfunkhersteller Qualcomm machte sogar während der schwierigen Marktlage Mitte 1999 große Fortschritte und Taro Pharmaceutical trotzte Ende 2000 der Baisse, die in jenem Frühling begonnen hatte. Ebenfalls im Jahr 2000 hob die Hausbaufirma NVR bei 50 Dollar ab und bewegte sich auf stetig fallenden Zinsen bis zum März 2003 auf 360 Dollar hinauf. Die neue Hausse machte im Jahr 2003 viele führende Unternehmen sichtbar, unter anderem Apple, Google, Research In Motion, Potash und mehrere chinesische Aktien.

Vergessen Sie also nicht: Es lohnt sich selten, in Nachzügler-Aktien zu investieren, selbst wenn sie verlockend günstig aussehen. Halten Sie nach Marktführern Ausschau und beschränken Sie Ihre Käufe auf solche Unternehmen. Steigen Sie aus dahindümpelnden Verlierern aus, sobald sie acht Prozent unter dem Kaufpreis stehen, damit Sie nicht Gefahr laufen, sich schweren Schaden zuzufügen.

KAPITEL 8

I = INSTITUTIONELLE FÖRDERUNG

Eine große Nachfrage ist nötig, um die Preise in die Höhe zu treiben, und die mit Abstand größte Quelle der Aktiennachfrage sind institutionelle Anleger, zum Beispiel Investmentfonds, Pensionsfonds, Hedgefonds, Versicherungsgesellschaften, große Anlageberatungen, Treuhandabteilungen von Banken sowie staatliche Wohltätigkeits- und Bildungseinrichtungen. Diese Großinvestoren sind für den Löwenanteil der täglichen Marktaktivität verantwortlich.

WAS IST INSTITUTIONELLE FÖRDERUNG?

Mit institutioneller Förderung sind beliebige Aktien im Besitz solcher Institutionen gemeint. Researchberichte von Brokerhäusern und Analystenempfehlungen habe ich zu Messzwecken nie als institutionelle Förderung betrachtet, auch wenn einige von ihnen kurzfristig einen gewissen Einfluss auf manche Wertpapiere haben können. Auch Anlageberatungsdienste und Börsenbriefe sind in dieser Definition nicht als institutionelle oder professionelle Förderung zu betrachten, weil ihnen die konzentrierte und nachhaltige Kauf- beziehungsweise Verkaufskraft der institutionellen Anleger fehlt.

Eine Gewinneraktie benötigt zwar keine riesige Menge an institutionellen Besitzern, aber einige sollte sie doch mindestens haben. In einigen seltenen Fällen, in denen es um kleinere oder neuere Unternehmen geht, dürfte die Mindestzahl bei 20 liegen, auch wenn sie bei den meisten Aktien viel, viel größer ist. Wenn eine Aktie keine professionelle Unterstützung erfährt, ist es wahrscheinlich, dass ihre Performance eher durchschnittlich ausfällt. Dies bedeutet nämlich, dass sich zumindest einige der mehr als 10.000 institutionellen Investoren die Aktie angesehen haben und über sie hinweggegangen sind. Selbst wenn sie damit falschliegen, so ist doch ein hohes Kaufvolumen erforderlich, um einen bedeutenden Preisanstieg anzuregen.

ACHTEN SIE AUF QUALITÄT UND WACHSENDE KÄUFERZAHLEN

Gewissenhafte Anleger graben noch eine Ebene tiefer. Sie wollen nicht nur wissen, wie viele institutionelle Förderer eine Aktie besitzt, sondern auch, ob sich diese Zahl in den letzten Quartalen stetig vergrößert hat – und, was noch wichtiger ist, ob das letzte Quartal eine erheblich größere Zunahme der Anzahl von Besitzern aufweist. Sie wollen auch wissen, *wer* diese Förderer sind. Dies erfährt man von Dienstleistern, die solche Informationen anbieten. Sie suchen nach Aktien, die sich im Besitz von zumindest einem der klügeren Portfoliomanager befinden, die die besten Performance-Bilanzen haben. Das meint man, wenn man sagt, dass man die *Qualität* der Förderung analysiert.

Für die Analyse der nachweislichen Qualität der institutionellen Unterstützung einer Aktie sind gewöhnlich die letzten zwölf Monate zuzüglich der letzten drei Jahre der Investmentperformance von Investmentfonds, die als Förderer auftreten, am relevantesten. Man erhält diese Information schnell und leicht, indem man beim „36-Month Performance Rating“ in *Investor's Business Daily* nachsieht. Ein Rating von A+ bedeutet, dass ein Fonds hinsichtlich der Performance zu den besten fünf Prozent gehört. Fonds mit Ratings von B+ oder höher gelten als relativ gute Performer. Bedenken Sie, dass das Rating eines guten Growth-Aktien-Investmentfonds während einer Baisse ein bisschen niedriger sein kann, weil dann die meisten Growth-Aktien definitiv eine Korrektur durchmachen.

Allerdings können sich die Ergebnisse signifikant ändern, wenn wichtige Portfoliomanager eine Vermögensverwaltung verlassen und zu einer anderen Firma gehen. Die Führungsposition hinsichtlich der Einstufung der besten institutionellen Investmentfonds ändert sich im Laufe der Jahre normalerweise nur langsam.

Mehrere Finanzdienstleister veröffentlichen die Positionen von Fonds und die Investmentperformance diverser Institutionen. Zum Beispiel können Sie bei Morningstar.com die 24 größten Positionen aller Fonds sowie andere Daten beziehen. Früher gingen die Investmentfonds am Markt tendenziell aggressiver vor. In letzter Zeit sind neue Investmentberatungsfirmen vom „Unternehmertyp“ aufgekommen, die öffentliche und institutionelle Gelder verwalten.

KAUFEN SIE UNTERNEHMEN, DEREN UNTERSTÜTZUNG WÄCHST

Wie bereits erwähnt, ist es nicht so wichtig, *wie viele* Institutionen eine Aktie besitzen, sondern vielmehr, *welche* aus der begrenzten Anzahl von Institutionen mit besserer Performance eine Aktie besitzen oder sie in letzter Zeit gekauft haben. Außerdem ist es von entscheidender Bedeutung, ob die Gesamtzahl der Unterstützer wächst oder sinkt. Man sollte dabei hauptsächlich auf den Trend im letzten Quartal achten. Es ist immer am besten, Aktien zu kaufen, die über mehrere Quartale starke Gewinne und Umsätze sowie eine wachsende Anzahl institutioneller Besitzer aufweisen.

ACHTEN SIE AUF AKTIENPOSITIONEN, DIE IM LETZTEN QUARTAL NEU ERWORBEN WURDEN

Eine bedeutende neue Position, die ein institutioneller Investor im letzten Berichtszeitraum eingegangen ist, ist grundsätzlich relevanter als existierende Positionen, die bereits seit einiger Zeit gehalten werden. Wenn ein Fonds eine neue Position aufbaut, ist es wahrscheinlich, dass er diese Position weiter aufstocken wird, und es ist weniger wahrscheinlich, dass er sie künftig verkaufen wird. Berichte über solche Aktivitäten sind rund sechs Wochen nach Ablauf der drei- oder sechsmonatigen Berichtsperiode eines Fonds verfügbar. Sie sind für Anleger hilfreich, die in der Lage sind, die klügeren Entscheidungen zu identifizieren, und die sich mit der korrekten Analyse von Tages- und Wochencharts sowie mit dem Timing auskennen.

Viele Anleger meinen, die Veröffentlichungen der neuen Engagements von Fonds kämen zu spät, als dass sie einen echten Wert haben könnten. Aber solche individuellen Meinungen sind üblicherweise unzutreffend.

Außerdem tauchen institutionelle Trades manchmal auf gewissen Kursanzeigen als Transaktionen von 1.000 bis 100.000 Stücken oder mehr auf. Bei den meisten führenden Unternehmen können institutionelle Käufe und Verkäufe für bis zu 70 Prozent der Handelsaktivität verantwortlich sein. Dies ist die nachhaltige Kraft, die hinter den meisten Preisbewegungen steht. Etwa die Hälfte der institutionellen Kauftätigkeit, die an den Kursanzeigen der New York Stock Exchange zu erkennen ist, dürfte sich auf langweilige Aktien beziehen. Vieles davon mag auch fehlgeleitet sein. Aber in der anderen Hälfte findet man möglicherweise wahrhaft phänomenale Aktien.

Somit stehen Sie vor der Aufgabe, intelligente, bestens informierte institutionelle Käufe von schlechten, unnötigen Käufen zu unterscheiden. Am Anfang ist das schwer, aber es wird immer leichter, wenn Sie lernen, die bewährten Regeln, Richtlinien und Prinzipien anzuwenden und zu befolgen, die in diesem Buch vorgestellt werden.

Um ein besseres Gefühl dafür zu bekommen, was am Markt funktioniert, sollte man die Investmentstrategien eines gut gemanagten Investmentfonds studieren. Sehen Sie die Tabellen von *Investor's Business Daily* durch, suchen Sie nach Growth-Fonds, die im Laufe von Haussen ein Rating von A, A+ oder B+ haben, und dann rufen Sie an und fordern einen Prospekt an. Aus diesem Prospekt erfahren Sie die Anlagephilosophie und die Anlagemethoden, die von den jeweiligen Fonds verwendet werden, sowie die Art und das Kaliber der Aktien, die sie kaufen. Zum Beispiel:

- Der Contrafund von Fidelity, der von Will Danoff gemanagt wird, war einige Jahre lang der Milliardenfonds mit der besten Performance. Er durchkämmt das Land und die internationalen Aktienmärkte, damit er bei jedem neuen Konzept und jeder neuen Aktienstory frühzeitig einsteigen kann.
- Die Fonds American Century Heritage und Gift Trust von Jim Stower verwenden Computer, um aggressive Aktien zu finden, bei denen Umsatz und Gewinn in letzter Zeit angezogen haben.
- Die von Ken Heebner gemanagten Fonds CGM Focus und CGM Mutual hatten beide viele Jahre lang überlegene Ergebnisse. Der Focus-Fonds konzentriert sich auf nur 20 Aktien. Dadurch ist er zwar volatiler, aber Ken setzt gern massiv auf bestimmte Sektoren, und in den meisten Fällen hat das sehr gut geklappt.
- Jeff Vinick war ein Spitzenmanager bei Fidelity, verließ dann die Firma und gründete einen Hedgefonds, der als einer der besten des Landes gilt.
- Der Janus 20 mit Sitz in Denver betreibt ein konzentriertes Portfolio mit weniger als 30 Growth-Aktien.

Manche Fonds kaufen auf neuen Hochs, andere hingegen kaufen um Tiefs herum und verkaufen möglicherweise auf neuen Hochs.

BEFINDET SICH IHRE AKTIE ZU FEST IN INSTITUTIONELLER HAND?

Es kommt vor, dass eine Aktie zu sehr von Institutionen gestützt wird. Im Jahr 1969 haben wir den Begriff „overowned" geprägt, und zwar für Aktien, die sich exzessiv in institutionellem Besitz befinden. Dabei besteht die Gefahr, dass sich die überzogene Unterstützung in große potenzielle Verkäufe wandeln kann, wenn bei der Firma etwas schiefgeht oder wenn eine Baisse beginnt.

In den Jahren 2000 und 2001 besaß allein das Unternehmen Janus Funds mehr als 250 Millionen Aktien von Nokia und 100 Millionen Aktien von America Online. Dies trug zu dem damaligen ungünstigen Ungleichgewicht zwischen Angebot und Nachfrage bei. Weitere Beispiele für „overowned" Aktien waren WorldCom (1999), JDS Uniphase und Cisco Systems (2000 und 2001).

Daher kann es sein, dass die „50 Lieblingsaktien" und andere Aktien, die sich weithin in institutionellem Besitz befinden, schlechte, riskante Aussichten haben. Sobald die starke Performance eines Unternehmens so offensichtlich ist, dass fast alle Institutionen die Aktie besitzen, ist es wahrscheinlich zu spät, auf den Zug aufzuspringen. Das Filetstück ist dann schon vergeben.

Sehen Sie sich einmal an, wie viele Institutionen meinten, die Citigroup sollte Ende der 1990er-Jahre und in den 2000er-Jahren eine Kernposition sein. Irgendwann im Laufe der Subprime- und Kreditkrise der Banken im Jahr 2008 fiel die Aktie dieser führenden Bank aus New York City auf 3,00 und später sogar auf 1,00 Dollar. Noch zwei Jahre zuvor hatte sie 57 Dollar gekostet. Deshalb gibt es in „Wie man mit Aktien Geld verdient" seit der ersten Ausgabe immer zwei ausführliche Kapitel über die Frage, wann man seine Aktie verkaufen sollte. Die meisten Anleger haben weder Regeln noch einen Plan dafür, wann sie verkaufen. Das ist ein schwerwiegender Fehler.

Das Gleiche gilt für American International Group. Als AIG im Jahr 2008 von den 100 Dollar, die es im Jahr 2000 gekostet hatte, auf 50 Cent absoff, hatte es mehr als 3.600 institutionelle Eigentümer.

Das staatsnahe Unternehmen Fannie Mae stürzte während des gleichen Finanzfiaskos auf weniger als einen Dollar ab.
America Online im Sommer 2001 und Cisco Systems im Sommer 2000 – auch sie befanden sich zu konzentriert im Besitz von über 1.000 Institutionen. Ein derart massives potenzielles Angebot kann sich in Zeiten einer Baisse nachteilig auf eine Aktie auswirken. Viele Fonds drängen sich auf dem Weg nach oben in gewisse führende Unternehmen massiv hinein und auf dem Weg nach unten drängen sie massiv heraus.

EINE UNANGREIFBARE INSTITUTIONELLE GROWTH-AKTIE ÜBERSCHREITET IHREN HÖHEPUNKT

Manche Aktien mögen unbesiegbar erscheinen, aber der alte Spruch ist wahr: Was steigt, muss irgendwann wieder herunterkommen. Kein Unternehmen ist auf ewig vor Managementproblemen, konjunkturellen Schwächen und Änderungen der Marktrichtung gefeit. Kluge Anleger wissen, dass es am Aktienmarkt nur wenige „heilige Kühe" gibt. Und Garantien gibt es gewiss keine.
Im Juni 1974 konnten es nur wenige Menschen glauben, als William O'Neil & Co. die Xerox-Aktie bei 115 Dollar auf die institutionelle „Meiden"- oder „Verkaufen"-Liste setzte. Bis dahin war Xerox eine der erfolgreichsten und am verbreitetsten gehaltenen institutionellen Aktien gewesen. Unsere Zahlen deuteten jedoch darauf hin, dass die Aktie den Höhepunkt überschritten hatte und auf dem Weg nach unten war. Außerdem war sie „overowned". Manche institutionellen Investoren machten Xerox weiterhin zur meistgekauften Aktie des Jahres. Doch als der Aktienkurs in Trudeln geriet, zeigte sich der wahre damalige Zustand des Unternehmens.
Diese Episode lenkte die Aufmerksamkeit auf unsere Firma, die Dienstleistungen für institutionelle Anleger anbietet, und verschaffte uns den ersten größeren Auftrag einer Versicherung aus New York. Diese Firma hatte Xerox im Bereich von 80 Dollar auf dem Weg nach unten gekauft, bis wir sie dazu überredeten, sie stattdessen zu verkaufen.

Wir stießen auch auf großen Widerstand, als wir 1998 Gillette, eine weitere heilige Kuh, bei rund 60 Dollar auf unsere „Meiden"-Liste setzten, bevor die Aktie abstürzte. Enron wurde am 29. November 2000 bei 72,91 Dollar von unserer Liste der neuen Ideen genommen, und wir hörten auf, das Unternehmen zu verfolgen (sechs Monate später stand die Aktie bei 45 Dollar, sechs weitere Monate später stand sie bei weniger als fünf Dollar und der Bankrott stand bevor). Auf der gegenüberliegenden Seite finden Sie eine Liste mit einigen Technologie-Aktien, die wir im Jahr 2000 von unserer New Stock Market Ideas (NSMI)-Liste potenzieller neuer Ideen für institutionelle Kunden nahmen, als die meisten Analysten sie unzutreffend als Käufe bezeichneten. Die Moral: Lassen Sie sich von der breit angelegten Popularität einer Aktie oder von einem Analysten, der den Anlegern auf dem Weg nach unten befindliche Aktien zum Kauf empfiehlt, nicht beeinflussen.

INSTITUTIONELLE FÖRDERUNG BEDEUTET MARKTLIQUIDITÄT

Ein weiterer Nutzen für Sie als Privatanleger besteht darin, dass die institutionelle Förderung Kaufunterstützung bietet, wenn Sie Ihr Investment verkaufen wollen. Wenn keine Förderung besteht und Sie versuchen, Ihre Aktie in einer schlechten Marktlage zu verkaufen, könnte es Ihnen schwerfallen, einen Käufer zu finden. Die tägliche Marktfähigkeit ist einer der großen Vorteile des Besitzes hochwertiger Aktien aus den Vereinigten Staaten (Immobilien sind weit weniger liquide und dort sind die Provisionen und Gebühren sehr viel höher). Eine gute institutionelle Förderung sorgt für ständige Liquidität. An einem schlechten Immobilienmarkt gibt es keine Garantie, dass man einen willigen Käufer findet, wenn man verkaufen will. Das kann ein halbes oder ein ganzes Jahr dauern, und man verkauft dann möglicherweise für einen niedrigeren Preis als erwartet.

Aktien, die im Jahr 2000 aus den NSMI-Käufen herausgenommen wurden

Symbol	Name	Datum der Streichung	Preis zum Zeitpunkt der Streichung	Preistief per 30.10.2001	Prozentualer Rückgang per 30.10.2001*
AMAT	Applied Materials	11.05.2000	USD 80,56	USD 26,59	67%
CSCO	Cisco Systems	01.08.2000	USD 63,50	USD 11,04	83%
CNXT	Conexant Systems	03.03.2000	USD 84,75	USD 6,57	92%
DELL	Dell Computer Corp	09.05.2000	USD 46,31	USD 16,01	65%
EMC	E M C Group	15.12.2000	USD 74,63	USD 10,01	87%
EXDS	Exodus Communications	30.03.2000	USD 69,25	USD 0,14	100%
INTC	Intel Corp	15.09.2000	USD 58	USD 18,96	67%
JDSU	J D S Uniphase	10.10.2000	USD 90,50	USD 5,12	94%
MOT	Motorola	30.03.2000	USD 51,67	USD 10,50	80%
NXTL	Nextel Communications	12.04.2000	USD 55,41	USD 6,87	88%
NT	Nortel Networks	02.10.2000	USD 59,56	USD 4,76	92%
PMCS	P M C Sierra Inc	01.08.2000	USD 186,25	USD 9,37	95%
QLGC	Qlogic Corp	14.03.2000	USD 167,88	USD 17,21	90%
SEBL	Siebel Systems Inc	15.12.2000	USD 76,88	USD 12,24	84%
SUNW	Sun Microsystems	09.11.2000	USD 49,32	USD 7,52	85%
VIGN	Vignette Corp	15.03.2000	USD 88,33	USD 3,08	97%
YHOO	Yahoo!	30.03.2000	USD 175,25	USD 8,02	95%

*Prozentsätze auf die nächste ganze Zahl gerundet.

Zusammenfassung: Kaufen Sie nur Aktien, die sich im Besitz wenigstens einiger institutioneller Förderer befinden, die in letzter Zeit eine überdurchschnittliche Performance aufwiesen und bei denen in den letzten Quartalen die Zahl der institutionellen Besitzer gestiegen ist.

Wenn ich merke, dass eine Aktie zwar eine große Anzahl von Förderern hat, dass sich aber keiner der Förderer auf meiner Liste der ungefähr zehn Fonds mit hervorragender Performance befindet, lasse ich in der Mehrzahl der Fälle die Finger von der Aktie. Die institutionelle Förderung ist ein weiteres wichtiges Werkzeug, das Sie bei der Analyse von Aktien zu Kaufzwecken verwenden sollten.

KAPITEL 9

M = MARKTRICHTUNG: WIE SIE SIE ERKENNEN KÖNNEN

Es kann sein, dass Sie mit jedem einzelnen Faktor, der in den letzten sechs Kapiteln beschrieben wurde, richtigliegen, aber mit der Richtung des Gesamtmarkts liegen Sie falsch und diese Richtung zeigt nach unten. Dann stürzen drei von vier Ihrer Aktien gemeinsam mit den Marktindizes ab und Sie werden sicher eine Menge Geld verlieren, so wie es vielen Menschen im Jahr 2000 und dann wieder im Jahr 2008 erging. Deshalb müssen Sie in Ihrem analytischen Werkzeugkoffer unbedingt eine bewährte, zuverlässige Methode haben, mit der Sie genau feststellen können, ob Sie sich in einer Hausse (Aufwärtstrend) oder in einer Baisse (Abwärtstrend) befinden. Sehr wenige Anleger und Börsenmakler haben ein solches unentbehrliches

Werkzeug. Viele Anleger verlassen sich auf andere Menschen, die ihnen bei ihren Investments helfen. Haben diese Berater oder Helfer einen soliden Satz von Regeln, mit denen sie feststellen können, wann der Gesamtmarkt anfängt, in Schwierigkeiten zu geraten?

Aber noch nicht einmal das reicht. Wenn man sich in einer Hausse befindet, muss man wissen, ob sie sich im Anfangsstadium oder im Spätstadium befindet. Und noch wichtiger ist es, zu wissen, was der Markt im Moment tut. Ist er schwach und ungünstig oder macht er nur einen normalen mittelfristigen Niedergang (üblicherweise acht bis zwölf Prozent) durch? Verhält er sich so, wie man es angesichts der aktuellen grundsätzlichen Bedingungen im Land erwarten sollte, oder verhält er sich ungewöhnlich stark oder schwach? Um diese und andere lebenswichtige Fragen beantworten zu können, müssen Sie lernen, den Gesamtmarkt korrekt zu analysieren. Und dafür müssen Sie von dem logischsten Punkt ausgehen.

Die Marktrichtungsmethode, die wir vor vielen Jahren entdeckt und entwickelt haben, ist ein derart entscheidendes Element der erfolgreichen Geldanlage, dass Sie dieses Kapitel bestimmt mehrmals lesen werden, bis Sie sie verstanden haben und sie für den Rest Ihres Anlegerlebens täglich anwenden können. Wenn Sie es gründlich lernen, dürfte es Ihnen in Zukunft nie passieren, dass Ihr Anlageportfolio in einer schweren Baisse um 30 bis 50 Prozent oder noch mehr fällt.

Die beste Möglichkeit, die Bewegungsrichtung des Marktes festzustellen, besteht darin, dass man sich Tagescharts der drei oder vier bedeutendsten allgemeinen Börsenindizes anschaut, sie beobachtet, sie interpretiert und sie versteht. Dazu gehören auch ihre täglichen Preis- und Umsatzveränderungen. Das mag sich zunächst etwas einschüchternd anhören, doch mit Geduld und Übung werden Sie den Markt schon bald wie ein echter Profi analysieren. Das ist die wichtigste Lektion, die Sie lernen können, wenn Sie aufhören wollen, zu verlieren, und anfangen wollen, zu gewinnen. Sind Sie bereit, klüger zu werden? Sind Ihnen Ihr künftiger Seelenfrieden und Ihre finanzielle Unabhängigkeit ein bisschen zusätzliche Anstrengung und Entschlossenheit wert?

Lassen Sie sich niemals von irgendjemanden sagen, Sie könnten den Markt nicht timen. Das ist ein gigantischer Mythos, der vor allem von der Wall Street, den Medien und von denjenigen verbreitet wird, die es nie geschafft haben und deshalb meinen, es wäre unmöglich. Wir haben schon von Tausenden Lesern dieses Kapitels und der Kolumne *The Big Picture* von *Investor's Business Daily* gehört, die es gelernt haben. Sie haben sich die Zeit genommen, die Regeln zu studieren und ihre Hausaufgaben zu machen, sodass sie vorbereitet waren und genau wussten, auf welche Fakten sie achten mussten. Infolgedessen hatten sie den nötigen Weitblick und das Verständnis, um im März 2000 sowie von November 2007 bis Januar 2008 und im Juni 2008 Aktien zu verkaufen und auf Bargeld umzusteigen. Damit konnten sie einen großen Teil der Gewinne sichern, die sie in den Jahren 1998 und 1999 sowie in der kräftigen fünfjährigen Aktien-Hausse erzielt hatten, die von März 2003 bis Juni 2008 dauerte.

Die irrige Auffassung, man könne den Markt nicht timen – das sei einfach unmöglich, niemand könne das –, kam vor über 40 Jahren auf, nachdem ein paar Investmentfonds-Manager es vergeblich versucht hatten. Sie mussten sowohl exakt zum richtigen Zeitpunkt verkaufen als auch danach zum richtigen Zeitpunkt wieder einsteigen. Aber aufgrund der Schwierigkeiten wegen der Größe ihres Kapitals und weil sie kein System hatten, dauerte es einige Wochen, bis sie an die Wende glaubten und endlich wieder in den Markt einstiegen. Um zu bestimmen, wann der Markt schließlich den Boden erreicht und tatsächlich wieder nach oben gewendet hatte, verließen sie sich auf ihre persönliche Urteilskraft und auf ihre Gefühle. Am Tiefpunkt sind die Nachrichten alle negativ. Also zögerten diese Manager, die ja auch nur Menschen waren. Darum entging ihren Fonds im Laufe der schnellen Wendebewegungen, die an Börsenböden häufig stattfinden, einiges an relativer Performance.

Aus diesem Grund und trotz der Tatsache, dass Jack Dreyfus in den 1950er-Jahren zweimal den Dreyfus Fund erfolgreich am Beginn einer Baisse auf Bargeld umgestellt hatte, erließen die Führungsetagen der meisten Investmentfonds strenge Regeln, die von den Fondsmanagern verlangten, vollständig investiert zu bleiben (95 bis 100 Prozent des Vermögens). Das passt möglicherweise gut zu dem soliden Konzept, dass Investmentfonds in Wirklichkeit langfristige Investments sind. Da solche Fonds üblicherweise außerdem breit diversifiziert sind (sie besitzen 100 oder noch mehr Aktien, die sich auf viele Branchen verteilen), dürften sie sich im Laufe der Zeit immer wieder erholen, wenn sich der Markt erholt. Deshalb hat es sich schon immer extrem gelohnt, solche Fonds 15 oder 20 Jahre lang zu halten, und das dürfte auch in Zukunft so bleiben. Aber Sie als Privatanleger, der fünf, zehn oder 20 Aktien besitzt, haben dieses Größenhandicap nicht. Es kann sein, dass einige Ihrer Aktien erheblich absacken und vielleicht nie wieder oder erst nach Jahren zurückkommen. Es ist sehr wichtig für Sie, erkennen zu lernen, wann es klug ist, auf Cash umzusteigen… also studieren und lernen Sie, wie Sie diese Methode erfolgreich zu Ihrem Vorteil einsetzen können.

WAS IST DER GESAMTMARKT?

Der Begriff „Gesamtmarkt" bezieht sich auf die am häufigsten verwendeten Marktindizes. Diese breiten Indizes zeigen Ihnen die ungefähre Stärke oder Schwäche der täglichen Handelsaktivität und können einer der frühesten Indikatoren sich anbahnender Trends sein. Dazu zählen:

- Der *Standard and Poor's (S&P) 500*. Dieser aus 500 Unternehmen bestehende Index stellt die Marktbewegung breiter und moderner dar als der Dow Jones.
- Der *Nasdaq Composite*. Es ist ein ziemlich volatiler Index, der in den letzten Jahren immer wichtiger wurde. An der Nasdaq sind viele jüngere, innovativere und schneller wachsende Unternehmen

beheimatet. Sie werden über das Nasdaq-Netzwerk von Market Makern gehandelt. Der Index ist eher technologielastig.
- Der *Dow Jones Industrial Average (DJIA)*. Dieser Index besteht aus 30 weithin gehandelten hoch kapitalisierten Aktien. Sein Schwerpunkt liegt zwar hauptsächlich auf großen, zyklischen Industriewerten, aber in den letzten Jahren hat er sich ein wenig verbreitert und beinhaltet auch Unternehmen wie Coca-Cola und Home Depot. Dieser Index ist ziemlich einfach, aber auch relativ altmodisch, denn er wird von großen, etablierten Unternehmen der alten Schule beherrscht, die langsamer wachsen als die heutzutage wagemutigeren Konzerne. Außerdem kann er über kurze Zeiträume leichter manipuliert werden, weil er aus nur 30 Aktien besteht.
- Der *NYSE Composite*. Dies ist ein nach Marktwert gewichteter Index aller Aktien, die an der New York Stock Exchange notieren.

Alle diese zentralen Indizes werden in *Investor's Business Daily* in großen, leicht analysierbaren Charts dargestellt, die außerdem einen gleitenden Durchschnitt und ein Accumulation/Distribution Rating (ACC/DIS RTG®) für jeden Index beinhalten. Das Accumulation/Distribution Rating sagt einem, ob der Index in letzter Zeit durch Käufe unterstützt wird oder erhebliche Verkäufe erlebt. Ich überprüfe diese Indizes möglichst jeden Tag, weil eine entscheidende Veränderung innerhalb weniger Wochen stattfinden kann und man den Wechsel nicht verschlafen möchte. Außerdem beurteilt die *IBD*-Kolumne „The Big Picture" täglich diese Indizes, um Ihnen konstruktiv dabei zu helfen, den aktuellen Zustand und die Bewegungsrichtung des Marktes zu entziffern.

WIESO IST SACHKUNDIGE, SORGFÄLTIGE MARKTBEOBACHTUNG SO WICHTIG?

Ein Professor in Harvard forderte einmal seine Studenten auf, einen Bericht über Fische zu schreiben. Seine Schüler gingen in die Bibliothek, lasen Bücher über Fische und schrieben dann ihre Arbeiten. Doch als die Studenten ihre Arbeiten abgegeben hatten, bekamen sie einen Schock, denn der Professor zerriss sie und warf sie in den Papierkorb. Als sie ihn fragten, was denn an den Berichten falsch wäre, sagte der Professor: „Wenn Sie irgendetwas über Fische lernen wollen, setzen Sie sich vor ein Aquarium und beobachten Sie Fische." Er ließ seine Studenten stundenlang dasitzen und Fische beobachten. Dann schrieben sie ihre Studienarbeiten ausschließlich auf der Grundlage ihrer Beobachtungen der eigentlichen Objekte.

Wenn man den Markt studiert, ist es genauso wie bei den Studenten im Kurs dieses Professors: Wenn man etwas über den Markt erfahren will, muss man die großen Indizes sorgfältig beobachten und studieren. Wenn man dies tut, erkennt man irgendwann, wann die täglichen Marktindizes an entscheidenden Wendepunkten die Richtung ändern – zum Beispiel an bedeutenden Markthöhepunkten und Markttiefpunkten –, und man lernt, daraus mit echtem Wissen und Selbstvertrauen Kapital zu schlagen.

Hier geht es um eine wichtige Lehre: Wenn man bei irgendeinem Unterfangen höchst akkurat sein will, muss man die eigentlichen Gegenstände sorgfältig beobachten und analysieren. Wenn man etwas über Tiger erfahren will, muss man Tiger beobachten – nicht das Wetter, nicht die Vegetation und nicht die anderen Tiere, die auf dem Berg leben.

Als der Baseballspieler Lou Brock vor Jahren sich vornahm, den Rekord für Stolen Bases zu brechen, ließ er alle Pitcher der Big League mit einer Hochgeschwindigkeitskamera von Plätzen hinter dem ersten Base aus filmen. Dann schaute er die Filme, um herauszufinden, welchen Körperteil jeder Pitcher zuerst bewegte, wenn er zum ersten Base warf. Der Pitcher war das Objekt, das Brock schlagen wollte, und deshalb studierte er die Pitcher sehr gründlich.

Beim Super Bowl 2003 gelang es den Tampa Bay Buccaneers, fünf Pässe der Oakland Raiders abzufangen, weil sie zuerst die Augenbewegungen und die Körpersprache des Quarterbacks von Oakland genau studiert und sich dann darauf konzentriert hatten. Sie „lasen“, wohin er werfen würde.

Christoph Kolumbus akzeptierte die herrschende Meinung, die Erde sei eine Scheibe, deshalb nicht, weil er selbst beobachtet hatte, wie Schiffe auf See hinter dem Horizont verschwanden, und daraus andere Schlüsse zog. Der Staat benutzt Wanzen, Spionageflugzeuge, unbemannte Drohnen und Satellitenfotos, um Objekte zu analysieren, die unsere Sicherheit bedrohen könnten. Auf diese Weise haben wir die sowjetischen Raketen in Kuba entdeckt.

Genauso ist es am Aktienmarkt: Wenn man wissen will, was vor sich geht, muss man die großen allgemeinen Marktindizes täglich beobachten und analysieren. Fragen Sie niemals irgendjemanden: „Was haben die Märkte Ihrer Meinung nach vor?“ Lernen Sie, richtig zu lesen, was der Markt wirklich täglich tut, und zwar während er das tut.

Zu erkennen, ob der Markt einen Höhepunkt oder einen Tiefpunkt erreicht hat, ist häufig schon die Hälfte der komplizierten Investment-Miete. Es ist auch die *entscheidende* Investmentfähigkeit, die anscheinend so gut wie allen Anlegern abgeht, egal ob Amateur oder Profi. Tatsächlich ist es den Wall-Street-Analysten vollständig misslungen, das Börsenhoch 2000 vorherzusagen, vor allem die Höhepunkte der einzelnen führenden Hightech-Aktien. Im Jahr 2008 schlugen sie sich nicht viel besser.

Wir haben im Jahr 2008 vier Erhebungen unter *IBD*-Abonnenten durchgeführt und außerdem Hunderte von Leserbriefen bekommen. Sie haben uns zu der Meinung gebracht, dass 60 Prozent der Leser von *IBD* im Dezember 2007 oder im Juni 2008 mithilfe der Kolumne „The Big Picture“ sowie durch Anwendung und Einhaltung unserer Regel von den fünf oder sechs Distributionstagen im Laufe jedes Vier- oder Fünf-Wochen-Zeitraums Aktien verkauft und auf Cash umgestellt haben. Sie haben ihr Kapital bewahrt und den schlimmsten Teil des dramatischen, kostspieligen Marktkollapses im Herbst 2008 umgangen, der aus den extremen Problemen am Markt für

Subprime-Immobiliendarlehen resultierte (die vom Staat gefördert und massiv unterstützt wurden). Vielleicht haben Sie ja den einen oder anderen Kommentar unserer Abonnenten in *IBD* ganz oben auf einer Seite mit dem Titel „You Can Do It, Too" gelesen. Im späteren Verlauf dieses Kapitels werden Sie noch lernen, wie man die allgemeinen Markt-Distributionsregeln von *IBD* konkret anwendet.

DIE STADIEN EINES BÖRSENZYKLUS

Dem erfolgreichen Anleger sollte klar sein, wie und über welchen Zeitraum sich ein normaler Konjunkturzyklus entfaltet. Besondere Aufmerksamkeit sollte der Anleger Zyklen der jüngeren Vergangenheit widmen. Die Tatsache, dass Zyklen in der Vergangenheit drei bis vier Jahre gedauert haben, ist allerdings keine Garantie dafür, dass sie auch in Zukunft so lange dauern.

Haussen und Baissen enden nicht reibungslos. Normalerweise sind zwei oder drei tückische Rücksetzer nach oben oder nach unten notwendig, um die wenigen noch verbliebenen Spekulanten auszubooten oder auszusieben. Nachdem alle, die ein- oder ausgestiegen sein könnten, das Handtuch geworfen haben, ist niemand mehr übrig, der in die gleiche Marktrichtung agieren könnte. Dann vollzieht der Markt schließlich die Wende und beginnt einen vollkommen neuen Trend. Das beruht größtenteils auf der Massenpsychologie, die stets am Werk ist.

Baissen enden gewöhnlich, während sich die Konjunktur noch im Abwärtstrend befindet. Der Grund dafür ist die Tatsache, dass Aktien sämtliche wirtschaftlichen, politischen und weltweiten Ereignisse mehrere Monate im Voraus vorwegnehmen oder „diskontieren". Der Aktienmarkt ist unter den entscheidenden Wirtschaftsindikatoren unseres Staates ein *führender*, kein *gleichzeitiger* oder *nachlaufender* Indikator. Der Markt ist außerordentlich aufnahmefähig und nimmt alle Ereignisse und fundamentalen Bedingungen wahr. Er reagiert auf das, was vor sich geht und was das für die Nation bedeuten könnte. Der Markt wird nicht von der Wall Street kontrolliert.

Was auf ihm geschieht, wird von Millionen von Anlegern im ganzen Land und von Tausenden großen Institutionen bestimmt. Es beruht auf der übereinstimmenden Schlussfolgerung, ob ihm das, was er voraussieht, gefällt oder nicht gefällt – zum Beispiel, was unser Staat tut oder bald tut und was das für Konsequenzen haben könnte.

In ähnlicher Weise überschreiten Haussen gewöhnlich den Höhepunkt und wenden nach unten, bevor die Rezession einsetzt. Aus diesem Grund ist der Blick auf Wirtschaftsindikatoren eine schlechte Art und Weise, zu entscheiden, wann man Aktien kaufen oder verkaufen sollte, und sie ist nicht empfehlenswert. Und doch tun manche Investmentfirmen genau das.

Auch die Vorhersagen vieler Volkswirte lassen einiges zu wünschen übrig. Einige Präsidenten unseres Landes mussten diese Lektion auf die harte Tour lernen. Zum Beispiel kamen Anfang 1983, gerade als sich die Konjunktur in den ersten Monaten ihrer Erholung befand, dem Leiter von Präsident Reagans Wirtschaftsberaterteam Bedenken, weil der Investitionsgütersektor nicht besonders stark war. Das war der erste Hinweis darauf, dass dieser Berater vielleicht nicht so kompetent war, wie er hätte sein sollen. Hätte er die historischen Trends begriffen, hätte er erkannt, dass die Nachfrage nach Investitionsgütern im Frühstadium einer konjunkturellen Erholung noch nie hoch war. Besonders galt dies im ersten Quartal 1983, als die Fabriken in den Vereinigten Staaten mit einer geringen prozentualen Kapazitätsauslastung arbeiteten.

Man sollte frühere Zyklen studieren und lernen, wie die Abfolge der Bewegungen einzelner Branchengruppen in verschiedenen Stadien des Börsenzyklus aussieht. Wenn man das tut, sieht man, dass die Branchen Eisenbahnausrüstung, Maschinen und sonstige Investitionsgüter im Laufe eines Konjunktur- oder Börsenzyklus spät dran sind. Dieses Wissen kann Ihnen bei der Bestimmung des aktuellen Standorts helfen. Wenn in diesen Gruppen ein Aufschwung beginnt, wissen Sie, dass sich das Ende nähert. Anfang 2000 kamen Computerunternehmen, die Investitionsgüter und Infrastruktur für das Internet lieferten, zusammen mit den Lieferanten von Telekommunikationsausrüstung erst im späten Stadium in die Gänge.

Engagierte Beobachter des Marktes, die mehr über Zyklen und die langfristige Geschichte des US-Wirtschaftswachstums wissen möchten, können an die Securities Research Company schreiben und dort einen langfristigen Chart kaufen, den man an die Wand hängen kann. Außerdem hat Daily Graphs, Inc. im Jahr 2008 einen Wandchart aufgelegt, der den Aktienmarkt von 1900 bis 2008 sowie größere Börsen- und Wirtschaftsereignisse zeigt.

In manchen Charts von Börsenindizes sind auch größere Ereignisse der letzten zwölf Monate eingetragen. Das kann sehr nützlich sein, vor allem wenn man ältere Exemplare aufbewahrt und manchmal durchsieht. Dann hat man eine Geschichte sowohl der Börsenindizes als auch der Ereignisse, die ihre Entwicklungsrichtung beeinflusst haben. Es ist beispielsweise hilfreich, wenn man weiß, wie die Börse auf neue Gesichter im Weißen Haus reagiert hat, auf Kriegsgerüchte, auf Lohn- und Preiskontrollen, auf Änderungen des Diskontsatzes oder auf Vertrauensverluste und „Paniken" im Allgemeinen. In dem nebenstehenden Chart des S&P 500 Index sind mehrere vergangene Zyklen zu sehen und die Baissen sind grau getönt.

MAN SOLLTE DIE GESAMTMARKTINDIZES TÄGLICH STUDIEREN

In Baissen eröffnen die Aktien gewöhnlich stark und schließen schwach. In Haussen eröffnen sie tendenziell schwach und schließen stark. Man muss die Indizes des Gesamtmarktes täglich überprüfen, denn Trendwenden können an beliebigen Tagen beginnen. Die Verwendung dieser primären Indizes ist eine direkte, praktische und effektive Methode, das Verhalten des Marktes zu analysieren und seine Richtung zu bestimmen.

Verlassen Sie sich nicht auf andere, untergeordnete Indikatoren, denn ihre Timing-Effektivität ist nicht erprobt. Auf die vielen Börsenbriefautoren, technischen Analysten und Strategen zu hören, die über 30

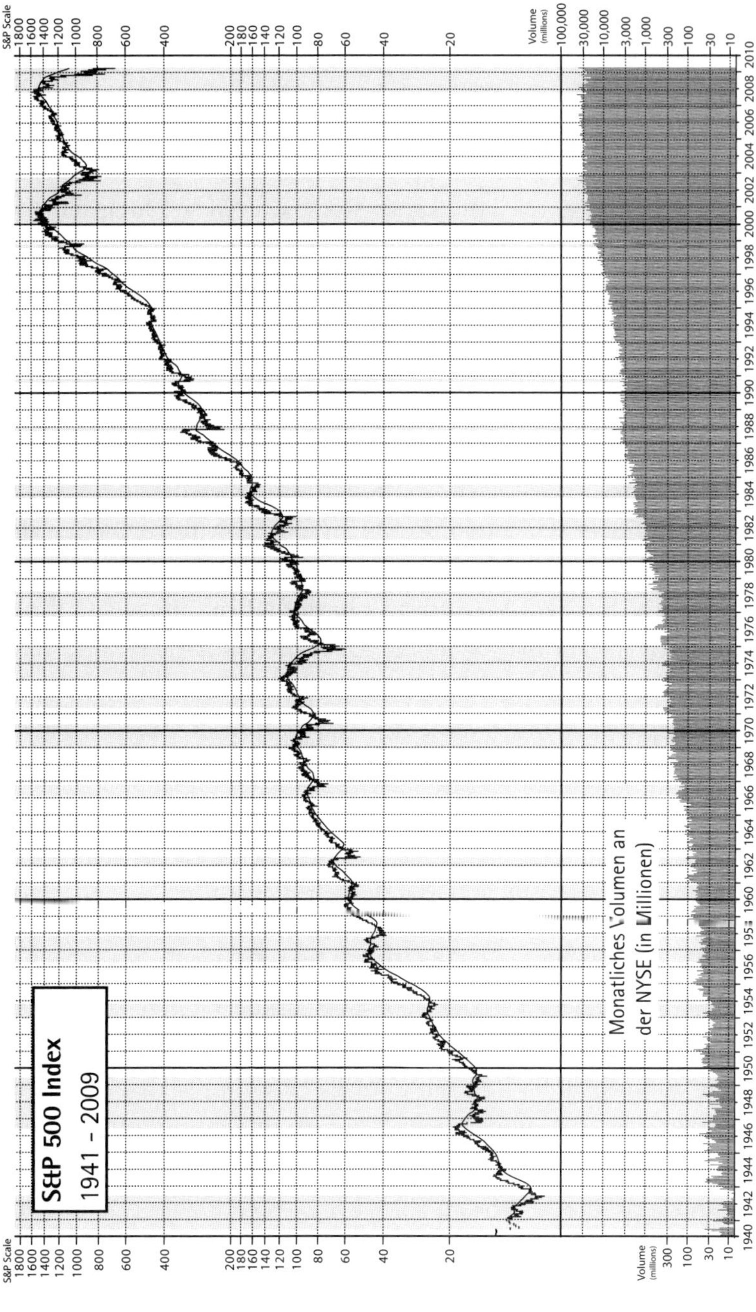
S&P 500 Index
1941 - 2009
Monatliches Volumen an der NYSE (in Millionen)
S&P Scale
Volume (millions)

bis 50 verschiedenen technischen Indikatoren oder Wirtschaftsindikatoren brüten und einem dann sagen, was der Markt ihrer Meinung nach tun sollte, ist im Allgemeinen eine sehr kostspielige Zeitverschwendung. Börsenbriefe können im Denken des Anlegers Zweifel und Verwirrung säen. Interessanterweise zeigt die Geschichte, dass der Markt tendenziell gerade dann steigt, wenn alle Nachrichten schlecht sind und solche Experten am skeptischsten und unsichersten sind.

Wenn der Gesamtmarkt einen Höhepunkt überschreitet, müssen Sie verkaufen und zumindest teilweise auf Cash umsteigen sowie Einschusskredite abbauen, um Ihr Konto zu schützen. Als Privatanleger kann man problemlos innerhalb von einem oder zwei Tagen auf Bargeld umsteigen und aus dem Markt aussteigen, und genauso kann man später wieder einsteigen, wenn der Markt wieder in Ordnung ist. Wenn Sie nicht verkaufen und nicht auf Cash umsteigen, wenn der Gesamtmarkt einen Höhepunkt überschreitet, kann Ihre diversifizierte Liste ehemaliger Marktführer rasant fallen. Einige von ihnen erholen sich vielleicht nie wieder auf das frühere Niveau.

Am besten ist es, wenn man lernt, die täglichen Kurs- und Volumencharts der entscheidenden allgemeinen Börsenindizes zu interpretieren. Wenn man das tut, kann man nicht allzu weit vom Weg abkommen, und viel mehr braucht man nicht. Es lohnt sich nicht, sich mit dem Markt zu streiten. Die Erfahrung lehrt, dass es ein sehr kostspieliger Fehler sein kann, den Markt zu kritisieren.

DIE LANGWIERIGE ZWEIJÄHRIGE BAISSE VON 1973 BIS 1974

Die Kombination aus der Watergate-Affäre 1974 und dem Ölembargo der OPEC führten in der Zeit von 1973 bis 1974 zur bislang schlimmsten Börsenkatastrophe seit der Depression 1929 bis 1933. Der Dow Jones korrigierte um 50 Prozent, aber die durchschnittliche Aktie stürzte um mehr als 70 Prozent ab.

Dies war für die Aktionäre eine große Lehre und es war fast so schlimm wie die 90-prozentige Korrektur, die die durchschnittliche

Aktie von 1929 bis 1933 erlitt. Allerdings belief sich die Industrieproduktion im Jahr 1933 nur noch auf 56 Prozent des Niveaus von 1929 und mehr als 13 Millionen Amerikaner waren arbeitslos. Die höchste Arbeitslosenquote der 1930er-Jahre betrug 25 Prozent. Sie blieb während des gesamten Jahrzehnts zweistellig und im Jahr 1939 betrug sie 20 Prozent.

Während der langwierigen Baisse 1973 bis 1974 waren die Märkte derart demoralisiert, dass die meisten Parketthändler an der New York Stock Exchange fürchteten, die Börse als Institution könnte vielleicht nicht überleben. Aus diesem Grund ist es absolut unerlässlich, das Sie die Börsenindizes studieren und lernen, wie man sich gegen katastrophale Verluste schützt – um Ihrer Gesundheit und um Ihres Portfolios willen. Sie können das lernen. Jeder kann es lernen, wenn er sich ernsthaft darum bemüht. Ist Ihnen Ihr Geld wichtig?

NACH EINEM EINBRUCH UM 33 PROZENT BRAUCHT MAN EINEN ANSTIEG UM 50 PROZENT, UM DEN BREAK-EVEN ZU ERREICHEN

Man kann gar nicht genug betonen, wie wichtig die Bewegungsrichtung des Gesamtmarktes ist. Wenn man in seinem Aktienportfolio 33 Prozent Verlust erleidet, braucht man einen Gewinn von 50 Prozent, nur um wieder auf null zu kommen. Wenn man es beispielsweise zugelassen hat, dass ein Portfolio von 10.000 Dollar auf 6.666 Dollar fällt (ein Rückgang um 33 Prozent), muss es um 3.333 Dollar (oder 50 Prozent) steigen, nur damit man wieder dort ist, wo man gestartet ist. Im Zuge der Baisse 2007 bis 2008 ist der S&P 500 um mehr als 50 Prozent gefallen, und das bedeutet, dass der Index um mehr als 100 Prozent steigen muss, um sich wieder vollständig zu erholen. Und wie leicht ist es wohl, 100 Prozent zu gewinnen? Vielleicht ist es an der Zeit, dass Sie lernen, was Sie tun, dass Sie neue Regeln und Methoden übernehmen und dass Sie aufhören, Dinge zu tun, die zu 50-prozentigen Verlusten führen.

Sie müssen definitiv immer anstreben, möglichst viel von den Gewinnen zu sichern, die Sie im Zuge der Hausse aufgebaut haben, anstatt Ihre Investments im Laufe schwieriger Baisse-Perioden herunterzureiten. Damit Sie das tun können, müssen Sie historisch erprobte Verkaufsregeln lernen (mehr zu den Verkaufsregeln erfahren Sie in den Kapiteln 10 und 11).

DIE MYTHEN VON DER „LANGFRISTANLAGE" UND DER VOLLSTÄNDIGEN INVESTITION

Viele Anleger halten sich gern für „langfristige Anleger" oder bezeichnen sich zumindest als solche. Ihre Strategie besteht darin, dass sie durch dick und dünn vollständig investiert bleiben. Die meisten Institutionen machen das auch so. Aber ein derart unflexibler Ansatz kann vor allem für Privatanleger tragische Folgen haben. Es mag sein, dass Privatanleger und Institutionen nach relativ moderaten Baissen (25 Prozent oder weniger) mit dem Stillhalten relativ ungeschoren davonkommen, aber viele Baissen sind nicht moderat. Manche sind schlicht verheerend, zum Beispiel 1973 bis 1974, 2000 bis 2002 und 2007 bis 2008.

Die Herausforderung stellt sich immer am Anfang, wenn man eine bevorstehende Baisse zu spüren beginnt. In den meisten Fällen kann man nicht vorhersagen, wie schlimm die konjunkturellen Bedingungen werden oder wie lange diese schlechten Bedingungen anhalten könnten. Der Vietnamkrieg, die Inflation und die knappe Geldmenge trugen dazu bei, dass die Korrektur 1969-1970 zu einem zweijährigen Rückgang um 36,9 Prozent wurde. Davor hatten Baissen nur eine durchschnittliche Dauer von neun Monaten und zogen die Indizes um 26 Prozent herab.

Im Laufe einer Baisse fallen die meisten Aktien, aber nicht alle erholen sich wieder. Selbst bei einer mäßigen Baisse-Korrektur kann es passieren, dass man auf schlechter Ware sitzen bleibt, die vielleicht nie wieder ihre früheren Höhen erreicht. Man muss definitiv lernen, zu verkaufen und zumindest eine Teil-Cashposition aufzubauen, wenn sich das allgemeine Umfeld ändert und die Aktien nicht mehr funktionieren.

In den 1980er- und 1990er-Jahren verliebten sich die Buy-and-hold-Anleger in Coca-Cola. Jahr für Jahr kroch der Getränkegigant langsam nach oben, wobei er mit dem Markt stieg und fiel. Aber ab 1998 funktionierte das ebenso wie bei Gillette, einem anderen Liebling der langfristigen Aktienbesitzer, nicht mehr. Als der Markt in jenem Sommer in eine moderate Baisse-Korrektur überging, folgte ihm Coca-Cola nach. Zwei Jahre später – nachdem Teile des Marktes die beeindruckendsten Gewinne seit Jahrzehnten erzielt hatten – steckte Coca-Cola immer noch im Abwärtstrend. In manchen Fällen kommen solche Aktien vielleicht wieder zurück. Aber eines ist sicher: Wer in Coca Cola investiert hatte, dem entgingen die riesigen Kursgewinne, die Unternehmen wie America Online und Qualcomm in den Jahren 1998 und 1999 verbuchten.

Außerdem war die Buy-and-hold-Strategie für all jene katastrophal, die von 2000 bis Ende 2002 Technologie-Aktien hielten. Viele Highflyer büßten 75 bis 90 Prozent ihres Wertes ein und manche werden vielleicht nie wieder auf ihre früheren Hochs zurückkehren. Werfen Sie doch einmal einen Blick auf die ehemaligen Marktführer der Jahre 1998 bis 2000: Time Warner, Corning, Yahoo, Intel, JDS Uniphase und EMC.

SCHÜTZEN SIE SICH VOR ABSCHWÜNGEN DES MARKTES

Napoleon hat einmal geschrieben, es verschaffe ihm einen Vorteil gegenüber seinen Gegnern, dass er in der Schlacht nie zögere, und viele Jahre lang blieb er unbesiegt. Auf dem Schlachtfeld der Börse gibt es die Schnellen und die Toten!

Sobald man die ersten deutlichen Anzeichen für ein Börsenhoch sieht, darf man nicht abwarten. Verkaufen Sie schnell, bevor eine echte Schwäche entsteht. Wenn Marktindizes Höhepunkte überschreiten und mit größeren Wenden abwärts beginnen, sollten Sie sofort handeln, indem Sie 25 Prozent oder mehr Ihres Portfolios dadurch in

Cash umwandeln, dass Sie Ihre Aktien zu Marktpreisen verkaufen. Der Einsatz von Limit-Orders (Kauf oder Verkauf zu einem konkreten Preis anstatt des Kaufs oder Verkaufs zum Marktpreis in Form einer Market-Order) ist nicht zu empfehlen. Konzentrieren Sie sich darauf, dass Sie es schaffen, in eine Aktie dann einzusteigen oder aus ihr auszusteigen, wenn Sie müssen. Das Schachern um einen Achtel- oder Viertelpunkt (oder sein dezimales Äquivalent) kann dazu führen, dass man die Gelegenheit verpasst, eine Aktie zu kaufen oder zu verkaufen.

Noch wichtiger ist blitzschnelles Handeln, wenn auf Ihr Aktiendepot ein Einschusskredit besteht. Wenn Sie die volle Margin auf Ihr Portfolio nutzen, wenn also die Hälfte des Geldes, das in Ihren Aktien steckt, von Ihrem Broker geliehen ist, führt ein 20-prozentiger Kursrückgang Ihrer Aktien dazu, dass Sie 40 Prozent Ihres Geldes verlieren. Ein 50-prozentiger Rückgang Ihrer Aktien würde Sie ruinieren! Versuchen Sie nie, eine Baisse auf Margin durchzustehen.

Eigentlich gibt es zwei Dinge, die man tun kann, wenn eine neue Baisse beginnt: verkaufen und sich zurückziehen oder shorten. Wenn Sie sich zurückziehen, sollten Sie so lange draußen bleiben, bis die Baisse vorbei ist. Das dauert gewöhnlich fünf bis sechs Monate oder länger. In den langwierigen, problematischen Perioden 1969 bis 1970 und 1973 bis 1974 dauerte es hingegen bis zu zwei Jahren. Die Baisse, die im letzten Jahr der Clinton-Administration im März 2000 begann, dauerte länger und war weitaus schlimmer als sonst. Neun von zehn Anlegern verloren viel Geld, besonders mit Hightech-Aktien. Es war das Ende einer Phase zahlreicher Exzesse Ende der 1990er-Jahre, eines Jahrzehnts, in dem Amerika sorglos wurde und seine Wachsamkeit schleifen ließ. Es war die Zeit des „anything goes“, in der die Aktien durchdrehten.

Das Shorten kann zwar sehr profitabel sein, doch seien Sie gewarnt: Es ist eine sehr schwierige und hoch spezialisierte Fähigkeit, die man nur in Baisse-Zeiten ausprobieren sollte. Nur wenige Menschen verdienen damit Geld. In Kapitel 12 wird das Shorten ausführlicher besprochen.

DIE VERWENDUNG VON STOP-LOSS-ORDERS

Wenn Sie Stop-Loss-Orders einsetzen oder sich im Geiste einen Verkaufspreis merken und danach handeln, zwingt Sie ein Markt, der den Höhepunkt zu überschreiten beginnt, automatisch – wie ein Roboter – aus vielen Ihrer Aktien auszusteigen. Eine Stop-Loss-Order weist den Kursmakler auf dem Parkett an, die Order in eine Market-Order zu verwandeln, sobald die Aktie unter den von Ihnen angegebenen Preis fällt, sodass die Aktie bei der nächsten Transaktion verkauft wird.

Normalerweise ist es besser, keine Stop-Loss-Orders aufzugeben. Dadurch zeigen nämlich Sie und andere ähnlich gesinnte Anleger den Market Makern ihre Karten, und manchmal drücken diese dann die Aktie, damit die Stop-Loss-Orders ausgesiebt werden. Also beobachten Sie lieber ganz genau Ihre Aktien und haben Sie im Voraus den exakten Preis im Kopf, zu dem Sie sie sofort verkaufen wollen, um den Verlust zu begrenzen. Allerdings sind manche Menschen viel unterwegs und nicht in der Lage, ihre Aktien genau zu beobachten. Anderen fällt es schwer, eine Verkaufsentscheidung zu treffen und auszusteigen, wenn sie Verlust machen. In solchen Fällen können Stop-Loss-Orders bei Abwesenheit beziehungsweise Unentschlossenheit Abhilfe schaffen.

Wenn Sie eine Stop-Loss-Order einsetzen, vergessen Sie nicht, sie zu annullieren, wenn Sie Ihre Meinung ändern und eine Aktie verkaufen, bevor die Order ausgeführt wird. Andernfalls könnten Sie später eine Aktie verkaufen, die Sie gar nicht mehr besitzen. Solche Fehler können kostspielig sein.

SO KÖNNEN SIE LERNEN, BÖRSENHOCHS ZU ERKENNEN

Damit Sie Börsenhochs bemerken, behalten Sie den S&P 500, den NYSE Composite, den Dow Jones und den Nasdaq Composite täglich im Auge, während sie sich auf dem Weg nach oben befinden. An irgendeinem Tag im Laufe des Aufwärtstrends wird das Handelsvolumen des Gesamtmarktes größer sein als am Vortag, aber der

Index an sich wird ins Stocken geraten (ein beträchtlich kleinerer Preisanstieg pro Tag, verglichen mit dem Preisanstieg des Vortags). Ich bezeichne das als „massives Volumen ohne weiteren Preisanstieg". Dafür braucht der Index an diesem Tag nicht im Minus zu schließen. In den meisten Fällen jedoch tut er das, sodass die Distribution (Verkauf), die dadurch entsteht, dass professionelle Investoren liquidieren, viel leichter zu erkennen ist. Die Spanne zwischen dem Tageshoch und dem Tagestief des Index kann in manchen Fällen ein bisschen größer als an den Vortagen sein.

Die normale Liquidierung in der Nähe des Börsenhochs findet gewöhnlich an drei bis fünf spezifischen Tagen über einen Zeitraum von vier oder fünf Wochen statt. Anders gesagt gerät der Markt unter Distribution, während er noch steigt! Das ist einer der Gründe, weshalb so wenige Menschen wissen, wie man die Distribution erkennt. Nach vier oder fünf Tagen eindeutiger Distribution, verteilt über eine beliebige Zeitspanne von vier oder fünf Wochen, wendet der Gesamtmarkt fast immer nach unten.

Manchmal reichen vier Distributionstage, wenn sie über einen zwei oder drei Wochen langen Zeitraum korrekt erkannt werden, um einen bislang steigenden Markt in einen fallenden zu verwandeln. Manchmal kann sich die Distribution über sechs Wochen verteilen, wenn der Markt ab einem gewissen Punkt versucht, auf neue Hochs zu steigen. Wenn Sie schlafen oder unaufmerksam sind und die Top-Signale verpassen, die vom S&P 500, vom NYSE Composite, vom Nasdaq Composite oder vom Dow Jones Industrial Average ausgehen (was leicht passiert, weil sie manchmal an nur wenigen Tagen auftreten), könnten Sie hinsichtlich der Marktrichtung falschliegen – und somit mit fast allem, was Sie tun.

Eines der größten Probleme ist, dass es Zeit kostet, bis sich die positiven persönlichen Meinungen und Ansichten der Anleger ändern. Wenn man immer verkauft und seine Verluste begrenzt, sobald man um sieben oder acht Prozent unter dem Kaufpunkt steht, kann man automatisch gezwungen sein, mindestens eine oder zwei Aktien zu verkaufen, wenn sich eine Korrektur des Gesamtmarktes anbahnt. Dies sollte Sie relativ bald zu einer nachdenklichen, defensiven Haltung führen. Die Befolgung dieser unserer einfachen, aber mächtigen Regel hat vielen Menschen während des katastrophalen Niedergangs der führenden Technologieaktien im Jahr 2000 und während der Subprime-Baisse des Jahres 2008 große finanzielle Verluste erspart.

Es reicht schon, dass einer der Indizes ein gültiges wiederholtes Signal für zu große Distribution gibt. Normalerweise ist es nicht nötig, dass mehrere Indizes vier oder fünf Distributionstage aufweisen. Außerdem sollte ein Index, der an einem Tag unter höherem Umsatz als am Vortag fällt, mindestens um 0,2 Prozent fallen, damit dieser Tag als Distributionstag gezählt wird.

VERFOLGEN SIE NACH DEM GIPFEL JEDEN ERHOLUNGSVERSUCH AUF DEM WEG NACH UNTEN

Nach der erforderlichen Anzahl von Tagen mit zunehmender Volumen-Distribution um das Hoch herum und nach dem ersten Abstieg, der daraus resultiert, folgt entweder eine schwache Erholung der Marktindizes, gefolgt von einer gescheiterten Erholung, oder ein Tag, an dem Preis und Volumen positiv und kräftig nachsetzen. Sie sollten bis ins Detail lernen, auf welche Signale man achten muss, und unbefangen bleiben, was den Markt angeht. Lassen Sie sich vom täglichen Verlauf der Indizes sagen, was der Markt gemacht hat und was er gerade macht (siehe den Abschnitt „Wie man Börsenböden erkennen kann“ im weiteren Laufe des Kapitels, darin finden Sie eine weitere Besprechung von Markterholungen).

DREI ANZEICHEN DAFÜR, DASS DER ERSTE ERHOLUNGSVERSUCH SCHEITERN KÖNNTE

Nachdem der Markt den Gipfel überschritten hat, erholt er sich typischerweise so gut wie gar nicht und scheitert dann. Nach der Rückfederbewegung des ersten Tages eröffnet der Markt beispielsweise am zweiten Tag fest, wendet aber gegen Ende der Handelszeit auf einmal nach unten. Wenn der Versuch des Marktes, nach dem ersten Erholungsversuch nachzusetzen, scheitert, sollten Sie mit weiteren Verkäufen darauf reagieren.

Sie wissen, dass die anfängliche Rückfederbewegung schwach ist, wenn (1) der Index am dritten, vierten oder fünften Erholungstag zwar steigt, aber unter geringeren Umsätzen als am Vortag, wenn (2) der Index im Vergleich zu dem Anstieg am Vortag im Endeffekt nur wenig nach oben vorankommt oder wenn (3) der Börsenindex sich um weniger als die Hälfte des anfänglichen Rückgangs nach dem vorigen absoluten Intraday-Hoch erholt. Wenn Sie solche schwachen Rallyes und Fehlschläge erkennen, sind weitere Verkäufe ratsam.

WIE CAN SLIM UND IBD VOR DEM HOCH DES NASDAQ COMPOSITE IM MÄRZ 2000 WARNTEN

Im Oktober 1999 startete der Markt zu einem furiosen Anstieg durch. Die Befürchtungen, dass es am 1. Januar 2000 zu einer Kernschmelze aufgrund des Jahrtausendwechsels kommen würde, waren dahingeschwunden. Unternehmen meldeten für das dritte Quartal, das soeben geendet hatte, kräftige Profite. Sowohl führende Technologie-Aktien als auch spekulative Internet- und Biotechnologietitel heimsten in nur fünf Monaten massive Gewinne ein. Doch Anfang März 2000 zeigten sich die ersten Risse.

Am 7. März schloss der Nasdaq Composite zum ersten Mal seit über sechs Wochen unter höherem Volumen niedriger. Das ist im Laufe einer stürmischen Hausse zwar ein ungewöhnliches Verhalten, aber ein einzelner Distributionstag allein ist noch nicht aussagekräftig. Doch immerhin war dies das erste Warnsignal, und es lohnte sich, genau aufzupassen.

Drei Tage später schnellte der Nasdaq Composite am Morgen um 85 Punkte auf ein neues Hoch. Aber am Nachmittag kehrte er um und beschloss den Tag mit einem Plus von nur zwei Punkten unter massivem Handelsvolumen, das 13 Prozent über dem Durchschnitt lag.

Dies war das zweite Warnsignal. Diese Leerlaufaktivität (viel Handel, aber kein echter Preisfortschritt – ein klares Zeichen für Distribution) war umso bedeutsamer, als führende Aktien die ersten Anzeichen für das Erreichen von Klimax-Tops aufzuweisen begannen – dieses Verhalten wird in Kapitel 11 besprochen. Nur zwei Tage später, am 14. März, schloss der Markt unter hohem Umsatzzuwachs mit vier Prozent Minus. Dies war das dritte bedeutende Signal, das vor einer Distribution warnte, und auf dieses Signal hin hätte man einiges verkaufen sollen.

Der Index schaffte es zwar noch, vom 16. bis zum 24. März eine vermeintliche Rallye zu starten, dann stockte er aber wieder an einem vierten Distributionstag. Bald ging ihm die Puste aus, er wendete unter steigendem Umsatz zwei Tage später, was der fünfte Distributionstag und eine abschließende, definitive Bestätigung des Höhepunkts vom 10. März war. Der Markt selbst sagte einem, dass man verkaufen, auf Bargeld umstellen und aus seinen Aktien aussteigen sollte. Dafür brauchte man ihn nur richtig zu lesen und darauf zu reagieren, anstatt auf die Meinungen anderer Leute zu hören. Andere Menschen liegen zu häufig falsch und haben wahrscheinlich keine Ahnung, wie man Distributionstage erkennt oder versteht.

Im Laufe der nächsten zwei Wochen erlebten der Nasdaq Composite ebenso wie der S&P 500 und der Dow Jones Industrial Average wiederholt Distributionsschübe. Die Indizes rutschten unter größeren Umsätzen als am Vortag ab. Scharfsinnige CAN-SLIM-Anleger, die gelesen, studiert und sich so vorbereitet hatten, dass sie genau wussten, worauf sie achten mussten, hatten da schon längst ihre Gewinne mitgenommen.

Studieren Sie unsere Chartbeispiele dieses und anderer Börsenhochs. Am Aktienmarkt wiederholt sich die Geschichte. Sie werden diese Art des Verhaltens in der Zukunft immer und immer wieder erleben. Lassen Sie sich also darauf ein.

WIE CAN SLIM UND IBD VOR DEM BÖRSENHOCH 2007 WARNTEN

Wie bereits erwähnt, haben mehrere Umfragen ergeben, dass rund 60 Prozent der *IBD*-Abonnenten im Jahr 2008 Aktien verkauft haben, bevor der rapide Börseneinbruch stattfand. Die *IBD*-Kolumne „The Big Picture“ wies in dem Extrakasten „Market Pulse“ darauf hin, dass die Marktindizes fünf Distributionstage hinter sich hatten und dass die Aussichten auf „Market in correction“ umgesprungen waren. Dann deutete die Kolumne an, es sei Zeit, auf Cash umzusteigen. Ich bin sicher, dass die meisten dieser Menschen dieses Kapitel gelesen und studiert hatten, einschließlich der Beschreibung unseres Rückzugs vom Markt im März 2000. Schließlich waren sie in der Lage, die allgemeinen Börsenregeln von *IBD* zu nutzen und anzuwenden, um ihre Gewinne zu bewahren und nicht die schweren Rückgänge erleiden zu müssen, die auftreten können, wenn man über keine Regeln oder Methoden zur Absicherung verfügt. Und hoffentlich gelingt es denjenigen, die sich nicht an die Regeln gehalten haben, in Zukunft besser, sie anzuwenden.

An den Märkten geschieht nicht allzu viel durch Zufall. Man muss sich Mühe geben, damit man lernt, was man wissen muss, um alle Börsenhochs zu erkennen. Der Apple-Vorstandsvorsitzende Steve Jobs hat über Anstrengung einmal Folgendes gesagt: „Für alles, was ich in meinem Leben gemacht habe, waren viele Jahre der Arbeit nötig, bevor es in Gang kam.“ Auf den nächsten Seiten zeigen wir Charts von Marktgipfeln in der Zeit vom Hoch 1976 bis zum Hoch 2007.

HISTORISCHE TOPS FÜR DAS WEITERE STUDIUM

Historisch gesehen treten mittelfristige Distributions-Tops (solche, auf die gewöhnlich ein Rückgang der allgemeinen Marktindizes um acht bis zwölf Prozent folgt) so auf, wie es in der ersten Augustwoche 1954 geschah. Zuerst stieg der Umsatz an der New York Stock Exchange, ohne dass der Dow Jones Industrial Average zulegte. Ein Tag mit massivem Volumen folgte, ohne weiteren Preisfortschritt

Weitere Baisse-Hochs und mittelfristige Hochs, die man studieren kann:

September 1955
November 1955
April 1956
August 1956
Januar 1957
Juli 1957
November 1958
Januar 1959
Mai 1959
Juni 1959
Juli 1959
Januar 1960
Juni 1960
April 1961
Mai 1961
September 1961
November 1961
Dezember 1961
März 1962
Juni 1963
Oktober 1963
Mai 1965
Februar 1966
April 1966
Juni 1966
Mai 1967
September 1967
Dezember 1967
Dezember 1968
Mai 1969
April 1971
September 1971
Januar 1973
Oktober 1973
Juli 1975
September 1976
September 1978
September 1979
Februar 1980
November 1980
April 1981
Juni 1981
Dezember 1981
Mai 1982
Januar 1984
Juli 1986
September 1986
April 1987
August 1987
Oktober 1987
Oktober 1989
Januar 1990
Juli 1990
Juni 1992
Februar 1994
September 1994
Mai 1996
März 1997
Oktober 1997
Juli 1998
August 1999
Januar 2000
April 2000
September 2000
Februar 2001
Mai 2001
Dezember 2001
Januar 2004
April 2006
November 2007
Juni 2008

und mit einer hohen Preisspanne des Dow Jones vom Hoch zum Tief. Ein weiteres solches Hoch trat in der ersten Juliwoche 1955 auf. Es war von einem Preishöhepunkt gekennzeichnet, der mit einer hohen Preisspanne zwischen dem Tagestief und dem Tageshoch einherging, gefolgt von einem Tag mit hohem Volumen, den der Dow Jones im Minus beschloss. Dann folgten drei Tage später hohe Umsätze an der NYSE und ein Dow Jones, der wieder im Minus schloss.

Wenn Sie die Tagescharts einiger Hochs von Börsenindizes genau studieren und wenn Sie begreifen, wie sie zustande kamen, dann werden Sie bei der künftigen Beobachtung von Marktsituationen die gleichen Anzeichen erkennen. Alle Tage, die in den Charts mit einer Ziffer versehen sind, waren Distributionstage.

LASSEN SIE SICH VON DEN MARKTFÜHRERN SIGNALE FÜR MARKT-TOPS GEBEN

Der zweitwichtigste Indikator für primäre Veränderungen der Marktrichtung, neben den täglichen Durchschnitten, ist die Art, wie sich die führenden Aktien benehmen. Wenn der Markt ein paar Jahre lang gestiegen ist, kann man ziemlich sicher davon ausgehen, dass er auf Turbulenzen zusteuert, sobald der größte Teil der führenden Aktien anfängt, sich abnormal zu verhalten.

Eine Form des abnormalen Verhaltens besteht darin, dass führende Aktien aus Konsolidierungsformationen im dritten und vierten Stadium auf dem Weg nach oben ausbrechen. Die meisten dieser Konsolidierungsstrukturen sind dann fehlerhaft und weisen offenkundig zu große Preisschwankungen auf. Einen fehlerhaften Boden (breit und erratisch) kann man am besten erkennen und analysieren, wenn man tägliche oder wöchentliche Preis- und Volumencharts der Aktie studiert.

Ein weiteres Zeichen abnormaler Aktivität ist das Klimax-Top. In diesem Fall steigt eine führende Aktie, die schon seit vielen Monaten gestiegen ist, zwei oder drei Wochen hintereinander schneller (siehe Kapitel 11 über das Verkaufen).

Manche führenden Aktien brechen nach dem Hoch zunächst unter massivem Volumen ein, sind dann aber nicht in der Lage, von den Tiefs ihrer Korrektur aus um mehr als einen kleinen Betrag zu steigen.

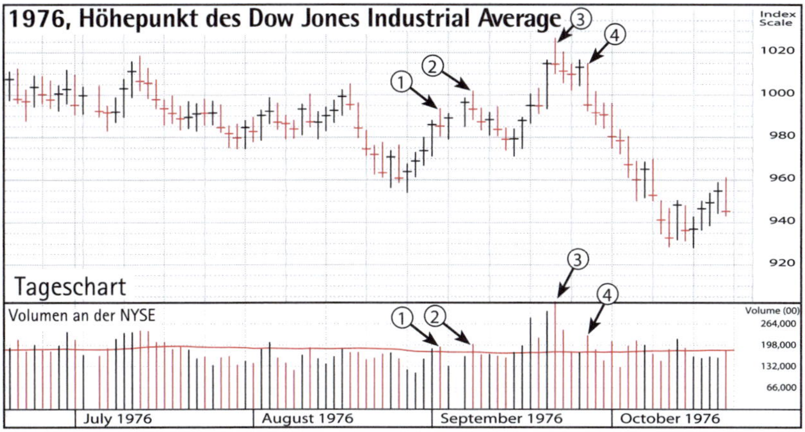
1976, Höhepunkt des Dow Jones Industrial Average
Index Scale
1020
1000
980
960
940
920
Tageschart
Volumen an der NYSE
Volume (00)
264,000
198,000
132,000
66,000
July 1976
August 1976
September 1976
October 1976

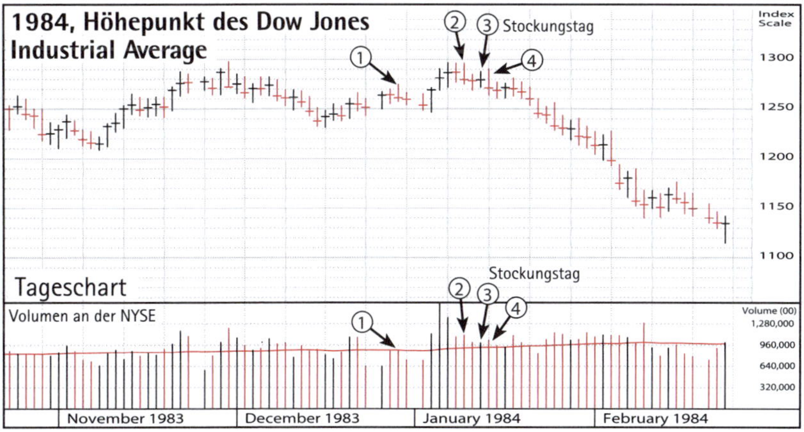
1984, Höhepunkt des Dow Jones Industrial Average
Stockungstag
Index Scale
1300
1250
1200
1150
1100
Tageschart
Stockungstag
Volumen an der NYSE
Volume (00)
1,280,000
960,000
640,000
320,000
November 1983
December 1983
January 1984
February 1984

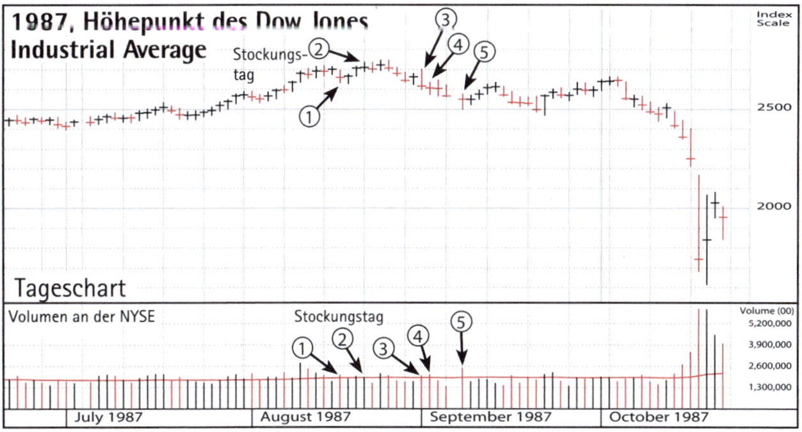
1987, Höhepunkt des Dow Jones Industrial Average
Stockungs-tag
Index Scale
2500
2000
Tageschart
Volumen an der NYSE
Stockungstag
Volume (00)
5,200,000
3,900,000
2,600,000
1,300,000
July 1987
August 1987
September 1987
October 1987

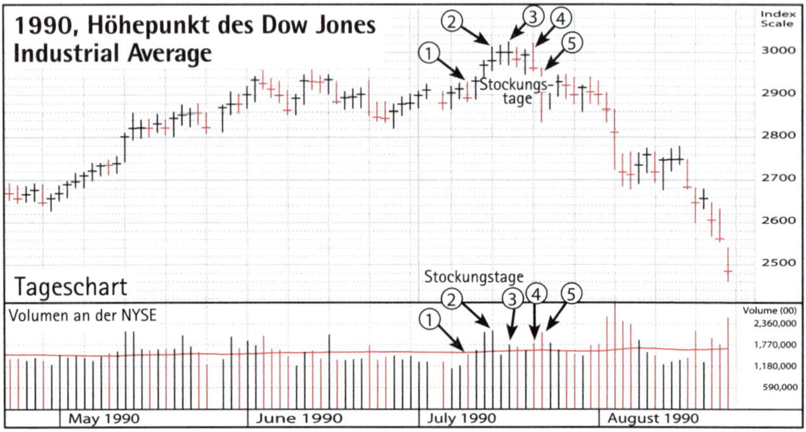
1990, Höhepunkt des Dow Jones Industrial Average
Stockungstage
Tageschart
Volumen an der NYSE
Index Scale
3000
2900
2800
2700
2600
2500
Volume (00)
2,360,000
1,770,000
1,180,000
590,000
May 1990
June 1990
July 1990
August 1990

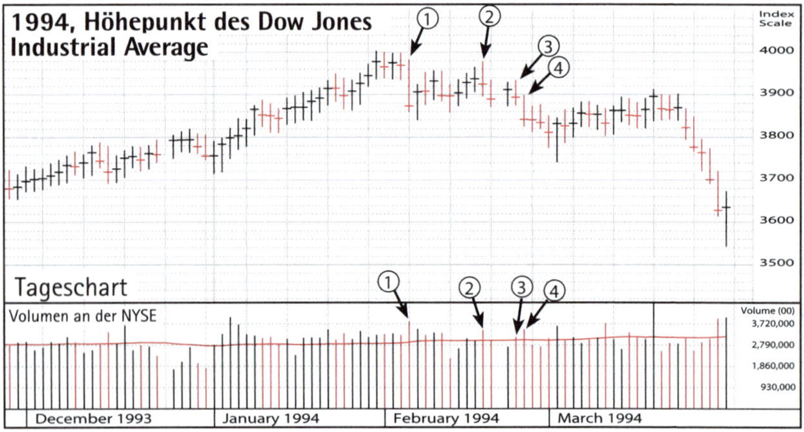
1994, Höhepunkt des Dow Jones Industrial Average
Tageschart
Volumen an der NYSE
Index Scale
4000
3900
3800
3700
3600
3500
Volume (00)
3,720,000
2,790,000
1,860,000
930,000
December 1993
January 1994
February 1994
March 1994

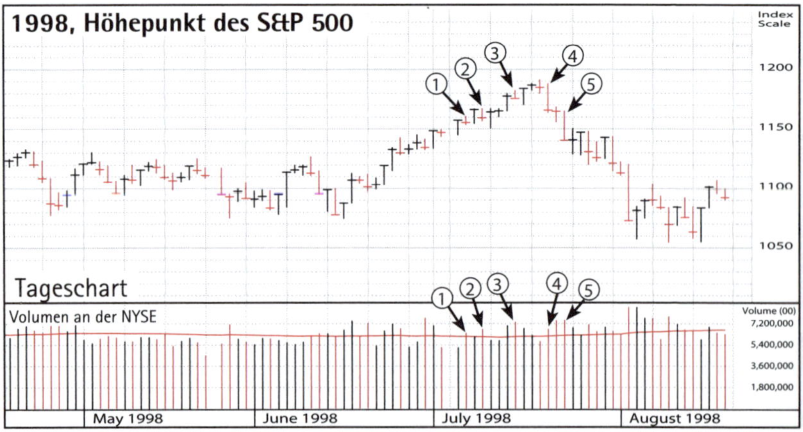
1998, Höhepunkt des S&P 500
Tageschart
Volumen an der NYSE
Index Scale
1200
1150
1100
1050
Volume (00)
7,200,000
5,400,000
3,600,000
1,800,000
May 1998
June 1998
July 1998
August 1998

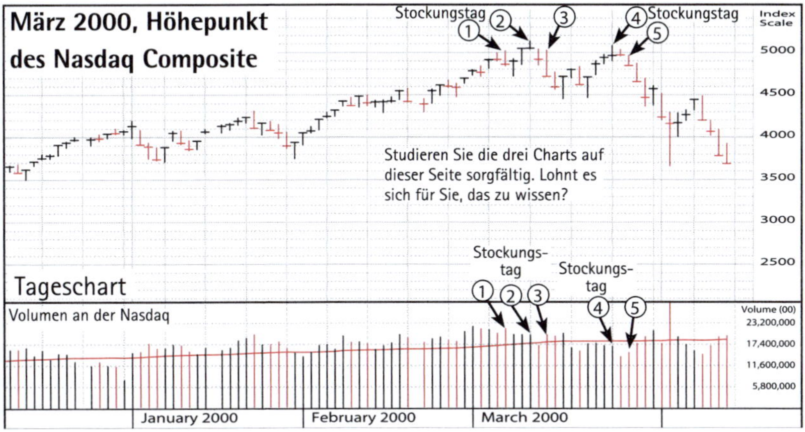
März 2000, Höhepunkt
des Nasdaq Composite
Stockungstag
1
2
3
4
Stockungstag
5
Index Scale
5000
4500
4000
3500
3000
2500
Studieren Sie die drei Charts auf dieser Seite sorgfältig. Lohnt es sich für Sie, das zu wissen?
Stockungs-tag
Stockungs-tag
Tageschart
Volumen an der Nasdaq
Volume (00)
23,200,000
17,400,000
11,600,000
5,800,000
January 2000
February 2000
March 2000

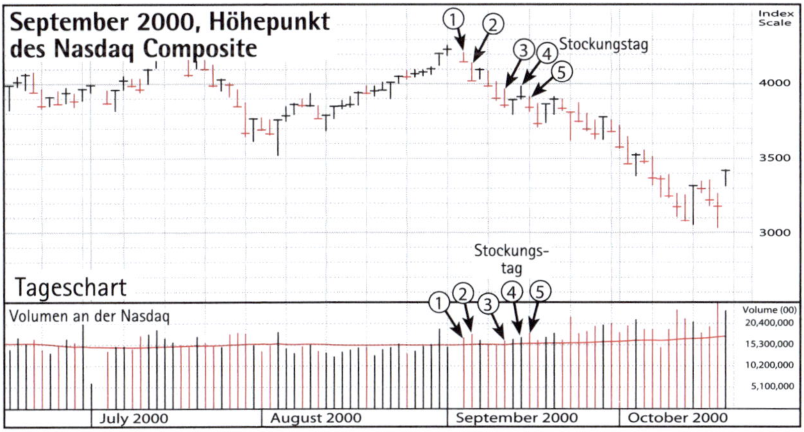
September 2000, Höhepunkt
des Nasdaq Composite
1
2
3
4
5
Stockungstag
Index Scale
4000
3500
3000
Stockungs-tag
Tageschart
Volumen an der Nasdaq
Volume (00)
20,400,000
15,300,000
10,200,000
5,100,000
July 2000
August 2000
September 2000
October 2000

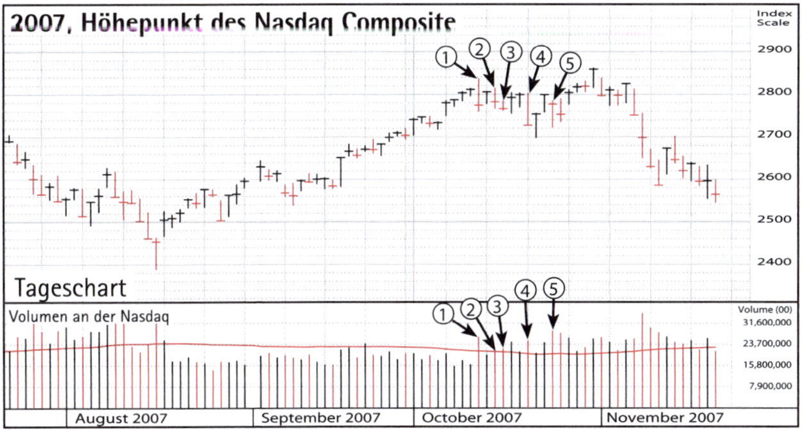
2007, Höhepunkt des Nasdaq Composite
1
2
3
4
5
Index Scale
2900
2800
2700
2600
2500
2400
Tageschart
Volumen an der Nasdaq
Volume (00)
31,600,000
23,700,000
15,800,000
7,900,000
August 2007
September 2007
October 2007
November 2007

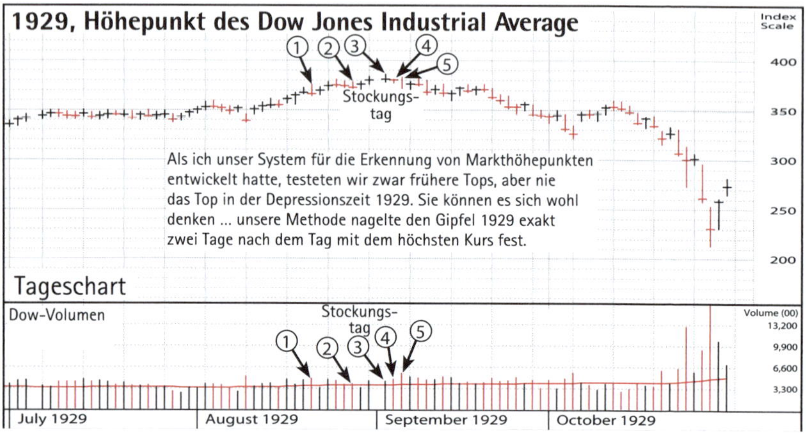

Wieder andere weisen im aktuellen Quartalsergebnisbericht einen gravierenden Verlust von Aufwärtsdynamik auf.

Änderungen der Marktrichtung erkennt man auch, wenn man sich die letzten vier oder fünf Aktien anschaut, die man für sein Portfolio gekauft hat. Wenn man mit keiner von ihnen auch nur einen Cent verdient hat, könnte dies ein Anzeichen für einen neuen Abwärtstrend sein.

Anleger, die Charts benutzen und das Marktgeschehen begreifen, wissen, dass im Umfeld von Börsenhochs nur sehr wenige führende Aktien attraktiv sind. Es gibt dann einfach keine Aktien, die aus soliden, richtig ausgebildeten Chartkonsolidierungen herauskommen. Die beste Ware wurde bereits gekauft, benutzt und ausgeweidet.

Die meisten Konsolidierungen sind dann breit und unspezifisch – ein deutliches Anzeichen echter Gefahr, das zu begreifen und zu befolgen Sie lernen müssen. Die einzigen Aktien, die in diesem Stadium noch Stärke zeigen, sind die Nachzügler. Der Anblick schwacher, preisgünstiger, minderwertiger Nachzügler, deren Stärke wächst, ist ein Signal an den weisen Marktteilnehmer, dass der Aufwärtstrend seinem Ende nahe sein könnte. Bei Sturm können sogar Truthähne versuchen, zu fliegen.

In der Anfangsphase einer Baisse wird es so aussehen, als würden bestimmte führende Aktien dem Trend trotzen, indem sich ihr Preis gut hält. Damit erwecken sie den Eindruck von Stärke, doch was Sie da sehen, ist nur ein Aufschub des Unvermeidlichen. Bei einer Razzia werden normalerweise alle erwischt, und irgendwann werden alle führenden Aktien dem Verkaufsdruck erliegen. Genau das geschah in der Baisse 2000. Cisco und die anderen führenden Hightech-Aktien brachen irgendwann alle zusammen, obwohl so viele Analysten unzutreffenderweise gesagt hatten, man sollte sie kaufen.

Das Gleiche geschah auf dem Höhepunkt des Nasdaq Composite im Juni und Juli 2008. Die Stahl-, Düngemittel- und Öl-Aktien, die die Hausse von 2003 bis 2007 angeführt hatten, wendeten alle und brachen schließlich ein, nachdem sie dem allgemeinen Börsenhoch anscheinend getrotzt hatten, das eigentlich schon mit mindestens fünf Distributionstagen im Oktober 2007 begonnen hatte. US Steel sackte ab, obwohl seine beiden letzten Quartalsberichte 100 Prozent Gewinnzuwachs auswiesen. Potash überschritt den Höhepunkt, als es im aktuellen Quartal 181 Prozent zugelegt hatte und im nächsten Quartal 220 Prozent zulegte. Die meisten Analysten, die sich auf die großen Gewinne konzentrierten, die gemeldet oder erwartet wurden, ließen sich davon zum Narren halten. Sie hatten nicht alle früheren historischen Höhepunkte studiert und begriffen nicht, dass viele ehemals führende Aktien bereits den Höhepunkt überschritten hatten, obwohl ihre Gewinne um 100 Prozent gewachsen waren. Warum brachen diese Aktien am Ende ein? Sie befanden sich in einer Baisse, die acht Monate vorher, Ende 2007, angefangen hatte.

Börsenhochs – egal ob mittelfristige (gewöhnlich acht bis zwölf Prozent Rückgang) oder primäre Hausse-Gipfel – treten manchmal fünf, sechs oder sieben Monate nach dem letzten großen Kaufpunkt der führenden Aktien und der Indizes auf. Daher sind Gipfel-Wendepunkte gewöhnlich späte Signale – der letzte Strohhalm vor dem Einbruch. In den meisten Fällen läuft die Distribution oder Verkaufstätigkeit bei den einzelnen Marktführern dann schon seit Tagen oder sogar seit Wochen. Die Anwendung der Verkaufsregeln für einzelne Aktien, die wir in den Kapiteln 10 und 11 besprechen werden, sollten Sie auf dem Weg nach oben bereits dazu gebracht haben, eine oder zwei Ihrer Positionen kurz vor dem Höhepunkt des Marktes zu verkaufen.

ANDERE BAISSE-WARNUNGEN

Seien Sie auf der Hut, wenn die ursprünglich führenden Unternehmen ins Schwanken geraten und günstigere, minderwertige, spekulativere Aktien zu steigen beginnen! Wenn die alten Hunde zu bellen beginnen, pfeift der Markt auf dem letzten Loch. Nachzügler können den Markt nicht nach oben ziehen. Es ist ein aufschlussreiches Signal, wenn an Tagen, an denen die Börse steigt, minderwertige Aktien die Liste der aktivsten Titel zu beherrschen beginnen. Das heißt einfach, dass schwache Anführer versuchen, den Markt zu kommandieren. Wenn die Besten nicht anführen können, dann schaffen die Schlechtesten das bestimmt nicht sehr lange.

Viele Umkehrtage (wenn der Markt am Tiefpunkt seiner Handelsspanne schließt, nachdem er an dem betreffenden Tag ein neues Hoch erreicht hat) traten zwischen dem dritten und neunten Tag einer Rallye auf, nachdem die Indizes auf neue Höhen von kleinen Chart-Basisformationen aus vorgedrungen waren (das heißt, dass die Zeitspanne vom Beginn bis zum Ende der Formation wirklich zu kurz war). Dazu ist unbedingt anzumerken, dass die Bedingungen, unter denen diese Tops auftraten, insgesamt ziemlich gleich waren.

In anderen Fällen erholt sich ein Markt, der den Gipfel überschreitet, ein paar Monate lang und kehrt fast wieder auf seine alten Hochs oder gar darüber hinaus zurück, bevor er letztlich zusammenbricht. Das passierte im Dezember 1976, im Januar 1981 und im Januar 1984. Dafür gibt es einen wichtigen psychologischen Grund: Es kann nicht sein, dass die Mehrzahl der Menschen am Markt exakt zum richtigen Zeitpunkt exakt richtigliegt. Im Jahr 1994 überschritt der Nasdaq Composite den Höhepunkt erst Wochen nach dem Dow Jones. Etwas Ähnliches passierte Anfang 2000.

Die Mehrzahl der Marktteilnehmer – Profis und Privatanleger – lässt sich anfangs täuschen. Das hat mit der Psychologie des Menschen und mit Emotionen zu tun. Wenn man so schlau gewesen wäre, dass man im Januar 1981 verkauft oder geshortet hätte, dann hätte einen der kräftige Rückgang im Februar und März wahrscheinlich dazu gezwungen, seine Shorts mit Verlust einzudecken oder im Zuge der Rallye ein paar Aktien zurückzukaufen. Das war ein Beispiel dafür, wie trügerisch der Markt an Wendepunkten sein kann.

SPRINGEN SIE NICHT ZU FRÜH WIEDER AUF DEN ZUG AUF

Ich hatte keine großen Probleme, die Frühwarnzeichen der vielen Baissen von 1962 bis 2008 zu erkennen und mich entsprechend zu verhalten. Aber ein paarmal habe ich den Fehler gemacht, zu früh zurückzukaufen. Wenn man am Aktienmarkt einen Fehler begeht, ist das einzig Sinnvolle, ihn zu korrigieren. Kämpfen Sie nicht gegen ihn an. Stolz und Egoismus zahlen sich niemals aus. Das Gleiche gilt für Wankelmut, wenn sich erste Verluste zeigen.

Die typische Baisse (manche sind allerdings nicht typisch) besteht gewöhnlich aus drei separaten Phasen oder Abschnitten des Niedergangs, die von mehreren Rallyes unterbrochen werden, die gerade so lange dauern, dass sie die Anleger dazu bringen, wieder zu kaufen. In den Jahren 1969 und 1974 dauerten einige dieser vorgetäuschten, langwierigen Rallyes bis zu 15 Wochen lang. Die meisten dauern jedoch nicht so lange. Viele institutionelle Anleger betreiben gern das sogenannte „Bottom Fishing“. Sie fangen an, eine Aktie zu kaufen, wenn sie einen vermeintlichen Boden erreicht hat. Damit lassen sie die Rallye so überzeugend erscheinen, dass es einen hineinzieht. Besser ist es, mit einer Cashposition abzuwarten, bis wirklich eine neue Hausse beginnt.

WIE MAN BÖRSENBÖDEN ERKENNEN KANN

Sobald Sie eine Baisse erkannt haben und Ihre Aktienpositionen zurückgeschraubt haben, stellt sich die große Frage, wie lange Sie abwarten sollten. Wenn Sie sich zu früh wieder in den Markt stürzen, kann die scheinbare Rallye wieder abflauen, und Sie machen Verlust. Aber wenn Sie am Rande der schließlich laufenden rasanten Erholung zögern, verpassen Sie die Gelegenheit. Auch hier liefert die tägliche Beobachtung der Gesamtmarktindizes die mit Abstand beste Antwort. Die Märkte sind immer viel verlässlicher als die Emotionen und die persönlichen Meinungen der meisten Anleger.

Bei jeder Korrektur – egal ob sie moderat oder schwer ist – kommt der Aktienmarkt an einen Punkt, an dem er eine Rallye probiert. Stürzen Sie sich nicht sofort wieder hinein. Warten Sie, bis der Markt selbst den neuen Aufwärtstrend bestätigt.

Ein Rallye-Versuch beginnt damit, dass ein größerer Aktienindex höher schließt, nachdem er im Laufe des Tages oder am vorigen Handelstag gefallen ist. Zum Beispiel stürzt der Dow Jones am Vormittag um drei Prozent ab, erholt sich aber im Laufe des Tages wieder und schließt im Plus. Oder der Dow Jones schließt zwei Prozent im Minus und federt am nächsten Tag zurück. Wir bezeichnen den Handelstag, an dem der Dow Jones endlich höher schließt, als ersten Tag des Rallye-Versuchs, auch wenn es davon schon Ausnahmen gegeben hat. Zum Beispiel schloss der Markt am ersten Tag des Börsenbodens im Oktober 1998 unter hohem Umsatz eigentlich im Minus, aber der Schlusskurs lag in der oberen Hälfte der Preisspanne jenes Tages.

Halten Sie still und haben Sie Geduld. Die ersten paar Tage der Besserung können Ihnen nicht sagen, ob die Rallye erfolgreich sein wird.

Schauen Sie ab dem vierten Tag des Rallye-Versuchs, ob einer der großen Indizes mit einem hohen Kurszuwachs unter höherem Umsatz als am Vortag nachsetzt – eine sogenannte Follow-through-Rallye. Das sagt einem dann, dass die Rallye mit viel größerer Wahrscheinlichkeit echt ist. Die mächtigsten Follow-throughs treten normalerweise am vierten bis siebten Tag der Rallye auf. Der eben erwähnte Boden 1998 setzte am fünften Tag des Rallye-Versuchs nach. Der Markt stieg um 2,1 Prozent. Ein Follow-through-Tag sollte das Gefühl einer explosionsartigen Rallye vermitteln, die stark, entschieden und überzeugend ist, nicht widerwillig und zögerlich oder nur anderthalb Prozent groß.

Das Handelsvolumen sollte an diesem Tag in den meisten Fällen überdurchschnittlich sein, in allen Fällen sollte es höher sein als am Vortag. Manchmal, wenn auch selten, tritt ein Follow-through schon am dritten Tag der Rallye auf. In einem solchen Fall müssen sowohl der erste als auch der zweite und der dritte Tag sehr beeindruckend sein, mit einem durchschnittlichen Kurszuwachs von 1,5 bis zwei Prozent oder mehr pro Handelstag unter hohem Umsatz.

Früher habe ich ein Prozent als den prozentualen Zuwachs für einen gültigen Follow-through-Tag betrachtet. Da aber die institutionellen Anleger in den letzten Jahren von unserem System erfahren haben, haben wir die Anforderung für den Nasdaq Composite und den Dow Jones Industrial Average um einen beträchtlichen Betrag angehoben. Dadurch versuchen wir, die Möglichkeit möglichst gering zu halten, dass Profis einige von den 30 im Dow Jones Industrial Average enthaltenen Aktien manipulieren, um falsche oder fehlerhafte Follow-through-Tage zu erzeugen.

Es wird Fälle geben, in denen bestätigte Rallyes fehlschlagen. Es kann sein, dass ein paar große institutionelle Anleger, bewaffnet mit ihrer enormen Kaufkraft, an einem bestimmten Tag die Indizes in die Höhe treiben und dadurch den Eindruck eines Follow-through erwecken. Wenn jedoch die schlauen Käufer nicht auch wieder an Bord gehen, implodiert die Rallye dann – manchmal bricht sie unter hohem Volumen innerhalb der nächsten paar Tage krachend zusammen.

Allerdings bedeutet eine Korrektur des Marktes am Tag nach einer Follow-through-Rallye noch nicht, dass die Follow-through-Rallye unecht war. Wenn eine Baisse die Talsohle durchschreitet, setzt sie häufig zurück und pendelt sich oberhalb der Tiefs oder auf den Tiefs ein, die sie in den vorangegangenen paar Wochen markiert hat. Konstruktiver ist es, wenn sich diese Rücksetzer oder „Tests“ wenigstens ein bisschen oberhalb der absoluten Intraday-Tiefs bewegen, welche die Marktindizes in letzter Zeit erreicht haben.

Ein Follow-through-Signal bedeutet nicht, dass man sich hinausstürzen und hemmungslos kaufen sollte. Es gibt einem lediglich das Okay, mit dem Kauf hochwertiger Aktien zu beginnen, die starke Umsätze und Gewinne aufweisen, wenn sie aus soliden Preisbasen ausbrechen. Und es ist eine höchst wichtige zweite Bestätigung dafür, dass der Rallye-Versuch gelingt.

Bedenken Sie, dass noch nie eine neue Hausse begonnen hat, ohne dass dies durch ein starkes Follow-through-Signal in Sachen Preis und Volumen bestätigt wurde. Es lohnt sich, abzuwarten und auf den Markt zu hören. Die folgenden Diagramme sind Beispiele für Bodenbildungen am Aktienmarkt von 1974 bis 2003:

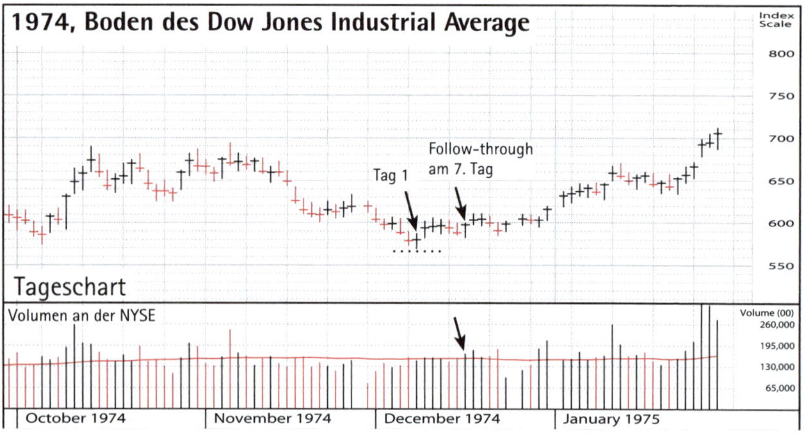

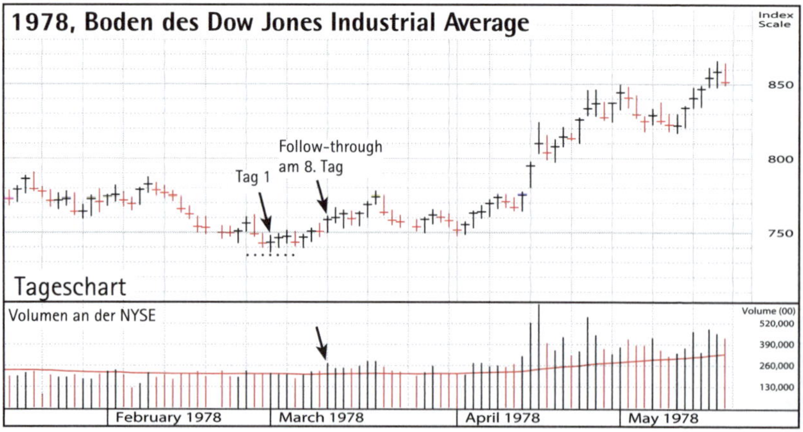

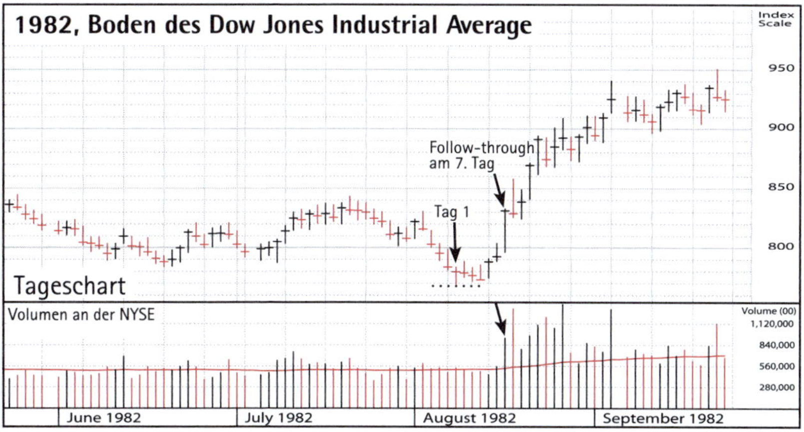
1982, Boden des Dow Jones Industrial Average
Index Scale
950
900
850
800
Follow-through am 7. Tag
Tag 1
Tageschart
Volumen an der NYSE
Volume (00)
1,120,000
840,000
560,000
280,000
June 1982
July 1982
August 1982
September 1982

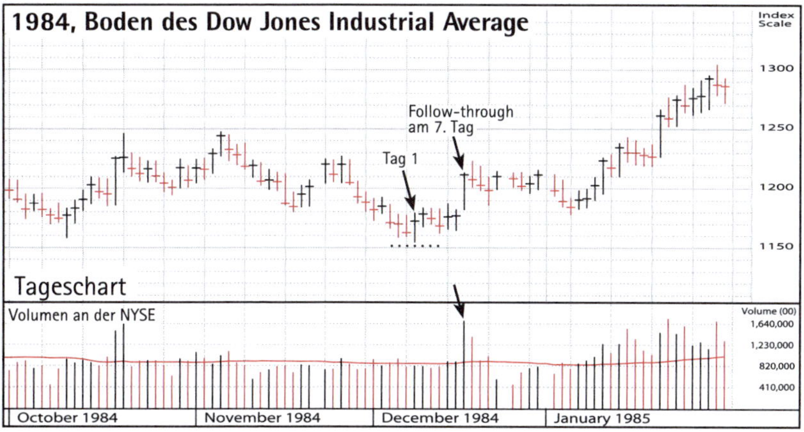
1984, Boden des Dow Jones Industrial Average
Index Scale
1300
1250
1200
1150
Follow-through am 7. Tag
Tag 1
Tageschart
Volumen an der NYSE
Volume (00)
1,640,000
1,230,000
820,000
410,000
October 1984
November 1984
December 1984
January 1985

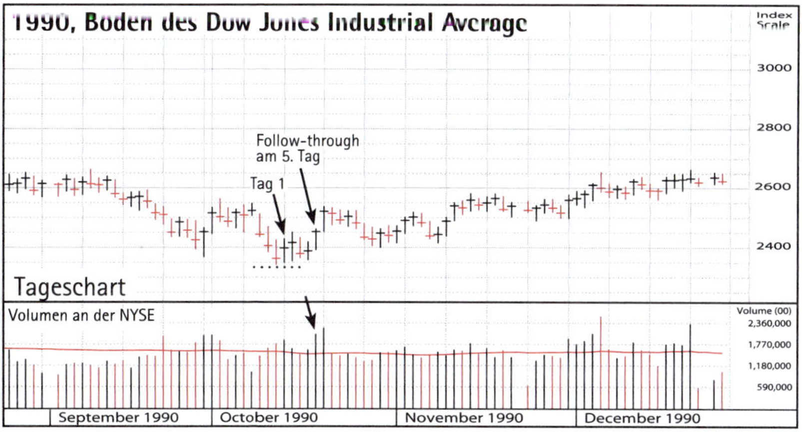
1990, Boden des Dow Jones Industrial Average
Index Scale
3000
2800
2600
2400
Follow-through am 5. Tag
Tag 1
Tageschart
Volumen an der NYSE
Volume (00)
2,360,000
1,770,000
1,180,000
590,000
September 1990
October 1990
November 1990
December 1990

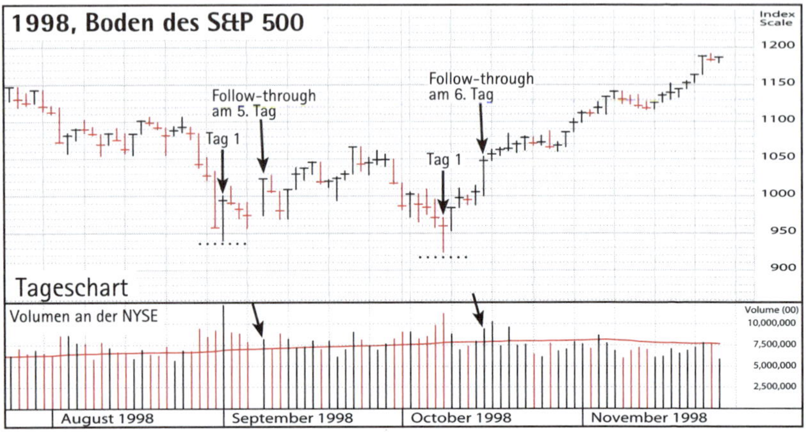

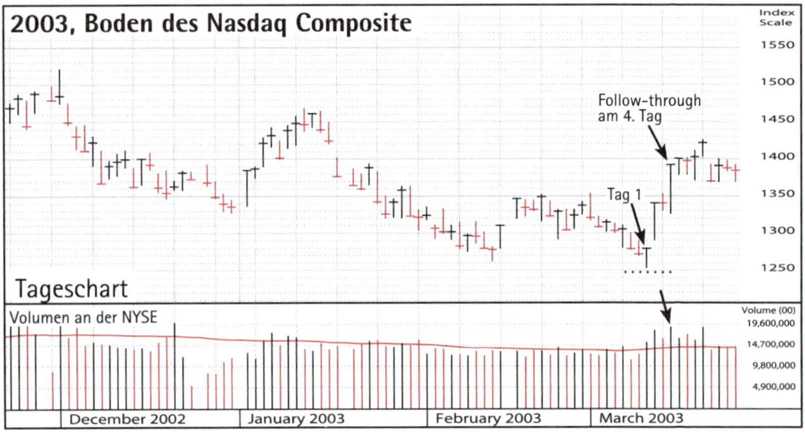

DAS GROSSE GELD WIRD IN DEN ERSTEN ZWEI JAHREN VERDIENT

Das wirklich große Geld wird gewöhnlich in den ersten ein oder zwei Jahren eines normalen neuen Hausse-Zyklus verdient. In dieser Phase muss man die goldenen Chancen, die sich bieten, immer erkennen und vollständig ausnutzen.

Der Rest des Aufwärtszyklus besteht gewöhnlich aus Hin- und Herbewegungen der Börsenindizes, auf die eine Baisse folgt. Das Jahr 1965 war eine der wenigen Ausnahmen, aber die starke Markttendenz im dritten Jahr des neuen Zyklus wurde damals durch den Beginn des Vietnamkriegs verursacht.

Im ersten oder zweiten Jahr einer neuen Hausse dürfte es einige mittelfristige Rückgänge der Börsenindizes geben. Diese dauern gewöhnlich ein paar Monate, wobei die Indizes um acht Prozent und gelegentlich auch um zwölf bis 15 Prozent absacken. Nach mehreren steilen Abwärtskorrekturen dieser Art und nach mindestens zwei Jahren Hausse könnten massive Umsätze ohne weitere Kursfortschritte der täglichen Marktindizes das Frühstadium des Beginns einer neuen Baisse anzeigen.

Da der Markt von Angebot und Nachfrage gesteuert wird, kann man den Chart von Börsenindizes etwa genauso interpretieren wie den Chart einer einzelnen Aktie. Bessere Publikationen stellen normalerweise den Dow Jones Industrial Average und den S&P 500 dar. *Investor's Business Daily* zeigt den Nasdaq Composite, den New York Stock Exchange Composite und den S&P 500 in großformatigen Tagescharts der Preise und des Volumens übereinander, damit man die drei leichter miteinander vergleichen kann. Solche Charts sollten mindestens über sechs Monate die Tageshöchstkurse, Tagestiefstkurse und Tagesschlusskurse der Marktindizes sowie die Umsätze an NYSE und Nasdaq in Millionen Aktien anzeigen.

Als ich vor rund 50 Jahren an der Börse anfing, wurden an einem durchschnittlichen Tag an der New York Stock Exchange rund 3,5 Millionen Aktien umgesetzt. Heute werden an einem durchschnittlichen Tag 1,5 Milliarden Aktien umgesetzt – diese unglaubliche Zunahme auf das 150-Fache demonstriert klar und unbestreitbar das faszinierende Wachstum und den Erfolg unseres kapitalistischen Systems der freien Marktwirtschaft. Seine unvergleichliche Freiheit und seine unvergleichlichen Chancen ziehen ständig Millionen ehrgeiziger Menschen aus aller Welt an, die unsere Produktivität und unseren Erfindungsreichtum wesentlich erhöhen. Das hat zu einem beispiellosen Anstieg unseres Lebensstandards geführt, sodass es der überwältigenden Mehrheit der Amerikaner quer durch die Bevölkerungsschichten besser geht als früher. Es gibt immer Probleme, die erkannt und gelöst werden müssen. Aber unser System ist das erfolgreichste der Welt und es bietet Menschen, die bereit sind, zu arbeiten, sich zu bilden und weiterzubilden, erhebliche Chancen, zu wachsen und voranzukommen. Die 100 Charts in Kapitel 1 sind nur eine kleine Kostprobe der früheren großen Investmentchancen.

Normale Baissen weisen drei sinkende Preisabschnitte auf, es gibt aber keine Regel, die besagt, dass sie nicht auch aus vier oder fünf sinkenden Abschnitten bestehen können. Man muss die Gesamtbedingungen und die Ereignisse im Land objektiv beurteilen und die Marktindizes ihre eigene Geschichte erzählen lassen. Und man muss diese Geschichte verstehen.

WEITERE MÖGLICHKEITEN, ENTSCHEIDENDE WENDEPUNKTE DES MARKTES ZU ERKENNEN

Achten Sie auf Abweichungen zwischen entscheidenden Indizes

Man sollte an Wendepunkten des Marktes mehrere Indizes überprüfen, um zu sehen, ob es erhebliche Abweichungen/Divergenzen zwischen ihnen gibt – das heißt, ob sie in entgegengesetzte Richtungen laufen (einer nach oben und einer nach unten) oder ob der eine Index sehr viel schneller steigt oder fällt als ein anderer.

Wenn beispielsweise an einem Tag der Dow Jones mit 100 Punkten im Plus steht und der S&P 500 als breiterer Index steht nur mit dem Äquivalent von 20 Dow-Jones-Punkten im Plus, dann würde das darauf hindeuten, dass die Rallye nicht so breit und stark ist, wie es scheint. Um Änderungen des S&P 500 mit solchen des Dow Jones zu vergleichen, teilen Sie den Dow Jones durch den S&P 500 und multiplizieren Sie diesen Wert dann mit der Veränderung des S&P 500.

Wenn zum Beispiel der Dow Jones bei 9.000 und der S&P 500 bei 900 Punkten schließen würde, dann würde der Dow Jones das Zehnfache des S&P 500 betragen. Wenn also der Dow Jones an einem bestimmten Tag um 100 Punkte und der S&P 500 um fünf Punkte steigt, kann man die fünf Punkte mit zehn multiplizieren und erhält dann, dass der S&P 500 nur um das Äquivalent von 50 Punkten des Dow Jones gestiegen ist.

Das neue Hoch des Dow Jones im Januar 1984 ging mit einer Divergenz zwischen den Indizes einher: Der breiter angelegte, signifikantere S&P 500 erreichte kein neues Hoch. Das ist der Grund, aus dem die meisten Profis die entscheidenden Indizes gemeinsam darstellen – damit man Nichtbestätigungen an entscheidenden Wendepunkten leichter erkennen kann. Es kommt immer wieder vor, dass institutionelle Anleger den aus 30 Aktien bestehenden Dow Jones in die Höhe treiben, während sie den breiteren Nasdaq Composite oder eine Liste von Technologie-Aktien im Schatten des Dow-Jones-Anstiegs liquidieren. Das ist wie bei einem großen Pokerspiel, bei dem die Spieler ihre Karten verbergen, bluffen und täuschen.

Psychologische Marktindikatoren können manchmal hilfreich sein

Da heutzutage für viele Spekulanten der Handel mit *Put*- und *Call*-Optionen der Weg zum schnellen Reichtum ist, kann man das Verhältnis aus Calls und Puts grafisch darstellen und als wertvollen Einblick in das Temperament der Masse analysieren. Optionshändler kaufen entweder Calls, also Optionen auf den Kauf von Aktien, oder Puts, also Optionen auf den Verkauf von Aktien. Der Käufer eines Calls hofft, dass der Preis steigt. Der Käufer einer Put-Option hofft, dass der Preis fällt.

Wenn der Umsatz mit Call-Optionen in einem bestimmten Zeitraum größer ist als der Umsatz mit Put-Optionen, ist es logisch, anzunehmen, dass die Optionsspekulanten insgesamt mit höheren Preisen rechnen und den Markt bullish beurteilen. Wenn der Umsatz mit Put-Optionen größer als der mit Call-Optionen ist, haben die Spekulanten eine bearishe Einstellung. Wenn die Optionshändler mehr Puts als Calls kaufen, steigt das Put/Call Ratio über 1,0. Solche Werte fielen mit den allgemeinen Börsenböden 1990, 1996, 1998 sowie im April und September 2001 zusammen, man kann aber nicht immer damit rechnen, dass dies passiert.

Der *Anteil der bearishen Anlageberater* ist ein interessantes Maß für die Anlegerstimmung. Wenn sich Baissen ihrem Tiefpunkt nähern, ist die Mehrzahl der Börsenbriefe von Anlageberatern gewöhnlich bearish. In der Nähe von Börsenhochs sind die meisten bullish. Wenn es am allerwichtigsten ist, richtig zu liegen, liegt die Mehrheit gewöhnlich falsch. Aber daraus, dass beim letzten Mal, als der Gesamtmarkt die Talsohle durchschritt, 65 Prozent der Anlageberater bearish waren, darf man nicht blind darauf schließen, dass beim nächsten Mal, wenn der Index der Anlageberater den gleichen Punkt erreicht, ein größerer Börsenniedergang zu Ende sein wird.

Das *Short Interest Ratio* ist das Aufkommen an Leerverkäufen an der New York Stock Exchange, ausgedrückt als Anteil am Gesamtumsatz der NYSE. Dieses Verhältnis kann das Ausmaß der bearishen Stimmung widerspiegeln, das die Spekulanten am Markt aufweisen. Normalerweise treten im Laufe von Baisse-Böden zwei oder drei größere Spitzen auf, die einen steilen Anstieg der Leerverkäufe anzeigen. Es gibt keine Regel dafür, wie weit dieser Index steigen sollte, aber wenn man frühere Börsenböden studiert, bekommt man eine Ahnung davon, wie dieses Verhältnis an entscheidenden Wendepunkten des Marktes aussah.

Ein Index, der manchmal zur Bestimmung des Ausmaßes spekulativer Aktivität herangezogen wird, ist *der Umsatz an der Nasdaq im Verhältnis zum Umsatz an der NYSE*. Im Sommer 1983 lieferte diese Kennzahl einen hilfreichen Tipp, dass Ärger bevorstand. Damals nahm das Volumen an der Nasdaq im Verhältnis zum „Big Board“ (NYSE) erheblich zu. Wenn ein Trend anhält und anzieht und dadurch wilde, galoppierende Spekulation anzeigt, rückt eine allgemeine Marktkorrektur näher. In den letzten Jahren ist das Handelsvolumen an der Nasdaq größer geworden als das Handelsvolumen an der NYSE, weil so viele neue wagemutige Unternehmen an der Nasdaq notieren. Deshalb muss man diesen Index heutzutage anders betrachten.

Die Interpretation der überbewerteten Advance-Decline-Linie

Manche technischen Analysten verfolgen mit religiösem Eifer Advance-Decline-Zahlen (AD). Diese Techniker nehmen die Anzahl von Aktien, die pro Tag gestiegen sind, vergleichen sie mit der Anzahl der gefallenen Aktien und stellen dieses Verhältnis in einem Diagramm dar. Advance-Decline-Linien sind bei Weitem nicht präzise, denn häufig wenden sie steil nach unten, schon lange bevor eine Hausse den Höhepunkt erreicht. Mit anderen Worten: Der Markt steigt immer noch weiter, aber er wird von weniger, jedoch besseren Aktien angeführt.

Die Advance-Decline-Linie ist deshalb nicht so genau wie die Gesamtmarktindizes, weil die Analyse der Marktrichtung kein einfaches Summenspiel ist. Nicht alle Aktien sind gleich. Zu wissen, wo die wahre Führungsstärke liegt und wie sich die führenden Aktien verhalten, ist besser als zu wissen, wie viele mittelmäßige Aktien steigen und fallen.

Die AD-Linie der NYSE überschritt im April 1998 einen Höhepunkt und tendierte während der neuen Hausse, die sechs Monate später im Oktober ausbrach, abwärts. Die AD-Linie verlief von Oktober 1999 bis März 2000 weiterhin abwärts und verpasste eine der kräftigsten Börsenerholungen seit Jahrzehnten.

Manchmal kann eine Advance-Decline-Linie hilfreich sein, wenn eine deutlich ausgeprägte Baisse einen kurzfristigen Rallye-Versuch startet. Wenn die AD-Linie hinter den Marktindizes zurückbleibt und es nicht schafft, sich zu erholen, gibt sie damit ein internes Signal, dass der breite Markt trotz der Stärke der Rallye des Dow Jones oder des S&P 500 nach wie vor fragil ist. In solchen Fällen verläuft sich die Rallye gewöhnlich wieder. Anders ausgedrückt machen ein paar führende Aktien noch keine neue Hausse.

Die Advance-Decline-Linie ist bestenfalls ein sekundärer Indikator von begrenztem Wert. Wenn Sie hören, dass Kommentatoren oder Marktstrategen im Fernsehen ihre bullishen oder bearishen Tugenden preisen, dann haben sie wahrscheinlich ihre Hausaufgaben nicht gemacht. Keine sekundäre Kennzahl kann so genau sein wie die großen

Börsenindizes. Lassen Sie sich deshalb nicht verwirren und bewerten Sie die riesige Batterie von sonstigen technischen Kennzahlen nicht über, die die meisten Menschen – gewöhnlich mit schlechten Ergebnissen – einsetzen.

Beobachten Sie die Zinsänderungen des Federal Reserve Board

Zu den allgemeinen fundamentalen Marktindikatoren, deren Beobachtung sich lohnt, gehören die Veränderungen des Diskontsatzes des Federal Reserve Board (der Zinssatz, den das FRB von Mitgliedsbanken für Darlehen verlangt), die Federal Funds Rate (der Zinssatz, den Banken mit Reserven für Darlehen an Banken ohne Reserven verlangen), gelegentlich auch das Niveau der Aktieneinschusskredite (Margin).

In der Regel bieten die Zinsen die beste Bestätigung für die grundsätzlichen Wirtschaftsbedingungen, und Änderungen des Diskontsatzes oder der Fed Funds Rate sind mit Abstand am zuverlässigsten. In der Vergangenheit markierten im Allgemeinen drei aufeinanderfolgende erhebliche Zinsanhebungen durch die Fed den Beginn von Baissen und bevorstehende Rezessionen.

Baissen gingen gewöhnlich, aber nicht immer, dann zu Ende, wenn die Zinsen endlich wieder gesenkt wurden. Die Anhebung des Diskontsatzes auf sechs Prozent im September 1987, kurz nachdem Alan Greenspan den Vorsitz der Fed übernommen hatte, führte zu dem schweren Markteinbruch im damaligen Oktober.

Viele Marktindikatoren spiegeln die allgemeine Wirtschaftsaktivität wider. Zu gewissen Zeiten habe ich ausgewählte Kennzahlen des Staates und des Federal Reserve Board verfolgt, unter anderem zehn Indikatoren zur Geldmenge und Geldnachfrage sowie Indikatoren zu den Zinssätzen. Die Geschichte beweist, dass die Bewegungsrichtung des Gesamtmarktes und auch die Bewegungsrichtung mehrerer Branchengruppen häufig von Zinsänderungen beeinflusst wird, weil das Zinsniveau gewöhnlich an die lockere oder straffe Geldpolitik der Federal Reserve gebunden ist.

Die einfachsten und relevantesten Währungsindikatoren, die man als Anleger verfolgen und begreifen kann, sind Änderungen des Diskontsatzes und der Fed Funds Rate.

Seit dem Aufkommen des Programmhandels und diverser Hedging-Möglichkeiten hedgen heutzutage manche Fonds Teile ihres Portfolios in der Absicht, sich in riskanten Marktlagen gegen Verluste abzusichern. Das Ausmaß, zu dem diese Hedges erfolgreich sind, hängt wieder einmal sehr vom Geschick und vom Timing ab, aber für einige Manager dürfte dies auf jeden Fall den Effekt haben, dass es den Druck mindert, im Portfolio enthaltene Wertpapiere am Markt abzustoßen.

Die meisten Fonds halten sich an Richtlinien, wonach sie jederzeit vollständig oder fast vollständig investiert sein müssen. Das liegt daran, dass es den meisten Fondsmanagern aufgrund der Größe der heutigen Fonds (Milliarden von Dollar) schwerfällt, zum richtigen Zeitpunkt aus dem Markt aus- und auf Cash umzusteigen und, vor allen Dingen, danach wieder schnell genug in den Markt einzusteigen, damit sie von dem ersten kräftigen Rückfedern nach dem letzten Boden profitieren können. Deshalb versuchen sie eventuell, den Schwerpunkt auf hoch kapitalisierte, semi-defensive Gruppen zu verlagern.

1981: DIE FED ZERMALMT DIE WIRTSCHAFT. Die Baisse und die kostspielige, langwierige Rezession, die im Jahr 1981 begann, entstanden beispielsweise ausschließlich deshalb, weil die Fed den Diskontsatz in schneller Folge am 26. September, am 17. November und am 5. Dezember 1980 erhöht hat. Die vierte Zinserhöhung am 8. Mai 1981 beförderte den Diskontsatz auf ein Allzeithoch von 14 Prozent hinauf. Damit waren die US-Konjunktur, unsere Kern-Industrien und der Aktienmarkt vorläufig am Ende.

Sie sollten Zinsänderungen seitens der Fed aber nicht als Haupt-Marktindikator verwenden, denn der Aktienmarkt an sich ist immer das beste Barometer. Unsere Analyse der Marktzyklen förderte drei entscheidende Marktwendepunkte zutage, zu deren Vorhersage der Diskontsatz nichts beitrug.

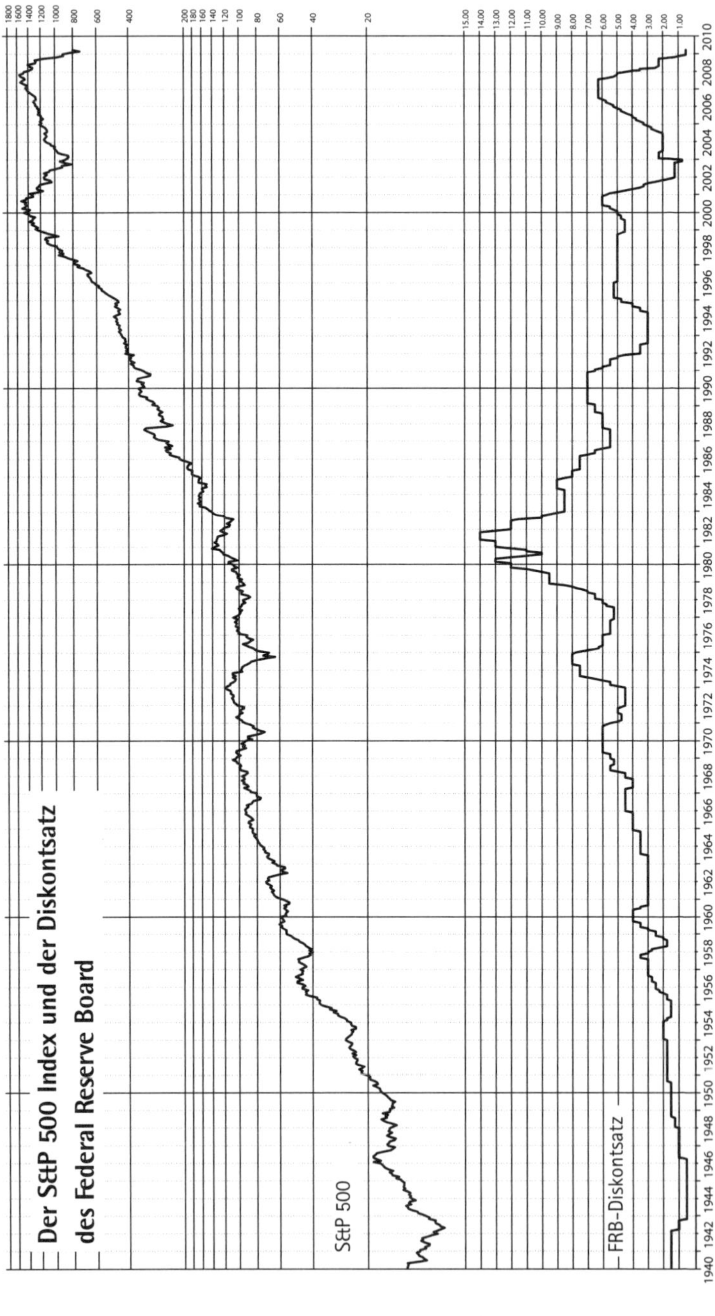
Der S&P 500 Index und der Diskontsatz
des Federal Reserve Board
S&P 500
FRB-Diskontsatz

Unabhängige Maßnahmen der Fed sind üblicherweise sehr konstruktiv, denn die Fed versucht, überhitzten Exzessen oder scharfen Kontraktionen unserer Konjunktur entgegenzuwirken. Allerdings demonstrieren ihre Maßnahmen und Ergebnisse eindeutig, wie sehr unsere Bundesregierung und nicht die Reaktion unserer Börsen auf alle Ereignisse manchmal unsere wirtschaftliche Zukunft zum Guten oder zum Schlechten beeinflussen kann und dies auch wirklich tut.

Tatsächlich lassen sich die Subprime-Immobilienkrise und die finanzielle Kreditkrise, die zu dem höchst ungewöhnlichen Börsenkollaps des Jahres 2008 führten, leicht auf die Maßnahmen der damaligen Regierung im Jahr 1995 zurückführen, den Community Reinvestment Act (CRA) aus dem Jahr 1977 zu forcieren. Diese Maßnahmen verlangten von den Banken, mehr hochriskante Darlehen in niedrigeren Einkommensbereichen zu vergeben, als sie sonst vergeben hätten. Hohe Bußgelder, Prozesse und beschränkte Genehmigungen für Fusionen und Expansionen waren die Folge, wenn sie sich wehrten.

Im Endeffekt ermunterte und drängte unsere Regierung große Banken, ihre altbewährten Standards der sicheren Kreditvergabe zu senken. Die meisten neuen Subprime-CRA-Darlehen in Höhe von mehr als einer Billion US-Dollar hatten keine Zinsbindung. Am Ende wurden bei vielen dieser Darlehen keine Einkommensnachweise des Kreditnehmers mehr verlangt und in manchen Fällen nur eine geringe oder gar keine Anzahlung.

Dazu kam, dass es neue regulatorische Vorschriften erstmals nicht nur zuließen, sondern sogar dazu ermunterten, die neuen, riskanteren Subprime-Darlehen mit Prime-Darlehen zusammenzupacken und diese scheinbar staatlich geförderten Darlehenspäckchen an andere Institute und in andere Länder weiterzuverkaufen, die meinten, sie würden sichere AAA-Anleihen kaufen. Das erste derartige Darlehensbündel kam im Jahr 1997 auf den Investmentmarkt. Dieses Vorgehen ermöglichte es den Kreditgebern und den Großbanken, schneller Gewinne zu machen sowie zusätzliche Risiken und die Verantwortung für viele dieser minderwertigen Darlehen loszuwerden. Dadurch kehrten die

Banken in die Gewinnzone zurück und vergaben noch mehr Darlehen vom CRA-Typ und verkauften sie dann wieder in Paketen weiter – bei geringem Risiko und geringer Verantwortung für die Zukunft. Nach einer gewissen Zeit entstand daraus unbeabsichtigt ein gigantisches, staatlich gefördertes Schneeballsystem. Dabei lieferten Fannie Mae und Freddie Mac die staatliche Stützung, indem sie ungeheure Mengen von riskanteren Subprime-Darlehen kauften. Dies führte dazu, dass sie irgendwann vor dem Bankrott standen und enorme staatliche Rettungsgelder benötigten. Außerdem hatten die Topmanager von Fannie und Freddie riesige Bonuszahlungen erhalten und an bestimmte Kongressmitglieder gespendet, die wiederholt die Praxis der hochgradig fremdfinanzierten und extrem riskanten Kreditvergabe gegen solide Reformansätze verteidigten.

Die Bilanz: Es handelte sich um ein großes staatliches Programm, das mit absolut guten, ehrenwerten sozialen Absichten, aber mit wenig Einsicht und ohne jede Weitsicht in Angriff genommen worden war. Im Laufe der Zeit zog es schwere Schäden und enorme unbeabsichtigten Konsequenzen nach sich, die fast alles und jeden betrafen, darunter traurigerweise auch genau diejenigen Menschen mit geringerem Einkommen, denen diese ziemlich ungeschickte staatliche Maßnahme angeblich helfen sollte. Dies brachte unser gesamtes Finanzsystem in Gefahr. Nach der Aufhebung des Glass Steagall Act im Jahr 1998 wurden große Firmen von der Wall Street in die Krise hineingezogen und beide politische Parteien, der Kongress und die Allgemeinheit spielten Schlüsselrollen bei der Anbahnung des großen Finanzfiaskos.

DER BÖRSENABSTURZ 1962. Ein weiterer denkwürdiger Absturz der Börse war im Jahr 1962 zu verzeichnen. Im Frühjahr war mit der Wirtschaft noch alles in Ordnung. Nachdem der Staat jedoch Ermittlungen am Aktienmarkt angekündigt hatte und die Stahlkonzerne dafür bestrafte, dass sie die Preise erhöht hatten, wurde der Markt nervös. IBM sackte um 50 Prozent ab. Im Herbst jenes Jahres setzte, nach der Kuba-Raketenkrise mit der Sowjetunion, eine neue Hausse ein. All das passierte, ohne dass sich der Diskontsatz änderte. Es hat auch schon Situationen gegeben, in denen der Diskontsatz sechs Monate nach dem Tiefpunkt des Marktes gesenkt wurde. In solchen Fällen wäre man zu spät dran gewesen, wenn man mit dem Einstieg gewartet hätte, bis der Diskontsatz fällt. In einigen Fällen lief der Markt nach Zinssenkungen durch die Fed weiter nach unten oder er pendelte mehrere Monate auf und ab. Dies geschah auf dramatische Art und Weise auch in den Jahren 2000 und 2001.

Stundencharts: Preis und Umsatz

An entscheidenden Wendepunkten kann man als aktiver Marktteilnehmer die Marktindizes und die Volumenänderungen stundenweise beobachten und sie mit dem Volumen in der gleichen Stunde des Vortags vergleichen.

Ein guter Zeitpunkt für die Beobachtung stündlicher Volumenzahlen ist der erste Rallye-Versuch, der auf den ersten Niedergang nach dem Börsenhoch folgt. Dabei dürfte man erkennen können, ob der Umsatz im Zuge der Rallye schwach ist oder versiegt. Man sieht dann außerdem, ob sich die Rallye im Laufe des Tages bei anziehendem Volumen abschwächt, ein Zeichen dafür, dass die Rallye schwach ist und wahrscheinlich versiegt.

Stündliche Volumenzahlen sind auch dann praktisch, wenn die Marktindizes einen früheren Tiefpunkt erreichen und anfangen, diesen „Unterstützungs"-Bereich zu verletzen (ein Unterstützungsbereich ist ein früheres Preisniveau, von dem die Anleger hoffen, dass der Index nicht darunter sinkt). Dabei möchte man wissen, ob die Verkäufe dramatisch anziehen oder nur ein bisschen, während der Markt in neue Tiefen einbricht. Wenn die Verkaufstätigkeit dramatisch anzieht, lastet auf dem Markt erheblicher Abwärtsdruck.

Wenn der Markt ein paar Tage lang frühere Tiefs unterschritten hat, der Umsatz dabei aber nur leicht gestiegen ist, halten Sie entweder nach einem Tag mit Umsatzrückgang Ausschau oder nach ein oder zwei Tagen, an denen das Volumen steigt, aber der Gesamtmarktindex fällt. Wenn Sie so etwas sehen, befinden Sie sich vielleicht in einer „Bereinigungs"-Zone (der Markt übt auf viele Trader Druck aus, zu verkaufen, häufig mit Verlust), auf die ein Aufschwung folgen kann, nachdem ängstliche Aktieninhaber abgeschreckt wurden.

Überkauft und überverkauft: Zwei gefährliche Wörter

Der kurzfristige Überkauft/Überverkauft-Indikator hat unter den Technikern und Anlegern eine treue Gefolgschaft. Dabei handelt es sich um einen über zehn Tage reichenden gleitenden Durchschnitt von Anstiegen und Rückgängen am Markt. Aber seien Sie vorsichtig. Am Beginn einer neuen Hausse kann der Überkauft/Überverkauft-Index beträchtlich „überkauft" werden. Dies sollte man *nicht* als Signal für den Aktienverkauf werten.

Bei Indizes, die gegenläufig zum Trend verlaufen, ist es immer ein großes Problem, dass sich die Frage stellt, wie schlimm die Lage noch werden kann, bevor endlich alles wendet. Viele Amateure glauben an Überkauft/Überverkauft-Indikatoren und halten sich daran.

Etwas Ähnliches kann im Frühstadium oder im ersten Abschnitt einer großen Baisse passieren, denn dann kann der Index ungewöhnlich stark überverkauft werden. Das sagt einem dann wirklich, dass eine Baisse bevorstehen könnte. Während der brutalen Marktimplosion des Jahres 2000 war der Markt auf dem gesamten Weg nach unten „überverkauft".

Ich habe einmal einen renommierten Profi eingestellt, der solche technischen Indikatoren benutzte. Im Laufe des Börseneinbruchs 1969, genau an dem Punkt, als mir alles sagte, dass der Markt in ernste Schwierigkeiten geraten würde, und als ich aggressiv versuchte, mehrere Portfoliomanager dazu zu bringen, ihre Aktien zu liquidieren und sich große Mengen Bargeld zu beschaffen, sagte er ihnen, es sei zu spät für den Verkauf, weil sein Überkauft/Überverkauft-Indikator ihm zeigte, der Markt sei bereits sehr überverkauft.

Sie haben es wahrscheinlich schon erraten: Danach tat sich ein großes Loch im Markt auf.

Ich brauche wohl kaum zu erwähnen, dass ich auf Überkauft/Überverkauft-Indikatoren selten achte. Das, was man durch viele Jahre Erfahrung lernt, ist gewöhnlich bedeutsamer als die Meinungen und Theorien von Experten, die jeweils unterschiedliche Lieblingsindikatoren verwenden.

Andere Gesamtmarkt-Indikatoren

Das *Upside/Downside Volume* ist ein kurzfristiger Index, der das Handelsvolumen von Aktien, die an einem gegebenen Tag im Plus schließen, zu dem Handelsvolumen von Aktien in Beziehung setzt, die im Minus schließen. Wenn man diesen Index als gleitenden Durchschnitt über zehn Tage darstellt, kann er an einigen intermediären Wendepunkten des Marktes Divergenzen anzeigen. Zum Beispiel kann es nach einem Absacker um zehn bis zwölf Prozent sein, dass die Gesamtmarktindizes ein oder zwei Wochen lang weiter auf tieferes Terrain vordringen. Dabei kann sich aber das Upside/Downside Volume plötzlich so verschieben, dass das Upside Volume stetig steigt, während das Downside Volume nachgibt. Ein solches Umschwenken signalisiert gewöhnlich einen mittelfristigen Aufschwung des Marktes. Die gleichen Signale fängt man allerdings auch auf, wenn man die täglichen Veränderungen des Dow Jones, des Nasdaq Composite oder des S&P 500 sowie die Umsätze beobachtet.

Manche Dienstleister bestimmen den *prozentualen Anteil der Mittelzuflüsse von betrieblichen Pensionsfonds*, der in Aktien investiert wird, und den Anteil, der in Bargeldäquivalente oder Anleihen investiert wird. Dies öffnet ein weiteres Fenster auf die Psychologie der institutionellen Investoren. Allerdings treffen die Ansichten der Mehrheit – oder der Masse – selten zu, selbst wenn es sich dabei um Profis handelt. Alle ein bis zwei Jahre scheint die Wall Street einer Meinung zu sein und alle folgen den anderen wie eine Rinderherde. Entweder steigen alle ein oder alle steigen aus.

Ein *Index „defensiver" Aktien* – stabilerer und angeblich sichererer Titel, zum Beispiel Versorgungsunternehmen, Tabakkonzerne, Nahrungsmittelhersteller und Waschmittelhersteller – weist häufig nach Jahren bullisher Bedingungen Stärke auf. Es kann darauf hindeuten, dass das „Smart Money" in defensive Positionen umsteigt und dass ein schwächerer Gesamtmarkt vor uns liegt. Das klappt aber nicht immer. Keiner dieser sekundären Marktindikatoren ist auch nur annähernd so zuverlässig wie die entscheidenden Gesamtmarktindizes.

Ein weiterer Indikator, der manchmal dabei hilft, das Stadium eines Marktzyklus einzuschätzen, ist der *Prozentsatz von Aktien aus defensiven oder schwachen Kategorien, die neue Kurshochs erreichen.* In den Zyklen vor dem Jahr 1983 begründeten manche Techniker ihre fehlende Besorgnis über die Schwäche des Marktes damit, dass sie zahlreiche Aktien anführten, die immer noch Hochs markierten. Aber eine Analyse der Liste von Aktien, die neue Hochs markieren, zeigt, dass ein großer Anteil von Vorzugsaktien oder defensiven Aktien Baisse-Bedingungen anzeigt. An der Börse kann einem oberflächliches Wissen schaden.

Um dieses komplexe, aber überaus wichtige Kapitel zusammenzufassen: Lernen Sie, die täglichen Preis- und Volumenänderungen der Gesamtmarktindizes und das Verhalten einzelner marktführender Aktien zu interpretieren. Sobald Sie das beherrschen, können Sie auf die vielen teuren, uninformierten persönlichen Börsenmeinungen von Amateuren und Profis verzichten. Sie sehen: **Der Schlüssel zum Erfolg am Aktienmarkt besteht nicht darin, dass man vorhersagt oder weiß, was der Markt vorhat. Er besteht darin, dass man weiß und versteht, was der Markt in den letzten paar Wochen wirklich getan hat und was er im Moment tut.** Wir wollen keine persönlichen Meinungen oder Vorhersagen abgeben. Wir beobachten vielmehr sorgfältig die täglichen Veränderungen von Angebot und Nachfrage am Markt.

Einer der größten Vorzüge dieses Systems der Interpretation von Preis- und Volumenänderungen der Marktindizes ist die Tatsache, dass man damit nicht nur Gipfel- und Bodenbereiche des Marktes besser erkennen kann, sondern dass man damit auch jeden Rallye-Versuch des Marktes auf dem Weg nach unten verfolgen kann. Wenn man starke Follow-through-Tage abwartet, verhindert dies in den meisten Fällen, dass man sich vorzeitig in Rallye-Versuche hineinziehen lässt, die letztlich scheitern. Anders gesagt hat man dann Regeln, die einen anhaltend davon abhalten, sich in unechte Rallyes locken zu lassen. Auf diese Art haben wir es geschafft, in den Jahren 2000 bis 2002 die meiste Zeit dem Markt fernzubleiben und Geldmarktfonds zu halten, den größten Teil der Gewinne zu behalten, die wir in den Jahren 1998 und 1999 erzielt hatten, und denjenigen zu helfen, die unsere vielen Grundregeln gelesen und beachtet haben. In diesem Abschnitt steckt ein Vermögen für Sie.

ÜBERBLICK ÜBER TEIL 1: WIE SIE SICH DAS BISLANG GELESENE MERKEN UND ES ANWENDEN KÖNNEN

Lesen allein reicht nicht. Sie müssen sich *alles* merken, was Sie gelesen haben, und es anwenden. Das CAN-SLIM-System hilft Ihnen, sich zu merken, was Sie bisher gelesen haben. Jeder Buchstabe des CAN-SLIM-Systems steht für einen der sieben einfachen Grundsätze für die Auswahl herausragender Aktien. Diese sieben Eigenschaften sind den meisten erfolgreichen Aktien im Anfangsstadium des Wachstums gemeinsam. Deshalb lohnt es sich, sie auswendig zu lernen. Wiederholen Sie diese Formel so oft, bis Sie sie sich problemlos ins Gedächtnis rufen und anwenden können:

C = Current Quarterly Earnings per Share. Der Gewinn pro Aktie im aktuellen Quartal muss mindestens um 18 bis 20 Prozent gestiegen sein, vorzugsweise jedoch um 40 bis 100 Prozent, 200 Prozent oder noch mehr – je höher, desto besser. Außerdem sollte sich das Wachstum in den letzten Quartalen irgendwann beschleunigt haben. Auch der Umsatz im Quartal sollte anziehen oder um 25 Prozent gestiegen sein.

A = Annual Earnings Increases. (Jährliche Gewinnzuwächse) In den letzten drei Jahren muss es jeweils einen beträchtlichen (25 Prozent oder mehr) Gewinnzuwachs sowie einen beträchtlichen Zuwachs der Eigenkapitalrendite um 17 Prozent oder mehr (vorzugsweise 25 bis 50 Prozent) gegeben haben. Wenn die Eigenkapitalrendite zu niedrig ist, muss die Bruttomarge stark sein.

N = Neue Produkte, neues Management, neue Hochs. Achten Sie auf neue Produkte oder Dienstleistungen, ein neues Management oder wesentliche Veränderungen der Branchenbedingungen. Und was das Wichtigste ist: Kaufen Sie Aktien, wenn sie aus soliden, korrekt gebildeten Chartbasen herauskommen und wenn sie anfangen, neue Kurshochs zu erreichen.

S = Supply and Demand – Shares Outstanding plus Big Volume Demand (Angebot und Nachfrage – umlaufende Aktien plus umsatzstarke Nachfrage) In der New Economy von heute sind Kapitalisierungen jeder Größe akzeptabel, solange das Unternehmen die anderen CAN-SLIM-Regeln erfüllt. Achten Sie darauf, dass das Handelsvolumen stark zunimmt, wenn eine Aktie anfängt, sich aus dem Konsolidierungsbereich herauszubewegen.

L = Leader or Laggard. Kaufen Sie Marktführer und meiden sie Nachzügler. Kaufen Sie das auf dem betreffenden Gebiet führende Unternehmen. Die meisten führenden Unternehmen haben in Haussen Relative-Stärke-Ratings von 80 bis 90 oder höher und dazu Composite Ratings von 90 oder darüber.

I = Institutionelle Unterstützung. Kaufen Sie Aktien mit wachsender institutioneller Unterstützung, die sich zumindest im Besitz von einem oder zwei Investmentfonds befinden, die in letzter Zeit eine Spitzenperformance aufweisen. Achten Sie außerdem darauf, dass die Unternehmensleitung an dem Unternehmen beteiligt ist.

M = Marktrichtung. Lernen Sie, die Entwicklungsrichtung des Gesamtmarktes zu erkennen, indem Sie die täglichen Preisbewegungen der Börsenindizes, die Volumenänderungen sowie die Bewegungen einzelner Marktführer richtig interpretieren. Dies kann darüber entscheiden, ob Sie im großen Stil gewinnen oder verlieren. Sie müssen mit dem Markt Schritt halten. Es zahlt sich nicht aus, wenn man aus dem Tritt gerät.

IST CAN SLIM MOMENTUM INVESTING?

Ich weiß nicht einmal genau, was „Momentum Investing“ ist. Manche Analysten und Reporter, die nichts davon verstehen, wie wir investieren, haben dem, wovon wir reden und was wir tun, diesen Namen gegeben. Sie sagen, es bestünde darin, „diejenigen Aktien zu kaufen, die am meisten gestiegen sind“ und die größte Relative Stärke aufweisen. Niemand, der bei Trost ist, investiert auf diese Art. Was wir tun, ist Folgendes: Wir identifizieren Unternehmen mit starken Fundamentaldaten – große Umsatz- und Gewinnzuwächse, die aus einmaligen neuen Produkten oder Dienstleistungen resultieren – und kaufen ihre Aktien dann, wenn sie aus richtig gebildeten Preiskonsolidierungsperioden hervorgehen und bevor ihr Preis im Laufe von Haussen dramatisch steigt.

Wenn Baissen beginnen, wollen wir, dass sich die Menschen schützen und ihre Gewinne dadurch sichern, dass sie wissen, wann sie verkaufen und auf Cash umsteigen sollten. Wir sind keine Anlageberater. Wir schreiben und verbreiten keinerlei Researchberichte. Wir rufen keine Unternehmen an und wir besichtigen keine Unternehmen. Wir sind keine Market Maker, wir handeln nicht mit Derivaten, wir organisieren keine Emissionen und koordinieren keine Fusionen. Wir verwalten keinerlei öffentliche oder institutionelle Gelder.

Wir sind Historiker, die untersuchen und herausfinden, wie Aktien und Märkte tatsächlich funktionieren, und die überall dort Menschen unterrichten und ausbilden, die durch intelligente und sinnvolle Geldanlage Geld verdienen möchten. Das sind ganz normale

Menschen aus allen Berufen, auch Profis. Wir schenken Ihnen keinen Fisch. Wir bringen Ihnen bei, wie Sie für Ihre gesamte Zukunft genug fischen können, damit auch Sie Nutzen aus dem amerikanischen Traum ziehen.

EXPERTEN, AUSBILDUNG UND EGOISMUS

An der Wall Street können weise Männer genauso leicht in Fußangeln geraten wie Narren. Nach meinen langjährigen Beobachtungen haben Dauer und Qualität der Ausbildung sowie der Intelligenzquotient sehr wenig damit zu tun, ob jemand mit Börseninvestments Geld verdient. Je intelligenter die Menschen sind – vor allem Männer –, umso eher glauben sie, sie wüssten ganz genau, was sie tun. Und umso eher kann es sein, dass sie auf die harte Tour lernen müssen, wie wenig sie in Wirklichkeit darüber wissen, wie man die Märkte überlistet.

Inzwischen haben wir alle aus erster Hand die schweren Schäden erlebt, die vermeintlich kluge, intelligente und hoch gebildete Menschen in New York und Washington unserem Land im Jahr 2008 zugefügt haben. US-Senatoren, Vorsitzende von Kongressausschüssen, politische Funktionäre, die in staatsnahen Unternehmen wie Fannie Mae und Freddie Mac arbeiteten, sowie die Chefs von hochkarätigen New Yorker Brokerhäusern, Kreditbanken und Hypothekenanbietern – sie alle dachten, sie wüssten, was sie tun, und viele von ihnen setzten absurde Schuldenhebel von 50:1 ein, um in Subprime-Immobiliendarlehen zu investieren.

Sie erfanden ausgeklügelte Derivate und Versicherungsprogramme, um solche unglaublichen Risiken zu rechtfertigen. Man kann die Schuld dafür nicht einer bestimmten Gruppe zuweisen, denn daran waren sowohl Demokraten als auch Republikaner beteiligt. Angefangen hat das Ganze allerdings als gut gemeintes großes staatliches Programm, das in den Jahren 1995, 1997 und 1998 mit der Abschaffung des Glass Steagall Act forciert wurde. Dann eskalierten die Dinge und gerieten außer Kontrolle.

Deshalb ist es vielleicht an der Zeit, dass Sie mehr Kontrolle über Ihre Geldanlage übernehmen und sich dazu entschließen, zu lernen, wie Sie Ihr schwer verdientes Geld sicherer und geschickter anlegen als Washington und die Wall Street das seit Ende der 1990er-Jahre getan haben. Wenn Sie das wirklich wollen, dann können Sie das bestimmt auch. Jeder kann es.

Die wenigen Menschen, die ich im Laufe der Jahre kennengelernt habe und die fraglos erfolgreich in Amerika investiert haben, waren entschlussfreudige Personen ohne große Egos. Der Markt stutzt überflüssigen Stolz und aufgeblasene Egos schnell auf die richtige Größe herunter. Letztlich geht es bloß darum, absolut objektiv zu sein und zu verstehen, was einem der Markt sagt – und nicht darum, beweisen zu wollen, dass das, was man gestern oder vor sechs Wochen gesagt oder getan hat, richtig war. Die schnellste Möglichkeit, am Aktienmarkt baden zu gehen, ist der Versuch, zu beweisen, dass man selbst recht und der Markt unrecht hat. Bescheidenheit und gesunder Menschenverstand sorgen für das notwendige Gleichgewicht.

Manchmal kann es einen in Schwierigkeiten bringen, wenn man auf viel zitierte und anerkannte Experten hört. Im Frühling und Sommer 1982 behauptete ein berühmter Experte standhaft, die staatliche Kreditvergabe würde den privaten Sektor verdrängen und Zinsen und Inflation würden wieder auf neue Höhen steigen. Dann geschah das genaue Gegenteil: Die Inflation nahm deutlich ab und die Zinsen fielen krachend in sich zusammen. Die bearishe Prognose eines anderen Experten kam im Sommer 1996 einen Tag vor dem Tiefpunkt des Marktes.

Im Laufe der Baisse 2000 sagte Woche für Woche ein Experte nach dem anderen auf *CNBC*, es wäre Zeit, Hightech-Aktien zu kaufen – nur um zuzusehen, wie die Technologiewerte weiter abstürzten. Viele hochkarätige Analysten und Strategen sagten den Anlegern auf dem Weg nach unten weiterhin, sie sollten von diesen einmaligen „Kaufgelegenheiten", wie man sie nur einmal erlebe, profitieren! Der Kauf auf dem Weg nach unten kann ein sehr gefährlicher Zeitvertreib sein.

Die herrschende Meinung oder übliche Denkweise trifft an der Börse selten ins Schwarze. Ich schenke der Expertenparade, die ihre persönlichen Meinungen über den Markt in Druckerzeugnissen oder im Fernsehen lautstark äußert, niemals Aufmerksamkeit. Es stiftet einfach zu viel Verwirrung und kann einen viel Geld kosten. 2000 rieten einige Strategen den Menschen, sie sollten anlässlich von „Dips“ (kurzfristige kleine Preisrückgänge) kaufen, weil die Cashposition der Investmentfonds gewaltig angewachsen sei und dieses ganze Geld darauf warte, investiert zu werden. Um zu beweisen, dass dies falsch war, brauchte man nur einen Blick auf die Seite „General Markets and Sectors“ in *Investor's Business Daily* zu werfen. Dort war zu sehen, dass die Cashpositionen der Investmentfonds zwar tatsächlich gestiegen waren, dass sie aber immer noch deutlich unter ihren historischen Hochs und sogar unter ihren historischen Durchschnitten standen.

Nur eines funktioniert gut: Lassen Sie sich von den Marktindizes sagen, wann es Zeit ist, einzusteigen oder auszusteigen. Kämpfen Sie niemals gegen den Markt an – er ist größer als Sie.

TEIL II

SEIEN SIE VON ANFANG AN SCHLAU

KAPITEL 10

WANN MAN VERKAUFEN UND ALLE VERLUSTE BEGRENZEN MUSS … AUSNAHMSLOS

Nachdem Sie nun gelernt haben, wie und wann man ausschließlich die besten Aktien kauft, ist es Zeit für Sie, zu lernen, wie und wann man sie wieder verkauft. Sie haben wahrscheinlich schon das sportliche Klischee gehört: „Der beste Angriff ist eine starke Verteidigung." Das Komische an Klischees ist, dass sie gewöhnlich stimmen: Eine Mannschaft, die nur offensiv spielt und nicht verteidigt, gewinnt selten das Spiel. Tatsächlich kann eine starke Verteidigung eine Mannschaft häufig zu großen Erfolgen verhelfen.

Als Branch Rickey in der Blütezeit der Brooklyn Dodgers Präsident und Manager war, hatte die Mannschaft gute Pitcher. Im Baseball stellt die Kombination aus Pitchern und Feldspielern den defensiven Teil einer Mannschaft dar und ist wahrscheinlich für 70 Prozent des Spiels verantwortlich. Ohne ihn ist es fast unmöglich, zu gewinnen. Das Gleiche gilt für den Aktienmarkt. Wenn man keine starke Verteidigung gegen große Verluste hat, kann man im Spiel der Geldanlage unmöglich im großen Stil gewinnen.

BERNARD BARUCHS GEHEIME METHODE, AN DER BÖRSE MILLIONEN ZU VERDIENEN

Am besten hat dies Bernard Baruch ausgedrückt, ein berühmter Börsenspekulant von der Wall Street und ein geschätzter Berater von amerikanischen Präsidenten: „Wenn ein Spekulant in der Hälfte der Fälle richtig liegt, hat er einen guten Durchschnitt. Sogar wenn jemand in drei oder vier von zehn Fällen recht hat, dürfte ihm dies ein Vermögen bescheren, wenn er ein Gefühl dafür hat, schnell die Verluste seiner Unternehmungen zu begrenzen, wenn er sich geirrt hat.“

Wie Sie sehen, machen sogar die erfolgreichsten Anleger viele Fehler. Diese schlechten Entscheidungen führen zu Verlusten, die manchmal ziemlich gravierend werden können, wenn man nicht diszipliniert und vorsichtig ist. Egal, wie schlau Sie sind, wie hoch Ihr IQ ist, wie exzellent Ihre Ausbildung, wie gut Ihre Informationen oder wie solide ihre Analyse ist – Sie werden einfach nicht immer recht haben. Wahrscheinlich werden Sie sogar in weniger als der Hälfte der Fälle recht haben! Sie müssen begreifen und akzeptieren, dass die erste Regel für den höchst erfolgreichen Privatanleger in Folgendem besteht: jeden einzelnen Verlust begrenzen. Um das zu tun, braucht man endlos viel Disziplin und Courage.

Marc Mandell von der Website *Winning On Wall Street* liest seit 1987 *Investor's Business Daily.* Ihm gefällt es wegen der vielen Ideen zum Geldverdienen und wegen der Betonung von Strategien für das

Risikomanagement. „Verliere wenig und gewinne viel", das ist seiner Meinung nach „der Heilige Gral der Geldanlage".

Mir wurde Baruchs Aussage über Verlustbegrenzung durch ein Depot klargemacht, das ich im Jahr 1962 managte. Der Gesamtmarkt war um 29 Prozent abwärts getrudelt und wir lagen nur mit jedem dritten Engagement, das wir mit diesem Depot eingegangen waren, richtig. Am Ende des Jahres waren wir mit dem Depot trotzdem vorn. Der Grund dafür lag darin, dass der durchschnittliche Gewinn aus den 33 Prozent korrekten Entscheidungen mehr als doppelt so groß war wie der durchschnittliche Kleinverlust, den wir dort erlitten, wo wir danebenlagen.

Ich strebe gern ein Verhältnis von 3:1 zwischen dem Verkauf zur Gewinnmitnahme und der Verlustbegrenzung an. Wenn Sie Gewinne im Bereich von 20 bis 25 Prozent mitnehmen, sollten Sie Ihre Verluste auf sieben oder acht Prozent begrenzen. Wenn Sie in einer Baisse wie 2008 überhaupt Aktien kaufen, bekommen Sie vielleicht nur ein paar Gewinne zwischen zehn und 15 Prozent, deshalb würde ich in diesem Fall schnell aussteigen, um jeden Verlust ausnahmslos automatisch auf drei Prozent zu begrenzen.

Das große Geheimnis großer Gewinne am Aktienmarkt ist nicht, immer recht zu haben, sondern möglichst wenig zu verlieren, wenn man nicht recht hat.

Sie müssen es sofort eingestehen, wenn Sie sich geirrt haben, und unverzüglich verkaufen, damit Sie jeden einzelnen Verlust begrenzen. Ihre Aufgabe ist es, sich nach dem Markt zu richten und nicht zu versuchen, den Markt dazu zu bringen, dass er sich nach Ihnen richtet.

Woran merkt man, dass man sich vielleicht irrt? Ganz einfach: Der Preis der Aktie fällt unter den Preis, den Sie dafür bezahlt haben! Jeder Punkt, um den Ihre Lieblingsidee unter Ihren Kaufpreis fällt, erhöht sowohl die Chancen, dass Sie sich geirrt haben, als auch den Preis, den Sie für diesen Irrtum bezahlen.

HABEN ERFOLGREICHE MENSCHEN GLÜCK ODER IMMER RECHT?

Die Menschen sind der Ansicht, um erfolgreich zu sein, müsste man entweder Glück oder meistens recht haben. Das stimmt aber nicht. Erfolgreiche Menschen machen viele Fehler und ihr Erfolg beruht auf harter Arbeit, nicht auf Glück. Sie strengen sich einfach mehr an und probieren es öfter als der Durchschnittsmensch. Der Erfolg kommt nicht oft über Nacht. Erfolg braucht Zeit.

Auf der Suche nach einem Glühfaden verkohlte und testete Thomas Edison 6.000 Bambusproben. Drei davon funktionierten. Davor hatte er Tausende anderer Materialien ausprobiert, vom Baumwollfaden bis zur Hühnerfeder.

Babe Ruth arbeitete so hart an seinem Homerun-Rekord, dass er auch den Allzeit-Rekord für Strikeouts hielt. Irving Berlin schrieb über 600 Lieder, aber nur 50 davon wurden Hits. Die Beatles wurden von allen Plattenfirmen Englands abgelehnt, bevor sie den Durchbruch schafften. Michael Jordan wurde einmal aus der Basketballmannschaft seiner Highschool ausgeschlossen.

Es ist viel Versuch und Irrtum nötig, bevor man mit Aktien wie den folgenden beträchtliche Gewinne einsacken kann: Brunswick und Great Western Financial, als sie sich im Jahr 1961 verdoppelten, Chrysler und Syntex 1963, Fairchild Camera und Polaroid 1965, Control Data 1967, Levitz Furniture 1970 bis 1972, Prime Computer und Humana 1977 bis 1981, MCI Communications 1981 bis 1982, Price Company 1982 bis 1983, Microsoft 1986 bis 1992, Amgen 1990 bis 1991, International Game Technology 1989 bis 1993, Cisco Systems von 1995 bis 2000, America Online und Charles Schwab 1998 bis 1999 sowie Qualcomm 1999. Diese Aktien deklassierten den Markt mit Gewinnen von 100 bis über 1.000 Prozent.

Ich habe im Laufe der Jahre herausgefunden, dass sich nur eine oder zwei von zehn Aktien, die ich kaufte, als wahrhaft herausragend entpuppten und in der Lage waren, derartige beträchtliche Gewinne zu erzielen. Das heißt, um die ein oder zwei Aktien zu bekommen, die das große Geld bringen, muss man zehn Stück suchen und kaufen.

Da stellt sich die Frage: Was tut man mit den anderen acht? Bleibt man voller Hoffnung auf ihnen sitzen, so wie es die meisten Menschen tun? Oder verkauft man sie und probiert es so lange, bis man noch größere Erfolge erzielt?

WANN WIRD EIN VERLUST ZUM VERLUST?

Wenn Sie sagen, „Ich kann meine Aktie nicht verkaufen, weil ich keinen Verlust mitnehmen möchte", dann nehmen Sie an, das, was Sie wollen, würde sich irgendwie auf die Situation auswirken. Die Aktie weiß aber nicht, wer Sie sind, und es ist ihr völlig egal, was Sie hoffen oder wollen.

Außerdem beschert Ihnen der Verkauf keinen Verlust, denn den Verlust haben Sie bereits. Wenn Sie meinen, Sie hätten so lange keinen Verlust erlitten, bis Sie die Aktie verkaufen, betrügen Sie sich selbst. Je größer der Buchverlust, umso realer wird er. Wenn Sie für 100 Aktien von Can't Miss Chemical 40 Dollar pro Aktie bezahlt haben und jetzt ist die Aktie 28 Dollar wert, dann haben Sie Aktien im Wert von 2.800 Dollar, die Sie 4.000 Dollar gekostet haben. Sie haben einen Verlust von 1.200 Dollar. Egal, ob Sie die Aktie in Bares umwandeln oder nicht, sie ist einfach nur 2.800 Dollar wert.

Auch wenn Sie nicht verkaufen, erleiden Sie einen Verlust, wenn der Preis der Aktie sinkt. Dann wäre es besser, sie zu verkaufen und wieder eine Cashposition zu halten, mit der es sich objektiver denken lässt.

Wenn man an einem großen Verlust festhält, kann man selten klar denken. Man wird dann emotional, rationalisiert und sagt sich: „Tiefer kann sie nicht mehr fallen." Bedenken Sie jedoch, dass Sie die Wahl unter vielen anderen Aktien haben, bei denen die Wahrscheinlichkeit, Ihre Verluste zurückzuholen, viel größer sein könnte.

Und hier noch eine Empfehlung, die Ihnen bei der Verkaufsentscheidung helfen könnte: Tun Sie so, als hätten Sie die Aktie nicht und Sie hätten 2.800 Dollar auf der Bank. Dann fragen Sie sich: „Will ich diese Aktie jetzt wirklich kaufen?“ Wenn die Antwort „nein“ lautet, warum behalten Sie sie dann?

BEGRENZEN SIE VERLUSTE IMMER, OHNE AUSNAHME, AUF SIEBEN ODER ACHT PROZENT IHRER KOSTEN

Als Privatanleger sollte man sich auf jeden Fall feste Regeln setzen, die den Verlust des Anfangskapitals, das man in jede Aktie investiert hat, auf allerhöchstens sieben oder acht Prozent begrenzen. Institutionelle Anleger, die ihr Gesamtrisiko dadurch verringern, dass sie große Positionen eingehen und breit diversifizieren, können nicht schnell genug in Aktien ein- und wieder aussteigen, um einen solchen Plan zur Verlustbegrenzung umzusetzen. Das ist ein gewaltiger Vorteil, den Sie als wendiger und zielstrebiger Privatanleger gegenüber den Institutionen haben. Nutzen Sie ihn!

Als der inzwischen verstorbene Gerald M. Loeb von E.F. Hutton sein letztes Buch über die Börse schrieb, besuchte er mich und ich hatte das Vergnügen, mit ihm über seine Idee zu sprechen. In seinem ersten Buch „Erfolgreich durch den Investment-Dschungel“ plädierte Loeb dafür, alle Verluste auf zehn Prozent zu begrenzen. Ich war neugierig und fragte ihn, ob er sich selbst immer an seine 10-Prozent-Politik hielt. „Ich möchte doch hoffen“, so antwortete er, „dass ich längst draußen bin, wenn sie zehn Prozent erreichen.“ Loeb hat an der Börse Millionen verdient.

Bill Astrop, der Präsident der Firma Astrop Advisory Corp. mit Sitz in Atlanta, Georgia, empfiehlt eine kleine Korrektur des 10-Prozent-Verlustbegrenzungsplans. Er ist der Ansicht, Privatanleger sollten die Hälfte ihrer Aktienposition verkaufen, wenn sie fünf Prozent unter ihren Kosten steht, und die andere Hälfte, wenn sie zehn Prozent darunter steht. Das ist ein fundierter Rat.

Ich denke, zur Bewahrung des hart verdienten Geldes sollte die Grenze bei sieben oder acht Prozent Verlust liegen. Wenn man sehr diszipliniert und reaktionsschnell ist, sollte der Gesamtdurchschnitt der

Verluste vielleicht nur bei fünf oder sechs Prozent liegen. Wenn man den Durchschnitt aller seiner Fehler und Verluste bei fünf oder sechs Prozent halten kann, ist man wie die Footballmannschaft, bei der die Gegner den Ball nie voranbringen. Wenn man nicht viele First Downs zulässt, wie kann man dann je geschlagen werden?

Und hier nun ein wertvolles Geheimnis: Wenn Sie Charts benutzen, um Ihre Kaufzeitpunkte anhand *solider* Preiskonsolidierungsbereiche zu wählen, fallen Ihre Aktien von einem korrekten Kaufpunkt aus nur selten um acht Prozent. Und wenn sie es doch tun, haben Sie entweder einen Auswahlfehler gemacht oder es beginnt ein Rückgang des Gesamtmarkts. Dies ist ein wichtiger Schlüssel zu Ihrem künftigen Erfolg. Eine *IBD*-Abonnentin namens Barbara James, die mehrere unserer Workshops besuchte, hatte keine Ahnung von Aktien, als sie nach 20 Jahren Tätigkeit im Immobiliengeschäft mit dem Investing anfing. Zuerst tradete sie nach den *IBD*-Regeln nur auf dem Papier. Es klappte so gut, dass sie irgendwann mutig genug war, es mit echtem Geld zu probieren, und zwar Ende der 1990er-Jahre, als der Markt anscheinend nur eine Richtung kannte – nach oben. Die erste Aktie, die sie anhand der *IBD*-Regeln kaufte, war EMC. Als sie die Aktie im Jahr 2000 verkaufte, hatte sie einen Gewinn von 1.300 Prozent. Auch mit Gap machte sie mehr als 200 Prozent Gewinn. Zehn Jahre nachdem sie angefangen hatte, konnte sie von den Gewinnen, die sie mithilfe von *IBD* erzielt hatte, ihr Haus und ihr Auto abbezahlen.

Und dank der 7-Prozent-Regel kann Barbara den Markt ausnutzen, wenn er steigt. Bevor die Marktkorrektur im Herbst 2007 begann, hatte sie drei CAN-SLIM-Aktien gekauft – Monolithic Power, China Medical und Saint Jude Medical. „Ich habe alle drei exakt am richtigen Pivot-Point gekauft, und ich wurde aus allen dreien hinausgedrängt, als die Marktkorrektur im Juli und im August einsetzte", so Barbara James. „Ich verliere gerne Geld, wenn es nur sieben oder acht Prozent sind. Ohne die Verkaufsregeln hätte ich mein letztes Hemd verloren. Und dann hätte ich keine Mittel mehr für die nächste Hausse."

Folgendes sagte uns ein anderer *IBD*-Abonnent namens Herb Mitchell im Februar 2009: „Die Kauf- und Verkaufsregeln – vor allem die Verkaufsregeln – haben immer und immer wieder bewiesen, dass sie funktionieren. Es hat zwar ein paar Jahre gedauert, bis ich das endlich alles im Kopf hatte, aber dann wurden die Ergebnisse sichtbar. Den größten Teil des Jahres 2008 habe ich abwartend am Rande verbracht, und jetzt bekomme ich Komplimente von Freunden, die mir erzählen, dass sie mit ihren Rentenkonten Tausende von Dollar – 50 Prozent oder mehr – verloren haben, während ich in jenem Jahr fünf Prozent Gewinn erzielt habe. Ich glaube zwar, ich hätte noch besser abschneiden können, aber man lernt eben nie aus."

Außerdem gibt es keine Regel, die besagt, dass man abwarten muss, bis jeder einzelne Verlust sieben oder acht Prozent erreicht, bevor man ihn mitnimmt. In manchen Fällen spürt man, dass der Gesamtmarktindex unter Verteilungsdruck steht (Verkaufsdruck) oder dass sich die Aktie nicht entsprechend entwickelt und dass man einen Fehlstart hingelegt hat. In solchen Fällen kann man seinen Verlust schon vorher begrenzen, wenn die Aktie erst einen oder zwei Punkte im Minus steht.

So hatte man beispielsweise reichlich Zeit, zu verkaufen und Verluste zu begrenzen, bevor sich im Oktober 1987 eine riesige Kluft im Markt öffnete. Eigentlich begann die Korrektur schon am 26. August. Wenn Sie schon so verrückt sind und versuchen, dem Markt zu trotzen, indem Sie unter bearishen Bedingungen Aktien kaufen, dann legen Sie wenigstens Ihren absoluten Verlustbegrenzungspunkt auf drei oder vier Prozent fest.

Wenn Sie im Laufe der Jahre Erfahrung mit dieser Technik sammeln, dürften sich Ihre durchschnittlichen Verluste verringern, denn Ihre Aktienauswahl und Ihr Timing verbessern sich dadurch und Sie lernen, bei Ihren besten Aktien mit kleinen „Follow-up-Käufen" nachzulegen. Es dauert zwar sehr lange, zu lernen, wie man gefahrlos nachkauft, wenn eine Aktie steigt, aber diese Methode der Geldverwaltung zwingt einen, sein Geld von Aktien mit schwächerer Performance in

Aktien mit stärkerer Performance umzuschichten. Ich bezeichne das als „Zwangsernährung“ (siehe „Mein überarbeiteter Gewinn- und Verlustplan“ in Kapitel 11). Am Ende verkauft man Aktien, die noch keine sieben oder acht Prozent gefallen sind, weil man sich dadurch Geld beschafft, um seine besten Gewinner im Laufe eindeutig starker Haussen aufzustocken.

Bedenken Sie: Sieben bis acht Prozent sind Ihr absolutes Verlustlimit. Sie müssen ohne zu zögern verkaufen – nicht ein paar Tage abwarten, um zu sehen, was vielleicht passiert; nicht hoffen, dass sich die Aktie wieder erholt; kein Grund, den Tagesschlusskurs abzuwarten. Nichts als die Tatsache, dass Sie sieben oder acht Prozent unter Ihren Kosten stehen, sollte sich an diesem Punkt auf die Situation auswirken.

Sobald Sie deutlich vorne liegen und einen guten Gewinn verzeichnen, können Sie es sich leisten, der Aktie ein bisschen mehr Spielraum für normale Schwankungen um den Höchstpreis herum zu lassen. Verkaufen Sie eine Aktie *nicht*, nur weil sie sieben bis acht Prozent unter ihrem Spitzenpreis steht. Es ist wichtig, dass Ihnen dieser Unterschied definitiv klar ist.

Nehmen wir einen Fall, in dem Sie vielleicht einen schlechten Start hingelegt haben. Die Aktie benimmt sich nicht so, wie Sie es erwartet hatten, und sie steht unter Ihrem Kaufpreis. Sie fangen an, Ihr schwer verdientes Geld zu verlieren, und Sie stehen vielleicht im Begriff, noch viel mehr zu verlieren. In einem anderen Fall haben Sie es gut getroffen. Die Aktie läuft besser und Sie verbuchen einen beträchtlichen Gewinn. Jetzt arbeiten Sie mit einem Gewinn und können es sich in einer Hausse leisten, der Aktie mehr Spielraum für Schwankungen zu geben, sodass Sie sich von einer normalen Korrektur um zehn bis 15 Prozent nicht erschüttern lassen.

Aber: Jagen Sie einer Aktie nicht zu weit nach oben nach, wenn Sie sie kaufen. Entscheidend ist, dass Sie als Kaufzeitpunkt für Ihre Aktien exakt den Ausbruchspunkt wählen und so die Wahrscheinlichkeit möglichst gering halten, dass eine Aktie um acht Prozent absackt (siehe Kapitel 2).

ALLE STAMMAKTIEN SIND SPEKULATIV UND RISKANT

Alle Stammaktien beinhalten ein beträchtliches Risiko – unabhängig von ihrem Namen, ihrer Qualität, ihrem angeblichen Blue-Chip-Status, ihrer bisherigen Performance-Bilanz oder den derzeit guten Unternehmensgewinnen. Bedenken Sie, dass Growth-Aktien zu einem Zeitpunkt den Höhepunkt überschreiten können, zu dem ihre Gewinne hervorragend und die Analystenschätzungen immer noch rosig sind.

Es gibt weder sichere Sachen noch sichere Aktien. Jede Aktie kann jederzeit fallen ... und man weiß nie, wie weit sie fallen kann.

Jeder 50-prozentige Verlust hat einmal als 10- oder 20-prozentiger Verlust angefangen. Die einzige Möglichkeit, sich gegen etwaige viel größere Verluste abzusichern, besteht darin, die Courage zu besitzen, zu verkaufen und seinen Verlust fröhlich mitzunehmen. Entschluss und Tat sollten sofort und gleichzeitig stattfinden. Wenn Sie ein großer Gewinner werden wollen, müssen Sie lernen, Entscheidungen zu fällen. Ich kenne mindestens ein Dutzend gebildete und ansonsten intelligente Menschen, die komplett ruiniert wurden, nur weil sie nicht verkaufen und dadurch einen Verlust begrenzen wollten.

Was soll man tun, wenn sich eine Aktie gegen einen stellt und der Verlust über zehn Prozent steigt? Das kann jedem passieren, und das ist ein noch entscheidenderes Anzeichen dafür, dass die Aktie definitiv verkauft werden muss. Die Aktie steckt in größeren Schwierigkeiten als üblich, darum ist sie schneller und tiefer als üblich gefallen. Im Zuge des Börsenkollaps 2000 haben viele neue Anleger massive Verluste erlitten und manche von ihnen haben alles verloren. Wenn sie sich einfach an die bereits besprochene Verkaufsregel gehalten hätten, dann hätten sie den größten Teil ihres Kapitals bewahrt.

Meiner Erfahrung nach sind Aktien, die sich in die falsche Richtung bewegen und überdurchschnittlich große Verluste produzieren, wahrlich schlecht ausgewählt und man muss sie unbedingt verkaufen. Dann ist entweder mit der Aktie oder mit dem gesamten Markt etwas faul, und es ist noch dringender geboten, dass man die Aktie verkauft, um eine spätere Katastrophe zu vermeiden.

Vergessen Sie nicht: Wenn Sie eine Aktie um 50 Prozent absacken lassen, müssen Sie mit der nächsten Aktie 100 Prozent gewinnen, nur um den Break-even zu erreichen! Und wie oft kaufen Sie Aktien, die sich verdoppeln? Sie können es sich einfach nicht leisten, auf einer Aktie sitzen zu bleiben, wenn sich die Verluste häufen.

Die Annahme, eine Aktie müsste wieder steigen, weil sie gefallen ist, ist ein gefährlicher Fehlschluss. Viele tun das nämlich nicht. Andere brauchen Jahre, um sich zu erholen. AT&T erreichte im Jahr 1964 ein Hoch von 75 Dollar und brauchte 20 Jahre, um zurückzukommen. Und wenn der S&P 500 oder der Dow Jones im Zuge einer Baisse um 20 bis 25 Prozent fallen, stürzen viele Aktien um 60 bis 75 Prozent ab. Wenn der S&P 500 wie im Jahr 2008 um 52 Prozent abtaucht, können manche Aktien um 80 bis 90 Prozent fallen. Wer hätte vorhergesagt, dass General Motors von 94 Dollar auf zwei Dollar fallen würde? Die Autoindustrie ist für die Vereinigten Staaten wichtig, aber es ist eine ernsthafte Restrukturierung von oben nach unten notwendig und sie muss möglicherweise einen Bankrott durchmachen, wenn sie überleben und auf dem höchst wettbewerbsintensiven Weltmarkt konkurrieren will. Die Relative-Stärke-Linie von GM ist 14 Jahre lang, von 1994 bis 2008, kontinuierlich gefallen. Was will GM in Zukunft machen, wenn Indien oder China in den Vereinigten Staaten Autos verkaufen, die mit einer Gallone 50 Meilen weit fahren können und viel weniger kosten?

Die einzige Möglichkeit, erhebliche Börsenverluste zu verhindern, besteht darin, sie unverzüglich zu beschneiden, so lange sie noch klein sind. Schützen Sie immer Ihr Konto, damit Sie überleben und auch am nächsten Tag noch erfolgreich investieren können.

Im Jahr 2000 dachten viele neue Anleger fälschlicherweise, man bräuchte einfach nur anlässlich jedes Rücksetzers Hightech-Aktien zu kaufen, weil sie immer wieder steigen würden und weil das leicht verdientes Geld wäre. Das ist aber eine Amateurstrategie, die fast immer zu schweren Verlusten führt. Halbleiter-Aktien und andere Technologie-Aktien sind dreimal so volatil und riskant wie andere Aktien. Wenn man solche Aktien hat, ist es daher noch viel wichtiger, sich zu beeilen und jeden Verlust schnell zu begrenzen. Wenn man ein Portfolio hat, das ausschließlich aus Hightech-Aktien besteht, oder wenn man massive Einschusskredite auf Technologie-Aktien aufgenommen hat, handelt man sich schweren Ärger ein, wenn man seine Verluste nicht schnell begrenzt.

Man sollte niemals auf Einschusskredit investieren, wenn man nicht bereit ist, jegliche Verluste schnell zu beschneiden. Andernfalls könnte man sich in kürzester Zeit ruinieren. Wenn Sie von Ihrem Broker eine Nachschussforderung bekommen (wenn Sie vor der Entscheidung stehen, entweder Aktien zu verkaufen oder Geld auf Ihr Konto einzuzahlen, um das verlorene Kapital einer fallenden Aktie zu ersetzen), werfen Sie bitte dem schlechten Geld kein gutes hinterher. Verkaufen Sie ein paar Aktien und nehmen Sie zur Kenntnis, was Ihnen der Markt und Ihr Kreditdisponent zu sagen versuchen.

VERLUSTBEGRENZUNG IST WIE VERSICHERUNGSKAUF

Diese Politik der Verlustbegrenzung ist mit der Zahlung von Versicherungsprämien vergleichbar. Man senkt sein Risiko exakt auf das Niveau, mit dem man sich wohl fühlt. Freilich, häufig wendet die Aktie, die man verkauft hat, sofort und steigt wieder. Und – ja, das kann frustrierend sein. Doch ziehen Sie daraus nicht den Schluss, dass es falsch von Ihnen war, zu verkaufen. Das ist eine überaus gefährliche Denkweise, die Sie irgendwann in große Schwierigkeiten bringt.

Stellen Sie sich das so vor: Wenn Sie letztes Jahr eine Versicherung für Ihr Auto gekauft und keinen Unfall gebaut haben, war das Geld dann verschwendet? Werden Sie die Versicherung auch dieses Jahr bezahlen? Natürlich werden Sie das! Haben Sie eine Feuerversicherung für Ihr Haus oder Ihre Firma? Wenn Ihr Haus oder Ihre Firma nicht abbrennt, ärgern Sie sich dann, weil Sie meinen, Sie hätten eine schlechte Finanzentscheidung getroffen? Nein. Sie kaufen sich die

Feuerversicherung ja nicht, weil Sie wissen, dass Ihr Haus abbrennen wird. Sie kaufen die Versicherung nur für den Fall des Falles, um sich gegen die entfernte Möglichkeit eines schweren Verlustes abzusichern. Genauso ist es bei dem Gewinner-Anleger, der alle Verluste gleich begrenzt. Es ist die einzige Möglichkeit, sich vor dem möglichen oder wahrscheinlichen viel größeren Verlust zu schützen, von dem man sich möglicherweise nicht mehr erholt. Wenn Sie zögern und es zulassen, dass ein Verlust auf 20 Prozent anwächst, dann brauchen Sie einen Gewinn von 25 Prozent, nur um wieder auf Null zu kommen. Warten Sie noch länger, bis die Aktie mit 25 Prozent im Minus steht, müssen Sie 33 Prozent Gewinn machen, um auf null zu kommen. Warten Sie noch länger, bis der Verlust 33 Prozent beträgt, müssen Sie 50 Prozent verdienen, um wieder auf Los zurückzukehren. Je länger Sie warten, umso mehr arbeitet die Mathematik gegen Sie, also seien Sie nicht wankelmütig. Handeln Sie sofort, um mögliche schlechte Entscheidungen zu korrigieren. Eignen Sie sich die Disziplin an, zu handeln und immer Ihre Verkaufsregeln zu befolgen.

Manche Menschen lassen es so weit kommen, dass Verlust bringende Aktien ihrer Gesundheit schaden. In dieser Situation ist es am besten, zu verkaufen und sich keine Sorgen mehr zu machen. Ich kenne einen Aktienbroker, der im Jahr 1961 Brunswick für 60 Dollar kaufte, als der Kurs fiel. Das Unternehmen war seit 1957 der absolute Marktführer und der Kurs hatte sich mehr als verzwanzigfacht. Als er auf 50 Dollar fiel, kaufte er noch mehr, und als er auf 40 Prozent absackte, stockte er wieder auf.

Als die Aktie auf 30 Dollar gefallen war, fiel er auf dem Golfplatz tot um.

Am Aktienmarkt wiederholen sich die Geschichte und die Natur des Menschen immer wieder. Im Herbst 2000 machten viele Anleger exakt den gleichen Fehler: Sie kauften das Unternehmen, das in der vorigen Hausse führend gewesen war, nämlich Cisco Systems, auf dem Weg von 70 über 60 und 50 Dollar und noch tiefer, nachdem es bei 87 Dollar den Höhepunkt überschritten hatte. Sieben Monate

später war die Aktie auf 13 Dollar gesunken – für diejenigen, die bei 70 Dollar gekauft hatten, ein Verlust von 80 Prozent. Die Moral von der Geschicht': Legen Sie sich niemals mit dem Markt an. Ihre Gesundheit und Ihr Seelenfrieden sind immer wichtiger als jede Aktie.
Kleine Verluste sind eine billige Versicherung und sie sind die einzige Versicherung, die Sie auf Ihre Investments kaufen können. Selbst wenn eine Aktie steigt, nachdem Sie sie verkauft haben – was viele bestimmt tun werden –, haben Sie Ihr entscheidendes Ziel erreicht, nämlich alle Verluste klein zu halten, und Sie haben immer noch Geld, um es später mit einer anderen Aktie noch einmal zu probieren.

NEHMEN SIE IHRE VERLUSTE SCHNELL UND IHRE GEWINNE LANGSAM MIT

Ein altes Anleger-Sprichwort sagt, dass an der Börse der erste Verlust der kleinste ist. Meines Erachtens sollte man Anlageentscheidungen so treffen, dass man immer (ohne Ausnahme) seine Verluste schnell und seine Gewinne langsam mitnimmt. Aber die meisten Anleger lassen sich emotional verwirren, sodass sie ihre Gewinne schnell und ihre Verluste langsam mitnehmen.
Wie groß ist Ihr tatsächliches Risiko bei allen gekauften Aktien, wenn Sie die besprochene Methode anwenden? Wenn Sie diese Regel strikt befolgen, beträgt es acht Prozent, ganz egal was Sie kaufen. Trotzdem fragen die meisten Anleger sturköpfig: „Sollten wir nicht lieber auf Aktien sitzen bleiben, als zu verkaufen und einen Verlust mitzunehmen?" Oder sie fragen: „Und was ist mit ungewöhnlichen Situationen, wenn plötzlich eine schlechte Nachricht bekannt wird und einen Kursverlust verursacht?" Oder: „Gilt dieses Verlustbegrenzungsverfahren immer, oder gibt es dazu Ausnahmen, zum Beispiel wenn ein Unternehmen ein gutes neues Produkt hat?" Die Antwort: *Es gibt keine Ausnahmen.* Keines der genannten Dinge ändert die Situation auch nur im Geringsten. Man muss seinen schwer verdienten Vermögensvorrat immer schützen.

Verluste laufen zu lassen ist der schlimmste Fehler, den fast alle Anleger begehen. Man muss die Tatsache akzeptieren, dass häufig Fehler hinsichtlich der Aktienauswahl und der Wahl des Zeitpunktes begangen werden, sogar von den erfahrensten professionellen Investoren. Ich würde sogar so weit gehen, zu behaupten, dass man am besten gar keine Aktien kaufen sollte, wenn man nicht bereit ist, zu verkaufen und seine Verluste zu begrenzen. Würden Sie mit einem Auto ohne Bremsen fahren? Wenn Sie Kampfpilot wären, würden Sie dann ohne Fallschirm in die Schlacht fliegen?

SOLLTE MAN DAS KOSTENDURCHSCHNITTSVERFAHREN ANWENDEN?

Es gehört zu den unprofessionellsten Dingen, die ein Börsenmakler tun kann, mit dem Anruf bei Kunden, deren Aktien gefallen sind, zu zögern oder sie gar nicht anzurufen. Das ist nämlich der Moment, in dem der Kunde die Hilfe am dringendsten braucht. Wer sich dieser Pflicht in schweren Zeiten entzieht, verrät damit, dass es ihm unter Druck an Mut fehlt. So ziemlich das einzige, was noch schlimmer ist, besteht darin, dass sich Broker dadurch aus der Affäre ziehen, dass sie dem Kunden dazu raten, die sogenannte „Kostendurchschnittsmethode“ anzuwenden (Aktien nachzukaufen, die ohnehin schon Verluste aufweisen). Wenn ich diesen Ratschlag bekäme, würde ich mein Konto kündigen und mir einen klügeren Broker suchen.

Jeder kauft gern Aktien und verkauft sie nur ungern. Solange man eine Aktie noch hat, kann man hoffen, dass sie weit genug steigt, um einen wenigstens auf null zu bringen. Sobald man verkauft, gibt man alle Hoffnung auf und akzeptiert die nackte Realität der vorläufigen Niederlage. Anlegern ist es immer lieber, zu hoffen, als realistisch zu sein. Doch Wissen und Handeln ist besser als Hoffen oder Raten. Der Wunsch, dass eine Aktie steigen soll, damit man wenigstens auf den Break-even kommt, hat nichts mit dem Geschehen und der brutalen Realität am Markt zu tun. Der Markt gehorcht nur dem Gesetz von Angebot und Nachfrage.

Ein großartiger Trader hat einmal bemerkt, an der Börse gebe es nur zwei Emotionen: Hoffnung und Angst. „Das Problem ist nur", so fügte er hinzu, „dass wir hoffen, wenn wir uns eigentlich fürchten sollten, und dass wir uns fürchten, wenn wir hoffen sollten." Das ist im Jahr 2009 genauso wahr, wie es das im Jahr 1909 war.

DIE GESCHICHTE MIT DEM TRUTHAHN

Vor vielen Jahren habe ich einmal eine Geschichte von Fred C. Kelly gehört, dem Verfasser von „Warum du gewinnst", die perfekt veranschaulicht, wie der konventionelle Anleger denkt, wenn die Zeit für eine Verkaufsentscheidung gekommen ist:

Ein kleiner Junge ging einmal die Straße entlang, da traf er einen alten Mann, der versuchte, wilde Truthähne zu fangen. Als Truthahnfalle benutzte der Mann eine einfache Kiste mit einer Tür, die man nach oben aufklappen konnte. Diese Tür wurde von einem Stock offen gehalten, an den eine ungefähr 30 Meter lange Schnur gebunden war, die zu dem Mann führte. Eine schmale Spur aus Maiskörnern, die auf einen Pfad gestreut waren, sollte Truthähne in die Kiste locken.

Wenn die Truthähne einmal darin waren, fanden sie noch viel mehr Mais vor. Wenn genug Truthähne in die Kiste gegangen waren, wollte der Mann den Stützpfeiler wegreißen, sodass die Tür zufiel. Wenn die Tür einmal zu war, konnte er sie nicht mehr aufmachen, ohne sich der Kiste zu nähern, und das würde die Truthähne vertreiben, die außerhalb der Kiste waren. Der optimale Zeitpunkt, die Stütze wegzuziehen, war dann, wenn so viele Truthähne in der Kiste waren, wie man vernünftigerweise höchstens erwarten konnte.

Eines Tages hatte er ein Dutzend Truthähne in der Kiste. Dann spazierte einer davon wieder heraus, sodass es nur noch elf waren. „Verflixt, hätte ich doch bloß an der Schnur gezogen, als alle Zwölfe drin waren", sagte der alte Mann. „Ich warte noch eine Minute, vielleicht geht er ja wieder hinein." Während er wartete, dass der zwölfte Truthahn wieder hineingehen würde, entwischten ihm zwei weitere. „Ich hätte mich mit elf zufrieden geben sollen", sagte der Fallensteller.

„Sobald ich noch einen mehr drin habe, ziehe ich an der Schnur.'"
Wieder kamen drei Stück heraus und immer noch wartete der Mann. Weil er einmal zwölf Truthähne gehabt hatte, missfiel es ihm, mit weniger als acht heimzugehen.

Er konnte den Gedanken einfach nicht aufgeben, dass ein paar von den Truthähnen zurückkehren würden. Als am Ende nur noch ein Truthahn in der Kiste übrig war, sagte er sich: „Ich warte, bis er entweder herauskommt oder ein anderer hineingeht, dann gebe ich auf."
Der einsame Truthahn gesellte sich zu den anderen und der Mann ging mit leeren Händen heim.

Die Psychologie der normalen Anleger sieht nicht viel anders aus. Sie hoffen, dass mehr Truthähne in die Kiste zurückkehren, wo sie doch fürchten sollten, dass alle Truthähne herauskommen könnten, sodass ihnen nichts mehr bleibt.

WIE DER TYPISCHE ANLEGER DENKT

Wenn Sie ein typischer Anleger sind, führen Sie wahrscheinlich über Ihre Transaktionen Buch. Wenn Sie über den Verkauf einer Aktie nachdenken, sehen Sie sich wahrscheinlich Ihre Aufzeichnungen an, um herauszufinden, welchen Preis Sie dafür bezahlt haben. Wenn sich ein Gewinn angesammelt hat, verkaufen Sie vielleicht, aber wenn ein Verlust zu Buche steht, neigen Sie eher dazu, abzuwarten. Denn schließlich haben Sie ja nicht in den Markt investiert, damit Sie Verlust machen. Trotzdem ist es so, dass Sie die Aktien mit der schlechtesten Performance als Erste verkaufen sollten. Halten Sie Ihr Blumenbeet unkrautfrei.

Sie könnten beispielsweise beschließen, Ihre Aktien von Myriad Genetics zu verkaufen, weil diese einen hübschen Gewinn einbringen, aber Ihre General-Electric-Aktien zu behalten, weil sie noch einen weiten Weg vor sich haben, bevor sie wieder auf dem Preis stehen, den Sie dafür bezahlt haben. Wenn dies Ihre Denkweise ist, leiden Sie unter dem „Hang zum bezahlten Preis", von dem 95 Prozent aller Anleger befallen sind.

Nehmen wir an, Sie haben eine Aktie vor zwei Jahren für 30 Dollar gekauft, und jetzt kostet sie 34 Dollar. Die meisten Anleger würden sie verkaufen, weil sie damit Gewinn gemacht haben. Aber was hat der Preis, den Sie vor zwei Jahren bezahlt haben, mit dem heutigen Wert der Aktie zu tun? Und was hat er damit zu tun, ob Sie die Aktie behalten oder verkaufen sollten? Entscheidend ist die relative Performance dieser Aktie im Verhältnis zu anderen, die Sie entweder besitzen oder die Sie besitzen könnten.

ANALYSIEREN SIE IHRE AKTIVITÄTEN

Vor allem, wenn Sie als Anleger längerfristig orientiert sind, empfehle ich Ihnen eine andere Methode, Ihre Ergebnisse zu analysieren, damit Sie den Hang zum bezahlten Preis vermeiden können. Rechnen Sie nach jedem Monat oder Quartal aus, um wie viel Prozent sich der Preis jeder Aktie gegenüber der letzten derartigen Analyse verändert hat. Sortieren Sie Ihre Investments dann in der Reihenfolge ihrer relativen Preisperformance seit der letzten Beurteilung. Nehmen wir an, Caterpillar wäre sechs Prozent gefallen, ITT zehn Prozent gestiegen und General Electric zehn Prozent gefallen. Auf Ihrer Liste stünde ITT ganz oben, dann käme Caterpillar und dann GE. Machen Sie das Gleiche am Ende des nächsten Monats oder Quartals. Nach ein paar Kontrollen werden Sie schnell merken, welche Aktien nicht so gut laufen. Sie stehen dann auf der Liste ganz unten. Diejenigen, die am besten gelaufen sind, stehen ganz oben oder fast ganz oben.

Diese Methode ist zwar nicht unfehlbar, aber sie zwingt einen dazu, sich nicht auf den Preis zu konzentrieren, den man für die Aktie bezahlt hat, sondern auf die relative Performance der Investments am Markt. Das hilft einem, eine klarere Perspektive zu bewahren. Selbstverständlich müssen Sie Ihre Kosten aus Steuergründen ebenfalls aufzeichnen, aber für das längerfristige Portfoliomanagement sollten Sie diese realistischere Methode verwenden. Wenn Sie das öfter als einmal pro Quartal machen, kann Ihnen das nur zugute kommen.

Der Verzicht auf die Orientierung am bezahlten Preis kann profitabel und lohnenswert sein.

Außerdem sollten Sie bei jeder Investition in ein Wertpapier den potenziellen Gewinn und den potenziellen Verlust bestimmen. Das ist nur logisch. Sie würden doch keine Aktie kaufen, wenn sie einen potenziellen Gewinn von 20 Prozent und einen potenziellen Verlust von 80 Prozent bringen würde, oder? Wenn Sie aber nicht versuchen, diese Faktoren zu definieren und nach durchdachten Regeln vorzugehen, woher wissen Sie dann, ob Sie sich mit dem Kauf einer Aktie nicht genau in diese Situation begeben? Haben Sie konkrete Verkaufsregeln, die Sie niedergeschrieben haben und an die Sie sich halten, oder sind Sie im Blindflug?

Ich rate Ihnen, bei allen Wertpapieren, die Sie kaufen, den Preis zu notieren, mit dem Sie im Falle eines Verkaufs rechnen, wenn Sie Verlust machen (acht Prozent oder weniger unter Ihrem Kaufpreis), und dazu das erwartete Gewinnpotenzial. Sie könnten es beispielsweise in Betracht ziehen, Ihre Growth-Aktie dann zu verkaufen, wenn ihr KGV von dem Zeitpunkt, an dem die Aktie ihren großen Anstieg aus der anfänglichen Konsolidierungsformation heraus begann, um 100 Prozent oder mehr gestiegen ist.

Wenn Sie sich solche Zahlen notieren, sehen Sie schneller, ob die Aktie eines dieser Niveaus erreicht hat.

Es ist wirtschaftlich unklug, Verkaufsentscheidungen auf die Kosten zu gründen und Aktien trotz Preisverfalls zu behalten, nur weil man nicht akzeptieren kann, dass man eine unglückliche Wahl getroffen und Verlust gemacht hat. Tatsächlich ist es exakt die gegenteilige Entscheidung zu derjenigen, die Sie treffen würden, wenn Sie eine eigene Firma hätten.

DIE GESCHICHTE MIT DEM ROTEN KLEID

Die Geldanlage am Aktienmarkt unterscheidet sich eigentlich überhaupt nicht vom Betrieb einer eigenen Firma. Geldanlage ist ein Geschäft und sollte dementsprechend auch genau so betrieben werden.

Nehmen Sie an, sie besitzen ein kleines Geschäft für Damenbekleidung. Sie haben Kleider in drei Farben gekauft und bevorratet: Gelb, Grün und Rot. Die roten Kleider gehen schnell weg, die Hälfte der grünen verkauft sich und die gelben laufen überhaupt nicht.

Was machen Sie dann? Gehen Sie zu Ihrem Einkäufer und sagen: „Die roten Kleider sind ausverkauft. Nach den gelben besteht anscheinend keine Nachfrage, aber ich glaube, die sind immer noch gut. Außerdem ist Gelb meine Lieblingsfarbe, also kaufen wir davon auf jeden Fall noch mehr“? Ganz bestimmt nicht!

Ein kluger Händler, der im Einzelhandelsgeschäft überlebt, analysiert diese missliche Lage objektiv und sagt sich: „Wir haben da auf jeden Fall einen Fehler gemacht. Wir sollten die gelben Kleider loswerden. Machen wir einen Ausverkauf. Setzen Sie den Preis um zehn Prozent herunter. Wenn sie zu diesem Preis nicht weggehen, setzen Sie sie 20 Prozent herunter. Holen wir unser Geld aus diesen Ladenhütern heraus und stecken wir mehr davon in die angesagten roten Kleider, die so gefragt sind.“ Das sagt der gesunde Menschenverstand im Einzelhandelsgeschäft. Machen Sie das mit ihren Geldanlagen auch so? Warum nicht?

Jeder macht beim Einkaufen Fehler. Die Einkäufer von Fachgeschäften sind zwar Profis, aber sogar die machen Fehler. Wenn Sie einen Ausrutscher begehen, stehen Sie dazu, verkaufen Sie und kommen Sie zum nächsten Punkt. Sie müssen nicht mit allen Anlageentscheidungen richtig liegen, um einen guten Nettoprofit zu erzielen.

Jetzt kennen Sie das wahre Geheimnis der Risikominderung und der Auswahl der besten Aktien: Hören Sie auf, Ihre Truthähne zu zählen, und werden Sie Ihre gelben Kleider los!

SIND SIE SPEKULANT ODER ANLEGER?

Es gibt zwei häufig missverstandene Wörter, die verwendet werden, um die Menschen zu bezeichnen, die sich am Aktienmarkt beteiligen: Spekulant und Anleger/Investor. Wenn Sie an das Wort *Spekulant* denken, stellen Sie sich vielleicht jemanden vor, der große Risiken eingeht und mit dem künftigen Erfolg einer Aktie Glücksspiele betreibt. Wenn Sie an das Wort *Anleger* denken, könnten Sie sich hingegen jemanden vorstellen, der auf vernünftige und rationale Art an die Börse herangeht. Entsprechend diesen konventionellen Definitionen dürften Sie es für klüger halten, ein Anleger zu sein.

Baruch definierte *Spekulant* hingegen folgendermaßen: „Das Wort ‚Spekulant' kommt von dem lateinischen Wort ‚speculari', was so viel heißt wie ‚spähen' oder ‚sorgfältig beobachten'. Ein Spekulant ist somit ein Mensch, der beobachtet und handelt, bevor [die Zukunft] eintritt." Und genau dies sollten Sie tun: den Markt und einzelne Aktien beobachten, um festzustellen, was sie gerade jetzt tun, und dann anhand dieser Information zu handeln.

Jesse Livermore, eine andere Börsenlegende, definierte *Anleger* so: „Anleger sind große Glücksspieler. Sie machen ihren Einsatz, bleiben dabei, und wenn es schief geht, verlieren sie alles." Nachdem Sie bis hierhin gelesen haben, sollten Sie bereits wissen, dass dies nicht die richtige Art ist, Geld anzulegen. So etwas wie eine langfristige Anlage gibt es nicht mehr, sobald eine Aktie in die Verlust-Spalte rutscht und Sie acht Prozent unter ihren Kosten stehen.

Diese Definitionen unterscheiden sich zwar ein wenig von diejenigen, die Sie im Wörterbuch finden, aber sie sind weitaus zutreffender. Bedenken Sie, dass Baruch und Livermore am Aktienmarkt viele Millionen Dollar verdient haben. Bei den Wörterbuch-Autoren bin ich da nicht so sicher.

Es gehört zu meinen Zielen, Sie dazu zu bringen, dass Sie viele fehlerhafte Investmentratschläge, Überzeugungen und Methoden infrage stellen, von denen Sie gehört haben und die Sie vielleicht bisher verwendet haben. Dazu gehört die Auffassung, was Anlegen überhaupt bedeutet. Es ist unfassbar, wie viele falsche Informationen über die Börse, über ihre Funktionsweise und darüber in Umlauf sind, wie man dort zum Erfolg gelangt. Lernen Sie, alle relevanten Fakten über eine Aktie und über das Verhalten des Marktes objektiv zu analysieren. Hören Sie auf, auf Freunde, Kollegen und die endlose Batterie von persönlichen Expertenmeinungen in täglichen Fernsehsendungen zu hören und sich davon beeinflussen zu lassen.

WARUM NICHT ZUR SICHERHEIT BREIT DIVERSIFIZIEREN?

Breite Diversifizierung ist ein Ersatz für ausreichendes Wissen. Sie hört sich gut an und die meisten Menschen raten dazu. Aber wenn der Markt schlecht läuft, fallen fast alle Aktien, und mit manchen Aktien, die vielleicht nie wieder zurückkommen, könnte man 50 Prozent oder mehr verlieren. Deshalb ist Diversifizierung ein schwacher Ersatz für einen soliden Defensivplan mit Regeln, die das Depot schützen. Außerdem: Wenn man 20 oder 30 Aktien hat und drei oder vier davon verkauft, bringt einem das nicht viel, wenn man mit den restlichen massiv Verlust macht.

„MIR MACHT DAS KEINE SORGEN. ICH BIN EIN LANGFRISTIGER ANLEGER UND BEKOMME JA IMMER NOCH MEINE DIVIDENDEN."

Auch ist es riskant und möglicherweise töricht, sich zu sagen: „Mir macht es keine Sorgen, wenn meine Aktien fallen, das sind nämlich gute Aktien und ich bekomme ja immer noch meine Dividenden." Gute Aktien, die zum falschen Zeitpunkt gekauft wurden, können genauso sehr fallen wie schlechte Aktien, und es könnte ja sein, dass sie gar keine so guten Aktien sind. Vielleicht sind sie nur laut Ihrer persönlichen Meinung gut.

Außerdem: Wenn der Wert einer Aktie um 35 Prozent gefallen ist, ist es da nicht ziemlich absurd, zu sagen, man würde damit richtigliegen, weil man eine Dividendenrendite von vier Prozent bekommt? Ein Verlust von 35 Prozent und ein Gewinn von vier Prozent ergeben einen satten Nettoverlust von 31 Prozent.

Wenn man ein erfolgreicher Anleger sein will, muss man sich den Tatsachen stellen und aufhören, Begründungen zu suchen und zu hoffen. Emotional gesehen will niemand Verlust machen, aber um seine Erfolgschancen am Aktienmarkt zu erhöhen, muss man viele

Dinge tun, die man eigentlich nicht tun will. Stellen Sie exakte Regeln und knallharte Verkaufsvorschriften auf, dann verschaffen Sie sich einen großen Vorsprung.

VERLIEREN SIE NIE DIE ZUVERSICHT

Es gibt noch einen letzten entscheidenden Grund, weshalb man Verluste mitnehmen sollte, bevor sie die Chance bekommen, einem wirklich zu schaden: Sie dürfen niemals den Mut verlieren, den Sie brauchen, um in Zukunft Entscheidungen zu treffen. Wenn Sie nicht zwecks Verlustbegrenzung verkaufen, sobald Sie in Schwierigkeiten geraten, können Sie leicht die Zuversicht verlieren, die Sie brauchen, um in Zukunft Kauf- und Verkaufsentscheidungen zu treffen. Oder noch schlimmer: Sie können derart entmutigt werden, dass Sie am Ende das Handtuch werfen und aus dem Markt aussteigen. Dann wird Ihnen niemals klar, was Sie falsch gemacht haben, Sie korrigieren Ihre fehlerhaften Vorgehensweisen niemals und Sie verzichten auf das gesamte künftige Potenzial, das der Aktienmarkt – eine der herausragendsten Gelegenheiten in Amerika – zu bieten hat.

Die Wall Street illustriert täglich die menschliche Natur. Es ist immer eine komplizierte Angelegenheit, Aktien korrekt zu kaufen und zu verkaufen, sodass man damit im Endeffekt Gewinn erzielt. Da die menschliche Natur so ist, wie sie nun mal ist, haben 90 Prozent der Menschen am Aktienmarkt – Profis und Amateure gleichermaßen – ihre Hausaufgaben nicht ordentlich gemacht. Sie haben einfach nicht genug gelernt, um zu wissen, ob sie das Richtige oder das Falsche tun. Sie haben sich nicht ausführlich genug damit befasst, was eine erfolgreiche Aktie steigen und fallen lässt. Das hat nichts mit Glück zu tun und es ist kein komplettes Mysterium. Und ganz gewiss ist es kein „Random Walk" und kein effizienter Markt – wie manche unerfahrenen Universitätsprofessoren früher glaubten. Es erfordert einiges an Mühe, in der Aktienauswahl richtig gut zu werden, und noch mehr Mühe, zu wissen, wann man verkaufen sollte. Der korrekte Aktienverkauf ist die härtere Aufgabe und diejenige, die von allen am wenigsten begriffen wird. Um es richtig zu machen, braucht man einen Plan zur Verlustbegrenzung, und man muss so diszipliniert sein, dass man es schnell und ohne zu zaudern tut.

Vergessen Sie Ihr Ego, schlucken Sie Ihren Stolz herunter, versuchen Sie, sich nicht mehr mit dem Markt anzulegen, und bauen Sie keine emotionale Bindung zu Aktien auf, die Ihnen Verluste bescheren. Bedenken Sie: Es gibt keine guten Aktien. Sie sind alle schlecht ... außer wenn sie steigen. Lernen Sie aus den Erfahrungen der Jahre 2000 und 2008. Diejenigen, die sich an unsere Verkaufsregeln hielten, bewahrten ihr Kapital und heimsten Gewinne ein. Diejenigen, die es nicht taten und die sich an keinerlei Verkaufsregeln hielten, wurden geschädigt.

KAPITEL 11

WANN MAN VERKAUFEN UND SEINE WERTVOLLEN GEWINNE MITNEHMEN SOLLTE

Dies ist eines der wichtigsten Kapitel dieses Buches. Darin geht es um ein essenzielles Thema, mit dem wenige Investoren zurechtkommen. Lesen Sie es also sorgfältig durch. Aktien sind genauso wie alle anderen Waren auch. Sie als Händler müssen Ihre Aktien verkaufen, wenn Sie Gewinne realisieren wollen, und am besten verkauft man eine Aktie dann, wenn sie sich auf dem Weg nach oben befindet, wenn sie immer noch steigt und für alle anderen stark aussieht.

Das mag Ihrer menschlichen Natur zuwiderlaufen, denn das bedeutet, dass Sie verkaufen müssen, während Ihre Aktie noch stark ist, ihr Kurs weit oben steht und es so aussieht, als könnte sie Ihnen noch mehr Gewinn bringen. Aber wenn Sie das tun, werden Sie nicht in die herzzerreißenden 20- bis 40-prozentigen Korrekturen hineingezogen, von denen Marktführer heimgesucht werden können, sodass sie Ihr Portfolio unter Druck setzen. Sie verkaufen sowieso nie exakt auf dem Höhepunkt, ärgern Sie sich also nicht, wenn eine Aktie nach dem Verkauf noch weiter steigt.

Wenn Sie nicht frühzeitig verkaufen, ist es zu spät. Das Ziel ist es, beträchtliche Gewinne zu erzielen und mitzunehmen, dabei weder begeistert, optimistisch oder gierig zu werden noch sich emotional mitreißen zu lassen, wenn die Aktie kräftiger steigt. Behalten Sie das alte Sprichwort im Gedächtnis: „Bullen verdienen Geld und Bären verdienen Geld, aber Schweine werden geschlachtet."

Das grundlegende Ziel sollte darin bestehen, dass jedes Konto einen Nettogewinn aufweist. Damit Sie lohnenswerte Profite behalten können, müssen Sie verkaufen und sie mitnehmen. Entscheidend ist, dass man weiß, wann man das tun muss.

Der Finanzier Bernard Baruch, der am Aktienmarkt ein Vermögen verdient hat, sagte einmal: „Ich habe immer wieder Aktien verkauft, die noch stiegen – und das war einer der Gründe, weshalb ich mein Vermögen zusammengehalten habe. Manches Mal hätte ich vielleicht ein gutes Stück mehr verdient, wenn ich eine Aktie behalten hätte, aber es hätte mich auch hineingerissen, als der Aktienkurs kollabierte."

Auf die Frage, ob es eine Technik gebe, um an der Börse Geld zu verdienen, sagte der höchst erfolgreiche internationale Banker Nathan Rothschild: „Sicher gibt es die. Ich kaufe nie am Tiefpunkt und ich verkaufe immer zu früh."

Joe Kennedy, früherer Wallstreet-Spekulant und Vater des ehemaligen Präsidenten John F. Kennedy, vertrat die Überzeugung: „Nur ein

Narr wartet auf den Spitzengewinn." Er sagte einmal: „Ziel ist es, auszusteigen, während die Aktie noch oben ist, bevor sie die Chance hat, einzubrechen und nach unten zu wenden." Und der höchst erfolgreiche Finanzmann Gerald M. Loeb betonte: „Sobald der Preis in den normalen bis überbewerteten Bereich gestiegen ist, sollte man die Anzahl der gehaltenen Aktien mit steigendem Kurs stetig reduzieren." Alle diese Wall-Street-Legenden waren folgender Überzeugung: Man muss einfach aussteigen, wenn es am schönsten ist. Das Geheimnis besteht darin, den Aufzug auf dem Weg nach oben zu verlassen und nicht wieder nach unten zu fahren.

MAN MUSS EINEN GEWINN- UND VERLUSTPLAN AUFSTELLEN

Wenn man am Aktienmarkt große Erfolge erzielen will, braucht man klare Regeln und einen Gewinn- und Verlustplan. Viele der in diesem Buch beschriebenen Kauf- und Verkaufsregeln habe ich Anfang der 1960er-Jahre entwickelt, als ich ein junger Aktienbroker bei Hayden, Stone war. Diese Regeln verhalfen mir dazu, dass ich mir einen Sitz an der New York Stock Exchange kaufen und kurz danach meine eigene Firma gründen konnte. Als ich anfing, konzentrierte ich mich allerdings darauf, eine Reihe von Kaufregeln zu entwickeln, mit denen ich die besten Aktien finden konnte. Doch wie Sie noch sehen werden, hatte ich damit nur die Hälfte des Rätsels gelöst.

Ich entwickelte meine Kaufregeln erstmals im Januar 1960, als ich die drei Investmentfonds analysierte, die in den zwei vorangegangenen Jahren die beste Performance gebracht hatten. Damals ragte der noch kleine Dreyfus Fund heraus, der doppelt so viel Gewinn wie manche seiner Konkurrenten einfuhr.

Ich bestellte Exemplare aller Quartalsberichte und Prospekte von Dreyfus aus den Jahren 1957 bis 1959. Dann berechnete ich den Durchschnittspreis aller neuen Aktien, die der Fonds gekauft hatte. Anschließend beschaffte ich mir ein Buch mit Kurscharts und strich den Durchschnittspreis rot an, den Dreyfus in jedem Quartal für seine neuen Positionen bezahlt hatte.

Nachdem ich mir mehr als 100 Neukäufe von Dreyfus angeschaut hatte, machte ich eine atemberaubende Entdeckung: Alle Aktien waren auf dem höchsten Preis gekauft worden, zu dem sie im vergangenen Jahr gehandelt worden waren. Das heißt, wenn eine Aktie viele Monate lang zwischen 40 und 50 Dollar hin und her geschwankt hatte, hatte Dreyfus sie gekauft, sobald sie ein neues Preishoch erreichte und zwischen 50 und 51 Dollar gehandelt wurde. Außerdem hatten die Aktien bestimmte Kursformationen gebildet, bevor sie auf neues Höhenterrain geklettert waren. Daraus bezog ich zwei lebenswichtige Hinweise: Es war wichtig, auf neuen Hochs zu kaufen, und gewisse Chartformationen verhießen großes Gewinnpotenzial.

JACK DREYFUS WAR CHARTTECHNIKER

Jack Dreyfus war Charttechniker und Kursinterpret. Er kaufte alle seine Aktien aufgrund des Marktgeschehens und nur dann, wenn der Preis aus soliden Chartformationen heraus auf neue Hochs ausbrach. Außerdem ließ er alle Konkurrenten weit hinter sich, die die wahren Tatsachen des Marktverhaltens ignorierten (Angebot und Nachfrage) und sich nur auf fundamentale, persönliche analytische Meinungen verließen.

Jacks Researchabteilung bestand in jenen frühen, performancelastigen Zeiten aus drei jungen Männern, welche die täglichen Kurs- und Volumenänderungen von Hunderten börsennotierten Aktien in riesengroße Charts eintrugen. Ich habe diese Charts einmal gesehen, als ich die Firmenzentrale von Dreyfus in New York besichtigte.

Kurz danach fingen zwei kleine Fonds, die von Fidelity in Boston betrieben wurden, an, das Gleiche zu tun. Auch sie produzierten überlegene Ergebnisse. Der eine wurde von Net Johnson, Jr., gemanagt, der andere von Jerry Tsai. Fast alle Aktien, die die Fonds von Dreyfus und Fidelity kauften, wiesen außerdem starke Zuwächse in ihren quartalsmäßigen Ergebnisberichten aus.

Die ersten Kaufregeln, die ich 1960 aufstellte, lauteten also folgendermaßen:

1. Konzentriere dich auf börsennotierte Aktien, die für mindestens 20 Dollar gehandelt werden und zumindest eine gewisse institutionelle Akzeptanz genießen.
2. Bestehe darauf, dass der Gewinn des Unternehmens pro Aktie in allen fünf Vorjahren gestiegen ist und dass der Gewinn im aktuellen Quartal um mindestens 20 Prozent gestiegen ist.
3. Kaufe, wenn die Aktie gerade ein neues Kurshoch markiert – oder kurz davor steht –, nachdem sie aus einer soliden Korrektur- und Preiskonsolidierungsperiode hervorgegangen ist. Dieser Ausbruch sollte mit einem Volumenzuwachs auf mindestens 50 Prozent mehr als das durchschnittliche Tagesvolumen einhergehen.

Die erste Aktie, die ich gemäß meinen neuen Regeln kaufte, war Universal Match im Februar 1960. Sie verdoppelte sich innerhalb von 16 Wochen, aber ich verdiente damit nicht viel Geld, weil ich nicht viel Geld zum Anlegen hatte. Ich fing gerade erst als Broker an und hatte noch nicht viele Kunden. Außerdem wurde ich nervös und verkaufte die Aktie zu früh.

Ich blieb bei meinem klar definierten Spielplan und kaufte im weiteren Laufe des Jahres Procter & Gamble, Reynolds Tobacco und MGM. Auch diese Aktien verzeichneten herausragende Preiszuwächse, aber ich verdiente immer noch nicht viel Geld, weil das Geld, das ich investieren konnte, begrenzt war.

Etwa zu dieser Zeit wurde ich von der Harvard Business School für das erste Program for Management Development (PMD) angenommen. In der wenigen freien Zeit, die ich in Harvard hatte, las ich in der Bibliothek Wirtschafts- und Börsenbücher. Das beste war „How to Trade in Stocks“ von Jesse Livermore. Aus diesem Buch lernte ich, dass man am Markt nicht danach strebt, recht zu haben, sondern viel Geld zu verdienen, wenn man recht hat.

JESSE LIVERMORE UND DAS „PYRAMIDING"

Nachdem ich Livermores Buch gelesen hatte, übernahm ich seine Methode des Pyramiding, also der aufwärts gerichteten Kursdurchschnittsmethode. Ich kaufte eine Aktie weiter, wenn sie nach dem ersten Kauf stieg. Diese Methode besteht darin, dass man nach dem ersten Aktienkauf weitere Aktien kauft, wenn der Aktienkurs steigt. Das ist gewöhnlich dann angeraten, wenn der erste Kauf exakt am Pivotpunkt oder Kaufpunkt stattgefunden hat und der Preis seit dem Kauf um zwei bis drei Prozent gestiegen ist. Ich kaufte also laufend Aktien nach, aber immer mit *kleineren* Käufen, sodass ich meine Käufe fokussieren konnte, wenn ich anscheinend richtiglag. Wenn ich falschlag und die Aktie um einen gewissen Betrag unter meinen Kaufpreis fiel, verkaufte ich sie, um etwaige Verluste zu begrenzen.

Das unterscheidet sich sehr von der Art, auf die die meisten Menschen investieren. Fast alle wenden die Durchschnittsmethode nach unten an, sie kaufen also weitere Aktien, wenn der Aktienkurs fällt, um so ihre Kosten pro Aktie zu minimieren. Aber warum sollte man noch mehr schwer verdientes Geld in Aktien stecken, die nicht funktionieren?

WIE ICH AUS DER ANALYSE MEINER FEHLSCHLÄGE ETWAS LERNTE

Im ersten Halbjahr 1961 funktionierten meine Regeln und mein Plan hervorragend. Zu den Spitzengewinnern, die ich damals kaufte, gehörten Great Western Financial, Brunswick, Kerr-McGee, Crown Cork & Seal, AMF und Certain-teed. Aber im Sommer war nicht mehr alles in Ordnung.

Ich hatte die richtigen Aktien exakt zur richtigen Zeit gekauft und ich hatte mit mehreren zusätzlichen Käufen nachgesetzt, also hatte ich gute Positionen und gute Gewinne. Als jedoch die Aktien irgendwann den Höhepunkt überschritten, hielt ich sie zu lange und sah zu, wie meine Gewinne dahinschwanden. Ich wette, wenn Sie schon eine Weile Geld anlegen, wissen Sie genau, wovon ich spreche. Wenn man gute Resultate haben will, muss man dieses Problem anpacken und es lösen. Wer schläft, verliert. Ich musste schwer schlucken. Seit mehr als einem Jahr lag ich mit meinen ausgewählten Aktien richtig, aber ich hatte nicht einmal den Break-even erreicht.

Ich ärgerte mich so sehr, dass ich die letzten sechs Monate des Jahres 1961 damit verbrachte, alle Transaktionen, die ich in dem Jahr davor gemacht hatte, sorgfältig zu analysieren. Ähnlich wie Ärzte post mortem operieren und die zivile Luftfahrtbehörde nach einem Absturz Ermittlungen durchführt, so nahm ich einen Rotstift und trug auf den Charts exakt ein, wo ich meine Kauf- und Verkaufsentscheidungen getroffen hatte. Dann legte ich die allgemeinen Börsenindizes darüber.

Schließlich wurde mein Problem kristallklar erkennbar: Ich wusste zwar, wie man die besten führenden Aktien auswählt, aber ich hatte keinen Plan, wann ich sie verkaufen und die Gewinne mitnehmen sollte. Ich war völlig ahnungslos gewesen, ein echter Dummkopf. Ich war dermaßen unwissend, dass ich überhaupt nicht daran gedacht hatte, wann man eine Aktie verkaufen und einen Gewinn mitnehmen sollte. Meine Aktien stiegen und fielen wie die Jo-Jos, und meine Buchgewinne wurden ausradiert.

Besonders ungeschickt ging ich mit dem Baumaterialien-Hersteller Certain-teed um. Ich kaufte die Aktie in den mittleren Zwanzigern, aber im Laufe einer Marktschwäche bekam ich Angst und verkaufte sie mit nur zwei oder drei Punkten Gewinn. Danach verdreifachte sich der Kurs von Certain-teed. Ich war zum richtigen Zeitpunkt eingestiegen, erkannte aber nicht, was ich da hatte, und nutzte diese phänomenale Chance nicht aus.

Meine Analyse von Certain-teed und ähnlicher persönlicher Fehlschläge erwies sich als unerlässliche Voraussetzung dafür, dass ich erkannte, was ich falsch gemacht hatte und dass ich dies korrigieren musste, um auf den richtigen Weg zum künftigen Erfolg zu gelangen. Haben Sie jemals alle Ihre Fehlschläge analysiert, um daraus zu lernen? Das machen nur wenige Menschen. Man begeht einen tragischen

Fehler, wenn man keinen sorgfältigen Blick auf sich selbst und auf die Entscheidungen wirft, die man am Aktienmarkt getroffen hat und die nicht funktioniert haben. Man wird nur besser, wenn man erkennt, was man falsch gemacht hat.

Das ist der Unterschied zwischen Gewinnern und Verlierern, am Markt wie auch im Leben. Falls Sie durch die Baisse 2000 oder 2008 Schaden erlitten haben, lassen Sie sich nicht entmutigen und zum Aufgeben verleiten. Drucken Sie Ihre Fehler als Charts aus. Studieren Sie sie und schreiben Sie ein paar zusätzliche neue Regeln auf, die Ihre Fehler beheben werden und mit denen Sie die Handlungen vermeiden können, die Sie so viel Geld und Zeit gekostet haben – wenn Sie sich daran halten. Dann fällt es Ihnen viel leichter, aus der nächsten Hausse das volle Kapital zu schlagen. Und es wird in Zukunft in Amerika noch viele weitere Haussen geben. Man wird erst dann zum Verlierer, wenn man aufhört und aufgibt oder wenn man anfängt, anderen Menschen die Schuld zu geben – wie es die meisten Politiker tun. Wenn Sie tun, was ich hier empfehle, kann das Ihr ganzes Leben verändern.

„Es gibt keine Erfolgsgeheimnisse", hat der ehemalige Außenminister General Colin Powell einmal gesagt. „[Erfolg] ist das Ergebnis von Vorbereitung, harter Arbeit und dem Lernen aus Fehlschlägen."

MEIN ÜBERARBEITETER GEWINN- UND VERLUSTPLAN

Im Zuge meiner Analyse habe ich festgestellt, dass erfolgreiche Aktien nach dem Ausbruch aus einer korrekten Konsolidierung tendenziell um 20 bis 25 Prozent steigen. Dann gehen sie gewöhnlich zurück, bilden neue Basen und schwenken in manchen Fällen wieder in den Aufstieg ein. Mit diesem Wissen im Hinterkopf stellte ich eine neue Regel auf: Ich würde jede Aktie exakt am Pivot-Kaufpunkt kaufen und so diszipliniert sein, meine Position nicht über fünf Prozent oberhalb dieses Punktes aufzustocken oder nachzukaufen. Dann würde ich alle Aktien verkaufen, wenn sie um 20 Prozent gestiegen waren und immer noch stiegen.

Bei Certain-teed war es allerdings so, dass die Aktie in nur zwei Wochen um 20 Prozent nach oben lief. Das war die Art von Supergewinner, die ich zu finden hoffte und aus der ich das nächste Mal Kapital schlagen wollte. Deshalb machte ich eine absolut wichtige Ausnahme von der „Bei-20-Prozent-verkaufen-Regel“: Wenn die Aktie so leistungsfähig war, dass sie in nur einer, zwei oder drei Wochen 20 Prozent einheimste, musste sie mindestens acht Wochen lang gehalten werden. Dann sollte sie analysiert werden, damit ich sah, ob sie möglicherweise im Hinblick auf einen sechsmonatigen langfristigen Kapitalgewinn gehalten werden sollte (damals betrug der Zeitraum für langfristige Kapitalerträge sechs Monate). Wenn eine Aktie ihren Kaufpreis um acht Prozent unterschritt, wollte ich sie verkaufen und den Verlust mitnehmen.

Der überarbeitete Gewinn- und Verlustplan sah also so aus: „Nimm 20 Prozent Gewinn mit, wenn du sie hast (außer bei den allerstärksten Aktien) und begrenze deine Verluste auf höchstens acht Prozent unter dem Kaufpreispunkt.“

Dieser Plan bot mehrere große Vorteile. Ich konnte mich zweimal irren und einmal richtigliegen und trotzdem geriet ich noch nicht in Finanzprobleme. Wenn ich richtiglag und mit einem anderen, ein bisschen kleineren Kauf der gleichen Aktien nachsetzen wollte – ein paar Punkte höher –, wurde ich häufig zu der Entscheidung gezwungen, einen oder zwei meiner Nachzügler oder schwächsten Performer zu verkaufen. Das Geld, das in Aktienpositionen mit schwächerer Performance steckte, wurde ständig zwangsweise in Aktien mit der besten Performance umgeleitet.

Nach einigen Jahren kaufte ich fast immer automatisch nach, sobald der Preis um zwei oder zweieinhalb Prozent über meinen ersten Kaufpreis gestiegen war. Das senkte die Wahrscheinlichkeit, dass ich zögern und am Ende den Nachkauf erst dann tätigen könnte, wenn die Aktie schon fünf bis zehn Prozent gestiegen war.

Wenn man anscheinend recht hat, sollte man immer nachsetzen. Wenn ein Boxer im Ring endlich eine Lücke findet und einen kräftigen

Schlag landet, muss er nach diesem Vorteil immer nachsetzen … wenn er gewinnen will.

Wenn man Nachzügler verkauft und den Erlös in Gewinner steckt, setzt man sein Geld viel effizienter ein. In einem guten Jahr kann man zwei oder drei 20-Prozent-Aktien finden, dann braucht man nicht so viele lange, unproduktive Korrekturen auszusitzen, während eine Aktie eine ganz neue Konsolidierung aufbaut.

Ein 20-prozentiger Gewinn in drei bis sechs Monaten ist beträchtlich produktiver als ein 20-prozentiger Gewinn, der sich über zwölf Monate aufbaut. Zwei innerhalb eines Jahres kumulierte 20-prozentige Gewinne entsprechen einer Jahresrendite von 44 Prozent. Wenn man mehr Erfahrung hat, kann man die volle Margin einsetzen (die Kaufkraft eines Marginkontos) und seine kumulierte Rendite dadurch auf fast 100 Prozent steigern.

WIE ICH DAS GESAMTMARKTSYSTEM ENTDECKTE

Als ich alle meine verlustbringenden Fehler analysierte, die ich aus Unwissenheit begangen hatte, machte ich eine weitere extrem gewinnbringende Beobachtung: Die meisten meiner marktführenden Aktien, die einen Höhepunkt überschritten, taten das, weil der Gesamtmarkt in einen Rückgang um zehn Prozent oder mehr einschwenkte. Diese Erkenntnis führte letztlich dazu, dass ich unser System der Interpretation täglicher Preis- und Volumencharts des Gesamtmarktes entdeckte und entwickelte. Dies gab uns die entscheidende Fähigkeit, den wahren Trend sowie größere Richtungsänderungen des Gesamtmarktes zu erkennen.

Drei Monate später, am 1. April 1962, hat mich die Befolgung einer meiner Verkaufsregeln automatisch dazu gezwungen, alle Aktien zu verkaufen. Ich hatte eine 100-prozentige Cashposition und keine Ahnung, dass der Markt in jenem Frühjahr auf einen echten Crash zusteuerte. Das ist das Faszinierende daran: Die Regeln zwingen einen zum Ausstieg, aber man weiß nicht, wie schlimm es wirklich werden kann. Man weiß nur, dass es abwärts geht und dass man draußen ist, und das ist früher oder später buchstäblich Gold wert. Dies geschah auch im Jahr 2008. Unsere Regeln zwangen uns zum Ausstieg und wir hatten keine Ahnung, dass der Markt auf einen größeren Zusammenbruch zusteuerte. Die meisten institutionellen Investoren wurden in Mitleidenschaft gezogen, weil sie die Anlagepolitik verfolgten, vollständig investiert zu sein (95 bis 100 Prozent).

Anfang 1962 hatte ich „Jesse Livermore, das Spiel der Spiele“ durchgelesen. Ich fand die Parallelen zwischen der Börsenpanik 1907, die Lefèvre detailliert besprach, und dem offensichtlichen Geschehen im April 1962 frappierend. Da ich eine hundertprozentige Cashposition hatte und meine tägliche Analyse des Dow Jones besagte, dass der Markt momentan schwach war, begann ich, Aktien wie Certain-teed und Alside (ein früheres „sympathy play“ zu Certain-teed) zu verkaufen. Ich bekam deswegen Ärger mit Hayden, Stones Büro an der Wall Street. Gerade hatte die Firma Certain-teed zum Kauf empfohlen, da kam ich daher und sagte allen, das sei ein Short. Später im Jahr shortete ich noch Korvette für mehr als 40 Dollar. Aus beiden Leerverkäufen zog ich guten Gewinn. Zur Kubakrise im Oktober 1962 saß ich schon wieder auf Cash. Einen oder zwei Tage, nachdem die Sowjetunion unter Präsident Kennedys kluger Seeblockade nachgab, kam ein Nachsetzer zum Erholungsversuch des Dow Jones Industrial Average, was laut meinem neuen System einen größeren Aufschwung signalisierte. Da kaufte ich die erste Aktie der neuen Hausse, und zwar Chrysler für 58 5/8 Dollar. Sie hatte eine klassische Tasse-mit-Henkel-Konsolidierungsformation ausgebildet.

Im Laufe des Jahres 1963 befolgte ich einfach nur strikt meine Regeln. Sie funktionierten so gut, dass das Depot mit der „schlechtesten“ Performance, das ich in jenem Jahr verwaltete, 115 Prozent im Plus stand. Es war ein Guthabenkonto. Andere Konten, die Einschusskredite verwendeten, standen mehrere Hundert Prozent im Plus. Viele einzelne Aktien brachten zwar Verlust, aber die Verluste waren gewöhnlich gering, im Schnitt zwischen fünf und sechs Prozent. Die Gewinne hingegen waren gewaltig, weil wir mithilfe unserer sorgfältigen, disziplinierten Pyramiding-Strategie konzentrierte Positionen aufbauten, wenn wir richtiglagen.

Ich hatte mit nur 4.000 oder 5.000 Dollar angefangen, die ich von meinem Gehalt gespart hatte, dazu kamen noch etwas geliehenes Geld und die vollständige Margin. Damit hatte ich drei große Gewinner hintereinander: Korvette auf der Shortseite Ende 1962, Chrysler auf der Käuferseite und dann noch Syntex, das im Juni 1963 von dem Chrysler-Profit zu 100 Dollar gekauft worden war. Nach acht Wochen stand Syntex 40 Prozent im Plus und ich beschloss, für sechs Monate auf diese starke Aktie zu setzen. Bis zum Herbst 1963 hatte der Gewinn die 200.000 Dollar überschritten und ich beschloss, einen Sitz an der New York Stock Exchange zu kaufen. Lassen Sie sich also niemals von jemanden sagen, das wäre nicht möglich! Sie können lernen, klug zu investieren, falls Sie bereit sind, alle Ihre Fehler zu studieren, daraus zu lernen und dann selbstkorrigierende Regeln aufzustellen. Das kann die größte Chance Ihres Lebens werden, wenn Sie zielstrebig sind, sich nicht so leicht entmutigen lassen und bereit sind, hart zu arbeiten und sich vorzubereiten. Jeder kann das schaffen.

Bei mir führten viele lange, durchstudierte Abende zu präzisen Regeln, Vorschriften und einem Plan, der endlich funktionierte. Das hatte nichts mit Glück zu tun – nur mit Beharrlichkeit und harter Arbeit. Wenn man jeden Abend fernsieht, Bier trinkt oder mit Freunden feiert, kann man nicht erwarten, dass man trotzdem die Antworten auf etwas so Kompliziertes wie den Aktienmarkt oder die US-Wirtschaft findet.

In Amerika kann jedermann alles schaffen, wenn er daran arbeitet. Es werden einem keine Beschränkungen auferlegt. Alles hängt vom Wunsch und von der Einstellung ab. Dabei ist es ganz egal, wo man herkommt, wie man aussieht oder wo man zur Schule gegangen ist. Man kann sein Leben und seine Zukunft verbessern und den amerikanischen Traum leben. Und Sie brauchen nicht viel Geld, um damit anzufangen.

Wenn Sie gelegentlich den Mut verlieren, geben Sie nicht auf. Gehen Sie zurück und stecken Sie gezielte zusätzliche Mühe hinein. Es ist immer die Studien- und Lernzeit, die man *nach* 9 bis 17 Uhr, Montag bis Freitag, investiert, die letztlich darüber entscheidet, ob man gewinnt und seine Ziele erreicht oder ob man wahrhaft große Chancen verpasst, die wirklich das ganze Leben verändern können.

ZWEI DINGE, DIE MAN BEIM VERKAUF BEDENKEN SOLLTE

Bevor wir die entscheidenden Verkaufsregeln eine nach der anderen durchgehen, merken Sie sich diese beiden entscheidenden Punkte:

Erstens sind die meisten Probleme schon gelöst, wenn man genau richtig kauft. Wenn man zum exakt richtigen Zeitpunkt nach einer Konsolidierungsformation im Wochen- oder Tageschart kauft und keinen Aktien hinterherjagt oder sie anhäuft, wenn sie nach einem korrekten Kauf-Pivot-Point um mehr als fünf Prozent gestiegen sind, ist man in der Lage, die meisten normalen Korrekturen durchzustehen. Gewinneraktien sacken selten acht Prozent unter einen korrekten Pivot-Point ab. Tatsächlich schließen die meisten großen Gewinner überhaupt nicht unterhalb ihres Wendepunkts. Deshalb ist es absolut unerlässlich, so dicht wie möglich am Drehpunkt zu kaufen, und dadurch lässt sich die kleinere Anzahl resultierender Verluste womöglich schon vor den acht Prozent begrenzen. Vielleicht braucht eine Aktie nur um vier oder fünf Prozent abzusacken, dann wissen Sie schon, dass etwas faul sein könnte.

Hüten Sie sich zweitens vor den großen Blockverkäufen, die Sie möglicherweise auf dem Kursticker oder auf Ihrem PC sehen, kurz nachdem Sie während einer Hausse eine Aktie gekauft haben. Es könnte sein, dass die Verkäufe emotional bedingt, uninformiert, vorläufig oder nicht so groß sind, wie sie scheinen (im Vergleich zum früheren Volumen). Selbst die besten Aktien können ein paar Tage lang oder eine Woche lang abrutschen. Sehen Sie sich einen Wochenchart an, damit Sie den Überblick bekommen und sich nicht ängstigen oder erschrecken, wenn ein vermutlich normaler Rücksetzer stattfindet. Tatsächlich kann es in 40 bis 60 Prozent der Fälle vorkommen, dass eine Gewinneraktie exakt auf ihren Kaufpunkt oder ein bisschen tiefer zurücksetzt und versucht, Sie abzuschütteln. Sie dürfte allerdings nicht um acht Prozent fallen, es sei denn, Sie haben ihr zu weit nach oben nachgejagt, als Sie sie kauften. Wenn Sie zu viele Fehler machen und nichts zu funktionieren scheint, überprüfen Sie es und achten Sie darauf, dass Sie nicht eine Anzahl von Käufen zehn Prozent, 15 Prozent oder 20 Prozent oberhalb des korrekten Kaufpunkts tätigen. Aktien nachzujagen bringt selten etwas. Man darf nicht kaufen, wenn die Begeisterung wächst.

TECHNISCHE VERKAUFSSIGNALE

Als ich mich damit befasste, wie die größten Börsengewinner und der Markt selbst den Höhepunkt überschritten, kam ich auf die gleich folgende Liste von Faktoren, die vorliegen, wenn eine Aktie den Höhepunkt überschreitet und dann nach unten wendet. Vielleicht ist Ihnen aufgefallen, dass nur wenige der Verkaufsregeln Änderungen der Fundamentaldaten einer Aktie beinhalten. Viele große Investoren steigen aus einer Aktie aus, bevor Probleme sichtbar werden. Wenn das „Smart Money" verkauft, sollten Sie auch verkaufen. Wenn die Institutionen anfangen, große Positionen zu liquidieren, hat man als Kleinanleger kaum eine Chance. Man mag beim Kauf viel Gewicht auf Fundamentaldaten wie Gewinn, Umsatz, Ertragsmargen, Eigenkapitalrendite und neue Produkte legen, aber viele Aktien überschreiten einen Gipfel, wenn der Unternehmensgewinn um 100 Prozent gestiegen ist und die Analysten anhaltendes Wachstum sowie höhere Kursziele voraussagen.

An dem gleichen Tag des Jahres 1999, an dem ich Charles Schwab nach einem Durchmarsch zu einem Klimax-Top und nach einem Erschöpfungsgap verkaufte, sagte eine der größten Brokerfirmen Amerikas voraus, dass die Aktie um weitere 50 Prozent steigen würde. Ich verkaufte so gut wie alle erfolgreichen Aktien auf dem Weg nach oben, während sie noch stiegen und der Markt noch nicht beeinträchtigt war. Der Spatz in der Hand ist mehr wert als die Taube auf dem Dach. Deshalb muss man häufig anhand ungewöhnlicher

Marktbewegungen (Preis und Volumen) verkaufen, nicht aufgrund persönlicher Meinungen von der Wall Street. Man muss es sich abgewöhnen, auf persönliche Meinungen zu hören. Da ich noch nie an der Wall Street gearbeitet habe, wurde ich von solchen Dingen nie aus dem Konzept gebracht.

Es gibt viele Signale, auf die man achten kann, wenn man zu erkennen versucht, wann sich eine Aktie im Gipfelbildungsprozess befinden könnte. Dazu gehören Preisbewegungen im Umfeld von Klimax-Tops, gegenläufiges Volumen und andere Anzeichen von Schwäche. Vieles davon wird Ihnen klarer werden, wenn Sie diese Informationen weiter studieren und sie in Ihrer täglichen Entscheidungsfindung anwenden. Diese Regeln und Prinzipien waren für den größten Teil meiner besseren Marktentscheidungen verantwortlich, aber sie können anfangs ein bisschen kompliziert erscheinen. Ich rate Ihnen, Kapitel 2 über die Chartinterpretation noch einmal zu lesen und dann noch einmal die Verkaufsregeln.

Tatsächlich haben mir die meisten IBD-Abonnenten, die ich bei unseren Hunderten von Workshops kennengelernt habe und die mit ihren Investments echte Erfolge erzielt haben, erzählt, dass sie das ganze Buch zwei- oder dreimal oder noch öfter gelesen haben. Wahrscheinlich bekommt man bei der einmaligen Lektüre nicht alles mit. Manche, die sich von den ganzen äußeren Störungen ablenken lassen, sagen, dass sie es regelmäßig lesen, damit sie wieder auf den richtigen Pfad zurückkehren.

Klimax-Tops

Viele führende Aktien überschreiten den Höhepunkt explosionsartig. Sie setzen zum Gipfelsturm an – plötzlich steigen sie eine oder zwei Wochen lang viel schneller, nachdem sie schon seit vielen Monaten gestiegen sind. Außerdem enden sie häufig mit Erschöpfungsgaps – eine Aktie eröffnet mit einer positiven Kurslücke zum Schlusskurs des Vortags, und zwar unter starkem Umsatz. Diese und ähnliche bullishe Klimax-Signale werden hier ausführlich besprochen.

1. **Größter täglicher Preisanstieg.** Wenn der Kurs einer Aktie strapaziert ist – das heißt, wenn er nach seinem Kaufpunkt aus einer soliden, korrekten Konsolidierung heraus innerhalb vieler Monate beträchtlich gestiegen ist – und dann den Tag mit einem größeren Preisanstieg beschließt als an allen früheren Tagen seit Beginn der gesamten Aufwärtsbewegung, an denen der Kurs gestiegen ist, dann passen Sie auf! Das passiert normalerweise sehr dicht am Höhepunkt einer Aktie.
2. **Größter Tagesumsatz.** Das abschließende Hoch könnte unter dem größten Tagesvolumen seit Beginn des Anstiegs auftreten.
3. **Erschöpfungsgap**. Wenn eine Aktie, die schnell gestiegen ist, gegenüber ihrer ursprünglichen Konsolidierung vor vielen Monaten (gewöhnlich mindestens 18 Wochen nach einer Bodenbildung im ersten oder zweiten Stadium und zwölf Wochen oder länger, wenn sie aus einem Konsolidierungsmuster späteren Stadiums hervorgegangen ist) sehr strapaziert ist und dann eine Kurslücke gegenüber dem vorigen Schlusskurs nach oben öffnet, nähert sich der Anstieg seinem Höhepunkt. Beispielsweise liegt ein 2-Punkte-Gap eines Aktienkurses nach langem Anstieg vor, wenn die Aktie am Tageshoch von 50 Dollar schließt, am nächsten Morgen mit 52 Dollar eröffnet und sich während des Tages über 52 Dollar hält. Das nennt man Erschöpfungsgap.
4. **Klimax-Top-Aktivität.** Verkaufen Sie eine Aktie, wenn ihr Anstieg so aktiv wird, dass ein zwei- bis dreiwöchiger Preisanstieg im Wochenchart zu sehen ist oder sieben von acht Tagen hintereinander oder acht von zehn Tagen hintereinander in einem Tageschart. Das nennt man Klimax-Top. Die Preisspanne zwischen dem Tief und dem Hoch der Aktie in der betreffenden Woche ist fast immer größer als in allen vorangegangenen Wochen seit dem Beginn der ursprünglichen Bewegung vor vielen Monaten.

   Manchmal kommt es im Umfeld eines Klimax-Anstiegs vor, dass eine Aktie die große Preisspanne der vorigen Woche von unten nach oben erneut durchläuft und die Woche leicht im Plus abschließt, wobei das Volumen sehr hoch bleibt. Ich bezeichne das als „Eisenbahnschienen“, weil man dann im Wochenchart zwei parallele senkrechte Linien sieht. Das ist ein Anzeichen für anhaltende Distribution unter massivem Umsatz ohne echten weiteren Preisfortschritt im Laufe der Woche.

5. **Anzeichen für Distribution.** Nach einem langen Anstieg signalisiert massives Tagesvolumen ohne weiteren Preisfortschritt nach oben Distribution. Verkaufen Sie Ihre Aktie, bevor arglose Käufer überfahren werden. Sie sollten auch wissen, wann bei ausgefuchsten Investoren langfristige Kapitalerträge fällig sind.
6. **Aktiensplits.** Verkaufen Sie, wenn eine Aktie nach einem Split eine oder zwei Wochen lang um 25 bis 50 Prozent steigt. In manchen seltenen Fällen können es auch 100 Prozent sein, zum Beispiel bei Qualcomm Ende 1999. Tendenziell überschreiten Aktien nach überzogenen Splits Höhepunkte. Wenn der Preis einer Aktie seit ihrer Konsolidierung strapaziert ist und ein Aktiensplit angekündigt wird, kann man die Aktie in vielen Fällen verkaufen.
7. **Wachsende Anzahl von Minustagen in Folge.** Bei den meisten Aktien wird die Anzahl der Minustage in Folge im Verhältnis zu den Plustagen in Folge wahrscheinlich größer, wenn die Aktie anfängt, von ihrem Hoch aus zu fallen. Vielleicht sehen Sie vier oder fünf Tage im Minus, gefolgt von zwei oder drei Tagen im Plus, während Sie vorher vier Tage im Plus und dann zwei oder drei im Minus gesehen hätten.
8. **Die obere Kanalbegrenzung.** Sie sollten verkaufen, wenn eine Aktie nach einem riesigen Durchmarsch ihre obere Kanallinie durchstößt (Kanallinien in einem Aktienchart sind sozusagen parallele Linien, die man zeichnet, indem man die Tiefs der Preisformation durch eine gerade Linie miteinander verbindet und dann drei Hochs, die in den vergangenen vier bis fünf Monaten erreicht wurden, durch eine weitere gerade Linie miteinander verbindet). Studien zeigen, dass man Aktien verkaufen sollte, die über ihre *korrekt gezeichnete* obere Kanalbegrenzung steigen.

9. **Die 200-Tage-Linie.** Manche Aktien kann man verkaufen, wenn sie um 70 bis 100 Prozent oder noch weiter über ihre 200-Tage-Linie gestiegen sind. Allerdings verwende ich sie selten.
10. **Während des Abstiegs vom Hoch verkaufen.** Wenn Sie nicht frühzeitig verkauft haben, als die Aktie noch stieg, verkaufen Sie auf dem Weg nach unten vom Hoch aus. Bei manchen Aktien federt der Preis nach dem ersten Einbruch noch einmal zurück.

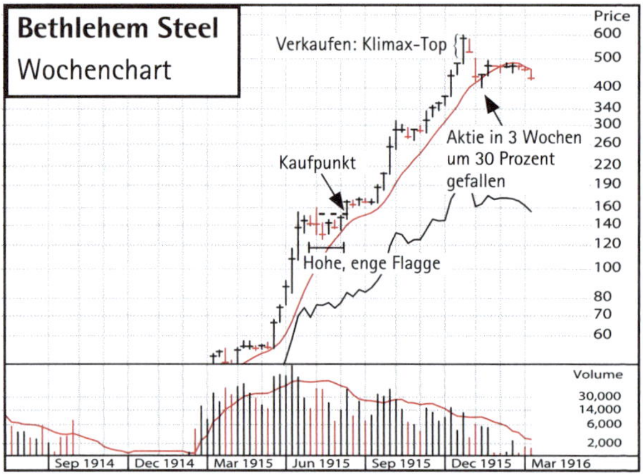

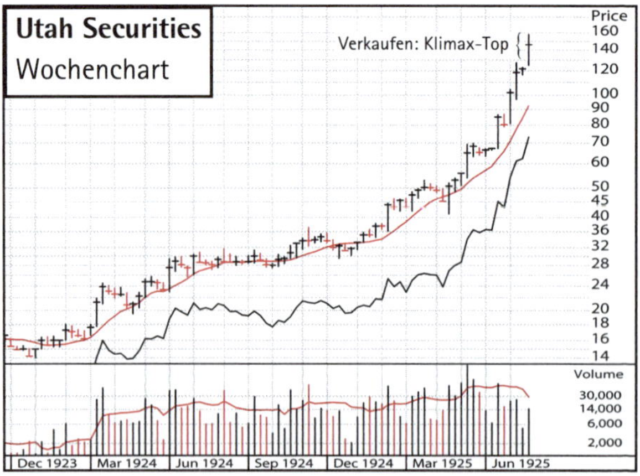

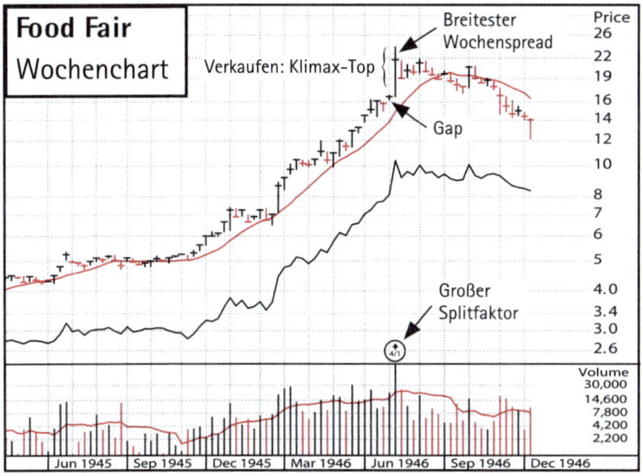
Food Fair
Wochenchart
Verkaufen: Klimax-Top
Breitester Wochenspread
Gap
Großer Splitfaktor
Price
Volume
Jun 1945
Sep 1945
Dec 1945
Mar 1946
Jun 1946
Sep 1946
Dec 1946

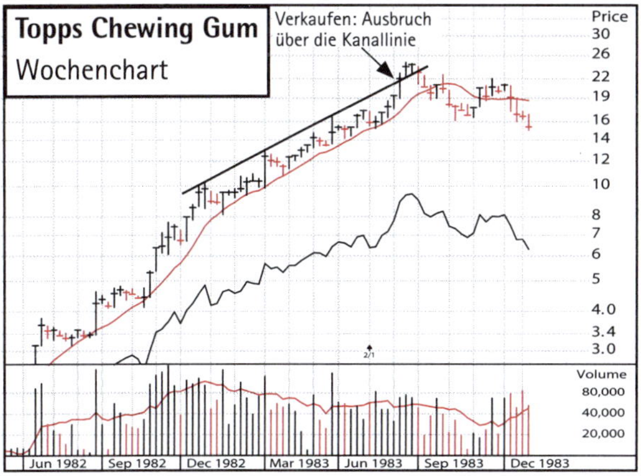
Topps Chewing Gum
Wochenchart
Verkaufen: Ausbruch über die Kanallinie
Price
Volume
Jun 1982
Sep 1982
Dec 1982
Mar 1983
Jun 1983
Sep 1983
Dec 1983

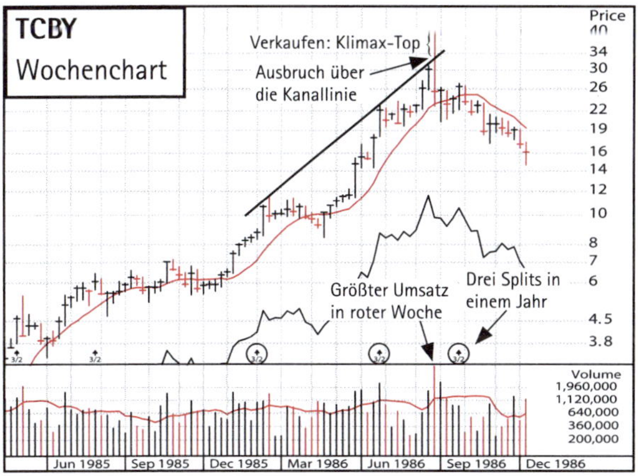
TCBY
Wochenchart
Verkaufen: Klimax-Top
Ausbruch über die Kanallinie
Größter Umsatz in roter Woche
Drei Splits in einem Jahr
Price
Volume
Jun 1985
Sep 1985
Dec 1985
Mar 1986
Jun 1986
Sep 1986
Dec 1986

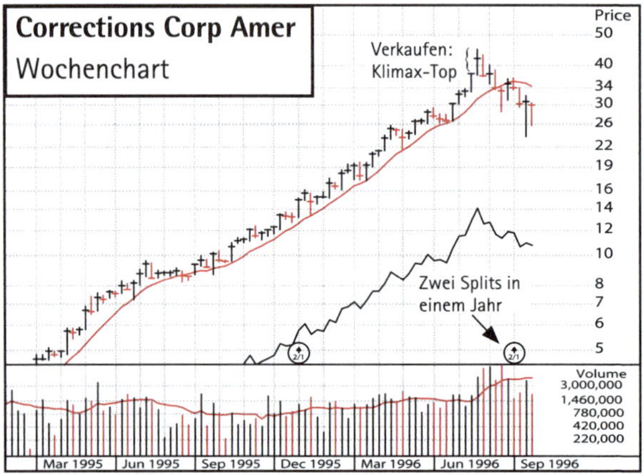
Corrections Corp Amer
Wochenchart
Verkaufen:
Klimax-Top
Zwei Splits in
einem Jahr
2/1
2/1
Price
50
40
34
30
26
22
19
16
14
12
10
8
7
6
5
Volume
3,000,000
1,460,000
780,000
420,000
220,000
Mar 1995
Jun 1995
Sep 1995
Dec 1995
Mar 1996
Jun 1996
Sep 1996

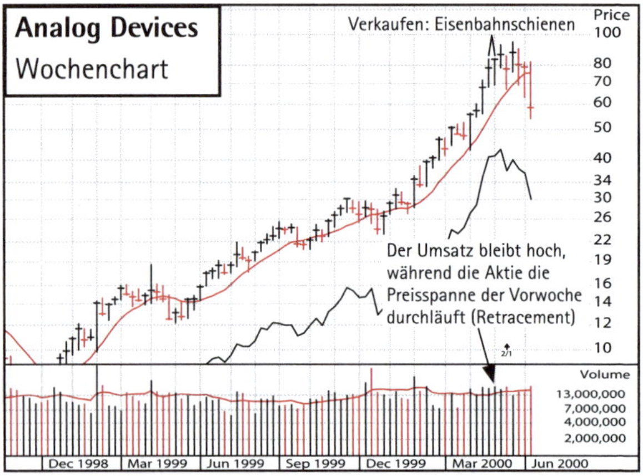
Analog Devices
Wochenchart
Verkaufen: Eisenbahnschienen
Der Umsatz bleibt hoch,
während die Aktie die
Preisspanne der Vorwoche
durchläuft (Retracement)
2/1
Price
100
80
70
60
50
40
34
30
26
22
19
16
14
12
10
Volume
13,000,000
7,000,000
4,000,000
2,000,000
Dec 1998
Mar 1999
Jun 1999
Sep 1999
Dec 1999
Mar 2000
Jun 2000

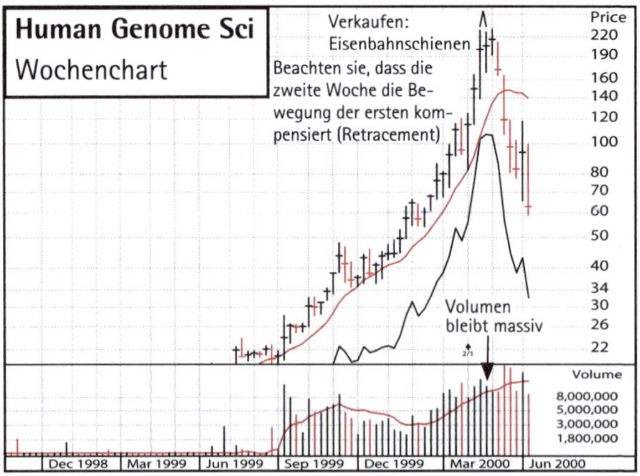
Human Genome Sci
Wochenchart
Verkaufen:
Eisenbahnschienen
Beachten sie, dass die
zweite Woche die Be-
wegung der ersten kom-
pensiert (Retracement)
Volumen
bleibt massiv
2/1
Price
220
190
160
140
120
100
80
70
60
50
40
34
30
26
22
Volume
8,000,000
5,000,000
3,000,000
1,800,000
Dec 1998
Mar 1999
Jun 1999
Sep 1999
Dec 1999
Mar 2000
Jun 2000

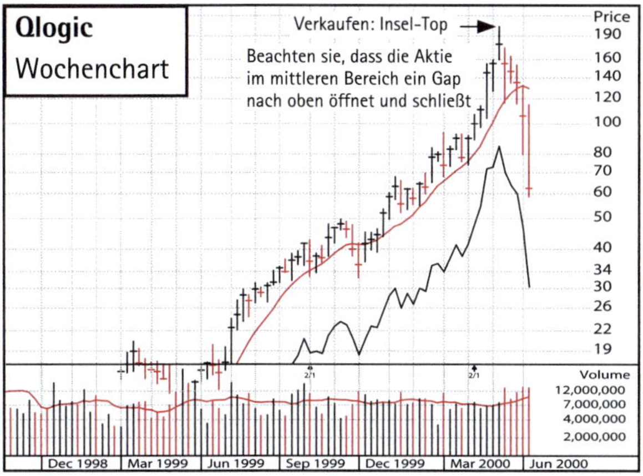
Qlogic
Wochenchart
Verkaufen: Insel-Top
Beachten sie, dass die Aktie im mittleren Bereich ein Gap nach oben öffnet und schließt
Price
Volume
Dec 1998
Mar 1999
Jun 1999
Sep 1999
Dec 1999
Mar 2000
Jun 2000

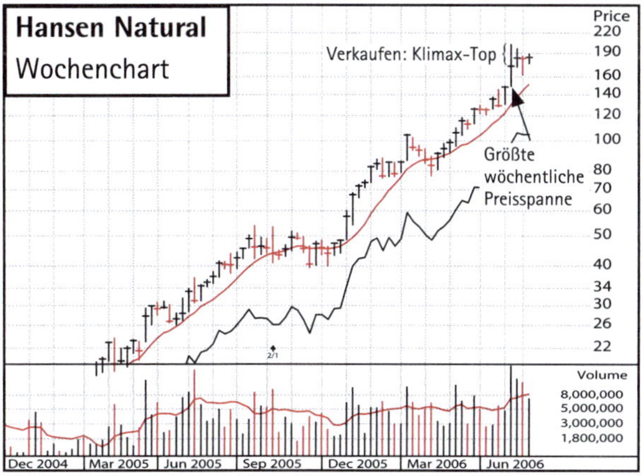
Hansen Natural
Wochenchart
Verkaufen: Klimax-Top
Größte wöchentliche Preisspanne
Price
Volume
Dec 2004
Mar 2005
Jun 2005
Sep 2005
Dec 2005
Mar 2006
Jun 2006

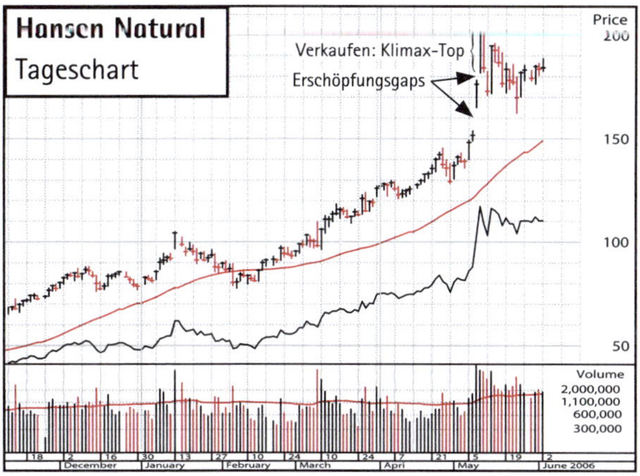
Hansen Natural
Tageschart
Verkaufen: Klimax-Top
Erschöpfungsgaps
Price
Volume
December
January
February
March
April
May
June 2006

Geringes Volumen und andere Anzeichen von Schwäche

1. **Neue Hochs unter schwachem Umsatz.** Manche Aktien erreichen unter niedrigerem oder schwächerem Umsatz neue Hochs. Während die Aktie steigt, tendiert der Umsatz nach unten und deutet darauf hin, dass Großinvestoren ihren Appetit auf die Aktie verloren haben.
2. **Aktie schließt auf dem Tagestief oder in der Nähe.** Man kann im Tageschart einer Aktie auch Tops sehen, die die Form eines nach unten zeigenden „Pfeils" haben. Das heißt, die Aktie schließt mehrere Tage hintereinander am Tiefpunkt des täglichen Schwankungsbereichs oder in der Nähe, sodass sie den Anstieg des Tages vollständig kompensiert.
3. **Konsolidierungen im dritten oder vierten Stadium.** Verkaufen Sie, wenn Ihre Aktie aus einer Bodenbildung im dritten oder vierten Stadium heraus ein neues Hoch erreicht. Am Markt ist es selten so, dass aller guten Dinge drei sind. Bis dahin ist eine steigende Aktie nämlich zu offensichtlich geworden und fast jedermann sieht sie. Solche Konsolidierungen im Spätstadium sind häufig fehlerhaft und deutlich zu breit. Von den Konsolidierungen im vierten Stadium dürften bis zu 80 Prozent scheitern, aber man muss recht mit der Feststellung haben, dass es sich um eine Konsolidierung im vierten Stadium handelt.
4. **Anzeichen für eine schwache Rallye.** Wenn Sie im Bereich des Tops anfängliche massive Verkäufe sehen, wird die nächste Erholung unter schwächerem Umsatz stattfinden, eine schwächere Preiserholung aufweisen oder weniger Tage dauern. Verkaufen Sie am zweiten oder dritten Tag einer schwachen Rallye. Das könnte die letzte gute Verkaufschance sein, bevor Trendlinien und Unterstützungszonen gebrochen werden.
5. **Rückgang ab dem Gipfel.** Wenn eine Aktie von ihrem Gipfel aus um etwa acht Prozent zurückgeht, kann man in manchen Fällen durch Untersuchung des vorangegangenen Anstiegs, des Gipfels

und des Rückgangs feststellen, ob der Anstieg vorüber ist oder ob eine normale Korrektur um acht bis 15 Prozent im Gange ist. Gelegentlich sollte man vielleicht verkaufen, wenn der Rückgang nach dem Gipfel über zwölf oder 15 Prozent hinausgeht.

6. **Geringe Relative Stärke.** Geringe Relative Stärke kann ein weiterer Grund sein, zu verkaufen. Denken Sie über einen Verkauf nach, wenn das Relative-Stärke-Rating von *IBD* unter 70 fällt.
7. **Einzelgänger.** Denken Sie an einen Verkauf, wenn keine bestätigende Relative Stärke anderer Mitglieder der gleichen Branchengruppe vorliegt.

Gebrochene Unterstützung

Eine Unterstützung wird gebrochen, wenn Aktien die Woche unterhalb einer bedeutenden etablierten Trendlinie beschließen.

1. **Eine langfristige Aufwärtstrendlinie wird gebrochen.** Verkaufen Sie, wenn der Wochenschlusskurs einer Aktie unter einer bedeutsamen langfristigen Aufwärtstrendlinie liegt oder wenn sie eine entscheidende Unterstützungszone unter *überwältigendem* Umsatz bricht. Eine Aufwärtstrendlinie sollte mindestens drei Intraday- oder Wochentiefs miteinander verbinden, die über mehrere Monate verteilt sind. Trendlinien, die über zu kurze Zeiträume gezogen werden, sind nicht gültig.
2. **Der größte eintägige Preisrückgang.** Wenn eine Aktie bereits einen ausgedehnten Anstieg hinter sich hat und plötzlich den größten Eintagesabsturz seit Beginn des gesamten Anstiegs hinnehmen muss, dann ziehen Sie einen Verkauf in Betracht, wenn der Absturz durch andere Signale bestätigt wird.
3. **Fallender Preis unter massivem Wochenumsatz.** Verkaufen Sie eine Aktie in Fällen, in denen sie unter dem größten Wochenvolumen seit mehreren Jahren zusammenbricht.
4. **Die 200-Tage-Linie wendet nach unten.** Wenn der gleitende Durchschnitt des Aktienkurses nach einem längeren Aufschwung

nach unten wendet, ziehen Sie den Verkauf der Aktie in Betracht. Verkaufen Sie außerdem anlässlich neuer Hochs, wenn die Aktie einen schwachen Boden gebildet hat – wenn sich ein großer Teil der Preisbewegung in der unteren Hälfte der Konsolidierung oder unterhalb der 200-Tage-Linie befindet.

5. **Verharren unterhalb der 10-Wochen-Linie.** Denken Sie über einen Verkauf nach, wenn eine Aktie längere Zeit steigt, dann unterhalb der 10-Wochen-Linie schließt und sich acht oder neun Wochen hintereinander unterhalb dieses gleitenden Durchschnitts aufhält und es nicht schafft, zu steigen und die Woche über der Linie zu beschließen.

SONSTIGE WICHTIGE VERKAUFSHINWEISE

1. Wenn Sie alle Verluste auf sieben oder acht Prozent begrenzen, nehmen Sie ein paar Gewinne mit, wenn Sie 20, 25 oder 30 Prozent im Plus stehen. Wenn Sie auf diese Art drei Gewinne einsammeln, könnten Sie einen Gesamtgewinn von 100 Prozent oder mehr erzielen. Nehmen Sie jedoch von einem Marktführer mit institutioneller Unterstützung, der innerhalb von nur ein, zwei oder drei Wochen nach einer korrekten Konsolidierung vom Pivot-Kaufpunkt aus um 20 Prozent gestiegen ist, keine 25 oder 30 Prozent durch Verkauf mit. Solche Aktien könnten Ihre großen führenden Werte sein und sollten im Hinblick auf potenzielle größere Gewinne gehalten werden.
2. Wenn eine Baisse herrscht, bauen Sie Einschusskredite ab, sammeln Sie mehr Cash an und kaufen Sie nicht sehr viele Aktien. Falls Sie doch kaufen, sollten Sie vielleicht 15 Prozent Gewinne mitnehmen und alle Verluste auf drei Prozent begrenzen.
3. Damit Großinvestoren verkaufen können, brauchen sie Käufer, die ihre Aktien abnehmen. Denken Sie deshalb an den Verkauf einer Aktie, wenn sie steigt und wenn dann gute Publicity oder gute Nachrichten (eine Titelstory in *BusinessWeek* zum Beispiel) erscheinen.

4. Verkaufen Sie, wenn große Begeisterung über die Aktie herrscht und wenn es für jedermann offensichtlich ist, dass sie steigt. Dann ist es nämlich zu spät. Jack Dreyfus hat einmal gesagt: „Verkaufen Sie, wenn *überreichlicher* Optimismus herrscht. Wenn alle vor Optimismus überfließen und herumlaufen und alle anderen zum Kauf bewegen wollen, sind sie vollständig investiert. An diesem Punkt können sie nur noch reden. Sie können den Markt nicht weiter in die Höhe treiben. Dafür braucht man nämlich Kaufkraft.“ Kaufen Sie, wenn Sie sich zu Tode ängstigen und die anderen unsicher sind. Warten Sie mit dem Verkauf, bis Sie glücklich sind und beim Verkaufen vor Todesangst zittern.
5. In den meisten Fällen sollten Sie verkaufen, wenn der prozentuale Gewinnzuwachs im Quartal erheblich (oder gegenüber der vorherigen Wachstumsrate um zwei Drittel) zurückgeht, und zwar in zwei Quartalen hintereinander.
6. Seien Sie vorsichtig mit Verkäufen anlässlich schlechter Nachrichten oder Gerüchte, denn dies könnten vorübergehende Einflüsse sein. Manchmal werden Gerüchte in die Welt gesetzt, um Privatanleger – kleine Fische – aus ihren Positionen hinauszudrängen.
7. Lernen Sie immer aus allen früheren Verkaufsfehlern. Führen Sie immer im Nachhinein eine Analyse durch, indem Sie Ihre früheren Kauf- und Verkaufspunkte in Charts eintragen. Studieren Sie Ihre Fehler sorgfältig und schreiben Sie zusätzliche Regeln auf, damit Sie frühere Fehler vermeiden können, die Ihnen überzogene Verluste beschert haben oder dazu geführt haben, dass Sie große Chancen verpasst haben. So werden Sie zum ausgefuchsten Anleger.

WANN MAN GEDULD HABEN UND EINE AKTIE BEHALTEN SOLLTE

Eng verwandt mit der Entscheidung, wann man verkaufen sollte, ist die Entscheidung, wann man stillhalten sollte. Hier ein paar entsprechende Ratschläge:

Kaufen sie Growth-Aktien, bei denen Sie anhand der Gewinnschätzungen für die nächsten ein oder zwei Jahre und anhand des möglichen KGV-Wachstums nach dem ursprünglichen Ausbruch der Aktie aus der Basis ein potenzielles Preisziel prognostizieren können. Ihr Ziel ist es, die beste Aktie mit dem besten Gewinn zu exakt dem richtigen Zeitpunkt zu kaufen und die Geduld zu haben, sie so lange zu halten, bis erwiesen ist, ob Sie damit richtig- oder falschliegen.

In manchen Fällen kann es vorkommen, dass Sie 13 Wochen verstreichen lassen müssen, bevor Sie zu dem Schluss kommen, dass eine Aktie, die sich nicht bewegt hat, eine langweilige, falsche Wahl war. Das gilt selbstverständlich nur dann, wenn die Aktie am Anfang nicht Ihren defensiven, verlustbegrenzenden Verkaufspreis erreicht hat. In einer schnelllebigen Marktlage, wie zum Beispiel im Jahr 1999, hätte man Technologie-Aktien, die sich nach mehreren Wochen nicht bewegten, während der Gesamtmarkt stieg, frühzeitiger verkaufen können. Das Geld hätte man in andere Aktien verschieben können, die unter glänzenden Fundamentaldaten aus soliden Konsolidierungen ausbrachen.

Wenn Ihr schwer verdientes Geld auf dem Spiel steht, ist es wichtiger denn je, auf die Lage des Gesamtmarkts zu achten und die *IBD*-Kolumne „The Big Picture" zu lesen, in der die Börsenindizes analysiert werden. Sowohl anlässlich des Hochs 2000 als auch anlässlich des Hochs 2007-2008 brachten „The Big Picture" und unsere Verkaufsregeln viele Abonnenten dazu, aus dem Markt auszusteigen, und verhalfen ihnen dazu, verheerende Verluste zu vermeiden.

Wenn Sie neue Aktien kaufen, während die Indizes unter Distribution stehen, einen Höhepunkt überschreiten und zu wenden beginnen, wird es Ihnen schwerfallen, die gekauften Aktien zu behalten (die meisten Ausbrüche werden scheitern und die meisten Aktien werden dann fallen, bleiben Sie also mit dem Gesamtmarkt im Einklang. Streiten Sie sich nicht mit einem fallenden Markt).

Zeichnen Sie nach einem neuen Kauf in einen Tages- oder Wochenchart eine defensive rote Verkaufslinie auf genau dem Preisniveau ein, auf dem Sie verkaufen und Ihren Verlust begrenzen werden (acht Prozent oder weniger unterhalb ihres Kaufpunkts). In den ersten ein oder zwei Jahren einer neuen Hausse möchten Sie den Aktien vielleicht so viel Spielraum nach unten geben und sie so lange behalten, bis der Preis die Verkaufslinie berührt – und sie erst dann verkaufen.

In manchen Fällen kann man die Verkaufslinie zwar anheben, man belässt sie aber unter dem Tief der ersten normalen Korrektur nach dem ersten Kauf. Wenn Sie den Verkaufspunkt zur Verlustbegrenzung anheben, verschieben Sie ihn nicht zu dicht an den aktuellen Preis. Dies verhindert, dass Sie im Laufe einer normalen Schwäche ausgesiebt werden.

Sie sollten einer Aktie definitiv nicht dadurch nach oben nachlaufen, dass Sie Stop-Loss-Orders nachziehen, denn dann werden Sie von einer unvermeidlichen natürlichen Korrektur in der Nähe des Tiefs zum Ausstieg gezwungen. Sobald Ihre Aktie 15 Prozent oder noch weiter über Ihrem Kaufpreis steht, können Sie anfangen, sich auf den Preis oder die Regeln zu konzentrieren, zu dem oder nach denen Sie auf dem Weg nach oben verkaufen, um sich den Gewinn zu sichern.

Eine Aktie, die um fast 20 Prozent steigt, sollte man niemals in den Verlustbereich zurückfallen lassen. Wenn man eine Aktie bei 50 Dollar kauft und sie schießt auf 60 Dollar (+20 Prozent) oder mehr hinauf, dann gibt es selbst dann, wenn man den Gewinn nicht mitnimmt, obwohl man ihn schon hat, keinen vernünftigen Grund, sie jemals wieder auf 50 Dollar oder noch weiter zurückfallen und sich dadurch einen Verlust bescheren zu lassen. Wahrscheinlich ist es Ihnen peinlich, Sie fühlen sich lächerlich und nicht besonders klug, wenn Sie zu 50 Dollar kaufen, zusehen, wie die Aktie auf 60 Dollar steigt, und sie dann bei 50 bis 51 Dollar verkaufen. Aber Sie haben ja schon den Fehler gemacht, nicht Ihren Gewinn mitzunehmen. Vermeiden Sie jetzt einen zweiten Fehler, nämlich daraus einen Verlust werden zu lassen. Bedenken Sie: Es ist ein wichtiges Ziel, alle Ihre Verluste so klein wie möglich zu halten.

Außerdem brauchen große Anstiege Zeit, bis sie abgeschlossen sind. Nehmen Sie in den ersten acht Wochen eines Anstiegs keine Gewinne mit, es sei denn, die Aktie gerät in ernste Schwierigkeiten oder sie vollführt nach einem Aktiensplit in einer Konsolidierung im Spätstadium einen zwei- oder dreiwöchigen „Klimax"-Durchmarsch. Aktien, die in weniger als acht Wochen 20 Prozent Gewinn aufweisen, sollte man über die ganzen acht Wochen halten, es sei denn, sie sind von geringer Qualität, ohne institutionelle Unterstützung und ohne eine starke Bewegung der Branchengruppe. In vielen Fällen sind Aktien, die innerhalb von einer bis vier Wochen dramatisch um 20 Prozent oder noch mehr steigen, die stärksten Aktien überhaupt – sie sind in der Lage, sich zu verdoppeln, zu verdreifachen oder noch mehr. Wenn Sie einen solchen wahren CAN-SLIM-Marktführer besitzen, versuchen Sie, ihn über die ersten paar Preisrücksetzer hinweg zu halten, die auf die 10-Wochen-Linie oder leicht darunter führen. Sobald Sie einen hübschen Profit haben, können Sie auch versuchen, die Aktie über ihre erste kurzfristige Korrektur um zehn bis 20 Prozent hinweg zu halten. Wenn eine Aktie aus einer korrekten Bodenbildung ausbricht, setzt sie nach dem ersten Anstieg in 80 Prozent der Fälle irgendwann zwischen der zweiten und sechsten Woche nach Verlassen der Konsolidierung zurück. Wenn Sie die Aktie acht Wochen lang halten, bringt Sie das natürlich durch diese erste Verkaufswelle hindurch und in den erneuten Aufwärtstrend, und dann haben Sie ein besseres Gewinnpolster.

Bedenken Sie, dass Ihr Ziel nicht einfach darin besteht, recht zu haben, sondern darin, das große Geld zu verdienen, wenn Sie recht haben. „Mit Ihrem Denken verdienen Sie nie das große Geld", sagte Livermore, „sondern mit dem Aussitzen." Anleger, die recht haben und das aussitzen können, sind selten. Für einen großen Gewinn braucht eine Aktie Zeit.

Normalerweise sind die ersten zwei Jahre einer neuen Hausse die beste und sicherste Zeit, aber dafür braucht man Mut, Geduld und Sitzfleisch. Wenn man ein Unternehmen wirklich gut kennt und seine

Produkte vollständig begreift, hat man das unentbehrliche zusätzliche Zutrauen, das man braucht, um mehrere unvermeidliche, jedoch normale Korrekturen zu überstehen. Wenn man mit einer Aktie gigantische Profite erzielen will, braucht man Zeit und Geduld und muss sich an Regeln halten.

Soeben haben Sie eines der wertvollsten Kapitel in diesem Buch gelesen. Wenn Sie es mehrmals durchgehen und sich einen disziplinierten Gewinn- und Verlustplan für Ihre eigenen Investments aneignen, könnte es ein paar Tausend Mal so viel wert sein wie das Geld, das Sie für dieses Buch bezahlt haben. Sie könnten sich sogar vornehmen, dieses Kapitel jedes Jahr durchzulesen.

Man kann an der Börse kein großer Gewinner werden, wenn man nicht lernt, sowohl ein guter Verkäufer als auch ein guter Einkäufer zu sein. Diejenigen Leser, die sich im Jahr 2000 an diese historisch erprobten Verkaufsregeln gehalten haben, konnten den größten Teil der beträchtlichen Gewinne behalten, die sie in den Jahren 1998 und 1999 erzielt hatten. Einige ernsthafte Schüler verdienten in dieser schnellen Zeit 500 bis 1.000 Prozent oder noch mehr. Und dann, im Jahr 2008, gelang es einem noch größeren Teil der *IBD*-Leser – wenn auch nicht allen – nach viel Arbeit und Studium, die richtigen Verkaufsregeln umzusetzen, um sich zu schützen und ihr schwer verdientes Kapital zu bewahren, anstatt den dramatischen Rückgängen im dritten und vierten Quartal jenes Jahres ausgeliefert zu sein.

KAPITEL 12

MONEY-MANAGEMENT:

SOLLTE MAN DIVERSIFIZIEREN, AUF LANGE SICHT INVESTIEREN, EINSCHUSSKREDITE NUTZEN, SHORTEN, OPTIONEN KAUFEN, IPOS KAUFEN, STEUERSPARMODELLE NUTZEN, NASDAQ-AKTIEN, AUSLANDSAKTIEN, ANLEIHEN ODER ANDERE ANLAGEN KAUFEN?

Wenn man beschlossen hat, sich am Aktienmarkt zu beteiligen, steht man nicht nur vor der Entscheidung, welche Aktie man kaufen soll. Man muss auch entscheiden, wie man sein Portfolio handhabt, wie viele Aktien man kaufen sollte, welche Schritte man unternimmt und welche Arten von Investments man besser sein lässt. Dieses und das nächste Kapitel werden Ihnen die vielen Wahlmöglichkeiten und verlockenden Abzweigungen vorstellen, die Ihnen zu Verfügung stehen. Einige davon sind vorteilhaft und der Beachtung wert, aber viele andere sind übertrieben riskant, extrem kompliziert oder unnötige, weniger lohnenswerte Ablenkungen. Ungeachtet dessen ist es hilfreich, informiert zu sein und so viel wie möglich über das Investmentgeschäft zu wissen – wenn auch aus keinem anderen Grund, als dass man alles kennt, was man meiden sollte. Ich sage: Machen Sie es nicht zu kompliziert, halten Sie sich an das Einfache.

WIE VIELE AKTIEN SOLLTE MAN EIGENTLICH HABEN?

Wie oft wurde Ihnen schon gesagt: „Legen Sie nicht alle Eier in denselben Korb"? Oberflächlich betrachtet klingt das nach einem guten Rat, doch meiner Erfahrung nach können nur wenige Menschen mehr als ein oder zwei Dinge außerordentlich gut. Diejenigen, die alles ein bisschen und nichts richtig können, sind selten auf irgendeinem Gebiet besonders erfolgreich, auch nicht auf dem Gebiet der Geldanlage. Haben die vielen exotischen Derivate den Profis von der Wall Street geholfen oder ihnen geschadet? Haben ihnen die Experimente mit höchst anormalen Schuldenhebeln von 50:1 oder 100:1 geholfen oder geschadet?

Würden Sie zu einem Zahnarzt gehen, der nebenher ein bisschen als Schlosser oder Schreiner arbeitet und der an den Wochenenden Musik komponiert, als Automechaniker, Klempner und Buchhalter arbeitet?

Für Unternehmen gilt das genauso wie für Menschen. Das beste Beispiel für Diversifizierung in der Unternehmenswelt ist das Konglomerat. Die meisten großen Konglomerate laufen nicht gut. Sie sind zu groß, zu ineffizient und zu sehr über zu viele Unternehmensbereiche verstreut, als dass sie sich effektiv konzentrieren und profitabel wachsen könnten. Was geschah mit Jimmy Ling und Ling-Temco-Vought oder mit Gulf + Western Industries nach dem Zusammenbruch des Konglomerate-Wahns Ende der 1960er-Jahre? Große Unternehmen und ein überbordender Staat können in Amerika gleichermaßen ineffizient werden, viele Fehler begehen und fast so viele neue Probleme schaffen, wie sie eigentlich lösen möchten.

Erinnern Sie sich noch, als sich Mobil Oil auf das Einzelhandelsgeschäft diversifizierte, indem es den Not leidenden landesweiten Fachhändler Montgomery Ward kaufte? Das hat nie geklappt. Genauso wenig wie der Vorstoß von Sears, Roebuck auf das Gebiet der Finanzdienstleister durch die Übernahme von Dean Witter und Coldwell Banker oder die Übernahme des Computerdienstleistungs-Giganten EDS durch General Motors und Hunderte weitere Diversifizierungsversuche von Konzernen. An wie vielen verschiedenen Unternehmen und Darlehenstypen war die New Yorker Citigroup von 2000 bis 2008 beteiligt?

Je mehr man diversifiziert, umso weniger weiß man über die einzelnen Bereiche. Viele Anleger übertreiben es mit der Diversifizierung. Gewöhnlich erzielt man die besten Ergebnisse durch Konzentration, indem man die Eier in ein paar Körbe legt, die man gut kennt, und sie dann sehr sorgfältig beobachtet. Hat breite Diversifizierung Ihr Portfolio vor dem Einbruch 2000 oder 2008 geschützt? Je mehr Aktien man besitzt, umso langsamer reagiert man wahrscheinlich mit einem Verkauf zwecks Geldbeschaffung, wenn eine ernstliche Baisse beginnt, weil man sich dann in falscher Sicherheit wiegt. Wenn größere Börsenhochs überschritten werden, sollte man verkaufen, Kredite abbauen, wenn man geliehenes Geld eingesetzt hat, und zumindest teilweise auf Cash umsteigen. Andernfalls gibt man den größten Teil seiner Gewinne wieder ab.

Der erfolgreiche Anleger sollte lieber anstreben, einen oder zwei große Gewinner als Dutzende sehr kleiner Profite zu haben. Es ist viel besser, viele kleine Verluste und sehr wenige große Gewinne einzufahren. Breite Diversifizierung ist häufig ganz einfach ein Schutz gegen Unwissenheit. Haben jene Banken, die von 1997 bis 2007 Pakete kauften, in denen 5.000 sehr breit diversifizierte und unterschiedliche Immobiliendarlehen enthalten waren, die implizit vom Staat verbürgt und als AAA geratet waren, etwa ihre Investments geschützt und gemehrt? Die meisten Menschen, die 20.000 bis 200.000 Dollar zum Anlegen haben, sollten sich überlegen, ob sie sich auf vier oder fünf sorgfältig ausgewählte Aktien beschränken, die sie kennen und verstehen. Wenn man fünf Aktien besitzt und es bietet sich eine attraktive Situation, in der man kaufen möchte, sollte man genug Disziplin aufbringen, das am wenigsten attraktive Investment zu verkaufen. Wenn man 5.000 bis 20.000 Dollar zum Anlegen hat, dürften drei Aktien ein vernünftiges Maximum sein. Ein Depot von 3.000 Dollar könnte man auf zwei Aktien einschränken. Halten Sie die Angelegenheit handhabbar. Je mehr Aktien Sie besitzen, umso schwerer ist es, alle im Blick zu behalten. Nicht einmal Anleger mit Portfolios im Umfang von über einer Million Dollar müssen mehr als sechs oder sieben gut ausgewählte Wertpapiere besitzen. Wenn Sie sich mit nur sechs oder sieben nicht wohlfühlen und wenn Sie das nervös macht, dann nehmen Sie zehn. Aber der Besitz von 30 oder 40 dürfte problematisch sein. Das große Geld wird durch Konzentration verdient, vorausgesetzt man nutzt solide Kauf- und Verkaufsregeln sowie realitätsnahe allgemeine Marktregeln. Und es gibt auf jeden Fall keine Regel, die besagt, dass ein aus 50 Aktien bestehendes Portfolio nicht um 50 Prozent oder mehr fallen kann.

WIE MAN SEINE KÄUFE ZEITLICH STREUT

Es ist möglich, seine Käufe über einen gewissen Zeitraum zu streuen. Dies ist eine interessante Form der Diversifizierung. Als ich in den Jahren 1990 und 1991 eine Amgen-Position aufbaute, kaufte ich an zahlreichen Tagen. Ich streute die Kauftätigkeit und tätigte nur dann Nachkäufe, wenn die früheren Käufe einen erheblichen Zugewinn verzeichnet hatten. Wenn der Marktpreis 20 Punkte über meinen durchschnittlichen Kosten stand und nach einer korrekten Konsolidierung ein neuer Kaufpunkt auftrat, kaufte ich nach. Ich achtete jedoch darauf, nicht dadurch meinen durchschnittlichen Preis in die Höhe zu treiben, dass ich mehr als eine begrenzte oder moderate Aufstockungsmenge kaufte.

Als Neuling sollte man mit diesem eher riskanten, hochkonzentrierten Ansatz allerdings äußerst vorsichtig sein. Man muss lernen, wie man

es richtig macht, und man muss definitiv verkaufen oder zurückschrauben, wenn die Sache nicht so läuft, wie erwartet.
Während einer Hausse kann man sein Portfolio dadurch in Richtung einer konzentrierten Position verschieben, dass man nach dem ersten Kauf mit kleineren Käufen nachsetzt, sobald die Aktie zwei oder drei Prozent über den anfänglichen Kaufpreis hinaus gestiegen ist. Lassen Sie sich jedoch nicht dazu verleiten, einer Aktie nachzujagen, wenn sie zu weit über einen korrekten Kaufpunkt hinaus gestiegen ist. Das erspart Ihnen auch die Enttäuschung, eine Aktie zu besitzen, die zwar viel weiter steigt, Ihrem Portfolio aber nicht viel bringt, weil Sie davon viel weniger Stücke besitzen als von Ihren anderen, weniger erfolgreichen Titeln. Verkaufen und eliminieren Sie Aktien, die anfangen, Verluste zu verzeichnen, bevor die Verluste groß werden.
Die Nachkaufmethode dürfte dafür sorgen, dass ein größerer Teil Ihres Geldes in wenigen sehr guten Aktienanlagen steckt. Kein System ist perfekt, aber dieses ist klüger als ein wahllos diversifiziertes Portfolio und hat bessere Chancen, gute Ergebnisse zu erzielen. Diversifizierung ist definitiv eine gute Sache, aber übertreiben Sie es nicht. *Setzen Sie immer eine Höchstgrenze für die Aktienanzahl und halten Sie sich an Ihre Regeln.* Wenn Sie Geld anlegen, sollten Sie ihre Regeln immer dabeihaben – vielleicht in einem ganz einfachen Notizbuch. Was? Sie sagen, Sie investieren ohne konkrete Kauf- und Verkaufsregeln? Welche Ergebnisse hat Ihnen das in den letzten fünf oder zehn Jahren beschert?

SOLLTE MAN AUF LANGE SICHT INVESTIEREN?

Wenn sie beschließen, ihre Investments zu konzentrieren, sollten Sie dann auf lange Sicht investieren oder häufiger traden? Die Antwort lautet, dass die Haltezeit (lang oder kurz) nicht die wichtigste Frage ist. Entscheidend ist, dass man die richtige Aktie – die allerbeste Aktie – exakt zum richtigen Zeitpunkt kauft und dass man sie verkauft, sobald der Markt oder Ihre diversen Verkaufsregeln Ihnen sagen, dass es Zeit ist, zu verkaufen. Die Zeit zwischen Ihrem Kauf und Ihrem

Verkauf kann lang oder kurz sein. Lassen Sie es von Ihren Regeln und vom Markt entscheiden. Wenn Sie das tun, werden Sie einige Gewinner drei Monate lang halten, manche sechs Monate lang und ein paar davon ein, zwei, drei Jahre oder länger. Die meisten Verlierer werden Sie viel kürzer halten, gewöhnlich zwischen ein paar Wochen und drei Monaten. Kein gut geführtes Portfolio sollte jemals Verluste länger als sechs Monate mit sich herumschleppen. Halten Sie Ihr Portfolio sauber und im Gleichschritt mit dem Markt. Vergessen Sie nicht: Gute Gärtner jäten immer das Blumenbeet und stutzen schwache Stämme.

Lektionen für Buy-and-hold-Anleger, die keine Charts benutzen

Ich habe die Wochencharts von WorldCom 1999, Enron 2001, Citigroup, AIG und General Motors 2007 mit Notizen versehen. Sie weisen zehn bis 15 spezifische Anzeichen dafür auf, dass man diese Investments zum damaligen Zeitpunkt eindeutig hätte verkaufen sollen.

Warum man immer Charts verwenden muss ... sehen Sie, was gleich passiert.

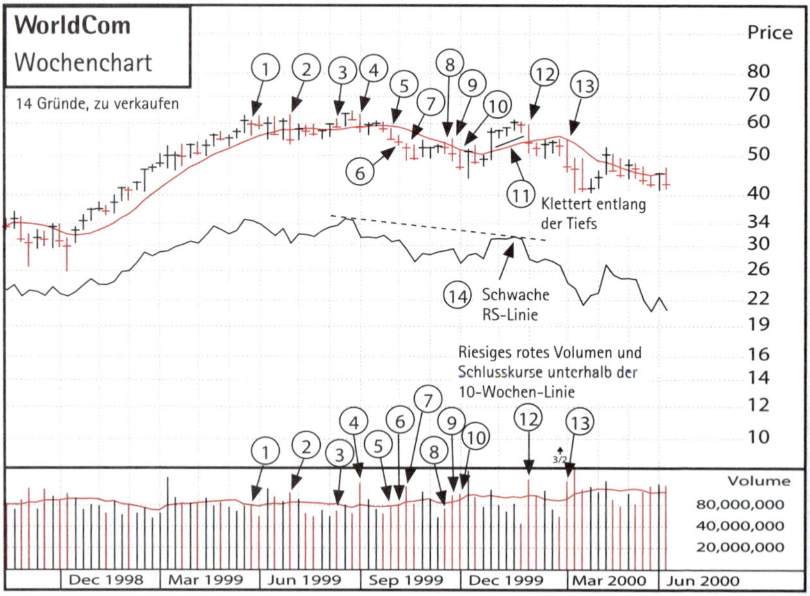

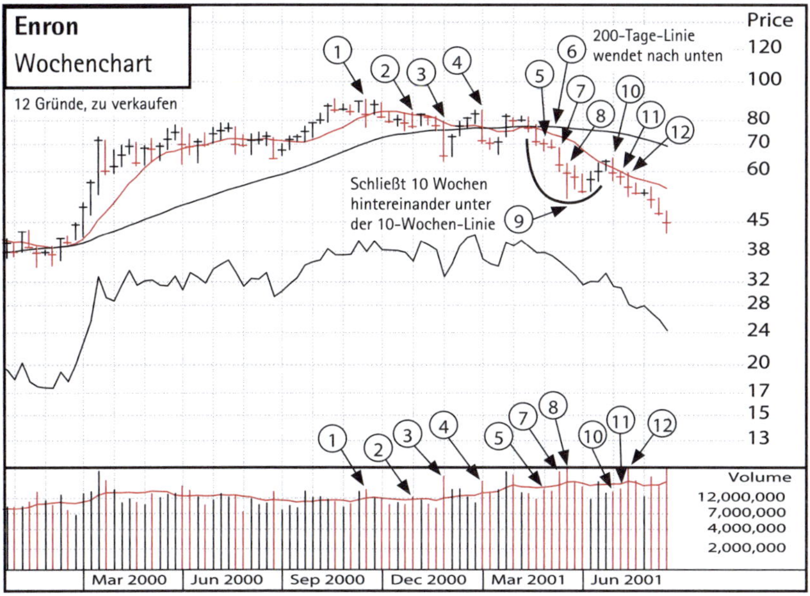
Enron
Wochenchart
12 Gründe, zu verkaufen
200-Tage-Linie wendet nach unten
Schließt 10 Wochen hintereinander unter der 10-Wochen-Linie
Price
120
100
80
70
60
45
38
32
28
24
20
17
15
13
Volume
12,000,000
7,000,000
4,000,000
2,000,000
Mar 2000
Jun 2000
Sep 2000
Dec 2000
Mar 2001
Jun 2001

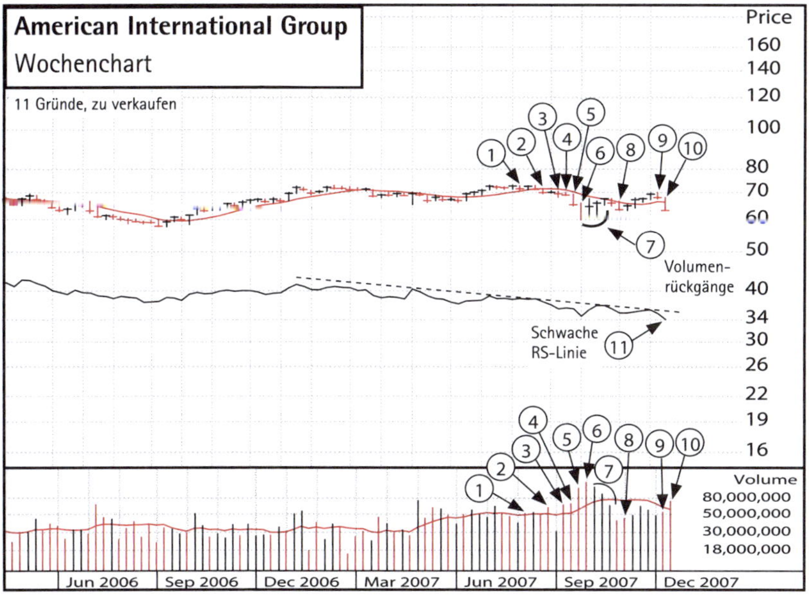
American International Group
Wochenchart
11 Gründe, zu verkaufen
Volumen-rückgänge
Schwache RS-Linie
Price
160
140
120
100
80
70
60
50
40
34
30
26
22
19
16
Volume
80,000,000
50,000,000
30,000,000
18,000,000
Jun 2006
Sep 2006
Dec 2006
Mar 2007
Jun 2007
Sep 2007
Dec 2007

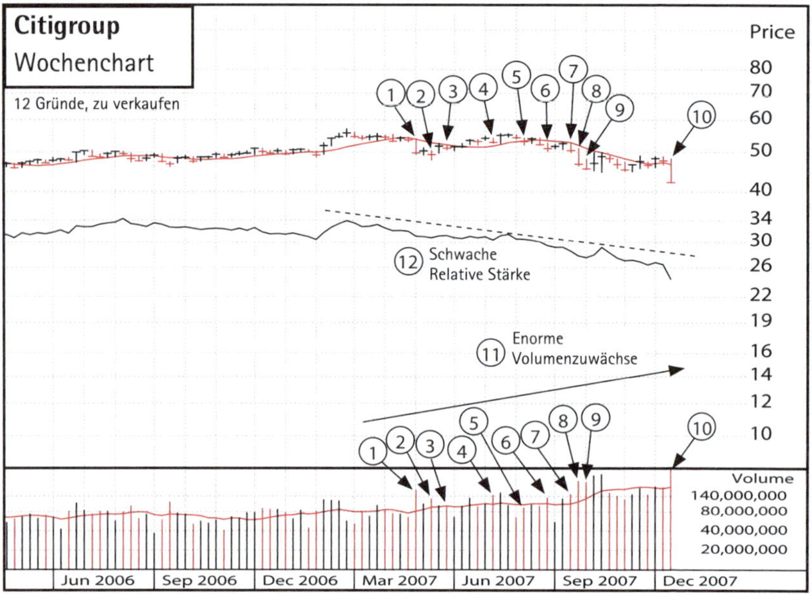
Citigroup
Wochenchart
12 Gründe, zu verkaufen
Price
80
70
60
50
40
34
30
26
22
19
16
14
12
10
12 Schwache Relative Stärke
11 Enorme Volumenzuwächse
Volume
140,000,000
80,000,000
40,000,000
20,000,000
Jun 2006
Sep 2006
Dec 2006
Mar 2007
Jun 2007
Sep 2007
Dec 2007

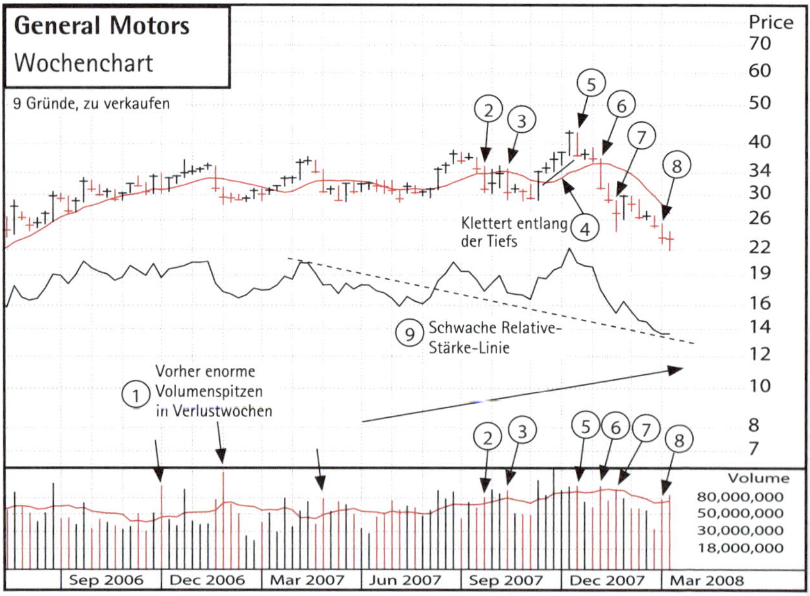
General Motors
Wochenchart
9 Gründe, zu verkaufen
Price
70
60
50
40
34
30
26
22
19
16
14
12
10
8
7
Klettert entlang der Tiefs
9 Schwache Relative-Stärke-Linie
1 Vorher enorme Volumenspitzen in Verlustwochen
Volume
80,000,000
50,000,000
30,000,000
18,000,000
Sep 2006
Dec 2006
Mar 2007
Jun 2007
Sep 2007
Dec 2007
Mar 2008

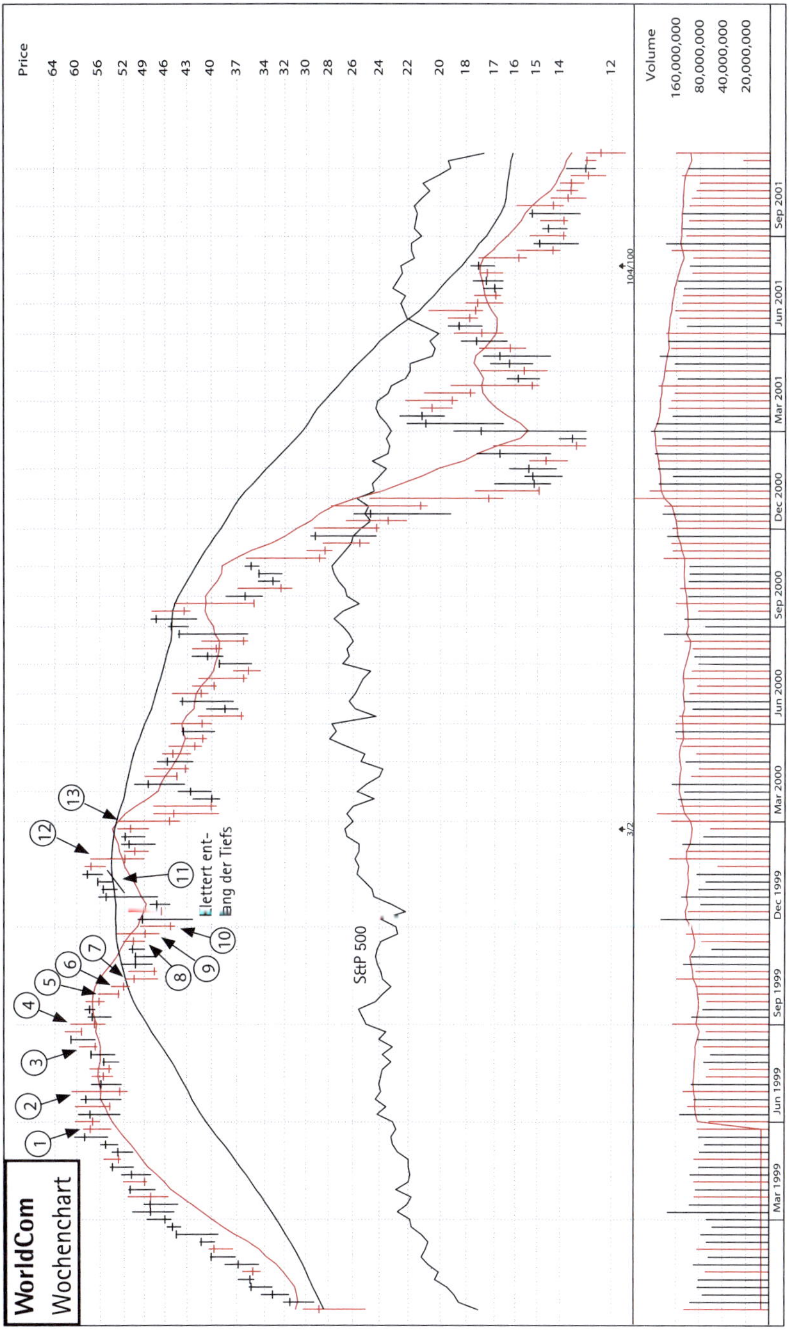
WorldCom
Wochenchart
Price
64
60
56
52
49
46
43
40
37
34
32
30
28
26
24
22
20
18
17
16
15
14
12
Volume
160,000,000
80,000,000
40,000,000
20,000,000
S&P 500
Klettert entlang der Tiefs
1
2
3
4
5
6
7
8
9
10
11
12
13
3/2
104/100
Mar 1999
Jun 1999
Sep 1999
Dec 1999
Mar 2000
Jun 2000
Sep 2000
Dec 2000
Mar 2001
Jun 2001
Sep 2001

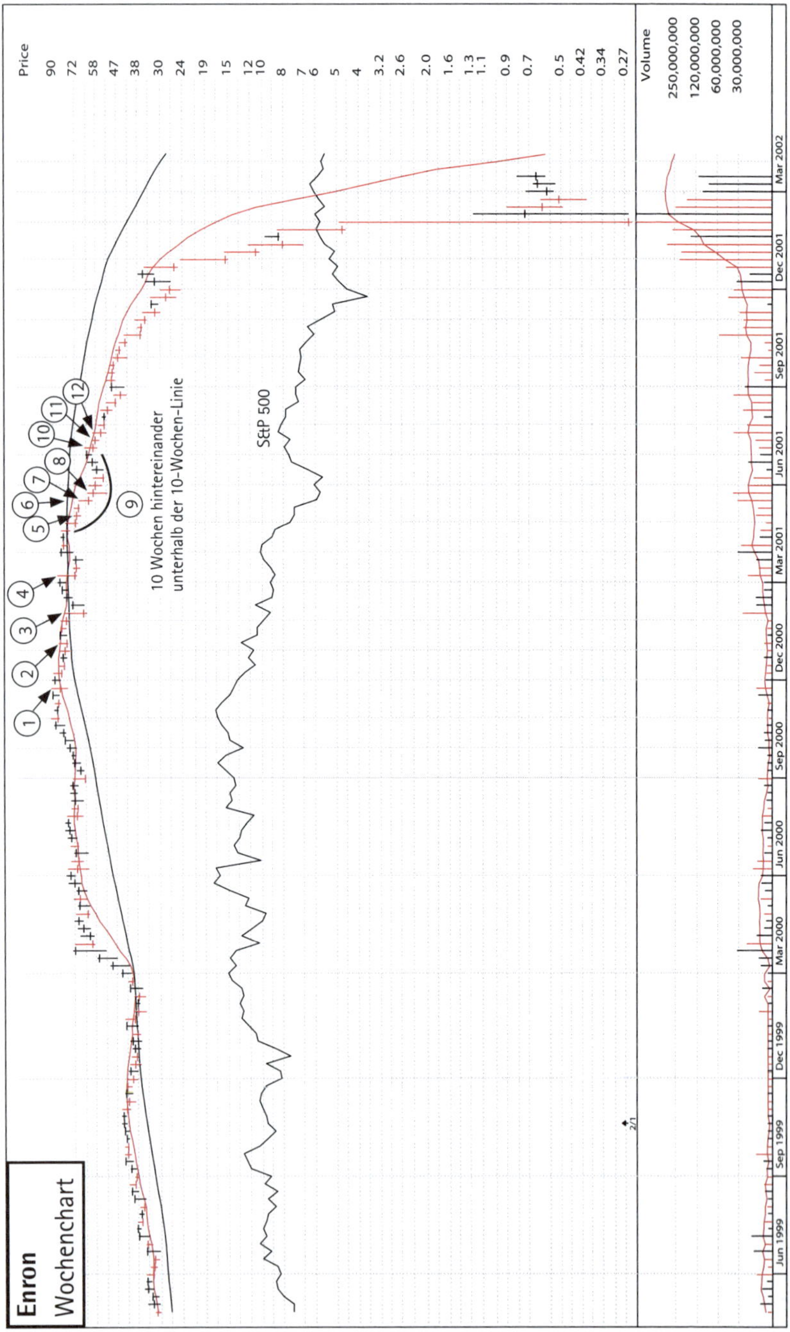
Enron
Wochenchart
Price
90
72
58
47
38
30
24
19
15
12
10
8
7
6
5
4
3.2
2.6
2.0
1.6
1.3
1.1
0.9
0.7
0.5
0.42
0.34
0.27
Volume
250,000,000
120,000,000
60,000,000
30,000,000
1
2
3
4
5
6
7
8
9
10
11
12
10 Wochen hintereinander
unterhalb der 10-Wochen-Linie
S&P 500
2/1
Jun 1999
Sep 1999
Dec 1999
Mar 2000
Jun 2000
Sep 2000
Dec 2000
Mar 2001
Jun 2001
Sep 2001
Dec 2001
Mar 2002

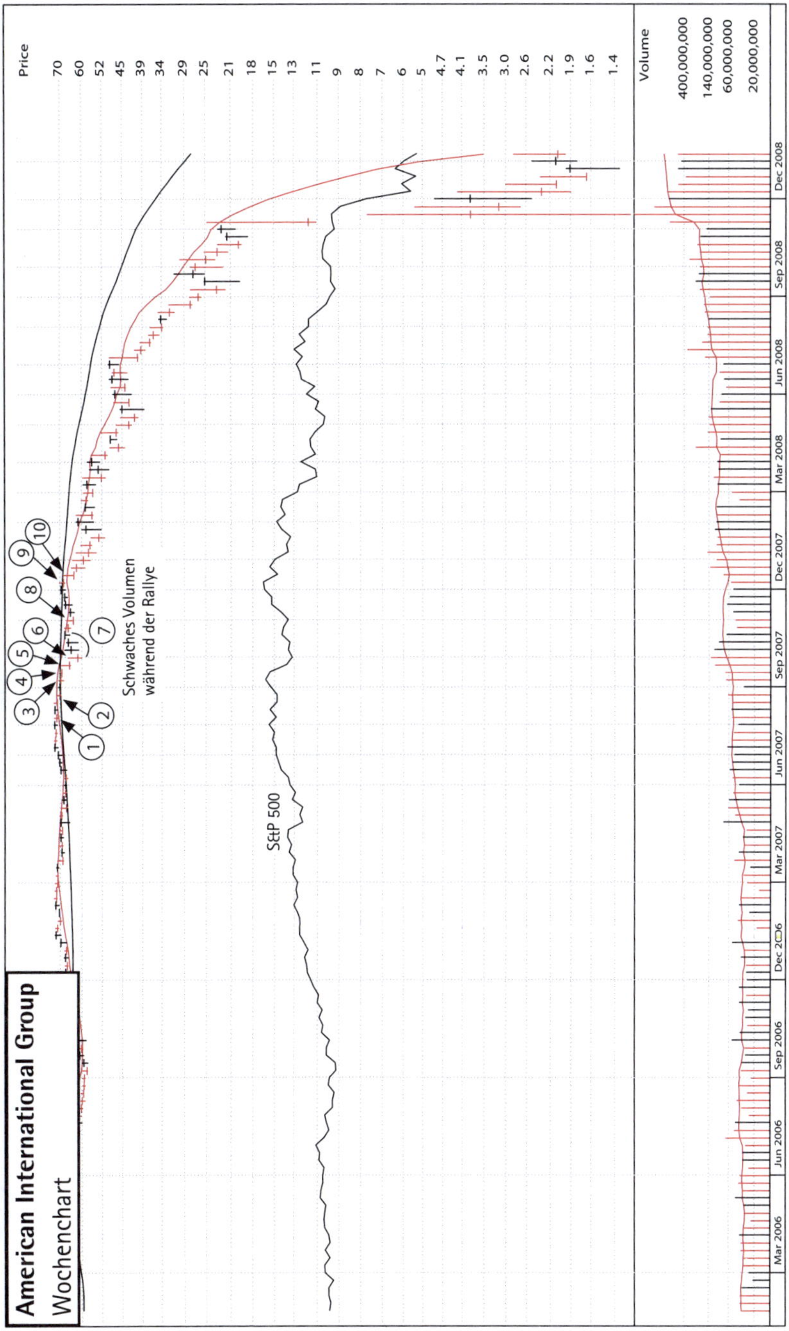
American International Group
Wochenchart
Price
70
60
52
45
39
34
29
25
21
18
15
13
11
9
8
7
6
5
4.7
4.1
3.5
3.0
2.6
2.2
1.9
1.6
1.4
Volume
400,000,000
140,000,000
60,000,000
20,000,000
S&P 500
Schwaches Volumen
während der Rallye
1
2
3
4
5
6
7
8
9
10
Mar 2006
Jun 2006
Sep 2006
Dec 2006
Mar 2007
Jun 2007
Sep 2007
Dec 2007
Mar 2008
Jun 2008
Sep 2008
Dec 2008

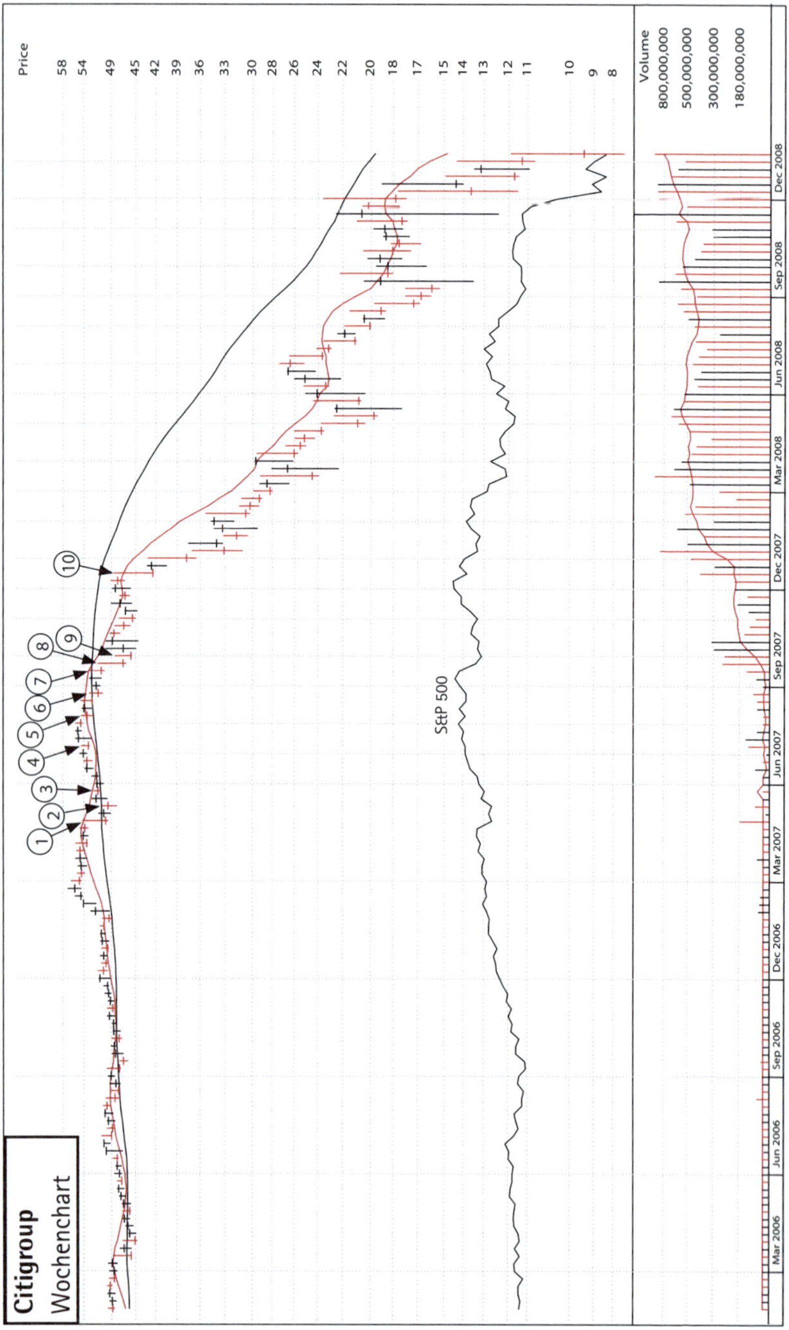
Citigroup
Wochenchart
Price
58
54
49
45
42
39
36
33
30
28
26
24
22
20
18
17
15
14
13
12
11
10
9
8
Volume
800,000,000
500,000,000
300,000,000
180,000,000
S&P 500
1
2
3
4
5
6
7
8
9
10
Mar 2006
Jun 2006
Sep 2006
Dec 2006
Mar 2007
Jun 2007
Sep 2007
Dec 2007
Mar 2008
Jun 2008
Sep 2008
Dec 2008

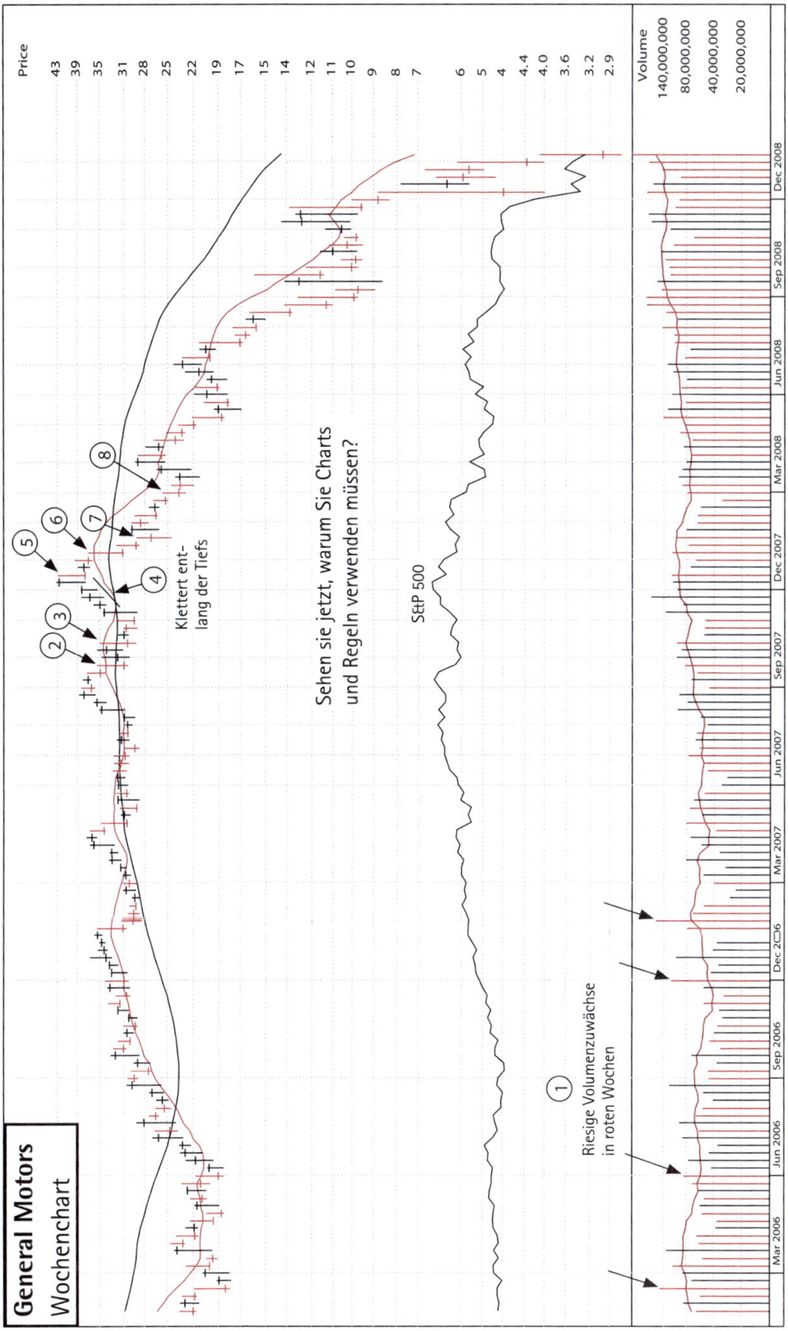
General Motors
Wochenchart
Price
43
39
35
31
28
25
22
19
17
15
14
12
11
10
9
8
7
6
5
4
4.4
4.0
3.6
3.2
2.9
Volume
140,000,000
80,000,000
40,000,000
20,000,000
Mar 2006
Jun 2006
Sep 2006
Dec 2006
Mar 2007
Jun 2007
Sep 2007
Dec 2007
Mar 2008
Jun 2008
Sep 2008
Dec 2008
1
2
3
4
5
6
7
8
Klettert entlang der Tiefs
Sehen sie jetzt, warum Sie Charts und Regeln verwenden müssen?
S&P 500
Riesige Volumenzuwächse in roten Wochen

Wenn man einen längeren Zeitraum betrachten würde, gäbe es sogar noch mehr Verkaufssignale. Zum Beispiel hatte Citigroup laut der Relativen Stärke in den vorangegangenen drei Jahren, von 2004 bis 2006, eine dramatische Underperformance verzeichnet und das Gewinnwachstum ging in der damaligen Zeit unter das Wachstumsniveau der gesamten 1990er-Jahre zurück. Es zahlt sich aus, die Preis- und Volumenbewegungen von Investments zu überwachen. So hört man auf, zu verlieren, und fängt an, zu gewinnen.

SOLLTE MAN DAY-TRADING BETREIBEN?

Eine Art der Geldanlage, von der ich den Leuten schon immer abgeraten habe, ist das Day-Trading, bei dem man Aktien am gleichen Tag kauft und verkauft. Die meisten Anleger machen damit Verlust. Das hat einen ganz einfachen Grund: Dabei hat man es vorwiegend mit kleineren täglichen Schwankungen zu tun, die schwerer zu interpretieren sind als grundlegende Trends über längere Zeiträume. Außerdem reicht im Allgemeinen das Gewinnpotenzial des Day-Tradings nicht aus, um die Gebühren, die dafür anfallen, und die Verluste, die dabei unweigerlich auftreten, auszugleichen. Versuchen Sie nicht, zu schnell Geld zu verdienen. Rom wurde auch nicht an einem Tag erbaut.

Es gibt eine neue Form des Day-Trading, die eher dem kurzfristigen Swing-Trading ähnelt (man kauft eine Aktie im Aufschwung und verkauft sie vor dem unvermeidlichen Rücksetzer). Dabei kauft man eine Aktie an ihrem exakten Kauf-Pivot-Point laut Chart (nachdem sie aus einer Basis- oder Preiskonsolidierungsformation herauskommt) und verkauft sie ungefähr fünf Tage nach dem Ausbruch wieder. Manchmal können Pivot-Points nach Mustern wie einer Tasse mit Henkel (siehe Kapitel 2), die in einem Intraday-Chart mit 5-Minuten-Intervallen erkannt wurde, eine Aktie offenbaren, die aus einer Intraday-Formation ausbricht. Wenn man das mit echtem Geschick in einer positiven Marktsituation macht, kann es bei manchen Leuten funktionieren, aber dafür braucht man viel Zeit, Fleiß und Erfahrung.

SOLLTE MAN EINSCHUSSKREDITE NUTZEN?

In den ersten ein oder zwei Jahren, während Sie noch lernen, wie man investiert, ist es viel sicherer, auf Guthabenbasis zu investieren. Die meisten Anlegerneulinge brauchen gewöhnlich mindestens zwei oder drei Jahre, bis sie genug Markterfahrung gesammelt haben (indem sie mehrere schlechte Entscheidungen getroffen haben, Zeit damit verschwendet haben, dass sie versuchen, das Rad neu zu erfinden, und dadurch, dass sie mit wenig fundierten Überzeugungen experimentiert haben), damit sie in der Lage sind, beträchtliche Profite zu erzielen und zu behalten. Wenn Sie erst einmal ein paar Jahre Erfahrung haben, einen soliden Plan und einen Satz strikter Kauf- und Verkaufsregeln, dann können Sie es in Betracht ziehen, auf Margin zu kaufen (ein Darlehen von ihrem Broker für den Kauf zusätzlicher Aktien zu nutzen). Im Allgemeinen sollten nur jüngere Anleger, die noch im Arbeitsleben stehen, Margin-Investing betreiben. Ihr Risiko ist in gewisser Weise geringer, weil sie noch mehr Zeit haben, sich auf den Ruhestand vorzubereiten.

Die beste Zeit für die Verwendung von Einschusskrediten ist normalerweise in den ersten zwei Jahren einer neuen Hausse. Sobald Sie eine neue Baisse erkennen, sollten Sie die Margin sofort abbauen und sich so viel Bargeld wie möglich beschaffen. Ihnen muss Folgendes klar sein: Wenn der Gesamtmarkt fällt und Ihre Aktien zu fallen beginnen, verlieren Sie Ihr Anfangskapital doppelt so schnell, wenn Sie voll auf Margin investiert haben, wie Sie es verlieren würden, wenn Sie auf Guthabenbasis investiert wären. Dadurch ergibt sich die Vorschrift, absolut alle Verluste schnell zu begrenzen und die Margin abzubauen, sobald eine allgemeine Verschlechterung des Marktes einsetzt. Wenn Sie auf voller Margin mit niedrig kapitalisierten Aktien oder Hightech-Aktien spekulieren, kann eine 50-prozentige Korrektur zum Totalverlust führen. Im Jahr 2000 und Anfang 2001 ist das einigen Anlegerneulingen passiert.

Sie brauchen nicht die ganze Zeit den vollen Einschusskredit zu nutzen. Manchmal werden Sie große Bargeldreserven und keine Margin haben. Zu anderen Zeiten werden Sie ohne Margin investiert sein. Zu wieder anderen Zeitpunkten werden Sie einen kleinen Teil ihrer Margin-Kaufkraft einsetzen. Und in wenigen Fällen, nämlich wenn Sie im Rahmen einer Hausse echte Fortschritte machen, könnten Sie voll auf Einschusskredit investiert sein. Alles hängt von der aktuellen Marktsituation und von Ihrer Erfahrung ab. Ich habe schon immer Einschusskredite genutzt und bin überzeugt, dass dies dem erfahrenen Anleger einen echten Vorteil bietet – wenn er weiß, wie er seine Käufe auf hochwertige Marktführer beschränkt, und wenn er genug Disziplin und gesunden Menschenverstand besitzt, seine Verluste immer *ausnahmslos* zu begrenzen.

Es kann sein, dass Sie die Zinskosten für den Einschusskredit von der Steuer absetzen können. Das kommt auf die Gesetze an, die sich ständig ändern. Allerdings können die Marginzinsen zu manchen Zeiten so hoch werden, dass die Erfolgswahrscheinlichkeit dadurch vermindert wird. Damit Sie auf Margin kaufen dürfen, müssen Sie eine entsprechende Vereinbarung mit Ihrem Broker unterzeichnen.

Reagieren Sie nie auf eine Nachschussforderung

Wenn eine Aktie in Ihrem Margindepot so weit einbricht, dass Ihr Broker von Ihnen verlangt, entweder Geld nachzuschießen oder Aktien zu verkaufen, *schießen Sie kein Geld nach.* Denken Sie über den Aktienverkauf nach. In neun von zehn Fällen fahren Sie damit besser. Der Markt sagt Ihnen dann nämlich, dass Sie auf dem falschen Weg sind, dass Sie Schaden erleiden und dass die Dinge nicht funktionieren. Darum sollten Sie verkaufen und Ihr Risiko senken. Wie gesagt, wieso sollten Sie dem schlechten Geld gutes Geld nachwerfen? Was wollen Sie machen, wenn Sie gutes Geld nachgeschossen haben und die Aktie fällt weiter, sodass weitere Nachschussforderungen kommen? Sich ruinieren, um einen Verlierer zu stützen?

SOLLTE MAN SHORTEN?

1976 habe ich ein wenig über Leerverkäufe geforscht und darüber ein kleines Buch geschrieben. Es ist inzwischen vergriffen, aber zu diesem Thema hat sich seither nicht viel geändert. 2005 war dieses Büchlein die Grundlage für ein Buch mit dem Titel „How to Make Money Selling Short". Das Buch wurde mit Gil Morales geschrieben, der mein früheres Werk umgeschrieben, revidiert und aktualisiert hat. Shorten ist immer noch ein Thema, das nur wenige Anleger begreifen, und ein Unterfangen, das nur wenigen jemals gelingt. Überlegen Sie sich also gut, ob es das Richtige für Sie ist. Aktivere, erfahrene Anleger können begrenzte Leerverkäufe in Betracht ziehen. Ich würde das Limit allerdings bei zehn oder 15 Prozent des verfügbaren Geldes ansetzen. Die meisten Leute sollten wohl nicht einmal so viel investieren. Außerdem ist Shortselling viel komplizierter als der einfache Aktienkauf. Die meisten Leerverkäufer reiten sich dabei herein und verlieren Geld.

Was ist Shortselling? Stellen Sie es sich als Umkehrung des normalen Vorgangs des Kaufens und Verkaufens vor. Beim Shorten verkauft man eine Aktie (anstatt sie zu kaufen) – obwohl man sie gar nicht besitzt, und deshalb muss man sie sich von seinem Broker leihen – in der Hoffnung, dass ihr Preis fallen und nicht steigen wird. Wenn der Aktienkurs wie erwartet fällt, kann man „seine Shortposition eindecken", indem man die Aktie am freien Markt zu einem niedrigeren Preis kauft und die Differenz als Gewinn einstreicht. Normalerweise shortet man, wenn man glaubt, dass der Markt erheblich einbrechen wird oder dass eine bestimmte Aktie kurz vor dem Absacken steht. Man verkauft zuerst die Aktie und hofft, dass man sie später zu einem günstigeren Preis zurückkaufen kann.

Klingt einfach, oder? Falsch. Shorten funktioniert selten. Gewöhnlich tut eine Aktie, die man shortet, weil man einen kolossalen Preisrückgang erwartet, genau das, was man nicht erwartet, und beginnt zu steigen. Wenn sie steigt, macht man Verlust.

Effektiv sind Leerverkäufe gewöhnlich dann, wenn ein neuer allgemeiner Marktrückgang beginnt. Das bedeutet, dass man aufgrund des täglichen Verhaltens der Marktindizes shorten sollte. Und dafür muss man in der Lage sein, (1) die täglichen Bewegungen des Dow Jones, des S&P 500 oder des Nasdaq Composite wie in Kapitel 9 besprochen zu interpretieren und (2) Aktien auszuwählen, die gewaltig in die Höhe geschossen sind und definitiv schon vor Monaten den Höhepunkt überschritten haben. Anders ausgedrückt braucht man ein makelloses Timing. Selbst wenn man recht hat, kann man gezwungen sein, mit Verlust einzudecken, wenn man zu früh dran war.

Außerdem muss man auch beim Shorten sein Risiko dadurch minimieren, dass man seine Verluste auf acht Prozent begrenzt. Andernfalls ist nach oben alles offen, denn die Aktie kann ja unbegrenzt steigen.

Meine oberste Regel für Leerverkäufe: Shorte nicht während einer Hausse. Wozu gegen die Gezeiten ankämpfen? Aber früher oder später dürften Sie den Ratschlag aus diesem Buch missachten, es selbst ausprobieren und es auf die harte Tour lernen – genauso wie man lernt, dass „Frisch gestrichen"-Schilder gewöhnlich genau das meinen, was sie sagen. Grundsätzlich sollte man sich Leerverkäufe für Baissen aufsparen. Dann stehen die Chancen ein bisschen besser.

Die zweite Regel lautet: Shorte nie eine Aktie, von der nur wenige Stücke umlaufen. Eine Aktie mit dünner Kapitalisierung kann von Market-Makern und anderen Profis nur allzu leicht in die Höhe getrieben werden. Man nennt das „Short Squeeze" (das bedeutet, dass Sie Verlust machen und gezwungen werden, die Aktie zu einem höheren Preis einzudecken), und wenn Sie in eine solche Klemme geraten, fühlt sich das nicht besonders gut an. Es ist sicherer, nur Aktien zu shorten, die ein tägliches Handelsvolumen von fünf bis zehn Millionen Stücken oder mehr haben.

Die zwei besten Chartmuster für Leerverkäufe sind in den beiden Diagrammen auf den Seiten 386 und 387 zu sehen.

1. Das „Schulter-Kopf-Schulter"-Top. Die „rechte Schulter" der Kursformation im Aktienchart *muss* leicht unterhalb der linken liegen. Der richtige Zeitpunkt zum Shorten ist dann gekommen,

wenn der dritte oder vierte Kursrücksetzer nach oben im Laufe der rechten Schulter gerade zu Ende geht (beachten Sie die vier Rücksetzer nach oben in der rechten Schulter der Schulter-Kopf-Schulter-Formation von Lucent Technologies). Einer dieser Preisrücksetzer nach oben wird ein bisschen über das Hoch einer Rallye hinausreichen, die ein paar Wochen zurückliegt. Das lockt die verfrühten Leerverkäufer an. Ehemalige große Marktführer, die stark eingebrochen sind, können vom Tiefpunkt der Aktie in der rechten Schulter aus mehrere Rücksetzer nach oben um 20 bis 40 Prozent haben. Mit dem letzten Anstieg sollte die Aktie ihren gleitenden Durchschnitt überschreiten. Der richtige Zeitpunkt zum Shorten ist gekommen, wenn das Volumen anzieht, während die Aktie nach unten wendet und unter starkem Volumen die 10-Wochen-Linie durchbricht, aber noch nicht in neue Tiefen vorgedrungen ist. Dann wäre es nämlich schon zu spät, weil es für die meisten Trader zu offensichtlich und erkennbar ist. In manchen, aber nicht in allen Fällen verlangsamt sich entweder das Wachstum der Quartalsgewinne oder die Gewinne gehen tatsächlich zurück. Außerdem sollte die Relative-Stärke-Linie seit 20 bis 34 Wochen eindeutig im Abwärtstrend liegen. Tatsächlich haben wir bei unseren Forschungen an Modellaktien über 50 Jahre festgestellt, dass fast alle bedeutenden Leerverkaufsmuster fünf bis sieben Monate nach der eindeutigen Überschreitung eines Höhepunkts durch einen ehemals riesigen Marktführer auftraten.

John Wooden, der großartige Trainer der UCLA-Basketballmannschaft, sagte seinen Spielern immer: „Es kommt auf das an, was ihr lernt, nachdem ihr schon alles wisst.“ Nun ja, ein besserwisserischer Anleger hat uns einmal geschrieben und uns gesagt, dass wir offenbar keine Ahnung haben, wovon wir sprechen. Kein Mensch, der etwas Ahnung hat, würde jemals eine Aktie sieben Monate nach ihrem Höhepunkt shorten. Nur wenige Menschen begreifen das, und die meisten Leerverkäufer verlieren Geld, weil ihr Timing zu früh, falsch oder zu offensichtlich ist. Lucent war am Punkt 4 im achten Monat und fiel um 89 Prozent. Yahoo war im achten Monat nach dem eindeutigen Gipfel und fiel dann um 87 Prozent. Am Aktienmarkt ist ein großes Ego sehr gefährlich ... das verleitet einen nämlich zu dem Glauben, man wüsste, was man tut. Je schlauer man ist, umso mehr Verlust kann das Ego erzeugen. Bescheidenheit und Respekt vor dem Markt sind wertvollere Eigenschaften.

2. Tassen mit Henkel oder andere Formationen im dritten oder vierten Stadium, die nach Ausbruchsversuchen definitiv gescheitert sind. Das Handelsvolumen der Aktie sollte anziehen und der Kurs sollte unter den „Henkel"-Bereich einbrechen (siehe Kapitel 2 über die Interpretation von Charts und gescheiterte Ausbrüche).

Jahrelang durfte man Leerverkäufe nur nach einem „Uptick" gegenüber dem letzten Trade ausführen. Ein Uptick ist ein Trade, der mindestens einen Cent höher liegt als der vorige Trade (früher waren es ⅛- oder ¼-Punkt oder mehr). Deshalb musste man Orders normalerweise entweder zum Marktpreis oder zu einem Höchstpreis aufgeben, und zwar mit einem Limit von etwa 0,25 Dollar *unter* dem letzten Preis. Eine schwache Aktie konnte um einen Punkt oder noch mehr fallen, ohne einen Uptick zu haben.

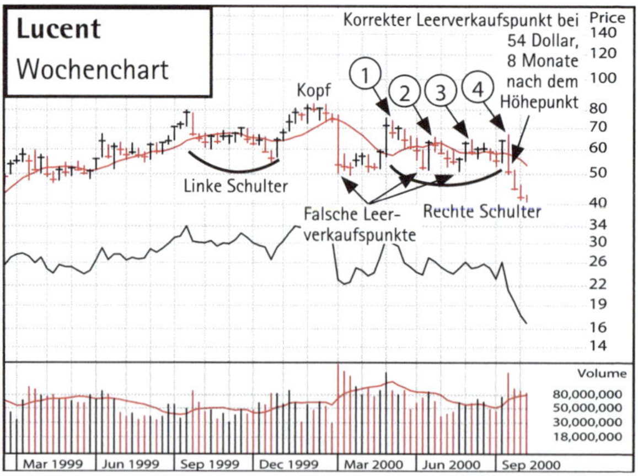

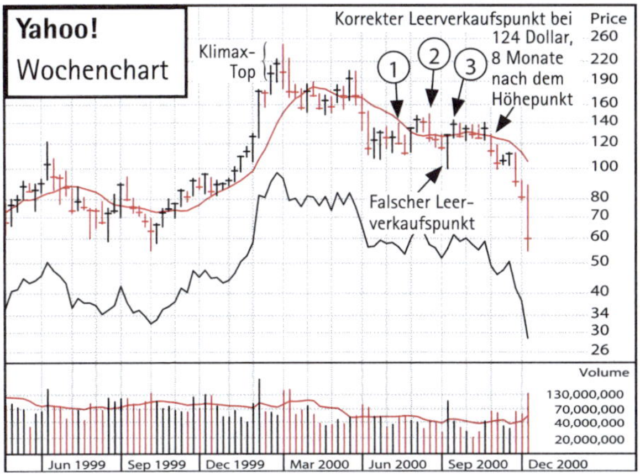

Nach sorgfältiger Prüfung hat die SEC die Uptick-Regel vor Kurzem gekippt. Irgendwann sollte und wird sie wahrscheinlich auch wieder eingeführt werden, wobei ein Preisanstieg um einen Cent oder noch mehr verlangt wird, vielleicht eine 10- oder 20-Cent-Rallye. Dies dürfte die Volatilität mancher Aktien vor allem in schlechten, panischen Marktlagen verringern. Erstmals eingeführt wurde die Uptick-Regel Anfang 1937, nachdem der Markt im Vorjahr ernstlich eingebrochen war. Es sollte ein Uptick um ⅛- oder ¼-Punkt verlangt werden, also 12 ½ oder 25 Cent, um die ununterbrochenen Prügel zu dämpfen, die eine Aktie im Laufe eines schweren Markteinbruchs beziehen würde.

Eine Alternative zum Shorten ist der Kauf von Put-Optionen, für deren Ausführung kein Uptick erforderlich ist. Außerdem könnte man Index-Nachbildungen wie den QQQ (Nasdaq 100), SMH (Halbleiter) oder BBH (Biotech) shorten. Dort wird auch kein Uptick verlangt.

Zum Shorten braucht man ein Margindepot, fragen Sie also bei Ihrem Broker nach, ob Sie sich die Aktien leihen dürfen, die Sie shorten wollen. Wenn die Aktie eine Dividende ausschüttet, während Sie short sind, müssen Sie außerdem derjenigen Person, der die Aktie, die sie geliehen und verkauft haben, gehört hat, diese Dividende bezahlen. Die Lehre: Shorten Sie keine Aktien, die hohe Dividenden ausschütten.

Leerverkäufe sind sogar für Profis tückisch, und nur wer sich auskennt und sich traut, sollte es ausprobieren. Noch eine letzte Warnung: Shorten Sie eine steigende Aktie nicht bloß deswegen, weil ihr Preis oder ihr KGV zu hoch erscheint. Damit könnten Sie sich selbst über den Tisch ziehen.

WAS SIND OPTIONEN UND SOLLTEN SIE WELCHE KAUFEN?

Optionen sind Anlagevehikel, bei denen man Anrechte (Kontrakte) auf den Kauf („Call") oder Verkauf („Put") einer Aktie, eines Aktienindex oder eines Rohstoffs zu einem festgelegten Preis vor einem festgelegten künftigen Zeitpunkt erwirbt, dem sogenannten Ausübungsdatum der Option. Optionen sind sehr spekulativ und sind mit erheblich größeren Risiken und Preisschwankungen als Stammaktien behaftet. Deshalb sollten die meisten Anleger keine Optionen kaufen oder verkaufen. Anleger, die erfolgreich sein wollen, sollten zuerst lernen, wie man seine Investmentrisiken minimiert und nicht vergrößert. Wenn eine Person bewiesen hat, dass sie in der Lage ist, mit Aktien Geld zu verdienen, und dass sie genügend Investmentkenntnisse und konkrete Erfahrungen besitzt, dann könnte man vernünftigerweise zum begrenzten Einsatz von Optionen raten.

Optionen sind wie Wetten, bei denen es um „alles oder nichts" geht. Wenn man eine dreimonatige Call-Option auf McDonald's kauft, gibt einem die Prämie, die man bezahlt, das Recht, zu jedem beliebigen Zeitpunkt während der nächsten drei Monate 100 Aktien von MCD zu einem bestimmten Preis zu kaufen. Wenn man einen Call kauft, erwartet man, dass der Preis der Aktie steigt. Wenn also eine Aktie momentan 120 Dollar kostet, könnte man einen Call zu 125 Dollar kaufen. Wenn die Aktie nach drei Monaten auf 150 Dollar steigt (und man seine Call-Option nicht verkauft hat), kann man die Option ausüben und die 25 Dollar Gewinn abzüglich der bezahlten Prämie als Gewinn verbuchen. Wenn hingegen die drei Monate verstreichen, die Aktie fällt und nicht die erwartete Performance bringt, übt man die Option nicht aus. Sie verfällt wertlos und man verliert die Prämie, die man bezahlt hat. Wie Sie sich wohl denken können, funktionieren Puts auf ähnliche Weise, nur dass man damit darauf setzt, dass der Preis der Aktie nicht steigt, sondern fällt.

Risikobegrenzung bei Optionen

Wenn Sie über Optionen nachdenken, sollten Sie auf jeden Fall den Anteil von Optionen an Ihrem Gesamtportfolio begrenzen. Eine vorsichtige Begrenzung könnte bei zehn bis 15 Prozent liegen. Sie könnten auch eine Regel aufstellen, wonach Sie beabsichtigen, sämtliche Verluste zu begrenzen. Dieser Prozentsatz muss von Natur aus größer als acht Prozent sein, weil Optionen viel volatiler sind als Aktien. Wenn eine Option dreimal so schnell schwankt wie die zugrunde liegende Aktie, dürften vielleicht 20 oder 25 Prozent eine mögliche absolute Grenze sein. Was die Gewinne angeht, könnten Sie sich eine Regel überlegen, wonach Sie einen Großteil Ihrer Kursgewinne mitnehmen, wenn sie auf 50 bis 75 Prozent anwachsen.

Einige Aspekte von Optionen stellen Herausforderungen dar. Problematisch ist beispielsweise der Kauf von Optionen, deren Preis erheblich von Veränderungen in Angebot und Nachfrage beeinflusst werden kann, die daraus resultieren, dass der Markt für diese spezielle Option illiquide ist. Ebenfalls problematisch ist die Tatsache, dass Optionen aufgrund kurzlebiger Volatilitätszunahmen der zugrunde liegenden Aktie oder des Gesamtmarktes künstlich und vorübergehend überteuert sein können.

Kaufen Sie nur die Besten

Wenn ich Optionen kaufe, was selten vorkommt, dann kaufe ich am liebsten welche auf die aggressivsten und herausragendsten Aktien mit den größten Gewinnschätzungen, also solche, bei denen die Prämie, die man für die Option bezahlen muss, höher ist. Wie gesagt, man will ja Optionen auf die besten Aktien, nicht auf die billigsten. Das Geheimnis, wie man mit Optionen Geld verdient, hat mit Optionen nicht viel zu tun. Man muss vielmehr die zugrunde liegende Aktie analysieren und damit sowie mit der Auswahl und dem Timing richtigliegen. Deshalb sollten Sie Ihr CAN-SLIM-System anwenden und die bestmögliche Aktie zum bestmöglichen Zeitpunkt aussuchen. Wenn Sie das tun und damit richtigliegen, steigt die Option zusammen mit der Aktie, bloß dass sich die Option aufgrund der Hebelwirkung viel schneller bewegen dürfte.

Wenn man ausschließlich Optionen auf die besten Aktien kauft, minimiert man außerdem die Reibungsverluste, die durch Illiquidität entstehen (Reibungsverluste sind die Differenz zwischen dem Preis, den man bezahlen wollte, und dem Preis, den man tatsächlich zu dem Zeitpunkt bezahlt, zu dem die Order ausgeführt wird. Je liquider die Aktie, desto geringere Reibungsverluste dürften entstehen). Bei illiquiden (niedrig kapitalisierten) Aktien kann der Reibungsverlust größer sein, was einen letztlich Geld kostet. Wenn man Optionen auf günstigere, illiquide Aktien kauft, ist dies vergleichbar mit dem Jahrmarktsspiel, bei dem man versucht, alle Milchflaschen umzuwerfen. Das Spiel könnte getürkt sein. Genauso tückisch kann der Verkauf von Optionen auf eine dünn gehandelte (niedrig kapitalisierte) Aktie sein.

In einer großen Baisse könnte man sich überlegen, Put-Optionen auf gewisse einzelne Aktien oder auf einen großen Aktienindex wie den S&P 500 zu kaufen sowie Aktien zu shorten. Da Ihr Broker möglicherweise keine Aktien leihen kann, kann Shorten schwieriger sein als der Kauf eines Puts. Normalerweise ist es nicht klug, während einer Hausse Puts zu kaufen. Warum sollte man ein Fisch sein, der versucht, flussaufwärts zu schwimmen?

Wenn Sie glauben, dass eine Aktie steigen wird und dass der richtige Zeitpunkt zum Kauf gekommen ist, dann kaufen Sie sie, oder kaufen Sie eine langfristige Option und platzieren Sie eine Market-Order. Wenn es Zeit ist, zu verkaufen, verkaufen Sie zum Marktpreis. Optionsmärkte sind gewöhnlich dünner und nicht so liquide wie die Märkte für die zugrunde liegenden Aktien.

Viele Amateur-Optionshändler versehen ihre Orders ständig mit Kurslimits. Wenn sie es sich einmal angewöhnt haben, Limits zu setzen, ändern sie ihre Preisgrenze andauernd, während die Preise von den Limits wegstreben. Es fällt einem schwer, ein gesundes Urteilsvermögen und einen klaren Blick zu bewahren, wenn man sich Gedanken über die Änderung von Limits macht. Am Ende kommen nach gewaltig übertriebenen Anstrengungen und viel Enttäuschung nur ein paar Ausführungen dabei heraus.

Wenn sie endlich den großen Gewinner des Jahres gefunden haben, dessen Kurs sich verdreifachen wird, dann haben sie verloren, weil sie ihre Order mit einem Limit versehen haben, das einen Viertelpunkt unter dem aktuellen Marktpreis liegt. Mit Achteln und Vierteln verdient man am Aktienmarkt nie das große Geld.

Sie könnten auch Ihr letztes Hemd verlieren, wenn Ihr Papier in Schwierigkeiten steckt und Sie nicht verkaufen und aussteigen, weil Sie Ihre Verkaufsorder mit einem Limit versehen haben. Sie sollten anstreben, mit den großen Bewegungen richtigzuliegen, nicht mit den kleineren Schwankungen.

Kurzfristige Optionen sind riskanter

Wenn man Optionen kauft, ist man mit längeren Zeiträumen besser bedient, zum Beispiel mit sechs Monaten. Das senkt die Wahrscheinlichkeit, dass Ihrer Option die Zeit ausgeht, bevor die Aktie eine Chance hatte, Performance zu bringen. Nachdem ich Ihnen das gesagt habe, was meinen Sie, machen wohl die meisten Anleger? Sie kaufen selbstverständlich kurzfristigere Optionen – 30 bis 90 Tage –, weil solche Optionen billiger sind und sich in beide Richtungen schneller bewegen, nach oben und nach unten!

Das Problem an kurzfristigen Optionen ist, dass man vielleicht mit seiner Aktie recht haben kann, dass aber der Gesamtmarkt in eine mittelfristige Korrektur übergeht, was zur Folge hat, dass am Ende der kurzfristigen Laufzeit alle Aktien im Minus stehen. Dann machen Sie wegen des Gesamtmarktes mit all Ihren Optionen Verlust.

Aus diesem Grund sollten Sie Ihre Optionskäufe und Ihre Ausübungsdaten über mehrere Monate streuen.

Halten Sie den Optionshandel einfach

Eines dürfen Sie nicht vergessen, nämlich dass Sie Ihre Investments immer so einfach wie möglich halten sollten. Lassen Sie sich nicht dazu überreden, mit scheinbar ausgeklügelten Kombinationen wie Strips, Straddles und Spreads zu spekulieren.

Ein *Strip* ist eine konventionelle Optionsform, die einen Call und zwei Puts auf das gleiche Wertpapier mit dem gleichen Ausübungspreis und dem gleichen Ausübungsdatum kombiniert. Die Prämie ist dann niedriger als beim Kauf der einzelnen Optionen.

Ein *Straddle* kann long oder short sein. Ein Long Straddle besteht aus einem Long Call und einem Long Put auf das gleiche zugrunde liegende Wertpapier zum gleichen Ausübungspreis und mit dem gleichen Verfallsmonat. Ein Short Straddle besteht aus einem Short Call und einem Short Put auf das gleiche Wertpapier zum gleichen Ausübungspreis und mit dem gleichen Verfallsmonat.

Ein *Spread* ist der Kauf und Verkauf von Optionen mit dem gleichen Ausübungsdatum.

Es ist schon schwer genug, eine Aktie oder eine Option zu finden, die steigt. Wenn man die Sache verkompliziert und anfängt, zu hedgen (gleichzeitig long und short zu stehen), kann es passieren – ob Sie es glauben oder nicht –, dass man am Ende auf beiden Seiten verliert. Wenn eine Aktie steigt, könnten Sie beispielsweise versucht sein, Ihren Put vorzeitig zu verkaufen, um den Verlust zu minimieren – und später stellen Sie fest, dass die Aktie nach unten gewendet hat und Sie mit Ihrem Call Verlust machen. Auch das Gegenteil könnte passieren. Das ist ein gefährliches psychologisches Spiel, das man vermeiden sollte.

Sollte man Optionen schreiben?

Das Schreiben von Optionen ist etwas ganz anderes als der Kauf von Optionen. Mich überzeugt die Strategie, Optionen auf Aktien zu schreiben, nicht besonders.

Jemand, der eine Call-Option schreibt, kassiert eine kleine Gebühr oder Prämie dafür, dass er jemand anderem (dem Käufer) das Recht gibt, die Aktie zu einem festgelegten Preis „abzurufen" (call) und dem Schreiber bis zu einem gewissen Zeitpunkt abzukaufen. In einer Hausse bin ich lieber ein Käufer als ein Schreiber (Verkäufer) von Calls. Wenn der Markt schlecht läuft, halten Sie sich einfach heraus oder gehen Sie short.

Der Verkäufer von Calls kassiert eine geringe Gebühr und ist normalerweise im Endeffekt während der Laufzeit des Calls gebunden. Was ist, wenn die Aktie, die man besitzt und auf die man den Call geschrieben hat, in Probleme gerät und abstürzt? Die geringe Gebühr deckt den Verlust nicht ab. Natürlich kann der Verkäufer gewisse Manöver vollführen, zum Beispiel einen Put kaufen, um zu hedgen und sich abzusichern. Die Situation wird dann jedoch zu kompliziert und es könnte passieren, dass der Verkäufer von vorne und hinten Prügel bezieht.

Was passiert, wenn sich die Aktie verdoppelt? Dem Verkäufer wird die Aktie durch Abruf entzogen und gegen eine relativ kleine Gebühr verliert er alle Chancen auf einen großen Profit. Warum sollte man Risiken mit Aktien eingehen, wenn man dafür nur magere Gewinne und keine Chance auf größere Gewinne bekommt? Das ist zwar nicht gerade die Überlegung, die Sie von den meisten Menschen zu hören bekommen werden. Dazu muss man aber sagen, dass das, was die meisten Leute sagen und tun, am Aktienmarkt gewöhnlich nicht viel wert ist.

Noch verrückter ist es meines Erachtens, sogenannte „Naked Calls" zu schreiben. Wer einen solchen ungedeckten Call schreibt, bekommt eine Gebühr für den Call auf eine Aktie, die er nicht besitzt, sodass er nicht geschützt ist, wenn sich die Aktie gegen ihn wendet.

Es mag sein, dass Großanleger, die mit ihrem Portfolio nicht ohne Weiteres große Gewinne erzielen, durch die Ausstellung von kurzfristigen Optionen auf Aktien, die sie besitzen, ein bisschen zusätzliches Geld verdienen, wenn diese überteuert sind. Allerdings bin ich neuen Methoden gegenüber, mit denen man anscheinend leichtes Geld verdienen kann, immer ein bisschen skeptisch. Am Aktien- und am Immobilienmarkt gibt es nur selten etwas umsonst.

GROSSARTIGE CHANCEN MIT NASDAQ-AKTIEN

Nasdaq-Aktien notieren nicht an einer Börse, sondern werden von Freiverkehrshändlern gehandelt. In den letzten Jahren wurde der Freiverkehr durch ein breites Spektrum von ECNs (Electronic Communication Networks) wie Instinet, SelectNet, Redibook und Archipelago verbessert, mit denen Käufer und Verkäufer jeweils im Netz zusammengebracht werden und mit denen die Orders gesteuert und ausgeführt werden können. Die Nasdaq ist ein Spezialgebiet und in vielen Fällen gehören die dort gehandelten Aktien zu neueren, weniger etablierten Unternehmen. Inzwischen unterhalten aber auch NYSE-Firmen große Nasdaq-Abteilungen. Zudem haben in den 1990er-Jahren Reformen jegliches etwaige Stigma beseitigt, das die Nasdaq noch plagte.

Gewöhnlich gibt es an der Nasdaq Hunderte faszinierender neuer Growth-Aktien. Außerdem beherbergt sie einige der größten Unternehmen der Vereinigten Staaten. Man sollte es definitiv in Betracht ziehen, qualitativ hochwertige Nasdaq-Aktien zu kaufen, die von Institutionen gestützt werden und den CAN-SLIM-Regeln entsprechen. Zum Zweck der höchsten Flexibilität und Sicherheit ist es unverzichtbar, bei allen Investments die Marktfähigkeit zu wahren, egal ob sie an der NYSE oder an der Nasdaq gehandelt werden. Eine Aktie mit Institutionsqualität, die täglich in größerem Umfang gehandelt wird, ist eine Absicherung gegen unruhige Marktlagen.

SOLLTE MAN IPOS KAUFEN (INITIAL PUBLIC OFFERINGS)?

Ein IPO oder Börsengang ist die Erstemission von Aktien eines Unternehmens an die Allgemeinheit. Gewöhnlich empfehle ich Anlegern den Kauf von IPOs nicht. Dafür gibt es mehrere Gründe.

Unter den zahlreichen IPOs, die jedes Jahr stattfinden, gibt es nur wenige herausragende. Diejenigen, die herausragen, werden von Institutionen (die als Erste zugreifen dürfen) so stark nachgefragt, dass man, wenn man überhaupt welche bekommt, wahrscheinlich nur eine winzige Zuteilung erhält. Die Logik besagt Folgendes: Wenn Sie als Privatanleger so viele Aktien kaufen können, wie Sie wollen, lohnt es sich wahrscheinlich nicht, sie zu besitzen.

Das Internet und einige Discountbroker haben Privatanlegern den Zugang zu IPOs erleichtert, aber einige Broker schränken die Möglichkeit ein, kurze Zeit nach dem Börsengang eines Unternehmens zu verkaufen. Dadurch gerät man in eine gefährliche Situation, denn möglicherweise kann man nicht aussteigen, wenn man es möchte. Vielleicht erinnern Sie sich noch daran, dass es während des IPO-Fiebers 1999 und Anfang 2000 einige neue Aktien gab, die an den ersten ein oder zwei Handelstagen wie Raketen in die Höhe schossen, dann aber kollabierten und sich nie wieder erholten.

Viele IPOs werden bewusst zu niedrig angesetzt und legen deshalb am ersten Handelstag kräftig zu, aber nicht wenige könnten auch zu hoch gepreist sein und umgehend absacken.

Da IPOs keine Handelsvorgeschichte haben, kann man nicht sicher wissen, ob sie überteuert sind. In den meisten Fällen sollte man diesen spekulativen Bereich erfahrenen institutionellen Anlegern überlassen, die Zugang zu den notwendigen ausführlichen Researchmaterialien haben und die ihr Erstemissionsrisiko auf viele verschiedene Aktien streuen können.

Das soll nicht heißen, dass man eine Erstemission nach dem Börsengang nicht kaufen könnte, wenn die Aktie schon in der Anfangsphase gestiegen ist. Google hätte man Mitte September 2004 in der fünften Woche nach der Erstemission kaufen sollen, als die Aktie bei 114

Dollar ein neues Hoch erreichte. Der sicherste Zeitpunkt für den Kauf eines IPOs ist beim Ausbruch aus dem ersten Bereich, in dem es eine Korrektur durchläuft und eine Konsolidierung bildet. Sobald eine Neuemission einen, zwei, drei oder noch mehr Monate im Handel ist, hat man wertvolle Preis- und Volumendaten, die man nutzen kann, um die Situation besser zu beurteilen.

In der langen Liste von Erstemissionen der letzten drei Monate bis drei Jahre gibt es immer herausragende Unternehmen mit überlegenen neuen Produkten sowie hervorragenden aktuellen und älteren Quartalsergebnissen, die man in Erwägung ziehen sollte. (In der Rubrik „The New America“ von *Investor's Business Daily* werden die meisten davon erläutert. Möglicherweise gibt es ältere Artikel über ein Unternehmen.) CB Richard Ellis bildete nach seinem Börsengang im Sommer 2004 einen perfekten flachen Boden und stieg dann um 500 Prozent.

Erfahrene Anleger, die sich mit den korrekten Auswahl- und Timingmethoden auskennen, sollten sich definitiv überlegen, ob sie Erstemissionen kaufen möchten, die sehr ordentliche Gewinne und ein außerordentliches Umsatzwachstum aufweisen und die außerdem solide Preiskonsolidierungen gebildet haben. Wenn man auf diese Weise an die Sache herangeht, können sie eine tolle Quelle für neue Ideen sein. Die meisten großen Aktiengewinner der letzten Jahre hatten irgendwann in den vorangegangenen ein bis acht oder zehn Jahren eine Erstemission. Trotzdem können Erstemissionen volatiler sein und im Laufe schwieriger Baissen gelegentlich massive Korrekturen erleiden. Das geschieht gewöhnlich nach Phasen wilder Exzesse am IPO-Markt, in denen jede einzelne Emission „heiß“ zu sein scheint. Zum Beispiel folgte auf die Börsengang-Booms, die Anfang der 1960er-Jahre, Anfang 1983 sowie Ende 1999 und Anfang 2000 entstanden, fast immer Baisseperioden.

Während ich dies schreibe, also Anfang 2009, sollte es sich der Kongress überlegen, die Kapitalertragsteuer zu senken, um so einen starken Anreiz für Tausende neuer Unternehmer zu schaffen, innovative neue

Unternehmen zu gründen. Wie schon gesagt, haben unsere historischen Nachforschungen ergeben, dass 80 Prozent der Aktien, die in den 1980er- und 1990er-Jahren eine herausragende Preisperformance aufwiesen und viele Arbeitsplätze schufen, in den vorangegangenen acht bis zehn Jahren an die Börse gegangen sind. Amerika braucht jetzt dringend neue Unternehmen, die eine Welle neuer Erfindungen und Industrien bedeuten ... und eine stärkere Wirtschaft, Millionen zusätzliche Arbeitsplätze und Millionen zusätzliche Steuerzahler mit sich bringen. Es hat sich für Washington schon immer gelohnt, die Kapitalertragsteuer zu senken. Das wird auch nötig sein, um den IPO-Markt und die amerikanische Konjunktur nach dem Kollaps erneut zu zünden, den das Subprime-Immobilien-Programm und die Kreditkrise im Jahr 2008 verursacht haben. Ich habe vor vielen Jahren gelernt, dass viele Anleger nach Zinserhöhungen ihre Aktien ganz einfach deshalb nicht verkaufen, weil sie nicht die Steuer bezahlen und dann weniger Geld für die Re-Investition übrig haben wollen. Anscheinend kann Washington diese einfache Tatsache nicht begreifen. Weniger Menschen werden ihre Aktien verkaufen und der Staat wird immer weniger Einnahmen bekommen, nicht mehr. Ich habe mir von vielen älteren Menschen im Ruhestand sagen lassen, dass sie ihre Aktien bis zum Tod behalten wollen, damit sie keine Steuern bezahlen müssen.

WAS SIND WANDELANLEIHEN UND SOLLTE MAN IN SIE INVESTIEREN?

Eine Wandelanleihe ist eine Anleihe, die man gegen eine andere Anlageklasse eintauschen (wandeln) kann, üblicherweise gegen eine Stammaktie – zu einem vorher festgelegten Preis. Wandelanleihen liefern dem Besitzer ein wenig mehr regelmäßiges Einkommen als die übliche Stammaktie und dazu die Chance auf zusätzliche Gewinne. Laut der Theorie steigt eine Wandelanleihe fast so schnell wie die Stammaktie, sie fällt aber im Laufe von Abschwüngen weniger. Aber wie so oft bei Theorien kann die Wirklichkeit anders aussehen.

Außerdem sollte man die Liquiditätsfrage berücksichtigen, denn in extrem schwierigen Zeiten kann der Markt für Wandelanleihen nahezu zum Erliegen kommen.

Manchmal sehen Anleger dieses Instrument als attraktiv an, weil sie dafür massiv Kredit aufnehmen und ihr Engagement mit einer Hebelwirkung versehen können (sodass sie mehr Kaufkraft zur Verfügung haben). Damit erhöht man nur sein Risiko. Wie die Wall Street und Washington im Jahr 2008 gelernt haben, können überzogene Hebelwirkungen gefährlich sein.

Aus diesen Gründen rate ich den meisten Anlegern nicht zum Kauf von Wandelanleihen. Ich habe auch noch nie eine Unternehmensanleihe gekauft. Sie sind kein guter Schutz vor Inflation und man kann damit ironischerweise auch viel Geld verlieren, wenn man damit letztlich eine riskantere Investition tätigt, weil man es auf eine höhere Rendite abgesehen hat.

SOLLTE MAN IN STEUERFREIE WERTPAPIERE UND IN STEUERPARADIESE INVESTIEREN?

Der Durchschnittsanleger sollte nicht in solche Anlegevehikel investieren (steuergünstige Rentenpläne ausgenommen), unter denen die gängigsten öffentliche Anleihen sind. Übertriebene steuerliche Bedenken können das ansonsten solide Urteilsvermögen von Anlegern beeinträchtigen und vernebeln. Der gesunde Menschenverstand sollte einem außerdem sagen, dass die Steuererklärung mit höherer Wahrscheinlichkeit vom Finanzamt geprüft wird, wenn man in Steuerparadiese investiert.

Machen Sie sich nichts vor. Sie können mit öffentlichen Anleihen Verlust machen, wenn Sie sie zum falschen Zeitpunkt kaufen oder wenn die Kommunalverwaltung schlechte Managemententscheidungen trifft und sich in echte Finanzprobleme manövriert. Manchen ist das in der Vergangenheit bereits passiert.

Jene, die zu viele Steuervorteile oder Steuerlücken aufspüren wollen, investieren schließlich häufig in fragwürdige oder riskante Projekte.

Als Erstes sollte man immer die Anlageentscheidung bedenken. Steuerliche Überlegungen sollten mit großem Abstand auf dem zweiten Platz folgen.

Wir sind hier in Amerika, wo jeder, der wirklich daran arbeitet, erfolgreich sparen und anlegen kann. Lernen Sie, wie Sie Gewinn erzielen, und wenn Sie das tun, seien Sie lieber darüber glücklich, als sich darüber zu beschweren, dass Sie Steuern bezahlen müssen, weil Sie Gewinn gemacht haben. Würden Sie lieber so lange warten, bis Sie Verlust gemacht haben, damit Sie keine Steuern zu bezahlen brauchen? Machen Sie sich von Anfang an klar, dass der Fiskus immer beteiligt ist und dass er seinen üblichen Anteil an Ihrem Gehalt und an Ihren Anlagegewinnen einsteckt.

Ich habe noch nie ein steuerfreies Wertpapier oder ein Steuerparadies gekauft. Deshalb kann ich mich ungehindert darauf konzentrieren, die bestmöglichen Investments zu finden. Wenn diese Investments funktionieren, bezahle ich Steuern wie jeder andere auch. Denken Sie immer daran ... das US-amerikanische System der Freiheit und der Chancen ist das großartigste der Welt. Lernen Sie, es zu nützen, zu schützen und zu schätzen.

SOLLTE MAN IN INCOME-AKTIEN INVESTIEREN?

Income-Aktien sind Aktien mit hohen und regelmäßigen Dividendenrenditen, die ihrem Besitzer steuerpflichtige Einnahmen bescheren. Man findet solche Aktien üblicherweise in angeblich eher konservativen Branchen wie Versorger und Banken. Die meisten Menschen sollten Aktien nicht wegen ihrer Dividenden oder Einkünfte kaufen, aber viele tun es trotzdem.

Die Leute meinen, Income-Aktien seien konservativ und man könne einfach dasitzen und sie halten, weil man ja Dividenden bezieht. Fragen Sie einmal Anleger, die 1984 große Verluste mit der Continental Illinois Bank machten, als die Aktie von 25 auf zwei Dollar abstürzte, oder mit Bank of America, als sie Anfang 2009 von 55 auf fünf Dollar crashte, oder als die Stromversorger auf ihren Kernkraftwerken sitzen blieben. (Ironischerweise haben *17 große Länder* seit Jahren mehr Strom aus Kernkraft erzeugt als die USA oder tun dies bis heute. Frankreich bezieht 78 Prozent seines Stroms aus Kernenergie.) Es kamen auch Investoren zu Schaden, als die Stromversorger im Jahr 1994 ins Trudeln gerieten, und das Gleiche geschah, als die kalifornischen Versorgungsunternehmen im Jahr 2001 kollabierten. Theoretisch sollten Income-Aktien sicherer sein, lassen Sie sich aber nicht zu dem Glauben verleiten, sie könnten nicht steil einbrechen. In den Jahren 1991 und 2000 sackte AT&T von mehr als 60 auf unter 20 Dollar.

Und wie ist es mit der bereits erwähnten Citigroup, der großen Bank aus New York City, die sich im Besitz so vieler institutioneller Investoren befand? Mir ist es egal, wie viel sie an Dividenden bezahlte. Wenn man die Citigroup zu 50 Dollar kaufte und zusah, wie sie auf zwei Dollar abstürzte, während sie sich auf dem Weg zum Bankrott befand, bis der Staat sie rettete, machte man enorme Verluste. Übrigens sollte man auch dann Charts benutzen, wenn man in Income-Aktien investiert. Im Oktober 2007 brach die Aktie der Citigroup massiv ein und *erzielte dabei den größten monatlichen Umsatz, seit sie gehandelt wird.* Dies hätte sogar ein Amateur-Charttechniker bemerkt und problemlos in den 40ern verkauft und somit höhere Verluste vermieden.

Wenn Sie Income-Aktien kaufen, *lassen Sie sich niemals dazu hinreißen, die Aktie mit der höchsten Dividendenrendite zu kaufen.* Normalerweise bringt das ein viel größeres Risiko und eine geringere Qualität mit sich. Der Versuch, zwei oder drei Prozent mehr Rendite zu bekommen, kann Ihr Kapital der Gefahr größerer Verluste aussetzen. Viele Firmen von der Wall Street haben das während der Immobilienblase gemacht, und Sie sehen ja, was mit ihren Anlagen passiert ist. Es kann auch sein, dass ein Unternehmen seine Dividenden kürzt, wenn der Gewinn pro Aktie die Ausschüttungen nicht ausreichend deckt, sodass Sie ohne die erwartenden Einkünfte dastehen. Auch das ist schon vorgekommen.

Wenn Sie auf regelmäßige Einkünfte angewiesen sind, rate ich Ihnen, sich auf die allerbesten Aktien zu konzentrieren und einfach jedes Jahr sechs Prozent Ihrer Anlagen für die Lebenshaltungskosten abzuheben. Sie könnten auch ein paar Aktien abverkaufen und 1,5 Prozent pro Quartal abheben. Höhere Entnahmequoten sind normalerweise nicht ratsam, denn mit der Zeit könnten sie dazu führen, dass Ihr Kapital schrumpft.

WAS SIND OPTIONSSCHEINE UND SIND ES SICHERE INVESTMENTS?

Optionsscheine sind ein Anlagevehikel, mit dem Sie eine bestimmte Anzahl von Aktien zu einem bestimmten Preis kaufen können. Manchmal gelten Optionsscheine für einen bestimmten Zeitraum, aber es ist auch gängig, dass sie keinen zeitlichen Beschränkungen unterliegen. Häufig haben sie einen niedrigen Preis und erscheinen deswegen verlockend.

Die meisten Anleger sollten jedoch die Finger von preisgünstigen Optionsscheinen lassen. Dies ist ein weiteres komplexes, spezialisiertes Feld, das sich im Prinzip gut anhört, das aber nur wenige Anleger wirklich verstehen. Am Ende läuft es auf die Frage hinaus, ob es in Ordnung ist, die entsprechende Aktie zu kaufen. Die meisten Anleger fahren besser, wenn sie das Gebiet der Optionsscheine einfach vergessen.

SOLLTE MAN IN FUSIONSKANDIDATEN INVESTIEREN?

Fusionskandidaten verhalten sich häufig unberechenbar, deshalb empfehle ich nicht, in sie zu investieren. Manchmal steigt der Preis von Fusionskandidaten aufgrund von Gerüchten über einen möglichen Verkauf beträchtlich, nur um dann wieder plötzlich abzusacken, wenn ein potenzieller Deal platzt oder andere unvorhergesehene Umstände eintreten. Mit anderen Worten: Es kann ein riskantes, volatiles Geschäft sein, und normalerweise sollte man es erfahrenen Profis überlassen, die sich darauf spezialisiert haben. Normalerweise ist es besser, aufgrund seiner CAN-SLIM-Beurteilung solide Unternehmen zu kaufen, als den Versuch zu unternehmen, zu erraten, ob ein Unternehmen verkauft oder mit einem anderen fusioniert werden wird.

SOLLTE MAN AUSLANDSAKTIEN KAUFEN?

Einige Auslandsaktien haben hervorragendes Potenzial, wenn man sie zum richtigen Zeitpunkt und am richtigen Ort kauft. Ich empfehle jedoch nicht, zu viel Zeit mit massiven Investitionen in solche Aktien zu verbringen. Um das potenzielle zusätzliche Risiko zu rechtfertigen, sollte der potenzielle Profit aus einer Auslandsaktie ein gutes Stück größer als der eines herausragenden US-Unternehmens sein. Zum Beispiel muss man, wenn man in Auslandspapiere investiert, den Gesamtmarkt des betreffenden Landes verstehen und genau beobachten. Plötzliche Änderungen der Zinsen, der Währungskurse oder der Politik dieses Landes könnten die Attraktivität Ihrer Anlage unerwartet mindern.

Sie brauchen sich gar nicht auf die Suche nach vielen Auslandsaktien zu machen, denn in den Vereinigten Staaten haben Sie die Auswahl unter mehr als 10.000 Wertpapieren. Viele lohnenswerte Auslandsaktien werden auch in den Vereinigten Staaten gehandelt und viele von ihnen waren in der Vergangenheit außerordentlich erfolgreich, unter anderem Research In Motion, China Mobile und América Móvil. Zwei davon hatte ich während der letzten Hausse. Alle diese Aktien profitierten von dem weltweiten Mobilfunkboom, erlitten aber in der Baisse, die auf diesen Bullendurchmarsch folgte, eine Korrektur um mindestens 60 Prozent. Es gibt auch einige Investmentfonds, die mit Auslandsaktien hervorragende Erfolge erzielen.

Im Jahr 2008 tendierte unser Aktienmarkt zwar schwach, aber viele Auslandsmärkte fielen noch tiefer. Die führende chinesische Aktie Baidu fiel von 429 auf 100 Dollar. Und die russische Börse stürzte von 16.291 Punkten geradlinig auf 3.237 ab, nachdem Putin in Georgien eingefallen war und die Nation eingeschüchtert hatte.

MEIDEN SIE PENNY-STOCKS UND BILLIGE WERTPAPIERE

An den kanadischen Börsen und an der Börse von Denver sind viele Aktien notiert, die man für ein paar Cent pro Stück bekommt. Ich rate Ihnen sehr davon ab, mit solchen Billigprodukten zu spielen, denn alles wird für seinen Wert verkauft. Man bekommt, was man bezahlt.

Solche scheinbar günstigen Papiere sind übertrieben spekulativ und extrem minderwertig. Sie bringen ein größeres Risiko mit sich als teurere Anlagen von besserer Qualität. Außerdem sind Penny-Stocks gute Kandidaten für fragwürdige und skrupellose Werbemethoden. Ich kaufe lieber keine Aktie, die weniger als 15 Dollar kostet, und Sie sollten das auch tun. Unsere ausgiebigen historischen Untersuchungen von Amerikas Super-Gewinner-Aktien der letzten 125 Jahre zeigen, dass die meisten von ihnen im Bereich zwischen 30 und 50 Dollar pro Aktie aus Chartkonsolidierungen ausgebrochen sind.

WAS SIND FUTURES UND SOLLTE MAN IN SIE INVESTIEREN?

Futures sind Terminkontrakte und beinhalten den Kauf oder Verkauf einer bestimmten Menge eines Rohstoffs, eines Finanzwertes oder eines Aktienindex zu einem bestimmten Zeitpunkt in der Zukunft und zu einem bestimmten Preis. Die meisten Futures fallen in eine der folgenden Kategorien: Getreide, Edelmetalle, Industriemetalle, Nahrungsmittel, Fleisch, Öle, Holz und Fasern (zusammenfassend als Rohstoffe bezeichnet), Finanzwerte und Aktienindizes. Die Finanzgruppe beinhaltet Schatzwechsel und Schatzanleihen sowie Devisen. Einer der am aktivsten gehandelten Börsenindizes ist der S&P 100, besser bekannt unter seinem Tickersymbol OEX.

Große Handelskonzerne wie zum Beispiel Hershey nutzen den Rohstoff-Futures-Markt, um zu „hedgen". Es könnte zum Beispiel sein, dass sich Hershey den derzeitigen Preis sichert, indem es im Mai Kakaobohnen kauft, die im Dezember geliefert werden, während es gleichzeitig ein Geschäft am Spotmarkt abwickelt.

Für die meisten Privatanleger ist es vermutlich am besten, sich nicht an den Futures-Märkten zu beteiligen. Rohstoff-Futures sind extrem volatil und viel spekulativer als die meisten Aktien. Dies ist kein Betätigungsfeld für unerfahrene Anleger und Kleinanleger, außer wenn man Glücksspiel treiben oder schnell Geld verlieren möchte.

Wenn man jedoch als Anleger vier oder fünf Jahre Erfahrung gesammelt und fraglos bewiesen hat, dass man mit Aktien Geld verdienen kann, dann könnte man, wenn man mutig genug ist, überlegen, ob man begrenzt in Futures investiert.

Bei Futures ist es sogar noch wichtiger, dass man Charts lesen und interpretieren kann. Die Chartformationen von Rohstoffpreisen sind denen von einzelnen Aktien ähnlich. Außerdem können Aktieninvestoren Änderungen der wirtschaftlichen Grundbedingungen des Landes besser beurteilen, wenn sie Futures-Charts berücksichtigen.

Die Anzahl der Futures, die man handeln kann, ist relativ klein. Deshalb können scharfsinnige Spekulanten hier ihre Analyse fokussieren. Die Regeln und Begriffe des Futures-Handels sind andere und das Risiko ist viel größer, deshalb sollte man als Anleger den Anteil seiner Investmentmittel, die man in Futures investiert, definitiv begrenzen. Es gibt im Futures-Handel besorgniserregende Vorkommnisse wie zum Beispiel „Limit down"-Tage, an denen man als Trader nicht zur Verlustbegrenzung verkaufen darf. Nirgendwo ist das Risikomanagement (das heißt Positionsgröße und schnelle Verlustbegrenzung) wichtiger als beim Handel mit Futures. Auch sollten Sie mit einer einzelnen Futures-Position niemals mehr als fünf Prozent Ihres Kapitals aufs Spiel setzen. Es besteht eine geringe Wahrscheinlichkeit, dass man in eine Position gerät, bei der eine Reihe von Limit-up- oder Limit-down-Tagen aufeinander folgt. Futures können tückisch und verheerend sein. Man kann damit definitiv alles verlieren.

Ich habe noch nie Rohstoff-Futures gekauft. Ich glaube nicht, dass man ein Hansdampf in allen Gassen sein kann. Erlernen Sie ein bestimmtes Gebiet so umfassend wie möglich. Sie haben die Wahl unter Tausenden von Aktien.

SOLLTE MAN GOLD, SILBER ODER DIAMANTEN KAUFEN?

Wie Sie sich wohl denken können, rate ich normalerweise nicht zur Investition in Metalle oder Edelsteine.

Viele dieser Investments haben eine unstete Geschichte. Früher wurden sie extrem aggressiv beworben, wobei den Kleinanlegern kaum Schutz geboten wurde. Zudem kann bei diesen Investments die Gewinnspanne des Händlers übertrieben groß sein. Und überdies werfen solche Anlagen keine Zinsen oder Dividenden ab.

Es wird immer vorkommen, dass die Gold-Aktien erheblich steigen, weil aufgrund potenzieller Probleme in gewissen Ländern Angst oder Panik ausbricht. Auch halten sich manche Goldunternehmen an ihren eigenen Zyklus, wie zum Beispiel Barrick Gold Ende der 1980er- und Anfang der 1990er-Jahre. Der rohstofforientierte Handel kann ein emotionales und instabiles Spiel sein, deshalb rate ich zur Vorsicht. Kleine Investitionen in solche Aktien können jedoch zum richtigen Zeitpunkt vernünftig sein.

SOLLTE MAN IN IMMOBILIEN INVESTIEREN?

Zum richtigen Zeitpunkt und am richtigen Ort ja. Ich bin überzeugt, dass die meisten Menschen darauf hinarbeiten sollten, dass sie es schaffen, ein Haus zu besitzen, indem sie ein Sparguthaben aufbauen und in Aktien oder in einen Growth-Aktien-Investmentfonds investieren. Der Hausbesitz ist ein Ziel der meisten Amerikaner. Die Möglichkeit, sich gegen eine relativ kleine Anzahlung langfristig Geld zu leihen, hat es den meisten Amerikanern ermöglicht, in Immobilien zu investieren.

Immobilien sind ein beliebtes Anlagevehikel, weil sie recht einfach zu begreifen sind und weil sie in manchen Gegenden höchst profitabel sein können. Im Moment besitzen rund zwei Drittel der amerikanischen Familien ein eigenes Haus. Normalerweise zahlen sich Zeit und Finanzierung aus. Das ist aber nicht immer so. Unter vielen der folgenden realistischen ungünstigen Umstände können die Leute mit Immobilien Geld verlieren und tun dies auch wirklich:

1. Sie treffen eine falsche Anfangsentscheidung, indem sie in einem Gebiet kaufen, das langsam verfällt oder nicht wächst. Oder das Gebiet, in dem sie schon seit einer Weile Immobilien besitzen, verfällt.
2. Sie kaufen zu überhöhten Preisen – nach mehreren Boomjahren und kurz bevor die Konjunktur oder die bestimmte Region, in der sie Immobilien besitzen, schwere Rückschläge hinnehmen muss. Das kann zum Beispiel passieren, wenn es in einer Branche viele Entlassungen gibt oder wenn eine Flugzeug-, Auto-, oder Stahlfabrik, die in einer Gegend ein wichtiger Arbeitgeber ist, schließt.
3. Sie übernehmen sich mit den Immobilienraten und anderen Schulden, die ihre Mittel übersteigen, oder sie lassen sich auf verlockende, unkluge Darlehen mit variablem Zinssatz ein, die später zu großen Problemen führen könnten, oder sie beleihen ihr Haus und leben von dem Kapital – anstatt ihre Hypothek abzubezahlen, leihen Sie sich also noch mehr Geld.
4. Ihr Einkommen schrumpft plötzlich, weil sie ihre Arbeit verlieren oder – falls sie Mieteinnahmen haben – die Zahl der Leerstände steigt.
5. Sie werden von Feuern, Überschwemmungen, Tornados, Erdbeben oder anderen Naturkatastrophen heimgesucht.

Die Menschen können auch durch gut gemeinte staatliche Maßnahmen und Sozialprogramme geschädigt werden, die nicht gründlich durchdacht wurden, bevor sie der Staat einführte, förderte, verwaltete, betrieb und kontrollierte. Das Subprime-Fiasko von 1995 bis 2008 wurde von einem guten, wohlmeinenden staatlichen Programm verursacht, das im Laufe der Zeit völlig außer Kontrolle geriet. Es hatte vollkommen unerwartete Konsequenzen, die dazu führten, dass viele Menschen, denen der Staat eigentlich helfen wollte, ihre Häuser verloren. Dies führte auch zu vielen Arbeitsplatzverlusten, weil das Geschäftsaufkommen zurückging. Allein im Großraum Los Angeles wurden zahlreiche Minderheitseigentümer in San Bernardino, Riverside und Santa Ana von Zwangsvollstreckungen schwer geschädigt. Im Grunde sollte man niemals ein Haus kaufen, wenn man nicht mindestens fünf, zehn oder 20 Prozent des Preises selbst aufbringen kann und einen relativ sicheren Job hat. Man muss Geld verdienen und auf das Ziel des Hauskaufs hin sparen. Meiden Sie außerdem Darlehen mit variablen Zinssätzen und Verkäufer, die Sie dazu überreden wollen, Häuser zu kaufen, die Sie mit Gewinn wieder abstoßen können. Dadurch gehen Sie nämlich ein weitaus größeres Risiko ein. Und nehmen Sie schließlich keine Darlehen gegen die Beleihung ihres Hauses auf, denn dadurch gefährden Sie Ihr Haus. Hüten Sie sich außerdem vor der üblen Angewohnheit, Kreditkarten zu benutzen und damit große Schulden anzuhäufen. Das ist eine schlechte Strategie, die Ihnen auf Jahre hinaus schaden wird.

Sie können Geld verdienen und Ihre Fähigkeiten verbessern, wenn Sie lernen, wie man hochwertige wachstumsorientierte Aktien kauft und verkauft – anstatt Ihre Bemühungen über die unzähligen hochriskanten Investmentalternativen zu streuen. Stellen Sie wie bei allen anderen Anlagen auch die notwendigen Nachforschungen an, bevor Sie eine Entscheidung treffen. Bedenken Sie, dass es eine risikolose Anlage nicht gibt. Lassen Sie sich von niemanden erzählen, es gäbe eine. Wenn sich etwas zu leicht und gut anhört, um wahr zu sein, hüten Sie sich davor!

Um das Bisherige zusammenzufassen:

> **Diversifizierung ist gut, aber übertreiben Sie es nicht. Konzentrieren Sie sich auf eine kleinere Liste gut ausgewählter Aktien und lassen Sie den Markt mitentscheiden, wie lange Sie jede einzelne halten sollten. Wenn Sie Erfahrung haben, kann es in Ordnung sein, Einschusskredite zu nutzen, aber dies bedeutet ein beträchtliches zusätzliches Risiko. Tätigen Sie Leerverkäufe nur dann, wenn Sie genau wissen, was Sie tun. Lernen Sie, Charts als Hilfsmittel für Ihre Auswahl und Ihr Timing zu nutzen. Die Nasdaq ist ein guter Markt für neuere, wagemutige Unternehmen, aber Optionen und Futures**

bringen erhebliche Risiken mit sich und sollten nur benutzt werden, wenn man sehr viel Erfahrung hat – und auch dann sollte man sie auf einen kleinen Prozentsatz der gesamten Anlagen beschränken. Seien Sie außerdem vorsichtig, wenn Sie in Steuerparadiese und in Auslandsaktien investieren.

Am besten hält man seine Investments einfach und investiert in hochwertige, wachstumsorientierte Aktien, Investmentfonds oder Immobilien. Aber jedes ist ein Fachgebiet für sich, und Sie sollten sich bilden, damit Sie sich nicht ausschließlich auf die Anlageratschläge von anderen Leuten verlassen müssen.

KAPITEL 13

21 KOSTSPIELIGE GÄNGIGE FEHLER, DIE DIE MEISTEN ANLEGER MACHEN

Knute Rockne, der berühmte, erfolgreiche Footballtrainer von Notre Dame, sagte immer: „Entwickelt eure Schwächen, bis sie zu Stärken werden.“ Die Menschen machen deshalb Verlust oder erzielen am Aktienmarkt mittelmäßige Ergebnisse, weil sie ganz einfach zu viele Fehler machen. Genauso ist es in ihrem Unternehmen, ihrem Leben oder ihrem Beruf. Dass sie ausgebremst werden oder noch Reserven haben, liegt nicht an ihren Stärken, sondern an den Fehlern und Schwächen, die sie nicht anerkennen und korrigieren. Die meisten Leute geben einfach jemand anderem die Schuld. Es ist viel leichter, Ausreden und Ausflüchte vorzubringen, als sein Verhalten realistisch zu überprüfen.

Als ich dieses Buch schrieb, traf ich viele Leute, die mir rieten: „Konzentriere dich auf deine Stärken, nicht auf deine Schwächen." In vielen Situationen klang das logisch und vernünftig. Aber jetzt, nach 50 Jahren täglicher Erfahrung an Amerikas fantastischem Aktienmarkt, an dem jeder Zyklus Dutzende nagelneuer, innovativer, wagemutiger Unternehmen hervorbringt, die unsere Nation immer weiter aufbauen, kann ich Folgendes sagen:

Der mit Abstand größte Fehler, den 95 Prozent aller Anleger begehen, besteht darin, dass sie niemals wirklich Zeit dafür aufbringen, zu erfahren, wo sie beim Kauf und Verkauf von Aktien Fehler gemacht haben, und somit, womit sie aufhören und anfangen müssen, damit sie sehr erfolgreich werden. Anders gesagt muss man viele Dinge verlernen, von denen man dachte, man wüsste sie, die aber nicht so sind. Man muss mit diesen Dingen aufhören und anfangen, neuere und bessere Regeln und Methoden zu lernen, die man in Zukunft verwendet.

Der Unterschied zwischen erfolgreichen Menschen und weniger erfolgreichen Menschen besteht auf allen Gebieten darin, dass der erfolgreiche Mensch arbeitet und Dinge tut, die andere nicht zu tun bereit sind. Seit Anfang der 1960er-Jahre hatte ich mit unzähligen Menschen zu tun, die persönliche Risiken eingingen, vom unerfahrenen Anfänger bis hin zum cleveren Profi. Dabei habe ich gemerkt, dass es nicht darauf ankommt, ob man gerade erst anfängt oder ob man über viele Jahre oder gar Jahrzehnte Anlageerfahrung verfügt. Eigentlich ist Erfahrung sogar schädlich, wenn sie immer wieder die schlechten Gewohnheiten verfestigt. Erfolg hatt man am Markt dadurch, dass man die klassischen Fehler vermeidet, die die meisten Anleger begehen, egal ob Amateur oder Profi.

Die Ereignisse der letzten Jahre sollten Ihnen eigentlich sagen, dass es an der Zeit ist, sich zu bilden, die Dinge in die Hand zu nehmen und zu lernen, wie man die Verantwortung für seine eigene finanzielle

Zukunft übernimmt: Ihre Altersvorsorge, Ihre Investmentfonds und Ihr Aktienportfolio. Zu diesen Ereignissen gehört es, dass Bernie Madoff vermeintlich intelligenten Menschen Milliarden Dollar gestohlen hat, und zwar durch überaus geheimnisvolle Operationen, die nie transparent waren, denn er sagte nie jemandem, wie er das Geld investierte. Dazu gehörten auch die massiven Verluste der Allgemeinheit nach den Börsenhochs 2000 und 2008 und der übertriebene Einsatz von Schuldenhebeln durch Firmen von der Wall Street. Diese konnten nicht einmal ihr eigenes Geld vorsichtig und klug verwalten, was sie in den Bankrott oder in Zwangsehen trieb.
Sie können lernen, wie man das macht. Viele Menschen haben gelernt, wie man solide Regeln und Prinzipien einsetzt, um sich in Finanzangelegenheiten abzusichern und zu schützen. Hier sind die entscheidenden Fehler, die Sie vermeiden müssen, wenn Sie es ernsthaft angehen und bessere Anlageergebnisse erzielen wollen:

1. **Stur an seinen Verlusten festhalten, wenn sie noch sehr klein und tragbar sind.** Die meisten Anleger könnten billig aussteigen, aber da sie Menschen sind, übernehmen ihre Emotionen das Kommando. Man will keinen Verlust mitnehmen, deshalb wartet man ab und hofft so lange, bis der Verlust so groß wird, dass er einen teuer zu stehen kommt. Das ist mit Abstand einer der größten Fehler, den fast alle Anleger begehen. Sie verstehen nicht, dass alle Aktien hochspekulativ sein und große Risiken mit sich bringen können. Man sollte jedem einzelnen Verlust ohne Ausnahme einen Riegel vorschieben. Folgende Regel habe ich in allen Kursen, die ich seit 45 Jahren im ganzen Land gebe, gelehrt: Begrenzen Sie Ihre Verluste sofort, wenn eine Aktie sieben oder acht Prozent unter Ihren Kaufpreis fällt. Die Befolgung dieser einfachen Regel wird dafür sorgen, dass Sie einen weiteren Tag erleben, an dem Sie investieren und aus den vielen hervorragenden Gelegenheiten der Zukunft Kapital schlagen können.

2. **Kaufen, während der Preis fällt, und sich dadurch klägliche Ergebnisse sichern.** Eine fallende Aktie scheint ein echtes Schnäppchen zu sein, weil sie billiger ist als vor ein paar Monaten. Eine junge Frau, die ich kenne, kaufte Ende 1999 Xerox, als die Aktie abrupt auf ein neues Tief von 34 Dollar fiel und wirklich günstig erschien. Ein Jahr später kostete sie sechs Dollar. Wozu versuchen, ein fallendes Messer zu fangen? 2000 machten viele Menschen das Gleiche: Sie kauften Cisco Systems zu 50 Dollar auf dem Weg nach unten, nachdem es auf 82 Dollar gestanden hatte. Es sah die 50 Dollar nie wieder, nicht einmal in der Hausse von 2003 bis 2007. Im Januar 2009 bekam man die Aktie für 16 Dollar.
3. **Den Kaufpreis auf dem Weg nach unten statt auf dem Weg nach oben glätten.** Wenn man eine Aktie zu 40 Dollar kauft, dann zu 30 Dollar nachkauft und so einen durchschnittlichen Kaufpreis von 35 Dollar erzielt, setzt man seinen Verlierern nach und wirft dem schlechten Geld noch gutes hinterher. Diese Amateurstrategie kann erhebliche Verluste produzieren und Ihr Portfolio mit wenigen großen Verlierern massiv belasten.
4. **Nicht lernen, wie man Charts benutzt, und Angst vor dem Kauf von Aktien haben, die von soliden Konsolidierungen aus auf neues, höheres Terrain vorstoßen.** Die Allgemeinheit glaubt meistens, eine Aktie, die ein neues Hoch erreicht, notiere zu hoch, aber persönliche Gefühle und Meinungen sind emotional und weitaus weniger zutreffend als der Markt selbst. In allen Haussen ist der beste Kaufzeitpunkt dann, wenn eine Aktie zum ersten Mal aus einer Preiskonsolidierung oder aus einem Bereich der Bodenbildung herauskommt, die mindestens sieben oder acht Wochen lang ist. Hören Sie auf, Aktien auf dem Weg nach unten billig kaufen zu wollen.
5. **Nie so richtig aus den Startlöchern kommen, weil man schlechte Auswahlkriterien hat und nicht genau weiß, wonach man bei einem erfolgreichen Unternehmen suchen sollte.** Man muss begreifen, welche fundamentalen Faktoren unentbehrlich sind

und welche nicht ganz so wichtig sind! Viele Anleger kaufen viertklassige Aktien, die „nicht der Rede wert sind“ und die sich nicht besonders gut entwickeln, deren Gewinn, Umsatzwachstum und Eigenkapitalrendite fragwürdig sind und die nicht die wahren Marktführer sind. Andere konzentrieren sich übermäßig auf hochspekulative oder minderwertige, riskante Technologiepapiere.

6. **Keine konkreten Regeln für den Gesamtmarkt haben, die einem sagen, wann eine Marktkorrektur beginnt oder wann ein Marktrückgang höchstwahrscheinlich beendet und ein neuer Aufwärtstrend bestätigt ist.** Wenn man sein Portfolio davor bewahren will, dass man übertrieben viele Gewinne wieder abgibt und beträchtliche Verluste erleidet, muss man unbedingt in der Lage sein, Markthöhepunkte und größere Wendepunkte des Marktes nach einem Boden zu erkennen. Genauso muss man wissen, wann der Sturm vorüber ist und der Markt einem sagt, dass man sich wieder einkaufen und seine Marktengagements vergrößern sollte. Man darf sich nicht nach seinen Meinungen oder Gefühlen richten. Man muss konkrete Regeln haben und sich strikt daran halten.
7. **Sich nicht an seine Kauf- und Verkaufsregeln halten, sodass man mehr Fehler macht.** Auch die solidesten Regeln, die man aufstellt, bringen nichts, wenn man nicht diszipliniert genug ist, Entscheidungen zu treffen und seine Handlungsweise nach historisch bewährten Regeln und einem Spielplan auszurichten.
8. **Seine Anstrengungen nur darauf konzentrieren, was man kaufen sollte, und nach der Kaufentscheidung nicht begreifen, wann oder unter welchen Umständen die Aktie verkauft werden muss.** Die meisten Anleger haben weder Regeln noch einen Plan für den Aktienverkauf, und das bedeutet, dass sie nur die Hälfte der Hausaufgaben machen, die für den Erfolg nötig sind.
9. **Nicht verstehen, wie wichtig es ist, dass man hochwertige Unternehmen mit exzellenter institutioneller Förderung kauft,**

und wie wichtig es ist, zu lernen, wie man Charts einsetzt, um Auswahl und Timing erheblich zu verbessern.

10. **Viele billige Aktien anstatt wenige teure Aktien kaufen.** Viele Menschen meinen, es wäre schlauer, 100 oder 1.000 günstige Aktien auf einmal zu kaufen. Das gibt ihnen das Gefühl, sie bekämen für ihr Geld viel mehr. Dabei wären sie besser dran, wenn sie 30 oder 50 Stücke von höher gepreisten, hochwertigeren Unternehmen mit besserer Performance kaufen würden. Denken Sie bei der Geldanlage in *Dollar,* nicht in der Anzahl von Aktien, die Sie dafür bekommen. Kaufen Sie die beste verfügbare Ware, nicht die billigste.

    Viele Anleger können Aktien für zwei, fünf oder zehn Dollar nicht widerstehen, aber die meisten Aktien, die für zehn Dollar oder weniger verkauft werden, sind aus einem bestimmten Grund so billig. Entweder ließen sie in der Vergangenheit zu wünschen übrig oder jetzt ist etwas daran faul. Aktien sind wie alles andere: Die beste Qualität bekommt man selten zum günstigsten Preis.

    Und das ist noch nicht alles. Preisgünstige Aktien können höhere Gebühren und Aufschläge mit sich bringen. Und da sie um 15 bis 20 Prozent schneller fallen können als die meisten teureren Papiere, bergen sie auch ein größeres Risiko. Die meisten Profis und Institutionen investieren normalerweise nicht in Aktien für fünf oder zehn Dollar, sodass solche Aktien keine hochkarätige Gefolgschaft haben. Penny-Stocks sind noch schlechter. Wie bereits besprochen, ist die institutionelle Förderung eine der Zutaten, die nötig sind, um eine Aktie in die Höhe zu treiben.

    Ferner ist bei billigen Aktien die Spanne zwischen Geld- und Briefkurs größer. Vergleichen sie einmal eine 5-Dollar-Aktie, die für fünf Dollar gekauft und für 5,25 Dollar verkauft wird, mit einer 50-Dollar-Aktie, die für 50 Dollar gekauft und für 50,25 Dollar verkauft wird. Bei der 5-Dollar-Aktie macht die Differenz von 25 Cent fünf Prozent des Kaufpreises aus. Bei der 50-Dollar-Aktie beläuft sich die Differenz auf vernachlässigbare 0,5 Prozent.

Das ist ein Unterschied um den Faktor 10. Aus diesem Grund muss man mit günstigeren Aktien meistens einen größeren Weg zurücklegen, um von dem anfänglichen Kaufpunkt aus auch nur den Break-even zu erreichen und den Spread zu überwinden.

11. **Auf Tipps, Gerüchte, Split-Meldungen und andere Nachrichten hin kaufen – auf Storys hin, Empfehlungen von Beratungsdiensten oder Meinungen, die man von anderen Leuten oder von angeblichen Experten im Fernsehen hört.** Viele Menschen sind nur allzu gern bereit, ihr schwer verdientes Geld aufgrund dessen zu riskieren, was andere sagen, anstatt sich Zeit zu nehmen, um zu lernen und sicherzugehen, was sie tun. Dadurch laufen sie Gefahr, viel Geld zu verlieren. Die meisten Gerüchte und Tipps, die man hört, sind einfach nicht wahr. Und selbst wenn sie wahr sind, fällt die betreffende Aktie in vielen Fällen ironischerweise, anstatt wie angenommen zu steigen.
12. **Aufgrund von Dividenden oder niedrigen Kurs-Gewinn-Verhältnissen zweitklassige Aktien auswählen.** Dividenden und KGVs sind nicht annähernd so wichtig wie das Wachstum des Gewinns pro Aktie. Häufig ist ein Unternehmen umso schwächer, je mehr Dividenden es ausschüttet. Es kann sein, dass es hohe Zinsen bezahlen muss, um die Mittel wieder aufzufüllen, die es in Form von Dividenden ausbezahlt. Unternehmen mit besserer Performance bezahlen üblicherweise keine Dividenden. Vielmehr reinvestieren sie ihr Kapital in Forschung und Entwicklung oder in andere Verbesserungen des Unternehmens. Bedenken Sie außerdem, dass Sie den Betrag einer Dividende innerhalb von zwei Tagen aufgrund von Kursschwankungen verlieren können. Und was das KGV angeht: Vielleicht ist es deshalb so niedrig, weil die bisherige Erfolgsbilanz des Unternehmens nicht besonders gut ist. Die meisten Aktien kosten so viel, wie sie zu einem bestimmten Zeitpunkt wert sind.
13. **Einen schnellen und lockeren Reibach machen wollen.** Es kann einen ruinieren, wenn man zu schnell zu viel haben will – ohne

die notwendigen Vorbereitungen zu treffen, die solidesten Methoden zu erlernen oder die unentbehrlichen Fähigkeiten und die notwendige Disziplin zu erwerben. Dann ist es wahrscheinlich, dass man sich zu schnell auf eine Aktie stürzt und dass man seine Verluste zu langsam begrenzt, wenn man sich geirrt hat.

14. **Altbekannte Namen kaufen, die einem vertraut sind.** Die Tatsache, dass man einmal für General Motors gearbeitet hat, macht das Unternehmen nicht unbedingt zu einer guten, kaufenswerten Aktie. Die besten Investments sind oft neuere Namen, die man noch nicht kennt, die man aber mit ein bisschen Research entdecken und von denen man profitieren könnte, bevor sie allgemein bekannt werden.
15. **Nicht in der Lage sein, gute Informationen und Ratschläge zu erkennen und sich daran zu halten.** Freunde, Bekannte, Aktienbroker und Beratungsdienste können Quellen schlechter Ratschläge sein. Nur eine kleine Minderheit von ihnen ist selbst so erfolgreich, dass sie Ihre Aufmerksamkeit verdient. Herausragende Aktienbroker und Beratungsdienste sind nicht dichter gesät als herausragende Ärzte, Anwälte oder Baseballspieler. Nur einer von neun Baseballspielern, die Profiverträge unterzeichnen, schaffen es jemals in die oberste Liga. Die meisten Spieler, die aus dem College kommen, haben einfach nicht das Kaliber eines Profis. Viele Brokerfirmen mussten zumachen, weil sie ihr eigenes Geld nicht klug verwalten konnten. In der Zeit um 2000 herum operierten viele von ihnen mit unglaublichen Schuldenhebeln. Man sollte niemals zu viel geliehenes Geld einsetzen.
16. **Kleine, leicht zu realisierende Gewinne mitnehmen und dabei die Verlierer behalten.** Das ist anders gesagt das exakte Gegenteil dessen, was man eigentlich tun sollte: seine Verluste beschneiden und seinen Gewinnen mehr Zeit lassen.
17. **Sich viel zu viele Sorgen um Steuern und Gebühren machen.** Der Auftrag lautet, zuerst einmal einen Nettogewinn zu erzielen. Wenn man sich zu viele Sorgen um Steuern macht, führt dies

gewöhnlich zu unsoliden Anlageentscheidungen in der Hoffnung, Steuervorteile zu erzielen. Man kann einen ordentlichen Gewinn auch dadurch verplempern, dass man zu lange bei einer Sache bleibt, weil man versucht, langfristige Kapitalerträge zu erzielen. Manche Anleger reden sich ein, sie könnten aus steuerlichen Gründen nicht verkaufen, aber hier trübt das Ego das Urteilsvermögen.

Die Gebühren, die beim Kauf und Verkauf von Aktien anfallen, sind vor allem bei Online-Brokern minimal im Vergleich zu dem Geld, das man verdienen kann, wenn man überhaupt die richtigen Entscheidungen trifft und nötigenfalls zur Tat schreitet. Die Tatsache, dass man relativ geringe Gebühren bezahlt und viel schneller aus seiner Anlage aussteigen kann, stellt zwei der größten Vorteile von Aktien gegenüber Immobilien dar. Wenn man sich mit Immobilien eindeckt, kann es passieren, dass man sich übernimmt und Geld verliert. Dank der sofortigen Liquidität kann man sich mit Aktien zu geringen Kosten schnell in Sicherheit bringen und hochprofitable neue Trends ausnutzen, sobald sie aufkommen.

18. **Zu massiv mit Optionen oder Futures spekulieren, weil man sie als Weg zum schnellen Reichtum betrachtet.** Manche Anleger konzentrieren sich vor allem auf eher kurzfristige, preisgünstige Optionen, die mehr Volatilität und mehr Risiko mit sich bringen. Der begrenzte Zeitraum arbeitet jedoch gegen die Inhaber kurzfristiger Optionen. Manche Leute stellen auch „ungedeckte Optionen" aus (sie verkaufen Optionen auf Aktien, die ihnen gar nicht gehören), was auf ein höheres Risiko gegen eine potenziell geringere Belohnung hinausläuft.
19. **Transaktionen selten „zum Marktpreis" durchführen und stattdessen lieber seine Kauf- und Verkaufsorders mit Preislimits versehen.** Wenn man dies tut, schachert man um Achtel- und Viertelpunkte (oder ihre dezimalen Pendants), anstatt sich auf die größeren und wichtigeren Bewegungen der Aktie zu konzentrieren.

Mit Limit-Orders läuft man Gefahr, den Markt vollkommen zu verpassen und nicht aus Aktien aussteigen zu können, die man zur Vermeidung beträchtlicher Verluste verkaufen müsste.

20. **Keinen kühlen Kopf bewahren können, wenn eine Entscheidung gefällt werden muss.** Viele Anleger wissen nicht, ob sie kaufen, verkaufen oder halten sollten, und diese Unsicherheit zeigt, dass sie keine Richtlinien haben. Die meisten Menschen folgen keinem bewährten Plan beziehungsweise keinem Satz strenger Prinzipien oder Kauf- und Verkaufsregeln, die sie korrekt anleiten.
21. **Aktien nicht objektiv betrachten.** Viele Leute suchen sich Lieblingsaktien aus und drücken sich dann selbst die Daumen. Erfolgreiche Anleger verlassen sich jedoch nicht auf Hoffnungen und ihre eigene Meinung, sondern sie achten auf den Markt, der gewöhnlich recht hat.

Wie viele dieser Punkte beschreiben Ihre bisherigen Anlageüberzeugungen und Anlagepraktiken? Schlechte Prinzipien und Methoden liefern schlechte Ergebnisse. Solide Prinzipien und Methoden liefern solide Ergebnisse.

Lassen Sie sich von alledem nicht entmutigen. Denken Sie einfach daran, dass Rockne immer sagte: „Entwickelt eure Schwächen, bis sie zu Stärken werden.“ Es braucht Zeit und ein bisschen Mühe, um das hinzubekommen, aber am Ende hat sich jede Minute gelohnt, die man dafür aufgebracht hat. Amerika hat einen nie versiegenden Strom neuer, herausragender Unternehmen zu bieten. Sie können lernen, mit Wissen und Zuversicht zu investieren, sodass Sie Ihr Geld bewahren und gleichzeitig höchst erfolgreiche Unternehmen finden und das für Sie Beste daraus machen können.

TEIL III

INVESTIEREN WIE EIN PROFI

KAPITEL 14

WEITERE GROSS-ARTIGE AKTIEN-MARKTGEWINNER, DIE ALS VORBILDER DIENEN KÖNNEN

Ich habe Ihnen im Laufe dieses Buches viele großartige Gewinneraktien der Vergangenheit gezeigt und darüber gesprochen. Nun, da Sie eine Einführung in das CAN-SLIM-Anlagesystem bekommen haben, sollen Sie erfahren, dass wir einige dieser Unternehmen mithilfe unserer institutionellen Dienstleistungsfirma entweder Kunden empfohlen oder sie selbst gekauft haben.

Es ist unabhängig von Ihrer derzeitigen Stellung im Leben und Ihrer finanziellen Situation eindeutig möglich, Ihre Träume zu verwirklichen, indem Sie das CAN-SLIM-System anwenden. Vielleicht haben Sie ja schon von den Tausenden Menschen gehört oder gelesen, die ihr Leben geändert haben, indem sie dieses Buch und *Investor's Business Daily* gelesen haben. Das passiert wirklich und das kann auch Ihnen passieren, wenn Sie entschlossen sind und den übermächtigen Wunsch haben, egal wie groß oder klein Ihr Konto ist ... vorausgesetzt, Sie entschließen sich dazu, arbeiten daran und lassen sich niemals entmutigen.

Dieses Kapitel stellt Ihnen ein paar frühe Beispiele vor, bei denen dieses System zum Erfolg geführt hat. Es gibt aber noch viele, viele andere. Außerdem listet es noch mehr von den großen Gewinneraktien seit 1952 auf. Studieren Sie dieses Kapitel genau. Sie werden feststellen, dass sich diese Muster im Laufe der Zeit immer und immer wieder wiederholen. Wenn Sie lernen, sie frühzeitig zu erkennen, könnten Sie in Zukunft einige große Gewinne erzielen, auch wenn dies etwas Zeit braucht.

DAS WACHSTUM EINES KLEINEN DEPOTS

Im Jahr 1961 sammelten wir bei allen meinen Kommilitonen im Program for Management Development (PMD) in Harvard zehn Dollar ein und legten mit der gesamten Anlagesumme von 850 Dollar den ersten PMD Fund auf. Wir machten es vor allem zum Spaß. Jeder Kommilitone fing mit einem Anteil von zehn Dollar an dem Fonds an. Marshall Wolf, damals Mitarbeiter der National Newark and Essex Bank und später Vorstand der Midatlantic National Bank, hatte die undankbare Aufgabe des Schatzmeisters: Er führte Buch, informierte die Leute, machte jedes Jahr die Steuererklärung und bezahlte die Steuern. Ich hatte die leichte Aufgabe, das Geld zu verwalten.

Dieses Depot ist ein interessantes Studienobjekt, denn es beweist, dass man ganz klein anfangen und trotzdem das Spiel gewinnen kann, wenn man sich an solide Methoden hält und sich sehr viel Zeit lässt. Am 16. September 1986 (rund 25 Jahre später) stand das Depot – nach Bezahlung aller aufgelaufenen Steuern und nachdem Marshall einen

Teil des Depots in Cash gehalten hatte, auf 51.653,34 Dollar. Der Gewinn belief sich anders gesagt auf mehr als 50.000 Dollar und jeder Anteil war 518 Dollar wert. Das ist ein annähernd 50-facher Nachsteuergewinn mit einer Anlagesumme von weniger als 1.000 Dollar. Die in der folgenden Tabelle aufgeführten Käufe und Verkäufe veranschaulichen detailliert die Umsetzung der grundlegenden Anlagemethoden, die wir bisher besprochen haben.

Transaktionen des PMD Fund 1961 bis 1964

Anzahl Aktien	Aktie	Kaufdatum	Kaufpreis	Verkaufsdatum	Verkaufspreis	Gewinn/ Verlust
5	Bristol Myers	01.01.1961	64,88	21.02.1961	78,75	
7	Bristol Myers	04.01.1961	67,25	21.02.1961	78,75	149,87
18	Brunswick	21.02.1961	53,75	10.03.1961	68,00	223,35
29	Certain-teed	10.03.1961	42,13	13.04.1961	39,75	-104,30
24	Stan. Kollsman	13.04.1961	45,75	27.06.1961	45,00	
	Stan. Kollsman		45,75	27.06.1961	43,38	-82,66
25	Endevco Corp.	26.04.1961	13,00	25.05.1961	17,50	102,96
10	Lockheed	13.06.1961	44,88			
10	Lockheed	27.06.1961	46,38			
5	Lockheed	25.07.1961	48,50	29.08.1961	48,25	7,55
6	Crown Cork	01.09.1961	108,50			
5	Crown Cork	01.09.1961	110,00	02.10.1961	103,25	-100,52
20	Brunswick	11.10.1961	64,25	24.10.1961	58,13	
	Brunswick			01.11.1961	61,00	223,49
3	Polaroid	31.10.1961	206,75			
3	Polaroid	01.11.1961	209,00	21.02.1961	180,00	-191,68
30	Korvette	28.08.1962	41,00	30.03.1962	47,88	
30	Korvette	05.04.1962	52,25	13.04.1962	54,25	183,96
10	Crown Cork	28.05.1962	99,25	22.05.1962	97,25	-50,48
30	Lockheed	15.06.1962	41,25	02.06.1962	39,75	-81,02
5	Xerox	20.06.1962	104,75			
5	Xerox	25.06.1962	105,25	12.07.1962	127,13	190,30
10	Homestake Mining	16.07.1962	59,50	24.07.1962	54,25	
10	Homestake Mining	16.07.1962	58,75	24.07.1962	54,25	-87,66

Anzahl Aktien	Aktie	Kaufdatum	Kaufpreis	Verkaufs-datum	Verkaufspreis	Gewinn/ Verlust
10	Polaroid	31.07.1962	105,00	19.07.1062	97,88	-101,86
30	Korvette (short)	24.10.1962	21,88	28.09.1962	35,13	385,94
10	Chrysler	30.10.1962	59,00			
15	Chrysler	01.11.1962	60,34	15.01.1963	83,63	545,40
15	RCA	16.01.1963	62,50			
15	RCA	18.01.1963	65,25	28.02.1963	62,00	-111,02
25	Coastal States	28.02.1963	31,38	14.03.1963	32,13	-8,46
14	Chrysler	27.02.1963	92,50			
8	Chrysler	14.03.2011	93,00	16.04.1963	109,13	300,03
25	Control Data	23.04.1963	44,13	13.05.1963	49,63	102,55
25	Intl. Minerals	06.05.1963	52,88	15.05.1963	54,88	11,47
22	Chrysler	13.05.1963	54,38	10.06.1963	61,75	
25	Chrysler	17.05.1963	55,63	10.06.1963	61,75	211,30
15	Syntex	11.06.1963	89,25	23.09.1963	146,13	
10	Syntex	07.08.1963	114,50	23.09.1963	146,13	
15	Syntex	09.10.1963	149,13	22.10.1963	225,00	2975,71
15	Control Data	09.07.1963	69,13	17.07.1963	67,25	-59,62
15	RCA	08.01.1964	102,02	11.02.1964	105,68	53,98
15	RCA	09.01.1964	106,19	11.02.1964	105,68	-8,49
15	RCA	10.01.1964	107,33	11.02.1964	105,68	-25,54
50	Pan Am	17.02.1964	65,53	09.03.1964	68,00	123,29
25	McDonnell Air	11.03.1964	62,17	11.05.1964	60,00	-54,26
25	Chrysler	12.03.1964	47,88	07.04.1964	43,87	-100,35
25	Chrysler	13.03.1964	49,27	07.04.1964	43,87	-135,06
30	Chrysler	17.03.1964	50,21	30.04.1964	46,08	-123,83
30	Consol. Cigar	19.03.1964	49,35	20.04.1964	47,25	-62,87
25	Greyhound	07.04.1964	55,47	01.05.1964	57,63	53,88
20	Greyhound	08.04.1964	58,55	01.05.1964	57,63	-18,52
15	Xerox	21.04.1964	95,23	01.05.1964	93,00	-33,41
15	Xerox	29.04.1964	98,53	05.05.1964	95,00	-52,95
30	Chrysler	13.05.1964	52,14	08.07.1964	48,75	-101,69
50	Chrysler	13.05.1964	52,32	11.06.1964	46,50	-290,79
50	Chrysler	13.05.1964	52,34	30.06.1964	49,00	-166,82
50	Cerro Corp.	02.07.1964	49,00	16.09.1964	56,00	349,51
20	Cerro Corp.	06.07.1964	50,68	16.09.1964	56,00	106,50
50	NY Central RR	08.07.1964	41,65	16.11.1964	49,05	369,89

Beachten Sie, dass es bis 1964 zwar 20 erfolgreiche Transaktionen gab, aber auch 20 Verlusttransaktionen. Allerdings belief sich der durchschnittliche Gewinn auf rund 20 Prozent, während der durchschnittliche Verlust nur rund sieben Prozent betrug. Wenn die Verluste mit Standard Kollsman, Brunswick und ein paar anderen nicht beschnitten worden wären, hätten die späteren ernsten Kursverluste viel größere Verluste verursacht. Dieses kleine Guthabenkonto konzentrierte sich nur auf eine oder zwei Aktien gleichzeitig. Im Allgemeinen wurde nachgekauft, wenn der Titel stieg.

In dem schlechten Börsenjahr 1962 kam das Depot nicht voran, aber am 6. Juni 1963 stand es schon mit 139 Prozent im Plus, *bevor* der erste Syntex-Kauf getätigt wurde. Bis Ende 1963 war der Gewinn nach der Anfangsinvestition von 850 Dollar auf 474 Prozent angeschwollen.

Das Jahr 1964 verlief schleppend. In den Jahren 1965, 1966 und 1967 wurden zwar lohnende Profite erzielt, allerdings kamen sie nicht an das sehr ungewöhnliche Jahr 1963 heran. Ich möchte Sie aber nicht mit 20 Seiten Aktientransaktionen langweilen. Lassen Sie mich bloß erwähnen, dass die nächsten zehn Jahre weitere Fortschritte brachten, trotz der Verluste in den Jahren 1969 und 1974.

Eine weitere Periode interessanter Entwicklungen begann 1978 mit dem Kauf von Dome Petroleum. Alle Entscheidungen ab Dome werden in der zweiten Tabelle gezeigt.

Transaktionen des PMD Fund 1978 bis 1986

Anzahl Aktien	Aktie	Kaufdatum	Kaufpreis	Verkaufsdatum	Verkaufspreis	Gewinn/ Verlust
100	Dome Petroleum	28.12.1978	77,00			
20	Dome Petroleum			26.02.1979	97,88	14226,72
320	4:1-Split am 6.6.1979			17.10.1980	63,00	-3165,82
300	Fluor	17.10.1980	56,50	09.02.1981	48,25	
50	Fluor	17.10.1980	56,88			
100	Pic'N'Save	04.06.1981	55,00			

300	3:1-Split am 29.6.1981			06.07.1982	15,00	-1094
100	Espey Mfg.	19.11.1981	46,75	08.06.1982	38,00	
50	Espey Mfg.	19.11.1981	47,00	23.04.1982	46,00	-1313,16
100	MCI Comm.	23.04.1982	37,00	20.08.1982	36,38	-123,50
96	MCI Comm.	06.07.1982	45,50			
	2:1-Split am 20.9.1982			03.01.1983	38,25	2881,92
200	Pic'N'Save	20.08.1982	18,50	16.07.1984	19,25	3892,00
45	Hewlett Packard	10.09.1982	53,00	11.08.1983	82,88	1307,35
100	Pic'N'Save	27.08.1982	19,50			
185	Pic'N'Save	03.01.1983	38,13			
	2:1-Split am 12.1.1983			01.02.1985	23,25	4115,02
200	Price Co.	06.07.1984	39,25			
326	Price Co.	01.02.1985	53,75			
8	Price Co.			25.03.1985	57,00	
	2:1-Split am 11.2.1986			17.06.1986	49,88	26489,87
15	Price Co.			20.03.1986	43,25	

Dome bietet eine extrem wertvolle Lektion dazu, weshalb die meisten Aktien früher oder später verkauft werden müssen. Wie Sie sehen, wurde die Aktie bei 77 Dollar gekauft und um die 98 Dollar verkauft, aber sie fiel am Ende unter zwei Dollar! In den Jahren 2000 und 2001 wiederholte sich die Geschichte, denn viele große Internet-Gewinner fielen damals – CMGI beispielsweise von 165 auf einen Dollar. Beachten Sie außerdem, dass Pic'N'Save am 6. Juli 1982 zu 15 Dollar aus dem Depot wanderte, wir aber die Aktie für 19 und 18 Dollar zurückkauften. Und obwohl dieser Preis höher war, machten wir damit großen Gewinn. Dies ist etwas, das Sie irgendwann lernen müssen. Wenn man fälschlicherweise verkauft hat, muss man in manchen Fällen die Aktie zu höheren Kursen zurückkaufen.

DIE US-ANLAGE-MEISTERSCHAFT

Ein weiteres schönes Beispiel für die richtige Anwendung der CAN-SLIM-Prinzipien ist die Geschichte eines unserer Kollegen namens

Lee Freestone. Lee machte im Jahr 1991 im Alter von nur 24 Jahren bei der US-Anlage-Meisterschaft mit. Er benutzte die CAN-SLIM-Technik und belegte mit einem Ergebnis von 279 Prozent den zweiten Platz. Im Jahr 1992 fuhr er einen Ertrag von 120 Prozent ein und wurde wieder Zweiter. Lee tat, was ein anderer damaliger Kollege namens David Ryan getan hatte, denn der hatte in früheren Jahren an der US-Anlage-Meisterschaft teilgenommen und gewonnen. Die US-Anlage-Meisterschaft ist kein Papiertransaktions-Derby. Es wird echtes Geld eingesetzt und es werden echte Transaktionen an der Börse durchgeführt. Ende der 1990er-Jahre investierte Lee weiterhin erfolgreich und erzielte noch größere Renditen.

Das bedeutet, dass die diszipliniert befolgte CAN-SLIM-Methode von 1961 bis 2009 durch dick und dünn kampferprobt ist.

WEITERE BEISPIELE FÜR GROSSE GEWINNER ALS VORBILDER FÜR SIE

Es folgen nun Diagramme einer weiteren ausgewählten Gruppe der größten Börsengewinner. Dies sind Beispiele für die erfolgreichsten Investments in den Vereinigten Staaten von 1952 bis 2009. Studieren Sie sie sorgfältig und schlagen Sie sie oft nach. Es sind weitere Beispiele dafür, worauf Sie in Zukunft achten müssen. Die dünne, gewellte Linie unter den Preisen, an der „RS" steht, ist die Linie der Relativen Preisstärke. Wenn diese Linie steigt, überflügelt die Aktie den Markt. Alle Modelle zeigen das Preismuster der Aktie kurz vor dem Punkt, an dem man sie kaufen sollte.

Wenn Sie meinen, Sie würden bloß einen Haufen Charts sehen, dann denken Sie noch einmal nach. Was Sie da sehen, sind Abbildungen der Preiskumulierungsmuster der großartigsten Gewinneraktien – kurz bevor ihre enormen Preisanstiege begannen. Die Charts sind nach fünf Formationen sortiert: Tasse mit Henkel, Tasse ohne Henkel, doppelter Boden, flache Basis und ansteigender doppelter Boden. Sie müssen lernen, diese Muster zu erkennen.

Tasse mit Henkel

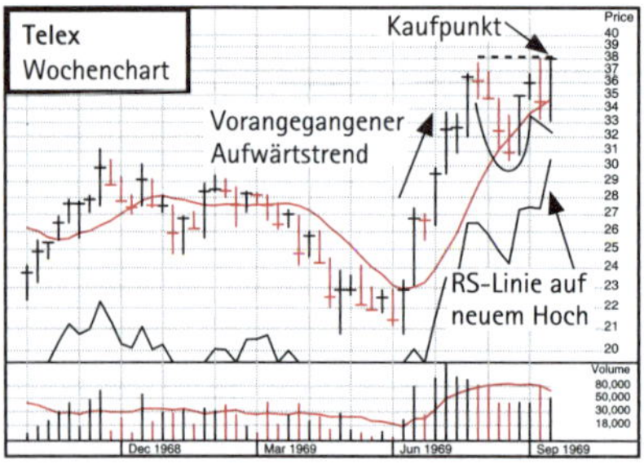

Telex stieg in 27 Wochen um 283 Prozent.

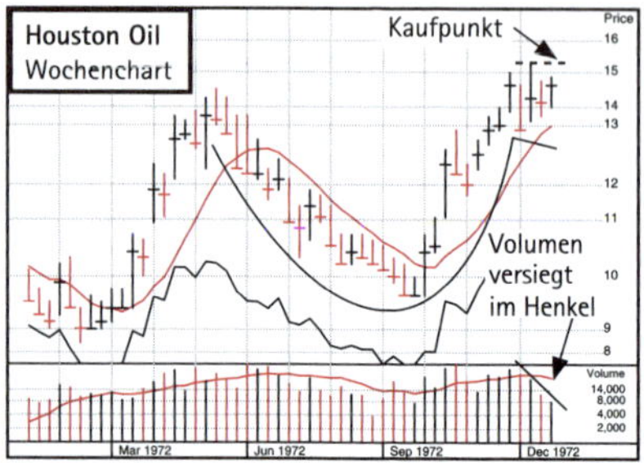

Houston Oil stieg in 54 Wochen um 1.004 Prozent.

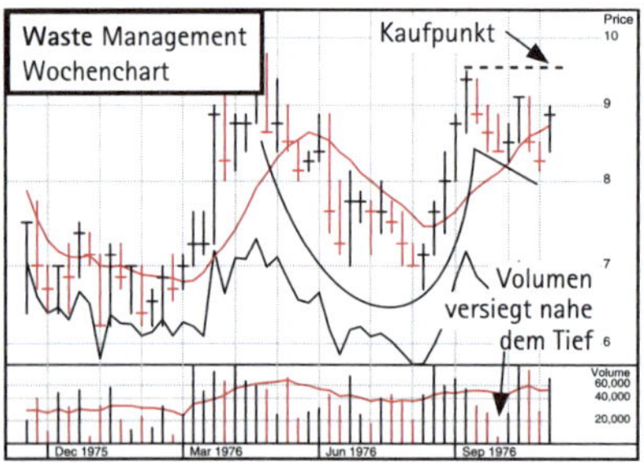

Waste Management stieg in 242 Wochen um 1.180 Prozent.

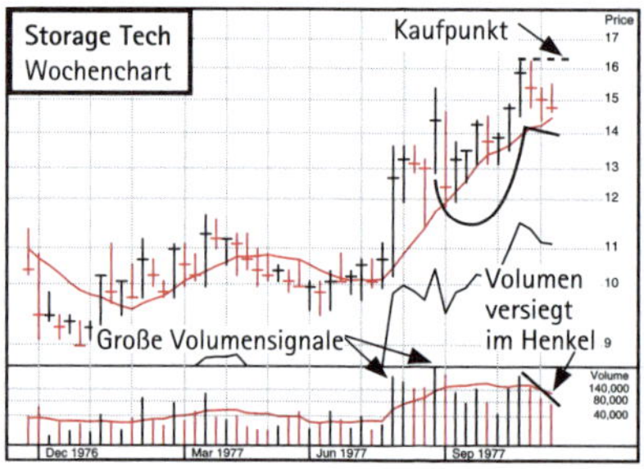

Storage Technology stieg in 52 Wochen um 371 Prozent.

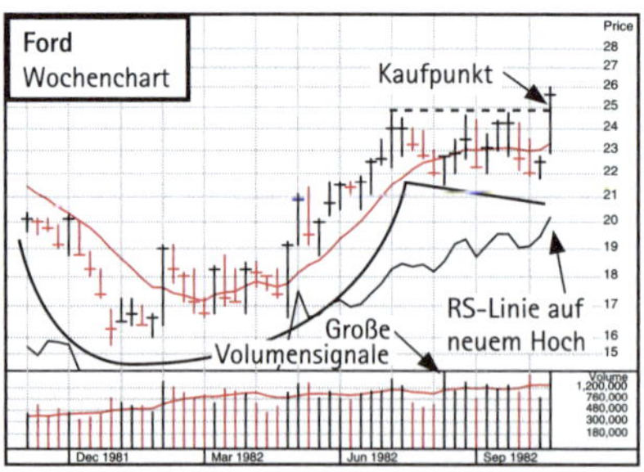

Ford stieg in 262 Wochen um 889 Prozent.

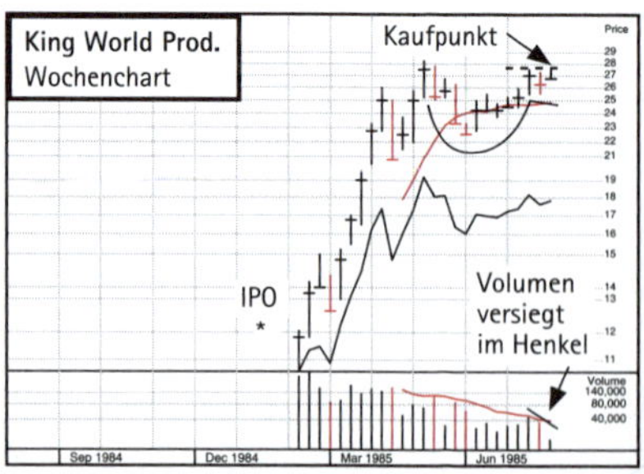

King World Prod. stieg in 116 Wochen um 588 Prozent.

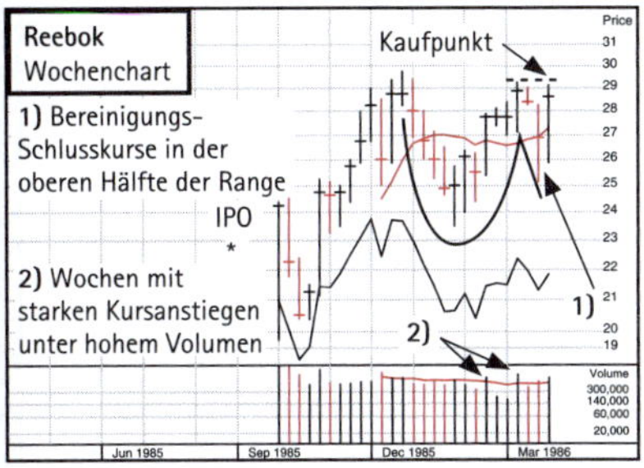

Reebok stieg in 18 Wochen um 246 Prozent.

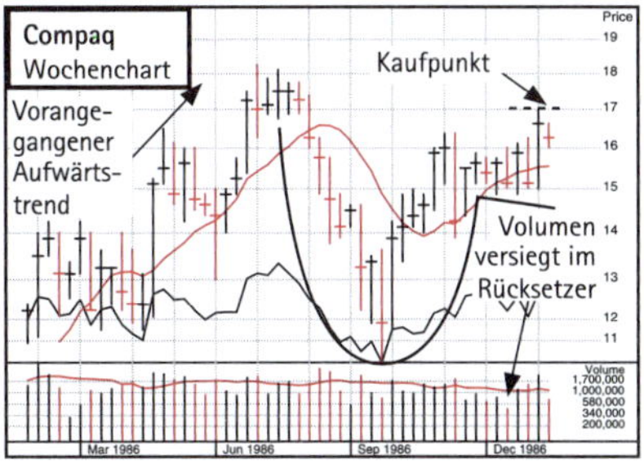

Compaq stieg in 46 Wochen um 352 Prozent.

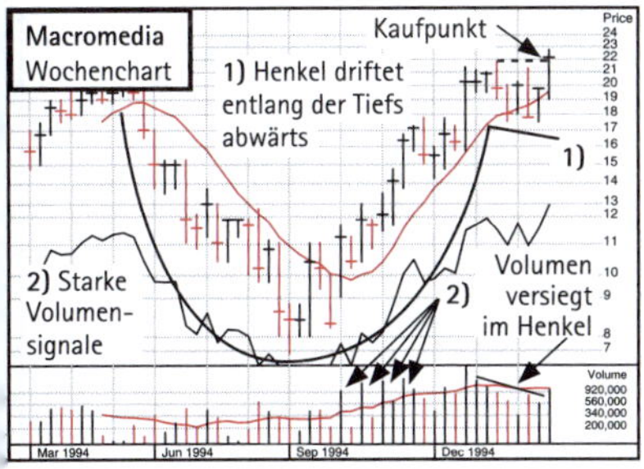

Macromedia stieg in 49 Wochen um 486 Prozent.

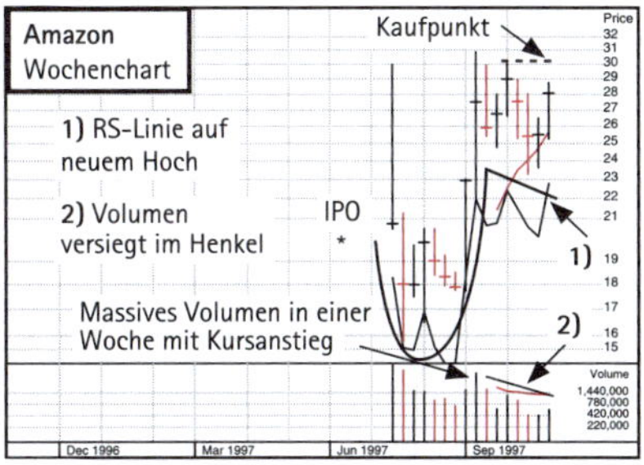

Amazon.com stieg in 70 Wochen um 3.805 Prozent.

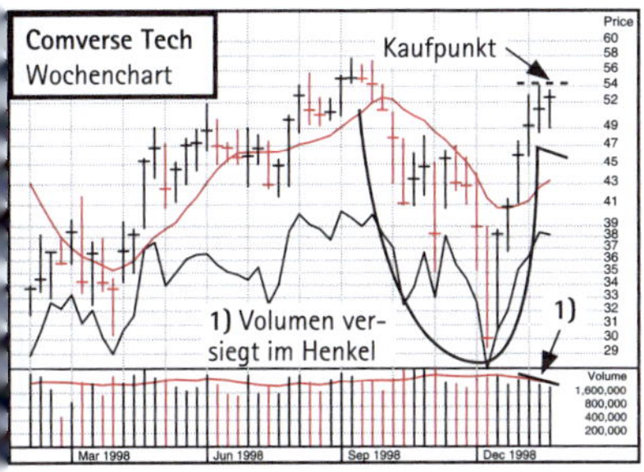

Converse Technology stieg in 67 Wochen um 564 Prozent.

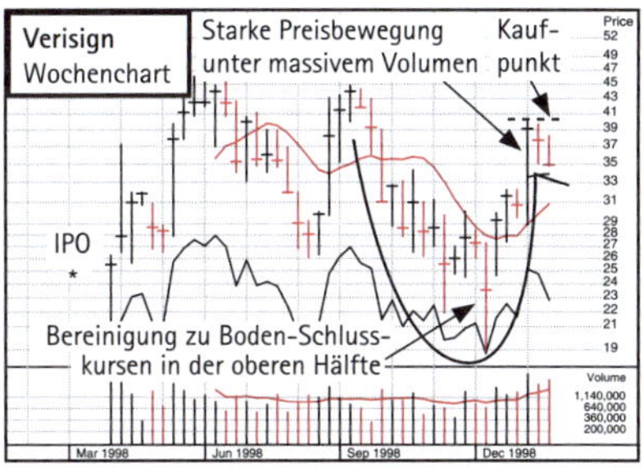

Verisign stieg in 66 Wochen um 2.250 Prozent.

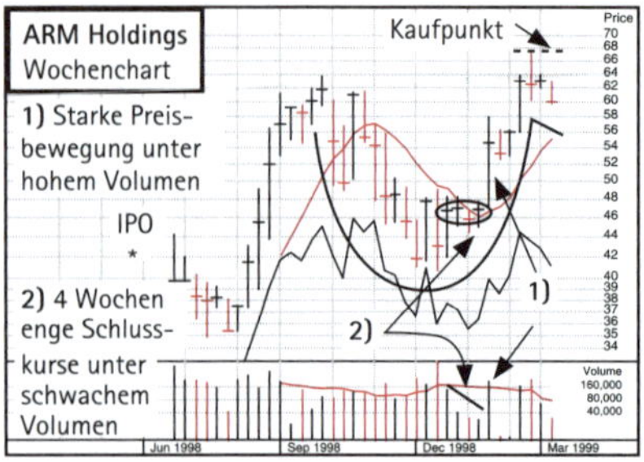

ARM Holdings stieg in 57 Wochen um 1.385 Prozent.

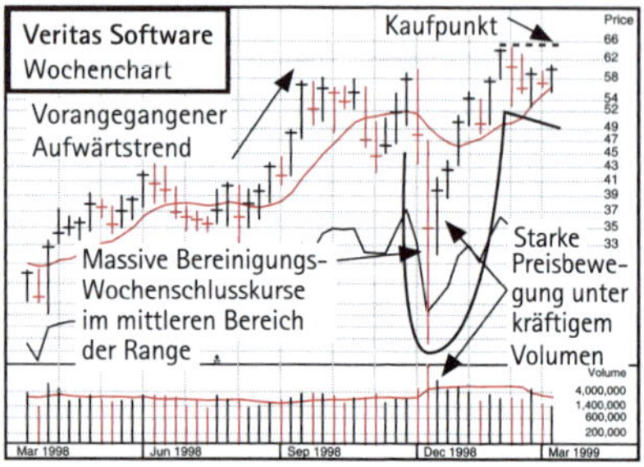

Veritas Software stieg in 62 Wochen um 1.097 Prozent.

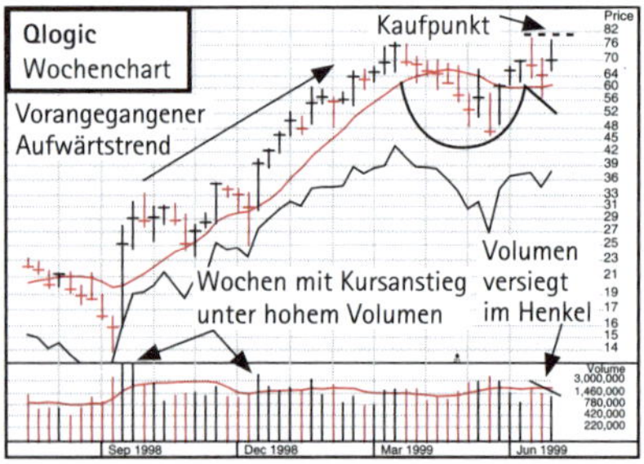

Qlogic stieg in 44 Wochen um 803 Prozent.

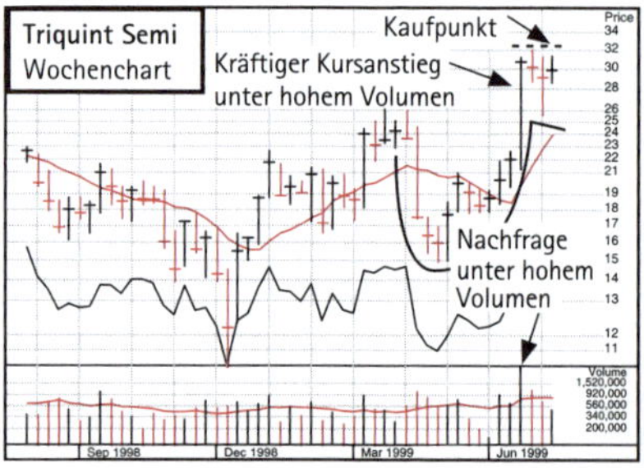

Triquint Semiconductor stieg in 41 Wochen um 1.078 Prozent.

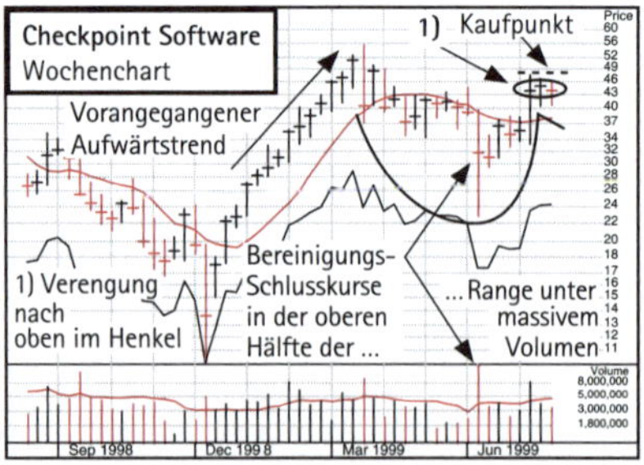

Checkpoint Software stieg in 40 Wochen um 1.104 Prozent.

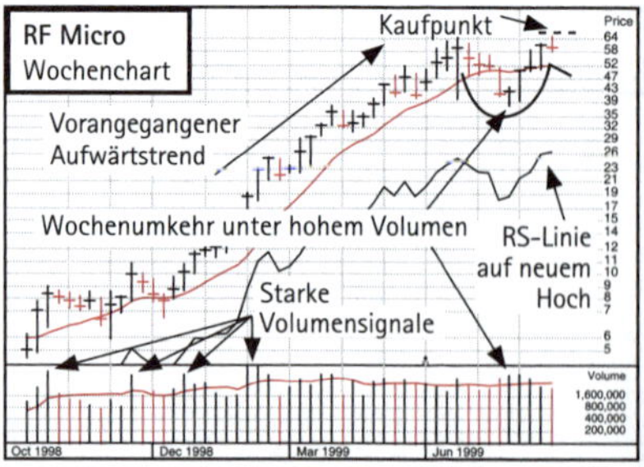

RF Micro Devices stieg in 36 Wochen um 444 Prozent.

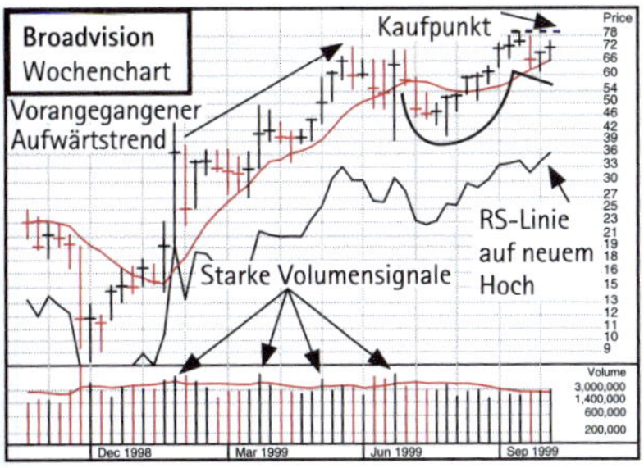

Broadvision stieg in 30 Wochen um 823 Prozent.

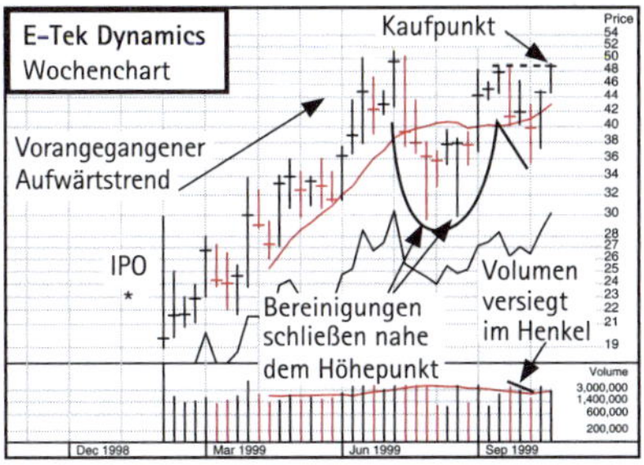

E-Tek Dynamics stieg in 28 Wochen um 507 Prozent.

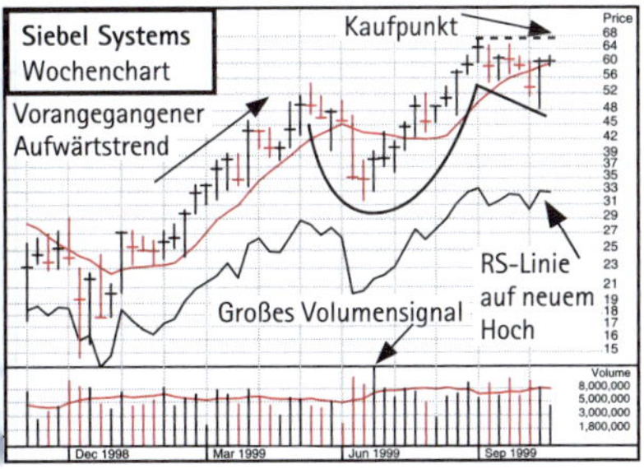

Siebel Systems stieg in 28 Wochen um 466 Prozent.

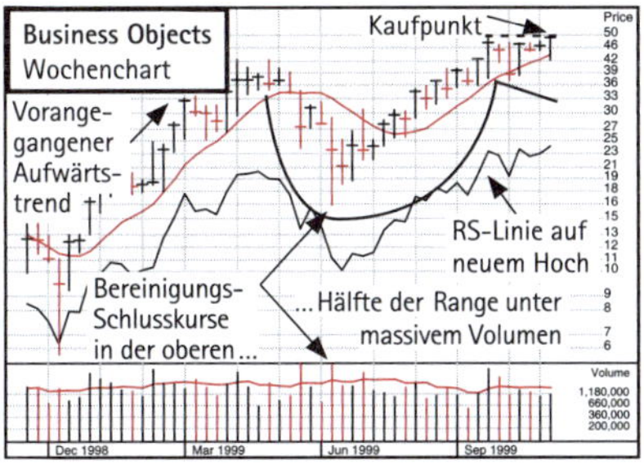

Business Objects stieg in 26 Wochen um 480 Prozent.

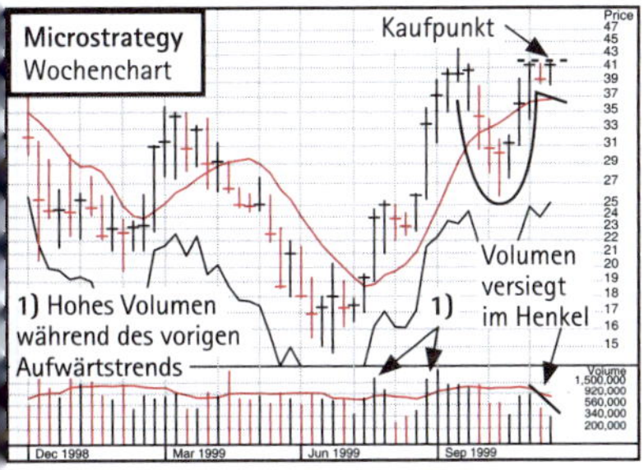

Microstrategy stieg in 24 Wochen um 1.414 Prozent.

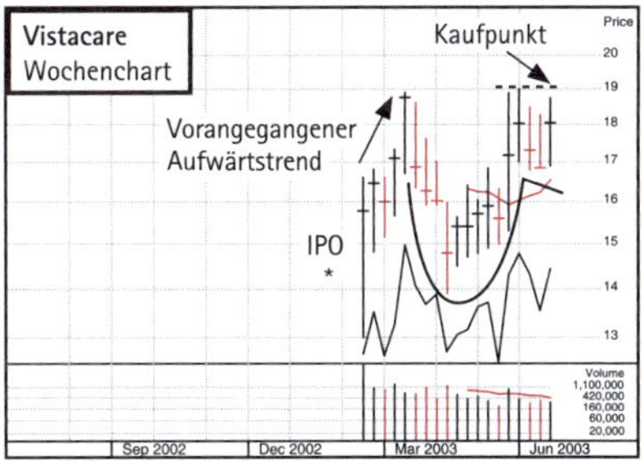

Vistacare stieg in 31 Wochen um 115 Prozent.

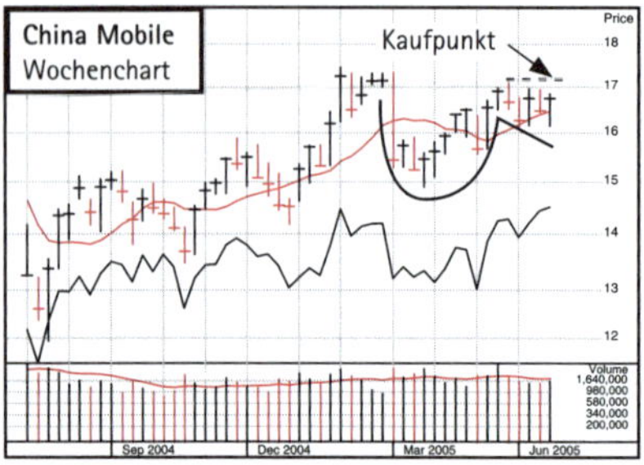

China Mobile stieg in 131 Wochen um 484 Prozent.

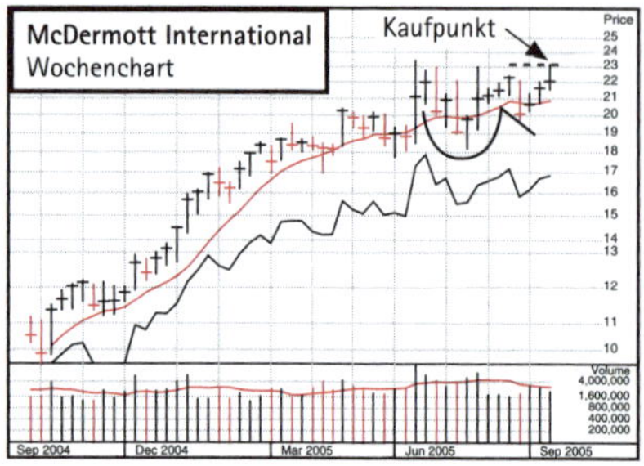

McDermott stieg in 128 Wochen um 703 Prozent.

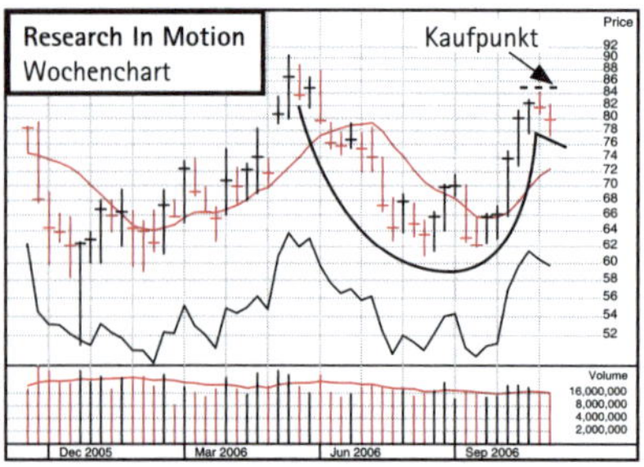

Research In Motion stieg in 60 Wochen um 382 Prozent.

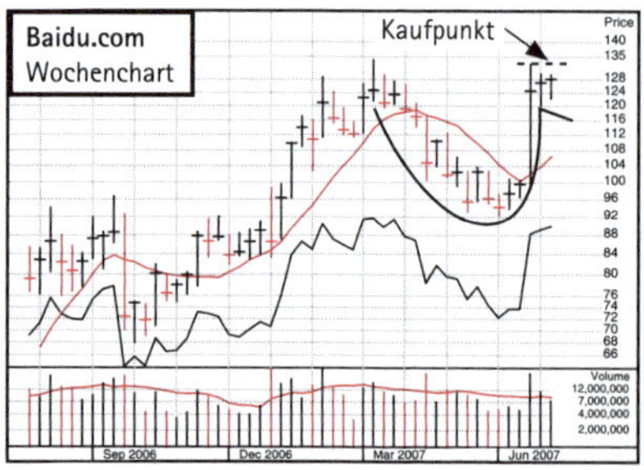

Baidu stieg in 25 Wochen um 225 Prozent.

Tasse ohne Henkel

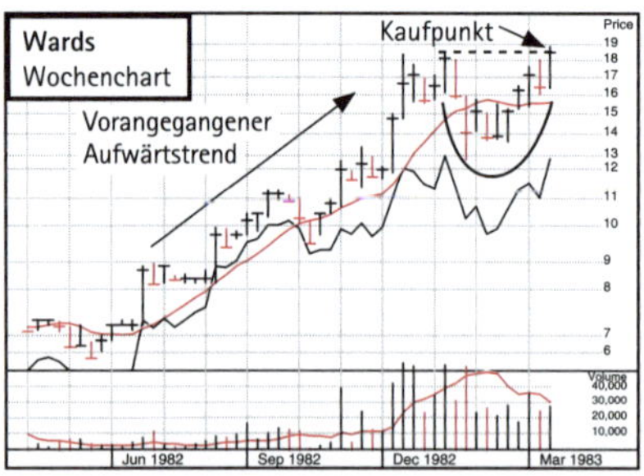

Wards stieg in 38 Wochen um 267 Prozent.

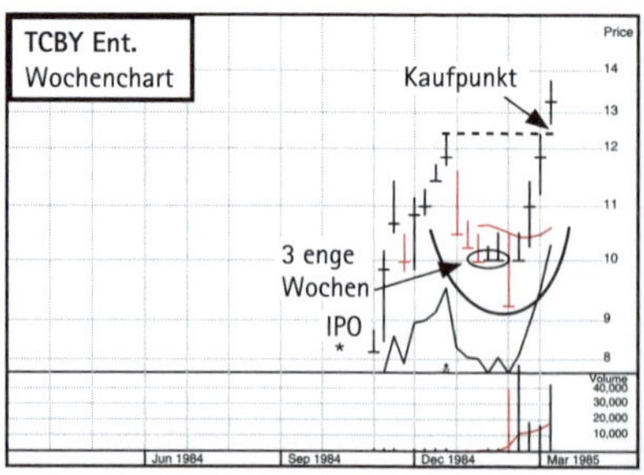

TCBY stieg in 77 Wochen um 2.189 Prozent.

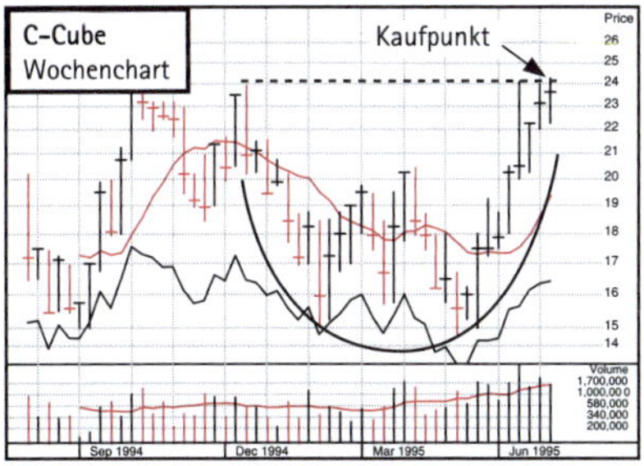

C-Cube stieg in 41 Wochen um 509 Prozent.

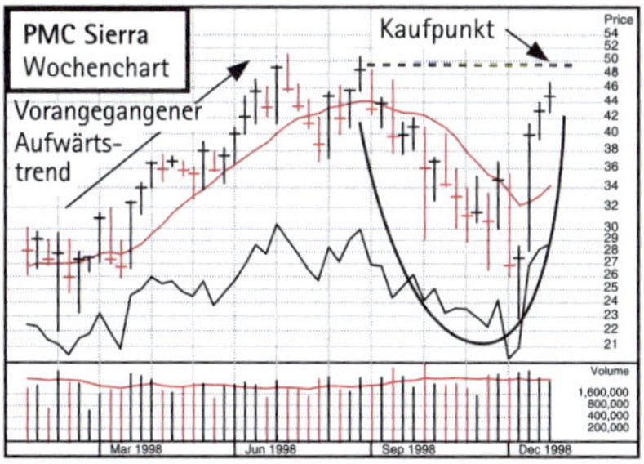

PMC Sierra stieg in 70 Wochen um 1.949 Prozent.

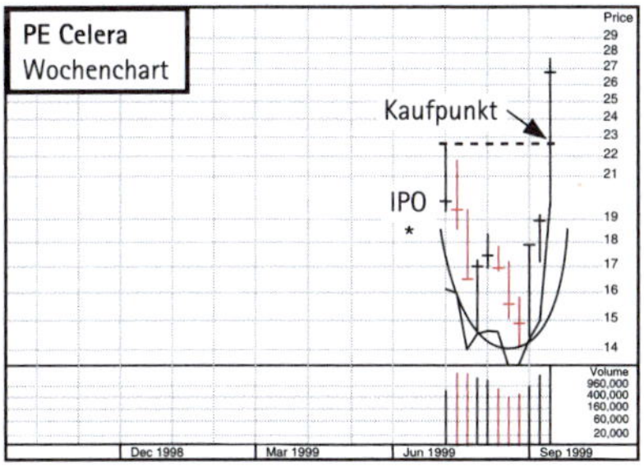

PE Celera stieg in 32 Wochen um 2.281 Prozent.

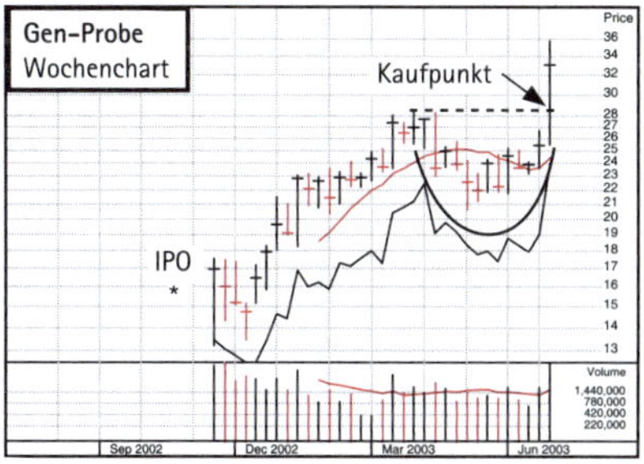

Gen-Probe stieg in 20 Wochen um 122 Prozent.

Doppelter Boden

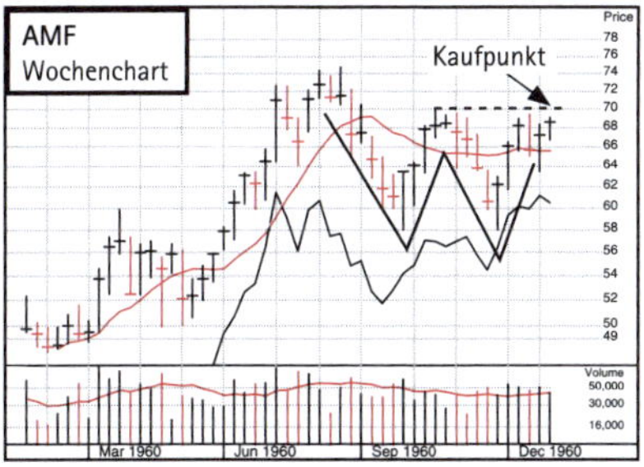

AMF stieg in 23 Wochen um 82 Prozent.

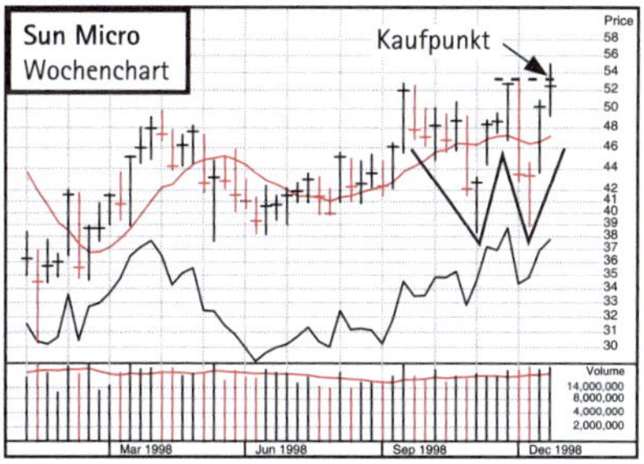

Sun Micro stieg in 74 Wochen um 701 Prozent.

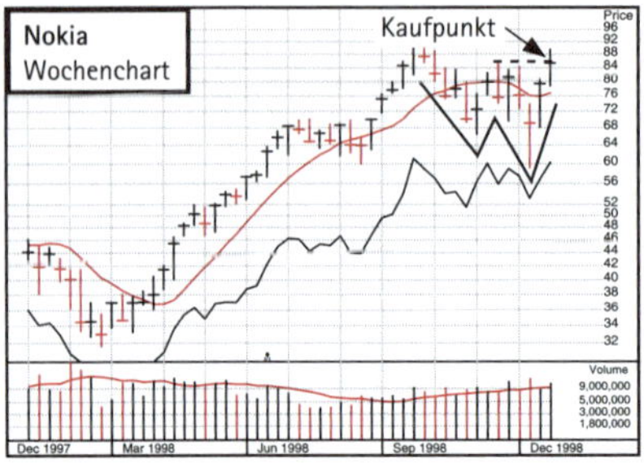

Nokia stieg in 87 Wochen um 486 Prozent.

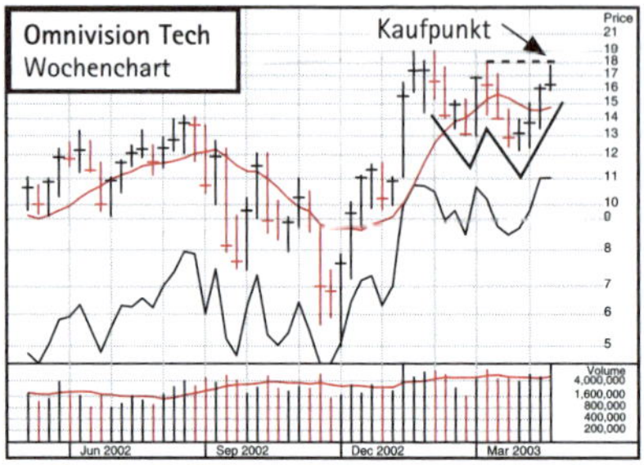

Omnivision Tech stieg in 39 Wochen um 256 Prozent.

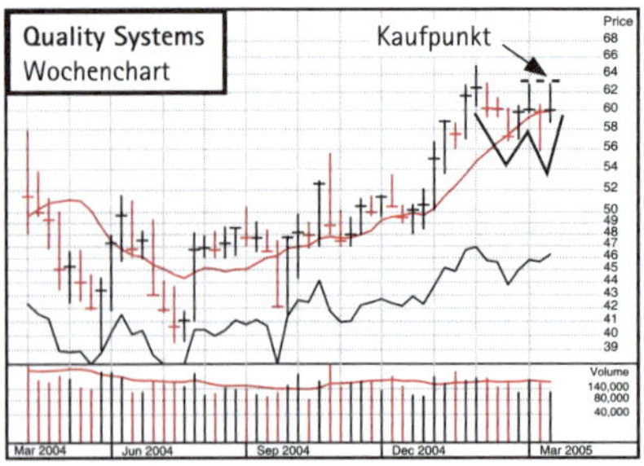

Quality Systems stieg in 44 Wochen um 177 Prozent.

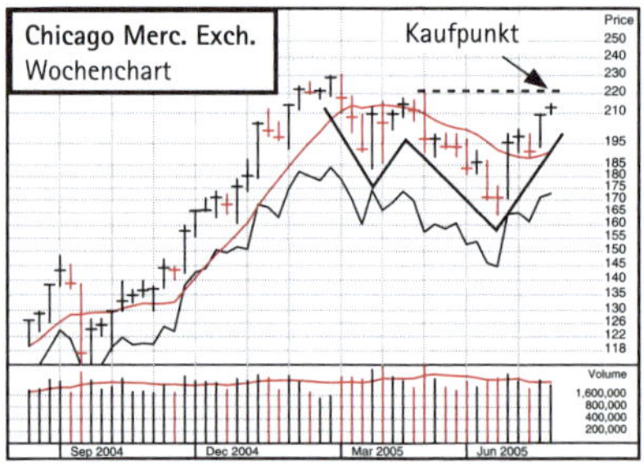

Chicago Mercantile Exchange stieg in 132 Wochen um 208 Prozent.

Flache Basis

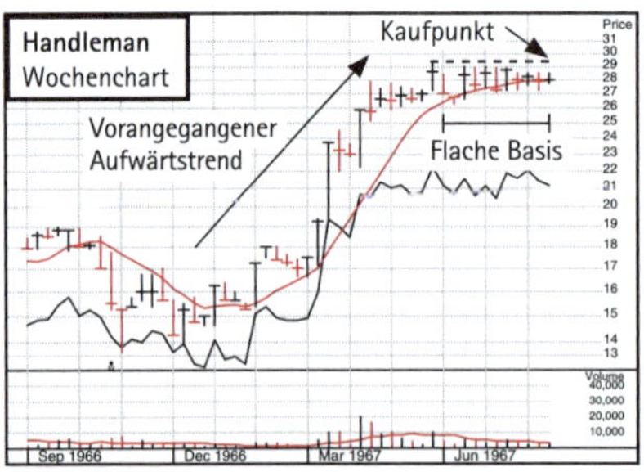

Handleman stieg in 139 Wochen um 328 Prozent.

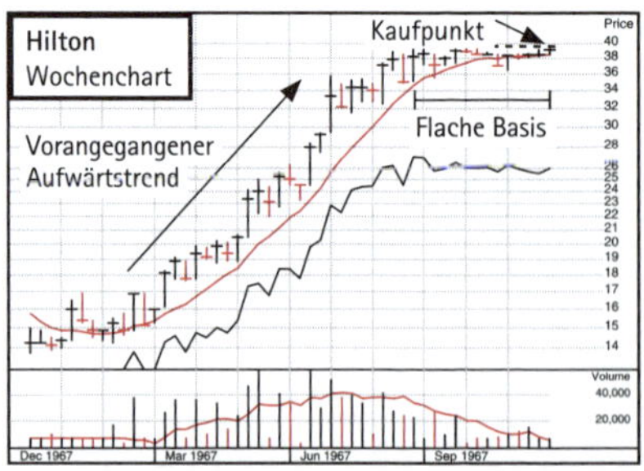

Hilton stieg in 60 Wochen um 232 Prozent.

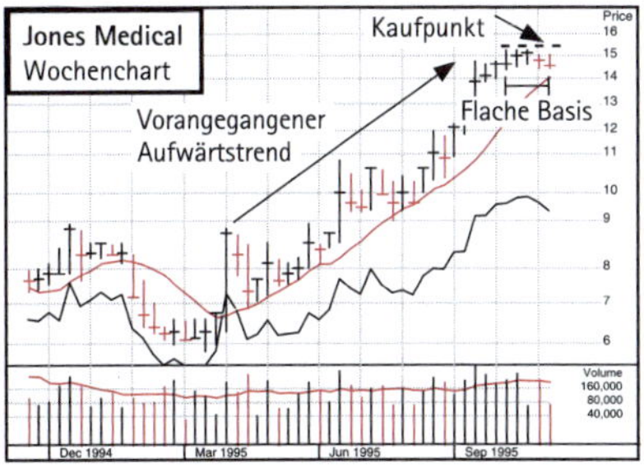

Jones Medical stieg in 36 Wochen um 447 Prozent.

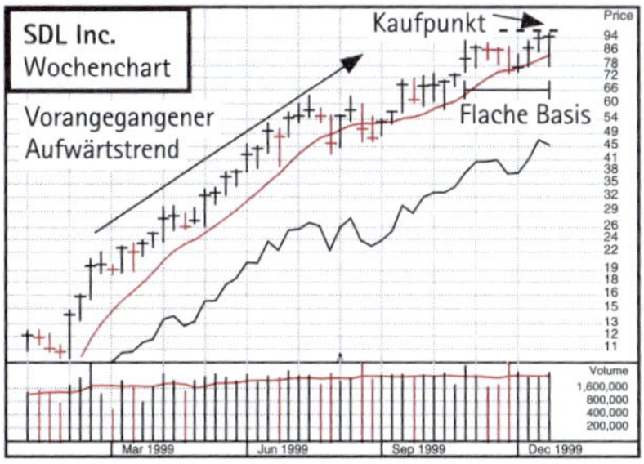

SDL stieg in 39 Wochen um 814 Prozent.

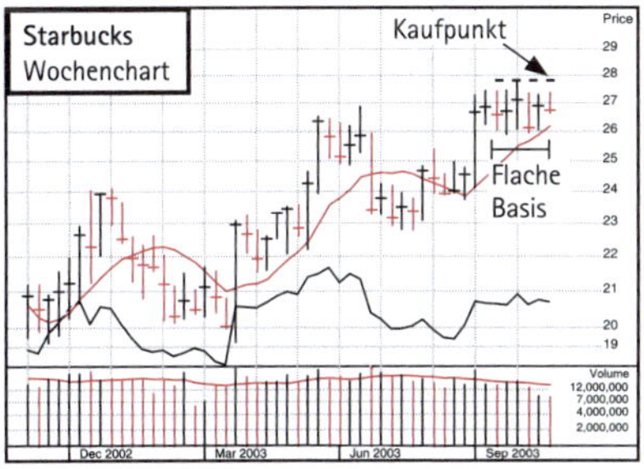

Starbucks stieg in 70 Wochen um 126 Prozent.

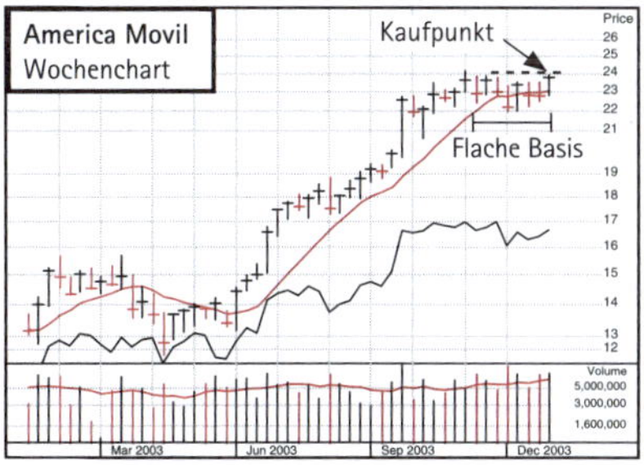

America Movil stieg in 205 Wochen um 730 Prozent.

Ansteigender doppelter Boden

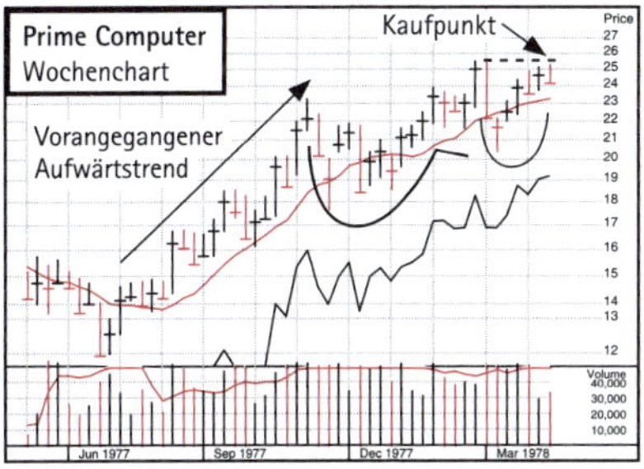

Prime Computer stieg in 169 Wochen um 1.564 Prozent.

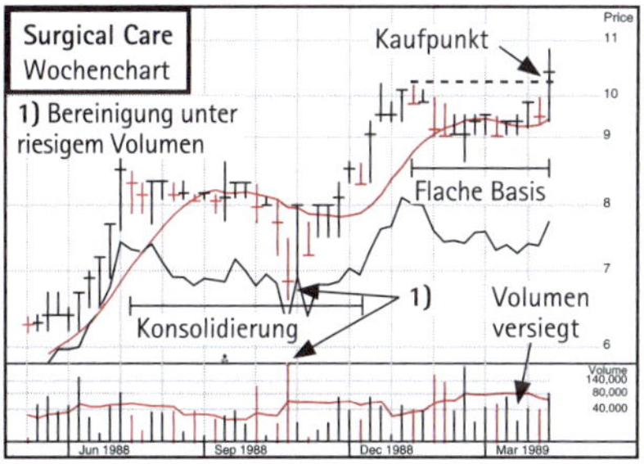

Surgical Care Affiliates stieg in 150 Wochen um 1.632 Prozent.

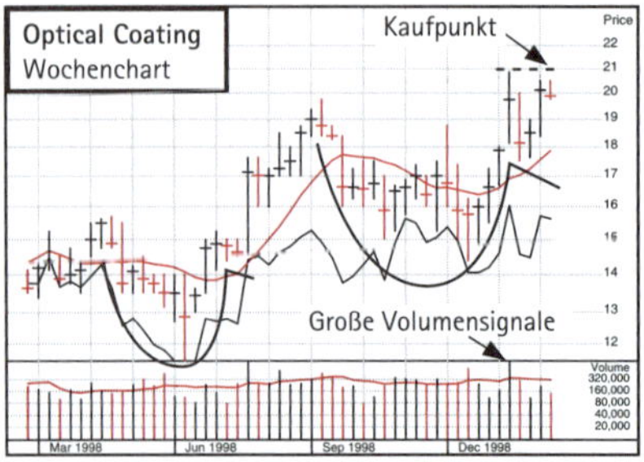

Optical Coating Labs stieg in 58 Wochen um 1.957 Prozent.

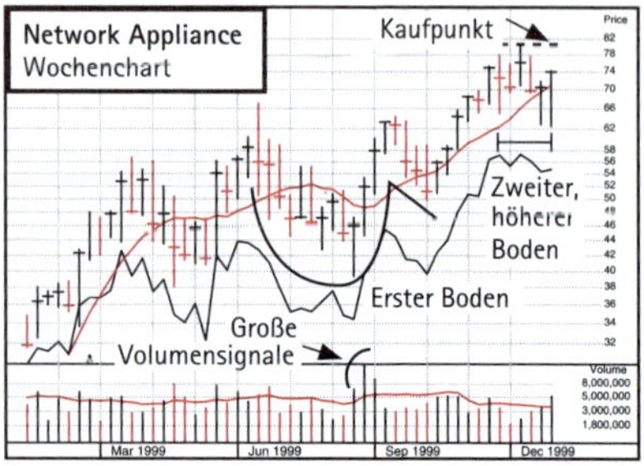

Network Appliance stieg in 18 Wochen um 517 Prozent.

KAPITEL 15

WIE MAN DIE BESTEN THEMEN, SEKTOREN UND BRANCHEN AM MARKT AUSWÄHLT

Die meisten führenden Aktien gehören normalerweise zu führenden Branchen. Studien zeigen, dass 37 Prozent der Preisbewegung einer Aktie direkt an die Performance der Branche geknüpft sind, zu der die Aktie gehört. Weitere zwölf Prozent sind der Stärke des übergreifenden Sektors zu verdanken. Somit ist etwa die Hälfte der Bewegung einer Aktie von der Stärke ihrer jeweiligen Gruppe bedingt. Da in jedem Marktzyklus bestimmte Branchengruppen führend sind, sehen Sie, wie lohnenswert es ist, sich die Branche einer Aktie anzusehen, bevor man sie kauft.

Wir werden bei der Behandlung dieses Themas drei Begriffe verwenden: Sektor, Branchengruppe und Untergruppe. Ein *Sektor* ist eine breite Gruppierung von Unternehmen und Branchen. Beispiele dafür sind die Grundindustrien (oder „Zykliker"), Konsumgüter und Dienstleistungen, Transport, Finanzen und Hochtechnologie. Eine *Branchengruppe* ist eine kleinere, konkretere Gruppierung von Unternehmen: Normalerweise bilden mehrere Branchengruppen einen Sektor. Eine *Untergruppe* ist noch spezifischer, sie unterteilt die Branchengruppe in mehrere sehr präzise Unterkategorien.

Wenn wir uns beispielsweise Viacom ansehen, könnten wir das Unternehmen folgendermaßen beschreiben: Sektor: Freizeit- und Unterhaltungsbranche; Gruppe: Medien; Untergruppe: Radio/TV. Aus Gründen der Klarheit und der einfacheren Verwendung werden die Namen von Branchengruppe und Untergruppe im Allgemeinen kombiniert und das Ergebnis nennt man einfach „Branchengruppen". Beispielsweise nennt man die Branchengruppe von Viacom „Medien – Radio/TV".

WOZU 197 BRANCHENGRUPPEN VERFOLGEN?

Warum unterteilt *IBD* die Wertpapiere in 197 Branchengruppen und nicht beispielsweise in die kleinere Zahl von Gruppen, die Standard & Poor's verwendet? Das ist wirklich ganz einfach. Nicht alle Aktien innerhalb eines Sektors haben die gleiche Performance. Selbst wenn ein Sektor andere Sektoren überflügelt, kann es in diesem Sektor Segmente geben, deren Performance extrem gut ist, und andere, die dem Markt hinterherhinken. Es ist wichtig, dass man erkennen kann, welche Branchengruppe innerhalb des Sektors am allerbesten läuft, denn dieses Wissen kann den Unterschied zwischen überlegenen und mittelmäßigen Ergebnissen bedeuten.

Am Anfang unserer Marktstudie merkten wir, dass viele damals verfügbare Investmentdienstleister den Markt nicht angemessen in ausreichend viele Branchengruppen aufspalteten. Daher war es schwierig, den speziellen Teil einer Gruppe zu bestimmen, der wirklich die Führung übernommen hatte. Deshalb stellten wir unsere eigenen Branchengruppen auf, indem wir den Markt in 197 verschiedene Unterkategorien aufteilten und Ihnen als Anleger genauere und detailliertere Einblicke in die Zusammensetzung einer Branche boten. Beispielsweise kann man die Medizinbranche aufteilen in Krankenhaus-Gesellschaften, Generika, Zahnmedizin, häusliche Pflege, Genetik, Biotech und HMOs sowie ein paar weitere spezielle moderne Bereiche.

WIE KANN MAN ENTSCHEIDEN, WELCHE BRANCHENGRUPPEN AM MARKT FÜHREND SIND?

Wir haben bei der Analyse der Branchen festgestellt, dass manche von ihnen so klein sind, dass Zeichen von Stärke innerhalb der Gruppe vielleicht nicht relevant sind. Wenn es in einer Unterbranche nur kleine, dünn gehandelte Unternehmen gibt, reicht das nicht aus, um sie als Gruppe zu betrachten. Auf der anderen Seite gibt es Branchen mit zu vielen Unternehmen, zum Beispiel die Chemieindustrie und die Sparkassen. Dieses Überangebot steigert nicht die Attraktivität dieser Branchen, es sei denn, es treten extrem ungewöhnliche Veränderungen der Branchenbedingungen auf.

Man findet die 197 erwähnten Branchengruppen an jedem Handelstag in *Investor's Business Daily*. Dort sortieren wir alle Untergruppen nach ihrer sechsmonatigen Preisperformance, damit Sie problemlos feststellen können, welche Branchenuntergruppen die wahren Marktführer sind. Käufer, die der „Unterbewertungs"-Philosophie anhangen, erkunden am liebsten die am schlechtesten platzierten Gruppen. Analysen haben jedoch gezeigt, dass Aktien in den besten 50 oder 100 Gruppen im Durchschnitt eine bessere Performance bringen als Aktien in den untersten 100 Gruppen. Wenn Sie Ihre Chancen erhöhen wollen, eine wahrhaft herausragende Aktie in einer herausragenden Branche zu finden, konzentrieren Sie sich auf die 20 besten Gruppen und meiden Sie die untersten 20.

Sowohl *Investor's Business Daily* als auch der Chartdienst Daily Graphs Online bieten eine zusätzliche, selbst entwickelte Informationsquelle, die Ihnen entscheiden hilft, ob die Aktie, über deren Besitz Sie nachdenken, zu einer Überflieger-Branchengruppe gehört. Das „Industry Group Relative Strength Rating“ benotet alle börsennotierten Unternehmen, die wir verfolgen, mit Buchstaben von A+ bis E, wobei A+ die beste Bewertung ist. Ein Rating als A+, A oder A- bedeutet, dass die Branchengruppe der Aktie hinsichtlich der Preisperformance zu den obersten 24 Prozent aller Branchengruppen gehört.

Außerdem gehe ich täglich kurz die „New Price Highs“-Liste in *IBD* durch. Darin sind die breiten Branchensektoren danach sortiert, wie viele einzelne Aktien am Vortag neue Kurshochs erreicht haben. In anderen Wirtschaftsorganen findet man eine solche Liste nicht. Achten Sie nur etwa auf die besten sechs Sektoren, vor allem in Haussen. Sie enthalten normalerweise die meisten echten führenden Firmen.

Eine andere Art, herauszufinden, welche Branchengruppen gut laufen oder nicht, besteht darin, die Performance der Branchenfonds einer Investmentfonds-Familie zu analysieren. Bei Fidelity Investments, einer der erfolgreichsten Fondsverwaltungen unseres Landes, gibt es mehr als 35 Branchen-Investmentfonds. Ein kurzer Blick auf ihre Performance bietet einen weiteren hervorragenden Einblick, welche Branchensektoren besser laufen. Ich habe festgestellt, dass es sich lohnt, auf die zwei oder drei besten Branchenfonds von Fidelity zu achten, die die beste Performance seit Jahresbeginn aufweisen. Dies wird an jedem Handelstag in einer kleinen speziellen Tabelle in *IBD* angegeben.

Für die institutionellen Kunden von William O’Neil & Co. gibt es den wöchentlichen Datagraph-Dienst, der die 197 Branchengruppen in der Reihenfolge ihrer Relativen Stärke über die letzten sechs Monate sortiert. Die Aktien der stärksten Kategorien werden in Band 1 der O’Neil-Database-Bücher gezeigt und die Aktien der schwächeren Gruppen in Band 2.

In einer Zeit, in der so gut wie alle Tageszeitungen einschließlich des *Wall Street Journal* die Anzahl der Unternehmen, die sie täglich in ihren Aktientabellen auflisteten, beträchtlich herunterschraubten und/oder die Anzahl der hilfreichen entscheidenden Zahlen reduzierten, die sie für jede Aktie täglich angaben, tat *Investor's Business Daily* Folgendes.

Die Aktientabellen von *IBD* sind jetzt nach der Reihenfolge der Performance der 33 wichtigsten Wirtschaftssektoren sortiert, und zwar absteigend, zum Beispiel Medizin, Einzelhandel, Computer-Software, Konsumartikel, Telekommunikation, Bau, Energie, Internet, Banken und so weiter. Alle Sektoren enthalten sowohl NYSE- als auch Nasdaq-Aktien, sodass man alle Aktien der Sektoren miteinander vergleichen kann, um die besten Aktien der besten Sektoren anhand einer großen Anzahl entscheidender Variablen zu finden.

IBD gibt zu den 2.500 führenden Aktien, die täglich in den Aktientabellen enthalten sind, inzwischen 21 entscheidende, bewährte Fakten an ... weit mehr als die meisten anderen amerikanischen Tageszeitungen. Diese 21 Fakten sind:

1. Eine umfassende Gesamtplatzierung von 1 – 99, wobei 99 am besten ist.
2. Ein Rating nach dem Wachstum des Gewinns pro Aktie (EPS = Earnings Per Share). Dabei wird das Gewinnwachstum jedes Unternehmens in den letzten zwei Quartalen und den letzten drei Jahren mit den Wachstumsraten aller anderen Aktien verglichen. Ein Rating von 90 bedeutet, dass das Unternehmen 90 Prozent aller Aktien übertroffen hat.
3. Ein Relative-Stärke-Rating, das die Preisänderungen aller Aktien in den letzten zwölf Monaten mit denen aller anderen Aktien vergleicht. Bessere Unternehmen haben sowohl beim EPS als auch bei der RS Werte von 80 oder darüber.
4. Ein Rating, welches das Umsatzwachstum, die Ertragsmargen und die Eigenkapitalrendite einer Aktie mit denen aller anderen Aktien vergleicht.

5. Ein höchst präzises selbst entwickeltes Rating nach Kumulierung/Distribution, das anhand einer Preis- und Umsatzformel misst, ob sich eine Aktie in den letzten 13 Wochen unter Kumulierung (Kauftätigkeit) oder Distribution (Verkaufstätigkeit) befindet. „A“ bedeutet massive Kauftätigkeit, „E“ deutet auf massive Verkaufstätigkeit hin.

6. und 7. Die prozentuale Volumenänderung gibt die exakte prozentuale Volumenänderung oberhalb oder unterhalb des Tagesdurchschnitts der letzten 50 Tage sowie das Gesamtvolumen des Tages an.

8. und 9. Die aktuelle und bisherige relative Performance des breiten Branchensektors, zu dem die jeweilige Aktie gehört.

10. bis 12. Zu jeder Aktie das 52-Wochen-Hoch, den Schlusskurs und die Preisänderung des Tages.

13. bis 21. Kurs-Gewinn-Verhältnis, Dividendenrendite, ob das Unternehmen im letzten Jahr Aktien zurückgekauft hat, ob es zu der Aktie Optionen gibt, ob das Unternehmen innerhalb der nächsten vier Wochen Ergebnisse meldet, ob die Aktie einen Prozentpunkt oder mehr gestiegen ist oder ein neues Hoch erreicht hat, ob die Aktie einen Prozentpunkt oder mehr gefallen ist oder ein neues Tief erreicht hat, ob die Aktie innerhalb der letzten acht Jahre ein IPO hatte und ein EPS- sowie RS-Rating von 80 oder höher hat und ob unter Investors.com ein jüngerer *IBD*-Artikel über das Unternehmen vorliegt.

IBD behandelt nicht nur mehr Aktien und liefert mehr wichtige Daten dazu, sondern auch die Druckgröße der Tabelle ist viel größer und viel leichter lesbar.

Während ich dies im Februar 2009 schreibe, ist der Medizinsektor die Nummer 1. Diese Ratings werden angepasst und verändern sich, wenn die Wochen und Monate vergehen und sich die Marktbedingungen, die Nachrichten und die Zahlen ändern. Ich finde, dass diese signifikanten und relevanten Zahlen für ernsthafte Anleger – unabhängig davon, ob sie Neulinge oder erfahrene Anleger sind – den Daten, die die meisten Konkurrenten von *IBD* liefern, um Lichtjahre voraus sind.

Wenn wir uns einige der Katastrophen ansehen, die im Jahr 2008 von der Wall Street und der großstädtischen Banking Community verursacht wurden, finden wir, dass wir der amerikanischen Öffentlichkeit – mit unseren vielen Büchern wie beispielsweise dem vorliegenden, mit unseren Kursen, mehr als 1.000 Seminaren und Workshops im ganzen Land sowie mit *Investor's Business Daily* – eine Quelle relevanter, solider Weiterbildung, Hilfe und Anleitung in einem ansonsten komplexen, aber entscheidenden Bereich geboten haben. Ein großer Teil der Investment Community und Washington haben in diesem Bereich womöglich nicht immer ebenso gut agiert.

DIE UNVERZICHTBARKEIT DER BEOBACHTUNG VON BRANCHENTRENDS

Wenn Ihnen die Wirtschaftsbedingungen im Jahr 1970 verraten hätten, dass eine Verbesserung der Situation am Häusermarkt und ein großer Aufschwung der Bauindustrie zu erwarten seien, welche Aktien hätten Sie dann in Ihre Definition des Bausektors aufgenommen? Wenn Sie eine Liste dieser Aktien gekauft hätten, dann hätten Sie festgestellt, dass es damals in diesem Sektor Hunderte von Unternehmen gab. Und wie sollte man da seine Auswahl auf diejenigen Aktien einengen, die die beste Performance brachten? Antwort: Sie auf der Ebene der Branchengruppe und der Untergruppe betrachten. Tatsächlich gab es während des Aufschwungs 1971 zehn Branchengruppen innerhalb des Bausektors, die für Anleger infrage kamen. Das bedeutet, dass es zehn verschiedene Möglichkeiten gab, auf den Bauboom zu setzen. Viele institutionelle Investoren kauften Aktien, die vom Holzproduzenten Georgia Pacific über das führende Rigips-Unternehmen U.S. Gypsum bis hin zum Baustoffgiganten Armstrong Corp. reichten. Man hätte auch Masco in der Armaturen-Branche nehmen können, eine Hausbaufirma wie Kaufman & Broad, Baustoff-Einzel- und -Großhändler wie Standard Brands Paint und Scotty's Home Builders oder Hypothekenversicherer wie MGIC kaufen können. Außerdem gab es Hersteller von Mobilheimen und anderen preisgünstigen Wohnformen, Lieferanten von Klimaanlagen sowie Hersteller und Verkäufer von Möbeln und Teppichen.

Wissen Sie, wo die traditionellen Bau-Aktien 1971 standen? Sie verbrachten dieses Jahr in der unteren Hälfte aller Branchengruppen, während sich die neueren Untergruppen, die etwas mit Bau zu tun hatten, mehr als verdreifachten!

Die Mobilheim-Gruppe trat am 14. August 1970 in die Gruppe der 100 führenden Industriegruppen ein und blieb dort bis zum 12. Februar 1971. Am 14. Februar 1971 kehrte sie in die Top 100 zurück und fiel am 28. Juli 1972 wieder in die untere Hälfte zurück. Im vorangegangenen Zyklus befanden sich die Mobilheime im Dezember 1967 unter den Top-100-Branchen und sackten erst in der nächsten Baisse in die untere Hälfte ab.

Die Kurszuwächse der Mobilheim-Aktien in diesen positiven Phasen waren faszinierend. Redman Industries schnellte von splitbereinigten sechs auf 56 Dollar und Skyline stieg auf Präsplit-Basis von 24 auf 378 Dollar. Das ist die Art von Aktien, die man mithilfe von Charts leichter erkennen kann, wenn man lernt, Charts zu lesen, und wenn man seine Hausaufgaben macht. Wir studieren das historische Vorbild aller dieser früheren großen führenden Unternehmen und lernen aus ihnen.

Von 1978 bis 1981 gehörte die Computerbranche zu den führenden Sektoren. Allerdings dachten viele Vermögensverwalter damals, die Branche bestehe nur aus IBM, Burroughs, Sperry Rand, Control Data und so weiter. Aber das waren lauter Hersteller großer Mainframe-Computer und sie brachten in diesem Zyklus keine Performance. Warum nicht? Weil der Computersektor zwar heiß war, aber ältere Branchengruppen innerhalb dieses Sektors – zum Beispiel Mainframe-Computer – es nicht waren.

Die zahlreichen neuen Unterabteilungen der Computerbranche brachten indes eine unglaubliche Performance. Man hätte sich in dem damaligen Zeitraum neue, relativ unbekannte Aktien aus folgenden Gruppen aussuchen können: Minicomputer (Prime Computer), Mikrocomputer (Commodore International), Grafik (Computervision), Textverarbeitung (Wang Labs), Peripherie (Verbatim), Software (Cullinane Database) oder Time Sharing (Electronic Data Systems). Diese frischen, neuen, unternehmungslustigen Gewinner verfünf- bis verzehnfachten ihren Preis (das ist das „New" oder „Neu" in CAN SLIM). Keine US-Regierung kann die Erfinder und Neuerer Amerikas lange zurückhalten – außer wenn sie die Wirtschaft und das Land wirklich abwürgt.

In den Jahren 1998 und 1999 war der Computersektor wieder führend – 50 von 75 Computer-Aktien erreichten mehr als ein Jahr lang fast täglich den ersten Platz in der Liste der neuen Hochs in *Investor's Business Daily*. Wer aufmerksam war und wusste, worauf er achten musste, konnte es sehen. Die neuen führenden Unternehmen hießen Siebel Systems, Oracle und Veritas in der Branche der Unternehmenssoftware, Brocade und Emulex unter den Lokalnetzwerk-Aktien. Die Branche Computer und Internet boomte mit Cisco, Juniper und BEA Systems. In der Speicherbranche schossen EMC und Network Appliance nach oben. Die zuvor führende Branche Personal Computer hinkte im Jahr 1999 hinterher. Nach ihren gewaltigen Zuwächsen überschritten die meisten dieser führenden Unternehmen im Jahr 2000 zusammen mit dem restlichen Markt den Höhepunkt.

Seither sind viele neue Untergruppen entstanden, und in Zukunft werden noch viel mehr neue Gruppen entstehen, wenn neue Technologien erdacht und angewandt werden. Wir befinden uns im Zeitalter des Computers, der weltweiten Kommunikation und der Raumfahrt. Neue Erfindungen und Technologien werden Tausende neuer und überlegener Produkte und Dienstleistungen hervorbringen. Wir profitieren von einem endlosen Strom genialer Abkömmlinge der ursprünglichen Mainframe-Industrie, und früher kamen sie so schnell, dass wir die diversen Branchenkategorien in unserer Datenbank häufiger aktualisieren mussten, nur um damit Schritt zu halten.

So etwas wie „unmöglich" gibt es in dem System des freien Unternehmertums in Amerika nicht. Bedenken Sie: Als der Computer erfunden wurde, dachten Experten, es gäbe nur einen Markt für zwei, und einer davon müsste vom Staat gekauft werden. Und der Chef von Digital Equipment sagte später, er könne sich nicht vorstellen, dass jeder einen Computer zu Hause haben wollte. Als Alexander Graham Bell das Telefon erfunden hatte, steckte er in finanziellen Schwierigkeiten und bot dem Präsidenten von Western Union eine hälftige Beteiligung am Telefon an, aber dieser antwortete ihm: „Was soll ich mit einem interessanten Spielzeug anfangen?" Der Verwaltungsrat von Walt Disney, Disneys Bruder und seine Frau fanden Walts Idee, Disneyland zu bauen, nicht gut.

Während der Hausse von 2003 bis 2007 schafften es zwei der besten führenden Unternehmen der Jahre 1998 und 1999, nämlich America Online und Yahoo, nicht, die Führungsposition zu übernehmen, und neue Innovatoren wie Google und PriceLine.com schoben sich an die Spitze des Pulks. Man muss in jedem neuen Zyklus mit den neuen führenden Unternehmen Schritt halten. Eine historische Tatsache, die Sie sich merken sollten: Nur jedes achte in einem Aufschwung führende Unternehmen behauptet sich auch im nächsten Aufschwung als führendes Unternehmen. Normalerweise bringt der Markt neue Marktführer hervor und Amerika wächst immer weiter, sodass neue Unternehmen Ihnen als Anleger neue Chancen bieten.

EIN BLICK AUF BRANCHEN DER VERGANGENHEIT UND AUF DAS, WAS DIE ZUKUNFT BRINGT

Zu einer Zeit laufen vielleicht Computer- und Elektronik-Aktien überdurchschnittlich. Zu einer anderen Zeit tun sich Einzelhandels- oder Rüstungs-Aktien hervor. Normalerweise übernimmt eine Branche, die in der einen Hausse führend war, in der nächsten nicht wieder die Führung, auch wenn es davon Ausnahmen gegeben hat.

Branchengruppen, die in der Spätphase eines Aufschwungs aufkommen, befinden sich manchmal in einem ausreichend frühen Stadium ihrer eigenen Entwicklung und Fortschritte, dass sie eine Baisse überstehen. Dann können sie wieder ihren Aufstieg fortsetzen, sodass sie die Führungsposition übernehmen, wenn ein neuer Aufschwung beginnt.

Folgende Branchengruppen waren in den Aufschwüngen von 1953 bis 2007 führend:

1953 – 1954	Luft- und Raumfahrt, Aluminium, Bau, Papier, Stahl
1958	Bowling, Elektronik, Verlage
1959	Automaten
1960	Nahrungsmittel, Sparkassen, Tabak
1963	Fluggesellschaften
1965	Luft- und Raumfahrt, Farbfernsehen, Halbleiter
1967	Computer, Konglomerate, Hotels
1968	Mobilheime
1970	Bau, Kohle, Öldienstleister, Restaurants, Einzelhandel
1971	Mobilheime
1973	Gold, Silber
1974	Kohle
1975	Versandhäuser, Öl
1976	Krankenhäuser, Umweltschutz, Pflegeheime, Öl
1978	Elektronik, Öl, kleine Computer
1979	Öl, Öldienstleister, kleine Computer
1980	kleine Computer
1982	Bekleidung, Autos, Bau, Discountmärkte, Militärelektronik, Mobilheime, Bekleidungseinzelhandel, Spielzeuge
1984 – 1987	Generika, Nahrungsmittel, Süßwaren und Backwaren, Supermärkte, Kabelfernsehen, Computer-Software
1988 – 1990	Schuhe, Zucker, Kabelfernsehen, Computer-Software, Juweliergeschäfte, Telekommunikation, ambulante Gesundheitsversorgung

1990 – 1994	medizinische Produkte, Biotechnologie, HMOs, Computer-Peripherie/LAN, Restaurants, Spiele, Banken, Öl- und Gasexploration, Halbleiter, Telekommunikation, Generika, Kabelfernsehen
1995 – 1998	Computer-Peripherie/LAN, Computer-Software, Internet, Banken/Finanz, Computer – PC/Workstation, Öl-/Gasbohrung, Einzelhandel, Discounter/Diverses
1999 – 2000	Internet, Medizin – biomedizinisch/genetisch, Computer-Speicherbauteile, Telekommunikationsausrüstung, Halbleiterherstellung, Computer-Netzwerke, Glasfaserkomponenten, Computersoftware-Unternehmen
2003 – 2007	Düngemittel, Öl und Gas, Bekleidung, Stahl, Medizin, Solar, Internet, Hausbauer

Wie Sie sich vielleicht vorstellen können, bieten die Industrien der Zukunft für jedermann gigantische Chancen. Die Branchen der Vergangenheit erleben zwar auch gelegentliche Aufschwünge, doch sie bieten weniger atemberaubende Möglichkeiten.

Eine Reihe bedeutender Industrien, vor allem zyklische, hatten im Jahr 2000 ihre Höhepunkte längst hinter sich. Viele von ihnen erholten sich nach der enttäuschenden Vergangenheit jedoch in den Jahren 2000 bis 2007 infolge der enormen Nachfrage aus China wieder, denn dort fand das Gleiche statt, was in den Vereinigten Staaten Anfang des 20. Jahrhunderts passiert war – der Aufbau einer weltweit führenden Industriemacht.

Mit seiner langen Grenze zu Russland erlebte es China aus erster Hand, wie die 70 Jahre alte kommunistische Sowjetunion implodierte und auf dem Müllhaufen der Geschichte landete. Die Chinesen lernten aus dem enormen Wachstum und dem höheren Lebensstandard, der in Amerika erarbeitet wurde, dass dieses Modell für das chinesische Volk und das Land weitaus mehr Potenzial besaß. Die meisten chinesischen Familien möchten, dass ihr einziges Kind studiert und Englisch lernt. Familien in Indien haben weitgehend die gleichen Ambitionen.

Hier eine Liste dieser gewissermaßen altmodischen Industrien:

1. Stahl
2. Kupfer
3. Aluminium
4. Gold
5. Silber
6. Baustoffe
7. Autos
8. Öl
9. Textilien
10. Container
11. Chemikalien
12. Elektrogeräte
13. Papier
14. Eisenbahnen und Eisenbahnausrüstung
15. Versorger
16. Tabak
17. Fluggesellschaften
18. Herkömmliche Kaufhäuser

Und dies könnten Industrien der Gegenwart und Zukunft sein:

1. Computer, Medizin, Software
2. Internet und E-Commerce
3. Lasertechnologie
4. Rüstungselektronik
5. Telekommunikation
6. Neue Einzelhandelskonzepte
7. Medizin, Arzneimittel und Biomedizin/Genetik
8. Spezial-Dienstleistungen
9. Bildung

Mögliche Zukunftsbranchen:
Wireless, Speichernetzwerke, persönliches Networking, Netzwerk-Sicherheit, Palmtop-Computer, tragbare Computer, Proteomik, Nanotechnologie und DNA-basierte Microchips.

ES IST ENTSCHEIDEND, DASS MAN NASDAQ- UND NYSE-AKTIEN GEMEINSAM BEOBACHTET

Man findet Branchen, die sich in einem neuen Hausse-Zyklus zur Führungsposition aufschwingen, indem man bei einer oder zwei Nasdaq-Aktien ungewöhnliche Stärke bemerkt und diese Stärke zu vergleichbarer Stärke einer amtlich notierten Aktie der gleichen Branche in Beziehung setzt.
Anfängliche Stärke nur einer amtlich notierten Aktie reicht nicht aus, um die Aufmerksamkeit auf eine Kategorie zu lenken, aber die Bestätigung durch eine oder zwei verwandte Nasdaq-Titel kann einen schnell auf eine mögliche Branchenerholung hinweisen. Man sieht es, wenn man sich den Chart der Freiverkehrsaktie der Hausbaufirma Centex von März bis August 1970 und der NYSE-notierten Aktie der Hausbaufirma Kaufman & Broad von April bis August desselben Jahres anschaut:

1. Centex hatte im Vorjahr eine hohe Relative Stärke und die Relative Stärke erreichte drei Monate vor dem Hoch des Aktienkurses ein Hoch.
2. Der Gewinn wurde in dem Quartal zum Juni 1970 gesteigert (um 50 Prozent).
3. Die Aktie wurde am Tiefpunkt einer Baisse fast zu einem Allzeithoch verkauft.
4. Eine starke Konsolidierung von Centex fiel mit der Konsolidierung bei Kaufman & Broad zusammen.

Während der Hausse 2003 fiel uns die NYSE-Aktie Coach (COH) auf. Wir fanden sie in unserer Wochenchart-Übersicht, als sie am

28. Februar aus ihrer Basis ausbrach. Am 25. April federte sie von ihrer 10-Wochen-Linie zurück, was einen weiteren Kaufpunkt angab. Aber diesmal hatte die neue Hausse richtig begonnen, nachdem die Börsenindizes einen bedeutenden Follow-through-Tag hinter sich hatten und am 25. April zwei weitere führende Unternehmen des Bekleidungseinzelhandels – Urban Outfitters (URBN) und Deckers Outdoor (DECK) – zum gleichen Zeitpunkt ausbrachen, zu dem Coach stieg. Somit hatten eine NYSE-Aktie und zwei Nasdaq-Titel aus der gleichen Branchengruppe deutliche Belege dafür geliefert, dass im Zuge der neuen Hausse, die gerade erst angefangen hatte, eine mächtige neue Gruppe im Kommen war. Dies ist ein weiterer Grund dafür, dass in den Tabellen von *IBD* NYSE- und Nasdaq-Aktien gemeinsam gelistet werden und dass die Aktien nach Branchensektoren sortiert sind. Man erkennt die führenden Unternehmen leichter, wenn sie in einer Gruppe zusammengefasst sind.

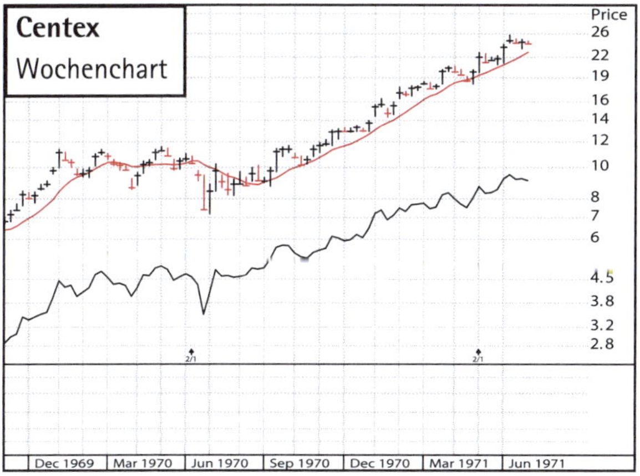

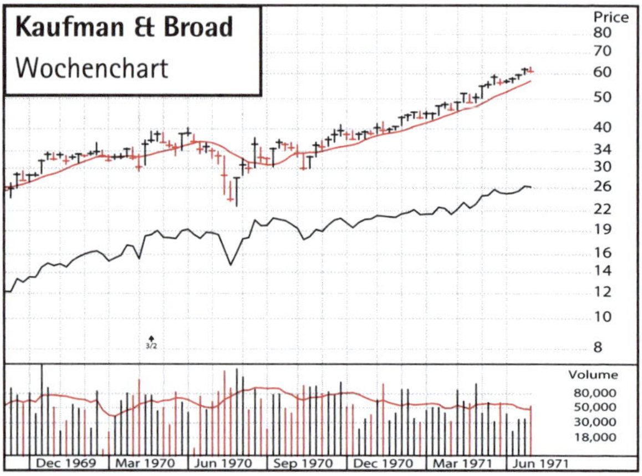
Kaufman & Broad
Wochenchart
Price
80
70
60
50
40
34
30
26
22
19
16
14
12
10
8
Volume
80,000
50,000
30,000
18,000
Dec 1969
Mar 1970
Jun 1970
Sep 1970
Dec 1970
Mar 1971
Jun 1971

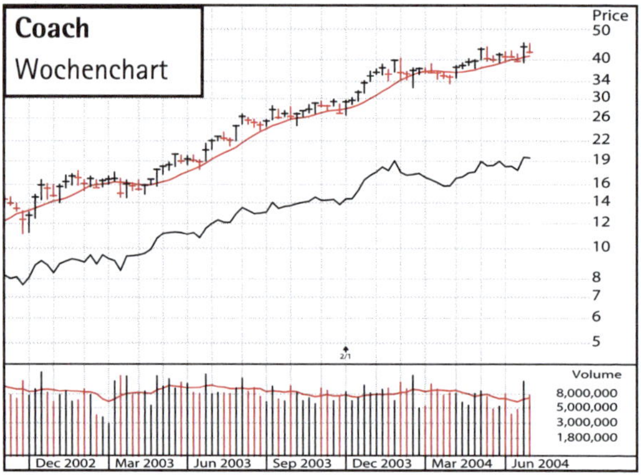
Coach
Wochenchart
Price
50
40
34
30
26
22
19
16
14
12
10
8
7
6
5
Volume
8,000,000
5,000,000
3,000,000
1,800,000
Dec 2002
Mar 2003
Jun 2003
Sep 2003
Dec 2003
Mar 2004
Jun 2004

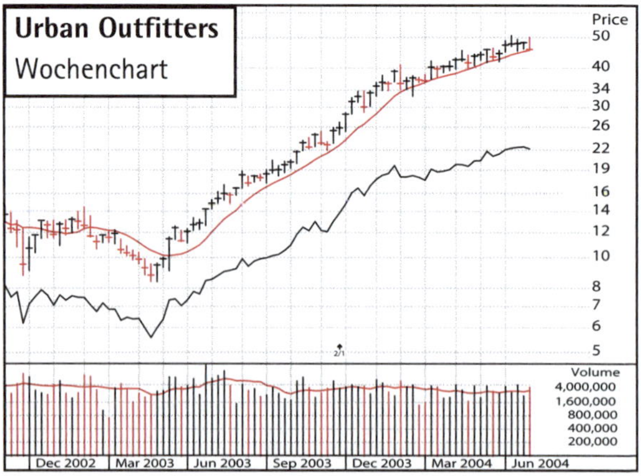
Urban Outfitters
Wochenchart
Price
50
40
34
30
26
22
19
16
14
12
10
8
7
6
5
Volume
4,000,000
1,600,000
800,000
400,000
200,000
Dec 2002
Mar 2003
Jun 2003
Sep 2003
Dec 2003
Mar 2004
Jun 2004

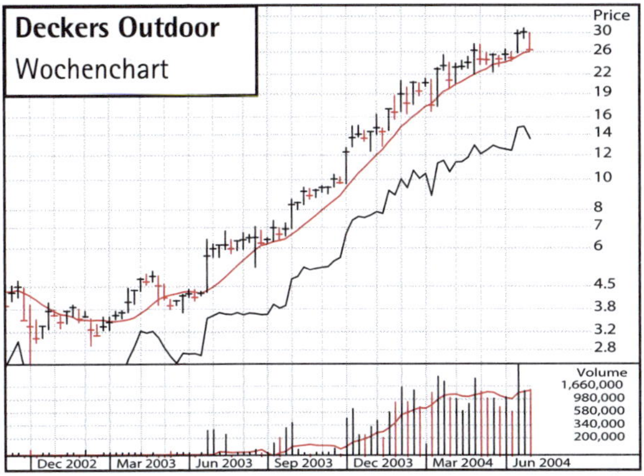

DIE SCHWÄCHE EINER SCHLÜSSELAKTIE KANN AUF DIE GRUPPE ÜBERGREIFEN

Wenn man Aktien in Gruppen zusammenfasst und nach Branchengruppen beobachtet, kann einem das auch helfen, aus schwächer werdenden Investments schneller auszusteigen. Wenn eine oder zwei Aktien einer Gruppe nach einem erfolgreichen Aufstieg ernstlich einbrechen, kann diese Schwäche früher oder später auf die restlichen Aktien dieses Gebiets „überschwappen". Zum Beispiel deutete im Februar 1973 die Schwäche einiger wichtiger Bau-Aktien darauf hin, dass sogar Leitaktien wie Kaufman & Broad und MGIC verwundbar waren, auch wenn sie sich noch gut hielten. Die fundamental ausgerichteten Researchfirmen waren damals hinsichtlich MGIC einer Meinung. Sie waren sicher, dass dieser Darlehensversicherer für die nächsten zwei Jahre 50 Prozent Gewinne einstreichen und dass das Unternehmen seinen positiven Weg fortsetzen werde – von dem Bauzyklus unbeeindruckt. Die fundamentalen Aktienanalysten irrten sich jedoch. Später brach MGIC nämlich gemeinsam mit dem Rest dieser schwächelnden Gruppe ein.

Im selben Monat bewegte sich ITT zwischen 50 und 60 Dollar, während alle anderen Aktien in der Gruppe der Konglomerate einen langen Abstieg hinter sich hatten. Die vier führenden Researchfirmen, die ITT im Jahr 1973 empfahlen, übersahen zwei zentrale Punkte: dass die Gruppe sehr schwach war und dass die Relative Stärke von ITT abwärts tendierte, auch wenn das für die Aktie selbst nicht galt.

ÖL UND ÖLDIENSTLEISTER ÜBERSCHREITEN 1980–1981 EINEN GIPFEL

In den Jahren 1980 und 1981 war dieses „Überschwappen" innerhalb von Gruppen ebenfalls zu beobachten. Nach einem langen Anstieg der Aktien von Ölgesellschaften und Öldienstleistern veranlassten unsere Frühwarnkriterien unseren institutionellen Dienst, Aktien wie Standard Oil of Indiana, Schlumberger, Gulf Oil und Mobil in die Schublade „Verkaufen/Meiden" zu stecken. Mit anderen Worten, wir waren der Meinung, man sollte sie meiden oder verkaufen.

Ein paar Monate später zeigten die Zahlen, dass fast der gesamte Ölsektor in den negativen Bereich umgeschwenkt war und dass Schlumberger, die hervorragendste aller Öldienstleistungsgesellschaften, ihren Höhepunkt gesehen hatte. Aufgrund der ganzen historischen Daten musste man objektiv zu dem Schluss kommen, dass die Schwäche früher oder später auf die gesamte Öldienstleistungsbranche übergreifen würde. Deshalb setzten wir auch Aktien wie Hughes Tool, Western Co. of North America, Rowan Companies, Varco International und NL Industries auf die „Verkaufen/Meiden"-Liste, obwohl diese Aktien neue Preishochs erreichten und steigende Quartalsgewinne aufwiesen – in manchen Fällen um 100 Prozent oder mehr.

Viele erfahrene Profis an der Wall Street und in großen Institutionen waren von den Empfehlungen überrascht, aber wir hatten untersucht und historisch dokumentiert, wie Gruppen in der Vergangenheit Höhepunkte überschritten hatten. Unser Handeln basierte auf historischen Fakten und soliden Prinzipien, die seit Jahrzehnten funktioniert hatten, nicht auf persönlichen Meinungen von Analysten oder möglicherweise einseitigen Informationen von Unternehmensvertretern.

Unser Dienst unterscheidet sich völlig von den Diensten aller Researchfirmen an der Wall Street, denn wir beschäftigen keine Analysten, geben keine Kauf- oder Verkaufsempfehlungen und schreiben keine Researchberichte. Wir benutzen Angebot-und-Nachfrage-Charts, Fakten und historische Präzedenzfälle, die inzwischen alle Aktien und Branchen von den 1880er-Jahren bis 2008 abdecken.

Die Entscheidung, unseren Kunden zu empfehlen, dass sie Öl-Aktien und die Aktien von Öldienstleistern von November 1980 bis Juni 1981 meiden oder verkaufen sollten, gehört zu den damals wertvolleren Prognosen unserer Firma. Bei einem Seminar in Houston erklärten wir im Oktober 1980 dem Publikum sogar, der gesamte Ölsektor habe den Höhepunkt überschritten. Ganze 75 Prozent der Zuhörer besaßen Erdöl-Aktien. Wahrscheinlich glaubten sie kein Wort von dem, was wir sagten. Damals und auch in den Monaten danach war uns keine andere Firma an der New York Stock Exchange bekannt, die durch die Bank die gleiche negative Haltung zu den Sektoren Energie, Ölbohrungen und Dienstleistungen eingenommen hatte. Tatsächlich war das genaue Gegenteil der Fall. Wegen solcher Entscheidungen wurde William O'Neil + Co. zu einem führenden Anbieter historischer Präzedenz-Ideen für viele der besten institutionellen Anleger der Nation.

Innerhalb weniger Monate begannen alle diese Aktien, beträchtlich zu fallen. Die professionellen Geldverwalter begriffen langsam, dass es, nachdem der Ölpreis den Höhepunkt überschritten hatte und die größeren Öltitel liquidiert wurden, nur eine Frage der Zeit sein würde, wann die Ölbohrungsaktivitäten zurückgefahren werden würden.

In der Juliausgabe 1982 der Zeitschrift *Institutional Investor* nahmen zehn Energieanalysten von acht der größten und meistgeachteten Brokerfirmen einen anderen Standpunkt ein. Sie rieten zum Kauf dieser Wertpapiere, weil sie günstig erschienen und weil sie nach ihrem Preishöhepunkt schon die erste Korrektur hinter sich hatten. Dies ist nur ein weiteres Beispiel dafür, dass persönliche Meinungen – selbst wenn sie von den hochkarätigsten Researchfirmen oder von glänzenden jungen MBAs von bedeutenden Eliteuniversitäten geäußert werden – sehr oft falsch sind, wenn es darum geht, am Aktienmarkt Geld zu verdienen und zu bewahren.

Die gleiche Situation ergab sich im Jahr 2008 wieder. Am 3. Juli setzten wir Schlumberger zum ersten Mal bei 100 Dollar auf die „Verkaufen/Meiden"-Liste. Schlumberger – auf dem Ölsektor hinsichtlich der Qualität führend – beschloss alle Wochen unterhalb seiner 10-Wochen-Linie und begann zusammen mit anderen Öl-Aktien einen langsamen, stetigen Gipfelbildungsprozess. Viele Institutionen kauften aufgrund der Analystenempfehlungen die Öl-Aktien zu früh auf dem Weg nach unten, weil sie Schnäppchen zu sein schienen. Indes befand sich der Ölpreis selbst schon auf halbem Wege zum Zusammenbruch von 147 Dollar pro Barrel auf 35 bis 50 Dollar.

Im August 2000 ergab eine Erhebung, dass viele Analysten Hightech-Aktien als klare Käufe empfahlen. Sechs Monate später vertrat – in einer der schlechtesten Marktlagen seit vielen Jahren – immer noch ungefähr der gleiche Anteil der Analysten, Technologie-Aktien seien eindeutige Käufe. Natürlich lagen die Analysten mit ihren Meinungen daneben. Nur ein Prozent von ihnen riet, Technologie-Aktien zu verkaufen. Meinungen sind häufig falsch, selbst wenn sie von Experten stammen. Märkte liegen selten falsch. Lernen Sie also, zu lesen, was Ihnen der Markt sagt, und hören Sie auf, auf Ihr Ego und auf persönliche Meinungen zu hören. Analysten, die das nicht begreifen, verursachen ihren Klienten zwangsläufig beträchtliche Verluste. Wir messen historische Börsenfakten, nicht persönliche Meinungen.

Wir besuchen keine Unternehmen und führen keine Gespräche mit ihnen, wir lassen uns keine Researchberichte von Analysten schreiben und wir haben weder Insiderinformationen noch glauben wir daran. Auch sind wir keine quantitative Firma. Unseren institutionellen Abonnenten, die über Fundamentalanalysten-Teams verfügen, raten wir, sie sollen ihre Analysten die Quellen und die betreffenden Unternehmen prüfen lassen. Sie sollen klären, ob unsere eher ungewöhnlichen Ideen, die auf historischen Präzedenzfällen basieren, fundamental betrachtet solide und richtig sein könnten und welche davon möglicherweise nicht aufgehen. Institutionen übernehmen immer persönliche Verantwortung und sind zur Vorsicht verpflichtet, wenn sie in Aktien investieren. Auch wir machen unsere Fehler, denn am Aktienmarkt ist nichts sicher. Aber wenn wir Fehler machen, korrigieren wir sie – wir beharren nicht darauf.

DER BOWLING-BOOM ÜBERSCHREITET 1961 DEN HÖHEPUNKT

Die Brunswick-Aktie stieg von 1958 bis in das Jahr 1961 hinein gewaltig. Die Aktie von AMF – ebenfalls ein Hersteller automatischer Aufsteller für Bowlingbahnen – schraubte sich im Gleichschritt mit Brunswick in die Höhe. Nachdem Brunswick im März 1961 den Höhepunkt überschritten hatte, erholte es sich von 50 Dollar aus wieder auf 65 Dollar, aber zum ersten Mal machte AMF bei der Erholung nicht mit. Das war ein Hinweis darauf, dass die gesamte Gruppe ein langfristiges Hoch überschritten hatte, dass die Rückfederbewegung von Brunswick nicht von Dauer sein würde und dass die Aktie – so großartig sie auch gewesen sein mochte – verkauft werden sollte.

Eine praktische, vernünftige Branchenregel besagt, dass man niemals eine Aktie kaufen sollte, wenn ihre Stärke und ihre Attraktivität nicht von mindestens einer weiteren bedeutenden Aktie der gleichen Gruppe bestätigt werden. Manchmal geht es auch ohne eine solche Bestätigung, wenn nämlich das Unternehmen etwas wahrhaft Einmaliges macht, aber dies kommt nur sehr selten vor. Von Ende der 1980er-Jahre bis Ende der 1990er-Jahre fiel Walt Disney in diese Kategorie: Es war ein einmaliges, hochwertiges Unterhaltungsunternehmen und nicht einer unter vielen Filmherstellern in dieser notorisch unsteten, wenig zuverlässigen Branchengruppe.

Während wir an der Börse historische Modelle bauten, traten zwei weitere wertvolle Konzepte zutage. Das erste nannten wir „Nachfolgeeffekt" und das zweite die „Theorie vom Aktiencousin".

DER „NACHFOLGEEFFEKT"

Manchmal findet in einer Branche eine größere Entwicklung statt und verwandte Industrien profitieren hinterher als Nachfolger davon. Zum Beispiel erlebte Ende der 1960er-Jahre die Fluglinienbranche eine Renaissance, weil die Einführung von Düsenflugzeugen die Aktien von Fluggesellschaften steigen ließ. Ein paar Jahre später schwappte die Zunahme des Flugreiseaufkommens in die Hotelbranche über, die mehr als glücklich war, zu expandieren und die zunehmende Anzahl von Reisenden aufzunehmen. Ab 1967 erlebten die Hotel-Aktien einen gewaltigen Aufstieg. Besonders große Gewinner waren Loews und Hilton. In diesem Fall bestand der Nachfolgeeffekt darin, dass das gestiegene Flugreiseaufkommen eine Knappheit an Hotelkapazitäten verursachte.

Als Ende der 1970er-Jahre der Ölpreis stieg, begannen die Ölgesellschaften sehr eifrig zu bohren, um das Angebot des plötzlich teuren Rohstoffes zu erhöhen. Der höhere Ölpreis führte aber nicht nur dazu, dass im Jahr 1979 die Öl-Aktien stiegen, sondern auch die Aktien von Öldienstleistungsgesellschaften, welche die Industrie mit Explorationsausrüstung und entsprechenden Dienstleistungen versorgten.

Der enorme Erfolg von kleinen und mittelgroßen Computerherstellern während der Hausse 1978 bis 1981 zog eine Nachfrage nach Computerdienstleistungen, Software und Peripherieprodukten im Laufe des erneuten Aufschwungs Ende 1982 nach sich. Als Mitte der 1990er-Jahre das Internet durchstartete, entwickelten die Menschen eine unersättliche Nachfrage nach schnellerem Zugang und größerer Bandbreite. Schon bald stiegen die Netzwerk-Aktien und Unternehmen, die sich auf Glasfaser spezialisiert hatten, verzeichneten große Kursgewinne.

DIE THEORIE VOM AKTIENCOUSIN

Wenn eine Gruppe außerordentlich gut läuft, gibt es vielleicht eine Zulieferfirma, einen „Aktiencousin", der ebenfalls davon profitiert. Als Mitte der 1960er-Jahre die Nachfrage nach Fluggesellschaften stieg, verkaufte Boeing eine Menge neue Jets. Jeder neue Boeing-Jet wurde mit chemischen Toiletten ausgestattet, die von einem Unternehmen namens Monogram Industries hergestellt wurden. Monogram verzeichnete ein Gewinnwachstum von 200 Prozent und die Aktie stieg um 1.000 Prozent.

Im Jahr 1983 war ein führender Hersteller von Wohnmobilen namens Fleetwood Enterprises ein großer Börsengewinner. Textone war ein kleiner Aktiencousin, der PVC-beschichtete Paneele und Hohlkörpertüren an Hersteller von Wohnmobilen und Mobilheimen lieferte.

Wenn Ihnen ein Unternehmen auffällt, dem es besonders gut geht, stellen Sie gründliche Nachforschungen an. Dabei könnten Sie nämlich einen Zulieferer entdecken, in den zu investieren sich ebenfalls lohnt.

DIE GRUNDBEDINGUNGEN EINER BRANCHE ÄNDERN SICH

Meistens bewegt sich in einer Branche etwas, weil sich die Bedingungen der Branche beträchtlich ändern.

Im Jahr 1953 erlebten Aluminium- und Bau-Aktien eine kräftige Hausse, weil in der Nachkriegszeit die Nachfrage nach Häusern steil gestiegen war. Rigipsplatten waren derart knapp, dass manche Baufirmen den Vertretern von Rigipsplatten einen neuen Cadillac anboten, nur damit sie eine Wagenladung ihrer Produkte kaufen durften.

Der Ausbruch des Vietnamkriegs im Jahr 1965, der mindestens 20 Milliarden Dollar kostete, sorgte für eine solide Nachfrage nach Elektronik, die während des Krieges für militärische Anwendungen gebraucht wurde. Der Preis von Unternehmen wie Fairchild Camera kletterte um mehr als 200 Prozent.

In den 1990er-Jahren gruben Discountbroker den Full-Service-Firmen immer mehr Marktanteile ab, weil sich die Geldanlage immer mehr verbreitete. Eine historische Nachprüfung ergab damals, dass Charles Schwab – einer der erfolgreichsten Discountbroker – eine ebenso gute Performance erzielt hatte wie Microsoft, das in den Jahren davor führend gewesen war. Diese wertvolle Tatsache war damals nur wenigen Menschen bekannt.

HALTEN SIE NACH NEUEN, AUFKOMMENDEN TRENDS AUSSCHAU

Wir achten bei unseren Datenbankrecherchen auch auf die Regionen des Landes, in denen Unternehmen ansässig sind. Bei unseren Unternehmensbewertungen, die bis in das Jahr 1971 zurückreichen, vergaben wir Extrapunkte für Firmen, die ihren Sitz in Dallas, Texas, oder in anderen wichtigen Wachstums- oder Technologiezentren wie beispielsweise im kalifornischen Silicon Valley hatten. In letzter Zeit haben jedoch die hohen Kosten und die hohen Steuern in Kalifornien dazu geführt, dass zahlreiche Unternehmen den Staat in Richtung Utah, Arizona und den Südwesten verlassen.

Als schlauer Anleger sollte man außerdem die demografische Entwicklung kennen. Man kann beispielsweise aus der Anzahl von Menschen in diversen Altersgruppen potenzielles Wachstum für gewisse Branchen vorhersagen. Die wachsende Anzahl berufstätiger Frauen und die Flut der Babyboomer erklären teilweise, weshalb Aktien wie The Limited, Dress Barn und andere Verkäufer von Frauenbekleidung von 1982 bis 1986 stiegen.

Außerdem lohnt es sich, wenn man die grundlegenden Eigenschaften wichtiger Branchen kennt. Zum Beispiel sind Hightech-Aktien zweieinhalbmal so volatil wie Konsumartikel-Aktien. Wenn man sie nicht zum richtigen Zeitpunkt kauft, kann man daher große Verluste erleiden. Und wenn man sein Portfolio hauptsächlich auf solche Aktien konzentriert, können sie alle gleichzeitig fallen. Seien Sie sich also des Risikos bewusst, wenn Sie sich übermäßig auf den volatilen Hightech-Sektor oder auf irgendeinen anderen potenziell riskanten Bereich konzentrieren.

MANCHMAL GEBEN DEFENSIVE BRANCHEN SIGNALE FÜR DEN GESAMTMARKT

Zudem ist es wichtig, dass man als Anleger weiß, welche Branchen von Natur aus „defensiv" sind. Wenn einem nach Jahren der Hausse auffällt, dass Branchen wie Gold, Silber, Tabak, Nahrungsmittel,

Lebensmittel, Stromversorger oder Telefonanbieter gekauft werden, könnte man sich einem Höhepunkt nähern. Eine anhaltende Schwäche des Versorgerindex könnte außerdem auf höhere Zinsen und auf eine bevorstehende Baisse hindeuten.

Die Goldgruppe wechselte am 22. Februar 1973 in die obere Hälfte der 197 Branchen. Wer damals diese Information aufspürte, bekam die erste kristallklare Warnung vor einer der bis dahin schwersten Marktumwälzungen seit 1929.

MINDESTENS 60 PROZENT DER GROSSEN GEWINNER SIND DURCH BRANCHENBEWEGUNGEN BEDINGT

Von den erfolgreichsten Aktien der Jahre 1953 bis 1993 gehen fast zwei von drei auf Branchenaufstiege zurück. Vergessen Sie also nicht, dass man es kaum überschätzen kann, wie wichtig es ist, mit seinen Recherchen auf dem neuesten Stand zu sein und neue Branchenbewegungen wahrzunehmen.

KAPITEL 16

WIE ICH IBD BENUTZE, UM POTENZIELLE GEWINNERAKTIEN ZU FINDEN

WESHALB WIR *INVESTOR'S BUSINESS DAILY* GEGRÜNDET HABEN

Jahrzehntelang waren professionelle Vermögensverwalter die einzigen, die Zugang zu den ausführlichen Daten hatten, die unentbehrlich für das Auffinden von Gewinneraktien sind. Im Endeffekt hatten sie ein Monopol auf relevante Investmentinformationen. Deshalb habe ich im April 1984 *Investor's Business Daily* gegründet: Um diese notwendigen Informationen allen Anlegern nahezubringen, ob klein, ob groß, ob neu dabei oder erfahren.

William O'Neil + Co. war schon seit Anfang der 1960er-Jahre für seine Anlegerkompetenz bekannt und das Unternehmen baute die erste computerisierte tägliche Börsendatenbank der Vereinigten Staaten auf, die die Performance von Aktien verfolgte und verglich. Die detaillierte Beobachtung offenbarte entscheidende Erkenntnisse über die ursächlichen Faktoren von Börsengewinnern, vor allem über ihre Eigenschaften, *bevor* sie einen großen Kursanstieg verzeichnen.

Viele dieser Informationen sind heutzutage dank *Investor's Business Daily* verfügbar. Dadurch bieten sich jedermann – professionellen wie privaten Anlegern – bessere Chancen, zu wachsen und von den detaillierten Daten zu profitieren. Da wir vor allem Wert darauf legen, die Volkswirtschaft anhand unserer umfassenden Datenbank zu verstehen und zu interpretieren, ist *Investor's Business Daily* in erster Linie ein unentbehrlicher Informationslieferant und erst in zweiter Linie eine Tageszeitung.

Wenn Sie ernstlich ein erfolgreicherer Anleger werden wollen, können Ihnen dies durchaus gelingen. Wenn Sie sich vornehmen, die bewährten, historisch erprobten Strategien zu studieren, die in diesem Buch dargestellt werden, sowie diszipliniert zu sein und sich auf tägliches und wöchentliches Lernen zu konzentrieren, haben Sie schon mehr als die Hälfte des Weges geschafft. Die andere Hälfte sind die selbst entwickelten Research-Tools von *IBD*. Für viele von Ihnen bedeutet dies, sich mit Zahlen, Methoden und Konzepten vertraut zu machen, die sich sehr von denjenigen unterscheiden, die Sie gewöhnlich hören, sehen und benutzen.

Zum Beispiel hat unsere historische Untersuchung aller großen Gewinneraktien ergeben, dass man jahrzehntelang fast alle größeren Gewinner verpasst hätte, wenn man sich auf KGVs verlassen hätte. Die Informationen in *IBD* basieren auf denjenigen Charakteristika, welche die erfolgreichsten Unternehmen aller Zeiten vor ihren großen Preisanstiegen aufweisen. Die Orientierung an diesen gültigen Erfolgsvorbildern hat mir und vielen anderen geholfen, seit den 1960er-Jahren erfolgreich zu sein.

Investor's Business Daily fing im April 1984 mit nur 15.000 Abonnenten an. In den Jahren vor unserer Gründung war die Auflage des *Wall Street Journal* stetig gewachsen und hatte bis zu unserer Einführung im Jahr 1984 mit 2,1 Millionen Abonnenten im Inland ihren Höhepunkt erreicht. Seit dieser Zeit hat *Investor's Business Daily* seinen Marktanteil über viele Jahre hinweg vergrößert. In wichtigen bevölkerungsreichen Gebieten wie Südkalifornien, Florida, Long Island und New York hat *IBD* überdurchschnittlich viele Leser. Zwar sind viele unserer Leser ehemalige Abonnenten des *Wall Street Journal*, aber derzeit gibt es wenige Doppelleser, denn mehrere Erhebungen zeigen, dass nur 16 Prozent der *IBD*-Abonnenten auch das *Journal* beziehen.

WAS AN *INVESTOR'S BUSINESS DAILY* ANDERS IST

Und was genau unterscheidet nun *IBD* von anderen Quellen? Sehen wir uns das einmal genauer an.

- ***IBD* macht die Suche nach Gewinneraktien leichter.** Aufgrund einer Auswahl von 10.000 börsennotierten Aktien bietet *IBD* Performance-Listen und erprobte eigene fundamentale und technische Beurteilungen und Rangfolgen, die Ihnen dabei helfen, Ihre Auswahl auf die allerbesten Gelegenheiten einzugrenzen.
- **Es bietet schnellere, leichtere sowie genauere und zuverlässigere Möglichkeiten, den Gesamtmarkt zu interpretieren.** In der *IBD*-Kolumne „The Big Picture" werden die Schlüsselelemente des Tagesgeschehens an der Börse erklärt. Sie liefert einen soliden Einblick in den Zustand des Gesamtmarktes und ermöglicht es, den Zeitpunkt Ihrer Kauf- und Verkaufsentscheidungen zu optimieren. In angespannten Marktlagen wie 2000 bis 2003 und 2007 bis 2009 sind das entscheidende Informationen.
- **Es liefert Ihnen wertvolle Informationen und Unterstützung bei der Geldanlage.** Der Schwerpunkt von *IBD* liegt ausschließlich auf soliden Datenbankrecherchen und der Entwicklung ausführlicher historischer Modelle, die als Beispiele dienen – Fakten,

keine persönlichen Meinungen. In diesem Kapitel wird eine Vielzahl von Quellen skizziert, mit deren Hilfe Sie anhand jahrelanger historischer Daten lernen können, wie der Markt wirklich funktioniert.

EINE NEUE, BESSERE MÖGLICHKEIT, GEWINNERAKTIEN ZU FINDEN

Wir haben bei *Investor's Business Daily* eine vollkommen neue Methode entwickelt, nach Gewinneraktien zu suchen. Deshalb wissen wir nach mehr als vier Jahrzehnten historischer Recherchen, dass Spitzenaktien konkrete Anzeichen der Stärke aufweisen, bevor sie zu außergewöhnlichen Gewinnern werden. Dies verwirrt Menschen, die lieber Schnäppchen haben wollen – preisgünstige, unbekannte Aktien, von denen sie hoffen, dass sie durchstarten und uns alle überraschen werden. Wie schon gesagt, billige Aktien sind nicht ohne Grund billig: Sie haben Mängel, aufgrund deren sie nicht vorankommen. Damit eine Aktie steigt, braucht sie Gewinnwachstum und starke Umsätze sowie mehrere andere Faktoren, die anzeigen, dass sie sich zum neuen Marktführer aufschwingt. Wenn man eine solche Aktie im Frühstadium entdeckt, ist man in der Lage, von ihren enormen Fortschritten zu profitieren.

Bedenken Sie, dass die größten Gewinner aller Zeiten – wie etwa Cisco Systems und Home Depot – ihre größten Preisanstiege starteten, nachdem sie hinsichtlich des Gewinns, des Umsatzwachstums und der anderen in diesem Buch beschriebenen Faktoren die Führung übernommen hatten. Einige der entscheidenden Daten, die Sie brauchen, um mit der Suche zu beginnen, finden Sie in den Aktientabellen von *IBD*.

Die einmaligen *IBD*-Ratings bieten eine Möglichkeit, potenzielle Gewinner bereits zu erkennen, bevor sie abheben. Deshalb ist es wichtig, dass Sie diese Ratings täglich kontrollieren. Die Aktientabellen von *IBD* sind anders als alles, was Sie woanders sehen werden. Die selbst entwickelten *Smart Select*-Unternehmensratings sprechen Bände über die Performance jeder Aktie und darüber, wie eine Aktie im Vergleich zu allen anderen in unserer Datenbank dasteht. Wir erklären hier ausführlich die Elemente dieser Ratings, die in dem unten stehenden Chart von 1 – 6 durchnummeriert sind.

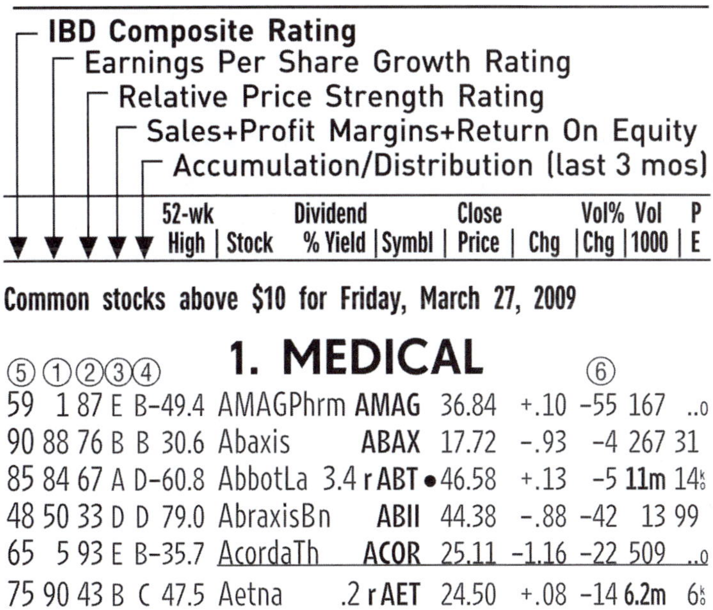

DIE *SMART SELECT*-UNTERNEHMENSRATINGS VON IBD

Die einzelne Informationszeile in den *IBD Smart Select* Corporate Ratings ist viel bedeutsamer und aussagekräftiger als alles, was sie in Standardkurstabellen finden. Diese Ratings, die erwiesenermaßen die Kennzahlen mit der größten Vorhersagekraft für den künftigen Wert von Aktien sind, engen Ihre Suche unter mehr als 10.000 Aktien auf diejenigen mit den besten Investmentaussichten ein.

Sie werden sehen, dass diese Ratings eine Art konzentrierte, prägnante statistische Zusammenfassung von Finanzberichten sind, in denen die fundamentale Stärke beziehungsweise Schwäche einer Aktie untersucht wird. Außerdem sind sie eine fokussierte Beurteilung des allgemeinen Gesundheitszustands der Unternehmen. Vor allen Dingen werden Ihnen diese Ratings zusammen mit Tages- oder Wochencharts helfen, bessere Aktien zu finden. Befassen wir uns mit den einzelnen Bestandteilen.

Das Earnings-Per-Share-Rating zeigt das relative Gewinnwachstum eines Unternehmens an

Kräftiges Gewinnwachstum ist für den Erfolg einer Aktie unerlässlich und es hat die größten Auswirkungen auf die künftige Preisperformance. Der erste absolut unentbehrliche Bestandteil der *Smart Select*-Ratings ist das Earnings-Per-Share-Rating (EPS, Gewinn pro Aktie), das in der Tabelle mit „1“ beschriftet ist.

Das EPS-Rating berechnet das Wachstum und die Stabilität des Gewinns aller Unternehmen in den letzten drei Jahren, wobei die letzten paar Quartale stärker gewichtet werden. Das Ergebnis wird mit dem Ergebnis aller anderen Aktien in den Kurstabellen verglichen und bekommt einen Wert auf einer Skala von 1-99, wobei 99 am besten ist. Beispiel: Ein EPS-Rating von 90 bedeutet, dass das Ergebnis eines Unternehmens auf kurze und auf lange Sicht zu den besten zehn Prozent unter den rund 10.000 Aktien gehört, die analysiert werden.

Mit dieser Zahl bekommen Sie die relative Gewinnentwicklung börsennotierter Unternehmen und die möglichen Aussichten ihrer Aktien an die Hand. Es ist ein objektives Maß, mit dem Sie die Berichtsgewinne eines Unternehmens mit denen eines anderen vergleichen können, zum Beispiel das Gewinnwachstum von IBM mit dem von Hewlett-Packard, Lockheed, Loews Companies, Wal-Mart oder Apple. Bei dieser Berechnung werden keine Gewinnschätzungen verwendet, weil dies persönliche Meinungen sind – und wie Sie wissen, können diese falsch sein und sich ändern.

Da die Ertragskraft und das Gewinnwachstum die grundlegendsten Kennzahlen für den Erfolg eines Unternehmens sind, ist das EPS-Rating unentbehrlich, um in dem heutigen wettbewerbsintensiven

Umfeld die wahrhaft führenden Unternehmen von den schlecht geführten, langweiligen Nachzügler-Unternehmen zu trennen.
Auch ist das EPS-Rating aussagekräftiger als die viel beachteten Listen der Fortune 500, in denen die Unternehmen nach ihrer Größe sortiert sind. Größe allein ist selten ein Garant für Innovation, Wachstum oder Rentabilität. Großunternehmen, die 50 bis 100 Jahre alt sind, mögen ein berühmtes Markenimage haben, aber häufig verlieren sie Marktanteile an jüngere, innovativere Unternehmen, die neuere und bessere Produkte geschaffen haben. Sehen Sie sich einmal den Niedergang einiger unserer Autofirmen und ihrer Gewerkschaften sowie von Alcoa, Eastman Kodak, International Paper, Xerox, CBS, Gannett und Citigroup an.

Das Relative Price Strength Rating zeigt aufstrebende, hinsichtlich der Kursentwicklung führende Unternehmen an

Da wir gelernt haben, dass die besten Aktien schon vor ihren größeren Anstiegen hinsichtlich der Kursentwicklung vorne liegen, sollten Sie nach Aktien Ausschau halten, deren Kurse führend sind. Das Relative Price Strength Rating (RS-Rating) zeigt Ihnen, welche Aktien die beste Kursentwicklung haben, indem es die Performance einer Aktie im Laufe der vorangegangenen zwölf Monate angibt. Diese Performance wird dann mit der Performance aller anderen börsennotierten Unternehmen verglichen und bekommt ein Rating von 1-99, wobei 99 am besten ist. Sehen Sie sich in der Beispieltabelle die Spalte mit der Nummer 2 an.
Beispiel: Ein RS-Rating von 85 bedeutet, dass die Preisentwicklung einer Aktie im letzten Jahr 85 Prozent der Performance aller anderen Aktien übertroffen hat. Die besten Gewinneraktien seit 1952 und schon viel früher wiesen ein durchschnittliches RS-Rating von 87 auf, als sie aus ihren ersten Preiskonsolidierungsbereichen (Bodenbildungen) ausbrachen. Anders gesagt überflügelten die größten Aktien bereits fast 90 Prozent oder neun von zehn aller anderen am Markt gehandelten Aktien, *bevor* sie ihre größten Kursgewinne verzeichneten.

Außerdem kann ein Einbruch des Relative Price Strength Ratings unter 70 in schlechten Marktlagen vor einer möglichen Problemsituation warnen. Jedoch haben wir auf der Verkaufsseite eine Menge Verkaufsregeln, die Sie früher und effektiver zum Verkauf der meisten Ihrer Aktien veranlassen als die Verschlechterung einer Relative-Stärke-Linie, die aufgrund von Preisbewegungen der letzten zwölf Monate berechnet wird. Wenn Sie diese faktenorientierten Performance-Ratings mit den alten, unwissenschaftlichen Methoden vergleichen, die üblicherweise auf fehlerhaften persönlichen Meinungen, Überzeugungen, gelehrten Theorien, Storys, Werbung, Egos, Tipps und Gerüchten beruhten, wird unbestreitbar klar, dass die einmaligen Faktenratings von *IBD* Ihnen an den komplexen Märkten einen deutlichen Vorsprung verschaffen können.

Sie brauchen beides: ein starkes EPS- und ein starkes RS-Rating

Sowohl das EPS-Rating als auch das RS-Rating haben erhebliche Konsequenzen. Bis jetzt können Sie die allerbesten Unternehmen hinsichtlich ihrer Gewinne und ihrer Relativen Stärke bestimmen. Die überwältigende Mehrzahl der überlegenen Aktien hat *vor* ihrem großen Anstieg *sowohl* beim EPS- *als auch* beim RS-Rating einen Wert von 80 oder höher. Da eine dieser Kennzahlen fundamental und die andere marktorientiert ist, dürfte sich Ihr Auswahlprozess erheblich verbessern, wenn Sie darauf bestehen, dass beide positive Werte aufweisen.

Es gibt natürlich keine Garantie dafür, dass die sensationelle frühere oder aktuelle Bilanz eines Unternehmens sich nicht in Zukunft ändert. Deshalb müssen Sie immer eine Strategie der Verlustbegrenzung einsetzen, zum Beispiel die in den Kapiteln 10 und 11 besprochenen Verkaufsregeln. Außerdem ist es klug und unentbehrlich, den Tages- oder Wochenchart einer Aktie zu überprüfen, um zu sehen, ob sie sich in einer korrekten Konsolidierung befindet oder ob der Kurs zu weit über den letzten Konsolidierungsbereich gestiegen ist (eine Übersicht über gängige Chartformationen, auf die man achten sollte, schlagen Sie bitte in Kapitel 2 nach).

Wie bereits besprochen, zeigen die Modelle der Unternehmen, die im vergangenen Jahrhundert die beste Performance aufwiesen, dass das Gewinnwachstum der letzten drei Jahre und der prozentuale Zuwachs des Gewinns pro Aktie in den letzten zwei oder drei Quartalen zwei der häufigsten fundamentalen Eigenschaften waren.

Wenn einem solche harten Daten zur Verfügung stehen, stellt sich natürlich die Frage, weshalb man sein schwer verdientes Geld in eine schwache Aktie stecken sollte, die ein EPS-Rating von 30 oder ein RS-Rating von 40 hat – wo es doch buchstäblich Tausende von Unternehmen mit höheren Ratings gibt, darunter Hunderte mit Spitzenwerten.

Das heißt nicht, dass Unternehmen mit schwachen Ratings keine Performance bringen könnten. Es heißt nur, dass sich ein größerer Anteil von ihnen als Enttäuschung erweist. Selbst wenn ein niedrig geratetes Unternehmen einen ordentlichen Preisanstieg aufweist, werden Sie merken, dass die besser gerateten Aktien in der gleichen Branche wahrscheinlich deutlich besser waren.

Die Kombination aus EPS-Rating und RS-Rating hat Ähnlichkeiten mit den Zuschauerratings von A.C. Nielsen für Fernsehsendungen. Wer möchte schon weiterhin eine Fernsehsendung sponsern, die schlechte Einschaltquoten hat?

Und jetzt stellen Sie sich einen Moment lang vor, Sie wären der Manager der New York Yankees. Die Saison ist vorbei und Sie wollen sich neue Spieler für die Mannschaft für das nächste Jahr aussuchen. Würden Sie dann nur Spieler mit einem Schlagdurchschnitt von 0,200 eintauschen, einstellen oder unter Vertrag nehmen? Oder würden Sie so viele 0,300-Spieler wie möglich auswählen? Die 0,300-Spieler kosten Sie mehr Geld, ihr Kurs-Gewinn-Verhältnis ist höher und sie werden näher an ihrem Preishoch gehandelt. Es stimmt zwar, dass man die 0,200-Spieler zu einem günstigeren Preis bekommt, aber wie viele Spiele werden Sie wohl mit neuen Spielern gewinnen, die einen

Schlagdurchschnitt von 0,200 haben? Wenn im neunten Inning bei knappem Punktestand alle Bases besetzt sind, wen möchten Sie dann lieber auf der Plate sehen, einen Batter mit der Schlagzahl 0,200 oder einen mit 0,300? Wie oft blüht jemand, der als 0,200-Spieler bekannt ist, zu einem Batting-Champion auf?

Was die Leistung angeht, unterscheiden sich die Auswahl und das Management eines Aktienportfolios nicht vom Baseball. Wenn man konsequent gewinnen und die Liga-Meisterschaft gewinnen will, braucht man einen Kader mit den allerbesten verfügbaren Spielern – solche mit hervorragenden, ausgewiesenen Erfolgsbilanzen. Sie werden bei der Geldanlage nicht die gleichen Ergebnisse erzielen, wenn Sie unbedingt Aktien mit schlechterer Performance und „billigere Aktien“ kaufen wollen oder solche mit gewissen positiven Eigenschaften, aber auch drei oder vier kaum auffallenden Mängeln – in der Hoffnung, dass Sie einen Sieger „entdecken“. Gewinner und Verlierer unterscheiden sich bis ins kleinste Detail voneinander. Hoffnung funktioniert am Markt niemals, es sei denn, man fängt mit einer hochwertigen Aktie an, die angefangen hat, Fahrt aufzunehmen. Der „Dampf“ (Gewinn, Umsatz, Kurs und Volumen) ist die entscheidende Voraussetzung für künftiges Wachstum. Lassen Sie sich nicht vom Schnäppchendenken zum Narren halten und kaufen Sie keine fallenden Aktien, weil sie günstig erscheinen. Ersetzen Sie Ihre Hoffnungen und Ihre fehlbaren persönlichen Meinungen durch erwiesene, messbare Fakten.

Interessant ist auch die Feststellung, dass diese praktischen, nüchternen Ratings dazu beigetragen haben, dass Mitglieder von Verwaltungsräten aufgewacht sind und auf die Führungsmannschaft, die zweitklassige Ergebnisse produzierte, Druck ausgeübt haben. Ein anhaltend niedriges *IBD*-Rating der relativen Performance sollte für jede Spitzen-Führungsmannschaft und für jeden Verwaltungsrat ein ernstlicher Weckruf sein.

Starke Umsätze, Ertragsmargen und Eigenkapitalrenditen sind deutliche Signale

Kostensenkungen können die Gewinne eines Unternehmens vielleicht ein oder zwei Quartale lang steigern, aber kraftvolle, nachhaltige Gewinnzuwächse erfordern gesundes Umsatzwachstum. Außerdem sollte man Unternehmen kaufen, die aus ihrem Umsatzwachstum das Beste machen. Wie viel Gewinn generieren sie aus jedem Dollar Umsatz? Wie gut setzen sie ihr Kapital ein? Das SMR-Rating (Sales + Profit Margins + Return on Equity = Umsatz, Ertragsmargen, Eigenkapitalrendite) kombiniert diese wichtigen fundamentalen Faktoren miteinander und ist die schnellste Möglichkeit, wahrhaft herausragende Unternehmen mit echtem Umsatzwachstum und echter Rentabilität zu finden. Diese Faktoren werden im Allgemeinen von den besseren Analysten und Portfoliomanagern verfolgt. Die Skala des SMR-Ratings reicht von A bis E, wobei A und B am besten sind. Aktien mit einem SMR-Rating von D oder E sollte man in den meisten Fällen meiden. Siehe Spalte Nummer 3 in der Tabelle.

Beispiel: Ein SMR-Rating von A bedeutet, dass eine Aktie zu den 20 Prozent der Unternehmen mit dem besten Umsatzwachstum, der besten Profitabilität und der besten Eigenkapitalrendite gehört. Während der kurzen Erholung, die auf den Baisse-Absturz des Nasdaq Composite von März bis Mai 2000 folgte, schoss SDL Inc. als führender Performer in die Höhe. Der Hersteller von Komponenten für Glasfasernetzwerke brach gerade dann auf neue Hochs aus, als der Markt einen neuen Aufwärtstrend bestätigte – die optimale Situation für den Aktienkauf. SDL Inc. marschierte in nur acht Wochen um 112 Prozent nach oben. Zu den vielen starken Eigenschaften der Aktie zählte auch ein SMR-Rating von A.

Für diejenigen unter Ihnen, die nicht immer die Eigenkapitalrendite Ihrer Aktien kontrolliert haben: Sie ist wichtig. Auf der folgenden Seite ist eine Tabelle früher führender Unternehmen abgebildet, die deren Eigenkapitalrenditen angibt.

Eigenkapitalrendite ehemals führender Aktien

Name der Aktie	Damalige Eigenkapitalrendite	Beginn einer Aufwärtsbewegung	Prozentualer Anstieg zum Höhepunkt
Pic'N'Save	28,70%	1976	2.950%
Home Depot	27,80%	1982	958%
Price Co	55,40%	1982	1.086%
Liz Claiborne	42,40%	1984	715%
The Limited	42,30%	1985	451%
This Can't Be Yogurt	41,20%	1985	2.073%
Merck	19,80%	1985	870%
Microsoft	40,50%	1986	340%
Cisco	36,30%	1990	74.445%
Intl. Game Tech	22,90%	1991	1.691%
Nokia	30,90%	1998	8.620%
Qlogic	18,80%	1998	3.345%
America Online	36,30%	1998	481%
Charles Schwab	29,40%	1998	434%
Coach	43,10%	2002	625%
Chicago Mercantile Exchange	28,20%	2002	915%
Nextel Intl.	56,10%	2003	368%
Google	87,80%	2003	536%
Southern Copper	47,60%	2004	369%
C B Richard Ellis	26,40%	2004	220%
Hansens	43,60%	2004	751%

Accumulation/Distribution – die Auswirkungen des professionellen Tradings auf Aktien

Professionelle Investoren üben einen riesigen Einfluss auf Aktienkurse aus. Deshalb ist es von wesentlicher Bedeutung, dass Sie die besseren Aktien kaufen, die auch die Investmentfonds kaufen, und dass Sie diejenigen verkaufen oder meiden, die sie möglicherweise massiv verkaufen. Wenn Sie versuchen, gegen dieses riesige Handelsvolumen anzukommen, beeinträchtigen Sie bloß Ihre Ergebnisse. Eine einfache, wirkungsvolle Möglichkeit, das Endergebnis des professionellen Tradings zu verfolgen, ist das Accumulation/Distribution Rating von *IBD*

(in der Tabelle die Spalte mit der Nummer 4), das auf täglichen Preis- und Volumen-Änderungen basiert.
Es sagt Ihnen, ob Ihre Aktie akkumuliert wird (professionelle Käufe) oder ob sie abgegeben wird (professionelle Verkäufe). Diese gründlich erprobte, komplexe und selbst entwickelte Formel hat eine hohe Trefferquote und basiert nicht auf einfachen Aufwärts-/Abwärts-Volumenberechnungen. Die Aktien werden auf einer Skala von A bis E beurteilt, wobei die einzelnen Buchstaben Folgendes bedeuten:

A = massive Kumulierung (Kauftätigkeit) durch Institutionen
B = mäßige Kumulierung (Kauftätigkeit) durch Institutionen
C = gleich großes (oder neutrales) Verkaufs- und Kaufaufkommen von Institutionen
D = mäßige Distribution (Verkaufstätigkeit) durch Institutionen
E = massive Distribution (Verkaufstätigkeit) durch Institutionen

Wenn eine Aktie von *Investor's Business Daily* ein A- oder B-Rating bekommt, bedeutet dies, dass die Aktie überwiegend gekauft wird. Das garantiert aber nicht, dass sie auch steigen wird. Die Kauftätigkeit zieht zwar an, aber vielleicht kaufen sich die Fonds ja in eine fragwürdige Position ein, und das, was sie tun, könnte falsch sein. In manchen Fällen sollte man Aktien, die als D geratet sind, meiden. Eine Aktie mit einem E-Rating würde ich nicht kaufen. Aber später, wenn sich die Marktsituation bessert, könnte sich das ändern. Als C geratete Aktien können in Ordnung sein.
Wenn Sie massive Käufe oder Verkäufe bemerken, brauchen Sie nicht das Gefühl zu haben, Sie hätten die Trading-Action verpasst. Viele Fonds brauchen Wochen oder gar Monate, bis sie eine Aktienposition vollständig aufgebaut oder vollständig abgestoßen haben, sodass Ihnen Zeit bleibt, von solchen Maßnahmen zu profitieren. Überprüfen Sie jedoch anhand eines Tages- oder Wochencharts, ob sich die Aktie im Anfangsstadium eines Anstiegs befindet oder ob sie preislich bereits überstrapaziert und es zu riskant oder zu spät ist, sie zu kaufen.

Das Composite Rating: Ein Überblick

Die Beurteilung in der ersten Spalte der *IBD*-Aktientabellen ist das *Smart Select* Composite Rating, das alle vier *Smart Select*-Ratings zu einem zusammenfassenden Rating kombiniert, das einen schnellen Überblick über die Gesamtperformance bietet. Sehen Sie sich die Spalte mit der Nummer 5 an. Die Formel für das *Smart Select* Composite Rating ist einfach:

- Wegen der großen Auswirkungen der Unternehmensgewinne und der bisherigen Kursperformance auf den Aktienkurs bekommen sowohl das EPS-Rating als auch das RS-Rating eine doppelte Gewichtung. Diese Gewichtung könnte sich in Zukunft ändern, denn wir verbessern unsere Ratings ständig. Die Relative Stärke der Branchengruppe (Industry Group Relative Strength), das SMR-Rating und das Accumulation/Distribution Rating werden normal gewichtet.
- Der prozentuale Abstand zu dem 52-Wochen-Hoch der Aktie geht ebenfalls in das *Smart Select* Composite Rating ein.
- Dann werden die Ergebnisse mit der gesamten Datenbank verglichen und die fünf Kennzahlen mit der größten Vorhersagekraft, die wir gerade besprochen haben, gehen in ein Rating von 1 bis 99 ein (99 ist am besten).

Bei manchen Aktien kann es vorkommen, dass das *Smart Select* Composite Rating höher ist als die vier einzelnen *Smart Select*-Ratings. Das liegt daran, dass die Formel gewichtet ist und den Abstand der Aktie zu ihrem 52-Wochen-Hoch beinhaltet.

Wenn Sie die Aktientabellen durchgehen, sparen Sie mit diesem einfachen Rating enorm viel Zeit. Arbeiten Sie sich in den Spalten nach unten vor und suchen Sie nach *Smart Select* Composite Ratings von 80 oder mehr, damit Sie die potenziellen guten Gelegenheiten finden, wenn der Gesamtmarkt nach oben tendiert.

Im nächsten Schritt gehen Sie alle vier einzelnen *Smart Select* Ratings durch: EPS, RS, SMR und Accumulation/Distribution. Nachdem Sie die Aktientabellen kurz überflogen haben, sind Sie einer besseren Aktienauswahl schon viel näher gekommen.

Der „Volume Percent Change" verfolgt die großen Geldflüsse

Eine weitere wichtige Kennzahl, die *IBD* erfunden hat, ist der Volume Percent Change (siehe die Spalte mit der Nummer 6). Die meisten Zeitungen und Informationsanbieter im Fernsehen und im Internet liefern nur das tägliche Handelsvolumen der Aktien, das einem nicht die ganze, bedeutsame Story erzählt. Woher sollen Sie aufgrund dieser Volumenangabe wissen, ob das Volumen der Aktien in Ihrem Portfolio und der Aktien, deren Kauf Sie in Betracht ziehen, normal ist, ungewöhnlich niedrig oder ungewöhnlich hoch?

Um das zu wissen, müssten Sie im Kopf oder aufgeschrieben haben, wie hoch das durchschnittliche Tagesvolumen aller beobachteten Aktien ist. Stattdessen können Sie sich aber auch darauf verlassen, dass *IBD* dieses entscheidende Maß für Angebot und Nachfrage für Sie beobachtet. *IBD* war der erste Anbieter, der Anlegern die Kennzahl Volume Percent Change lieferte, die angibt, wie hoch der normale tägliche Umsatz aller Aktien in den letzten 50 Handelstagen war. Es lohnt sich, immer die relevantesten Fakten zur Verfügung zu haben und nicht nur eine Anhäufung von Zahlen.

Die Handelsvolumina von Aktien unterscheiden sich sehr voneinander und jede größere Änderung des Volumens kann extrem wichtige Hinweise liefern. Es kann sein, dass von der einen Aktie 10.000 Stücke am Tag gehandelt werden, während von einer anderen 200.000 pro Tag und von wieder einer anderen fünf Millionen Stücke am Tag gehandelt werden. Dabei ist es nicht so wichtig, wie viele Aktien gehandelt wurden, sondern ob der Umsatz an einem bestimmten Tag ungewöhnlich weit über oder unter dem Durchschnitt liegt. Wenn beispielsweise von einer Aktie mit einem durchschnittlichen Umsatz von 10.000 Aktien auf einmal 70.000 Stücke gehandelt werden, während ihr Preis einen Punkt nach oben springt, ist der Aktienkurs unter einem 600-prozentigen Volumenzuwachs gestiegen – und das ist grundsätzlich ein positives Zeichen, falls auch andere Marktkennzahlen und fundamentale Kennzahlen konstruktiv sind.

Wenn das passiert, steht in der Spalte Volume Percent Change „+600 %", was einen schnell auf möglicherweise aufkeimendes professionelles Interesse an der Aktie aufmerksam macht (in diesem Fall liegt der Handelsumsatz der Aktie 600 Prozent über dem normalen Wert und wenn der Preis plötzlich steigt, kann dies ein wichtiger Hinweis sein). Der Indikator Volume Percent Change ist vergleichbar damit, dass man einen Computer in der Tasche hat, mit dem man das wechselnde Angebot an und die wechselnde Nachfrage nach jeder einzelnen Aktie genau beobachten kann. Wo sonst bekommen Sie derart unentbehrliche Zahlen?

Fast alle Tageszeitungen haben die wichtigen Informationen in ihren Kurstabellen zusammengestrichen. Das gilt auch für das *Wall Street Journal,* das in seinen täglichen Kurstabellen nicht einmal mehr das Handelsvolumen der Aktien angibt.

Der Volume Percent Change ist einer der Hauptgründe, aus denen so viele Kursmakler auf dem Parkett der New York Stock Exchange, professionelle Portfoliomanager, herausragende Aktienbroker und ausgefuchste Privatanleger die Kurstabellen von *IBD* verwenden. Wenn man weiß, wie man diese Zahlen einsetzt, gibt es keine bessere Möglichkeit, den Geldzufluss und Geldabfluss in Unternehmen hinein und aus Unternehmen heraus zu beobachten. Wenn man sich bei der Überprüfung seiner Aktien nur den Kurs anschaut, verhält man sich wie ein Pianist, der nur mit einer Hand und nur mit einem Finger spielt und der weder etwas von einer Saite noch von einem Pedal gehört hat – oder der keine Noten lesen kann, sodass er nie weiß, wann er schneller, lauter oder leiser spielen soll.

Investor's Business Daily ist mehr als nur eine Zeitung. Es ist auch eine gigantische Radaranlage, die alle für den erfolgreichen Anleger wichtigen Variablen überwacht. Und es präsentiert einem die ganzen Informationen täglich sowohl gedruckt als auch elektronisch, denn es gibt auch eine Internetversion.

Mit der elektronischen Version bekommt man die Informationen schneller – schon Stunden nach Handelsschluss. Für Anleger, die sich gern auf den nächsten Handelstag vorbereiten möchten, ist das besonders praktisch. Andere haben lieber eine Zeitung, die sie dabei haben können, auf der sie sich Notizen machen können und die sie als wertvolle Anleitung benutzen können.

WIE MAN *INVESTOR'S BUSINESS DAILY* BENUTZT

Egal, ob man die Druckversion oder die elektronische Version (oder beide) verwendet, wahrscheinlich hat jeder Leser seine eigene Art, die Zeitung zu lesen. Ich fange am liebsten mit der Titelseite an und gehe sie dann Seite für Seite bis zum Ende durch.

Zuerst die Titelseite

Das Erste, was ich mir auf der Titelseite anschaue, sind die kurzen, knappen Marktzusammenfassungen ganz oben, über dem Namen der Zeitung. Dort werden Kurs- und Volumenänderungen des S&P 500, des Dow Jones Industrial Average und des Nasdaq Composite angegeben sowie kurze, zweizeilige Kommentare zu Börsen-Highlights. Außerdem finden sich dort auch knappe Angaben zu festverzinslichen Wertpapieren, Devisen und Rohstoffen.

Zum Beispiel steht unter dem NYSE-Volumen der Kommentar: „Volumen überdurchschnittlich, höher als am Vortag". Ich schaue mir diese kurzen Angaben 40 Sekunden lang an, damit mir auf keinen Fall etwas von dem Tagesgeschehen entgeht.

S&P 500 INDEX	DOW JONES IND.	NYSE VOL. (MIL)	NASDAQ	NASDAQ VOL. (MIL)
845.85	8063.07	1,619	1546.24	2,549
+13.62 (+1.6%)	+106.41 (+1.3%)	+230 (+16.5%)	+31.19 (+2.1%)	+324 (+14.6%)
MasterCard, Akamai explode on upside	GM, Wal-Mart Stores lead blue chip rally	Volume above average, up from previous day	50-day line retaken; chips up for fourth day	Best upside volume since Nov. 21 low

IBD's Top 10

Das Zweite, was ich auf der ersten Seite lese, sind die „*IBD's* Top 10". Es ist eine schnelle, zeitsparende Möglichkeit, informiert zu bleiben. Dort werden die zehn wichtigsten Artikel in kurzen Sieben- bis Neunzeilern knapp zusammengefasst. Heute steht im Artikel Nummer 2 beispielsweise, dass die Same-Store-Umsätze der meisten Einzelhandelsketten im letzten Monat gefallen sind, dass aber diejenigen von Wal-Mart nicht nur gestiegen sind, sondern auch besser waren als erwartet. An dritter Stelle steht ein Artikel namens „Senate Nears Vote on Stimulus", eine aktuelle Information über die Bemühungen des Kongresses, einen Plan für die Ankurbelung der Wirtschaft vorzulegen.

The Big Picture

Der dritte Punkt, den ich mir auf der Seite A1 immer anschaue, ist die Kolumne „The Big Picture" ganz unten. Das ist eine recht kurze, aber ausgezeichnete Zusammenfassung des Marktgeschehens und wichtiger Entwicklungen. In dieser Kolumne steht der Kasten „Market Pulse", in dem angegeben ist, welche führenden Aktien an dem betreffenden Tag zunehmendes Volumen verzeichnen und welche abnehmendes. Der Pulse sagt einem auch, ob sich der Markt in einem Aufwärtstrend oder in einer Phase des Abschwungs befindet.

Die Kolumne „The Big Picture" ist eine der meistgelesenen Rubriken von *IBD*. Treue Leser schreiben uns immer wieder, dass sie ihnen enorm geholfen hat, den Gesamtmarkt zu analysieren. Konkret haben uns mehr als Tausend Leser mitgeteilt, dass sie ihnen geholfen hat, Geld zu verdienen, wenn der Markt in Schwierigkeiten geriet, oder sich zu entscheiden, wenn er in einen größeren Aufwärtstrend eintrat.

Top-Storys

Und schließlich werfe ich einen Blick auf die Überschriften der beiden wichtigsten Artikel auf der Titelseite. Ich bin ein Schlagzeilen-Leser: Wenn sich ein Artikel um ein Thema dreht, über das ich etwas

THE BIG PICTURE

Stocks Back Off, But Close With Gains For 3rd Week

BY DONALD H. GOLD
INVESTOR'S BUSINESS DAILY

Stocks ended the week with losses across the board on disappointing economic data and some dour comments from the country's biggest bankers.

The Nasdaq and NYSE composite each tumbled 2.6%, the S&P 500 fell 2% and the Dow lost 1.9%. Losers hounded winners by about 3-to-1.

Volume fell on both major exchanges, providing a bit of relief.

What's more, there were no great collapses by the market's best stocks, and few fell substantially in high volume.

MARKET PULSE

Friday's action:
Profit-taking pushes market lower, but volume also drops

Current outlook:
Market in confirmed rally

Distribution days:
1 for S&P 500, Nasdaq, Dow, NYSE composite

Leaders down in volume:
Accenture ACN Longtop Financial Technologies LFT ViaSat VSAT Tetra Tech TTEK

of 2% or 2.6% would be an awful lot. But the market is still volatile.

treated, and rose as the market climbed. No distribution days were logged.

The market closed at or very near the day's high twice, once Monday and again Thursday.

The distribution-day count has fallen for the Nasdaq and S&P 500, to one from two.

Why? The market has climbed more than 10% from the March 16 session, the first distribution day since the March 12 follow-through. As the market rises farther from that bad day, that distribution is less dangerous to the overall uptrend.

Somewhat troubling, the IBD 100 only climbed 4.4% for the

far above average in the morning, but had cooled off by day's end.

Monro Muffler Brake MNRO fell 7% in busy trade. The chain of service centers and tire shops ended a three-week winning streak.

In economic news, February personal income fell 0.2%, a bit worse than expected. Personal spending rose 0.2%, following January's 1% increase.

The personal consumption expenditure deflator, said to be the Fed's favorite inflation guide, rose 1% in February, higher than expected. Core PCE gained 1.8% in February, topping forecasts.

The Reuters/University of Michigan final index of consumer senti-

wissen will, lese ich ihn. Wenn nicht, überspringe ich ihn und blättere weiter zur nächsten Seite.

Die Top-Storys enthalten oft Charts oder Tabellen. Diejenige, die ich mir gerade ansehe, enthält eine Tabelle von 15 Einzelhandelsunternehmen. Sie zeigt die Umsatzänderungen des vergangenen Monats und die Same-Store-Ergebnisse sowie Schätzungen für die Zukunft. Das sagt mir gleich, dass drei Unternehmen in diesem Bereich hervorragend laufen, viele andere aber nicht.

To The Point

Seite 2 spart beschäftigten Managern und Anlegern Zeit. Unter der Überschrift „To The Point" liefert sie rund 50 kurze Wirtschaftsberichte, die nach Branchensektoren sortiert sind, sowie kurze Meldungen über die Nation, die Welt und die Wirtschaft. Ich kann die Überschriften überfliegen und die Meldungen lesen, die mich interessieren. Außerdem gibt es eine Kolumne namens „Trends and Innovations", die ich möglichst immer lese, damit ich etwas über die neuesten Dinge erfahre, die in der heutigen Gesellschaft erfunden werden.

In der Mitte befindet sich eine Rubrik, die für den Anleger besonders wertvoll ist: Ein halbes Dutzend Artikel über Unternehmen, die nach Handelsschluss Ergebnisse gemeldet haben, und darüber, wie der nachbörsliche Handel darauf reagiert hat. So kann man schnell sicherstellen, dass einem nach Handelsschluss nichts entgeht.

Leaders & Success

„Leaders & Success" auf Seite A3 ist eine einmalige Rubrik, die zu der Zeitung gehört, seit wir angefangen haben. Ich lese immer „Wisdom to Live by" – die kurzen zwei- oder dreizeiligen Zitate berühmter Menschen ganz oben auf der Seite.

Viele Menschen finden auf dieser Seite Anregungen. Sie handelt von Menschen, die enorm erfolgreich sind: was sie getan haben, wie sie es getan haben, woran sie geglaubt haben und wie sie die Probleme überwunden haben, mit denen sie konfrontiert waren.

10 Secrets to Success

Ein weiterer Bestandteil dieser Seite heißt „10 Secrets to Success". Viele Eltern bringen diese Erfolgsgeheimnisse ihren Kindern bei, indem sie ihnen diese kleinen Kurzgeschichten zu lesen geben. Das erste der zehn Geheimnisse lautet: „Alles hängt vom Denken ab: Seien Sie immer positiv. Denken Sie an Erfolg, nicht an Scheitern. Hüten Sie sich vor einem negativen Umfeld." Das zweite heißt: „Setzen Sie Ihre wahren Träume und Ziele fest: Schreiben Sie Ihre konkreten Ziele auf und entwickeln Sie einen Plan, sie zu erreichen." Das dritte heißt: „Schreiten Sie zur Tat: Ohne Taten sind Ziele nichts wert. Haben Sie keine Angst davor, anzufangen. Tun Sie es einfach." Das vierte lautet: „Hören Sie nie auf, zu lernen: Drücken Sie wieder die Schulbank oder lesen Sie Bücher. Machen Sie Schulungen und erwerben Sie Fähigkeiten." Und so weiter, bis zum letzten Geheimnis, nämlich: „Seien Sie ehrlich und zuverlässig. Übernehmen Sie Verantwortung, denn sonst bringen die Nummern 1 bis 9 nichts."

Unter dieser Liste wird jeden Tag eines der zehn Geheimnisse ausführlich besprochen. Eltern merken, dass es etwas ist, was die Kinder in der Schule nicht lernen, und sie benutzen es, um ihnen die Grundsätze des Erfolgs beizubringen.

Abgerundet wird die Seite „Leaders and Success“ durch zwei Porträts herausragender Menschen aus Vergangenheit und Gegenwart und ihre Erfolgsgeschichte.

Internet und Technologie

Der Schwerpunkt der nächsten Seite liegt auf Internet und Technologie. Manche Anleger verweilen dort nicht lange. Wenn die Technologie-Aktien den Markt jedoch anführen, sollte man diesen Teil lesen, damit man über die Diskussionen Bescheid weiß. Wir haben ein Büro im Silicon Valley, das mit erfahrenen Journalisten besetzt ist, die schon seit vielen Jahren für uns arbeiten. Die Seite, die sie machen, ist nicht nur für Anleger gedacht, sondern für alle Mitglieder der Technologiebranche – Computerprogrammierer, Ingenieure, Systemleute und andere. Einer unserer Abonnenten arbeitet in einer großen Einrichtung, in der der Staat erforscht, wie man Erfindungen für die Verteidigung anwenden könnte. Einer der Spitzenforscher dieser Firma findet, dass unsere Autoren die Fakten präziser schildern und die Technologien besser verstehen als die der meisten Wirtschaftsmagazine. Außerdem haben auch Vorstandsvorsitzende von Softwareunternehmen *IBD* abonniert.

Your Weekly Review

Im ersten Teil gibt es eine Rubrik namens „Your Weekly Review“. Sie enthält eine Tabelle mit 35 Aktien, die kräftige Wochengewinne verzeichnet haben, und zu jeder Aktie einen Chart. Außerdem bietet sie zu manchen Unternehmen einen Artikel. In einem aktuellen Artikel erklärt Paul Whitfield, dass die Aktien von Netflix, Edwards Life Sciences, Matrix Initiative und McDonald’s überdurchschnittlich performen, und dazu bringt er interessante Meldungen.

Inside Real Estate

Als Nächstes blättere ich auf die Seite „Inside Real Estate“. Ich lese sie normalerweise nicht, aber wer sich für den Immobilienmarkt interessiert, sollte das auf jeden Fall tun.

The New America

Dann folgt die Seite „The New America“, auf der es um junge, wagemutige Unternehmen geht. Jeden Tag wird ein Unternehmen ausführlich behandelt. Oben auf der Seite stehen manchmal Kurzmeldungen unter der Überschrift „After Market“. Ich lese gerade eine mit der Überschrift „Neutral Tandem Soars on Q4 Results“. Darin steht, dass „der Telekommunikations-Ausrüstungs-Hersteller Neutral Tandem unter mehr als dem Siebenfachen des durchschnittlichen Volumens eine Kurslücke von elf Prozent nach oben geöffnet hat“, und dann zitiert er, was Analysten dazu sagen. Wenn solche kleinen Hinweise auf ungewöhnliche Aktivitäten meine Aufmerksamkeit wecken, schaue ich in meinem Computer nach und lasse mir einen Chart anzeigen, damit ich sehe, wie die Aktie wirklich aussieht.

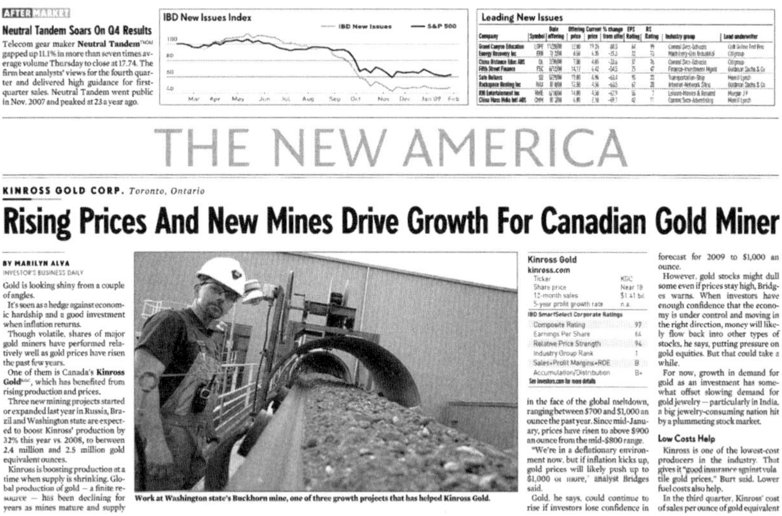
AFTER MARKET

Neutral Tandem Soars On Q4 Results

Telecom gear maker **Neutral Tandem**TNDM gapped up 11.1% in more than seven times average volume Thursday to close at 17.74. The firm beat analysts' views for the fourth quarter and delivered high guidance for first-quarter sales. Neutral Tandem went public in Nov. 2007 and peaked at 23 a year ago.

Leading New Issues

THE NEW AMERICA

KINROSS GOLD CORP. *Toronto, Ontario*

Rising Prices And New Mines Drive Growth For Canadian Gold Miner

BY MARILYN ALVA
INVESTOR'S BUSINESS DAILY

Gold is looking shiny from a couple of angles.

It's seen as a hedge against economic hardship and a good investment when inflation returns.

Though volatile, shares of major gold miners have performed relatively well as gold prices have risen the past few years.

One of them is Canada's **Kinross Gold**KGC, which has benefited from rising production and prices.

Three new mining projects started or expanded last year in Russia, Brazil and Washington state are expected to boost Kinross' production by 32% this year vs. 2008, to between 2.4 million and 2.5 million gold equivalent ounces.

Kinross is boosting production at a time when supply is shrinking. Global production of gold – a finite resource – has been declining for years as mines mature and supply

Work at Washington state's Buckhorn mine, one of three growth projects that has helped Kinross Gold.

Kinross Gold
kinross.com

Ticker	KGC
Share price	Near 18
12-month sales	$1.41 bil
5-year profit growth rate	n.a.
IBD SmartSelect Corporate Ratings	
Composite Rating	97
Earnings Per Share	64
Relative Price Strength	96
Industry Group Rank	1
Sales+Profit Margins+ROE	B
Accumulation/Distribution	B+

See investors.com for more details

in the face of the global meltdown, ranging between $700 and $1,000 an ounce the past year. Since mid-January, prices have risen to above $900 an ounce from the mid-$800 range.

"We're in a deflationary environment now, but if inflation kicks up, gold prices will likely push up to $1,000 or more," analyst Bridges said.

Gold, he says, could continue to rise if investors lose confidence in

forecast for 2009 to $1,000 an ounce.

However, gold stocks might dull some even if prices stay high, Bridges warns. When investors have enough confidence that the economy is under control and moving in the right direction, money will likely flow back into other types of stocks, he says, putting pressure on gold equities. But that could take a while.

For now, growth in demand for gold as an investment has somewhat offset slowing demand for gold jewelry – particularly in India, a big jewelry-consuming nation hit by a plummeting stock market.

Low Costs Help

Kinross is one of the lowest-cost producers in the industry. That gives it "good insurance against volatile gold prices," Burt said. Lower fuel costs also help.

In the third quarter, Kinross' cost of sales per ounce of gold equivalent

Wenn man *IBD* liest, weiß man nie, wie viele Ideen man entdeckt. In jeder Ausgabe gibt es jedoch mehrere, die man bestimmt nachprüfen möchte. Es kostet fast keine Zeit, sich an seinen PC zu setzen, das Aktiensymbol einzugeben, das in der Zeitung direkt hinter der ersten Erwähnung des Unternehmensnamens steht, und sich den bisherigen Verlauf des Aktienkurses anzusehen, die Unternehmensgewinne und ein paar andere grundlegende Informationen. Einige der besten Portfoliomanager des Landes informieren sich auf diese Art schnell über Aktien, um zu entscheiden, auf welche Unternehmen sie sich konzentrieren oder über welche sie sich mehr Informationen beschaffen wollen. Das ist eine gute Möglichkeit, seine Watchlist zu erweitern.

Mutual Funds & ETFs

Auf der ersten Seite der Abteilung „Mutual Funds and ETFs" stehen zwei Infoboxen, die ich mir normalerweise ansehe. Sie befassen sich mit Growth-Fonds mit hervorragenden Erfolgsbilanzen. Diese Boxen zeigen die größten Positionen der Fonds im letzten Quartal sowie ihre wichtigsten Neu-Käufe und -Verkäufe. Die neuen Käufe können interessant sein. Außerdem zeigen wir hier die Performance der Fonds im Verhältnis zum Markt in jedem der letzten fünf Jahre. Wenn Sie die Zeitung eine Weile gelesen haben, wissen Sie, welche Fonds zu den besseren gehören. Man kann dies unter anderem anhand ihrer größten Positionen beurteilen. Wenn der Fonds drei oder vier der besseren führenden Aktien besitzt, weiß ich, dass die Manager wirklich Ahnung haben.

Normalerweise schaue ich mir unsere Investmentfonds-Tabellen nicht an, aber häufig überprüfe ich eine oder zwei Fondsfamilien, von denen ich weiß, dass sie hervorragend sind, um mitzubekommen, wie sie laufen. Wir behandeln viel mehr Fonds und geben in unseren Tabellen viel mehr Zahlen an als die meisten anderen Tageszeitungen. Viele Zeitungen haben die Anzahl der Fonds, die sie beobachten, sehr zusammengestrichen. Außer der aktuellen Aktivität geben wir auch die prozentuale Veränderung der letzten vier Wochen und für jeden Fonds ein Performance-Ranking über die letzten 36 Monate an. Außerdem nennen wir die Telefonnummer jeder Fondsfamilie.

Einige Tabellen in dem Fondsteil sind einmalig. Eine von ihnen zeigt, wie sich Big-Cap-Growth-Fonds im Verhältnis zu Small-Cap-Growth-Fonds verhalten. Eine andere vergleicht Growth-Fonds mit Value-Fonds. Dieses Wissen ist in allen Marktlagen wichtig: Führen gerade die Growth-Aktien oder die Value-Aktien? Sind die Big Caps führend oder die Small Caps? Hier erhält man auf einen Blick die Antwort. In der Ausgabe, die mir vorliegt, führen die Growth-Aktien.

Mutual Fund Performance

36 Mos Performance Rating	Fund	4 Wk % Chg	Net Asset Value	NAV Chg
	For Thursday, March 19, 2009			
	—A—			
	Access Capital Strat			
	$ 536 mil 617-236-7274			
	CommInvmnt	+1	9.58n	..
	Advance Cap I			
	$ 574 mil 800-345-4783			
B–	Retire Inc	–1	7.35n	–.02
	AdvisorOne Funds			
	$ 542 mil 866-811-0225			
E	Amerigo N	+3	7.75n	–.03
	AIM Funds A			
	$ 17.2 bil 800-959-4246			
E	Basic Value b	+2	11.60	–.21
E	Cap Dvlp b	+2	9.21	–.06
C	Charter b	+1	10.52	–.12
E	Constlatn b	–6	14.93	–.17
C–	Develp Mkts m	+6	15.23	+.10
C+	**Energy b**	**+8**	**25.29**	**+.88**
D	Euro Grwth m	+2	18.15	–.05
C–	GlbHlthCare b	–8	18.42	–.35
D–	GlbSmMidGr	+3	10.16	–.04
C–	Intl Growth	+2	17.30	–.03
D	Lrg Cap Gr b	–2	7.54	–.01
C	Mid Core Eq b	–1	14.60	–.14
A–	Muni Bond b	0	7.55	+.05
E	Real Estate b	+5	10.32	–.55
D	Sml Cap Gr b	+2	15.49	–.07
A+	USGovt	+2	9.09	–.02
B–	HiIncome b	0	5.70	+.05
E	Intl Growth	+2	9.15	+.04
E	Intl Val	+4	8.70	+.10
D+	Lrg Cp Grow	+1	15.01	–.15
A–	Muni CA	–1	10.02	+.09
B+	Muni Natl	0	9.00	+.07
A–	Muni NY	–1	9.24	+.07
B+	Qual Bond	–1	8.95	–.01
E	Wealth Appr	+2	7.21	–.06
	Alliance Brnstn Adv			
	$ 2.8 bil 800-221-5672			
E	Intl Val	+4	8.87n	+.10
E	Wealth Appr	+2	7.22n	–.06
	Alliance Brnstn B			
	$ 2.0 bil 800-221-5672			
D+	Bal Wealth x	+1	7.77n	–.13
	Alliance Brnstn C			
	$ 3.2 bil 800-221-5672			
D+	Bal Wealth x	+1	7.78n	–.13
B	GloblBond	–1	6.58n	+.02
	Alliance Brnstn I			
	$ 2.7 bil 800-221-5672			
E	GlbRlEstI x	+5	4.89n	–.11
E	Intl Value	+4	8.76	+.11
B+	Intmd Dur	–1	13.32n	–.02
	Allianz A			
	$ 4.7 bil 800-426-0107			
E	NFJ Div Val x	–1	7.50	–.17
D+	NFJ IntlVal x	+4	12.11	+.04
C–	NFJSmlCpVal	–1	16.25	+.03
C+	Growth	0	15.47n	–.03
B–	Income	0	21.50n	+.03
	Amer Cent A			
	$ 3.9 bil 800-345-2021			
A+	Divers Bd	+1	10.29	..
C+	Equity Inc	0	5.35	–.02
C+	StrAlloMod	+1	4.60	–.03
	Amer Cent Adv			
	$ 1.6 bil 800-345-2021			
A	Infltn Adj	+3	10.98n	+.05
	Amer Cent Instl			
	$ 5.2 bil 800-345-2021			
A+	Divers Bd	+1	10.29n	..
C+	Equity Income	0	5.36n	–.02
C+	StrAlloMod	+1	4.60n	–.03
	Amer Cent Inv			
	$ 34.8 bil 800-345-2021			
C+	1ChoiceMod	+1	8.18n	–.04
C+	Balanced	0	11.37n	–.09
B	CA Hi Yld	–1	8.45n	+.05
A–	CA LgTmTxFr	–1	10.23n	+.05
A	CA TxFreeBd	–1	10.70n	+.05
A+	Divers Bd	+1	10.29n	..
D–	EquityGrow	–2	13.19n	–.18
C+	EquityInc	0	5.35n	–.02
C	Giftrust	+1	15.92n	–.14
A+	Ginnie Mae	+1	10.67n	+.01
B	**Glbl Gold Eq**	**+5**	**15.93n**	**+.94**
A–	Govt Bond	+1	11.26n	–.01
C–	Growth	+1	15.35n	–.09
C	Inc Fd Am	0	11.66n	–.04
D	Inv Co Am	+1	18.70n	–.05
D+	Mutual	+1	17.02n	–.05
C–	New Pers	+2	17.04n	+.03
A+	US Gov Sec	+1	14.17n	–.01
D	Wash Mut	–1	18.08n	–.13
	American Funds A			
	$ 456 bil 800-421-4120			
D–	AMCAP	+3	11.24	–.02
C	Balanced	+1	12.54	–.08
B	Bd Fd Am	–1	10.54	–.01
C+	CapIncBldr	0	37.73	–.01
C–	CapWld G&I	+3	23.60	+.05
A–	CapWrldBd	+2	18.34	+.18
C–	EuroPac Gr	+3	25.62	+.11
D+	Fundmntl	+3	23.03	+.09
D	Gr Fd Amer	+3	19.39	+.01
B–	High Inc Muni	0	12.01	+.05
C+	High Income	–2	7.71	+.02
C	IncFd Amer	0	11.74	–.04
A	Interm Bond	0	12.75	–.02
	IntlGr&Inc	+3	21.15	+.07
D+	Inv Co Am	+2	18.78	–.04
A	Ltd Tax Ex	–1	14.71	+.07
C–	Mutual	+1	17.17	–.04
D	New Econ	+3	14.70	–.06
C	New Pers	+2	17.31	+.03
C+	New World	+4	29.89	+.13
	ShrtTermBd	0	9.89	–.02
E	Sm Cp Wrld	+2	18.96	+.05

Leading Fund Sectors

Man muss auch die breiten, umfassenden Sektoren kennen, die gefragt sind. Deshalb zeigen wir freitags in zwei Tabellen die führenden Branchen- und Sektorenfonds. An anderen Tagen werden verschiedene Fondstypen dargestellt. Wenn es Sie interessiert, welche Branchen gut laufen, können Sie hier sehen, dass Gold in den letzten vier Wochen, acht Wochen, zwölf Wochen und 16 Wochen gut gelaufen ist. In der längeren, 39-wöchigen Tabelle steht der medizinische Bereich gut da.

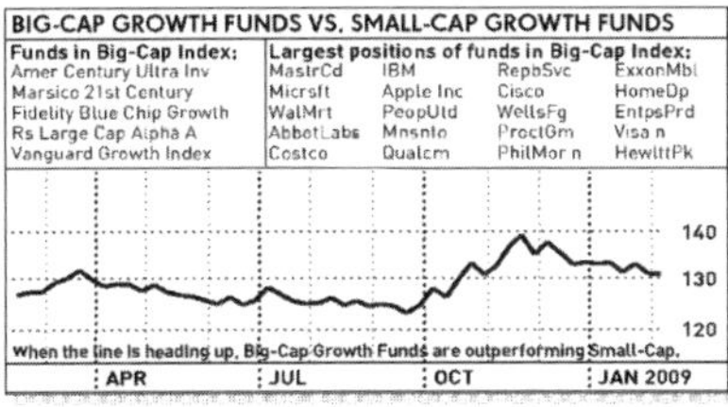

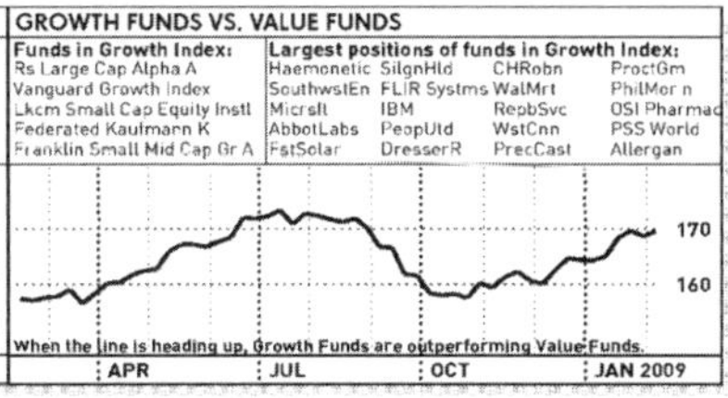

Top Industry & Sector Funds

Best % change in last 4, 8 & 12 weeks on a total return basis.
★ indicates fund is on 3 different weeks' lists.

Mutual Fund		% Change	$ Net Assets
Best % Change Last 4 Weeks:			
Amer Cent Inv Glbl Gold Eq	★	+ 9	719 mil
Van Eck Intl Gold A	★	+ 9	436 mil
Tocqueville Gold	★	+ 9	555 mil
Fidelity Sel Med Eq & Sys		+ 8	1.1 bil
First Eagle Gold A		+ 7	726 mil
Fidelity Sel Medcl Dlvry		+ 7	265 mil
Best % Change Last 8 Weeks:			
US Glob Inv WrldMineral		+ 31	292 mil
Van Eck Intl Gold A	★	+ 29	436 mil
USAA Prcs Metals	★	+ 28	879 mil
Tocqueville Gold	★	+ 27	555 mil
Rydex Investor Prec Metals	★	+ 26	149 mil
Oppenheimer A Gold&SpMin		+ 25	1 bil
Best % Change Last 12 Weeks:			
USAA Prcs Metals	★	+ 56	879 mil
Van Eck Intl Gold A	★	+ 56	436 mil
Amer Cent Inv Glbl Gold Eq	★	+ 55	719 mil
Rydex Investor Prec Metals	★	+ 54	149 mil
Tocqueville Gold	★	+ 51	555 mil
Frank/Tmp Fr A Gold & Prec		+ 50	878 mil

Top Industry & Sector Funds

Best % change in last 16 & 39 weeks on a total return basis.
★ indicates fund is on 3 different weeks' lists.

Mutual Fund		% Change	$ Net Assets
Best % Change Last 16 Weeks:			
Van Eck Intl Gold A	★	+ 40	436 mil
Amer Cent Inv Glbl Gold Eq	★	+ 39	719 mil
USAA Prcs Metals	★	+ 37	879 mil
Fidelity Sel Gold		+ 36	1.7 bil
Evergreen A PreciousMtl		+ 35	420 mil
Tocqueville Gold	★	+ 34	555 mil
Oppenheimer A Gold&SpMin		+ 34	1 bil
Gamco AAA Gold		+ 32	367 mil
Frank/Tmp Fr A Gold & Prec		+ 31	878 mil
DWS Scudder S Gold & Prec		+ 30	227 mil
Rydex Investor Prec Metals	★	+ 29	149 mil
US Glob Inv GlbGoldMtl		+ 26	154 mil
Best % Change Last 39 Weeks:			
Eaton Vance A WW HlthSci		+ 1	887 mil
Frank/Tmp Fr A Biotch Dsc		+ 1	291 mil
Fidelity Sel Biotechnlgy		− 1	1.2 bil
Putnam A GlbHlthCre		− 10	996 mil
Vanguard Health Care		− 10	10.8 bil
Blackrock A HealthSciOp		− 10	418 mil
Fidelity Sel Pharm		− 13	166 mil
First Eagle Gold A		− 14	726 mil
Schwab Health Care		− 14	523 mil
FBR SmFinl Inv		− 15	180 mil
Fidelity Sel Med Eq & Sys		− 16	1.1 bil
ICON Healthcare		− 17	147 mil

Issues & Insights

Am Ende des ersten Teils finden Sie unsere Kommentarseiten unter der Überschrift „Issues & Insights". Wir haben ein halbes Dutzend hervorragende, sehr erfahrene Autoren, die bis zu sechs Leitartikel pro Tag schreiben. Diese schreibe ich nicht. Für den Bereich ist unser ausgezeichneter und talentierter Redakteur Wes Mann verantwortlich, der von Anfang an bei *IBD* ist, und dabei wird er in seiner wichtigen Rolle, die er für die *IBD*-Leser und für die Nation spielt, von Terry Jones unterstützt, der ebenfalls bei uns ist, seit wir *IBD* vor 25

Jahren gegründet haben. Terry ist von *BusinessWeek* zu uns gekommen. Normalerweise lese ich zwei oder drei Kommentare, bevor ich die Überschriften und die zusammenfassenden Abschnitte überfliege, um zu sehen, ob mich das Thema interessiert.

Außerdem bringen wir Kolumnen von Gastautoren und freien Mitarbeitern unter den Überschriften „On the Left" und „On the Right", damit Sie verschiedene Standpunkte geliefert bekommen. Auf der rechten Seite schätze ich immer die Arbeit von Thomas Sowell und Victor Davis Hanson. Beide sind ältere, erfahrene Beobachter mit Durchblick. Sowell leitet das Hoover Institute in Stanford und ist wahrscheinlich der beste Volkswirt und Historiker Amerikas. Gerade hat er ein neues Buch mit dem Titel „Applied Economics: Thinking beyond Stage One" herausgebracht – eines von 42 Büchern, die er geschrieben hat. Aus Washington bringen wir Kolumnen von dem konservativen Charles Krauthammer und dem liberalen David Ignatius, der sich gut mit internationalen Themen auskennt.

Aber das Erste, was ich mir jeden Tag in „Issues & Insights" anschaue, ist die Karikatur. Wir haben den besten redaktionellen Karikaturisten des Landes, Michael Ramirez. Er hat *Investor's Business Daily* im Jahr 2008 einen Pulitzerpreis beschert – das zweite Mal, dass er diese begehrte Auszeichnung bekommen hat.

Außerdem hat *IBD* eine umfangreiche Meinungsforschungsabteilung und führt ganzjährig monatliche Erhebungen zum Wirtschaftsvertrauen, zur Amtsführung des Präsidenten und zu wichtigen nationalen Themen sowie in Wahljahren tägliche Umfragen durch. Im Jahr 2008 kam die Umfrage von *IBD*/TIPP bei der zweiten Präsidentenwahl hintereinander nicht nur dem endgültigen Abstand zwischen Barack Obama und John McCain am nächsten, sondern hatte auch genau ins Schwarze getroffen. Diese Leistungen, die damit vergleichbar sind, dass man eine Kugel mit einer Kugel trifft, brachten der *IBD-*/TIPP-Umfrage, die von TechnoMetrica Market Intelligence durchgeführt wurde, die Ehre ein, die exakteste Amerikas zu sein.

Making Money

In der Rubrik „Making Money", die auf Seite B1 beginnt, versuchen wir, die relevanten Fakten, Fähigkeiten und Regeln zu behandeln, die man braucht, um ein erfolgreicher Anleger zu sein. Wir betrachten *Investor's Business Daily* als Bildungsmedium. Wir sagen den Leuten nicht, was sie kaufen sollen. Wir empfehlen keine Aktien oder bewerben „zehn Aktien, die morgen steigen werden". Wir erklären lediglich bewährte Regeln, die auf Modellen erfolgreicher Aktien aus der gesamten bisherigen Geschichte beruhen, und liefern solide Methoden und Techniken, wie man sein Portfolio klug verwaltet.

Außerdem veranstalten wir Kurse und kostenpflichtige Workshops auf mehreren Levels, von Anfängerkursen bis sehr fortgeschritten, zum Thema Geldanlage. Darüber hinaus haben wir eine Chartschule, mehrere veröffentlichte Bücher – unter anderem die vierte Auflage desjenigen, das Sie gerade lesen – und bieten einen Kurs zum Selbststudium an. Wir sehen unsere Mission darin, jedermann zu unterrichten, der lernen will, wie man zum besseren Anleger wird und sich selbst davor schützt, dass man in Baissen Schaden leidet.

NYSE + Nasdaq Stocks on the move

Das Erste, was ich auf Seite B1 lese, sind die Tabellen unter der Überschrift „NYSE + Nasdaq Stocks on the Move" – eine Rubrik, die es in keiner anderen Veröffentlichung gibt. Wir haben eine umfangreiche Computerdatenbank, die jeden Tag nach den Aktien sucht, die die größte Volumenzunahme über den Tagesdurchschnitt der letzten drei Monate verzeichnet haben. Dadurch isolieren wir die echte Nachfrage nach Wertpapieren, die einem normalerweise nicht auffallen würden. Auf diesen Listen werden Sie viele neue, innovative Unternehmen mit Namen finden, die Sie vielleicht nicht kennen. Aber wenn sie häufig auftauchen, sollten Sie lieber herausfinden, was sie tun oder herstellen. Sie könnten das nächste Microsoft oder Apple sein. In der aktuellen Ausgabe steht Visa auf der NYSE-Liste. Die Aktie der Kreditkartengesellschaft ist unter einer Volumenzunahme auf 239 Prozent mehr als normal um 4,6 Punkte gestiegen. Gerade hat Visa in einer bearishen Periode Gewinne gemeldet. Auf der Liste stehen auch ein paar Medizin-Aktien.

Zusätzlich zu den Kurs- und Volumenänderungen zeigen die Tabellen die gleichen Unternehmensvariablen, die *IBD* in seinen Haupt-Aktientabellen angibt. Zum Beispiel zeigt *IBD* für Visa ein Earnings Per Share Ranking von 99, was bedeutet, dass das Gewinnwachstum der letzten drei Jahre und der letzten Quartale das Unternehmen in das oberste Prozent aller Unternehmen unserer Datenbank bringt. Das heißt noch nicht, dass die Aktie steigen wird. Aber es heißt auf jeden Fall, dass sie Eigenschaften besitzt, die zu überprüfen sich lohnt, wenn man nach bemerkenswerten Aktien sucht, die in einer künftigen besseren Marktlage eine überdurchschnittliche Performance bringen könnten.

Aktien, deren EPS- und RS-Rating 80 oder mehr beträgt, die also zu den besten 20 Prozent aller Aktien gemäß diesen Kennzahlen gehören, drucken wir in dieser Liste fett. Die Aktien mit besserer Erfolgsbilanz sind diejenigen, denen Sie nachgehen sollten.

Unter der Liste von Aktien, die an diesem Tag gestiegen sind, steht eine Liste von Aktien, deren Preis gefallen ist. Auch sie sind nach dem prozentualen Volumenanstieg sortiert. Daraus, wie viele Aktien steigen und wie viele fallen, kann man auf das Marktumfeld schließen und beurteilen, wie gut unsere neue Regierung ist. In dem gezeigten Beispiel enthält die Tabelle acht gestiegene NYSE-Aktien und 36 gefallene, was bedeutet, dass an jenem Tag mehr Aktien unter überdurchschnittlichem Volumen gefallen als gestiegen sind. Dies zielt auf die tägliche Nachfrage und das tägliche Angebot an führenden Wertpapieren ab. Es war ein bearisher Tag.

Ich finde dieses Computerraster sehr sinnvoll. Es ist fast unmöglich, dass es einen neuen großen Marktführer nicht entdeckt. Aber man muss auch selbst seine Hausaufgaben machen, damit man einige dieser Unternehmen versteht, die man vielleicht noch nicht kennt. *IBD* versucht, diese Unternehmen in diversen Kolumnen zu behandeln.

NYSE + Nasdaq Stocks On The Move

Stocks with high volume vs. 50-day avg., reflecting heavy institutional action. 80 EPS & 80 RS or better are **boldfaced**.

SMARTSELECT® COMPOSITE RATING

▼	EPS Rnk	Rel Str	Acc Dis	52-Wk High	NYSE Stock	Stock Symbol	Closing Price	Chg	Vol (1000s)	Vol% Chg
94	99	76	B–	89.84	Visa n o	V	53.74	+4.61	24,135	+239
94	94	75	B–	37.40	Aeropostl o	ARO	22.81	+1.68	4,176	+53
96	**86**	**87**	**C**	**29.11**	**AtmosEngy o**	**ATO**	**25.40**	**+0.77**	**810**	**+42**
91	**95**	**95**	**B–**	**87.88**	**CmpsMn o**	**CMP**	**63.45**	**+1.57**	**969**	**+30**
92	96	72	B	105.1	NobleEnr o	NBL	53.44	+1.47	3,044	+18
99	**99**	**98**	**B**	**59.45**	**ScQmMra o**	**SQM**	**29.30**	**+0.72**	**1,134**	**+15**
97	91	74	D+	60.00	ITCHldgs	ITC	42.57	+0.80	552	+15
99	**91**	**94**	**B+**	**52.00**	**MedcoHlth o**	**MHS**	**48.50**	**+1.77**	**3,832**	**+10**
48	45	57	C+	40.75	I D E X Corp o	IEX	21.51	–1.56	2,874	+399
80	83	70	B–	50.04	RegalBel	RBC	31.07	–1.92	1,689	+345
57	53	49	C+	35.81	SonocoP o	SON	20.47	–3.22	2,433	+247
90	80	68	B–	30.95	BurgerK o	BKC	20.51	–1.35	4,775	+230
79	59	63	D+	63.77	CocaCFmsa	KOF	33.49	–1.10	540	+203
72	59	55	D	34.53	Unilever o	UN	21.10	–0.87	7,453	+162
98	94	93	B	171.4	TerraNit	TNH	122.5	–4.55	228	+158
90	78	96	B	32.50	FamlyDlr o	FDO	26.63	–1.68	9,139	+126
55	77	35	E	86.91	Credicorp o	BAP	37.61	–0.54	895	+123
90	84	81	C+	65.54	ChrchDwt o	CHD	52.50	–1.45	1,319	+113
98	93	77	B–	73.73	NovNrdk o	NVO	52.73	–0.85	525	+102
76	98	42	B–	83.81	ContlRes n o	CLR	21.09	–0.90	2,779	+94
76	91	61	D	68.09	RoperInd	ROP	39.50	–0.75	1,572	+88
75	59	57	C+	34.89	Unilever Plc	UL	20.74	–0.58	2,042	+86
19	42	8	D–	99.46	Orix	IX	21.27	–1.21	256	+82
81	53	82	D	31.26	BrklyWR o	WRB	24.55	–0.51	2,617	+70
98	98	71	B–	81.59	NwOriEd o	EDU	52.00	–2.00	894	+65
84	63	76	C+	92.13	Exelon o	EXC	57.11	–0.57	6,002	+64
95	89	93	B–	67.44	Sunoco o	SUN	41.12	–3.79	6,913	+63
84	78	69	D–	50.00	AON o	AOC	36.45	–0.96	5,307	+63

SMARTSELECT® COMPOSITE RATING

▼	EPS Rnk	Rel Str	Acc Dis	52-Wk High	Nasdaq Stock	Stock Symbol	Closing Price	Chg	Vol (1000s)	Vol% Chg
98	**99**	**86**	**B**	**23.00**	**NeutTand n**	**TNDM**	**17.74**	**+1.77**	**1,583**	**+818**
85	**82**	**82**	**D+**	**45.00**	**Blkboard o**	**BBBB**	**29.01**	**+4.68**	**1,951**	**+532**
99	**96**	**95**	**B–**	**31.05**	**TowrGp o**	**TWGP**	**26.78**	**+1.80**	**1,860**	**+382**
99	**91**	**90**	**A–**	**64.47**	**ShireLtd o**	**SHPGY**	**46.14**	**+0.57**	**1,763**	**+179**
88	**85**	**86**	**C+**	**41.56**	**RossSts o**	**ROST**	**30.63**	**+2.38**	**5,257**	**+135**
99	75	99	B–	85.40	MyriadGn o	MYGN	83.61	+0.50	1,469	+62
99	**95**	**99**	**D+**	**45.07**	**LifePtnrs**	**LPHI**	**38.91**	**+2.47**	**196**	**+52**
99	**96**	**91**	**B–**	**73.59**	**BiognIdec o**	**BIIB**	**53.28**	**+0.53**	**4,843**	**+31**
94	**99**	**91**	**B–**	**144.3**	**Priceline o**	**PCLN**	**72.67**	**+1.91**	**1,779**	**+29**
98	75	89	B	47.96	AlexionPhr o	ALXN	39.18	+1.36	1,046	+23
97	75	99	C+	24.08	Crucell o	CRXL	20.60	+0.62	373	+23
99	**92**	**98**	**B+**	**33.84**	**HMS Hld o**	**HMSY**	**34.12**	**+0.99**	**430**	**+18**
86	**89**	**80**	**C**	**106.3**	**Itron Inc o**	**ITRI**	**60.72**	**+0.53**	**842**	**+15**
99	**85**	**95**	**C+**	**49.06**	**Allegiant o**	**ALGT**	**34.38**	**+1.38**	**637**	**+15**
98	**95**	**86**	**A–**	**36.95**	**Synaptics o**	**SYNA**	**25.84**	**+0.59**	**1,804**	**+14**
96	**91**	**98**	**D+**	**33.43**	**Thoratec o**	**THOR**	**27.17**	**+0.63**	**1,775**	**+12**
84	75	97	C+	61.24	FuelSys o	FSYS	27.04	+1.29	785	+10
91	98	61	D+	50.00	ConcurTch o	CNQR	22.77	–2.46	8,955	+788
94	84	90	B–	44.32	DollarTree o	DLTR	35.03	–6.72	12,381	+476
44	72	32	D	60.24	Varian o	VARI	26.91	–2.04	1,091	+302
99	89	89	C	47.94	QualtySys o	QSII	35.23	–1.88	1,975	+299
94	82	97	A	29.21	MultFnElc o	MFLX	19.02	–1.00	646	+297
88	72	72	B	44.10	PanAmSlvr o	PAAS	16.60	–1.45	5,480	+255
80	76	57	C	42.58	Dentsup o	XRAY	26.88	–0.57	5,920	+194
81	82	62	B–	80.60	Dionex	DNEX	49.52	–1.22	408	+180
38	48	22	D	64.22	AdvsrBrd	ABCO	16.59	–1.07	303	+150
99	82	96	A–	39.29	Athenahlt n o	ATHN	35.38	–1.82	1,166	+134

How's the Market?

Die Seite B2 ist „How's the Market?" überschrieben. Sie enthält eine Menge absolut unentbehrliche Zahlen. Wir stellen hier die vier wichtigsten allgemeinen Börsenindizes – den NYSE Composite, den Nasdaq Composite, den S&P 500 und den Dow Jones Industrial Average – in großen, leicht lesbaren Charts dar. Wir stellen sie übereinander dar, damit Sie sie vergleichen und sehen können, welche Indizes fester tendieren und ob ein Index an einem gewissen Punkt von den anderen abweicht. Diesmal stellen wir fest, dass sich im Januar zwar alle Indizes in einem negativen Trend befinden, dass aber der Nasdaq

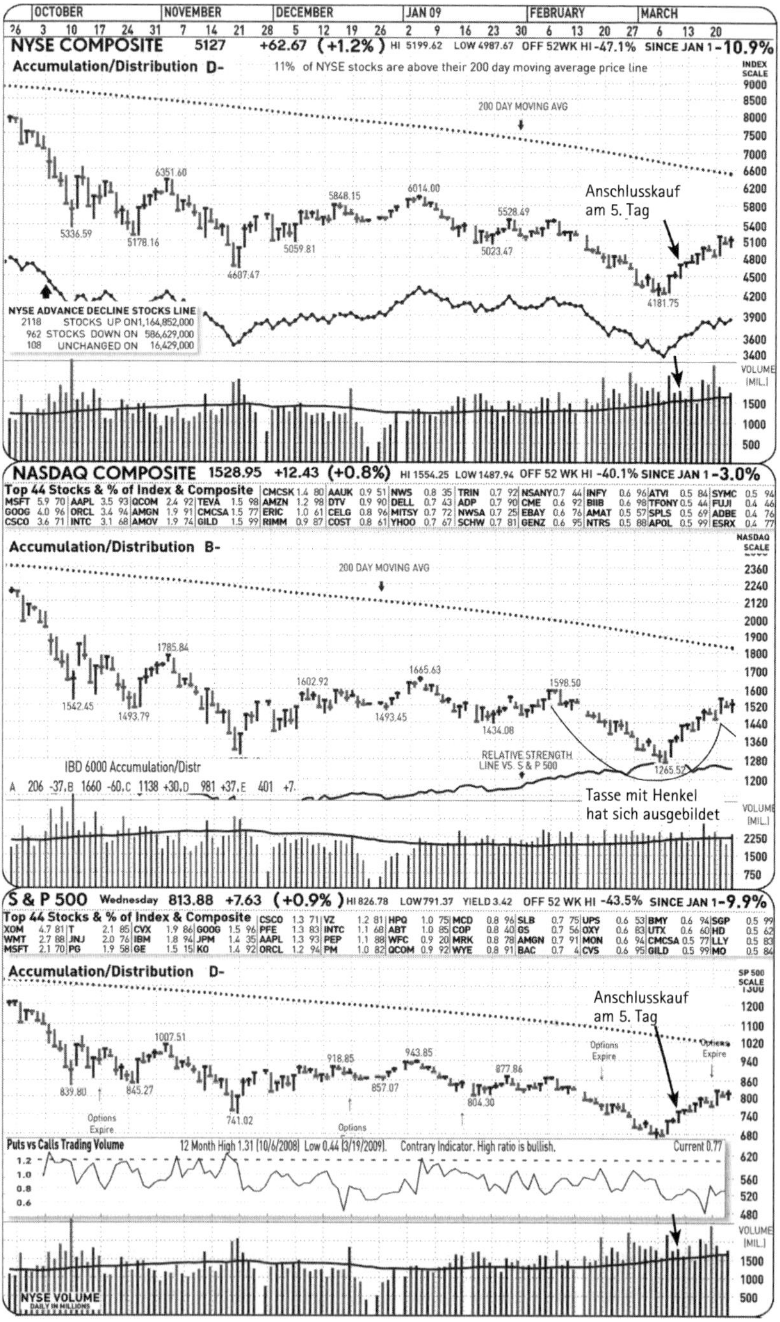

NYSE COMPOSITE 5127 +62.67 (+1.2%) HI 5199.62 LOW 4987.67 OFF 52WK HI -47.1% SINCE JAN 1 -10.9%
Accumulation/Distribution D-
11% of NYSE stocks are above their 200 day moving average price line
200 DAY MOVING AVG
Anschlusskauf am 5. Tag
NYSE ADVANCE DECLINE STOCKS LINE
NASDAQ COMPOSITE 1528.95 +12.43 (+0.8%) HI 1554.25 LOW 1487.94 OFF 52 WK HI -40.1% SINCE JAN 1 -3.0%
Top 44 Stocks & % of Index & Composite
Accumulation/Distribution B-
200 DAY MOVING AVG
IBD 6000 Accumulation/Distr
RELATIVE STRENGTH LINE VS. S & P 500
Tasse mit Henkel hat sich ausgebildet
S & P 500 Wednesday 813.88 +7.63 (+0.9%) HI 826.78 LOW 791.37 YIELD 3.42 OFF 52 WK HI -43.5% SINCE JAN 1 -9.9%
Top 44 Stocks & % of Index & Composite
Accumulation/Distribution D-
Anschlusskauf am 5. Tag
Options Expire
Puts vs Calls Trading Volume
12 Month High 1.31 (10/6/2008) Low 0.44 (3/19/2009). Contrary Indicator. High ratio is bullish.
Current 0.77
NYSE VOLUME

Composite nur um zwei Prozent gefallen ist, also weniger als die anderen. Das lässt den Schluss zu, dass er in dieser schwierigen Phase des Marktes führend ist.

Außerdem zeigen wir darin Relative-Stärke-Linien, gleitende Durchschnitte und unter dem Chart des NYSE Composite die Advance-Decline-Line der New York Stock Exchange, anhand deren man schnell Tag für Tag sieht, ob an der NYSE in den letzten sechs Monaten mehr Aktien gefallen oder gestiegen sind. Dort gibt es sogar eine Kennzahl für Kumulierung/Distribution, die zeigt, in welchen der großen Indizes die Kumulierung am größten ist. Der Nasdaq Composite hatte bei dieser Bewertung ein „B-“ und das bedeutet, dass er in letzter Zeit eine stärkere Kumulierung erlebt als die anderen.

Die Seite B2 schaue ich mir jeden Tag an, und Sie sollten das auch tun. Ich möchte die aktuelle Preis- und Volumenaktivität der führenden Indizes täglich sorgfältig beobachten, damit ich sehe, ob sie sich immer noch im Aufwärtstrend und unter Kumulierung befinden oder ob sie sich in Richtung eines neuen Abwärtstrends verlagern und sich höchst negativ verhalten. Vernachlässigen Sie das tägliche Volumen nicht. Es ist der Schlüssel, der Ihnen sagen kann, ob etwas schiefläuft. Wenn Sie die Gesamtmarktindizes studieren und lernen, sie korrekt zu interpretieren – was eine Weile dauern kann –, dann werden Sie lernen, die schlimmsten Abschwünge zu meiden, *weil sich die zunehmende Distribution immer im Frühstadium äußert, noch bevor sich die schädlichste Phase des Niedergangs anbahnt.* Das kann einen viel größeren Teil Ihres Geldes bewahren, und es ist etwas, dessen Perfektionierung sich definitiv lohnt, egal wie viel Zeit es Sie kosten mag. Denn wie viel Zeit haben Sie damit verbracht, das Geld zu verdienen, das Sie jetzt investieren möchten? Ist es also Ihre Zeit wert, zu lernen, wie man es geschickt bewahrt und schützt?

Wenn Sie lernen, den Markt zu lesen und die allgemeinen Marktregeln von *IBD* anzuwenden, gibt es keine Entschuldigung mehr dafür, dass Sie im Zuge einer Baisse 30, 40, 50 Prozent oder noch mehr Verlust machen. Ich weiß, dass die meisten Börsenanleger und vielleicht auch ein paar Leser unserer Zeitung während der Marktkorrektur 2008 womöglich geschädigt wurden. Aber *IBD* hat die nötigen Regeln und Informationen geliefert. Wenn die Leser ihre Hausaufgaben gemacht und die Kolumne „The Big Picture" gelesen haben, müssten sie gesehen haben, dass die Methode von *IBD* die widrigen Aktivitäten im Frühstadium der aufkeimenden Börsenbaissen frühzeitig erkannt hat, die sich Ende 2000 und 2008 entwickelten.

Sie können und müssen Folgendes erkennen lernen:

Der 3. Oktober 2007 war der erste Distributionstag an der Nasdaq, der 11. Oktober war der zweite, der 15. und 16. Oktober waren der dritte und vierte und der 19. Oktober war der fünfte. Wenn Sie das erkannt und richtig interpretiert hätten, dann hätten Sie verkauft. Am 24. Oktober kam ein sechster Distributionstag, an dem man seine Positionen noch weiter zusammengestrichen hätte. Bis zum 1. November hatte es sieben deutliche Warnungen gegeben. Alle bedeutenden Marktkorrekturen und Baissen beginnen auf diese Art. Wenn Sie das verpasst haben und überhaupt keine Ahnung hatten, was vor sich ging, blättern Sie zurück und studieren Sie alle Höhepunkt-Charts in Kapitel 9, bis sie in Ihren Augen einen Sinn ergeben und bis Sie verstehen, worauf Sie in Zukunft achten müssen. Schon viele Anleger haben gemerkt, dass sie die Dinge in die Hand nehmen, mit mehr Ernst betreiben und die Grundlagen der soliden, erfolgreichen Geldanlage lernen müssen. Sie können in Zukunft weitaus bessere Ergebnisse erzielen.

Der IBD Mutual Fund Index

Es gibt auf Seite B2 noch eine einzigartige Rubrik, die Sie in keiner anderen täglichen Publikation finden – den „*IBD* Mutual Fund Index", in dem wir zwei Dutzend führende Growth-Fonds betrachten und ihre Gesamtperformance grafisch darstellen. Ich benutze es als ergänzenden Index, weil es gewissermaßen eine gigantische Advance-Decline-Line einiger der besten Fonds ist, bestehend aus 1.000 bis

2.000 oder noch mehr Aktien, verteilt auf 24 Fonds. Wenn ich in diesem Index eine klassische, wohlgeformte Tasse mit Henkel gesehen habe, der eine kräftige Aufwärtsbewegung voranging, sind der Index und der Markt fast immer gestiegen.

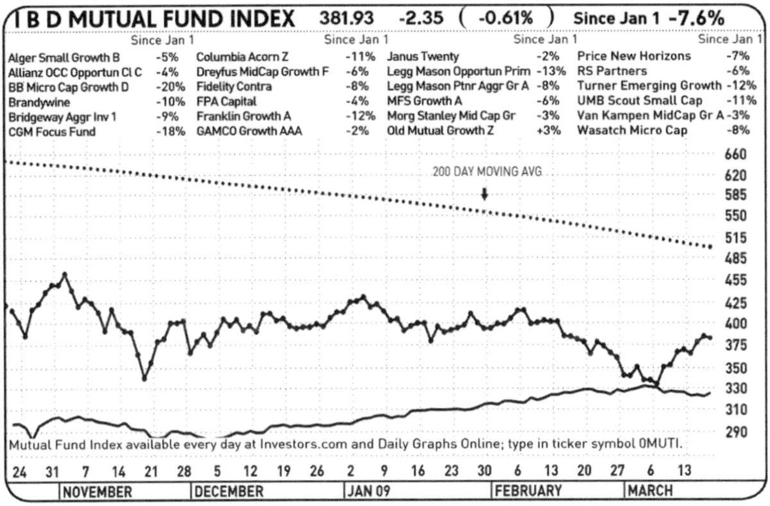

Die 197 Industry Sub Group Rankings

Auf dieser vollgepackten Seite haben wir außerdem „197 Industry Sub Group Rankings“. Diese Liste gibt ein Composite Ranking für alle Untergruppen und die Änderung jeder Untergruppe gegenüber dem Vortag sowie die Ränge an, welche die Gruppe vor drei Wochen, vor sechs Wochen und vor sieben Monaten belegte. Die 20 besten und die 20 schlechtesten Unterbranchen sind eingekringelt, weil sie die besten und schlechtesten Branchen nach Performance darstellen.

Inzwischen sollten Sie wissen, dass ich von den letzten 20 keine haben will, weil wir über viele Jahre hinweg bewiesen haben, dass diese Branchen in große Schwierigkeiten geraten werden. Auf der anderen Seite wissen wir, dass die meisten führenden Bereiche eines positiven Marktes unter den besten 20 erscheinen werden.

This Wk	Rank 3 Wks Ago	6 Wks Ago	7 Mo Ago	Industry Name	Subgroup Comp. Rating	%Chg Since Jan 1	Daily % Chg
1	60	38	78	Metal Ores-Gld/Silvr	90	+4.1	+1.7
2	2	8	83	Comml Svcs-Schools	95	+8.1	+0.4
3	8	12	57	Medical-Genetics	..	+16.4	+0.9
4	4	10	98	Coml Svcs-Scrty	90	-4.7	+0.1
5	18	20	80	Medical-Ethical Drgs	89	+1.7	+0.6
6	15	33	23	Telecom-Wirlss Eqp	90	-2.2	+1.7
7	3	2	134	Comptr Sftwr-Mdcl	94	-7.3	-1.4
8	7	4	133	Utility-Water Supply	89	+0.3	+0.6
9	12	14	43	Medical-Biomed/Bth	89	+5.2	+1.3
10	28	54	112	Fnancepbl Inv Fdbnd	..	+14.2	+0.3
11	6	9	118	Insrnce-Prp/Cas/Titl	81	-9.7	+1.1
12	1	1	197	Trnsprttin-Airlne	67	-22.8	+3.7
13	10	19	104	Retail/Whlsle-Food	84	-0.4	+0.2
14	17	26	77	Utility-Elctric Pwr	87	+0.3	+0.7
15	16	21	45	Utility-Gas Dstribtn	88	+1.6	+1.3
16	14	22	94	Rtail/Whlsle-At/Prts	85	-4.0	+2.7
17	72	89	101	Oil&Gas-Trnsprt/Pip	87	+16.4	+1.0
18	35	106	145	Oil&Gas-Rfing/Mkt	90	+15.9	-0.1
19	24	48	191	Mdical-Hlth Mnt Org	92	+10.5	+3.6
20	13	5	99	Cmml Svcs-Cnsltng	90	-6.8	+0.7

Wir haben deswegen 197 Untergruppen, weil es in jedem Sektor Segmente gibt, deren Performance sehr unterschiedlich sein kann. Medizinische Genetik steht auf dem dritten Rang. Vor sieben Monaten stand diese Untergruppe auf Rang 57.

Insgesamt gibt es zehn Tabellen, in denen Branchen aus verschiedenen Blickwinkeln gemessen werden. Zwei kleine Kästen auf Seite B2, die ich ebenfalls täglich überprüfe, bieten eine andere Perspektive darauf, welche Industrien führend sind. Die eine zeigt die „Top 10 Fidelity Industry Funds since Jan 1".

Die zweite kleine Box zeigt diejenigen Branchen mit dem höchsten Anteil von Aktien, die neue Hochs erreicht haben. Wenn man die Marktsektoren aus mehreren Blickwinkeln betrachtet, können einem die ein oder zwei Sektoren, die sich in einer neuen Hausse als die wahren Marktführer entpuppen, kaum entgehen.

Neben diesen Boxen steht eine Liste, in der die Indizes von 28 verschiedenen Marktsektoren samt ihrer Tagesperformance dargestellt werden.

IBD Industry Themes

Auf Seite B3 findet sich noch eine andere Art, Branchen zu beobachten – eine tägliche Kolumne namens „*IBD* Industry Themes“. In jeder Marktlage gibt es gewisse Leit-Themen. Es kann zum Beispiel sein, dass die Anleger Medizin-Aktien oder Technologie-Aktien kaufen. Welches sind also die Themen des derzeitigen Marktes?

Außerdem haben wir eine Kolumne über New Yorker Aktien und Nasdaq-Aktien sowie eine für den langfristigen Anleger. Auf Seite B5 gibt es außerdem noch die drei Kolumnen „The Base Reader“, die diverse Chartformationen analysiert, „The Income Investor“ und „International Leaders“, die über die Auslandsmärkte berichten. Ich lese nicht alle diese Kolumnen. Aber ich lese ihre Überschriften und ein kurzer Blick sagt mir, ob in einer Kolumne von einer Sachlage die Rede ist, die mich interessiert – und dann lese ich sie.

Groups Highest % Of Stocks At New High		Top 10 Fidelity Industry Funds Since Jan. 1	
Tobacco	11%	1. Wireless	+17%
Retail/Wholesale-Food	11%	2. Netwk&Infr	+11%
Finance-Mortgage&Rel Svc	9%	3. Telecommun	+10%
Computer Software-Medical	8%	4. Gold	+8%
Retail-Home Frunshngs	7%	5. Electronics	+7%
Retail/Wholesale-Auto/Prts	6%	6. Natural Gas	+7%
Retail-Super/Mini Markets	5%	7. Energy Svcs	+6%
Internet-Network Sltns	5%	8. Commequip	+5%
Computer-Integrated Syst	5%	9. Computers	+4%
Retail-Clothing/Shoe	7%	10. Natural Res	+4%

Today's general market highlights:

Energy dominated Thursday's list of top-performing groups. Crude jumped $3.47 to $51.61 a barrel, continuing oil's recent rally. Production cuts and oil companies' reduced investments have pinched supply, countering lower global demand.

Market Indexes list sorted by % gain in last 3 months. (★ on l indexes since Jan. 1 on right, top 4 indexes yesterday.)

Since Jan 1		3 Month % Change	Index	Value	Change
+ 8.30%	★	+21.51%	**Gold Index**	91.31	+ 3.97
+ 9.71%	★	+ 9.95%	**High-Tech Index**	323.42	+ 2.95
– 4.42%	★	– 1.23%	**Amex Composite**	1335.74	+ 8.01
– 5.93%	★	– 4.44%	**Nasdaq OTC Comp**	1483.48	– 7.74
– 9.44%		– 7.31%	IBD New America Index	161.96	– 2.13
–11.01%		– 7.68%	**Value Line Index**	1250.09	– 4.17
–11.00%		– 7.77%	**New Issues Index**	220.72	– 1.56
–11.14%		– 7.99%	**S&P Midcap 400**	478.33	– 2.82
– 9.36%		– 9.52%	**Senior Growth Index**	394.71	– 3.19
–11.17%		– 9.89%	**Dow Jones Utility**	329.33	+ 2.77
–12.37%		–10.23%	**Defensive Index**	872.86	– 5.95
– 9.03%		–11.11%	**Consumer Index**	601.03	3.83
–11.29%		–11.19%	Medical/Healthcare	2870.64	–102.20
–13.20%		**–11.44%**	**S&P 500**	784.04	–10.31
–14.24%		–12.11%	**N.Y.S.E. Composite**	4937.22	–38.08
–17.26%		–13.76%	**Russell 2000**	413.26	– 4.37
–15.67%		–13.99%	**Dow Jones Industrials**	7400.80	–85.78
–19.19%		–15.30%	**S&P 600**	217.16	– 2.50
–19.16%		–15.90%	U.S. Defense Index	494.43	– 7.06
–25.44%		–22.01%	**Dow Jones Trans**	2637.27	+ 4.79
–26.77%		–24.14%	N.Y.S.E. Finance	2818.02	–116.34
–29.17%		–26.86%	Bank Index	279.23	–25.81
–33.63%		–30.90%	Insurance Index	220.22	– 9.74

2.500 führende Aktien (die „NYSE + Nasdaq Research Tables“)

Ein regelrechtes Kraftpaket, das wir kürzlich hinzugefügt haben, ist die Art, auf die wir unsere einmaligen Aktientabellen organisieren und darstellen. Wir bezeichnen sie als „Research Tables“, weil wir zu jedem Unternehmen eine Wagenladung Zahlen liefern. *IBD* verfolgt bis zu 2.500 Aktien und kombiniert Aktien von der New York Stock Exchange und der Nasdaq in einer Tabelle, während einige unserer Konkurrenten nur 1.000 Aktien bringen und sich nicht annähernd mit den entscheidenden Ratings und Zahlen messen können, die wir zu jedem Unternehmen liefern.

Sie werden auf den ersten Blick sehen, dass unsere Tabellen der „2.500 Leading Stocks“, die auf Seite B3 anfangen, die 33 breiten Wirtschaftssektoren nach ihrer Stärke sortieren. Fast alle anderen ordnen ihre Tabellen alphabetisch. Jahrzehntelang benutzten die Amerikaner die Kurstabellen in ihrer Lokalzeitung oder in einem unserer Konkurrenzblätter nur, um nachzusehen, wo ihre Aktien gestern geschlossen haben: „Sind meine General-Motors-Aktien gestiegen oder gefallen?“ Es ist zwar schön, wenn man nachsehen kann, wie sich die Aktie verhalten hat, aber heutzutage bekommt man Aktienkurse überall im Internet. Wir machen dagegen aus unseren Tabellen ein fortgeschrittenes Forschungslabor, das Ihnen dabei hilft, die nächste große Spitzenaktie zu entdecken, in die Sie investieren möchten. Im Folgenden sage ich Ihnen, was man mit *unserer* Darstellung der Tabelle anfangen kann.

Die vorliegende Ausgabe bestätigt, was wir schon in anderen Tabellen gesehen haben: Dass der Sektor „Medical“ die Nummer 1 ist. Danach zeigen wir alle einzelnen Aktien des Medizinbereichs in alphabetischer Reihenfolge. Hinter jeder steht ein Composite Rating von 0-99, wobei 99 am besten ist. Diese Gesamtbeurteilung besteht aus wichtigen einzelnen Beurteilungen. (Natürlich könnte das aktuelle Rating fallen, wenn der Versuch unserer Regierung gelingt, alle Regeln neu zu schreiben und zu beschließen, wie sie unser gesamtes Gesundheitswesen steuern möchte.)

Wenn Sie eine Aktie aufgespürt haben, die interessant aussieht, können Sie das von uns angegebene Aktiensymbol nehmen und auf Investors.com den Chart sowie andere unentbehrliche Fakten und

Zahlen nachprüfen. Die praktische Checkliste hilft Ihnen, auszuarbeiten, was Sie in den Tabellen entdeckt haben.

Wenn ich diese Tabellen durchgehe, achte ich auf fett gedruckte Aktien. Auch hier drucken wir alles fett, was mindestens um einen Punkt gestiegen ist oder ein neues Kurshoch markiert hat. Ich interessiere mich vor allem dafür, die Preisbewegungen zu beobachten, damit mir nichts entgeht, was sich als tolle neue Top-Aktie entpuppen könnte. Man kann die fett gedruckten Aktien sehr schnell durchgehen, und wenn Sie Charts benutzen, kennen Sie vielleicht schon die Muster einiger Ideen, die Ihnen in den Tabellen auffallen. Wenn Sie beispielsweise jede Woche eine Reihe von Charts durchgehen und nach soliden Formationen mit starken Fundamentaldaten suchen und wenn Sie täglich die fett gedruckten Aktien in den Tabellen durchgehen, dann werden Sie irgendwann auf eine fett gedruckte Aktie stoßen, deren Chart Sie durch eine beginnende Aufwärtsbewegung beeindruckt hat.

Wenn mir bei Aktien auf vorderen Plätzen ungewöhnliche Aktivitäten auffallen, notiere ich mir das Symbol gern oben auf Seite B1. Wenn ich alle Tabellen durchgegangen bin, habe ich vielleicht acht oder zehn Symbole, die ich überprüfe, weil sie aufgrund ihrer Preisaktivität und ihrer hohen Einstufung interessant aussehen. Man kann dann sofort zu Investors.com oder zu Daily Graphs online gehen und den Chart auswerten, um zu sehen, ob die Aktie gut oder schlecht läuft.

Ich benutze die Tabellen also nicht nur, um herauszufinden, was mit meinen Aktien gestern passiert ist, sondern ich benutze sie auch, um potenzielle Ideen zu finden, die irgendwann in der Zukunft zu Super-Marktführern werden könnten. Das ist für jeden ernsthaften Anleger, der seine Performance verbessern will, gewissermaßen eine Notwendigkeit.

You Can Do It, too

Auf Seite B4 steht oben die Überschrift „You Can Do It, too“. Darunter stehen kurze Zitate von Anlegern, die uns geschrieben haben, um uns mitzuteilen, dass es bei ihnen gut geklappt hat und was ihnen dabei hauptsächlich aufgefallen ist. Mir ist klar, dass es viele Menschen gibt, die wahrscheinlich nicht so erfolgreich sind oder die ihre Hausaufgaben nicht gemacht haben, die sich nicht an die Regeln gehalten haben oder die kein System hatten. Aber viele dieser Zitate sind trotzdem anregend.

Interessanterweise haben uns mehr als 1.000 Menschen geschrieben, dass sie endlich herausgefunden haben, wie man alles zusammensetzt, um hervorragende Ergebnisse zu erzielen. Ich sage „endlich", weil es eine gewisse Zeit und Mühe braucht, bis man wirklich überlegene Ergebnisse bekommt. Am Aktienmarkt wird einem nichts geschenkt. Aber wenn Sie das begreifen und sich anstrengen, könnten Sie irgendwann finanziell unabhängig werden. Wäre das ein lohnendes Ziel, nach dem Sie streben könnten?

„Stocks in the News"

Ein weiterer Teil, den ich täglich überprüfe und den ich als „Minicharts" bezeichne, sind die „NYSE Stocks in the News" und die „Nasdaq Stocks in the News". Früher haben wir in dieser Übersicht 20 Charts oder mehr gezeigt, aber jetzt haben wir es auf zehn eingeschränkt, weil wir das Sortierverfahren verfeinert und verbessert haben. Und wir haben Folgendes gemerkt: Sobald man sich in einer kommenden Hausse befindet, bringen diese beiden Listen eine erheblich bessere Performance als der S&P 500, und es lohnt sich auf jeden Fall, etwaige neue Namen aus den Charts zu überprüfen.

Rechnen Sie bitte nicht damit, dass diese Listen funktionieren, wenn eine Baisse herrscht. In einem solchen Umfeld fallen drei von vier Aktien, und Growth-Werte können dann beträchtliche Korrekturen durchmachen. Wenn Sie aber wissen, dass der Markt nach oben tendiert, und wenn dies durch die Kolumne „The Big Picture" bestätigt wird, können diese Minicharts – die jeweils 20 zentrale statistische Angaben enthalten – eine Quelle hochrentabler neuer Ideen darstellen. Nicht aus allen wird etwas. Aber wenn die Marktlage positiv ist, sollte man bei den Ideen nachhaken, die funktionieren. Wenn man Geduld hat, entwickelt sich eine Marktlage früher oder später zu einer kräftigen Hausse. Und wenn das passiert, sollte man diese Übersichten auf jeden Fall gründlich durchsehen. Wenn Sie Ihre Hausaufgaben machen, stehen Ihre Chancen besser, dass Sie Ihre Performance erheblich verbessern.

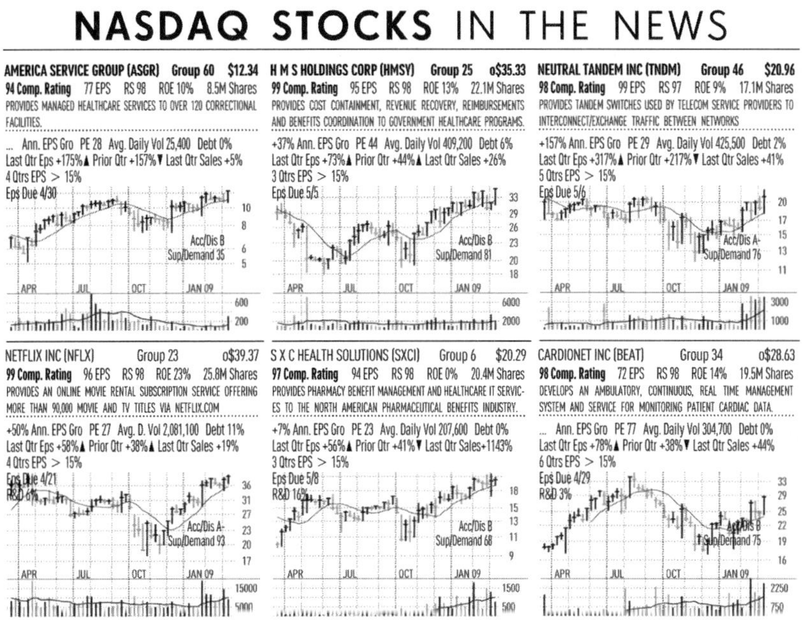

Mir ist im Laufe der Zeit aufgefallen, dass die ersten sechs oder sieben Sektoren unserer Aktientabellen die meisten neuen führenden Unternehmen enthalten. Außerdem habe ich Folgendes bemerkt: Nur weil einige Sektoren in der unteren Hälfte in letzter Zeit nicht führend waren, heißt das noch nicht, dass nicht einige von ihnen später möglicherweise zu Turnarounds werden. Folgende Sektoren belegen in der vorliegenden Ausgabe einen niedrigeren Platz und weisen eine

schwächere Performance auf: Computer-Hardware, Sparkassen, Bekleidung, Maschinen, Medien, Stahl, Immobilien und Halbleiter.
Diese Rangfolgen können sich innerhalb von Wochen oder Monaten verschieben. Aber es lohnt sich, zu wissen, welche jetzt führend sind und welche Unternehmen in jedem Sektor die besten fundamentalen und markttechnischen Variablen aufweisen. Sie sollten Ihre Recherchen auf diese Sektoren und Unternehmen konzentrieren.
Es dauert vielleicht ein bisschen, bis man sich an diese Tabellen gewöhnt. Aber nach ein paar Wochen wissen Sie, wo Ihre Aktien in der Liste stehen. Um es leichter zu machen, zeigen wir auch eine Tabelle, die alle 197 Subbranchen von *IBD* auflistet und Ihnen sagt, zu welchem der 33 breiten Sektoren jede Unterbranche gehört.
Die meisten von uns tun das zwar nicht, aber ich würde Ihnen trotzdem wärmstens empfehlen, den Kasten zu lesen (normalerweise auf Seite B7), in dem die diversen Ratings und Kennzahlen erklärt werden – samt ihrer Berechnung und Verwendung. Wenn Sie das machen, verstehen Sie, wie man diese fortgeschrittenen, höchst ausgefeilten Tabellen verwendet, in denen der Schlüssel zu enormem Erfolg oder einer dramatischen Verbesserung Ihrer Zukunft stecken könnte.
Unter der Erklärungsbox steht eine kurze Liste mit „Do's and Don'ts" – anders gesagt, was man tun sollte, um die klassischen Fehler zu vermeiden, die Menschen manchmal machen, wenn sie ohne gewissenhafte Nachforschungen investieren.

IBD Time Saver Table

Vielbeschäftigte Geschäftsleute nutzen gern die „*IBD* Time Saver Table" auf der gleichen Seite, weil sie alle Aktien mit hohen Rankings, die gestiegen oder gefallen sind, in einer kurzen Tabelle mit Volumen-Rankings und ein paar anderen Rankings zusammenfasst. Ich schaue sie immer durch und achte besonders auf die „Stocks down"-Liste. Ich möchte über die Aktien Bescheid wissen, die Prügel eingesteckt haben, weil sich das auf andere Aktien der gleichen Branche auswirken könnte. Wenn eine Aktie wiederholt in dieser Liste auftaucht, könnte es sein, dass sie ihren Höhepunkt überschritten hat und auf größeren Ärger zusteuert.

Dass wir zehn verschiedene Arten haben, auf die man sich auf die führenden Gruppen konzentrieren kann, habe ich bereits erwähnt. Unter der Überschrift „Leading Market Indexes“ bieten wir auch kleine Sektorencharts. Jeder enthält einen Tages-Kurs- und -Volumenchart. Im Moment stehen die Sektoren Junior Growth, Leisure und Consumer ganz oben auf der Liste.

Daneben haben wir die Liste der „New Highs“. Diese Liste wurde ebenfalls umgestaltet. Wir wollten nicht bloß zeigen, welche Aktien neue Hochs und welche neue Tiefs markiert haben. Wir listen sie in der Reihenfolge der Branchensektoren auf, in denen die größte Anzahl von Aktien neue Preishochs erreicht hat. Wenn eine kräftige Hausse beginnt und Sie merken, dass beispielsweise der Medizinsektor die Führung behält, gehört er wahrscheinlich zu den drei Sektoren, in denen die meisten Aktien neue Hochs erreicht haben.

IBD TIMESAVER TABLE

Combined summary of key price action for NYSE & Nasdaq highest-rated stocks, a quick and easy snapshot for busy investors. Stocks up at least 1 point or making new highs, and stocks down 1 point or making new lows are boldfaced. Sorted by Composite Rating, IBD's single most useful fundamental and technical gauge.

STOCKS UP

SmartSelect® Composite Rating	Earnings per Share	Relative Price Strength	Industry Group Relative Strength	Sales+Profit Margins+ROE	Accumulation/Distribution	52-wk High	Stock &	Symbol	Close Price	Chg	Vol% Chg	Vol 1000	P E
99	99	86	A	A	B-	40.3	Ebix	rEBIX	24.67	+3.86	**+273**	309	10
99	97	94	A-	A	C+	27.2	Netease	rNTES	22.23	+1.14	**+180**	3.2m	13o
99	97	85	A+	A	C+	57.6	GileadSci	GILD	45.43	+1.00	-6	8.7m	20o
99	96	98	A	A	A-	**NH**	ScherPlg	SGP	24.21	+1.89	**+142**	49m	13o
99	95	98	A	A	B	**NH**	HMSHld	HMSY	35.33	+1.45	**+77**	725	44o
99	92	84	A	A	D+	81.4	Cephalon	CEPH	66.32	+1.92	-5	1.8m	13o
99	77	99	A+	B	A-	**33.5**	AmltPastan	AIPC	32.09	+1.37	-1	427	14o
98	99	97	A-	A	A-	**NH**	***NeutTandn***	TNDM	20.96	+.08	**+151**	1.1m	28
98	99	86	A-	A	B+	382	***Baidu***	rBIDU	172.7	+3.26	-32	1.7m	36o
98	99	75	A+	A	D+	77.4	Celgene	CELG	48.20	+1.04	+14	6.9m	30o
98	94	95	B+	B	C+	18.7	***BeaconRfg***	BECN	12.65	+1.27	**+169**	1.7m	10o
98	93	83	A-	B	D+	52.0	MedcoHlth	MHS	40.98	+2.26	+4	4.5m	17o
98	92	98	A-	A	B+	**38.2**	***ShandaInt***	rSNDA	36.31	+1.21	+23	1.0m	13o
98	88	97	A-	A	B-	**67.0**	EdwdLfSci	rEW	61.40	+2.33	+23	759	23o
98	88	97	A+	A	B+	31.0	***CmptrPr***	CPSI	27.75	+1.54	**+71**	328	19
98	87	91	A	A	B-	**48.7**	Teva	TEVA	45.39	+1.09	+18	8.1m	16o
98	87	87	A+	A	C+	62.4	GenProbe	rGPRO	44.86	+1.21	-29	515	23o
98	72	98	A-	A	B	35.9	CardioNetn	BEAT	28.63	+1.55	**+197**	905	77o
98	45	98	A	B	B	**NH**	Pegsys	rPEGA	17.23	+.85	**+197**	566	57
97	89	95	A	B	D-	39.1	***EmergMedS***	EMS	31.35	+1.70	-13	174	15

STOCKS DOWN

SmartSelect® Composite Rating	Earnings per Share	Relative Price Strength	Industry Group Relative Strength	Sales+Profit Margins+ROE	Accumulation/Distribution	52-wk High	Stock &	Symbol	Close Price	Chg	Vol% Chg	Vol 1000	P E
97	99	80	B-	B	B+	58.0	PowellInds	POWL	32.53	-2.60	+12	102	12
97	94	63	B	A	A-	42.6	NasdaqOMX	NDAQ	22.27	-1.66	+12	4.4m	11o
96	99	76	B	A	B-	89.8	Visan	V	52.05	-2.04	+35	12m	21o
95	96	79	C	A	B-	87.9	CmpsMn	CMP	53.43	-8.24	**+100**	2.3m	10o
94	95	76	B-	A	C	145	Mnsnto	rMON	79.11	-2.58	+3	9.0m	18o
93	90	79	B	A	C+	66.2	Stericycle	SRCL	48.42	-2.16	**+55**	1.8m	27o
92	88	74	B-	B	B	66.8	Syngenta	SYT	37.52	-3.47	**+233**	2.6m	11o
86	92	70	B+	B	C	66.9	PrefrmLn	PLPC	39.00	-3.00	**+225**	18	12
84	82	47	B	A	B+	526	CMEGrp	rCME	198.2	-2.80	+7	1.6m	11o
84	67	69	B+	B	B	69.2	PhilLD	PHI	42.61	-5.14	**+88**	339	10x
82	78	71	C+	B	B-	100	OcciPet	rOXY	54.69	-1.77	-4	8.8m	6o
75	94	39	B	A	D-	67.7	AlliancDta	rADS	30.78	-1.72	0	2.3m	6o
75	30	83	A	B	C+	355	FairfxFnl	FFH	241.0	-5.51	-27	48	3o
73	77	40	C+	A	C+	95.2	Contango	rMCF	36.64	-1.66	-31	105	5o
65	40	66	B+	B	D+	168	ArdGpA	ARDNA	91.69	-3.27	-73	0.3	11k
63	80	52	C-	C	B-	713	WashPost	WPO	344.3	-10.61	+4	42	10
63	69	60	B-	D	C+	139222	BrkHaA	BRKA	83550	-2150	-23	1	13
62	45	51	A	B	C	249	Blackrck	BLK	108.0	-3.20	-17	710	16o
57	69	59	B-	D	D-	4700	BerkHaB	BRKB	2742	-39.00	-20	37	13
55	39	66	B-	B	E	1875	Seaboard	SEB	933.0	-6.00	-36	0.7	7

Als die Hochtechnologie in der Hausse der 1990er-Jahre die Führung innehatte, war der Computersektor eineinhalb Jahre lang die Nummer 1. Aktien wie Cisco und Dell standen regelmäßig auf der Liste der neuen Hochs. Wenn man wusste, wonach man suchte, und wenn einem klar war, was es bedeutet, wenn eine Aktie während einer Hausse neue Hochs erreicht, konnte man vielleicht daran partizipieren, als sich diese Aktien verzehnfachten oder noch mehr stiegen. Man kann aus dem Studium früherer Marktlagen viel lernen. Wir sind Historiker.

Anders gesagt ist es schwer, die eigentliche Action und die eigentlichen Marktführer *nicht* zu bemerken. Sie sind so offensichtlich wie der Elefant im Porzellanladen, der alles zerschmettert. Wenn ein ganzer Sektor in Bewegung gerät, lassen sich das schiere Volumen und die breit angelegte Aktivität nicht verbergen. Das haben wir von 2004 bis 2007 auf dem Energiesektor erlebt, als so gut wie alle Öl- und Gas-Aktien dramatisch stiegen.

Irgendwann ändern sich alle Sektoren. Und wenn sie das tun, weisen die zehn verschiedenen Wege, die wir haben, um führende und hinterherhinkende Unternehmen zu finden, Sie in eine Richtung, in der Sie sagen: „Diese Aktien gehen nicht mehr so voran wie bisher." Wenn man einfach auf der Grundlage seiner Emotionen und seiner Zuneigung zu einer Aktie entscheidet, kann man sich großen Ärger einhandeln. Man braucht präzise Kennzahlen, die einem sagen, ob sich dieser Sektor oder jenes Papier wirklich richtig verhält.

Noch eine letzte Sache: Das, was den Aktienkurs antreibt, ist der Unternehmensgewinn, und die Geschwindigkeit der Gewinnsteigerung ist wichtiger als das Kurs-Gewinn-Verhältnis. Deshalb sollte man auf jeden Fall die „Company Earnings Reports" überprüfen, die zu bestimmten Zeitpunkten im Quartal herauskommen. Dort kann man Unternehmen entdecken, die plötzlich viel bessere Ergebnisse melden als bislang.

Es ist hilfreich, wenn man über Aktien auf dem Laufenden ist, die bessere Ergebnisse melden als erwartet – die Street bezeichnet das

Company Earnings Reports

IBD's earnings reports feature stock symbols, industry groups, percent above or below consensus estimates, and EPS and Relative Strength Ratings. Earnings growth greater than 25%, a key characteristic of winning stocks, is boldfaced. The whole line is boldfaced when EPS growth is more than 25%, EPS Rating more than 85, and earnings are stronger than expected. Arrows indicate acceleration or deceleration in earnings or sales growth compared with the prior quarter. Data reported may be derived from 6-, 9- or 12-month reports. All earnings represent the current quarter. Foreign companies are not reported. Nonrecurring items may be excluded from earnings per share. Unique circumstances are taken into account for many industry groups. Sales may not apply for certain industries. Real estate investment trusts may reflect EPS or funds from operations.

Company Name	Symbol	Industry	Closing Price	Curr Qtr Erns		Prior Yr's Qtr Erns	EPS %Chg	Under /Over Est %	Sales (Mil)	Sales % Chg	EPS Rtg	Rel Str Rtg
94 Ups												
Hill–rom Holdings	HRC	Medical-Systems/Eqp	12.71	0.25	vs	0.22	+13.6↓	+25	352	+3.0↓	63	15
Horace Mann Educ	HMN	Insrnce-Prp/Cas/Titl	9.92	0.51	vs	0.49	+4.1↓	+16	221	–0.2	86	70
I Two Technologies	ITWO	Comptr Sftwr-Entr	7.48	r0.31	vs	0.26	+19.2↓	+41	63.8	+0.8	64	43
IMS Health	RX	Comml Svcs-Hlthcre	15.49	0.50	vs	0.43	+16.3↓	0.0	581	–4.1	81	71
Infinity Ppty&Cslty	IPCC	Insrnce-Prp/Cas/Titl	39.44	1.78	vs	1.16	**+53.5**↑	+109	200	–25	73	86
Isilon Systems Inc	ISLN	Elec-Smicondctr Mfg	2.89	–0.04	vs	–0.11	..	..	31.8	+19↓	38	40
Kellogg	K	Food-Msc Prparation	43.68	0.47	vs	0.44	+6.8↓	–6.0	2933	+5.0↓	76	73
Knoll Inc	KNL	Hsholdoffic Furnitr	7.37	0.52	vs	0.42	+23.8↓	+27	276	–2.0	92	25
Luminex	LMNX	Medical-Systems/Eqp	21.97	0.05	vs	–0.08	**+163**↓	–17	28.2	+31↓	67	97
Mastercard Inc Cl A	**MA**	**Fnancial Srvcs-Misc**	**159.8**	**1.87**	**vs**	**0.89**	**+110↑**	**+15**	**1225**	**+14↓**	**99**	**71**
Maximus	MMS	Cmml Svcs-Cnsltng	37.89	r0.67	vs	0.56	+19.6↑	+1.5	180	+1.7↓	56	95
Mednax Inc	MD	Mdcal-Outpnt/Hm Cr	37.26	0.85	vs	0.80	+6.3↑	+9.0	298	+19↑	73	68
Merit Medical Syst	MMSI	Medical-Products	16.77	0.20	vs	0.17	+17.6↓	0.0	58.0	+6.7↓	78	88
Metavante Tech	MV	Fnancial Srvcs-Misc	16.48	0.36	vs	0.28	**+28.6**	–2.7	433	+6.2↑	79	68
Micros Systems Inc	MCRS	Cmptr-Intgrtd Syst	15.09	0.37	vs	0.34	+8.8↓	+5.7	238	–2.5	88	38
Microtune Inc	TUNE	Elec-Smicondctr Mfg	1.79	0.04	vs	0.03	**+33.3**	+100	24.0	+5.5↓	39	27
Micrus Endovasculr	MEND	Medical-Products	9.61	–0.07	vs	–0.28	..	..	18.3	–0.1	53	56
Multi Fineline Elec	MFLX	Elec-Cmpnent/Cntr	19.02	0.56	vs	0.54	+3.7↓	+9.8	217	+18↓	82	97
N C R	NCR	Cmptr-Intgrtd Syst	10.44	0.58	vs	0.54	+7.4↓	+7.4	1421	–6.6	82	19
National Bkshrs VA	NKSH	Banks-Southeast	18.15	0.52	vs	0.46	+13.0	+4.0	14.9	–1.1	72	86
Neutral Tandem Inc	**TNDM**	**Telecom-Services**	**17.74**	**0.25**	**vs**	**0.06**	**+317↑**	**+32**	**34.9**	**+41↑**	**99**	**86**
Newbridge Bancorp	NBBC	Banks-Southeast	2.18	–0.53	vs	–0.67	..	..	32.0	–16	13	11
Nutrition 21	NXXI	Cosmetics/Persnl Cre	.19	0.01	vs	–0.06	**+117**	..	12.9	–1.1	31	28

als „Gewinnüberraschungen". Wir haben gelernt, nach Aktien Ausschau zu halten, deren Gewinnschätzungen stetig angehoben werden und bei denen die prozentuale Zunahme der Gewinne pro Quartal anzieht. Wie schon gesagt: Je größer der Gewinnzuwachs, umso besser. Und wir tappen nicht in die Falle, dass wir irgendeine Aktie nur deshalb ausschließen, weil ihr KGV hoch erscheint.

Abgerundet wird die Zeitung dadurch, dass wir über mehr Futures und Optionen berichten als die meisten anderen Publikationen. Es gibt eine Kolumne über den Anleihemarkt, mehrere Zinscharts und Zinstabellen sowie nicht weniger als 36 Charts über Rohstoff-Futures.

Key Commodity Futures

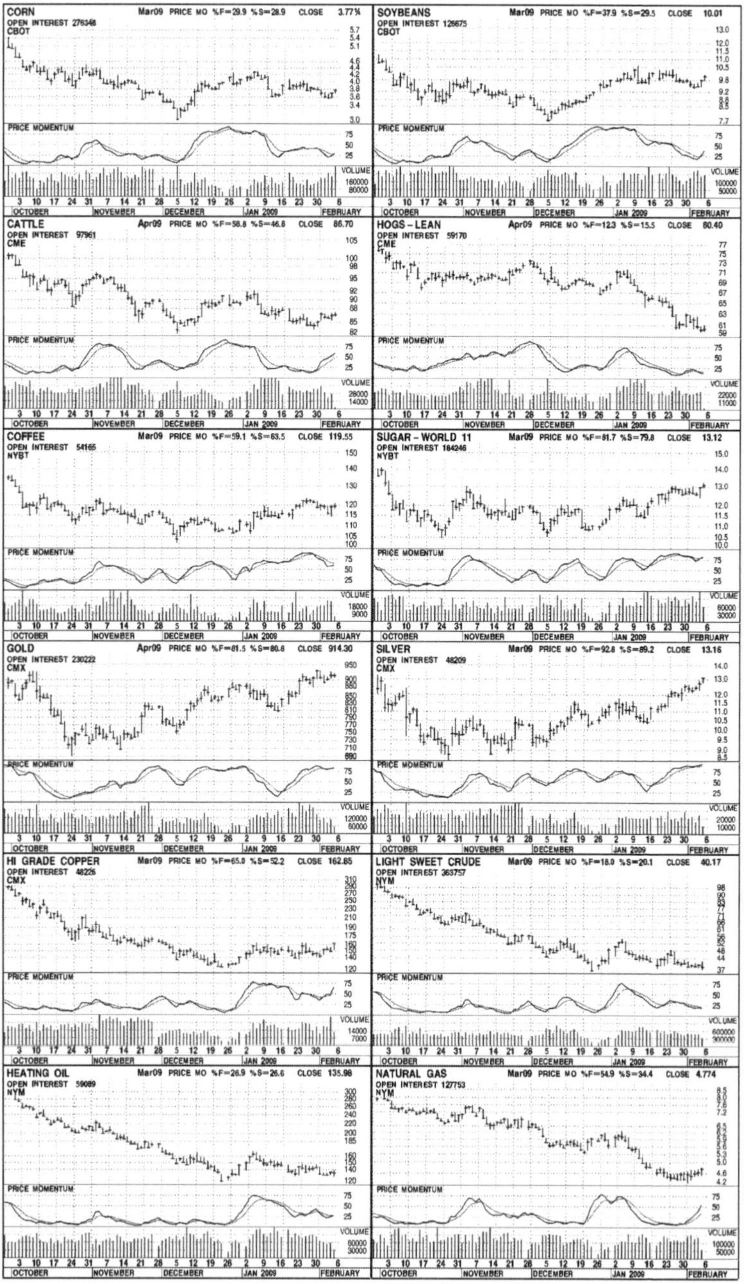

Money Rates

Prime Rate: 3.25
Base interest rate charged by major U.S. commercial banks on loans to corporations.

Discount Rate:
Primary 0.50
Secondary 1.00
Rate charged by Federal Reserve System on loans to depository institutions

Broker Call Loan Rate: 2.00
Rate charged on short-term loans to brokerage dealers backed by securities.

Federal Funds Target Rate: 0.00-0.25
Rates on overnight loans among financial institutions.

Certificates of Deposit:
1 months 0.87
3 months 1.37
6 months 1.82
1 year 2.27
Interest rate paid by dealers for certificates of deposit based on the duration of the security.

Jumbo CDs:
1 month 0.87
3 months 1.46
6 months 1.94
1 year 2.39

London Interbank Offered Rate:
3 months 1.24
6 months 1.77
1 year 2.09
The average of rates paid on dollar deposits.

Treasury Bill Auction Results:
3-months (as of Feb. 2) 0.270
6-months (as of Feb. 2) 0.390
Average discount rate for Treasury bills in minimum units on $10,000.

Treasury Bill:
1-year, (as of Feb. 2) 0.49
Annualized rate on weekly average basis, yield adjusted for constant maturity.

For Friday, February 6, 2009

Bonds Summary

	Domestic		All Issues	
	Fri	Thu	Fri	Thu
Issues traded	2	1	2	1
Advances	2	1	2	1
Declines	0	0	0	0
Unchanged	0	0	0	0

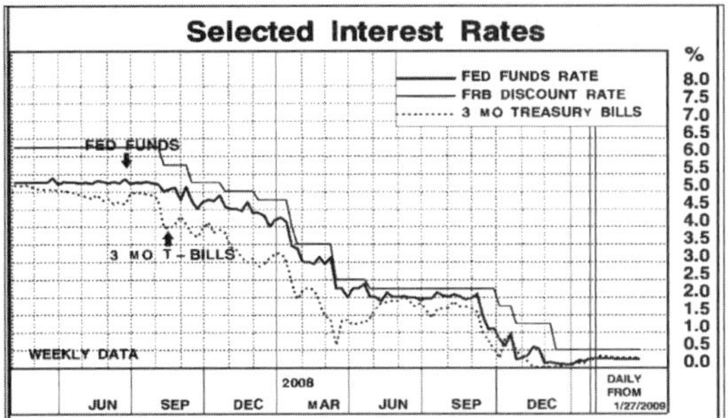

FED FUNDS RATE: RATES ON OVERNIGHT LOANS AMONG FINANCIAL INSTITUTIONS
DISCOUNT RATE: RATE CHARGED BY FEDERAL RESERVE BANK ON LOANS TO COMMERCIAL BANKS
3 MO TREASURY BILLS: YIELD FOR TREASURY BILLS TRADED ON DISCOUNT BASIS IN SECONDARY MARKET

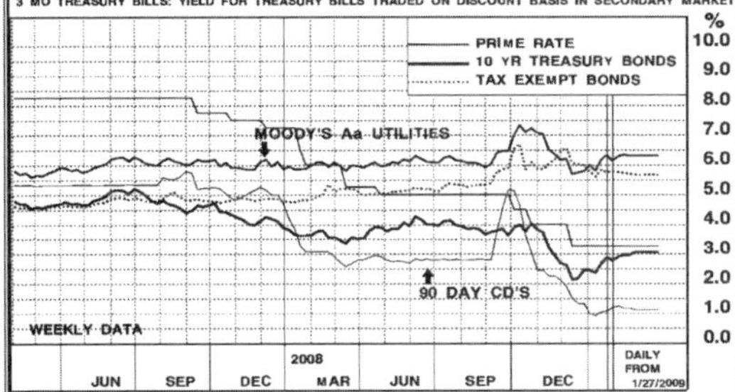

PRIME RATE: RATE CHARGED BY BANKS ON LOANS TO THE MOST CREDIT-WORTHY CORPORATIONS
TAX-EXEMPT BONDS: YIELD OF THE BOND BUYER 40 MUNICIPAL BOND INDEX
90 DAY CD'S: RATES PAID BY MAJOR BANKS ON NEW CERTIFICATES IN BLOCKS OF $1 MILLION OR MORE
MOODY'S Aa UTILITIES DATA ARE TWO DAYS PRIOR

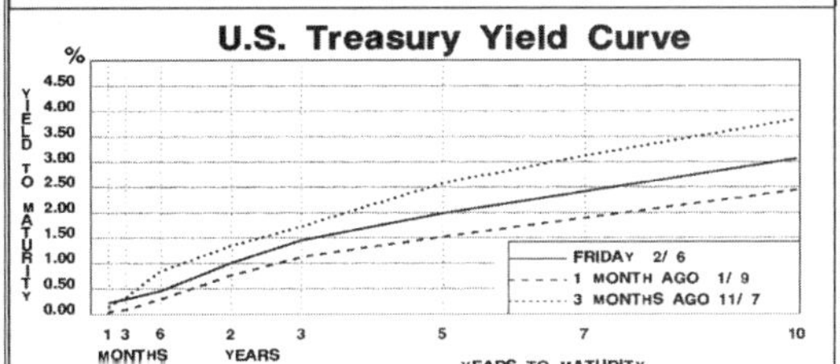

THE YIELD CURVE PROVIDES A PICTURE OF CREDIT MARKET CONDITIONS. IT DEPICTS THE AVAILABLE TRADE-OFF BETWEEN YIELD AND MATURITY. THE CHART SHOWN HERE COMPARES THE YIELD CURVES FOR THE PRIOR DAY, MONTH, AND QUARTER.

„Investor's Corner" und die IBD 100

Neben anderen Rubriken von *IBD* ist „Investor's Corner" eine populäre tägliche Schulungskolumne für alle, die mehr über die Geldanlage lernen wollen, und jeden Montag zeigen wir die *IBD* 100, mit Charts zu 100 hoch eingestuften aussichtsreichen Kandidaten.

WIE MAN INVESTORS.COM BENUTZT

Investors.com ist das Online-Pendant zu der Druckversion von *Investor's Business Daily.* Ebenso wie die Zeitung hilft es einem, schnell und selbstbewusst die in diesem Buch skizzierte Anlagestrategie anzuwenden. Egal, ob man nur ein paar Minuten pro Tag hat, oder ob man Vollzeitinvestor ist – mit den Tools und Funktionen von Investors.com kann man eine effektive Routine entwickeln, die in den jeweiligen Zeitplan passt.

Wir haben ja schon besprochen, dass der Research-Prozess bei *Investor's Business Daily* mit einer effizienten Einschätzung des Marktes, von Branchen und von Aktien anfängt. Hier kommen noch ein paar zusätzliche Möglichkeiten dazu, das Research mithilfe der speziell für *IBD* entwickelten Beobachtungstools und Charts zu vertiefen.

Wenn Sie dieses Buch lesen, um Ihre Investmentfähigkeiten zu verfeinern, hilft Ihnen das Durcharbeiten dieser Tools in der angegebenen Reihenfolge dabei, ein einfaches System zu entwickeln, mit dem Sie sich täglich einen Überblick über den Markt, die Top-Branchen und schließlich die Top-Aktien verschaffen können.

Das *IBD* Stock Research Tool auf der Homepage von Investors.com ist so gestaltet, dass Sie genau das von einer zentralen Stelle aus tun können. Wie Sie in der Abbildung des Tools (Seite 510) sehen, können Sie es verwenden, um die Entwicklungsrichtung des Marktes („Market Direction") zu verfolgen und um führende Aktien zu finden („Find"), zu beurteilen („Evaluate") und zu beobachten („Track"). Die Befolgung dieser Methode hilft Ihnen, die besten Aktien zu finden sowie den richtigen Zeitpunkt für den Kauf und den Verkauf zu ermitteln, und sie könnte Ihre Ergebnisse erheblich verbessern.

Entscheidend ist, dass Sie sich etwas Zeit nehmen, um sich mit den Investing Tools und Funktionen auf Investors.com vertraut zu machen. Die CAN-SLIM-Kapitel in diesem Buch helfen Ihnen, die Prinzipien zu verstehen, die hinter den *IBD* Investing Tools stehen. Sie sind so programmiert, dass sie nach Unternehmen mit Performance-Eigenschaften suchen, die für aufstrebende Börsengewinner typisch sind.

„Market Direction"

Wie bereits besprochen, folgen drei von vier Aktien normalerweise dem Gesamtmarkttrend, egal ob er nach oben oder nach unten geht. Deshalb ist es unabdingbar, dass Sie lernen, dem Markt zu folgen und sich nicht gegen ihn zu stellen. In dem Register „Market Direction" finden Sie Links zu Funktionen, die Ihnen dabei helfen.
Fangen Sie damit an, dass Sie noch einmal einen Blick auf „The Big Picture" und „Market Pulse" werfen, um zu prüfen, in welchem Stadium sich der Markt momentan befindet. Sie können auch auf den Link „Indexes" klicken, um sich die neuesten Charts aller großen Indizes anzeigen zu lassen. Diese Charts werden im Laufe des Handelstages mit 20-minütiger Verzögerung aktualisiert.
Zeitnahe Analysen des Marktgeschehens finden Sie unter „Markets Update". Hier stehen neun Intraday-Berichte. Dort finden Sie prägnante Einsichten, die die Ereignisse des Tages in die richtige Perspektive rücken, sowie Schlaglichter auf führende Aktien, die große Bewegungen vollführen.

IBD TV: „MARKET WRAP" Sich regelmäßig das "Market Wrap"-Video von *IBD* anzusehen, ist eine weitere gute Möglichkeit, über den Markt auf dem Laufenden zu bleiben und gleichzeitig seine analytischen Fähigkeiten zu verbessern. Dieses kurze Video, das täglich ab 18.30 Uhr (New Yorker Zeit) verfügbar ist, zeigt anhand von Charts visuell, wie sich der Markt und führende Aktien verhalten und auf welche Trends und potenziellen Kaufpunkte man achten sollte.

Aktien finden

Wenn Sie sich einen Überblick über die aktuellen Marktbedingungen verschafft haben, benutzen Sie das Register „Find Stocks", um neue Anlageideen zu suchen. Hier finden Sie ein breites Spektrum von ideenfördernden Suchmasken, zusätzlich zu denjenigen in der Druckversion von *IBD*.

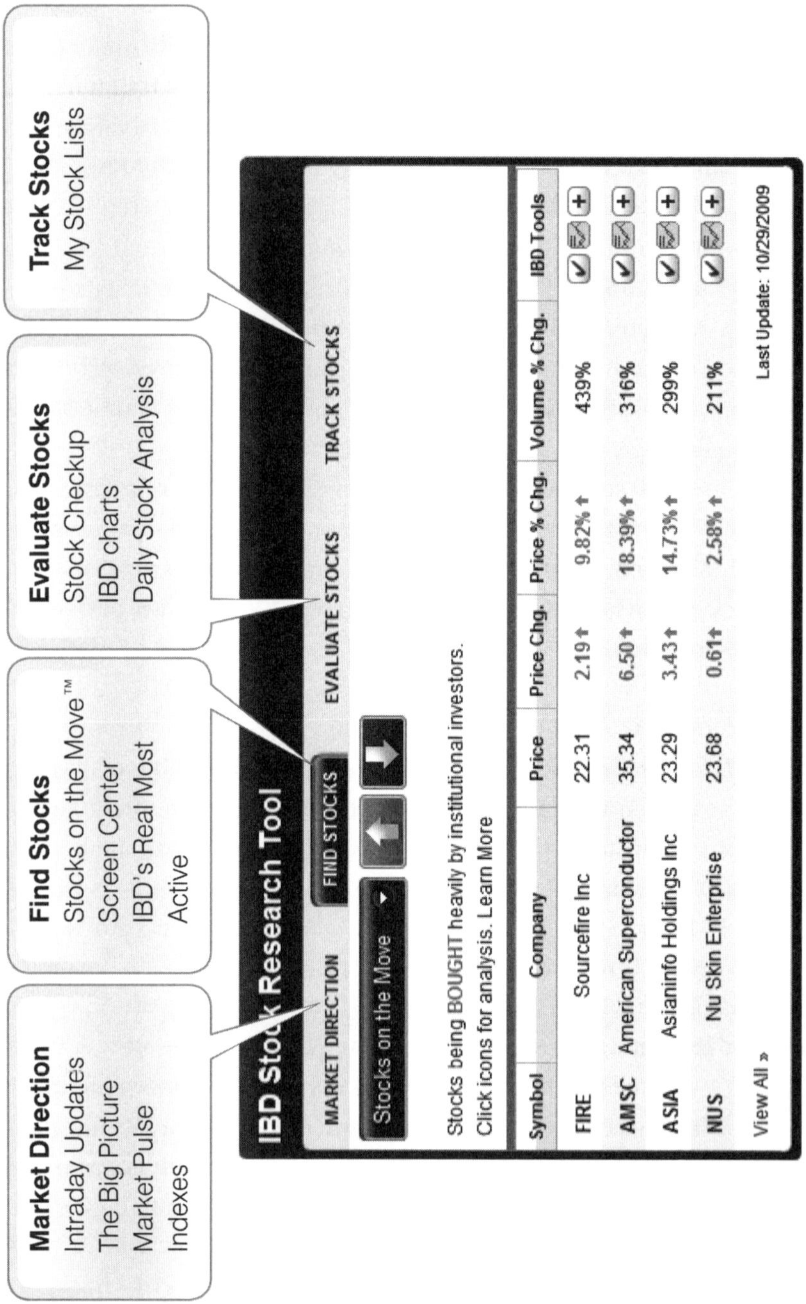
Market Direction
Intraday Updates
The Big Picture
Market Pulse
Indexes
Find Stocks
Stocks on the Move™
Screen Center
IBD's Real Most Active
Evaluate Stocks
Stock Checkup
IBD charts
Daily Stock Analysis
Track Stocks
My Stock Lists
IBD Stock Research Tool
MARKET DIRECTION
FIND STOCKS
EVALUATE STOCKS
TRACK STOCKS
Stocks on the Move
Stocks being BOUGHT heavily by institutional investors.
Click icons for analysis. Learn More
Symbol
Company
Price
Price Chg.
Price % Chg.
Volume % Chg.
IBD Tools
FIRE
Sourcefire Inc
22.31
2.19
9.82%
439%
AMSC
American Superconductor
35.34
6.50
18.39%
316%
ASIA
Asiainfo Holdings Inc
23.29
3.43
14.73%
299%
NUS
Nu Skin Enterprise
23.68
0.61
2.58%
211%
View All »
Last Update: 10/29/2009

„STOCKS ON THE MOVE™“ – HIER ERFAHREN SIE, WAS DIE INSTITUTIONEN MÖGLICHERWEISE IN DIESEM AUGENBLICK KAUFEN. Dies ist die Online-Version der entsprechenden Print-Rubrik von *IBD.* Wie bereits erwähnt, liefert einem der Blick auf eine typische Most-Active-Liste nicht das Gesamtbild. Man muss über die beginnenden institutionellen Trades Bescheid wissen, die langsam vielversprechend erscheinen.

Solche Aktien erscheinen auf diesem Radarschirm, der während des Handelstags ständig aktualisiert wird. Dort erkennt man schnell diejenigen Aktien, in die möglicherweise Institutionen im großen Stil einsteigen – oder aus denen sie aussteigen –, während es passiert. Bedenken Sie, dass institutionelle Käufer, die eine Aktienposition aufbauen, normalerweise riesige Mengen kaufen, was zu einem großen Umsatzvolumen führen kann.

Bei fast allen Gewinneraktien ist am Anfang der Preissteigerung eine derartige Aktivität zu erkennen. Man sollte auf dieses Suchkriterium bei der Suche nach aufstrebenden führenden Unternehmen nicht verzichten. Bedenken Sie jedoch, dass nicht alle Aktien, die in dieser Liste stehen, Gewinner werden. Es ist wichtig, dass man überprüft, ob der Chart der Aktie solide aussieht und ob ihre Ratings das Potenzial für eine Führungsposition aufweisen. Dies ist eine gute Möglichkeit, den Ausbruch einer Aktie schon zu erkennen, während er passiert, oder kurz danach.

INTRADAY VOLUME PERCENT CHANGE – EINE WEITERE MÖGLICHKEIT, POTENZIELLE GEWINNER ZU ERSPÄHEN. Ein entscheidendes Element der Online-Version von „Stocks on the Move“ ist die prozentuale *Intraday*-Volumenänderung. Wie wir schon gesehen haben, benötigt eine Aktie Unterstützung durch institutionelle Käufe, um sich in die Höhe zu schrauben. Die prozentualen Volumenänderungen im Laufe des Tages sagen einem – während es passiert –, ob eine Aktie mit größeren oder geringeren durchschnittlichen Tagesumsätzen als in den letzten 50 Handelstagen gehandelt wird. Dies ist ein Anzeichen für institutionelle Käufe (oder Verkäufe) und eine Schlüsselkomponente von „Stocks on the Move". Sie finden die prozentuale Intraday-Volumenänderung aller Aktien auch auf der „Stockquotes"-Seite von Investors.com.

„SCREEN CENTER" Klicken sie auf den Link „Screen Center", um den neuesten „Screen of the Day" aufzurufen. Dort erscheint jeden Tag eine andere Liste, in der die gesamte Aktiendatenbank anhand wichtiger Performance-Kriterien für die Suche nach potenziell überlegenen Aktien sortiert ist.
Auf die Art und Weise kann man schnell Top-Aktien und die möglicherweise besten Ideen in den verschiedenen Kategorien finden. Dort gibt es unter anderem die Kategorien „Top Relative Price Strength Stocks", „*Smart Select* All Stars" und „Top Acceleration in Earnings". Zusätzliche Aktienlisten finden Sie, wenn Sie in dem „Stock Research"-Register auf der Investors.com-Homepage auf „Screen Center" klicken. Weitere mögliche Anlageideen finden sie in den Listen „Can Slim Select", „Sector Leaders", „Tech Leaders" und „Long Term Investor".

MOST ACTIVE – NYSE AND NASDAQ Diese tägliche Kolumne (auch in der Druckversion vorhanden) weist auf Ausbruchs- und Bodenbildungsformationen der besten Aktien in Institutionsqualität hin, die ungewöhnlich hohe Umsätze erleben. Dort finden Sie auch eine Diskussion potenzieller Kaufpunkte, die auf den besten Zeitpunkt für Erstkäufe und Nachkäufe hinweisen. Diese Kolumne warnt ferner vor potenziell negativen Ereignissen, wenn Aktien einen Höhepunkt erreichen.

Aktien beurteilen

Sehen wir uns als Nächstes an, wie Sie Aktien beurteilen können, die Sie schon besitzen oder über deren Kauf Sie nachdenken. Es gibt viele Fragen, die zuerst beantwortet werden müssen:

- Ist es die richtige Aktie? Oder gibt es in dieser Gruppe bessere?
- Gehört die Aktie zu einer führenden Branche oder zu einer, die hinterherhinkt?
- Falls Sie die Aktie schon haben: Haben Sie sie zu lange gehalten?
- Wenn die Aktie fundamental stark aussieht und Sie in sie investieren wollen, ist es dafür zu früh oder zu spät?
- Befinden wir uns in einer Hausse oder in einer Baisse?

Dies sind nur ein paar der Fragen, die beantwortet werden müssen, bevor man etwas unternimmt. Zwei *IBD*-Investing-Tools – „*IBD* Stock Checkup®" und „*IBD* Charts" – helfen Ihnen, in diesem Aktienauswahl-Rätsel zurechtzukommen.

„IBD STOCK CHECKUP®" „*IBD* Stock Checkup" bewertet und vergleicht mehr als 6.000 börsennotierte Unternehmen und versieht sie mit einem Composite Rating sowie einer Einstufung als „pass", „neutral" oder „fail" (bestanden, neutral oder durchgefallen), um Ihre Ideen in die richtige Perspektive zu rücken. Im Prinzip ist es eine statistische Zusammenfassung, die aus mehreren Komponenten besteht, unter anderem:

- Composite Rating
- Performance innerhalb der Gruppe
- Die Besten innerhalb der Gruppe
- *IBD* Stock Checklist – mit der Note „pass", „neutral" oder „fail"

ROTES LICHT, GRÜNES LICHT

Neben dem Composite Rating und den meisten Komponenten, die im „*IBD* Stock Checkup" aufgeführt sind, sehen Sie ein grünes (pass/bestanden), gelbes (neutral/neutral) oder rotes (fail/durchgefallen) Symbol. So erkennen Sie ganz schnell, ob Ihre Aktie in dieser bestimmten Kategorie gemäß den bewährten CAN-SLIM-Kriterien die Prüfung besteht.

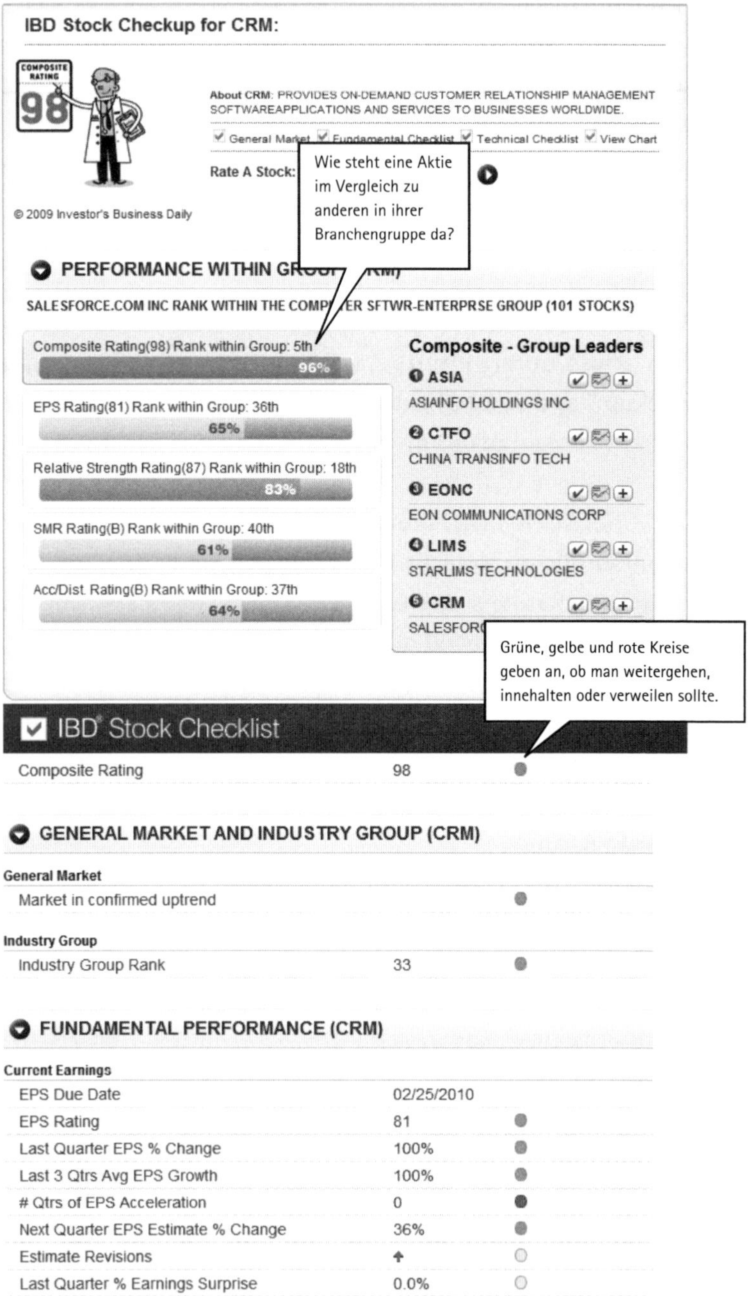

IBD Stock Checkup for CRM:

COMPOSITE RATING 98

About CRM: PROVIDES ON-DEMAND CUSTOMER RELATIONSHIP MANAGEMENT SOFTWAREAPPLICATIONS AND SERVICES TO BUSINESSES WORLDWIDE.

General Market · Fundamental Checklist · Technical Checklist · View Chart

Rate A Stock:

© 2009 Investor's Business Daily

Wie steht eine Aktie im Vergleich zu anderen in ihrer Branchengruppe da?

PERFORMANCE WITHIN GROUP (CRM)

SALESFORCE.COM INC RANK WITHIN THE COMPUTER SFTWR-ENTERPRSE GROUP (101 STOCKS)

Composite Rating(98) Rank within Group: 5th	96%
EPS Rating(81) Rank within Group: 36th	65%
Relative Strength Rating(87) Rank within Group: 18th	83%
SMR Rating(B) Rank within Group: 40th	61%
Acc/Dist. Rating(B) Rank within Group: 37th	64%

Composite - Group Leaders

1. ASIA – ASIAINFO HOLDINGS INC
2. CTFO – CHINA TRANSINFO TECH
3. EONC – EON COMMUNICATIONS CORP
4. LIMS – STARLIMS TECHNOLOGIES
5. CRM – SALESFORC[E]

Grüne, gelbe und rote Kreise geben an, ob man weitergehen, innehalten oder verweilen sollte.

IBD® Stock Checklist

Composite Rating	98	●

GENERAL MARKET AND INDUSTRY GROUP (CRM)

General Market

Market in confirmed uptrend		●

Industry Group

Industry Group Rank	33	●

FUNDAMENTAL PERFORMANCE (CRM)

Current Earnings

EPS Due Date	02/25/2010	
EPS Rating	81	●
Last Quarter EPS % Change	100%	●
Last 3 Qtrs Avg EPS Growth	100%	●
# Qtrs of EPS Acceleration	0	●
Next Quarter EPS Estimate % Change	36%	●
Estimate Revisions	↑	○
Last Quarter % Earnings Surprise	0.0%	○

COMPOSITE RATING Wie bereits besprochen, sagt einem das Composite Rating schnell, ob man etwas unternehmen sollte oder nicht. Dank der farbigen Symbole in der „*IBD* Stock Checklist" funktioniert es wie eine Ampel, die Ihnen sagt, ob Sie Ihre Recherchen intensivieren (grün), verlangsamen (gelb) oder einstellen (rot) sollen, und sie leitet Sie nur zu den besten Unternehmen.

PERFORMANCE INNERHALB DER GRUPPE – KAUFEN SIE DIE BESTEN AKTIEN IN DEN SPITZENGRUPPEN In der Abteilung „Performance within Group" sehen Sie, wie die Performance einer Aktie konkret im Vergleich zu den restlichen Aktien der Branche aussieht. Die Platzierungen beruhen auf den *Smart Select* Ratings von *IBD*. Damit können Sie leichter feststellen, ob Sie die richtigen Entscheidungen treffen. Man kann sich leicht von Nachrichten oder Fernsehtipps beeinflussen lassen. Dies sollte Ihnen jedoch einen großen Vorteil verschaffen, weil es Sie zwingt, sich an die Fakten zu halten.

GROUP LEADERS – DER HINWEIS AUF ECHTES FÜHRUNGSPOTENZIAL Egal, was Sie gekauft haben oder was Sie eventuell kaufen wollen, diese Maske zeigt Ihnen, wo echte Spitzenqualitäten liegen. Hier finden Sie Aktien, welche die Art von Performance aufweisen, die sie weiter in die Höhe treiben könnte, wenn der Gesamtmarkt nach oben tendiert. Sie können die einzelnen *Smart Select* Ratings anklicken, um zu sehen, welche Aktien in der Gruppe laut dieser bestimmten Platzierung am höchsten rangieren.

„IBD STOCK CHECKLIST". HAT IHRE AKTIE BESTANDEN, IST SIE NEUTRAL ODER DURCHGEFALLEN? Die „*IBD* Stock Checklist" bietet einen gründlichen Überblick über die fundamentale und technische Stärke jeder Aktie und dazu in jeder Kategorie eine Note: „pass", „neutral" oder „fail". Ganz oben auf der Aktiencheckliste sehen Sie ein grünes, gelbes oder rotes Symbol neben dem Composite Rating. Es hilft Ihnen, die wahren Marktführer auszuwählen – weg von den Nachzüglern.

In der Sektion „General Market and Industry Group" erhalten Sie ebenfalls eine Benotung des Gesamtmarktes und der betreffenden Branchengruppe. Kaufen Sie keine Aktien, wenn der Gesamtmarkt eine rote Warnlampe aufleuchten lässt.

IBD-CHARTS ZEIGEN IHNEN DEN RICHTIGEN ZEITPUNKT FÜR DEN KAUF ODER VERKAUF. Sie sollten niemals eine in den *IBD*-Tabellen hoch eingestufte Aktie kaufen, ohne vorher in einem Chart nachzusehen. Und es lohnt sich, regelmäßig Tages- und Wochencharts aller Aktien anzusehen, die Sie besitzen. Es ist ein entscheidender Schritt, der Ihnen hilft, aufkommende Trends zu erkennen und die Bewegungen einer Aktie zu verfolgen, damit Sie den exakten Zeitpunkt für den Kauf oder Verkauf treffen. Die *IBD*-Charts sind so gestaltet, dass sie es sowohl Neulingen als auch erfahrenen Chartlesern ermöglichen, sie leichter und schneller zu lesen, damit sie sich ein Bild machen können. Wenn man sich auf Investors.com registriert, sind diese Tages- und Wochencharts kostenlos.

Für diejenigen, die sich von Charts einschüchtern lassen: Stellen Sie sich einen Aktienchart vor als ein „Bild, das mehr sagt als tausend Worte". Es verrät Ihnen einige lebenswichtige Dinge über den Fortschritt (oder ausbleibenden Fortschritt) eines Unternehmens. Irgendwann funktioniert der Überblick automatisch. Tagescharts können einem auch helfen, mögliche Gewinner aufzuspüren. Die Tagescharts von *IBD* enthalten folgende Angaben:

- Plustage in Blau und Minustage in Rot
- Ständig aktualisierte Kurs- und Volumendaten
- EPS- und RS-Ratings
- Relative-Stärke-Linie
- 50- und 200-Tage-Linie für den Preis

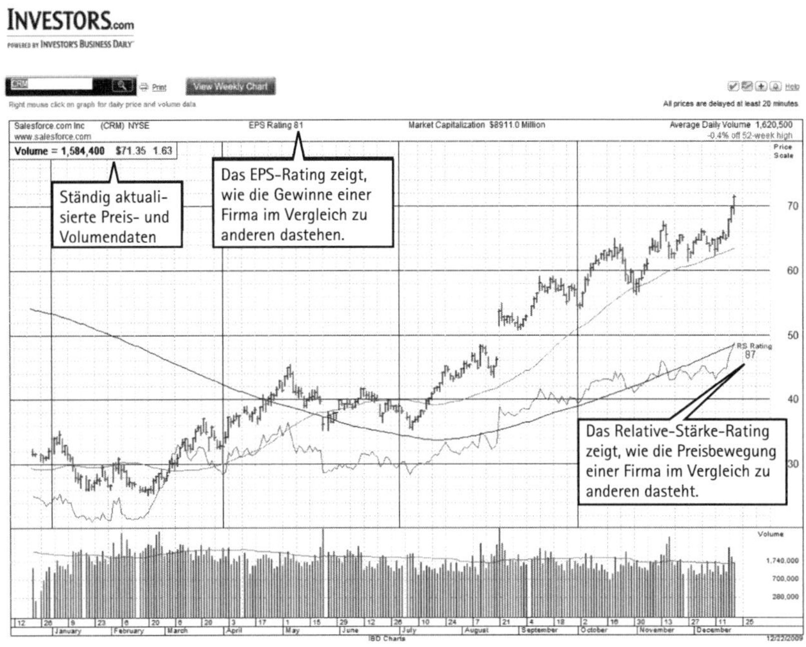

Schlagen Sie noch einmal in Kapitel 2 nach, um zu lernen, Chartformationen zu erkennen. Vielleicht möchten Sie auch auf Investors.com die Abteilung „*IBD* University" besuchen und einen Kurs in Chartanalyse machen. Bedenken Sie auch, dass die meisten Aktien meistens dem Gesamttrend des Marktes folgen. Achten Sie deshalb wie bereits besprochen auf die aktuellen Marktbedingungen, um eine Bestätigung zu erhalten, dass Ihr Timing insgesamt korrekt ist.

WOCHENCHARTS – HINWEISE AUF INSTITUTIONELLEN HANDEL Die Wochencharts von *IBD* werden Ihnen helfen, die institutionellen Käufe einzuschätzen. Da Investmentfonds normalerweise Tage oder gar Wochen brauchen (manchmal noch länger), um ihre Positionen aufzubauen (oder abzustoßen), kann jegliches massive Volumen im Chart ein Hinweis darauf sein, dass sie möglicherweise im großen Stil in eine Aktie einsteigen oder aus einer Aktie aussteigen.

Die Wochencharts enthalten die gleichen Angaben wie die Tagescharts und zusätzlich noch die Anzahl der umlaufenden Aktien. Diese Charts decken fast zwei Jahre Kurs- und Umsatzbewegungen ab. Damit man die größten Gewinne mitnehmen kann, sollte man sowohl Tages- als auch Wochencharts benutzen, weil sie verschiedene Sichtweisen einer Aktie darstellen. Von den Tagescharts bekommt man exaktere Timing-Hinweise und von den Wochencharts erhält man das Gesamtbild.

Aktien beobachten

Wenn Sie eine Aktie beurteilt und gekauft haben, ist es unerlässlich, dass Sie ihre Performance beobachten. „Buy and hold" ist eine gefährliche Strategie, denn *alle* Aktien – sogar die von bekannten, etablierten Unternehmen – können wechselhaft und riskant sein. Um als Anleger auf lange Sicht erfolgreich zu sein, muss man alle Verluste klein halten und wissen, wann man verkaufen und Gewinne mitnehmen muss. Die Kapitel 10 und 11 erklären, wie man das anhand von bewährten Verkaufsregeln tut. Die Rubrik „My Stock Lists" auf Investors.com hilft Ihnen, Ordnung zu halten, damit Sie die Regeln wirkungsvoll anwenden können.

„MY STOCK LISTS" Mit „My Stock Lists" können Sie bis zu fünf Listen mit jeweils bis zu 50 Aktien anlegen. Um Ordnung zu halten und Zeit zu sparen, können Sie verschiedene Listen für verschiedene Zwecke anlegen. Sie könnten beispielsweise eine Liste namens „Mein Portfolio" mit den Aktien machen, die Sie schon haben, eine Liste „Aktien in Konsolidierung" mit führenden Aktien, die gerade eine Konsolidierung bilden, und eine Liste „In der Nähe eines Kaufpunktes" mit Aktien, die sich einem korrekten Kaufpunkt nähern. Wichtig ist, dass Sie Ihre Listen regelmäßig durchgehen und verwalten sowie dass Sie bei Bedarf Aktien hinzufügen und herausnehmen.

Um Ihnen die Beobachtung der Performance Ihrer Aktien zu erleichtern, macht Sie die Funktion „My Biggest Price Movers" automatisch auf diejenigen Aktien in Ihren Listen aufmerksam, die am stärksten steigen oder fallen.

Von „My Stock Lists" aus können Sie auch mit einem Klick auf „*IBD* Stock Checkup", auf die *IBD*-Charts und auf die *IBD*-Archive zu allen Aktien zugreifen. In den *IBD*-Archiven können Sie nachlesen, was *IBD* über die Unternehmen geschrieben hat, die Sie beobachten. Dies kann wertvolle Erkenntnisse über die Story hinter der Aktie liefern. Mithilfe des „*IBD* Stock Checkup" und der *IBD*-Charts können Sie kontinuierlich die Aktien beurteilen, die Sie besitzen, und die Aktien, die Sie beobachten.

„MY ROUTINE": ERSTELLEN SIE IHREN EIGENEN INVESTMENTABLAUF

Mit „My Routine" können Sie auf fast allen Seiten von Investors.com mit einem Klick auf Ihre Lieblingstools und -funktionen zugreifen. Es ist eine praktische, zeitsparende Möglichkeit, Ihre Investing-„To-do"-Liste schnell abzuarbeiten.

Hier ein Beispielablauf, den Sie einrichten könnten, um die Entwicklungsrichtung des Marktes zu verfolgen sowie Aktien zu beurteilen und zu beobachten:

1. „The Big Picture"
2. „Screen Center"
3. „*IBD* Stock Checkup"
4. „*IBD* Charts"
5. „My Stock Lists"

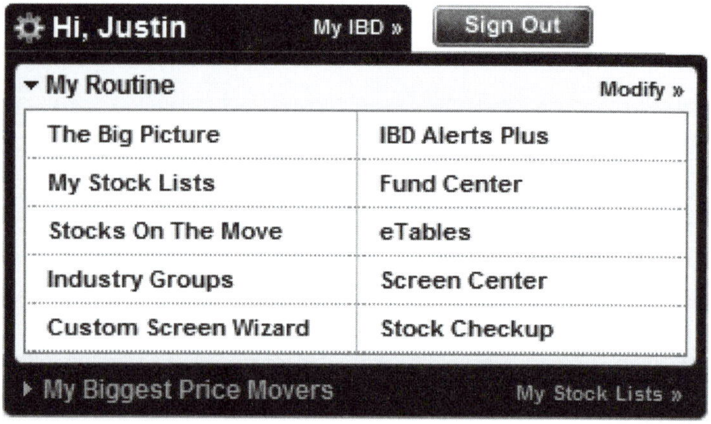

Ständige Weiterbildung – der Schlüssel zum Anlageerfolg

DIE „IBD UNIVERSITY" Bei den meisten Anlegern vergeht kein Tag ohne Fragen. Die Investors.com-Rubrik „*IBD* University" liefert einen vollständigen Aktien-Investmentkurs, mithilfe dessen Sie Ihr Wissen und Ihre Fähigkeiten verbessern können. Er skizziert alle Aspekte des

Aktienkaufs und -verkaufs, einschließlich Chartinterpretation und vielen anderen wichtigen Themen. Die Lektionen sind kostenlos, und Sie können sie in Ihrem eigenen Tempo überall dort durcharbeiten, wo Sie eine Internetverbindung haben.

IBD TV: DAILY STOCK ANALYSIS Das Video „Daily Stock Analysis" bietet einen Überblick über die technische und fundamentale Stärke einer aktuell führenden Aktie. Wenn man es sich täglich anschaut, bekommt man neue Investmentideen – und dies hilft einem, seine eigenen Fähigkeiten in puncto Chartinterpretation und -analyse zu verbessern. Sie können auch die Kolumne „Daily Stock Analysis" lesen, die eine Zusammenfassung der wichtigsten in dem Video besprochenen Punkte liefert.

„INVESTOR'S CORNER" – ANTWORTEN AUF IHRE FRAGEN Sie können die Archive der Kolumne „Investor's Corner" durchsuchen, um detaillierte Antworten auf Anfängerfragen, Fragen von Personen mit Grundkenntnissen und Fragen von Fortgeschrittenen zu einem breiten Spektrum von Anlagethemen zu finden.

DER MONATLICHE NEWSLETTER „IBD EXTRA!" Der Newsletter *„IBD* Extra!" bietet exklusive Videos, Artikel und Aktienlisten, mit denen Sie die aktuellen Marktbedingungen verfolgen, Ihre Anlagefähigkeiten verbessern und möglichst viel aus den Funktionen und Tools von *IBD* herausholen können. Wenn Sie auf Investors.com registriert sind, ist der Newsletter kostenlos.

IBD TV: SEHEN SIE ZU, WIE SICH IHRE ERGEBNISSE VERBESSERN

IBD TV stellt eine einzigartige Möglichkeit dar, die in diesem Buch skizzierten Strategien zu verfestigen und in den Griff zu bekommen. Die Videos *IBD Market Wrap* und *Daily Stock Analysis* zeigen Ihnen täglich, wie Sie unter den aktuellen Marktbedingungen CAN SLIM anwenden können. Außerdem produzieren wir spezielle Video- und

Audioanalysen, wenn dies nötig ist, um Sie durch größere Markterеignisse zu lotsen, zum Beispiel die Finanzkrise 2008.

Entscheidend ist, dass Sie regelmäßig einschalten. Wenn *IBD* TV für Sie zum Standardprogramm gehört, werden Sie sehen, dass sich Ihre Anlagefähigkeiten und Ihr Selbstbewusstsein wesentlich verbessern. Die neuesten Videos finden sie unter www.investors.com/ibdtv.

NUTZEN SIE DIE IBD COMMUNITY

Seit wir die Publikation im Jahr 1984 ins Leben gerufen haben, hat *IBD* unzähligen Menschen zum finanziellen Erfolg verholfen. Es hat sich eine lebendige Anleger-Community gebildet, die sowohl online als auch offline aktiv Ideen und Wissenswertes austauscht. Hier sind zwei Möglichkeiten, sich an der *IBD* Community zu beteiligen und davon zu profitieren:

IBD Meetups

Das Meetup-Programm von *IBD* bietet die Möglichkeit, sich mit *IBD*-Anlegern in Ihrer Stadt persönlich zu treffen. Es ist eine hervorragende Gelegenheit, mit gleichgesinnten Anlegern, die das CAN-SLIM-System anwenden, Ideen und Erfahrungen auszutauschen. Es gibt weltweit 400 Gruppen und die Mitgliedschaft ist kostenlos. Das *IBD*-Meetup Ihrer Region finden Sie unter http://ibd.meetup.com.

IBD Forums

IBD Forums ist das offizielle Online-Message-Board für IBD- und CAN-SLIM-Anleger. Auf *IBD* Forums können Sie Messages zu einem breiten Spektrum von Anlagethemen und anderen verwandten Themen posten, lesen und darauf antworten. Die Registrierung unter investors.com ist kostenlos.

KAPITEL 17

DEN MARKT BEOBACHTEN UND AUF NACHRICHTEN REAGIEREN

KURSBEOBACHTUNG IST EINE EMOTIONALE SACHE

Wenn man den ganzen Tag Aktienkurse beobachtet, am PC klebt oder die Börse im Fernsehen beobachtet, kann es gefährlich emotional werden. Manchmal steigt eine Aktie bis zu dem Punkt weiter, an dem alle – einschließlich Ihnen – überzeugt sind, dass sie „durch die Decke geht“. Dann ist Disziplin am dringendsten nötig, weil die Aktie möglicherweise einen Höhepunkt überschreitet. Wenn die Vorzüge einer Aktie so offensichtlich sind, dass sie für jedermann fantastisch aussieht, können Sie sicher sein, dass fast jeder, der sie kaufen kann, sie schon gekauft hat. Bedenken Sie, dass am Aktienmarkt die Mehrheitsmeinung selten richtig ist.

Börsengewinner brauchen in erster Linie Durchblick, Disziplin und Selbstbeherrschung. Wer ständig vor einem PC sitzt, auf dem die ganze Zeit wechselnde Kurse von Hunderten Aktien zu sehen sind, läuft Gefahr, emotional gefärbte Entscheidungen zu treffen.

BEFINDET SICH EINE AKTIE IN EINER KONSOLIDIERUNG ODER IST SIE ÜBERSTRAPAZIERT?

Es gibt eine einfache Möglichkeit, kühlen Kopf zu bewahren, während man die Augen auf den Ticker oder auf den PC geheftet hat.

Wenn Sie Aktivitäten sehen, die Eindruck auf Sie machen, sehen Sie sich immer einen Wochenchart an, um zu sehen, ob die Aktie eine Konsolidierung bildet oder ob sie schon weit über ihren Kauf- oder Wendepunkt hinaus strapaziert ist. Wenn sie überstrapaziert ist, lassen Sie die Finger davon, denn dann ist es zu spät. Aktien nachzujagen lohnt sich ebenso wenig wie Verbrechen zu begehen.

Wenn die Aktie einen Boden bildet, wenden Sie das CAN-SLIM-System an. Sind die aktuellen Gewinne um einen wesentlichen Betrag gestiegen? Ist die Gewinnbilanz der letzten drei Jahre gut? Haben Sie alle anderen CAN-SLIM-Kriterien nachgeprüft?

Mehr als die Hälfte der Aktien, deren Kurs einladend aussieht, fällt durch den CAN-SLIM-Test und entpuppt sich als unzureichendes, mittelmäßiges Investment. Aber früher oder später werden überzeugende Marktbewegungen Sie auf eine goldene Gelegenheit bringen, die alle Kriterien für einen möglichen Spitzenperformer erfüllt.

SEHEN SIE WÖCHENTLICH CHARTBÜCHER DURCH UND NOTIEREN SIE KAUFPUNKTE

Eine andere Möglichkeit, die Kurse oder die Marktbewegungen produktiv zu nutzen, besteht darin, jede Woche ein umfassendes Chartbuch durchzusehen und eine Liste von Aktien zu erstellen, die Ihre technischen und fundamentalen Auswahlkriterien erfüllen. Notieren

Sie dann den Kaufpunkt, an dem für Sie der Kauf der jeweiligen Aktie in Betracht käme. Notieren Sie außerdem das durchschnittliche Tagesvolumen jeder Aktie auf Ihrer Liste der Kandidaten, damit Sie etwaige bemerkenswerte Volumenzuwächse problemlos bemerken.

Diese Einkaufsliste müssen Sie im Laufe der nächsten paar Wochen immer dabei haben, wenn Sie den Markt beobachten. Irgendwann werden sich eine oder zwei der Aktien auf Ihrer Liste langsam dem Kaufpunkt nähern. Dies ist der Zeitpunkt, an dem Sie sich auf den Kauf vorbereiten sollten – wenn die Aktie zu ihrem Kaufpunkt gehandelt wird, sehen Sie voraus, dass der Tagesumsatz mindestens um 50 Prozent über dem Durchschnitt liegt und dass die Richtung des Gesamtmarktes positiv ist. Je mehr Nachfrage nach einer Aktie am Kaufpunkt herrscht, umso besser.

Ticker- und Marktbeobachter rechnen damit, dass das Tempo der Aktivität um die New Yorker Mittagszeit (12.00 Uhr bis 13.00 Uhr) nachlässt. Sie wissen auch, dass der Markt sein wahres Gesicht häufig erst in der letzten Handelsstunde zeigt: Entweder zieht er an und schließt fest oder er wird plötzlich schwächer und es gelingt ihm nicht, die im bisherigen Verlauf des Handels erzielten Gewinne zu behalten.

KAUFEN SIE NICHT AUF TIPPS UND GERÜCHTE HIN

Ich kaufe Aktien nie auf Tipps, Gerüchte oder Insiderinformationen hin. Das ist einfach nicht solide. Natürlich sind die meisten Menschen auf der Suche nach Tipps, Gerüchten und Insiderinformationen. Ich möchte Sie aber nochmals daran erinnern, dass das, wovon die meisten Menschen überzeugt sind und was sie tun, am Markt nicht sehr gut funktioniert. Hüten Sie sich davor, in die typischen Börsenfallen zu tappen.

Gewisse Beratungsdienste und Kolumnen in einigen Wirtschaftszeitungen speisen sich aus Wall-Street-Klatsch, Gerüchten und Tipps sowie vorgefassten persönlichen Meinungen oder Insiderinformationen. Solche Dienstleister und Kolumnen sind meiner Meinung nach unprofessionell und naiv. Es gibt weitaus solidere und sicherere Methoden der Informationsbeschaffung.

Bernard Baruch betonte, wie wichtig es ist, die Fakten einer Situation von Tipps, „vertraulichen Informationen" und Wunschdenken zu trennen. Eine seiner Regeln besagte, dass man sich vor Friseuren, Kosmetikerinnen, Kellnern und allen anderen hüten soll, die solche Geschenke überbringen.

ACHTEN SIE GEGEN JAHRESENDE UND ANFANG JANUAR AUF VERZERRUNGEN

Bei Aktien, zu denen es Optionen gibt, kann es um das Verfallsdatum der Optionen herum ein gewisses Maß an Verzerrungen geben. Außerdem gibt es eine wesentliche Jahresend-Verzerrung im Dezember und manchmal auch noch im Januar und Anfang Februar.

Das Jahresende ist für Aktienkäufer eine tückische Zeit, denn viele Trades beruhen dann auf steuerlichen Überlegungen. Viele minderwertige Verliereraktien erscheinen auf einmal stark, während ehemals führende Aktien sich kaum rühren oder in Korrekturen eintreten. Irgendwann kommt diese irreführende Aktivität zum Erliegen und die wahren Top-Aktien zeigen sich wieder.

Manchmal treten Verluste des Gesamtmarktes auch nach dem Jahresanfang auf, was die Sache noch schwieriger macht. Angetäuschte Bewegungen können mit einem Tag mit großen Gewinnen beginnen, auf den ein Tag mit großen Verlusten folgt, der wiederum von einem weiteren Tag mit großen Gewinnen abgelöst wird. Manchmal nehme ich mir im Januar lieber Urlaub. Der Januar-Effekt – wonach niedrig und durchschnittlich kapitalisierte Aktien im Januar einen Schub bekommen – kann ein irreführender und unzuverlässiger Indikator sein. Bestenfalls „funktioniert" er nur für kurze Zeit.

Es ist wichtig, dass Sie sich an Ihre Regeln halten und sich nicht von fragwürdigen, weniger zuverlässigen Indikatoren ablenken lassen – und davon gibt es viele.

WICHTIGE NACHRICHTEN INTERPRETIEREN UND DARAUF REAGIEREN

Wenn bedeutsame Nachrichten aus dem In- oder Ausland bekannt werden, geht es fähigen Börsenspürhunden manchmal weniger darum, ob die Nachricht gut oder schlecht ist, sondern vielmehr um die Analyse ihrer Auswirkungen auf den Markt. Wenn beispielsweise die Nachricht schlecht erscheint, aber der Markt darüber bloß gähnt, kann man sich auf der sicheren Seite wähnen. Der Ticker sagt einem, dass der zugrunde liegende Markt vielleicht stärker ist, als viele Menschen glauben. Wenn hingegen höchst positive Nachrichten bekannt werden und die Aktien leicht nachgeben, kann der Analyst daraus eventuell schließen, dass der Markt unterschwellig schwächer ist als zuvor geglaubt.

Manchmal weist der Markt Überreaktionen oder gar Gegenreaktionen auf günstige oder enttäuschende Meldungen auf. Am Mittwoch, dem 9. November 1983, schaltete jemand im *Wall Street Journal* eine ganzseitige Anzeige, in der er galoppierende Inflation und eine erneute Depression wie im Jahr 1929 vorhersagte. Die Anzeige erschien mitten in einer mittelfristigen Börsenkorrektur, aber die Warnungen waren derart überzogen, dass der Markt sofort zurückfederte und mehrere Tage lang stieg.

Es besteht auch ein Unterschied zwischen einem Markt, der sich angesichts von schlimmen, aber leicht zu erklärenden und nachvollziehbaren Nachrichten zurückzieht, und einem Markt, der ohne offenkundige Nachrichten in einer Flaute steckt.

Erfahrene Marktforscher haben ein langes Gedächtnis. Sie führen Aufzeichnungen über vergangene Ereignisse und die Reaktionen des Marktes. Auf einer solchen Liste stehen beispielsweise Präsident Eisenhowers Herzinfarkt, die Kuba-Krise, die Ermordung Kennedys, ein Kriegsausbruch, das arabische Erdölembargo, die Aussicht auf staatliche Maßnahmen wie Lohn- und Preiskontrollen, der 11. September, Krieg im Nahen Osten und in letzter Zeit, Anfang September 2008, dass die Nachrichten vom Immobilienmarkt schlechter wurden und der Markt damit rechnete, dass ein sehr liberaler Präsident gewählt würde.

ALTE UND NEUE NACHRICHTEN

Sowohl gute als auch schlechte Nachrichten werden zu alten Nachrichten, wenn sie mehrmals wiederholt werden.

Alte Nachrichten haben häufig den gegenteiligen Effekt als den, den sie zu dem Zeitpunkt hatten, als sie zuerst bekannt wurden.

Dies ist selbstverständlich das Gegenteil von dem, wie Propaganda und Fehlinformation in totalitären, von Diktatoren beherrschten Ländern funktionieren. Wenn dort eine Lüge oder eine Verzerrung der Wahrheit immer wieder wiederholt werden, werden sie von den Massen möglicherweise zunehmend akzeptiert. Wenn bei uns Nachrichten allgemein bekannt oder vorhergesehen werden, dann werden sie von erfahrenen Marktteilnehmern „verrechnet“, was die Auswirkungen ihrer Veröffentlichung dämpft – es sei denn natürlich, die Nachricht fällt schlechter aus als erwartet.

Auf Börsenneulinge können Nachrichten paradox und verwirrend wirken. Wenn beispielsweise ein Unternehmen einen schlechten Quartalsbericht veröffentlicht, kann zu diesem Anlass der Aktienkurs steigen. Wenn das passiert, liegt es häufig daran, dass die Meldung vorzeitig bekannt war oder erwartet wurde. Ein paar Profis können sich dann nämlich entschließen, Aktien zu kaufen oder Shorts einzudecken, sobald die schlechte Nachricht schließlich veröffentlicht wird. Manche gerissenen Institutionen richten sich nach dem Motto: „Kaufe auf schlechte Meldungen hin.“ Andere sind der Auffassung, sie müssten in schwierigen Zeiten eingreifen und ihre großen Positionen stützen.

DIE ANALYSE UNSERER LANDESWEITEN MEDIEN

Die Aufbereitung, Präsentation oder Unterdrückung landesweiter Nachrichten wirkt sich dramatisch auf die Wirtschaft und auf das Vertrauen der Allgemeinheit aus. Dies kann auch die öffentliche

Meinung über den Staat, die Wahlen, unseren Präsidenten und unseren Aktienmarkt beeinflussen.

Über die Analyse unserer landesweiten Nachrichten wurden mehrere hervorragende Bücher geschrieben. Humphrey Neill, der Autor des 1931 erschienenen Klassikers „Tape Reading and Market Tactics“, hat auch „The Art of Contrary Opinion“ geschrieben. Darin überprüft er sorgfältig, wie identische Nachrichten in den Überschriften verschiedener Zeitungen unterschiedlich gemeldet werden und wie dies Aktienbesitzer und die Allgemeinheit in die Irre führen kann. Aufgrund der Tatsache, wie häufig die herrschende Meinung, die in den landesweiten Medien zum Ausdruck kommt, als fehlgeleitet oder einfach falsch entpuppt, hat Neill konträre Theorien entwickelt.

Im Jahr 1976 schrieb der Medienexperte Bruce Herschensohn „The Gods of Antenna“, worin erzählt wird, wie manche Fernsehsender Nachrichten manipulieren, um die öffentliche Meinung zu beeinflussen. Ein weiteres Buch zu diesem Thema ist „The Coming Battle for the Media“, das William Rusher 1988 geschrieben hat.

Eine der hervorragendsten Untersuchungen zu diesem Thema ist „The Media Elite“, 1986 von Stanley Rothman und Robert Lichter verfasst. Rothman und Lichter haben 240 Journalisten und Top-Mitarbeiter von drei großen Zeitungen (*New York Times, Wall Street Journal* und *Washington Post*), drei Nachrichtenmagazinen (*Time, Newsweek* und *U.S. News and World Report*) sowie aus den Nachrichtenabteilungen von vier Fernsehsendern (*ABC, CBS, NBC* und *PBS*) interviewt. Es ergab sich, dass landesweit 85 Prozent der Top-Journalisten liberal waren und bei landesweiten Wahlen in den Jahren 1964, 1968, 1972 und 1976 die Demokraten gewählt hatten. Eine andere Erhebung ergab, dass landesweit nur sechs Prozent der Journalisten die Republikaner gewählt hatten.

Eine Umfrage von Freedom Forum bestätigte die Ergebnisse aus „The Media Elite“, denn sie belegte, dass 89 Prozent – neun von zehn – der Reporter und Büroleiter Washingtons im Jahr 1992 Clinton gewählt hatten und nur sieben Prozent den ersten George Bush.

In der jüngeren Vergangenheit haben Tim Groseclose von der UCLA at Stanford und Jeff Milyo von der University of Chicago „A Measure of Media Bias" veröffentlicht. Sie zählten, wie oft ein Nachrichtenorgan gewisse Denkfabriken zitierte, und verglichen dies damit, wie oft Kongressmitglieder dieselben Denkfabriken zitierten, wenn sie im Parlament sprachen.

Durch Vergleich der Zitationsmuster konnten sie für jedes Organ eine ADA-Punktzahl (Americans for Democratic Action) konstruieren. Sie stellten fest, dass *Fox News Special Report* das einzige Organ in der Probe war, das rechts der Mitte stand. Am liberalsten war *CBS Evening News*, gefolgt von der *New York Times*, der *Los Angeles Times*, *USA Today*, *NBC Nightly News* und *World News Tonight* auf *ABC*.

Überraschend daran war das erstaunliche Ausmaß, in dem die Mainstream-Medien laut dieser Umfrage liberaler sind als die allgemeine Wählerschaft.

Maura Clancy und Michael Robinson haben die Sendungen von *ABC*, *CBS* und *NBC* im Abendprogramm vom Labor Day Anfang September bis zum Wahltag im Jahr 1984, als die Präsidentschaftskandidaten Mondale und Reagan gegeneinander antraten, aufgezeichnet und analysiert. Sie konzentrierten sich nur auf Berichte, in denen definitiv eine Tendenz für oder gegen einen Kandidaten erkennbar war. Die Zeitschrift *Public Opinion* fand heraus, dass Reagan 7.230 Sekunden schlechte Presse und nur 730 Sekunden gute Presse bekam, während Mondale 1.330 gute und 1.050 Sekunden schlechte Presse bekam.

Im Vorfeld der Wiederwahl von Reagan untersuchte das Institute for Applied Economics, wie die landesweiten Fernsehsender während der kräftigen konjunkturellen Erholung im zweiten Halbjahr 1983 mit den Wirtschaftsmeldungen umgingen. Es stellte fest, dass fast 95 Prozent der Wirtschaftsdaten positiv, aber 86 Prozent der Nachrichtenstorys der Sender überwiegend negativ waren.

Der Emmy-Preisträger Bernard Goldberg hat fast 30 Jahre lang bei *CBS News* gearbeitet. Sein Buch „Buyers" dokumentiert im Einzelnen, dass die Fernsehsender einseitige Nachrichten senden, die so gut wie nie ausgeglichen oder fair sind. Dieses Buch sollten alle jungen Menschen in Amerika lesen.

Goldberg erzählt, wie Journalisten entscheiden, welche Nachrichten sie bringen und welche Tendenz sie ihnen mitgeben wollen. Und was noch mehr Schaden anrichtet: Sie entscheiden, welche Nachrichten heruntergespielt oder verschwiegen werden. Sie ergreifen Partei und stecken Menschen in Schubladen.

Chris Matthews von *MSNBC*, eine führende Mediengestalt, war Redenschreiber von Jimmy Carter und Assistent von Repräsentantenhaus-Sprecher Tip O'Neill. Der verstorbene Tim Russert von *NBC* war politischer Berater von New Yorks früherem Gouverneur Mario Cuomo. Jeff Greenfield von *ABC* war Redenschreiber von Robert Kennedy, Bill Moyers von *PBS* war Lyndon Johnsons Pressesekretär und der *ABC*-Nachrichtenmoderator George Stephanopoulos war Clintons Kommunikationsdirektor.

Um erfolgreich zu sein – sowohl als Privatanleger wie auch als Nation –, müssen wir lernen, die Fakten von den persönlichen politischen Meinungen und den stark persönlich geprägten Voreingenommenheiten der Mehrheit der landesweiten Medien zu trennen. Das ist in unserem Land heutzutage vielleicht das Problem Nummer 1.

Nicht nur einseitige Tendenzen der landesweiten Medien können die Freiheit gefährden, sondern auch Infiltration und Propaganda, welche die Nation und das Volk unterhöhlen sollen. Dies soll nationale Probleme miteinander verquicken, verschiedene Gruppen gegeneinander aufbringen, Neid, Angst und Hass zwischen den Klassen anstacheln und bestimmte Menschen oder etablierte Institutionen stürzen oder verunglimpfen.

Die fragwürdigste Praxis der einseitigen Medien ist die Art, wie sie die Storys und Fakten auswählen, über die sie berichten und die sie ständig verbreiten. Und noch wichtiger sind die äußerst relevanten Storys und Fakten, über die sie nicht berichten, weil diese Storys und Fakten nicht ihre Meinung oder die Tendenz stützen, die die Story ihrer Ansicht nach haben sollte.

Ende 2008 schaukelte sich in der Öffentlichkeit die Befürchtung hoch, die Rezession, die damals im Gange war, könnte wie die große Depression 1929 und wie die 1930er-Jahre ausfallen, aber die meisten Amerikaner waren damals noch nicht einmal geboren und sie wissen wenig über diese Zeit. Hier drei ausgezeichnete Bücher über die 1930er-Jahre und die frühen 1940er-Jahre, die jeder Amerikaner lesen sollte:
„Since Yesterday, The 1930s in America“ von Frederick Lewis Allen ist eine gute Darstellung des damaligen Geschehens. „The Life & Death of Nazi Germany“ von Robert Goldston handelt von Hitler und dem Aufstieg der Nazis von Ende der 1920er-Jahre bis zum Ende des zweiten Weltkriegs 1945. „Masters of Deceit“ von dem ehemaligen FBI-Chef J. Edgar Hoover erklärt, wie der Kommunismus funktioniert und operiert. Eine gut informierte und wachsame Nation kann ihre Freiheiten schützen und verteidigen.

NICHT WIE 1929, SONDERN WIE 1938

Ich habe einen Chart des Nasdaq Composite Index von den „Anything goes“-1990er-Jahren bis März 2009 und einen Chart des Dow Jones Industrial Average in den Goldenen Zwanzigern und der Depressionszeit der 1930er-Jahre übereinandergelegt. Sie gleichen sich fast exakt. Ich habe deshalb die Nasdaq genommen, weil ihr Handelsvolumen heutzutage größer ist als das der NYSE und weil sie die wagemutigen neuen amerikanischen Unternehmen, die unsere Märkte in den letzten Jahren angetrieben haben, besser repräsentiert. Tatsächlich ist der Nasdaq Composite vom September 1998 bis zu dem extremen Gipfel im März 2000 etwa 2,5-mal so stark gestiegen wie der Dow Jones bei seinem Durchmarsch auf das Klimax-Top 1928-1929. Die Dotcom-Blase an der Nasdaq ist vergleichbar mit der holländischen Tulpenmanie des Jahres 1636. Der Nasdaq Composite fiel um 78 Prozent, während der Crash 1929 den Dow Jones um 89 Prozent abstürzen ließ.
Der Grund, weshalb sich die Geschichte auf eine derart verblüffende Weise wiederholt, besteht darin, dass der Markt aus Millionen von

Menschen besteht, die fast zu 100 Prozent aufgrund menschlicher Emotionen handeln. Das ist Massenpsychologie: Hinter sehr vielen Entscheidungen stehen menschliche Hoffnungen, Wünsche, Ängste, Stolz und Egoismus. Die menschliche Natur ist heute fast genauso wie im Jahr 1929. Die beiden Zeitpunkte liegen 70 Jahre, also eine Lebensspanne, auseinander. Deshalb wissen heute nur wenige Menschen, was damals geschah. Wie auch heute hatten die Banken damals überzogene Darlehen vergeben, vorwiegend an Farmer. Außerdem wurden Aktien mit übertriebenen Schuldenhebeln gekauft. Die Arbeitslosigkeit überschritt am Tiefpunkt der Depression 1932 zwar bei 25 Prozent den Höhepunkt, aber noch 1939, kurz vor Beginn des Zweiten Weltkriegs, belief sie sich auf 20 Prozent. Die Rallye vom Tief 1932 bis zum Hoch 1936-37 dauerte genauso lange wie die jüngste Rallye des Nasdaq Composite vom Tief 2002 bis 2007 ... und beide fielen um rund 50 Prozent.

Die Geschichte ist zwar durchaus am Werk, aber es ist nicht wie 1929, sondern wie 1938. Und was geschah nun 1938?

Der Nasdaq Composite von Februar 1992 bis März 2009 im Vergleich zum Dow Jones Industrial Average von November 1921 bis Dezember 1942.

Im Jahr 1930 errang die NSDAP 107 Sitze im Reichstag. Hitler wurde im Januar 1933 deutscher Reichskanzler. Die SS, die SA, die Hitlerjugend und andere Nazi-Organisationen gab es schon. Nur Monate später verlieh der Reichstag Hitler seine gesamte verfassungsmäßige Macht und im Juli waren alle anderen politischen Parteien geächtet. Hitler sagte immer, er sei nur am Frieden interessiert.
Im Jahr 1938 verhandelten Großbritannien und Frankreich mit Hitler und versuchten ihn durch Zugeständnisse zu besänftigen. Großbritannien war überzeugt, es habe ein Friedensabkommen mit Hitler, „Peace in our Time". Die Massen jubelten. Churchill sagte im Parlament: „Wir haben eine Niederlage erlitten." Niemand glaubte ihm. Er wurde ausgebuht. Im Jahr 1939 begann der Zweite Weltkrieg. Deutschland überrollte Frankreich in nur zwei Wochen. Heute finanziert der Iran Terrororganisationen und er wird bald Kernwaffen sowie die dafür notwendigen Raketen haben. Haben wir aus der Geschichte der 1930er-Jahre denn irgendetwas gelernt? Werden wir wie Neville Chamberlain den Fehler machen, auf einen Vertrag auf einem Stück Papier zu vertrauen?
Ich bringe hier zwei Leitartikel von Thomas Sowell, den ich in Kapitel 16 bereits erwähnt habe. Seine Arbeiten fördern immer unerwartete Fakten und Weisheiten zutage.

Das Römische Reich hat länger gehalten als die Vereinigten Staaten bisher, aber gefallen ist es auch

9. Dezember 2008
THOMAS SOWELL

Werden die Schrecken, die von islamischen Terroristen in Mumbai verbreitet wurden, diejenigen zum Nachdenken bringen, die so versessen darauf sind, die derzeit aktiven Sicherheitssysteme Amerikas zu schwächen, unter anderem das Abhören internationaler Telefongespräche durch den Staat und die Inhaftierung von Terroristen in Guantanamo?

Vielleicht. Doch unterschätzen Sie niemals die Gesinnungsblindheit in Washington oder in den breiten Medien: Wenn die Bush-Administration etwas getan hat, musste es falsch sein.

Im Gegensatz zu manchen eher gefühlsduseligen Auffassungen davon, was eine Regierung sein soll, besteht ihre Hauptaufgabe darin, die Menschen zu schützen. Am 11. September hätte niemand gedacht, dass wir in diesem Land sieben lange Jahre lang nichts Vergleichbares mehr erleben würden.

Viele Menschen scheinen vergessen zu haben, dass nach dem 11. September alle großen nationalen Veranstaltungen – die World Series, Weihnachten, Neujahr, der Super Bowl – unter dem Schatten der Angst standen, dass die Terroristen hier wieder zuschlagen könnten.

Hier schlugen sie zwar nicht mehr zu, allerdings in Spanien, Indonesien, England und Indien – unter anderem. Meint vielleicht irgendjemand, das läge daran, dass sie Amerika nicht mehr treffen wollten?

Könnte dies etwa irgendetwas mit den ganzen Sicherheitsvorkehrungen zu tun haben, über die sich die Liberalen so bitterlich beklagen, von dem Abhören internationaler Telefongespräche bis hin dazu, dass aus gefangenen Terroristen Informationen herausgepresst werden?

Viele Menschen weigern sich, anzuerkennen, dass der Nutzen einen Preis hat, auch wenn dieser Preis nur bedeutet, dass ein internationales Telefonat nicht sicherer ist als eine E-Mail – in einer Welt, in der es massenweise Computerhacker gibt. Es gibt Menschen, die sich weigern, irgendetwas aufzugeben, auch um den Preis ihres eigenen Lebens.

Der britische Autor Theodore Dalrymple, ein sehr scharfsinniger Beobachter des Niedergangs der westlichen Gesellschaften, hat geschrieben: „Diese geistige Schlaffheit ist Dekadenz und gleichzeitig eine Manifestation der arroganten Annahme, nichts könne uns zerstören."

Es gibt eine wachsende Anzahl von Dingen, die uns vernichten können. Das Römische Reich hat länger gehalten, als die Vereinigten Staaten bislang gehalten haben, und doch wurde es vernichtet.

Jahrhunderte führten Millionen Menschen ein kümmerliches Leben, weil die Barbaren, die Rom zerstört hatten, nicht in der Lage waren, irgendetwas

Vergleichbares an seine Stelle zu setzen. Diejenigen, die heute mit der Vernichtung der Vereinigten Staaten drohen, können das auch nicht.

Für die Vernichtung der Vereinigten Staaten sind nicht so viele Atombomben notwendig, dass sie große und kleine Städte in ganz Amerika zerstören. Schließlich reichte die nukleare Zerstörung von nur zwei Städten aus, um Japan zu Kapitulation zu zwingen – und die Japaner waren damals weitaus mehr gewillt, zu kämpfen und zu sterben, als es die meisten Amerikaner heutzutage sind.

Wie viele Amerikaner möchten lieber New York, Chicago und Los Angeles in einem Atompilz aufgehen sehen, als allen unverschämten Forderungen von Terroristen nachzugeben?

Weder Barack Obama noch diejenigen, von denen er in Washington umgeben sein wird, lassen in irgendeiner Weise erkennen, dass es ihnen Ernst damit ist, einer derart schrecklichen Wahl vorzubeugen, indem sie Maßnahmen ergreifen, die eine realistische Chance bieten, eine Atommacht Iran zu verhindern.

Sobald Selbstmordfanatiker Atombomben haben, ist der Punkt ohne Wiederkehr erreicht. Wir, unsere Kinder und unsere Enkelkinder sind dann der Gnade der Gnadenlosen mit ihrer Vorgeschichte des Sadismus ausgeliefert.

Es gibt keine Zugeständnisse, mit denen wir uns von den hasserfüllten Terroristen freikaufen können. Was sie wollen – was sie für ihre Selbstachtung in einer Welt unbedingt brauchen, in der sie die Erniedrigung erleiden, dem Westen auf so viele Arten und Weisen Jahrhunderte hinterher zu sein –, ist, dass wir erniedrigt werden und uns selbst erniedrigen.

Es wird ihnen nicht einmal reichen, uns zu töten, genauso wenig wie es den Nazis reichte, die Juden einfach zu töten – zuerst mussten sie sie in ihren Konzentrationslagern Erniedrigungen und Entmenschlichungen unterwerfen, die Narben in der Seele hinterließen.

Diese Art von Hass mag den meisten Amerikanern nicht vertraut sein, doch was am 11. September geschah, sollte uns als Hinweis dienen – und als Warnung.

Die Menschen, die die Flugzeuge in das World Trade Center gesteuert haben, hätte man nicht mit Zugeständnissen von ihrer Tat abhalten können, nicht einmal mit den Hunderten Milliarden von Dollar, die wir heute an Rettungsgeldern ausgeben.

Sie wollen unsere Seele – und wenn sie bereit sind, zu sterben, und wir sind es nicht, dann werden sie sie bekommen.

Falsche Lösungen und echte Probleme

17. März 2009
THOMAS SOWELL

Jemand hat einmal gesagt, Senator Hubert Humphrey, die liberale Ikone einer früheren Generation, habe mehr Lösungen parat gehabt als es überhaupt Probleme gab.

Senator Humphrey war in dieser Hinsicht nicht einzigartig. Tatsächlich ist unsere derzeitige Wirtschaftskrise dadurch entstanden, dass Politiker Lösungen für Probleme geliefert haben, die gar nicht existierten – und dadurch haben sie ein Problem produziert, dessen Existenz nur allzu real und allzu schmerzlich ist.

Worin bestand das Problem, das nicht existierte? Es war das nationale Problem der unerschwinglichen Häuser. Der politische Kreuzzug zugunsten erschwinglicher Häuser schaltete in den 1990er-Jahren einen Gang hoch und führte zu allerlei Veränderungen bei der Vergabe von Hypothekendarlehen, die wiederum zu dem Häuserboom und dem Platzen der Häuserblase führte, was uns das Chaos hinterließ, aus dem wir uns nun herauszuwühlen versuchen.

Normalerweise wird die Erschwinglichkeit von Wohnraum daran gemessen, welchen Anteil des Einkommens einer durchschnittlichen Person nötig ist, um entweder die Monatsmiete oder die Monatsrate für das Hausdarlehen zu bezahlen.

Gewiss kam es hier und da vor, dass die Hälfte des Familieneinkommens notwendig war, nur um ein Dach über dem Kopf zu haben. Viele solche Orte lagen an der kalifornischen Küste, aber es gab noch ein paar andere, hier und da, an der Ostküste und anderswo.

Aber in den riesigen Gebieten dazwischen – in dem „Überflugsgebiet" der Eliten, die zwischen der Ostküste und der Westküste pendelten – herrschten Wohnungspreise, die vom Einkommen des Durchschnittsamerikaners keinen größeren Anteil abzweigten als in dem Jahrzehnt, bevor der Kreuzzug für erschwinglichen Wohnraum auf den Weg gebracht wurde.

Weshalb organisierten dann die Politiker in Washington eine landesweite Kampagne gegen lokale Probleme? Die folgende Antwort ist wahrscheinlich so gut wie alle anderen: „Damals schien das eine gute Idee zu sein." Denn wie sollen wir schließlich merken, wie mitfühlend und wichtig unsere gewählten Volksvertreter sind, wenn sie nicht fleißig irgendwelche Probleme für uns lösen?

Dort, wo das Problem der himmelstürmenden Häuserpreise tatsächlich bestand, war es nur allzu real. Wenn man von der Hälfte seines Einkommens leben muss, weil die andere Hälfte für Wohnraum draufgeht, bereitet einem das wirklich Kopfzerbrechen.

Diese ernsten lokalen Probleme hatten fast ausnahmslos lokale Ursachen – normalerweise strenge Wohnungsbaubeschränkungen. Diese Beschränkungen trugen zahlreiche politisch attraktive Namen, von „Open Space"-Gesetzen und „Smart Growth"-Politik bis hin zu „Umweltschutz" und „Farmland Preservation".

Wie bei den meisten politischen Slogans, die sich wunderbar anhören, wurde auch im Zusammenhang mit diesen hehren Zielen nie das böse Wort gebraucht, das Menschen in der gesitteten politischen Gesellschaft nie verwenden – „Kosten".

Zum Beispiel fragte niemand, um wie viele 100.000 Dollar der Preis eines durchschnittlichen Hauses durch die „Open Space"-Gesetze steigen würde. Empirische Untersuchungen zeigten jedoch, dass Landnutzungsbeschränkungen in Dutzenden von Orten im ganzen Land den durchschnittlichen Hauspreis um mindestens 100.000 Dollar erhöhten.

In manchen Gegenden, zum Beispiel an der kalifornischen Küste, erhöhten diese Beschränkungen den Preis eines durchschnittlichen Hauses sogar um mehrere 100.000 Dollar.

Anders ausgedrückt waren an den Orten, an denen das Problem echt war, die Lokalpolitiker die Ursache. Dann versuchten Bundespolitiker, dies als nationales Problem darzustellen, das sie lösen würden.

Und wie wollten sie es lösen? Indem sie Banken und andere Kreditgeber unter Druck setzten, ihre Anforderungen für die Vergabe von Hypothekendarlehen zu lockern, damit sich mehr Menschen Häuser kaufen konnten. Das Ministerium für Wohnungsbau und Stadtentwicklung gab dem staatsnahen Unternehmen Fannie Mae Quoten vor, in denen festgelegt war, wie viele Hypothekendarlehen an Menschen mit niedrigen bis mittleren Einkommen es kaufen sollte.

Wie die meisten politischen „Lösungen" nahm auch die Lösung für das „Problem" des erschwinglichen Wohnraums wenig oder gar keine Rücksicht auf die weiteren Nebenwirkungen, die dies nach sich ziehen würde.

Diverse Volkswirte und viele andere warnten wiederholt, dass niedrige Kreditvergabestandards mehr riskante Hypothekendarlehen bedeuteten. Wenn Hypothekendarlehen ausfallen würden, könnte dies aufgrund der komplexen Beziehungen zwischen Banken und anderen Finanzinstituten einschließlich vieler großer Firmen von der Wall Street dazu führen, dass alle finanziellen Dominosteine umfallen würden.

Solche Warnungen wurden beiseitegeschoben. Die Politiker waren zu sehr mit der Lösung eines nationalen Problems beschäftigt, das gar nicht existierte. Im Zuge dessen schufen sie sehr reale Probleme. Jetzt bieten sie noch mehr Lösungen an, die zweifellos zu noch größeren Problemen führen werden.

KAPITEL 18

WIE SIE MIT INVESTMENTFONDS EINE MILLION VERDIENEN KÖNNTEN

WAS SIND INVESTMENTFONDS?

Ein Investmentfonds ist ein diversifiziertes Aktienportfolio, das von einer professionellen Investmentgesellschaft verwaltet wird – gewöhnlich gegen eine geringe Verwaltungsgebühr. Die Anleger kaufen Anteile an dem Fonds und machen Gewinn oder Verlust in Abhängigkeit davon, ob die gesammelten Aktien des Fonds Gewinn oder Verlust machen.

Wenn man einen Investmentfonds kauft, bezahlt man dafür, dass eine langfristig orientierte professionelle Fondsverwaltung einem die

Entscheidungen am Aktienmarkt abnimmt. Deshalb sollte man mit einem Investmentfonds wahrscheinlich anders umgehen als mit einzelnen Aktien.

Bei einer Aktie kann es passieren, dass sie fällt und dass der Preis nie wieder zurückkommt. Deshalb braucht man *immer* ein Verfahren zur Verlustbegrenzung. Im Gegensatz dazu erholt sich ein gut gewählter, aus diversifizierten inländischen Growth-Aktien bestehender Fonds, der von einer etablierten Managementgesellschaft betrieben wird, irgendwann immer von den steilen Korrekturen, die in Baisse-Zeiten naturgemäß auftreten. Der Grund, weshalb Investmentfonds wieder zurückkommen, liegt darin, dass sie so breit diversifiziert sind und normalerweise an jedem Erholungszyklus der US-Konjunktur beteiligt sind.

WIE MAN AUF DIE LEICHTE TOUR MILLIONÄR WIRD

Wenn man lernt, richtig mit ihnen umzugehen, sind Investmentfonds hervorragende Anlagevehikel. Aber viele Anleger begreifen nicht, wie sie sie zu ihrem Vorteil nutzen können.

Als Erstes muss man verstehen, dass man mit Investmentfonds nur dann das große Geld macht, wenn man sie über mehrere Konjunkturzyklen (Auf- und Abschwünge des Marktes) hinweg besitzt. Das heißt: Zehn, 15, 20 oder 25 Jahre oder noch länger. Man braucht enorm viel Geduld und Zuversicht, um derart lange stillzuhalten. Es ist wie mit Immobilien: Wenn man ein Haus kauft, dann unruhig wird und es schon nach drei oder vier Jahren wieder verkauft, verdient man vielleicht gar nichts daran. Das Objekt benötigt Zeit, um seinen Wert zu steigern.

Ich finde, Sie als kluger Anleger sollten folgendermaßen planen und investieren: Suchen Sie sich einen Domestic Growth Fund aus, der über die letzten drei oder fünf Jahre zu dem Viertel der Investmentfonds mit der besten Performance gehört hat. Wahrscheinlich hat er dann eine durchschnittliche Jahresrendite von rund 15 oder 20 Prozent. Der Fonds sollte auch in den letzten zwölf Monaten eine bessere

Performance als viele andere Domestic Growth Stock Funds aufweisen. Für diese Informationen brauchen Sie eine verlässliche Quelle. Viele Investmentzeitschriften bringen in jedem Quartal Fondsperformance-Übersichten. Bei Ihrem Broker oder in Ihrer Bibliothek dürfte es einen speziellen Rating-Dienst für Fondsperformance geben, sodass Sie eine unparteiische Übersicht über den Fonds bekommen, an dessen Kauf Sie interessiert sind.

Investor's Business Daily bewertet Investmentfonds anhand ihrer 36-Monats-Performance (auf einer Skala von A+ bis E) und liefert noch andere Performance-Prozentsätze, die auf unterschiedlichen Zeiträumen basieren. Konzentrieren Sie Ihre Recherchen auf Investmentfonds, die ein IBD-Performance-Rating von A+, A oder A- haben. In Zeiten der Baisse liegen die Ratings von Growth-Fonds ein bisschen niedriger. Auch wenn der gewählte Fonds nicht jedes Jahr zu den besten drei oder vier gehört, kann er über zehn bis 15 Jahre eine hervorragende Rendite bringen.

Außerdem sollten Sie Ihre Dividenden- und Kapitalertrags-Ausschüttungen (Gewinne, die der Investmentfonds aus dem Verkauf von Aktien und Anleihen bezieht) reinvestieren, damit Sie im Laufe der Jahre vom Zinseszins profitieren.

DER ZAUBER DES ZINSESZINSES

Der Weg, auf dem man mit Investmentfonds ein Vermögen macht, führt über den Zinseszins. Der Zinseszins entsteht, wenn Ihre eigentlichen Gewinne (die Performancezuwächse zuzüglich etwaiger Dividenden und reinvestiertem Kapital) weitere Gewinne erzeugen und so dazu führen, dass Sie immer größere Summen arbeiten lassen können. Je mehr Zeit vergeht, umso mächtiger wird der Zinseszins.

Damit Sie den größtmöglichen Nutzen aus dem Zinseszins ziehen, müssen Sie Ihren Growth-Fonds sorgfältig auswählen *und* lange dabeibleiben. Wenn Sie beispielsweise für 10.000 Dollar Anteile an einem diversifizierten Domestic Growth Stock Fund kaufen, der über einen Zeitraum von 35 Jahren durchschnittlich 15 Prozent abwirft, können Sie dank des Zaubers des Zinseszinses eventuell folgendes Ergebnis bekommen:

Die ersten 5 Jahre: Aus 10.000 Dollar könnten 20.000 Dollar werden.
Die nächsten 5 Jahre: Aus 20.000 Dollar könnten 40.000 Dollar werden.
Die nächsten 5 Jahre: Aus 40.000 Dollar könnten 80.000 Dollar werden.
Die nächsten 5 Jahre: Aus 80.000 Dollar könnten 160.000 Dollar werden.
Die nächsten 5 Jahre: Aus 160.000 Dollar könnten 320.000 Dollar werden.
Die nächsten 5 Jahre: Aus 320.000 Dollar könnten 640.000 Dollar werden.
Die nächsten 5 Jahre: Aus 640.000 Dollar könnten **1,28 Millionen** Dollar werden!

> **Nehmen wir an, Sie hätten außerdem jedes Jahr zusätzlich 2.000 Dollar eingezahlt und sie ebenfalls wachsen lassen. Dann könnte sich die Gesamtsumme auf mehr als drei Millionen Dollar belaufen!**

Und was meinen Sie wohl, wie viel mehr Sie hätten, wenn Sie außerdem noch während jeder sechs bis zwölf Monate dauernden Baisse ein bisschen mehr nachgekauft hätten, wenn der Fonds 30 Prozent oder mehr unter seinem Höhepunkt stand?
In dieser Welt ist nichts gesichert und, nun ja, es gibt ja immer noch die Steuern. Aber dieses Beispiel ist repräsentativ für die Performance besserer Growth-Fonds in den letzten 50 Jahren und dafür, was Ihnen passieren kann, wenn Sie sorgfältig planen und richtig in Investmentfonds investieren. Ihr Growth-Fonds sollte im Laufe von 20 bis 25 Jahren immer durchschnittlich doppelt bis dreimal so viel abwerfen wie ein Sparbuch. Das ist definitv möglich.

WANN IST DER BESTE ZEITPUNKT FÜR DEN FONDSKAUF?

Die beste Zeit ist jederzeit. Sie werden nie wissen, wann der perfekte Zeitpunkt ist. Und wenn man abwartet, führt das gewöhnlich nur dazu, dass man mehr bezahlt. Sie sollten sich darauf konzentrieren, dass Sie anfangen und den Aufbau eines Kapitals, das im Laufe der Jahre dank des Zinseszinses wächst, regelmäßig und unermüdlich betreiben.

WIE VIELE INVESTMENTFONDS SOLLTE MAN BESITZEN?

Vielleicht merken Sie im Laufe der Zeit, dass Sie gern ein zusätzliches langfristiges Programm entwickeln möchten. Falls dem so ist, tun Sie das. Nach zehn oder 15 Jahren haben Sie vielleicht große Summen in zwei oder gar drei Fonds stecken. Aber übertreiben Sie es nicht. Es gibt keinen Grund, Investmentfonds breit zu diversifizieren. Wer ein Portfolio mit mehreren Millionen Dollar besitzt, kann es ein bisschen breiter streuen, indem er Summen in einer breiter angelegten Gruppe von Fonds platziert. Wenn man das richtig machen will, muss man sich ein bisschen bemühen, Fonds mit verschiedenen Managementstilen auszusuchen. Zum Beispiel könnten Sie Ihr Geld auf einen Growth-Fonds vom Value-Typ, einen aggressiven Growth-Fonds, einen Mid- bis Large-Cap-Growth-Fonds, einen Small-Cap-Fonds und so weiter aufteilen. Viele Fonds-Organisationen einschließlich Fidelity, Franklin Templeton, American Century und andere bieten Fonds-Familien mit diversen Anlagezielen an. In den meisten Fällen dürfen Sie gegen eine symbolische Übertragungsgebühr von jedem Fonds der Familie zu jedem anderen wechseln. Solche Familien verschaffen einem die zusätzliche Flexibilität, viele Jahre später kleinere Änderungen vorzunehmen.

SIND MONATLICHE SPARPLÄNE ETWAS FÜR SIE?

Programme, die automatisch Geld von Ihrem Gehalt abziehen, sind normalerweise in Ordnung, wenn Sie das Geld in einem sorgfältig ausgewählten, diversifizierten Domestic Growth Stock Fund anlegen.

Am besten kauft man aber auch gleich einen größeren Anteil, damit man so schnell wie möglich von den Segnungen des Zinseszinses profitieren kann.

LASSEN SIE NICHT ZU, DASS DER MARKT IHRE LANGFRISTIGE ENTSCHLOSSENHEIT UNTERHÖHLT

Baissen können sechs Monate bis – in seltenen Fällen – zwei oder drei Jahre dauern. Wenn Sie erfolgreich in Investmentfonds investieren wollen, brauchen Sie Mut und Weitblick, um viele entmutigende Baissen durchstehen zu können. Entwickeln Sie die Vision, sich ein großartiges langfristiges Wachstumsprogramm aufzubauen, und halten Sie sich daran. Denken Sie jedes Mal, wenn die Konjunktur in eine Rezession rutscht und im Fernsehen und in den Zeitungen beklagt wird, wie schrecklich alles ist, daran, Ihren Fonds *aufzustocken*, wenn er um 30 Prozent oder mehr unterhalb seines Höchststandes steht. Sie könnten sogar so weit gehen, dass Sie sich ein bisschen Geld leihen, um noch mehr zu kaufen, wenn Sie das Gefühl haben, dass eine Baisse gerade endet. Wenn Sie Geduld haben, dürfte der Preis innerhalb von zwei oder drei Jahren recht ansehnlich steigen.

Growth-Fonds, die in aggressivere Aktien investieren, dürften in Hausse-Zeiten stärker steigen als der Gesamtmarkt, aber dafür fallen sie in Baissen auch tiefer. Lassen Sie sich dadurch nicht beunruhigen. Versuchen Sie lieber, ein paar Jahre vorauszuschauen. Auf Dunkelheit folgt Licht.

Vielleicht meinen Sie, es wäre eine schlechte Idee, in Zeiten wie der Großen Depression Investmentfonds zu kaufen, weil es dann 30 Jahre lang dauern würde, bis sie wieder auf null wären. Inflationsbereinigt hätten Anleger, die exakt auf dem Höhepunkt 1929 gekauft hätten, aber schon nach 14 Jahren den Break-even erreicht, ausgehend von der Performance des S&P 500 und des Dow Jones Industrial Average. Hätte man auf dem Markthöhepunkt 1973 gekauft, wäre man innerhalb von elf Jahren wieder auf null gekommen. Wenn man in diesen schlechten Zeiten außerdem gemäß der Kostendurchschnittsmethode investiert hätte (wenn man also zusätzliche Aktien oder Anteile gekauft hätte, als der Preis fiel, sodass man seine Kosten pro Anteil im Schnitt gesenkt hätte), hätte man schon nach der Hälfte der Zeit den Break-even erreicht.

Von dem Absturz des Nasdaq Composite im Jahr 1972 von 137 aus hätte man sich nach dreieinhalb Jahren wieder erholt gehabt und bis Februar 2009 war der Nasdaq Composite von 137 auf 1.300 Punkte gestiegen. Sogar in den schlechtesten Börsenzeiten der Geschichte federten Growth-Fonds wieder zurück, und zwar in kürzerer Zeit, als man erwartet hätte. Das heißt, wenn man sich die absolut schlechteste Periode des 20. Jahrhunderts ausgesucht hätte, nämlich die große Depression, und wenn man auf dem Höhepunkt des Marktes angefangen hätte zu kaufen und dann die Kostendurchschnittsmethode befolgt hätte, hätte es schlimmstenfalls sieben Jahre gedauert, bis man den Break-even erreicht hätte. In den nächsten 21 Jahren hätte sich die Investition ungefähr verachtfacht. Das sind schlagende Beweise dafür, dass es eine kluge Anlagemethode sein könnte, mit Investmentfonds die Kostendurchschnittsmethode zu befolgen und sie lange Zeit zu halten.

Manche Menschen finden das vielleicht verwirrend, weil wir ja gesagt haben, dass Anleger bei Aktien niemals die Kostendurchschnittsmethode verwenden sollten. Der Unterschied besteht darin, dass eine Aktie auf null fallen kann, während ein breit diversifizierter, professionell gemanagter Inlands-Investmentfonds den Weg zurück findet, wenn sich die Marktlage irgendwann wieder bessert. Häufig ahmt er ungefähr die Performance von Benchmark-Indizes wie dem S&P 500 oder dem Dow Jones Industrial Average nach.

Die extrem hohen Gewinne aus Investmentfonds resultieren aus dem Zinseszinseffekt über viele Jahre hinweg. Fonds sollten eine Investition für das ganze Leben sein. Es heißt, Diamanten seien für die Ewigkeit. Nun, das gilt auch für Fonds. Kaufen Sie also den richtigen und bleiben Sie darauf sitzen!

SOLLTE MAN OFFENE ODER GESCHLOSSENE FONDS KAUFEN?

Die sogenannten Offenen Fonds geben immer wieder neue Anteile aus, wenn jemand welche kaufen möchte. Es ist der häufigste Fondstyp. Normalerweise werden die Anteile jederzeit zum Nettoinventarwert zurückgenommen, wenn der Inhaber sie verkaufen möchte.

Ein Geschlossener Fonds gibt hingegen eine festgelegte Anzahl von Anteilen aus. Normalerweise kann der Inhaber diese Anteile nicht nach Belieben einlösen. Die Rücknahme erfolgt über Transaktionen am Sekundärmarkt. Die meisten Anteile von Geschlossenen Fonds werden an Börsen gehandelt.

Offene Fonds bieten bessere langfristige Chancen. Geschlossene Fonds sind den Launen und den Abschlägen unter Buchwert des Auktionsmarktes unterworfen.

SOLLTE MAN „LOAD"- ODER „NO LOAD"-FONDS KAUFEN?

Sie können sich für einen „Load"-Fonds entscheiden, der einen Ausgabeaufschlag verlangt, oder einen „No Load"-Fonds. Viele Menschen bevorzugen Fonds ohne Ausgabeaufschlag. Wenn man einen Fonds mit Ausgabeaufschlag kauft, bekommt man häufig Nachlässe, die sich nach der Anlagesumme richten. Bei manchen Fonds gibt es Rücknahmeaufschläge (Verkaufsgebühren, die fällig werden, wenn man etwas entnimmt – damit dies möglichst nicht so häufig vorkommt), die man ebenfalls berücksichtigen sollte, wenn man einen Fonds vor dem Kauf beurteilt. Auf jeden Fall ist die Fondsgebühr viel geringer als der Aufschlag beim Kauf einer Versicherung, eines neuen Autos, eines Anzugs oder von Lebensmitteln. Außerdem kann man eventuell eine Absichtserklärung darüber unterzeichnen, dass man eine bestimmte Menge von Fondsanteilen kaufen will. Dann ist es möglich, dass auf künftige Käufe im Laufe der nächsten 13 Monate eine geringere Verkaufsgebühr anfällt.

Es gelingt nur wenigen Menschen, erfolgreich mit No-Load-Growth-Fonds aggressiv auf der Grundlage von Timingversuchen zu traden –

mithilfe von gleitenden Durchschnitten und Dienstleistern, die auf Fonds-Switching spezialisiert sind. Die meisten Anleger sollten nicht versuchen, No-Load-Fonds zu traden, weil man dabei an Kauf- und Verkaufspunkten sehr leicht Timing-Fehler begeht. Wie gesagt: Springen Sie langfristig auf den Investmentfonds-Zug auf.

SOLLTE MAN INCOME-FONDS KAUFEN?

Wenn Sie regelmäßige Einnahmen benötigen, werden Sie merken, dass es besser ist, wenn Sie *keinen* Income-Fonds kaufen. Stattdessen sollten Sie sich den besten verfügbaren Fonds suchen und einen Abhebungsplan aufstellen, der 1,5 Prozent pro Quartal oder sechs Prozent im Jahr entnimmt. Ein Teil der Entnahmen wird dann von den Dividendeneinnahmen gedeckt, der andere Teil vom Kapital. Wenn Sie den Fonds klug ausgewählt haben, sollte er über die Jahre genug Wachstum erzeugen, um die jährlichen Entnahmen von sechs Prozent der gesamten Anlagesumme mehr als auszugleichen.

SOLLTE MAN SEKTORFONDS ODER INDEXFONDS KAUFEN?

Machen Sie einen Bogen um Fonds, die sich nur auf eine Branche oder auf einen Bereich konzentrieren. Das Problem an solchen Fonds ist, dass andauernd Sektoren in Ungnade fallen und dann wieder beliebt werden. Deshalb erleiden Sie wahrscheinlich große Verluste, wenn Sie einen Sektorfonds kaufen und dieser nicht gut läuft oder wenn eine Baisse zuschlägt – es sei denn, Sie beschließen, ihn zu verkaufen, sobald Sie einen lohnenswerten Gewinn damit erzielen. Die meisten Anleger verkaufen aber nicht und können letztlich Verlust machen, und deshalb empfehle ich, keine Sektorfonds zu kaufen. Wenn Sie mit Investmentfonds eine Million verdienen wollen, sollten Sie Ihre Fondsanlage auf lange Sicht diversifizieren. Sektorfonds sind grundsätzlich keine langfristige Anlage.

Wenn Sie konservativ sind, kann es für Sie in Ordnung sein, einen Indexfonds zu wählen, dessen Portfolio sich eng an das eines bestimmten

Index hält, zum Beispiel des S&P 500. Auf lange Sicht bringen Indexfonds eine bessere Performance als viele aktiv gemanagte Fonds. Ich bevorzuge aber eher Growth-Fonds.

SOLLTE MAN ANLEIHEFONDS ODER MISCHFONDS KAUFEN?

Ich glaube auch, dass die meisten Menschen nicht in Anleihefonds oder Mischfonds investieren sollten. Im Allgemeinen bringen Aktienfonds eine bessere Performance als Anleihefonds, und wenn man beides kombiniert, verwässert man letzten Endes bloß seine Ergebnisse. Aber wenn man im Ruhestand ist, kommt vielleicht ein Mischfonds infrage, weil man dann weniger Volatilität wünscht.

SOLLTE MAN GLOBALE ODER INTERNATIONALE FONDS KAUFEN?

Solche Fonds können zwar eine gewisse Diversifizierung bieten, aber begrenzen Sie den Anteil dieses riskanteren Sektors an Ihren gesamten Fondsanlagen auf zehn Prozent. Es kommt vor, dass internationale Fonds nach einer Periode guter Performance jahrelang unterdurchschnittliche Ergebnisse erzielen, und die Investition in anderen Staaten stellt ein zusätzliches Risiko dar. Historisch betrachtet haben Europa und Japan eine schlechtere Performance gebracht als der US-amerikanische Markt.

DAS GRÖSSENPROBLEM GROSSER FONDS

Bei vielen Fonds ist der Umfang des Vermögens ein Problem. Wenn ein Fonds ein Vermögen von Milliarden Dollar verwaltet, fällt es dem Fondsmanager schwerer, große Aktienpositionen zu kaufen und zu verkaufen. Deshalb ist der Fonds weniger flexibel, was den Rückzug vom Markt oder den Aufbau bedeutsamer Positionen an kleineren Aktien mit besserer Performance angeht. Aus diesem Grund würde ich die meisten großen Investmentfonds meiden. Wenn Sie Anteile an einem der größeren Fonds besitzen, der lange Zeit gut gelaufen ist, und er läuft immer noch ziemlich gut, obwohl er so groß geworden ist, sollten Sie ihn wahrscheinlich behalten. Bedenken Sie, dass das große Geld immer auf lange Sicht verdient wird. Der von Will Danoff geleitete Fidelity Contra Fund ist seit einigen Jahren der am besten gemanagte große Fonds.

VERWALTUNGSGEBÜHREN UND UMSCHLAGSRATEN

Manche Anleger verbringen viel Zeit damit, die Verwaltungsgebühren und den Portfolioumschlag von Fonds zu beurteilen, aber meistens ist eine solche Erbsenzählerei gar nicht nötig.

Nach meiner Erfahrung haben einige Growth-Fonds mit der besten Performance höhere Umschlagsraten (die Umschlagsrate eines Portfolios ist das Verhältnis aus der Summe der Käufe und Verkäufe im Laufe eines Jahres und dem Gesamtvermögen des Fonds). Der durchschnittliche Umschlag des Fidelity Magellan Fund stieg in den drei Jahren mit der besten Performance auf mehr als 359 Prozent. Der von Ken Heebner gemanagte CGM Capital Development Fund brachte von 1989 bis 1994 die beste Performance. In den Jahren 1990 und 1991 hatte er einen Umschlag von 272 Prozent beziehungsweise 226 Prozent. Und Heebners spätere überlegene Performance mit dem CGM Focus Fund konzentrierte sich auf 20 aktiv gemanagte Aktien.

Man kann nicht erfolgreich und dem Markt voraus sein, wenn man überhaupt nicht tradet. Gute Fondsmanager verkaufen eine Aktie, wenn sie der Meinung sind, sie sei überbewertet, wenn sie Befürchtungen hinsichtlich des Gesamtmarktes oder einer speziellen Gruppe haben oder wenn sie eine attraktivere Aktie finden. Eben dafür engagiert man einen Profi. Außerdem bezahlen die Fonds als Institutionen extrem niedrige Transaktionsgebühren – nur ein paar Cent pro gekaufter oder verkaufter Aktie. Machen Sie sich also keine allzu großen Sorgen um Umschlagsraten. Was zählt, ist die Gesamtperformance des Fonds über mehrere Jahre.

DIE FÜNF HÄUFIGSTEN FEHLER, DIE VON INVESTMENTFONDSANLEGERN BEGANGEN WERDEN

1. Nicht mindestens zehn bis 15 Jahre stillhalten.
2. Sich Sorgen um die Verwaltungsgebühr, die Umschlagsrate oder die Dividendenausschüttungen eines Fonds machen.
3. Sich von Börsennachrichten beeindrucken lassen, obwohl man doch eigentlich langfristig investiert.
4. In schlechten Marktlagen verkaufen.
5. Ungeduldig sein und zu schnell die Zuversicht verlieren.

ANDERE HÄUFIGE FEHLER

Der typische Investmentfondsanleger kauft gern den Fonds mit der besten Performance, nachdem dieser ein tolles Jahr hatte. Dabei ist ihm nicht klar, dass die Geschichte mehr oder weniger diktiert, dass der Fonds in den nächsten ein oder zwei Jahren wahrscheinlich viel schwächere Ergebnisse erzielen wird. Wenn die Wirtschaft in eine Rezession steuert, können die Ergebnisse noch schlechter ausfallen. Diese Voraussetzungen reichen normalerweise, um diejenigen mit weniger Zuversicht und jene abzuschrecken, die schnell reich werden wollen.

Manche Anleger steigen (oft zum falschen Zeitpunkt) auf einen anderen Fonds um, von dem sie jemand überzeugt, er sei viel sicherer oder habe eine „heißere" aktuelle Performance. Wenn man einen schlechten Fonds oder den falschen Fondstyp besitzt, kann der Umstieg in Ordnung sein, aber zu viel Switching untergräbt das für die Vorzüge des Zinseszinses erforderliche langfristige Engagement.

Eine Investition in Amerikas langfristige Zukunft war schon immer eine kluge Wahl. Der US-Aktienmarkt wächst seit 1790 und das Land wird in Zukunft weiter wachsen, trotz Kriegen, Paniken und tiefer Rezessionen. In Investmentfonds zu investieren – auf die richtige Art – ist eine Möglichkeit, von Amerikas Wachstum zu profitieren und die langfristige, über 20-jährige finanzielle Zukunft für sich selbst und seine Familie zu sichern.

WIE MAN IBD BENUTZT, UM ETFS ZU KAUFEN

Ganz ehrlich gesagt bin ich kein großer Fan von börsennotierten Fonds, weil ich finde, dass man mehr Geld verdienen kann, wenn man sich auf die führenden Aktien am Markt konzentriert. Weil aber die ETFs so enorm beliebt geworden sind, nicht nur bei Privatanlegern, sondern auch bei Vermögensverwaltern, haben wir im Februar 2006 angefangen, über ETFs zu berichten.

ETFs sind im Prinzip Investmentfonds, die wie eine Aktie gehandelt werden, die aber Transparenz, Steuereffizienz und geringere Ausgaben bieten.

Während Investmentfonds ihren Preis einmal täglich anhand des Nettoinventarwerts (NAV = Net Asset Value) festlegen, springen die ETF-Preise während des ganzen Tages wie Aktienkurse nach oben und unten. Alles, was man mit Aktien tun kann, kann man auch mit einem ETF tun, zum Beispiel shorten und Optionen darauf handeln.

ETFs sind aufgrund des Geschehens hinter den Kulissen steuergünstiger als Investmentfonds. Wenn Market Maker neue Anteile schöpfen müssen, nehmen sie die zugrunde liegenden Aktien und tauschen sie mit dem Anbieter gegen neue ETF-Anteile ein. Im gegenteiligen Fall der Rücknahme tauschen sie ETF-Anteile gegen die zugrunde liegenden Aktien ein. Dabei wechselt kein Geld den Besitzer, denn die Aktien werden direkt ausgetauscht.

Im Gegensatz zu Investmentfonds werden ETFs von Rücknahmen durch Anteilhaber nicht beeinträchtigt. Wenn zu viele Anleger Geld aus einem Investmentfonds abziehen, können die Fondsmanager gezwungen sein, ihre Aktien zu verkaufen, um Bargeld zu beschaffen. Dadurch kommt eine steuerpflichtige Transaktion zustande. ETFs handeln möglichst wenig, sodass wenige steuerpflichtige Gewinne anfallen.

ETFs verlangen Verwaltungsgebühren zwischen 0,10 Prozent und 0,95 Prozent. Das ist wesentlich weniger als die Gebühr von Investmentfonds, die im Schnitt 1,02 Prozent verlangen.[1]

1) *Investment Company Fact Book* (Investment Company Institute, 2008).

Allerdings bekommt man bei einem guten Investmentfonds einen hochkarätigen Manager, der einem die Anlageentscheidungen abnimmt. Bei einem ETF muss man selbst auf die Kauf- und Verkaufsknöpfchen drücken.

Bilden Sie sich nicht ein, dass die Diversifizierung eines ETFs Sie irgendwie schützen würde. Nehmen sie den SPDR Financial Sector (XLF): Im Zuge der Bankenkrise 2008 stürzte dieser ETF um 57 Prozent ab.

Der SPDR, der den S&P 500 nachbildet (SPY), war der erste in den Vereinigten Staaten gelistete ETF. Der Handel damit begann im Jahr 1993 an der AMEX. Ende der 1990er-Jahre wurden ETFs auf den NASDAQ 100 – heute heißt er Power Shares QQQQ Trust (QQQQ) – und den Dow Jones Industrial Average unter dem Namen Diamonds Trust (DIA) aufgelegt.

Heutzutage gibt es nicht nur ETFs, die Benchmark-Indizes nachbilden, sondern auch solche, die Anleihen, Rohstoffe, Devisen, Derivate, CO_2-Emissionszertifikate oder Investmentstrategien wie beispielsweise Aktien mit niedrigem KGV und so weiter nachbilden. In den Jahren 2007 und 2008 waren die ETF-Auflegungen mit den Börsengängen zur Zeit der Internetblase vergleichbar. Die Anbieter warfen ETFs auf den Markt, die auf exotischen Indizes basierten und Sektoren in lächerliche Scheibchen zerstückelten, zum Beispiel Zulieferer von Wal-Mart, Ausgliederungen, Unternehmen mit Patenten, Unternehmen, die keine Geschäfte mit dem Sudan machen, und Unternehmen, die in „sündhaften“ Bereichen engagiert sind, zum Beispiel Glücksspiel, Alkohol und Tabak.

Die ETFs haben die Trading-Gewohnheiten vieler Menschen verändert, allerdings nicht immer zum Besseren. Sie bieten dem Durchschnittsanleger Zugang zu Auslandsmärkten mit ansonsten beschränktem Zugang, zum Beispiel Indien. Außerdem kann man damit Rohstoffe und Devisen handeln, ohne dass man ein spezielles Trading-Depot für Futures oder Devisen anlegen muss. Und die Einführung inverser ETFs ermöglicht es all jenen, die mit ihren Depots nicht shorten dürfen, in Form von Long-Positionen eben doch zu shorten.

Seit Februar 2004 stellen die ETFs 25 bis 44 Prozent des monatlichen Handelsvolumens an der NYSE Arca.

Selektion im Top-down-Verfahren

IBD listet die 350 ETFs mit dem höchsten 50-Tages-Volumendurchschnitt auf und sortiert sie nach US-Aktienindizes, Sektor/Branche, Global, Anleihen/festverzinslich sowie Rohstoffe und Devisen. Innerhalb jeder Kategorie werden die Fonds nach unserem eigenen Relative-Stärke-Rating in absteigender Reihenfolge sortiert. Die Sortierung der ETFs nach der RS hebt die führenden Fonds innerhalb jeder Kategorie hervor und erleichtert den Vergleich. Außerdem geben die Tabellen den Ertrag seit Jahresbeginn, das Akkumulierungs-/Distributionsrating, die Dividendenrendite, den Schlusskurs des Vortags, die Preisänderung und die Volumenänderung gegenüber dem Tagesdurchschnitt an.

Lesen Sie nicht nur die *IBD*-Berichte über ETFs, sondern überwachen Sie auf der ETF-Seite auch die Tabelle „Winners and Losers“. Dort listen wir täglich die Anführer und Nachzügler über einen gewissen Zeitraum auf, den wir täglich ändern:

Montag: prozentuale Änderung über eine Woche.
Dienstag: prozentuale Änderung über einen Monat.
Mittwoch: prozentuale Änderung über drei Monate.
Donnerstag: prozentuale Änderung über sechs Monate.
Freitag: prozentuale Änderung über zwölf Monate.

KAPITEL 19

DIE VERBESSERUNG DER VERWALTUNG VON PENSIONS-PORTFOLIOS UND INSTITUTIONELLEN PORTFOLIOS

Nachdem ich schon Privatkonten, Pensionsfonds und Investmentfonds gemanagt habe und auch mit vielen Spitzen-Portfoliomanagern zu tun hatte, habe ich ein paar Bemerkungen über die professionelle Geldverwaltung anzubringen.

Privatanleger müssen so viel wie möglich über institutionelle Vermögensverwalter wissen. Denn schließlich repräsentieren diese Manager das „I" in unserer CAN-SLIM-Formel und sind für die Mehrzahl der bedeutenden Preisbewegungen verantwortlich. Sie üben einen weitaus größeren Einfluss auf die Preise aus als Kursmakler, Market Maker, Day-Trader und Beratungsdienste. Ich habe in der Vergangenheit ein gerüttelt Maß an Fehlern begangen und daraus gelernt ... auf diese Art lernen wir alle etwas über Geldanlage und werden klüger. Vielleicht verhilft meine praktische Erfahrung mit allen Aspekten des Marktes im Laufe vieler Konjunkturzyklen zu ein paar Erkenntnissen. Allerdings habe ich keinen einzigen Tag an der Wall Street gearbeitet – was vermutlich ein großer Pluspunkt ist.

INSTITUTIONELLE INVESTOREN: EIN ÜBERBLICK

Der Investmentfonds, den Sie besitzen, oder der Pensionsfonds, in den Sie einzahlen, wird von einem institutionellen Geldverwalter betreut. Es liegt in Ihrem handfesten Interesse, zu wissen, ob diese Manager ihre Arbeit gut machen, aber es ist auch wertvoll, zu wissen, wie sie ihre Arbeit machen.

Die heutigen Märkte werden von solchen Profis dominiert und die meisten institutionellen Käufe werden mit 100 Prozent Cash getätigt, nicht unter Zuhilfenahme geliehenen Geldes (Margin- oder Einschusskredit). Infolgedessen ist das Fundament der meisten Wertpapiere etwas solider, als man es erwarten könnte, wenn spekulative Margin-Konten unsere Aktienmärkte beherrschen würden. Beispielsweise war die Allgemeinheit im Jahr 1929 massiv am Markt engagiert, wobei sie mit zehn Prozent Cash und 90 Prozent Kredit spekulierte. Das ist einer der Gründe, weshalb so viele Menschen geschädigt wurden, als der Markt kollabierte ... sie hatten zu viele Schulden.

Allerdings erreichte der Anteil der Margin-Verschuldung an der Marktkapitalisierung der NYSE-Aktien auch Ende März 2000 ein extremes Niveau.

Außerdem hielten die Banken im Jahr 1929 überzogene Hypothekenschulden. Diesmal hielten die Banken Hypothekenschulden von minderer Qualität. Allerdings wurden diese minderwertigen Schulden vom Staat massiv gefördert und gefordert. Die Politiker wollen das jedoch nicht zugeben, wenn sie ihre Ermittlungen durchführen und versuchen, allen anderen die Schuld in die Schuhe zu schieben, anstatt die Verantwortung für die Rolle zu übernehmen, die sie selbst bei der Anbahnung der Subprimedarlehen-Finanzkrise gespielt haben.

Professionelle Anleger geraten normalerweise nach längeren Niedergängen nicht so leicht in Panik wie die Allgemeinheit. Tatsächlich stützen institutionelle Käufe den Markt gerade dann, wenn die Preise niedrig sind. Die gravierenden Probleme, mit denen der Aktienmarkt von 1969 bis 1975 konfrontiert war, hatten mit institutionellen oder öffentlichen Investoren nichts zu tun.

Sie waren das Ergebnis wirtschaftspolitischer Fehler und schlechter politischer Entscheidungen, die von Politikern in Washington, D.C. gefällt wurden. Der Aktienmarkt ist wie ein gigantischer Spiegel, der die grundlegenden Bedingungen, das politische Management (oder Missmanagement) sowie die Psychologie des Landes widerspiegelt.

Die scharfe Konkurrenz unter den Geldverwaltern und die genaue Überwachung ihrer Performancebilanzen hat dazu geführt, dass die besten institutionellen Anlageverwalter von heute wohl ein bisschen geschickter sind als vor 40 oder 50 Jahren.

AUS DEN ERSTEN DATAGRAPH-BÜCHERN ENTSTEHT WONDA

Eines der ersten Produkte, die wir für institutionelle Investoren entwickelten, waren die O'Neil-Database-Datagraph-Bücher, die äußerst detaillierte Charts von Tausenden börsennotierter Unternehmen enthalten. Sie waren die Ersten ihrer Art und stellten in der Welt der institutionellen Investmente ein Novum dar.

Es gelang uns, die Bücher termingerecht wöchentlich zu produzieren, sodass wir sie jeden Freitag nach Handelsschluss aktualisieren konnten.

Diese umfassenden Bücher wurden übers Wochenende so rechtzeitig an institutionelle Vermögensverwalter geliefert, dass sie vor der Handelseröffnung am Montag da waren. Dieser schnelle Durchlauf (für die damalige Zeit) war nicht nur dank der Aktiendatenbank möglich, die wir täglich zusammenstellten und aktualisierten, sondern auch dank unserer Hochgeschwindigkeits-Mikrofilmausrüstung. Als wir im Jahr 1964 anfingen, war diese kostspielige Computeranlage so neu, dass niemand wusste, wie man mit ihr einen Graphen erzeugt. Als wir diese Hürde überwunden hatten, konnten wir dank eines automatischen Prozesses pro Sekunde einen komplexen, aktualisierten Graphen produzieren.

Heutzutage ist die Technologie so weit fortgeschritten, dass wir die komplexesten Aktiendiagramme quasi ohne nachzudenken erzeugen können, und die O'Neil-Database-Bücher sind zu einem Grundpfeiler vieler führender Investmentfonds-Organisationen rund um den Erdball geworden. Am Anfang enthielt jeder Datagraph Preis- und Volumenangaben sowie ein paar technische und fundamentale Daten. Heute enthält jeder Datagraph 96 fundamentale und 26 technische Fakten und sie sind für mehr als 8.000 Aktien in 197 eigenen Branchengruppen verfügbar. Das bedeutet, dass man als Analyst oder Portfoliomanager jedes Unternehmen schnell mit jedem anderen vergleichen kann, entweder aus der gleichen Branche oder aus der gesamten Datenbank.

Im Rahmen unseres umfassenden institutionellen Investmentgeschäfts liefern wir die O'Neil-Database-Bücher mit ihren 600 Seiten Datagraphs immer noch an institutionelle Kunden. Nach dem Einzug des Internets und höchst ausgeklügelter Computertechnologie wurden diese altmodischen gedruckten Bücher allerdings durch unseren neuesten und innovativsten Flaggschiffservice ersetzt: WONDA. WONDA steht für „William O'Neil Direct Access“ und es stellt eine direkte Schnittstelle zu der O'Neil Database für alle unsere institutionellen Kunden dar. Die O'Neil Database enthält inzwischen mehr als 3.000 technische und fundamentale Datensätze zu mehr als 8.000 US-Aktien, und mithilfe von WONDA können die Nutzer die

Datenbank unter Verwendung beliebiger Kombinationen dieser Datensätze durchsuchen und beobachten.

Am Anfang haben wir WONDA als hausinternes System entwickelt, mithilfe dessen wir unser eigenes Geld managen konnten. In den 1990er-Jahren wurde dieser Dienst, nachdem wir ihn jahrelang in Echtzeit eingesetzt hatten, ihn verfeinert und ausgebaut hatten, als neueste Dienstleistung von William O'Neil + Co. für die professionelle und institutionelle Community bereitgestellt.

Da WONDA von unseren hauseigenen Portfoliomanagern und Computerprogrammierern ersonnen und erschaffen wurde, wurde bei der Gestaltung des Dienstes an den ambitionierten institutionellen Geldverwalter gedacht. Institutionelle Vermögensverwalter müssen häufig schnelle Entscheidungen treffen, wenn sie während des Handelstages unter Beschuss stehen. WONDA bietet ein breites Spektrum von Funktionen, die es ermöglichen, sofort auf wichtige Aktiendaten sowie verwandte Daten zuzugreifen und sie zu überwachen, während sich der Markt bewegt.

Einige unserer institutionellen Kunden, die WONDA nutzen, sagen, sie könnten mit dem System „praktisch Geld drucken". Diese Kunden decken die gesamte Palette von sehr konservativen Value-orientierten Managern bis hin zu Hedgefonds-Managern ab. Es ist klar, dass kein Computersystem Geld drucken kann, aber dass einige unserer größten und besten institutionellen Kunden ein solches Feedback geben, weist auf die Funktionalität und Effektivität von WONDA hin.

DIE INTERPRETATION DES DATAGRAPH VON DOME PETROLEUM

Eines der Geheimnisse, die man als erfolgreicher Privatanleger nie vergessen sollte, besteht darin, dass man eine Aktie kaufen sollte, bevor ihr Potenzial für andere offensichtlich ist. Wenn zahlreiche Researchberichte auftauchen, könnte es schon wieder an der Zeit sein, über den Verkauf nachzudenken. Wenn fast alle den Wert der Aktie erkennen, ist es wahrscheinlich schon zu spät.

30 Positive Faktoren für Dome Petroleum im November 1977

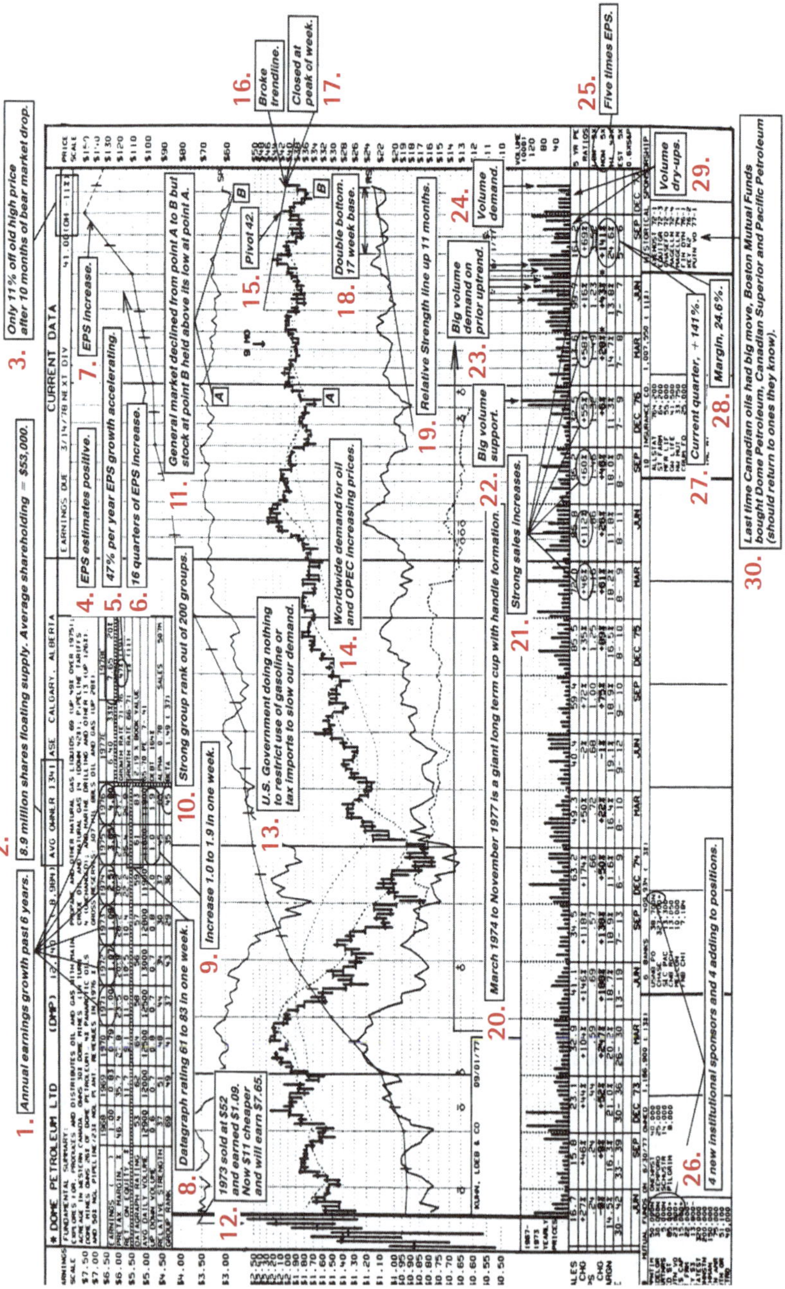

1. Jährliches Gewinnwachstum der letzten 6 Jahre.
2. 8,9 Millionen umlaufendes Aktienangebot. Durchschnittlicher Aktienbesitz = 53.000 Dollar.
3. Nach 10 Monaten Baisse-Rückgang nur 11 % unter dem alten Höchstpreis.
4. EPS-Schätzungen positiv.
5. EPS-Wachstum zieht um 47 % jährlich an.
6. EPS-Wachstum seit 16 Quartalen.
7. EPS-Zunahme.
8. Datagraph-Rating in einer Woche von 61 auf 83.
9. Anstieg in einer Woche von 1,0 auf 1,9.
10. Starkes Gruppen-Ranking unter 200 Gruppen.
11. Allgemeiner Marktrückgang von Punkt A zu Punkt B, aber an Punkt B hielt sich die Aktie über dem Tief von Punkt A.
12. 1973 Kurs bei 52 Dollar, EPS 1,09 Dollar. Jetzt 11 Dollar billiger, EPS 7,65 Dollar.
13. US-Regierung unternimmt nichts, um den Benzinverbrauch zu senken, und erhebt keine Importzölle, um unsere Nachfrage zu bremsen.
14. Weltweite Ölnachfrage und OPEC erhöht Preise.
15. Pivot-Point 42.
16. Trendlinie gebrochen.
17. Höchster Wochenschlusskurs.
18. Doppelter Boden, 17-wöchige Basis.
19. Relative-Stärke-Linie steigt seit 11 Monaten.
20. In der Zeit von März 1974 bis November 1977 bildet sich eine gigantische langfristige Tasse mit Henkel.
21. Kräftige Umsatzzunahme.
22. Starke Volumenunterstützung.
23. Hohes Nachfragevolumen im vorangegangenen Aufwärtstrend.
24. Nachfragevolumen.
25. KGV 5.
26. 4 neue institutionelle Förderer, 4 Institutionen stocken ihre Positionen auf.
27. Aktuelles Quartal, + 141 %.
28. Marge 24,6 %.
29. Versiegendes Volumen.
30. Als die kanadischen Ölfirmen zum letzten Mal kräftig stiegen, kaufte Boston Mutual Funds Dome Petroleum, Canadian Superior und Pacific Petroleum (sie dürften auf Firmen zurückkommen, die sie kennen).

Der Datagraph von Dome Petroleum (Seite 562) enthält ein paar Anmerkungen, die einige Möglichkeiten aufzeigen, wie wir diese Darstellung fundamentaler und technischer Informationen interpretieren und benutzen. Im November 1977 haben wir Institutionen Dome für 48 Dollar empfohlen. Den Fondsmanagern gefiel die Idee nicht, also kauften wir die Aktie selbst. Dome wurde einer unserer größten Gewinner der damaligen Zeit. Dies und die folgenden Fallstudien sind Beispiele aus dem richtigen Leben, die zeigen, wie man es macht.

DIE PIC'N'SAVE-STORY

Im Juli 1977 empfahlen wir eine Aktie, die keine Institution anrühren wollte: Pic'N'Save. Die meisten institutionellen Manager hielten das Unternehmen für viel zu klein, weil nur 500 Aktien pro Tag gehandelt wurden, und so begannen wir mehrere Monate später mit dem Kauf. 1962 lagen uns die erfolgreichen historischen Computermodelle von Kmart vor, von denen nur 1.000 Aktien pro Tag gehandelt wurden, und im April 1967 die von Jack Eckerd Drug mit nur 500 Aktien täglich. Somit wussten wir aufgrund dieser hervorragenden Fundamentaldaten und der historischen Präzedenzfälle, dass Pic'N'Save zu einem echten Gewinner werden konnte.

Die Beispiele stützten unsere Auffassung. Sowohl Kmart als auch Eckerd waren damals, nachdem wir sie entdeckt hatten, große Gewinner geworden, und das tägliche Handelsvolumen stieg infolgedessen stetig. Das Gleiche passierte mit Pic'N'Save. Das kleine, unbekannte Unternehmen aus Carson in Kalifornien brachte sieben oder acht Jahre lang eine stetige, bemerkenswerte Performance. Tatsächlich waren die Bruttomarge, die Eigenkapitalrendite, das jährliche Gewinnwachstum und der Verschuldungsgrad von Pic'N'Save damals besser als bei anderen, weithin akzeptierten institutionellen Growth-Favoriten – zum Beispiel Wal-Mart Stores –, die wir ebenfalls empfohlen hatten.

Ich war schon immer dafür, herausragende Aktien zu finden und sie an jedem Punkt ihres Aufstiegs zu kaufen. Mit Pic'N'Save ist das fast passiert. Mehrere Jahre lang kauften wir die Aktie fast alle ein bis zwei Punkte auf dem Weg nach oben. Mir gefiel das Unternehmen, weil es Familien mit geringen Mitteln die Möglichkeit gab, die meisten Dinge des täglichen Bedarfs zu außerordentlich günstigen Preisen zu kaufen. Insgesamt kauften wir Pic'N'Save an 285 verschiedenen Tagen und hielten es 7 ½ Jahre lang. Als wir es schließlich verkauften, während es immer noch stieg, beeinträchtigte unser Verkauf den Markt nicht. Unsere frühen Käufe brachten einen mehr als zehnfachen Gewinn ein.

CHARLES TANDY VON RADIO SHACK

Wir entdeckten Tandy Corp. zwar schon im Jahr 1967, aber wir konnten nur zwei Institutionen zum Kauf der Aktie überreden. Als Argument gegen den Kauf wurde unter anderem angeführt, dass die Aktie keine Dividende abwarf und dass Charles Tandy nur ein Werbeprofi sei. (Eine Aktie, die von 1996 bis 1998 als zu werbeintensiv galt, war Qualcomm. Wir pflückten die Aktie am Ende des Jahres 1998 direkt aus dem Wochenchart. Sie verzwanzigfachte sich und wurde zum großen Gewinner des Jahres 1999.)

Als ich Tandy in seinem Büro in der Innenstadt von Fort Worth in Texas traf, war ich sehr positiv überrascht. Er war ein brillanter Finanzfachmann und dazu auch noch ein ausgezeichneter Verkäufer. Er bot innovative Anreize, hatte Finanzabschlüsse für die einzelnen Abteilungen und höchst detaillierte tägliche Computerberichte über den Absatz aller Artikel in sämtlichen Geschäften nach Warentyp, Preis und Kategorie vorliegen. Seine automatische Bestands- und Finanzkontrolle war für die damalige Zeit einfach unglaublich.

Als sich die Aktie verdreifacht hatte, begannen die Analysten von der Wall Street, sie überhaupt wahrzunehmen. Es gab sogar ein paar Researchberichte, in denen Tandy als unterbewertete Aktie vermerkt wurde. Ist es nicht merkwürdig, wie weit manche Aktien steigen müssen, bevor sie für jedermann billig aussehen?

DAS GRÖSSENPROBLEM IM PORTFOLIOMANAGEMENT

Viele Institutionen halten die Größe für ihr Hauptproblem. Da sie ein Milliardenvermögen verwalten, scheint es nie genügend hoch kapitalisierte Aktien zu geben, die sie problemlos kaufen und verkaufen können.

Geben wir es zu: Die Größe ist definitiv ein Hindernis. Es ist leichter, zehn Millionen Dollar zu verwalten, als 100 Millionen. Es ist leichter, 100 Millionen zu verwalten, als eine Milliarde Dollar. Und eine Milliarde Dollar sind im Vergleich zum Management von zehn, 20 oder 30 Milliarden Dollar eine Spazierfahrt. Das Größenhandicap beruht ganz einfach darauf, dass es schwerer ist, eine riesige Aktienposition an einem kleinen oder mittelgroßen Unternehmen zu kaufen oder abzustoßen.

Ich halte es allerdings für einen Fehler, wenn Institutionen ihre Investments ausschließlich auf hoch kapitalisierte Unternehmen beschränken. Zunächst einmal gibt es definitiv nicht immer genug umlaufende Aktien, in die man zu einem gegebenen Zeitpunkt investieren könnte. Sollte man etwa Aktien mit schwacher Performance nur deswegen kaufen, weil man problemlos große Mengen davon bekommt? Warum sollte man eine hoch kapitalisierte Aktie kaufen, deren Gewinn nur um zehn bis zwölf Prozent im Jahr steigt? Wenn sich Institutionen selbst auf Large-Cap-Investments beschränken, könnte ihnen das eigentliche enorme Wachstum des Aktienmarkts entgehen.

Von 1981 bis 1987, also in der Reagan-Zeit, wurden mehr als 3.000 dynamische, aufstrebende Unternehmen gegründet oder gingen an die Börse. Es war ein Rekord, der vor allem auf mehreren Senkungen der Kapitalertragsteuer Anfang der 1980er-Jahre beruhte. Viele dieser kleinen bis mittelgroßen wagemutigen Konzerne wurden später große Marktführer und waren dafür verantwortlich, dass der beispiellose Technologieboom und der große Arbeitsplatzzuwachs in den 1980er- und 1990er-Jahren vorangetrieben wurden. Die Mehrzahl dieser Unternehmen war damals noch klein und unbekannt, aber heute gehören sie zu den bekanntesten Namen und den größten Gewinnern jener Zeit. Hier eine unvollständige Liste der Tausenden genialen Innovatoren, die bis zu dem Börsenhoch im März 2003 das Wachstum Amerikas neu befeuerten:

Adobe Systems, Altera, America Online, American Power Conversion, Amgen, Charles Schwab, Cisco Systems, Clear Channel Communications, Compaq Computer, Converse Technology, Costco, Dell Computer, Digital Switch, EMC, Emulex, Franklin Resources, Home Depot, International Game Technology, Linear Technology, Maxim Integrated Products, Micron Technology, Microsoft, Novell, Novellus Systems, Oracle, PeopleSoft, PMC-Sierra, Qualcomm, Sun Microsystems, UnitedHealth Group, US Healthcare, Veritas Computer, Vitesse Semiconductor, Xilinx.

Wie bereits erwähnt, sollte es unsere Regierung ernstlich in Betracht ziehen, die Kapitalertragsteuer erneut zu senken und möglicherweise den Zeitraum auf sechs Monate zu verkürzen, um einen neuen Zyklus wagemutiger Start-up-Unternehmen in Gang zu setzen.

Heutzutage sind die Märkte liquider als früher – das Umsatzvolumen vieler mittelgroßer Aktien beträgt zwischen 500.000 und fünf Millionen Aktien pro Tag. Zusätzlich werden beträchtliche Blöcke zwischen Institutionen verschoben, was ebenfalls die Liquidität erhöht. Die institutionellen Manager, die Milliarden Dollar in die Hand nehmen, wären sehr gut beraten, wenn sie ihre Kandidaten auf die 4.000 oder noch mehr innovativen Unternehmen ausweiten würden, die zur Verfügung stehen. Es ist besser, als seine Aktivitäten auf die stets gleichen wenigen Hundert großen Unternehmen zu beschränken, die wohlbekannt sind oder auf offiziellen Listen stehen. Die Researchabteilung einer der größten Banken des Landes beobachtete zu einem bestimmten Zeitpunkt nur 600 Unternehmen.

Eine größere Institution wäre mit dem Besitz von 500 Unternehmen aller Größen wahrscheinlich besser bedient als mit 100 großen, reifen und trägen Unternehmen. Investmentfonds, die sich auf Small Caps mit hoher Performance konzentrieren, müssen jedoch auch

vorsichtiger sein. Wenn das verwaltete Vermögen nur ein paar Hundert Millionen beträgt, könnte diese Strategie sehr lohnenswert sein.
Wenn aber solche Fonds durch ihren Erfolg auf mehrere Milliarden Dollar anwachsen, können sie sich nicht mehr ausschließlich auf schnelle, spekulativere, kleinere Unternehmen konzentrieren. Das liegt daran, dass solche Aktien in einer bestimmten Phase eine gute Performance aufweisen, aber dann einen Höhepunkt überschreiten. Manche von ihnen kommen nie zurück oder ihre Performance verläuft jahrelang schleppend. Ende der 1990er-Jahre und Anfang der 2000er-Jahre wurden mehrere Fonds von Janus und Putnam mit diesem Problem konfrontiert. Erfolg kann zu große Selbstsicherheit erzeugen.
Pensionsfonds können Größenprobleme dadurch angehen, dass sie ihr Geld auf mehrere verschiedene Manager mit verschiedenen Anlagestilen verteilen.

DIE GRÖSSE IST NICHT DAS ENTSCHEIDENDE PROBLEM

Allerdings ist die Größe nicht das Problem Nummer 1 der institutionellen Investoren. Häufig verhindern ihre Anlagephilosophie und ihre Anlagemethoden, dass sie das Potenzial des Marktes voll ausschöpfen.
Viele Institutionen kaufen Aktien aufgrund der Meinungen ihrer Analysten über den angeblichen Wert von Unternehmen. Andere kaufen hauptsächlich Storys. Wieder andere halten sich an die Top-down-Prognosen von Volkswirten über die breiten Sektoren, die gut laufen sollen. Wir glauben, dass es bessere Ergebnisse bringt, wenn man das Bottom-up-Prinzip verfolgt (wenn man sich darauf konzentriert, Aktien mit Gewinneigenschaften zu orten).
Früher konzentrierten sich manche Institutionen viele Jahre lang auf die üblichen Verdächtigen und änderten ihre bewährten Listen nur selten. Wenn eine Liste 100 allgemein anerkannte Namen enthielt, kamen vielleicht pro Jahr vier oder fünf dazu. Viele Entscheidungen mussten von Anlageausschüssen abgesegnet werden. Von Ausschüssen getroffene Marktentscheidungen sind jedoch oftmals schlecht.

Verschlimmert wurde dies noch dadurch, dass in manchen Ausschüssen Mitglieder saßen, die keine erfahrenen Vermögensverwalter waren. Eine solche Anlagepolitik ist fragwürdig.

Bis heute schränken manche Institutionen ihre Investmentflexibilität durch antiquierte Regeln ein. Zum Beispiel dürfen manche eher konservativen Institutionen keine Aktien kaufen, die keine Dividenden ausschütten. Das mutet geradezu mittelalterlich an, weil viele ausgezeichnete Growth-Aktien bewusst keine Dividenden bezahlen, sondern ihren Gewinn in das Unternehmen investieren, um ihr überdurchschnittliches Wachstum zu finanzieren. Andere Restriktionen verlangen, dass die Hälfte oder mehr des Portfolios in Anleihen investiert sein muss. Die meisten Anleiheportfolios produzieren auf lange Sicht schwache Resultate. Außerdem haben früher manche Anleiheportfolios irreführende Buchführungsmethoden eingesetzt, die das Portfolio nicht zum aktuellen Marktpreis bewerteten.

In solchen Fällen werden die Portfolioergebnisse zu selten gemeldet und die tatsächliche Gesamtperformance ist unklar. Der Schwerpunkt liegt zu sehr auf der Rendite und zu wenig auf der Zu- oder Abnahme des Marktwerts der Anlagen im Portfolio.

Das Hauptproblem besteht darin, dass die meisten dieser antiquierten, institutionell akzeptierten Investment-Entscheidungsprozesse eine tief verwurzelte gesetzliche Basis haben. Sie sind mit anderen Worten „institutionalisiert“. Die meisten Institutionen müssen sich an rechtliche Konzepte wie „Due Diligence“ und „treuhänderische Pflicht“ halten, wenn sie Anlageentscheidungen treffen. In den meisten Fällen kann eine Treuhandabteilung für suboptimale oder schlechte Anlageentscheidungen zur Rechenschaft gezogen werden, aber die Messlatte für die Bestimmung, ob eine Anlageentscheidung suboptimal oder schlecht ist, hat mit der Performance der Anlage an sich nichts zu tun!

Wenn eine Institution beweisen kann, dass die Auswahl einer Aktie, in die zu investieren sie beschlossen hat, auf der alten „Sorgfalt des ordentlichen Kaufmanns“ basierte (dass sich also die Institution so verhalten hat, wie man es von einem vorsichtigen Mann oder einer vorsichtigen Frau erwarten würde, wenn er oder sie mit seinem oder ihrem eigenen Geld arbeitet), dass sie bei der Bewertung die statische Sicht der fundamentalen Situation eines Unternehmens berücksichtigt hat oder dass die Entscheidung zu einem allgemeinen Modell der „Asset Allocation" gehörte, oder dass sie durch vergleichbare Gründe, die auf genauen Erkundigungen basieren, zu der Entscheidung gelangt ist, dann kann die Institution dadurch belegen, dass sie ihre treuhänderische Verantwortung ernst genommen hat. Damit entgeht sie jeglicher Haftungsverpflichtung.

Früher hatten die Institutionen die Auswahl unter relativ wenigen Fondsmanagern, aber heute gibt es viele hervorragende professionelle Money-Management-Teams, die eine Vielfalt von Systemen verwenden. Allerdings dürfen viele Manager eine Aktie, die nicht auf einer im Vorfeld abgesegneten Liste steht, nur dann kaufen, wenn dazu ein langer, euphorischer Bericht von einem Analysten der Institution vorliegt. Da die Institutionen bereits eine beträchtliche Anzahl von Unternehmen besitzen und darauf bestehen, dass ihre Analysten sie weiterhin beobachten und die Daten aktualisieren, kann es einen Analysten viel Zeit kosten, interessante neue Unternehmen auf eine Genehmigungsliste zu bringen und Berichte über sie anzufertigen.

Überlegene Performance resultiert aus neuen Ideen und nicht aus den gleichen alten, überstrapazierten, schalen Namen oder den Favoriten des vergangenen Jahrhunderts. Zum Beispiel werden die Super-Technologieunternehmen von 1998 und 1999 im 21. Jahrhundert wahrscheinlich durch viele neue führende Unternehmen aus den Sektoren Konsumartikel und Verteidigung ersetzt.

DIE GLÜCKSELIGKEIT DER TIEFSTKURS-KÄUFER

Viele Institutionen kaufen Aktien auf dem Weg nach unten, aber das „Bottom Fishing" ist nicht immer die beste Möglichkeit, überlegene Performance zu erzielen. Es kann nämlich dazu führen, dass die Entscheidungsträger Aktien kaufen, die langsam abbauen oder deren Wachstum sich verlangsamt.

Andere Vermögensverwaltungsorganisationen verwenden Bewertungsmodelle, die ihre Investments auf Aktien im unteren Bereich ihres historischen KGV-Spektrums einschränken. Bei einigen ungewöhnlich fähigen, konservativen Profis funktioniert dieser Ansatz, aber im Laufe der Zeit produziert er selten wirklich überlegene Ergebnisse. Mehrere Großbanken aus dem Mittelwesten, die diese Methode verwenden, hinken hinsichtlich der Performance ständig hinterher.

Es gibt eindeutig zu viele Analysten, die einen KGV-Komplex haben. Sie wollen Aktien verkaufen, wenn ihr KGV gestiegen ist und hoch erscheint, und sie kaufen, wenn das KGV fällt. Die Modelle der erfolgreichsten Aktien der letzten 50 Jahre zeigen, dass ein niedriges oder „vernünftiges" KGV keine Ursache riesiger Kurszuwächse ist. Die treuen Anhänger des niedrigen KGVs haben wahrscheinlich fast alle größeren Börsengewinner des vergangenen halben Jahrhunderts verpasst. Die meisten Menschen, die sich auf die Unterbewertungstheorie der Aktienauswahl konzentrieren, dürften heutzutage den besseren Managern hinterherhinken. Manchmal werden solche unterbewerteten Situationen noch unterbewerteter, oder sie liegen lange Zeit hinter dem Markt zurück. Als sich der Markt von Ende 2008 bis Anfang 2009 im freien Fall befand, fiel mir auf, dass mehrere Value-Fonds etwa genauso tief gefallen waren wie manche Growth-Fonds, und das ist ungewöhnlich.

GROWTH- UND VALUE-ERGEBNISSE IM VERGLEICH

Während der letzten zwölf Konjunkturzyklen haben die allerbesten Geldverwalter meiner Erfahrung nach während eines Zyklus durchschnittliche kumulierte Erträge von 25 Prozent bis zu – in einigen seltenen Fällen – 30 Prozent erzielt. Diese kleine Gruppe bestand aus Growth-orientierten Managern und aus Managern, deren erfolgreichste Investments Growth-Aktien und ein paar große Turnarounds waren.

Die besten Manager vom Unterbewertungstyp erzielten im gleichen Zeitraum nur eine durchschnittliche Performance von 15 bis 20 Prozent.

Ein paar machten mehr als 20 Prozent Gewinn, aber sie waren in der Minderzahl. Die meisten Privatanleger sind unabhängig von der verwendeten Methode nicht ausreichend vorbereitet, um Durchschnittsrenditen von 25 Prozent oder mehr im Jahr zu erzielen.

Wenn der Markt fällt oder schlecht läuft, laufen Value-Fonds besser. Ihre Aktien sind in der vorangegangenen Hausse-Phase normalerweise nicht so weit gestiegen und deshalb korrigieren sie üblicherweise auch weniger. Deshalb wählen die meisten Menschen, die zugunsten der Value-Strategie argumentieren wollen, ein Börsenhoch als Anfangspunkt für einen zehn Jahre langen oder längeren Zeitraum, in dem sie das Value-Investing mit dem Growth-Investing vergleichen. Daraus resultiert ein unfairer Vergleich, der „beweisen" kann, dass Value-Investing erfolgreicher ist als Growth-Investing. Wenn man die Situation fair betrachtet, ist es aber in Wirklichkeit so, dass Growth-Investing normalerweise in den meisten Zeiträumen eine bessere Performance bringt als Value-Investing.

VALUE LINE SCHAFFT DAS UNTERBEWERTUNGSSYSTEM AB

Von den 1930er-Jahren bis Anfang der 1960er-Jahre stufte Value Line die beobachteten Aktien als unterbewertet oder überbewertet ein. Die Ergebnisse des Unternehmens waren so lange mittelmäßig, bis es das System in den 1960er-Jahren abschaffte und anfing, die Aktien aufgrund des Gewinnwachstums und des relativen Marktverhaltens einzustufen. Nach der Umstellung verbesserte sich die Performance von Value Line.

ÜBERGEWICHTUNG UND UNTERGEWICHTUNG IM VERHÄLTNIS ZUM S&P 500

Viele Institutionen investieren vor allem in Aktien, die zum S&P 500 gehören, und versuchen, in ihren Positionen bestimmte Sektoren überzugewichten oder unterzugewichten. Dieses Verfahren garantiert, dass ihre Performance nie viel besser oder viel schlechter ist als die des S&P 500. Ein hervorragender Small-Cap- oder Mid-Cap-Growth-

Stock-Manager dürfte hingegen möglicherweise in der Lage sein, etwa das Eineinviertel- bis Eineinhalbfache des S&P 500 zu erzielen, und zwar über mehrere Jahre. Es ist für Investmentfonds-Manager schwer, den S&P 500 deutlich zu schlagen, denn in Wirklichkeit ist der S&P 500 ein gemanagtes Portfolio, das ständig neuere, bessere Unternehmen aufnimmt und Nachzügler abstößt. Eine andere Möglichkeit, den S&P 500 zu übertreffen, besteht darin, überlegene neue Growth-Aktien oder solche Aktien zu kaufen, die nicht im S&P 500 enthalten sind.

SCHWÄCHEN DES SYSTEMS DER BRANCHENANALYSTEN

Eine weitere weithin übliche, aber teuere und ineffektive Praxis besteht darin, dass man eine große Zahl von Analysten einstellt und sie dann für verschiedene Branchen einteilt. Zum Teil macht man das, damit der Investmentbanking-Zweig Kundenbeziehungen aufbauen und pflegen kann. Somit war die Loyalität der Analysten in der Vergangenheit zumindest gespalten.

Die typische Abteilung für Wertpapierresearch hat einen Autoanalysten, einen Elektronikanalysten, einen Ölanalysten, einen Einzelhandelsanalysten, einen Farmeranalysten und so weiter und so fort. Aber diese Konstruktion ist nicht effizient und verfestigt tendenziell eine mittelmäßige Performance. Was macht ein Analyst, dem zwei oder drei aus der Mode gekommene Branchen zugeteilt sind? Empfiehlt er die am wenigsten schlechten unter den vielen schwachen Aktien, die er beobachtet?

Auf der anderen Seite empfiehlt der Analyst, der zufällig diejenige Branchengruppe beobachtet, die in diesem Jahr die beste Performance bringt, nur zwei oder drei Gewinner, wodurch er viele andere verpasst. Als die Öl-Aktien 1979 und 1980 einen Boom erlebten, verdoppelten oder verdreifachten sie sich alle. Die besten verfünffachten sich oder stiegen noch weiter.

Hinter der Aufteilung des Researchs steht die Theorie, dass eine Person dadurch zum Experten für eine bestimmte Branche wird.

Tatsächlich gehen manche Firmen an der Wall Street so weit, dass sie einen Chemiker aus einer Chemiefirma als Chemieanalyst engagieren und einen Autofachmann aus Detroit als Automobilanalyst. Solche Leute kennen ihre Branche vielleicht wie ihre Westentasche, aber in vielen Fällen begreifen sie nicht besonders gut, wie der Gesamtmarkt funktioniert und was führende Aktien steigen und fallen lässt. Dies erklärt vielleicht, warum so gut wie alle Analysten auf *CNBC* auch nach dem September 2000 weiterhin zum Kauf von Hightech-Aktien rieten, obwohl diese zu Kursverlusten von 80 bis 90 Prozent unterwegs waren. Menschen, die sich an diese kostenlosen Ratschläge aus dem Fernsehen hielten, verloren viel Geld. Das Gleiche passierte im Jahr 2008, als Fundamentalanalysten den Kauf von Öl- und Bank-Aktien auf dem Weg nach unten empfahlen, weil sie sehr günstig erschienen. Danach wurden sie noch viel günstiger.

Außerdem werben Firmen gern damit, dass sie mehr Analysten in ihren Reihen haben, dass sie über die größte Abteilung oder die meisten hoch bewerteten „Allstar"-Analysten verfügen. Ich beschäftige lieber fünf gute Analysten, die Generalisten sind, als 50, 60 oder 70, die auf enge Spezialgebiete beschränkt sind. Wie groß ist die Wahrscheinlichkeit, dass man 50 oder mehr Analysten findet, die alle hervorragend in der Lage sind, an der Börse Geld zu verdienen oder Ideen zu liefern, mit denen man Geld machen kann?

Nie traten die Schwächen der Wall-Street-Analysten in den Augen der institutionellen und privaten Anleger klarer zutage als während der Baisse 2000. Obwohl der Markt immer weiter abrutschte und daraus die schlimmste Baisse seit 1929 wurde – laut dem prozentualen Niedergang des Nasdaq Composite – und obwohl viele frühere Überflieger aus den Bereichen Technologie und Internet Federn lassen mussten, gaben Analysten von der Wall Street weiterhin „Kauf"- oder „Klarer Kauf"-Empfehlungen für solche Aktien ab.

Im Oktober 2000 schaltete eine große Firma von der Wall Street ganzseitige Anzeigen, in denen sie das damalige Marktumfeld als „eine der besten Zeiten für den Aktienbesitz" der Geschichte bezeichnete.

Wie wir heute wissen, stürzte der Markt bis in die Jahre 2001 und 2002 hinein ab und machte diesen Zeitraum zu einer der *schlechtesten* Zeiten der Geschichte für den Aktienbesitz! Erst als viele der Technologie- und Internet-Überflieger von ihren Hochs aus um 90 Prozent oder mehr gefallen waren, stimmten diese Analysten endlich ein anderes Lied an – viele Tage und viele Dollar zu spät!

In einem Artikel der *New York Times* vom 31. Dezember 2000 über Analystenempfehlungen wurde Zacks Investment Research so zitiert: „Von den 8.000 Empfehlungen, die von Analysten gegeben wurden, welche die Unternehmen des Standard and Poor's 500 Stock Index beobachteten, sind momentan nur 29 Verkaufsempfehlungen." In dem gleichen Artikel schrieb Arthur Levitt, der Vorsitzende der Securities and Exchange Commission: „Der Wettbewerb um Investmentbanking-Aufträge ist so scharf, dass es sehr selten ist, dass Analysten die Aktien von Bankkunden zum Verkauf empfehlen." Ein von der *Times* zitierter Investmentfonds-Manager sagte: „Ich finde es schockierend, was heutzutage an der Wall Street als Research durchgeht. Anstatt den Anlegern Analysen zu liefern, die sie davor bewahrt hätten, über die Klippe zu marschieren, stachelten die Analysten sie noch an, indem sie neue Bewertungskriterien für Aktien erfanden, die keine reale Basis hatten und für die es keine üblichen, bewährten Standards gab." *Vanity Fair* brachte im August 2001 ebenfalls einen interessanten Artikel über die Analysten-Community. Es ist ganz klar, dass der Gewährleistungsausschluss sowohl für institutionelle als auch für Privatanleger zu keinem Zeitpunkt der Börsengeschichte eine größere Bedeutung hatte als damals.

Die Einführung der „SEC Rule FD", in der die umfassende Veröffentlichung von wesentlichen Unternehmensinformationen sowohl an institutionelle als auch an private Anleger geregelt ist, hat im Jahr 2000 die Möglichkeit eingeschränkt, dass Researchanalysten größerer Brokerhäuser Insiderinformationen von Unternehmen bekommen, bevor sie an den Rest der Street weitergegeben werden. Das hat den Vorsprung, den man eventuell gewinnen kann, wenn man auf die

Analysten von der Wall Street hört, weiter verringert. Wir befassen uns lieber ausschließlich mit Fakten und historischen Modellen als mit Meinungen über angebliche Werte. Viele Researchanalysten der Jahre 2000 und 2001 waren höchstens seit zehn Jahren im Geschäft und hatten deshalb die schrecklichen Baissen 1987, 1974-1975 und 1962 nicht erlebt.

Ein weiterer Punkt ist, dass viele große Geldverwaltungskonzerne wahrscheinlich mit zu vielen Researchfirmen zusammenarbeiten. Zunächst einmal gibt es gar nicht so viele gute Researchquellen, und wenn man mit 20 oder 30 Firmen arbeitet, verwässert dies den Wert und den Einfluss der wenigen guten. Wenn widersprüchliche Ratschläge an entscheidenden Punkten zu Verwirrung, Zweifeln und Angst führen, kann es teuer werden. Es wäre interessant, zu wissen, wie viele Analysten mit ihren eigenen Investments erfolgreich sind. Das ist der ultimative Test.

DIE ERSCHRECKENDE ERHEBUNG VON *FINANCIAL WORLD* UNTER SPITZENANALYSTEN

Ein Artikel, der am 1. November 1980 in der Zeitschrift *Financial World* erschien, ergab außerdem, dass die Analysten, die von der Zeitschrift *Institutional Investor* zu den besten der Wall Street gewählt worden waren, überschätzt und überbezahlt waren und dass sie eine wesentlich schlechtere Performance als die S&P-Indizes brachten. Als Gruppe gelang es den Analysten-„Superstars“ mit zwei von drei Aktien nicht, entweder das Ergebnis des Gesamtmarktes oder der jeweiligen Branchenindizes zu erzielen. Auch lieferten sie selten Verkaufsempfehlungen und beschränkten sich meistens darauf, zum Kaufen oder Halten zu raten. Die Untersuchung von *Financial World* bestätigte Forschungen, die wir Anfang der 1970er-Jahre durchgeführt hatten. Dabei fanden wir heraus, dass nur eine Minderheit der Wall-Street-Empfehlungen erfolgreich war. Außerdem stellten wir fest, dass in einer Zeit, in der viele Verkaufsempfehlungen angebracht waren, nur jeder zehnte Bericht zum Verkauf riet.

Ein Problem ist, dass sich ein großer Teil des Researchs an der Wall Street auf die falschen Unternehmen bezieht. Jeder Branchenanalyst muss eine bestimmte Menge produzieren, aber in einem typischen Börsenzyklus sind nur wenige Branchengruppen führend. Es wird zu wenig vorab geprüft oder kontrolliert, um die überlegenen Unternehmen herauszufinden, über die tatsächlich Researchberichte geschrieben werden sollten.

DATENBANKLEISTUNG UND EFFIZIENZ

Die meisten institutionellen Money-Manager bekommen täglich einen 30 Zentimeter hohen Stapel Researchberichte. Normalerweise ist es Zeitverschwendung, sich auf der Suche nach einer guten Aktie durch solche Stapel zu wühlen. Wenn sie Glück haben, erspähen sie unter 20 Aktien vielleicht eine, die sie wirklich kaufen sollten.

Im Gegensatz dazu können Analysten mit Zugang zu WONDA schnell alle Unternehmen in unserer Datenbank überprüfen. Wenn die Rüstungsindustrie als führende Branche angezeigt wird, können sie 84 Unternehmen aufrufen, deren Hauptgeschäft in diesem Bereich liegt. Die typische Institution schaut sich vielleicht Boeing, Raytheon, United Technologies und noch zwei oder drei andere große, bekannte Namen an. Da WONDA mehr als 3.000 technische und fundamentale Variablen zu allen 84 Unternehmen liefert, die sich einige Jahre in die Vergangenheit erstrecken, und da man außerdem diese Variablen schnell auf identischen Diagrammen anzeigen lassen kann, kann ein institutioneller Vermögensverwalter damit innerhalb von 20 Minuten die fünf oder zehn Unternehmen der Gruppe identifizieren, die herausragende Eigenschaften aufweisen und bei denen sich detailliertere Recherchen lohnen. Einige der besten Money-Manager Amerikas benutzen dieses unentbehrliche Zeitspar-Tool regelmäßig.

Das heißt also, dass ein institutioneller Analyst die Möglichkeit hat, seine Zeit weitaus produktiver einzusetzen. Aber nur wenige Researchabteilungen sind so organisiert, dass sie von solchen fortgeschrittenen und disziplinierten Verfahren profitieren können.

Und wie gut hat diese Methode funktioniert? Im Jahr 1977 haben wir einen Dienst für Institutionen namens „New Stock Market Ideas and Past Leaders to Avoid“ (NSMI) eingeführt. Inzwischen heißt er „New Leaders and Laggards Review“ und wird jede Woche veröffentlicht. Die dadurch dokumentierte 30-jährige langfristige Performancebilanz ist in dem nebenstehenden Diagramm zu sehen. Diese Performanceerträge wurden von einer der führenden unabhängigen Wirtschaftsprüfungsgesellschaften Amerikas geprüft und verifiziert.

Über die vergangenen 30 Jahre haben die positiven Auswahlen die „Meiden“-Aktien im Verhältnis von mehr als 307 zu 1 übertroffen und die über 30 Jahre erfolgreichen Aktien übertrafen die Aktien des S&P 500 um mehr als das 41-Fache. Eine derart überlegene langfristige Erfolgsbilanz wird durch die Kumulierung (Zinseszins) über den Zeitraum von 30 Jahren möglich. In den 30 Jahren, die 2008 endeten, brachten diejenigen Aktien, die auf der „Meiden“-Liste standen, insgesamt einen schmalen Gewinn von 19 Prozent. Institutionen hätten allein dadurch ihre Performance dramatisch verbessern können, dass sie sich aus allen Aktien unserer „Meiden“-Liste herausgehalten hätten. Wir liefern diese Liste zusammen mit den computerisierten Quartals-Performance-Berichten zu allen Kauf- und Verkaufsempfehlungen aus dem Dienst „New Stock Market Ideas“ als Dienstleistung an unsere institutionellen Kunden. Wie viele Konkurrenzunternehmen dokumentieren die tatsächliche prozentuale Performance aller ihrer Ideen über einen längeren Zeitraum?

Da wir eine riesige Menge an Faktendaten über alle Firmen sowie bewährte historische Präzedenz-Chartmodelle über mehr als 100 Jahre haben, sind wir in der Lage, eine Aktie, die sich langsam verbessert oder die langsam in Schwierigkeiten gerät, viel früher zu entdecken – ohne jemals ein Unternehmen zu besuchen oder mit ihm zu sprechen. Es ist vermutlich naiv, zu glauben, Unternehmen würden es einem immer verraten, wenn sie in Schwierigkeiten geraten. Wir verwenden unsere eigenen Faktendaten und unser historisches Research und raten davon ab, sich irgendwie auf Tipps, Gerüchte und die

Übersicht über die Erfolgsbilanz der „New Leaders" und „Laggards" von O'Neil

10.635 „Leader"-Ideen und 5.089 „Laggard"-Ideen

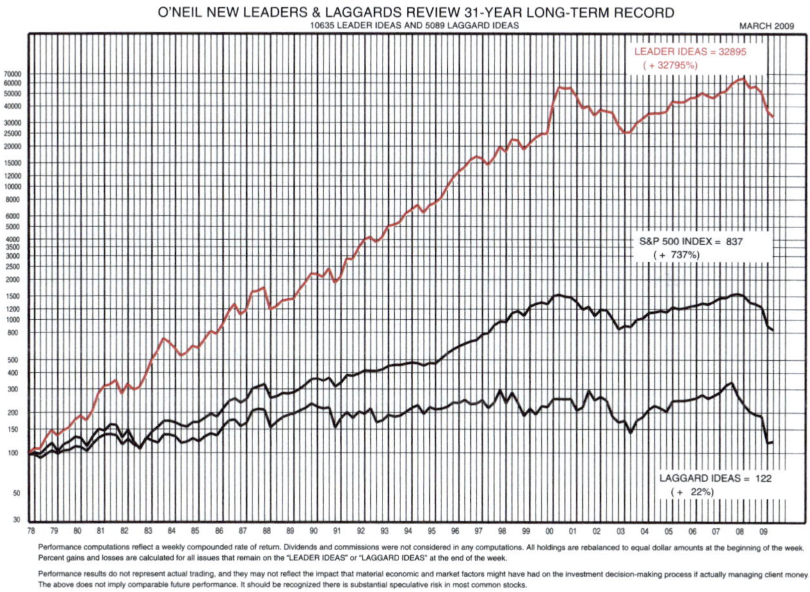

Die Performance-Berechnungen basieren auf wöchentlichen Renditen. Bei den Berechnungen wurden weder Dividenden noch Gebühren berücksichtigt. Alle Positionen werden zum Wochenbeginn auf gleiche Dollarbeträge ausgeglichen. Es werden für diejenigen Titel Gewinne und Verluste berechnet, die am Ende der Woche noch zu den „Leader Ideas" oder „Laggard Ideas" gehören.

Diese Performance-Ergebnisse stellen keinen tatsächlichen Handel dar und spiegeln nicht die Auswirkungen wider, die wesentliche Wirtschaftsfaktoren und Marktfaktoren auf den Prozess der Anlageentscheidung haben könnten, wenn tatsächlich Kundengelder verwaltet werden.

Aus dem Obenstehenden lässt sich nicht auf eine vergleichbare künftige Performance schließen. Es sollte beachtet werden, dass die meisten Stammaktien ein erhebliches spekulatives Risiko beinhalten.

persönlichen Meinungen von Analysten zu verlassen. Wir brauchen solche Informationen ganz einfach nicht. Außerdem haben wir keine Investmentbanking-Kunden und sind nicht als Market Maker tätig. Wir managen auch kein Geld für andere Leute und beschäftigen keine Researchanalysten, die schriftliche Researchberichte erstellen. Diese Bereiche, die zu Verzerrungen oder unterdurchschnittlicher Performance führen können, gibt es bei uns also nicht.

DIE GANZSEITIGEN BULLISHEN ANZEIGEN 1978 UND 1982

Normalerweise versuchen wir nicht, jede kurzfristige oder mittelfristige Korrektur vorherzusagen. Für institutionelle Anleger wäre das ziemlich töricht und kurzsichtig. Unser Schwerpunkt liegt darauf, die Frühstadien aller neuen Haussen und Baissen zu erkennen und entsprechend zu handeln. Dazu gehört es, dass wir diejenigen Marktsektoren und Branchen identifizieren, die man kaufen sollte, und diejenigen, die man meiden sollte.

Anfang 1982 schalteten wir im *Wall Street Journal* eine ganzseitige Anzeige, in der es hieß, das Rückgrat der Inflation sei gebrochen und die wichtigsten Aktien hätten die Talsohle bereits durchschritten. Im Mai jenes Jahres schickten wir unseren institutionellen Kunden zwei große Charts: einen über Rüstungselektronik-Aktien und einen über 20 Growth-Aktien aus dem Konsumartikelbereich, von denen wir dachten, dass sie in der kommenden Hausse attraktiv sein würden. Außerdem fuhren wir nach New York und nach Chicago, wo wir uns mit mehreren großen Institutionen trafen. Bei diesen Besprechungen erläuterten wir unsere bullishe Einstellung und präsentierten eine Liste von Firmen, die diese Organisationen kaufen könnten, nachdem sie ihre eigenen gründlichen Nachforschungen angestellt hatten.

Unsere Einstellung war der Haltung der meisten institutionellen Researchfirmen und den negativen Meldungen, die die landesweiten Medien tagtäglich verbreiteten, diametral entgegengesetzt. Die meisten Investmentfirmen waren ganz einfach bearish. Sie rechneten damit, dass der Markt weiter stark fallen würde. Sie sagten außerdem

DON'T LET THE GLOOM BUGS FOOL YOU... INFLATION'S BACK IS BROKEN AND IT'S TIME TO INVEST FOR THE RECOVERY AHEAD

Now's the time for both corporations and individuals to grab on to President Reagan's powerful incentive programs and invest.
William O'Neil & Co. believes the stock market averages may be near their lows now. We also think the *best* individual stocks have seen their lows and will one by one find their way back to new high ground over the next 6 months.

It is very normal to have gloom, doubt and pessimism during the low point of a recession and the bottom of a bear market. However, we do not agree with Henry Kaufman's recent negative conclusion that inflation will move back toward old record levels when the economy recovers. We believe the backbone of excessive inflation has definitely been broken and will wind down more in the year ahead. There are a number of reasons for our optimistic outlook on inflation.

Long Term Trend Of Oil, Real Estate And Commodity Prices Has Broken
To begin with, oil prices, as well as oil company stocks, topped a year ago. OPEC should consider lowering prices; otherwise they may have to continue reducing production and income. The large oil price jumps of recent years caused widespread changes to other fuels, increased energy efficiency, lower overall demand and a loss of world oil markets. High prices also stimulated exploration and new production. The old law of supply and demand still works.

Gold, silver, diamonds and other inflation-hedge commodity prices have made major long term tops and are down substantially from their highs. And we do not agree with a well-known economist nor a prominent member of the House of Representatives who advocate the U.S. must return to the gold standard. This out-moded concept did not prevent government's financial mismanagement since 1965, and it can not now substitute for competence.

Real estate prices, after tremendous increases, have been coming down. In Southern California where building trends frequently lead other areas of the country, condominiums and homes became so overpriced that both prices and interest rates need to decline further before sales can pick up. The reason is simple. People can not make or qualify for monthly payments of $2,000 or more.

The auto giants' bad management decisions and high interest rates have caused them to permanently lose share of market. Their best hope is for both big labor and big management to reduce all costs and auto prices with no strings attached and try to regain part of their lost market. If they do not act together, the auto industry will likely be a declining U.S. industry in the future.

Airline fares have been too high and are being lowered to attract more customers.

The Consumer and Producer Price Indexes have fallen and the trend of money supply has been down for almost a year and a half. This should lead to lower inflation ahead.

Reasons Why Interest Rates Should Be Lowered
The Federal Reserve Board discount rate is now substantially higher than the inflation rate, and so are long term Bond yields.

A few years ago the discount rate was raised several times by abnormal amounts to protect the American dollar from attack. This problem no longer exists. Confidence in the U.S., its leadership and the dollar have materially improved.

Interest rates at the low point in each past recession have progressively been at higher levels. If this trend continues, we could have higher low points and higher high points for interest rates in each new business cycle. The Federal Reserve Board should consider lowering the rate over the next 6 months to a point slightly below the 10% low of the previous cycle, thus breaking the escalating trend.

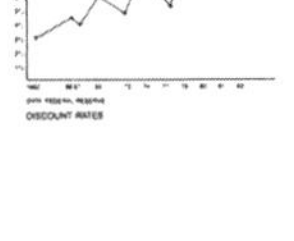

The Federal Reserve Board should probably not try to fight inflation all by itself. Tight money did not solve the inflationary problem in the recession in 1974, nor in 1977-78. While money supply is the primary determinant of the rate of inflation, it is not the sole cause as some people believe. Last year's decline in inflation was caused primarily by a leveling in oil prices and farm prices. Money supply policy, in no way, created good weather, good crops and an over-supply of oil.

Our government may also want to consider having money supply figures available monthly, rather than weekly since weekly guessing, over-reaction and public over-emphasis make sound interpretation of the major trend unlikely. The Fed may want to consider the possibility of better control of new sources of money supply.

For example, Money Market funds have no reserve requirements. What might occur if a run were to happen on Money Market funds? The high rates Money Market funds offer drain funds from other more productive areas and forces other agencies to raise their rates in order to try and compete.

Congress also has an important responsibility to cut spending and government inefficiency. Congress can also deregulate natural gas and include a windfall tax to help lessen the 100 billion dollar deficit.

Because of new tax incentives for saving there should be an increased pool of savings available as business begins to borrow in the recovering economy.

The auto industry and its supplier industries will not recover until interest rates decline further. Ten percent unemployment economically should be unacceptable and could be dangerous to the country as well as politically damaging.

High interest rates are hurting the world economy.

Why You Should Buy Common Stocks Now
Stocks are the only remaining area in the economy that appears greatly undervalued. Gold, real estate, diamonds, commodities have all had excessive increases and as a result seem over-priced with less potential for profit. The number of shareholders in America, after declining for many years, should increase significantly. The cause of this increase will be the substantially lower capital gains tax (20% vs. nearly 50% in recent years) and the new investor's retirement accounts with their flexibility and tax saving features.

Stocks on average are currently selling at 6 and 7 times annual earnings. Such low price earnings ratios have not occurred since the 6 P E at the bottom of the Dow Jones in 1974, the 7 P E in 1949 and the 5 P E in 1932. And as you know prices and P E's improved materially from these historical lows. We believe the decline in price earnings ratios that began in 1962 has ended and the future will show progressive upward reevaluation for stocks.

If channel lines are drawn along the tops and bottoms of the Dow Jones Industrial average since the early 1930's the Dow is once again sitting on its major long term bottom trendline.

The lower tax for all consumers, combined with lower inflation, will ease the pressure on consumer's discretionary income for the first time in many years. This should result in a resurgence in the better consumer growth stocks.

The William O'Neil & Co. Senior Growth Stock Index is performing stronger than general market indexes; and the Dow Jones Industrials failed to confirm the recent new lows in the transportation index.

Not only have we seen several brokerage house economists being very bearish, but a preponderance of public advisory services have been preaching total gloom and doom. This usually happens around market bottoms.

Odd lot short selling accelerated in January—another psychological sign of bottom market action. Those who expect a climax bottom with heavy selling will likely be disappointed since this phenomenon occurred mainly in past years when markets had greater public involvement. Institutions, which dominate our markets today, do not panic as readily along bear market lows. They tend to pull back from selling or actually buy on the way down.

What Areas Of The Market Seem Favorable Now?
We are in the midst of a revolutionary computer and communication age. The better, innovative leaders in this area should continue to do well.

As mentioned earlier, we believe there will be a resurgence in selected consumer growth stocks. As time passes, various defense electronic stocks should benefit from our planned defense build-up. Companies producing automated teller equipment should benefit from increased branch banking and automation. Selected drug and medical companies that show superior earnings per share increases should be favored. Speciality retailers plus entertainment companies with new products in areas such as video games seem to be succeeding. As the economy slowly recovers, other areas will emerge with improved and accelerating earnings.

Why Corporate America Should Be Investing Now
Big corporate America, in the past, has invested somewhat backwards and been slow to take innovative new risks. Traditionally, big business only expands at the end of a business cycle. It seems to us that the top of a cycle is the poorest time to invest in new plant capacity and automation, because interest rates and competition are at a peak. The shrewdest and cheapest time to invest is at the low point in a business cycle where prices will be the best and your bargaining power the greatest. Andrew Carnegie, an earlier industrial leader, used to say, "the first man gets the oyster, the second the shell."

The American people and in particular American businessmen and women, in our opinion, may have one of the best Presidents since Abraham Lincoln. They should get off the dime and take advantage of the tremendous tax incentives now available. President Reagan's incentive programs are broad and very workable. The sole cause of the current recession has been the Federal Reserve's tight money policy. The press, the country and many politicians may be making the mistake of continually underestimating Ronald Reagan's ability and leadership.

Big companies need to change in order to survive. All growth is built on change. They need new products and some of them need new management. Giants like Mobil, U.S. Steel and DuPont, trying to acquire other large companies for the most part is counterproductive only making a giant larger, less creative and less efficient. Few conglomerates know how to run more than one or two businesses correctly and the high prices paid for such acquisitions are questionable to say nothing of the poor utilization of billions of dollars of this nation's badly needed capital.

The Administration's recently announced council to study productivity is primarily staffed with big business representatives. The makeup of this group should be amended to include several leaders of small to medium-sized, innovative growth companies. These are the companies that have shown the greatest productivity in our country. Big business has been the least productive, least creative and least imaginative. Having a council loaded with big business leaders is a little like a council of losing football coaches meeting to tell everyone how to be No. 1.

How Many Truly Successful Pessimists Do You Know?
In summary, we see a psychological comparison to 1947-49. This was the time our troops returned home after World War II. The common thinking then was that bad times were ahead because there wouldn't be enough jobs to absorb those returning from war. The common fears turned out to be wrong as pent-up demand launched a new economic surge. Likewise, today we believe the common fears may turn out to be wrong. The economy will be stimulated with the strongest incentives in decades and the needs of mankind. We are also reminded of old Sewell Avery forever hoarding his money and completely missing his market. Springtime is only around the corner and it makes us think. How many truly successful pessimists do you know? So, don't let the gloom bugs fool you.

If you are an institutional or a corporate investor you may be interested to know that our latest January issue of *New Stock Market Ideas & Past Leaders To Avoid* lists 170 stocks as buy recommendations and only 38 stocks that should be avoided. Our advice to all Institutional consulting clients throughout the month of January was to buy specific growth stocks into the correction.

If you are an individual investor you may wish to examine our latest new service titled, *Long Term Values*. We introduced this investment service, which covers 4,000 securities, at the bottom of the market in October. This, along with our Daily Graphs Services have over 22,000 annual subscribers, and can be seen in full page ads in *Barron's* every week.

William O'Neil + Co.
INCORPORATED

Member NYSE, ASE and other major regional exchanges
11915 LaGrange Avenue, Los Angeles, California 90025
(213)820-7011

Reprint from The Wall Street Journal February 5 and 8, 1982

Hausse-Anzeige vom Februar 1982

voraus, dass die Zinsen und die Inflation aufgrund der massiven staatlichen Kreditaufnahme, welche den privatwirtschaftlichen Sektor aus dem Markt drängen würde, wieder neue Höchststände erreichen würden.

Die Angst und die Verwirrung, die solche anfechtbaren Beurteilungen auslösten, verschreckten die Großinvestoren so sehr, dass sie zögerten. Infolgedessen nutzten sie die Tatsache nicht vollständig aus, dass wir bereits zwei Branchengruppen identifiziert hatten, die in der bevorstehenden Hausse führend sein würden. Offenbar waren die professionellen Manager von den Wall-Street-„Experten" derart pessimistisch bombardiert worden, dass es ihnen schwerfiel, unsere positiven Ergebnisse zu glauben. Wir investierten hingegen im Sommer 1982 mit voller Margin und erfreuten uns der bislang besten Performance. Von 1978 bis 1991 verzwanzigfachte sich unser Depot. Von Anfang 1998 bis 2000 wuchs das Depot unserer Firma, das von unserer separaten Holdinggesellschaft betrieben wird, um 1.500 Prozent. Diese Ergebnisse erinnerten uns daran, dass es ein Vorteil sein kann, seinen Sitz *nicht* in der von Gerüchten und Emotionen überreichen Wall Street zu haben. Ich habe in meiner gesamten Zeit in der Investmentbranche keinen einzigen Tag an der Wall Street gearbeitet.

Als kluger Privatanleger haben Sie einen riesigen Vorteil, wenn Sie nicht auf 50 verschiedene, mit Nachdruck vertretene Meinungen hören müssen. Sie können aus diesem Beispiel ersehen, dass Mehrheitsmeinungen an der Börse selten funktionieren. Aktien benötigen offensichtlich Zweifel und Unglauben – die sprichwörtliche „Sorgenmauer" oder „Wall of Worry" –, um wesentlich voranzukommen. Im Allgemeinen sind die Bewegungen des Marktes für die Mehrheit enttäuschend.

Unsere erste ganzseitige Anzeige im *Wall Street Journal* hatten wir im März 1978 geschaltet. Sie sagte eine neue Hausse der gering bis mittel kapitalisierten Growth-Aktien voraus. Wir hatten die Anzeige schon Wochen davor gestaltet und abgewartet, bis wir fanden, dass der richtige Zeitpunkt gekommen war, sie zu veröffentlichen.

Der richtige Zeitpunkt war gekommen, als der Markt neue Tiefs markierte, welche die Anleger überraschten. Wir haben diese Anzeige aus einem einzigen Grund geschaltet: um unsere exakte Position an diesem Wendepunkt schriftlich zu dokumentieren, damit die institutionellen Investoren später diesbezüglich keine Fragen zu stellen brauchten.

An solchen äußerst heiklen Wendepunkten des Marktes kann eine institutionelle Firma von größtem Wert sein. Viele Menschen werden zu solchen Zeiten entweder starr vor Angst oder sie lassen sich von den überzogenen fundamentalen Informationen überwältigen.

Unsere Firma, die historische Präzedenzfälle für Institutionen liefert, hat mehr als 500 führende institutionelle Kunden in den Vereinigten Staaten und der ganzen Welt. Wir waren eine der wenigen Firmen, die ihren Kunden im März, April und September 2000 riet, sie sollten Technologie-Aktien meiden beziehungsweise verkaufen und Cashpositionen aufbauen.

INSTITUTIONELLE INVESTOREN SIND AUCH NUR MENSCHEN

Wenn Sie nicht glauben, dass professionelle Anleger nach einem längeren Niedergang von Furcht und Emotionen gepackt werden können, überlegen Sie lieber noch einmal. Ich weiß noch, wie ich mich am Tiefpunkt des Marktes 1974 mit den führenden drei oder vier Vermögensverwaltern einer bedeutenden Bank traf. Sie waren so erstarrt, demoralisiert und verwirrt, wie man nur sein kann. (Sie hatten auch allen Grund dazu: Die durchschnittliche Aktie stand damals 75 Prozent im Minus.) Ich erinnere mich, dass ich mich etwa um die selbe Zeit mit einem anderen Topmanager traf. Auch er war völlig erschöpft und nach seiner seltsamen Gesichtsfarbe zu schließen litt er unter Börsenkrankheit. Wieder ein anderer Top-Fondsmanager – aus Boston – sah aus, als wäre er von einem Zug überfahren worden. (Das ist selbstverständlich immer noch besser als 1929, als einige Menschen als Reaktion auf den verheerenden Marktzusammenbruch aus Hochhäusern sprangen.)

Mir ist noch ein Hightech-Seminar im Gedächtnis, das 1983 in San Francisco veranstaltet wurde und an dem 2.000 hochgebildete Analysten und Portfoliomanager teilnahmen. Alle waren da und alle waren frohgemut und selbstbewusst, aber es markierte den exakten Höhepunkt der Hightech-Aktien.

Ich erinnere mich auch an eine Präsentation, die wir in einer anderen großen Stadt für eine Bank hielten. Alle Analysten der Bank waren gekommen und saßen um einen beeindruckenden Tisch im Konferenzraum herum, aber kein einziger Analyst oder Portfoliomanager stellte während oder nach dem Vortrag eine Frage. Das war die seltsamste Situation, die ich je erlebt hatte. Ich brauche wohl kaum zu sagen, dass dieses Institut konsequent eine schlechtere Performance hatte als seine wacheren und wagemutigeren Konkurrenten. Es ist wichtig, dass man kommuniziert und offen für neue Ideen ist.

Vor Jahren bestand eine mittelgroße Bank, die wir berieten, darauf, dass wir ihr nur Aktien empfahlen, die auf ihrer Genehmigungsliste standen. Nachdem wir uns drei Monate hintereinander jeden Monat mit den Managern der Bank zu Beratungen getroffen und ihnen erklärt hatten, dass auf ihrer Genehmigungsliste nichts stand, was unseren Kriterien genügte, mussten wir die Geschäftsbeziehung ehrenvoll beenden. Ein paar Monate später erfuhren wir, dass wichtige Vertreter dieser Treuhandabteilung wegen ihrer schwachen Performance ihren Arbeitsplatz hatten räumen müssen.

Wir belieferten noch ein anderes Institut aus dem Mittelwesten mit unseren Produkten. Das brachte aber nicht viel, weil die Institution felsenfest daran glaubte, jedes potenzielle Investment müsse einem Prüfungsverfahren unterzogen werden, um zu sehen, ob es einem Unterbewertungsmodell entsprach. Die besten Investments tauchen in Unterbewertungsmodellen nur selten auf, und wahrscheinlich kann diese Institution nur dann jemals erstklassige Resultate erzielen, wenn sie auf das Modell verzichtet. So etwas fällt großen Organisationen nicht leicht. Das ist, als würde man von einem Baptisten verlangen, er solle Katholik werden, oder umgekehrt.

Viele große Vermögensverwaltungsorganisationen mit durchschnittlichen Erfolgsbilanzen werfen gern den Leiter der Investmentabteilung hinaus und suchen sich dann einen Ersatz, der in etwa auf die gleiche Art investiert. Das Problem der mangelhaften Anlagemethoden und Anlagephilosophien wird dadurch natürlich nicht gelöst. Eine Ausnahme von dieser Regel war die Security Pacific Bank aus Los Angeles. Im Juli 1981 tauschte sie das Topmanagement der Investmentabteilung aus. Sie holte eine Person mit einem gänzlich anderen Ansatz, einer überlegenen Anlagephilosophie und einer ausgezeichneten Performancebilanz. Die Ergebnisse waren beeindruckend und wurden quasi über Nacht erzielt. Im Jahr 1982 belegte der Fund G von Security Pacific landesweit den ersten Platz.

WER DEN PENNY EHRT, IST DER PERFORMANCE NICHT WERT

Manche Unternehmen legen zu viel Wert darauf, Verwaltungsgebühren zu sparen, vor allem wenn sie große Summen managen lassen. Normalerweise überzeugt sie ein Versicherungsmathematiker davon, wie viel Geld ihr Pensionsfonds sparen kann, wenn er an der Gebühr ein Achtelprozent spart.

Wenn Unternehmen Milliarden von Dollar managen lassen, ist es sinnvoll, die Gebühren und die Anreize zu erhöhen, damit sie die besten Money-Manager der Branche bekommen. Ein besserer Manager holt die zusätzlichen 0,25 oder 0,50 Prozent 10- oder 20-fach wieder herein. Billige Börsentipps sind doch das Letzte, was man will, oder? Wenn Sie sich einer Herzoperation unterziehen müssten, würden Sie sich dann den Arzt aussuchen, der am wenigsten dafür verlangt?

WIE MAN VERMÖGENSVERWALTER AUSWÄHLT UND RICHTIG BEURTEILT

Hier nun ein paar Tipps für Unternehmen und Organisationen, die ihr Vermögen mehreren Money-Managern anvertrauen wollen.

Grundsätzlich sollte man Portfoliomanagern einen kompletten Zyklus Zeit lassen, bevor man ihre Performance im Hinblick auf die Entscheidung überprüft, eventuell die Verwaltung zu wechseln. Lassen Sie ihnen vom Gipfel einer Hausse-Periode bis zum Gipfel des nächsten Zyklus oder von dem Tiefpunkt des einen Zyklus bis zum Tiefpunkt des nächsten Zeit. Dies deckt normalerweise einen Zeitraum von drei oder vier Jahren ab und erlaubt es allen Managern, sowohl einen Aufschwung als auch einen Abschwung des Marktes durchzumachen. Am Ende dieses Zeitraums sollte man die 20 Prozent der Manager ersetzen, die hinsichtlich der Gesamtperformance am schlechtesten waren. Danach sollte man alle ein bis zwei Jahre die fünf bis zehn Prozent der Manager absetzen, die in dem letzten 3- bis 4-Jahres-Zeitraum die schlechteste Performance brachten. Dadurch vermeidet man übereilte Entscheidungen, die auf enttäuschender Performance in wenigen kurzen Quartalen oder einem Jahr basieren. Wenn man sich Zeit lässt, führt dieses Verfahren dazu, dass man über eine herausragende Gruppe bewährter Geldverwalter verfügt. Da es ein solider, längerfristiger und selbst korrigierender Mechanismus ist, dürfte dies auch so bleiben. Dann muss man nicht so viele Berater bezahlen, die einem personelle Änderungen empfehlen.

Bei der Auswahl von Managern sollte man die Performance-Statistik der letzten drei bis fünf Jahre und auch über einen aktuelleren Zeitraum berücksichtigen. Man sollte auf Diversifizierung hinsichtlich der Typen, Stile und Standorte der Manager achten. Die Suche sollte sich über ein großes Gebiet erstrecken und sich nicht unbedingt auf das enge, beschränkte Universum einer Beratungsfirma oder auf ihren Managerstall beschränken.

Das Unternehmen oder der Pensionsfonds, der Geld verwalten lässt, muss auch darauf achten, dass eine Einmischung an kritischen Punkten unterbleibt – zum Beispiel bei der Entscheidung, wann ein größerer Anteil des Portfolios auf Aktien oder auf Anleihen entfallen sollte, oder dass unterbewertete Aktien betont werden sollten.

Kommunen und Kreise, die Vermögen anlegen wollen, müssen sehr vorsichtig sein, da nur ein geringer Teil ihres Personals auf dem Gebiet der Investments große Erfahrung hat. Solche unerfahrenen Personen lassen sich leicht zu Anleiheinvestitionen überreden, die als sicher angepriesen werden, später jedoch enorme Verluste verursachen können. Natürlich passierte dies im Jahr 2008 mit AAA-Subprime-Darlehen, die in Hypothekenpaketen zusammengefasst waren.

Kunden können sich auch in der Form einmischen, dass sie entscheiden wollen, wohin die Gebühren gehen sollen, oder indem sie darauf bestehen, dass die Ausführung an jemanden vergeben wird, der am günstigsten ist. Letzteres ist zwar ein gut gemeinter Versuch, Geld zu sparen. Gemeinhin resultiert es jedoch darin, dass man einem Vermögensverwalter jemanden aufzwingt, der entweder schlechtere Ausführungen vornimmt oder kein wirklich substanzielles Research beiträgt. Dieses Handicap kostet das Portfolio Geld, denn es bezahlt dann einen halben Prozentpunkt oder mehr für Trades, die von weniger erfahrenen Menschen ausgeführt werden.

IST EIN INDEXFONDS ANGEBRACHT?

Zum Schluss nun ein Wort dazu, Aktienportfolios in Indizes zu investieren. Es wird angenommen, Ziel eines Pensionsfonds sei es, die Performance eines Gesamtmarktindex zu erreichen. Theoretisch kann diese Meinung gefährlich sein.

Wenn wir wieder einen Börsenkollaps wie den im Jahr 1929 durchmachen und die Gesamtmarkt-Indizes um 90 Prozent fallen, kann wohl kein intelligenter Verwalter der Meinung sein, Ziel seines Fonds sei es, 90 Prozent seines Werts zu verlieren. Niemand wird bloß damit glücklich sein, dass der Fonds sein Ziel erreicht hat, die katastrophale Performance des Index nachzubilden.

Im kleinen Stil habe ich das 1974 erlebt, als ich gebeten wurde, einen Fonds zu beurteilen, der exakt 50 Prozent seines Vermögens verloren hatte, weil er von einer Organisation verwaltet wurde, die sich auf die Verwaltung von Indexfonds spezialisiert hatte und dafür

Werbung machte. Die Leute waren sehr aufgebracht, aber es war ihnen zu peinlich, das öffentlich zu sagen.

Warum sollte irgendjemand erwarten, dass die Mehrzahl der Vermögensverwalter ihre Arbeit besser macht, als die Mehrheit der Musiker, Baseballspieler, Ärzte, Lehrer, Künstler oder Zimmerleute ihre Arbeit machen? Tatsache ist, dass der typische Vertreter eines bestimmten Bereichs leicht unterdurchschnittlich sein dürfte. Im Bereich der Geldverwaltung gilt das Gleiche wie bei anderen Berufen: Um überdurchschnittliche Ergebnisse zu erzielen, muss man sich bemühen, die Minderheit von Managern zu finden, die die Marktindizes ziemlich konsequent schlagen kann.

Manche Menschen behaupten, das sei unmöglich, aber das stimmt einfach nicht. Die Behauptung, alle Informationen seien bereits bekannt, man könne Aktien nicht in einer Weise auswählen, welche die Marktindizes übertrifft, ist Unsinn.

Das Ratingsystem von Value Line seit 1965 ist ein deutlicher Beleg dafür, dass man Aktien so auswählen kann, dass sie den Markt wesentlich übertreffen. Auch unsere aufgrund von Data Graph ausgewählten Aktien haben den Markt dramatisch übertroffen.

Professor Marc Reinganum von der University of Iowa, der später zu der Southern Methodist University wechselte, führte anlässlich eines Forschungsaufenthalts an der University of Chicago eine unabhängige Untersuchung mit dem Titel „Selecting Superior Securities" durch. Er wählte für seine Forschung neun Variablen, die mit denen vergleichbar sind, die im vorliegenden Buch besprochen werden, und erzielte 1984/1985 ein Ergebnis, das den S&P 500 um 36,7 Prozent übertraf. Damit steht er nicht allein. Wir haben inzwischen mehr als 1.000 Schreiben von Anlegern erhalten, die ebenfalls die Marktindizes beträchtlich übertroffen haben.

Wer sagt, der Aktienmarkt sei ein Random Walk, ist leider falsch informiert. Es gibt eine Reihe von Systemen und Dienstleistungen, die den Markt übertreffen können und dies auch tatsächlich tun. Doch leider gibt es auch zu viele schlecht begründete Meinungen, zu viele

Fehlinterpretationen und zu viele destruktive Emotionen, die dabei ins Spiel kommen. Manchmal sind Urteile einfach falsch oder oberflächlich. Manchmal gibt es zu viele komplexe Variablen. Manchmal ändern sich die Ereignisse zu schnell, als dass man damit Schritt halten könnte. Schließlich gibt es ganz einfach zu viele fundamentale und technische Researchberichte, die mittelmäßige Aktien auf ihrem Weg nach unten empfehlen. Deshalb sind Verkaufsempfehlungen am Beginn jeder Baisse so dünn gesät.

Vielleicht wird es in Zukunft möglich, einen kleinen Teil der Anlagen der Sozialversicherung in Indexfonds zu investieren, wenn Vorschriften aufgestellt werden können, die den Staat daran hindern, Einfluss auf Anlageentscheidungen zu nehmen. Denn schließlich können die ziemlich schlechten bestehenden Anlagen der Sozialversicherung nicht einmal über den Zeitraum von 20 Jahren mit der Inflation Schritt halten.

Sie sehen, dass sogar die Profis kritisch beurteilen müssen, was sie tun, und dass sie ihre vorgefassten Methoden ändern müssen, wenn sie nicht funktionieren. Wir machen alle Fehler, aber die Lösung besteht darin, dass wir lernen, was funktioniert, wenn wir gesehen haben, was nicht funktioniert. Die Geschichte liefert Ihnen gute Vorbilder, von denen Sie sich bei Ihrer Geldanlage leiten lassen sollten. Wir sind nur dadurch zu diesen wertvollen Ergebnissen gelangt, dass wir sorgfältige Untersuchungen und Forschungen durchgeführt haben – und dass wir die herrschende Meinung nicht akzeptiert haben. Nutzen Sie sie und profitieren Sie davon. Sie können das. Studieren Sie die 100 Beispiele in Kapitel 1 sorgfältig, damit Sie wissen, worauf Sie in Zukunft achten müssen.

KAPITEL 20

WICHTIGE REGELN UND RICHTLINIEN, DIE MAN SICH MERKEN SOLLTE

1. Kaufen Sie keine billigen Aktien. Kaufen Sie hauptsächlich Nasdaq-Aktien zwischen 15 und 300 Dollar sowie NYSE-Aktien zwischen 20 und 300 Dollar pro Aktie. Die meisten Spitzenaktien gehen aus Basen von 30 Dollar und mehr hervor. Meiden Sie den Schrotthaufen unter zehn Dollar.
2. Kaufen sie Growth-Aktien, die in den letzten drei Jahren jeweils ein Gewinnwachstum von mindestens 25 Prozent hatten und deren Gewinn pro Aktie im nächsten Jahr gemäß Konsensusschätzung um 25 Prozent oder mehr steigt. Viele Growth-Aktien

haben außerdem einen jährlichen Cashflow, der das EPS um 20 Prozent oder mehr übersteigt.

3. Achten Sie darauf, dass der Gewinn pro Aktie in den letzten zwei oder drei Quartalen massiv gestiegen ist. Streben Sie mindestens 25 bis 30 Prozent an. Zielen Sie in Haussen auf EPS-Zuwächse um 40 bis 500 Prozent ab (je höher, desto besser).
4. Schauen Sie, dass der Umsatz in den letzten drei Quartalen prozentual gestiegen ist oder dass er im letzten Quartal um mindestens 25 Prozent gestiegen ist.
5. Kaufen Sie Aktien mit einer Eigenkapitalrendite von 17 Prozent oder mehr. Großartige Unternehmen weisen eine Kapitalrendite von 25 bis 50 Prozent auf.
6. Achten Sie darauf, dass die Nettomarge in den letzten Quartalen gestiegen ist oder sich in der Nähe der bislang höchsten Nettomarge bewegt.
7. Die meisten Aktien sollten zu den Top 6 der breiten Branchensektoren gehören, die in IBD unter „New Price Highs" angegeben sind, oder zu den obersten zehn Prozent von IBDs „197 Industry Subgroup Rankings".
8. Kaufen Sie keine Aktie wegen ihrer Dividende oder wegen ihres KGVs. Kaufen Sie sie, weil sie auf ihrem speziellen Gebiet hinsichtlich des Gewinn- und Umsatzwachstums, des ROE, der Gewinnmargen und der Produktüberlegenheit die Nummer 1 ist.
9. Kaufen Sie Aktien, die in den *Investor's Business Daily's Smart Select* Ratings ein Relative-Stärke-Rating von 85 oder mehr haben.
10. Die Größe der Marktkapitalisierung ist nicht entscheidend, aber die meisten Ihrer Aktien sollten einen täglichen Umsatz von mindestens mehreren 100.000 Stücken haben.
11. Lernen Sie, Charts zu lesen und richtige Basen sowie exakte Kaufpunkte zu erkennen. Benutzen Sie Tages- und Wochencharts, um Ihre Aktienauswahl und Ihr Timing wesentlich zu verbessern. Auch langfristige Monatscharts können hilfreich sein. Kaufen Sie Aktien, wenn sie zum ersten Mal aus soliden und korrekten

Basen ausbrechen und gleichzeitig das Tagesvolumen um 50 Prozent oder mehr über dem normalen Volumen liegt.

12. Achten Sie sorgfältig darauf, dass Sie das Kursdurchschnittsverfahren nach oben und nicht nach unten einsetzen, und beschneiden Sie jeglichen Verlust, sobald er sieben oder acht Prozent unter Ihrem Kaufpreis liegt, und zwar ohne jede Ausnahme.
13. Schreiben Sie die Verkaufsregeln auf, die bestimmen, wann Sie verkaufen und einen lohnenswerten Profit realisieren.
14. Achten Sie darauf, dass mindestens ein oder zwei Investmentfonds mit recht guter Performance im letzten Berichtszeitraum Ihre Aktie gekauft haben. Außerdem sollte die institutionelle Unterstützung, die Ihre Aktie in den letzten Quartalen erfahren hat, zugenommen haben.
15. Das Unternehmen sollte ein hervorragendes, neues, überlegenes Produkt oder eine entsprechende Dienstleistung anbieten, die sich gut verkauft. Außerdem sollte es einen großen Absatzmarkt für das Produkt sowie die Chance auf Anschlussgeschäfte geben.
16. Der Gesamtmarkt sollte sich im Aufwärtstrend befinden und entweder Small-Cap- oder Big-Cap-Unternehmen begünstigen (wenn Sie nicht wissen, wie man die Gesamtmarktindizes interpretiert, lesen Sie täglich die *IBD*-Kolumne „The Big Picture").
17. Pfuschen Sie nicht mit Optionen herum, mit Aktien, die an ausländischen Börsen gehandelt werden, mit Anleihen, Vorzugsaktien oder Rohstoffen. Es lohnt sich nicht, den „Hansdampf in allen Gassen" zu spielen, übertrieben zu diversifizieren oder es mit der Asset Allocation zu übertreiben. Meiden Sie Optionen entweder vollständig oder beschränken Sie sie auf fünf oder zehn Prozent ihres Portfolios.
18. Das Topmanagement sollte Ihre Aktie besitzen.
19. Suchen Sie vor allem wagemutige Unternehmen des „Neuen Amerika" (die in den letzten acht bis zehn Jahren an die Börse gegangen sind). Nehmen Sie nicht zu viele hinterherhinkende Unternehmen aus dem „Alten Amerika".

20. Stellen Sie Ihren Stolz und Ihr Ego hintan. Dem Markt ist es egal, was Sie denken oder wollen. Für wie schlau Sie sich auch halten mögen, der Markt ist immer schlauer. Ein hoher Intelligenzquotient und ein Master-Titel sind keine Garantie für Börsenerfolg. Ihr Ego kann Sie teuer zu stehen kommen. Diskutieren Sie nicht mit dem Markt. Versuchen Sie nie, zu beweisen, dass Sie recht haben und der Markt unrecht.
21. Lesen Sie täglich die *IBD*-Rubriken „Investor's Corner" und „The Big Picture". Lernen sie, Höhepunkte und Tiefpunkte des Gesamtmarktes zu erkennen. Lesen Sie möglichst viel über Unternehmen, die Sie besitzen oder die Sie kaufen wollen. Lernen Sie deren Storys kennen.
22. Suchen Sie Unternehmen, die kürzlich gemeldet haben, dass sie fünf bis zehn oder noch mehr Prozent ihrer Stammaktien zurückkaufen wollen. Finden Sie heraus, ob das Unternehmen eine neue Führungsmannschaft hat und woher diese kommt.
23. Versuchen Sie nicht, Aktien am Tiefpunkt oder auf dem Weg nach unten zu kaufen, und verwenden Sie nicht die absteigende Kursdurchschnittsmethode. (Wenn Sie eine Aktie für 40 Dollar kaufen, kaufen Sie nicht nach, wenn sie auf 35 oder auf 30 Dollar fällt.)

ENTSCHEIDENDE GRÜNDE, WESHALB ES MENSCHEN NICHT GELINGT, GROSSE AKTIENGEWINNER ZU KAUFEN

1. Zweifel, Angst und fehlendes Wissen. Die meisten großen Gewinner sind neuere Unternehmen (die in den letzten acht oder zehn Jahren an die Börse gegangen sind). Sears und General Motors kennt jeder, aber den meisten Menschen sind die Hunderte neuer Namen, die jedes Jahr auf den Markt kommen, ganz einfach nicht bekannt oder nicht vertraut. Die Unternehmen des neuen Amerika sind die Wachstumslokomotive Amerikas, denn sie erschaffen innovative neue Produkte und Dienstleistungen sowie die meisten neuen Technologien. (Ein Chartservice ist eine

einfache Möglichkeit, zumindest die elementarsten Dinge hinsichtlich Preis-, Umsatz-, Volumen- und Gewinnentwicklung dieser vielen verlockenden jüngeren Unternehmen zu erfahren.)

2. Die KGV-Verzerrung. Entgegen der herrschenden Meinung werden die besten Aktien nur selten zu niedrigen KGVs gehandelt. So wie die besten Baseballspieler am meisten Geld verdienen, so werden bessere Unternehmen auch zu besseren (höheren) KGVs gehandelt. Die Verwendung des KGVs als Auswahlkriterium führt dazu, dass Sie viele der besten Aktien nicht kaufen werden.
3. Nicht begreifen, dass die wahren Leader ihren großen Aufstieg auf neuen Preishochs oder in der Nähe neuer Preishochs starten, nicht in der Nähe neuer Tiefs oder ein gutes Stück unterhalb ihrer Hochs. Anleger kaufen Aktien gern, wenn sie günstig erscheinen, weil sie niedriger stehen als ein paar Monate zuvor. Dadurch kaufen sie die Aktien auf dem Weg nach unten. Sie meinen, sie bekämen Schnäppchen. Sie sollten jedoch Aktien kaufen, die sich auf dem Weg nach oben befinden und neue Preishochs markieren, während sie aus einer korrekten Konsolidierung oder einem Bodenbildungsbereich ausbrechen.
4. Zu früh verkaufen – entweder weil Sie ausgesiebt werden oder weil sie zu schnell Gewinne mitnehmen und es ihnen psychologisch schwerfällt, eine Aktie nötigenfalls zu einem höheren Preis zurückzukaufen. Außerdem verkaufen sie zu spät und lassen einen kleinen Verlust zu einem verheerenden Verlust werden, weil sie nicht alle Verluste auf acht Prozent begrenzen.

EIN LETZTER GEDANKE

Wenn Sie lernen, richtig zu sparen und zu investieren, können Sie definitiv finanziell unabhängig werden. Mein guter Rat zum Schluss: Haben Sie Mut, denken Sie positiv und geben Sie niemals auf. In Amerika bieten sich jedes Jahr großartige Chancen. Bereiten Sie sich darauf vor, studieren Sie, lernen Sie und greifen Sie zu. Sie werden merken, dass aus kleinen Eicheln riesengroße Eichen wachsen können und dass mit Beharrlichkeit und Fleiß alles möglich ist. Sie können es schaffen, und Ihre Entschlossenheit, Erfolg zu haben, ist dabei das Wichtigste.

In einem freien Land ist es leicht, Erfolg zu haben.
Beschaffen Sie sich einen Job und eine Ausbildung und lernen Sie,
klug zu sparen und zu investieren.
Jeder kann das. Sie können das.

ERFOLGSSTORYS

Im Laufe der letzten gut 25 Jahre hat *Investor's Business Daily* von zahllosen Lesern gehört, die mit der CAN-SLIM-Methode und der *IBD*-Methode Erfolge erzielt haben, die ihr Leben verändert haben. Das Folgende ist eine kleine Auswahl aus den Tausenden Erfolgsstorys, die wir im Laufe der Jahre von Menschen jeden Alters und aller Erfahrungsniveaus erhalten haben. Es ist ein deutlicher Beleg für die Tatsache, dass mit ein bisschen Fleiß, Geduld und Hingabe jedermann lernen kann, dieses System zu befolgen und damit seine Ergebnisse zu verbessern.

MARKET TIMING

„*IBD* ist ein bewährter und geradliniger Investmentansatz. Das System hilft mir, bei steigenden Märkten die großen Gewinner zu finden, und vor allen Dingen hilft es mir, bei fallenden Märkten die großen Verluste zu vermeiden. Dies wiederum hat es mir ermöglicht, mich mit Anfang 50 zur Ruhe zu setzen, mehr Zeit mit meiner Familie zu verbringen, mich mit meinen Hobbys und Interessengebieten zu befassen und insgesamt ein sehr glückliches Leben zu führen.“

Michael A., Florida, Rentner

„Ich bin seit rund 17 Jahren Anhänger von *IBD* und seit vier Jahren bin ich ein eifriger Anhänger. Im Jahr 2007 habe ich mit meinem Tradingkonto einen Ertrag von 56 Prozent erzielt und bin ohne Verluste durch das Jahr 2008 gekommen, indem ich während der meisten Zeit nicht am Markt engagiert war. Das System lässt mich nie im Stich. Inhalt, Format und die Lektionen der Zeitung sind mit den Jahren immer besser geworden.“

Eric M., Illinois, Ingenieur

„Ich lese *IBD* seit 2005 und das hat mir enorm viel gebracht. Außerdem habe ich mehr als fünf *IBD*-Workshops von Stufe 1 bis Stufe 3 besucht, und jeder hat mich zu einem besseren, disziplinierteren Anleger gemacht. Das CAN-SLIM-System funktioniert in guten wie in schlechten Zeiten großartig.“

Rajesh S., Texas, Elektrotechniker

KEINE MEINUNGEN, NUR FAKTEN

„Wenn ich *IBD* beschreiben sollte, würde ich sagen, dass es zweifellos eine der besten Informationsquellen für Anleger ist, die man für Geld kaufen kann. Von *IBD* bekommt man keine simplen ‚Wall Street‘-Tipps zu den Märkten. Es liefert nüchterne Tatsachen. Damit meine ich, dass *IBD* einem die Wahrheit über die Märkte, die Wirtschaft, politische Ereignisse und so weiter vermittelt, die sich auf die Märkte positiv oder negativ auswirken. Das ist in diesem Klima ein große Sache, denn heutzutage werden die Anleger mit einer Menge ‚finanziellem Unsinn‘ gefüttert, der aus zu vielen unzuverlässigen Quellen stammt. *IBD* sagt den Anlegern die Wahrheit. Darauf können Sie sich verlassen!“

Steve C., Texas, Augenarzt

„*IBD* spart enorm viel Zeit. Die Lektüre von *IBD* gehört bei mir an allen Werktagen zum festen Tagesablauf, auch wenn ich sonst nichts lese. Es ist eine tolle Möglichkeit, schnell ein Gefühl für die Richtung des Gesamtmarkts zu bekommen, weiter informiert zu bleiben und die Geheimnisse des Erfolges zu lernen, die einen weiter motivieren. Wo sonst bekommt man das in 15 Minuten pro Tag? Das ist eine außerordentliche Publikation!"

George M., Kalifornien, Führungskraft

CAN SLIM

„Seit ich angefangen habe, CAN SLIM und *IBD* und jetzt Investors.com zu benutzen, konnte ich meine anfängliche Anlagesumme um 359 Prozent vermehren! In *IBD* gibt es so viele Rubriken, die mir helfen, großartige Aktien zu finden. Ich bin dankbar für die viele Arbeit, die Sie sich machen, um Anlegern zu helfen."

Barbara J., Kalifornien, Privatanlegerin

„Seit 2003 bin ich Vollzeit-Aktienhändler, und das vor allem dank ‚Wie man mit Aktien Geld verdient' von William O'Neil und dank *IBD*. Ich habe das Buch schon oft gelesen und gerade lese ich es wieder. Es ist voll mit Markierungen in unterschiedlichen Farben, denn jedes Mal, wenn ich es lese, finde ich etwas Neues und Nützliches. Ich muss sagen, ‚Wie man mit Aktien Geld verdient', das *IBD*-Abonnement und die Online-Tools sind für den erfolgreichen Aktienhandel unentbehrlich. So wie Menschen bloß das Fotoalbum der Familie retten, wenn ihr Haus abbrennt, so würde ich nur eines auswählen, um meinen anhaltenden Erfolg im Aktienhandel zu sichern, und zwar ‚Wie man mit Aktien Geld verdient' von William O'Neil."

Slav F., Kalifornien, Aktienhändler

BEWÄHRTE REGELN

„Erst als ich anfing, die Verkaufsregeln von *IBD* richtig anzuwenden, merkte ich, welche Kraft darin steckt, nicht nur Verluste zu begrenzen, sondern sich auch herauszuhalten, wenn die Umstände nicht so günstig fürs Geldverdienen sind. Ein Tag ohne *IBD* ist ein Tag der verpassten Chancen."

Dennis H., Florida, Broker im Ruhestand

„Von William O'Neil habe ich die zwei Regeln gelernt, die die Eckpfeiler meines Investmentplans bilden: (1) Halte deine Verluste klein und (2) befolge die Kursdurchschnittsmethode nach oben, nie nach unten. Diese beiden einfachen Regeln haben mir eine Menge Ärger erspart. Wenn ich davon abgewichen bin, hat es mich unweigerlich Geld gekostet. Danke, Bill, für alles, was Sie für den Durchschnittsanleger getan haben."

Peter M., Kalifornien, Führungskraft

ANLEGERSCHULUNG IN BESTFORM

„Ich habe mich sehr angestrengt, um etwas über Geldanlage zu lernen. Ich habe ein Grund- und ein Aufbaustudium an der Business School absolviert und erst bei einem Retail-Broker und dann bei einer Small-Cap-Researchfirma gearbeitet, die institutionelle Kunden unterstützt. Und trotz all dieser Erfahrungen begann ich erst nach der Lektüre von ‚Wie man mit Aktien Geld verdient' zu begreifen, wie man am Markt erfolgreich wird."

Andrew M., New York, Vizepräsident

„Ich habe *Investor's Business Daily* seit 1991 abonniert. Es ist Anlegerschulung in Bestform. Nachdem ich *IBD* zwei Wochen lang bezogen hatte, habe ich mich von meinem Broker verabschiedet. Ich sagte ihm, dass ich ihn nicht mehr brauchte. Pro Jahr trade ich mehr als 150.000 Aktien. Vorher hatte ich keine Ersparnisse, aber dank *IBD* ist mein Vermögen jetzt auf über eine Million Dollar angewachsen. Ich betreibe das als Unternehmen. Ich bin ein ganz normaler Mensch, kein Genie, aber ich lerne viel und benutze *IBD.* So bin ich erfolgreich. Es ist mehr als nur eine Zeitung. Es ist ein Arbeitsanleitung."

George G., Georgia, Pilotenausbilder

„Vor *IBD* war ich in Sachen Aktienengagements orientierungslos. Ich hatte keine Ahnung, wo man irgendetwas lernen konnte. Das Leben nach *IBD* öffnete meine Augen und meinen Geist. Ich rechne damit, dass ich nie aufhören werde, zu lernen!"

Marilyn W., Ohio, Rentnerin

ECHTE PERFORMANCE

„Nach sechs Monaten mit Broker und ohne Ergebnisse stieß ich auf *Investor's Business Daily* Ich habe mit 50.000 Dollar angefangen. Als ich alles verkauft habe, hatte ich 174.000 Dollar. Vielen, vielen Dank."

Larry R., Illinois, Arzt

„Unter Bill O'Neils Anleitung konnte ich mein Ziel erreichen. Ich kann mich jetzt über meine zwölfjährigen Zwillinge freuen und sie unterstützen, denn ich trade mit Aktien und bleibe als alleinerziehender Vater daheim. Bills Aktienweisheit ermöglichte es mir, mein schwer verdientes Geld zu mehren und zu bewahren, und er versetzte mich in die Lage, einen erfüllenderen Lebensstil zu pflegen."

Tim K., Kalifornien, Chief Investment Officer

„Ich habe *Investor's Business Daily* erst abonniert, als ich schon in Rente war. Ich fing an, es für mein Aktienportfolio zu benutzen, weil ich mit meinen Brokern nicht glücklich war. Bei denen raffte mein Portfolio Verluste zusammen. Mit *IBDs* Hilfe konnte ich im Laufe der Zeit mein Portfolio mit Gewinnen von 20 oder 30 Prozent wieder in den grünen Bereich bringen. Dank *IBD* führte ich ein Portfolio von 400.000 Dollar auf 700.000 Dollar. Ich liebe *IBD*. Ich mache überall Werbung dafür."

Don R., Washington, Restaurantbesitzer

„Wir haben mehr als zehn Jahre in Folge eine kumulierte Anlagerendite von 57 Prozent erzielt. CAN SLIM und *IBD* spielten bei diesem Erfolg eine entscheidende Rolle."

Florence R., Texas, Anlegerin

„Ich fing im Jahr 1999 mit 5.000 Dollar Ersparnissen und 7.000 Dollar an Hochzeitsgeschenken an. Mithilfe des CAN-SLIM-Systems kam ich im Jahr 2008 in den siebenstelligen Bereich."

Jonathan S., Tennessee, Privatanleger

„Ich glaube an Ergebnisse: Ich habe mit *IBD* an drei Tagen mein Monatsgehalt verdient. Ich bin ein absolut überzeugt! Ich habe mir mehrere Investmentratgeber angeschaut. *IBD* und Investors.com sind die Einzigen, die mir mehr Geld einbringen, als ich dafür ausgebe, es zu lernen."

Kent J., Kalifornien, Manager

WERKZEUGE, DIE AUCH FUNKTIONIEREN

„Ich lese die Zeitung *IBD* sehr gerne – ‚The Big Picture', die Artikel in ‚*IBDs* Top Ten' und vieles andere. Dadurch bleibe ich auf dem Laufenden, was an der Börse und in der Wirtschaft passiert. *IBD* liefert eine ganze Menge Informationen, mit denen man gute Aktien findet, aber diese Zeitung spart auch hervorragend Platz und Zeit. Ich kann sie ganz einfach überallhin mitnehmen. Ich danke den Mitarbeitern von *IBD* für ihre großartige Arbeit."

Paul C., Maryland, Anleger

„Ich lese zuerst ‚Big Picture', weil das der Ausgangspunkt dafür ist, ein Gefühl dafür zu bekommen, wie der Markt läuft. Wenn man diese Information einmal hat, kann man fundierte Überlegungen darüber anstellen, wie man mit Investmententscheidungen verfährt. *IBD* ist das beste Investmentmaterial, das alles für jeden liefert, vom Anfänger bis zum fortgeschrittensten Anleger. Die umfassende Nutzung der vielen Rubriken verspricht die besten Chancen auf Erfolg."

Cliff B., Texas, U.S. Air Force im Ruhestand

DIE ZUVERSICHT, ZU GEWINNEN

„Ich fing im Jahr 1990 an der Börse an, nachdem ich die vermutlich zweite Auflage Ihres Buches gelesen hatte, und das bewirkte bei mir etwas Unglaubliches. Sie erklären wirklich alle Aspekte des Marktes so gut. Außerdem habe ich *Investor's Business Daily* seit jenem Jahr abonniert und verbringe täglich zwei Stunden damit. Danke, dass Sie mir zur Sicherheit in Geldanlagefragen verholfen haben."

Ruth B., Kalifornien, Privatanlegerin

„*IBD* und CAN SLIM statten mich mit den Informationen aus, die ich brauche, um mein Geld erfolgreicher zu managen. Ich habe die Verantwortung für mein Geld, und deshalb ist es wichtig, dass ich verstehe, wie ich es anlege. Und *IBD* ist bestens dafür geeignet. Wissen ist Macht, und deshalb lese ich *IBD*."

Carol M., Oregon, Planungsbeauftragte

OLDIES, BUT GOLDIES

In der dritten Auflage von „Wie man mit Aktien Geld verdient" wurden *IBD*-Leser zitiert, die Anlageergebnisse erzielt hatten oder einfach nur berichteten, wie sie gelernt haben, *IBD* und das CAN-SLIM-System einzusetzen. Wir fanden, wir sollten ein paar dieser Kommentare wieder abdrucken, in der Hoffnung, dass sie Ihnen wertvolle Erkenntnisse liefern.

Dr. Larry R., Pastor:

„Ich fing mit dem Studium des Marktes im März 1990 an.
Nach sechs Monaten mit Broker und ohne Ergebnisse ging ich in die Bibliothek, fand *Investor's Business Daily* und beschloss, zu lernen, auf eigene Faust zu investieren. Im vergangenen September fing ich mit 50.000 Dollar an. Als ich im März nach der Lektüre Ihres neuesten Buchs alles verkaufte, hatte ich 174.000 Dollar. Das meiste Geld habe ich durch Tasse-mit-Henkel-Formationen und durch die Lektüre Ihres Buches „Wie man mit Aktien Geld verdient" gemacht. Ich bin Pfarrer und möchte das Geld einsetzen, um hier in Illinois Kirchen zu gründen. Mein Ziel ist es, in den nächsten paar Jahren 13 Kirchen zu gründen. Vielen Dank, dass Sie Ihre Strategie mit anderen teilen."

Marilyn E.:

„Ich habe Bill O'Neil Ende der 1980er-Jahre auf *CNBC* gesehen, habe seine Börsenprognosen verfolgt, und er hatte recht! Mir fiel es wie Schuppen von den Augen! Indem mein Ehemann und ich Herrn O'Neils CAN-SLIM-System gelernt haben, konnten wir uns vorzeitig zur Ruhe setzen, unser Traumhaus bauen, und wir freuen uns auf eine jahrelange Europareise ...

Bevor *IBD* in unser Leben trat, hätten wir uns ein solches Leben nie träumen lassen. Wir sind sehr glücklich damit, in steigenden Marktlagen mit unserem Portfolio 100 Prozent Rendite zu erzielen, und wir wissen es zu schätzen, dass wir in Baissen auf der sicheren Seite sind. Danke!“

DANKSAGUNGEN

Ich möchte den nun folgenden engagierten Menschen, die an der vorliegenden Ausgabe beteiligt waren, Anerkennung zollen und meinen Dank aussprechen. Der *IBD*-Chefredakteur Wes Mann steuerte sein Wissen bei und redigierte. Justin Nielsen half maßgeblich bei den Tabellen und Charts und meine Assistentin Deirdre Abbott Casey arbeitete die vielen Manuskriptänderungen ein.

Folgende Personen brachten andere entscheidende Bemühungen ein, die das Buch möglich machten: Andy Ansryan, Ates Arkun, Matt Galgani, Chris Gessel, Dayna Grund, Jonathan Hahn, Trang Ho, Brian Lawlor, Sarah Lawrence, Susan McKnight, Adrienne Merrick-Tagore, Anne Morein, Zarzand Papikyan, Sarah Schneider, Kathy Sherman, Tina Simpkins, Kate Stalter, Cuong Van, Diana Wada, Mike Webster und Christina Wise.

Außerdem möchte ich Mary Glenn, Ruth Mannino und ihren tollen Mitarbeitern bei McGraw-Hill danken.

ÜBER DEN AUTOR

William J. O'Neil ist einer der erfahrensten und erfolgreichsten Veteranen der Wall Street. Im Alter von 30 Jahren kaufte er sich von Börsengewinnen einen Sitz am Big Board und gründete William O'Neil + Co., Inc., eine führende Research-Organisation für institutionelle Anleger mit Sitz in Los Angeles. Derzeit zählt die Firma 600 der weltbesten institutionellen Investmentfirmen zu ihren Kunden. O'Neil hat außerdem *Investor's Business Daily* und die Internetseite Investors.com gegründet.